2017 解读浙江经济 评价浙江发展

王　杰 主编

图书在版编目(CIP)数据

2017解读浙江经济、评价浙江发展 / 王杰主编.
—杭州：浙江工商大学出版社，2017.6
ISBN 978-7-5178-2167-0

Ⅰ. ①2… Ⅱ. ①王… Ⅲ. ①区域经济发展—研究—浙江—2017②社会发展—研究—浙江—2017 Ⅳ. ①F127.55

中国版本图书馆CIP数据核字(2017)第103076号

2017解读浙江经济　评价浙江发展

王　杰　主编

责任编辑　刘　韵
封面设计　流　云
责任校对　严月玲
责任印制　包建辉
出版发行　浙江工商大学出版社
（杭州市教工路198号　邮政编码310012）
（E-mail：zjgsupress@163.com）
（网址：http：//www.zjgsupress.com）
电话：0571-88904980,88831806（传真）
排　　版　杭州朝曦图文设计有限公司
印　　刷　杭州恒力通印务有限公司
开　　本　710mm×1000mm　1/16
印　　张　33.25
字　　数　580千
版 印 次　2017年6月第1版　2017年6月第1次印刷
书　　号　ISBN 978-7-5178-2167-0
定　　价　72.00元

浙江工商大学出版社营销部邮购电话　0571-88904970

编辑委员会

目　录

经济监测

统计评价

专题研究

市县经济

经济监测

2016 年浙江经济运行稳走向好

2016 年，浙江深入贯彻党中央、国务院和省委、省政府决策部署，坚持稳中求进工作总基调，主动把握和引领经济发展新常态，积极推进供给侧结构性改革，坚定不移打好转型升级系列组合拳，全省经济运行稳走向好，结构效益持续改善，新旧发展动能接续转换取得积极成效，主要经济指标好于全国，年初确定的主要预期目标顺利实现。

一、从增长速度看，总体平稳，快于全国

表 1　2016 年主要经济指标增速(%)

	规模以上工业增加值		规模以上工业利润		固定资产投资		社会消费品零售总额		出口（人民币）	
	全国	浙江	全国	浙江	全国	浙江	全国	浙江	全国	浙江
1—2 月	5.4	4.1	4.8	7.4	10.2	12.3	10.2	10.2	−13.1	−16.1
1—3 月	5.8	6.1	7.4	17.0	10.7	12.5	10.3	10.4	−4.2	−4.1
1—4 月	5.8	6.4	6.5	17.4	10.5	12.6	10.3	10.3	−2.1	0.3
1—5 月	5.9	6.5	6.4	16.6	9.6	12.6	10.2	10.5	−1.8	2.6
1—6 月	6.0	6.7	6.2	14.6	9.0	12.6	10.3	10.9	−2.1	2.8
1—7 月	6.0	6.9	6.9	14.8	8.1	11.8	10.3	10.9	−1.6	4.0
1—8 月	6.0	6.9	8.4	17.2	8.1	11.4	10.3	10.9	−1.0	5.1
1—9 月	6.0	6.6	8.4	15.2	8.2	11.1	10.4	10.9	−1.6	2.7
1—10 月	6.0	6.4	8.6	16.2	8.3	10.2	10.3	10.8	−2.0	2.0
1—11 月	6.0	6.1	9.4	16.3	8.3	10.7	10.4	10.9	−1.8	3.3
1—12 月	6.0	6.2	8.5	16.1	8.1	10.9	10.4	11.0	−2.0	2.8

经济增速处于合理区间，三产比重首次突破 50%。2016 年，全省生产总值(GDP)46485 亿元，按可比价格计算，比上年增长 7.5%，增速高于全国(6.7%)0.8 个百分点。分季度看，一季度增长 7.2%，上半年增长 7.7%，前三

季度增长 7.5%。分产业看,第一产业增加值 1966 亿元,增长 2.7%;第二产业增加值 20518 亿元,增长 5.8%;第三产业增加值 24001 亿元,增长 9.4%。三次产业比例为 4.2∶44.2∶51.6,三产比重比上年提高 1.8 个百分点,一、二产业比重分别下降 0.1 个和 1.7 个百分点。人均 GDP 为 83538 元,增长 6.7%,按当年平均汇率折算,为 12577 美元。主要经济指标呈现平稳增长态势,增速快于全国(见表 1)。

(一)三大产业稳中有进

工业平稳增长。2016 年,全部工业增加值 17974 亿元,比上年增长 6.2%;其中,规模以上工业增加值 14009 亿元,增长 6.2%,增速高于上年 1.8 个百分点,高于全国 0.2 个百分点。重工业增长快于轻工业,增加值分别增长 8.6%和 3.0%,其中汽车制造、通信电子、石油加工、仪器仪表等行业增长较快,分别增长 24.5%、19.4%、18.0%和 11.1%。服务业增长较快。服务业增加值增速快于 GDP 增速 1.9 个百分点,对 GDP 的增长贡献率达 62.9%。其中,批发和零售、交通、住宿和餐饮业、金融、房地产业、营利性服务业、非营利性服务业增加值分别增长 5.9%、5.2%、5.5%、3.9%、11.9%、20.6%和 8.8%。规模以上服务业企业(不含批零住餐、银证保和房地产)营业收入 10573 亿元,增长 21.1%,高于全国 10.1 个百分点,居全国第 2 位。农业生产有所提速。2016 年,农林牧渔业增加值 2002 亿元,增速由一季度的 1.4%、上半年的 1.8%,提升至全年的 2.8%,增速比上年提高 1.2 个百分点。全年粮食总产量 752 万吨,与上年持平。其中:早稻总产量增长 9.0%,单产增长 10.1%;秋粮总产量增长 1.2%,单产增长 1.7%。效益农业发展态势良好。预计蔬菜、中药材、花卉苗木、果用瓜播种面积分别增长 3.0%、13.4%、9.9%和 2.2%。畜牧业生产下降,渔业生产增长。预计肉类总产量 118.1 万吨,下降 9.9%。其中:猪肉产量 90.7 万吨,下降 12.2%;水产品产量 635 万吨,增长 5.5%。

(二)三大需求总体平稳

投资平稳增长。2016 年,固定资产投资 29571 亿元,比上年增长 10.9%,增速高于全国 2.8 个百分点。项目投资 22102 亿元,增长 13.0%,保持较快增长;房地产开发投资 7469 亿元,从一季度的下降 1.7%回升到全年的增长 5.0%。新开工项目投资等先行指标增长较快,新开工项目 36732 个,增长 22.0%,新开工项目投资增长 22.1%。消费稳定增长。社会消费品零售总额 21971 亿元,增长 11.0%,增速比上年高 0.1 个百分点,比全国高 0.6 个百分点。下半年各月累计增速基本稳定在 10.9%左右,全国在 10.3%左右。汽车类零售额逐月回升,增速从一季度的 4.3%回升到上半年的 6.1%和全年的

9.3%。出口增速领先全国。2016 年,进出口总值 22202 亿元,比上年增长 3.1%,其中:出口 17666 亿元,增长 3.0%,增速领先全国(-2.0%);进口 4536 亿元,从前三季度的下降 0.9%转为增长 3.7%,自 11 月开始结束了 2014 年 7 月以来连续 27 个月的下降态势。占全国出口市场份额为 12.8%,比上年提高 0.6 个百分点。

二、从结构动力看,转型升级态势明显,新动能加快成长

在新旧发展动能接续转换的关键时期,省委省政府全面落实创新驱动发展战略,推动大众创业、万众创新,着力补齐科技创新等六大短板,新产业、新技术、新产品、新业态、新模式和新服务加快成长,有力推动了经济增长。

(一)新产业加快增长

表 2　2016 年规模以上工业分产业增加值及增速

	1—12 月		1—9 月	1—6 月	1—3 月
	增加值(亿元)	增长%	增长%	增长%	增长%
规模以上工业增加值	14009	6.2	6.6	6.7	6.1
高新技术产业	5624	10.1	9.3	8.7	8.3
装备制造业	5430	10.9	10.5	9.5	9.9
战略性新兴产业	3206	8.6	8.7	8.7	7.9
七大产业中					
信息经济核心产业制造业	1600	13.6	13.6	12.8	13.3
环保制造业	1308	7.4	8.5	9.0	7.7
健康制造业	546	8.9	8.8	10.2	10.6
时尚制造业	1286	5.2	7.1	8.1	8.3
高端装备制造业	1957	9.6	10.7	11.9	12.7

七大产业中,信息经济核心产业、高端装备、健康产业制造业增加值增长较快(见表 2),预计全年信息经济核心产业增加值比上年增长 12%以上,旅游业增加值增长 10.6%。高新技术产业、装备制造业、战略性新兴产业增加值分别占规模以上工业的 40.1%、38.8%和 22.9%,比重比上年提高 2.0 个、2.0 个和 0.5 个百分点,对规模以上工业的增长贡献率分别达 68.5%、65.0%和 31.0%。从 31 个制造业行业大类看,25 个行业保持正增长,其中:汽车制造

(24.5%)、通信电子(19.4%)、石油加工(18.0%)、仪器仪表(11.1%)、专用设备(9.5%)、医药(8.5%)、电气机械(8.2%)等行业增加值增长较快。规模以上服务业企业中,信息传输、软件和信息技术等行业持续保持强劲发展势头,营业收入和利润分别增长 34.4%和 42.7%。

(二)新产品较快增长

2016 年,规模以上工业新产品产值增长 11.6%;新产品产值率为 34.3%,比上年提高 2.3 个百分点,对规模以上工业总产值的增长贡献率达 90.2%。列入国家"三新"统计的 10 种新产品产量中,有 6 种呈两位数增长,其中,新能源汽车、智能电视、光纤、智能手机、光缆和太阳能电池分别增长 19.9 倍、29.1%、28.5%、25.1%、18.0%、11.8%,生产工业机器人 3169 套。

(三)新业态、新方式蓬勃发展

网络消费快速增长。2016 年,网络零售额突破万亿元,达 10307 亿元,比上年增长 35.4%;省内居民网络消费 5252 亿元,增长 30.9%。限额以上批零业通过公共网络实现的商品零售额增长 58.3%。预计跨境电商零售出口 320 亿元,增长 41.6%。网络销售带动了信息消费和快递业务快速增长,全年移动互联网流量 6.3 亿 G,增长 93.2%;电信业务量 2465 亿元,增长 55.9%;快递业务量 59.9 亿件,增长 56.3%。服务贸易增长较快。2016 年全年服务贸易进出口额 3173 亿元,增长 15.2%,其中出口增长 17%,服务贸易总额占外贸总额的 12.5%左右,比上年提高约 1.2 个百分点。

(四)新服务、新模式不断涌现

基于大数据、云计算、物联网的服务应用和创业创新日益活跃,创意设计、网络约车、在线医疗、远程教育、网上银行等新型服务模式给居民生活带来便利,进一步拓展了消费领域。浙江省医院预约诊疗服务平台累计注册用户 600 多万人,预约总量超过 2700 万人次,预约成功率 70%以上。集休闲、购物、餐饮、娱乐为一体的城市综合体快速发展,农家乐不断创新升级为民宿和乡俗旅游,成为农民增收的新途径。据省农办资料,2016 年,全省农家乐经营村点达 3484 个,接待游客 2.8 亿人次。

(五)创新创业氛围愈浓

一是加大特色小镇的培育发展,促进金融、人才、技术等高端要素进一步集聚。

前三季度,130 个省级特色小镇投资 1101 亿元,在建亿元以上项目 748 个,集聚各类创业人才 2 万余人,新入驻企业 10224 家。二是大力支持企业加强研发,强化企业创新的主体地位。2016 年,财政科技支出增长 7.3%,规模以上工业企业科技活动经费支出增长14.9%,预计全社会研究与试验发展经费支出1130亿元左右,增长11.7%。全年技术市场交易额达288亿元,增长42.8%,年末高新技术企业和科技型中小微企业家数累计分别达到9474家和31584家。三是加大"放管服"改革力度,市场新生力量不断增加。2016年,新设市场主体95.8万户,其中:新设企业30.8万户,比上年增长21.3%;新设个体工商户64.5万户,增长16.2%。截至12月底,全省在册市场主体528.6万户,其中,企业168.4万户,分别增长12.2%和16.4%。四是浙商回归项目持续增长。预计2016年全年浙商回归项目累计到位资金3450亿元,比上年增长12.5%,超额完成全年目标任务。其中,新引进总投资10亿元以上项目90个,15亿元以上项目62个,30亿元以上项目21个。五是引进外资和对外投资稳步提升。全年新批外商投资企业2145家,实际利用外资1176亿元,增长11.1%,为全面完成"五年五千亿"目标任务奠定了坚实基础。预计全年对外直接投资备案额168.9亿美元,增长20.7%,对外实际投资多了99亿美元左右。

(六)大型企业、大项目对经济增长的贡献较大

2016年,规模以上工业大型企业增加值增长7.9%,增速高于中型企业(4.7%)和小微企业(6.0%),对规模以上工业增加值的增长贡献率达40.8%,高于中型企业(25.1%)和小微企业(34.1%),高于上半年1.3个百分点。在投资新开工项目中,投资额在100亿元以上的项目6个;10亿—100亿元项目305个,比上半年增加188个,比上年增加148个。重大基础设施、重大产业项目、高新技术产业、生态保护和环境治理投资等重点领域投资分别增长35.3%、17.6%、14.3%和51.9%,均快于全部投资增速。

(七)民营经济的优势和活力继续提升

全国工商联发布的"2016中国民营企业500强"中,浙江上榜数(134家)居全国首位,连续18年蝉联全国第一。2016年新设私营企业、个体工商户和农民专业合作社占全部新设市场主体的98.7%。民营企业出口带动作用提升,全年出口额增长6.4%,占比达75.7%,比重比上年提高2.5个百分点。

三、从增长质量看,企业增效,百姓增收,生态良好

(一)财政收入稳定增长,民生支出保障有力

2016年,财政总收入9225亿元,一般公共预算收入5302亿元,比上年同口径分别增长7.7%和9.8%;其中,税收收入4540亿元,增长9.0%,占一般公共财政预算收入的85.6%。在地税收入中,国内增值税增长0.1%,营业税及改征增值税增长14.4%,企业所得税增长6.4%;非税收入762亿元,增长

15.3%。公共服务供给能力有效提升，民生实事积极推进。一般公共预算支出 6976 亿元，增长 4.8%，其中，一般公共服务、公共安全、教育、科技、社保就业、卫生计生、节能环保、城乡社区等八项民生支出 4873 亿元，增长 14.4%。

（二）企业利润较快增长

2016 年，规模以上工业企业利润总额 4323 亿元，比上年增长 16.1%，增速高于上年 11.1 个百分点，高于全国 7.6 个百分点，也高于江苏（10.0%）、山东（1.2%）和广东（11.0%）等沿海省份。主营业务收入利润率为 6.6%，比上年提高 0.7 个百分点，高于全国 0.6 个百分点，高于山东（5.8%）和广东（6.3%），略低于江苏（6.7%）。企业从业人员减少 1.6%，劳动生产率达 20.7 万元/人（折年），按可比价计算增长 7.9%。31 个制造业大类行业整体盈利，26 个行业利润增长。规模以上服务业企业营业利润 1613 亿元，增长 25.6%，增速比上年提高 10.3 个百分点，高于全国 26.7 个百分点。

（三）百姓获得感提升

2016 年，全省居民人均可支配收入 38529 元，比上年增长 8.4%，扣除价格因素增长 6.4%。城镇、农村常住居民人均可支配收入分别为 47237 元和 22866 元，增长 8.1%和 8.2%，扣除价格因素增长 6.0%和 6.3%。城乡居民人均收入倍差 2.066，比上年的 2.069 缩小 0.003。

（四）生态环境持续改善

预计全年万元 GDP 能耗 0.44 吨标准煤（2015 年价），规模以上工业万元增加值能耗比上年下降 3.7%。“五水共治”“三改一拆”成效显著。2016 年，“五水共治”新增城镇污水管网 3252 公里，河湖库塘清污（淤）量为 10100 万方，累计达 13652 万方，均超额完成年度目标任务。累计拆除违法建筑面积 1.54 亿平方米，“三改一拆”改造旧住宅区、城中村、旧厂区 3.4 亿平方米，均超额完成年度目标任务。环境质量改善。221 个省控断面中，达到或优于Ⅲ类水质的断面比例为 77.4%（年度目标 74%以上），比上年上升 4.5 个百分点，劣Ⅴ类断面占比 2.7%，比上年减少 4.1 个百分点。全省 69 个县级以上城市日空气质量达标天数比例平均为 88.4%，比上年上升 3.4 个百分点；PM2.5 平均浓度为 37 微克/立方米，比上年降低 6 微克/立方米。

四、从供给侧结构性改革看，“三去一降一补”扎实推进

（一）去产能有新进展

压减钢铁产能 388 万吨，国家下达的 5 年钢铁压减任务 1 年完成。预计全年淘汰落后和严重过剩产能企业 2000 余家，整治“脏乱差”和“低小散”企业（作坊）3 万家以上，处置僵尸企业 555 家，超额完成全年计划任务。2016 年，

规模以上工业产品中，纸浆、水泥熟料、人造板、水泥、粗钢产量分别下降19.5%、9.9%、7.8%、4.1%和1.6%。四季度，浙江工业企业平均产能利用率为80.7%，比一至三季度分别提高2.4个、0.7个和1.8个百分点。12月末，规模以上工业产成品存货比上年增长1.7%，低于主营业务收入2.4个百分点。

（二）去库存有新成绩

2016年，商品房销售面积8636万平方米，增长44.3%；商品房销售额9605亿元，增长52.5%，增速分别比上年提高16.3个和24.5个百分点。商品房待售面积从上年的增长21.4%转为下降0.5%，其中住宅待售面积下降9.2%。商品房去化周期从上年的22.2个月下降至11.7个月，其中住宅从15.8个月降至7.3个月，总体已回到合理区间。

（三）去杠杆有新起色

企业资产负债率稳步下降。12月末，规模以上工业企业资产负债率为55.4%，比上年下降1.8个百分点，低于全国0.4个百分点。31个制造业大类行业中，27个行业资产负债率比上年有不同程度的下降。规模以上服务业企业资产负债率51.5%，同比下降0.2个百分点。企业并购重组活跃，2016年，177家境内上市公司实施并购重组375次，并购投资规模达1616亿元。

（四）降成本有新成效

制定实施50条降低企业成本的政策举措。2016年，规模以上工业每百元主营业务收入中的成本为84.1元，低于上年(84.7元)0.6元，低于全国1.4元，也低于江苏(85.8%)、山东(87.9%)和广东(84.5%)；成本费用利润率为7.1%，比上年提高0.8个百分点；财务费用下降12.1%，其中利息支出下降12.6%，每百元主营业务收入中的财务费用由一季度的1.6元、上半年的1.5元降至全年的1.3元；企业税金增长6.1%，税金相当于主营业务收入的比重由一季度的4.6%降至全年的4.2%。

（五）补短板有新作为

围绕科技创新、交通基础设施、生态环境、公共服务有效供给、低收入农户增收致富、改革落地等六大领域制定实施补短板行动方案。2016年低收入农户人均可支配收入比上年增长19.2%。与此同时，全面深化“四张清单一张网”改革，扎实推进“放管服”改革，进一步增强了经济发展内生动力，激发了市场活力。

五、从要素供给看，存贷款、用电量和货运量回升

（一）存贷款同比多增

2016 年末，金融机构本外币存款余额 99530 亿元，增速从 6 月末的 8.7% 回升至 10.2%；全年新增存款 9229 亿元，同比多增 524 亿元。本外币贷款余额为 81805 亿元，增速从 6 月末的 6.0% 回升至 7.0%；全年新增贷款 5338 亿元，同比多增 381 亿元。在境内贷款余额中，住户贷款占到 34.2%，贷款余额增长 18.3%，其中中长期消费贷款余额（主要是个人住房贷款）增长 36.5%，增速继续提高，占到境内贷款余额的 20.3%；非金融企业及机关团体贷款余额增长 1.7%，其中中长期贷款增长 7.8%。新增社会融资规模 7485 亿元，同比多增 1194 亿元，扭转了连续 5 年下滑的势头，其中直接融资（股票和债券融资）2564 亿元，占社会融资规模增量的 34.3%，比上年上升 2.1 个百分点。

（二）用电量增速回升

2016 年，全社会用电量 3873 亿千瓦时，增速由上半年的 5.3% 上升至 9.0%，比上年上升 7.6 个百分点。其中，工业用电量 2761 亿千瓦时，增速从上半年的 4.0% 上升至 6.9%，比上年上升 7.4 个百分点；三产用电量 515 亿千瓦时，增长 15.0%。

（三）货运量增速回升

2016 年，全社会货运量 21.5 亿吨，增速由一季度的 2.0%、上半年的 6.3% 回升至 7.1%，比上年上升 4.1 个百分点。港口货物吞吐量 14.1 亿吨，增长 2.0%，其中，沿海港口吞吐量 11.4 亿吨，增长 3.9%，增速比上半年回升 1.8 个百分点。宁波—舟山港货物吞吐量达 9.2 亿吨，增长 3.7%，为全球首个“9 亿吨”大港。

六、从市场价格看，CPI 总体稳定，PPI 继续回升，房价高位趋稳

（一）CPI 温和上涨

2016 年，居民消费价格（CPI）上涨 1.9%，涨幅比上年回升 0.5 个百分点，低于全国 0.1 个百分点，其中，食品烟酒、教育文化和娱乐、其他用品和服务、衣着、医疗保健、居住、生活用品及服务类价格分别上涨 4.4%、2.7%、2.5%、1.5%、1.3%、1.0% 和 0.2%，交通和通信类价格下降 1.3%。其中，猪肉和鲜菜类价格同比分别上涨 16.0% 和 14.0%。

（二）PPI 降幅明显收窄

2016 年，工业生产者出厂价格（PPI）比上年下降 1.7%，购进价格下降 2.2%，降幅分别比上年收窄 1.9 个和 3.3 个百分点，大于全国 0.3 个和 0.2 个百分点。从月度看，12 月份，工业生产者出厂价格同比上涨 3.1%，自 11 月

份走出2012年以来连续58个月的下降区间后继续回升;环比上涨1.5%,连续6个月上涨。购进价格同比上涨6.9%,自10月份走出下降区间后继续回升;环比上涨2.4%,已连续10个月上涨。

(三)房价同比上涨,环比涨幅回落

12月份,全省新建商品住宅销售价格环比持平,涨幅连续3个月回落;同比上涨20.0%,涨幅连续2个月回落。11个设区市价格环比7涨3平1降,其中,宁波下降0.1%,为今年以来首次下降;杭州、湖州和舟山价格持平;嘉兴上涨0.6%,涨幅居首,温州、绍兴和台州均上涨0.4%,金华上涨0.2%,衢州和丽水均上涨0.1%。11个设区市价格同比均为上涨,其中:杭州、宁波、金华、湖州价格分别上涨28.6%、12.2%、6.6%和5.4%,涨幅分别比上月回落1.5个、0.4个、0.2个和0.1个百分点,嘉兴、温州、绍兴、舟山、台州、衢州、丽水分别上涨18.3%、4.7%、2.9%、2.5%、2.5%、2.0%、1.7%。在全国70个大中城市中,杭州、宁波、温州、金华4城市新建商品住宅销售价格同比涨幅分别居全国第6、21、41和33位。

七、从民生改善看,就业稳定,社会平安

(一)就业和保障切实加强

全年城镇新增就业116.2万人,超额完成全年目标,年末登记失业率为2.87%,比上年下降0.06个百分点。全省新增基本养老保险参保人数186万人,新增基本医疗保险参保人数35万人。四季度,浙江消费者就业信心、收入信心指数分别为120.3和116.9,连续3个季度上升。

(二)平安浙江建设深入推进

2016年,群众安全感满意率继续保持较高水平,为96.43%,比上年上升0.09个百分点。全省70%以上的县(市、区)群众安全感满意率高于96%。平安浙江建设在服务保障G20中进一步深化,96.52%的受访者认为在治安领域有安全感,继续保持高位且比上年有所提高;91.54%的受访者认为在生态环境领域有安全感,比上年提高5.09个百分点,改善明显。

(三)人口适度增长,城市化率提高

2016年末,全省常住人口5590万人,比上年增加51万人。城镇人口比重(城市化率)在67%左右,比上年的65.8%有所提高。预计杭、甬、温、金4市城市化平均水平达到71%,高出全省4个百分点。因二孩政策的全面实施,全省人口自然增长率预计提高至5.7‰,比上年的5.02‰高0.68个千分点,增速处于可控范围。

2016年,浙江经济主要指标增速处于合理区间,人代会《政府工作报告》确

定的年度预期目标顺利实现。但受国际国内环境复杂严峻和多方面因素的影响，浙江经济发展中还存在不少矛盾和问题，主要是：民间投资、工业投资增长不快，企业家信心需要进一步提振。地区、行业、企业分化，新旧动能尚处于接续转换过程中，转型升级较快的地区经济增长势头较好，而传统产业比重较大的部分地区经济增速减缓，纺织、服装、饮料、食品、皮毛羽、化纤、橡胶、塑料、金属制品等传统产业产值利润回落，外需市场依然不容乐观。房地产市场和金融风险隐患犹存，部分三、四线城市和非住宅类商品房库存压力仍较大；金融机构不良贷款和关注类贷款率仍然偏高，企业资金链、担保链风险依然突出。环境、交通等民生领域仍存在短板，城乡居民持续增收难度加大。

2017 年，浙江将全面落实习近平总书记赋予浙江的新使命、新要求、新方位，担当起向全世界展示中国方案、中国道路、中国智慧之鲜活样本的崇高使命，紧密团结在以习近平同志为核心的党中央周围，坚持稳中求进工作总基调，坚持以推进供给侧结构性改革为主线，适度扩大总需求，加强预期引导，坚定不移深化改革开放、强化创新驱动、打好转型升级系列组合拳、推动城乡区域协同发展、保障改善民生、提高发展质量效益，着力补齐短板，进一步弘扬浙江创业创新精神，真抓实干，推动浙江经济社会实现高质量均衡性发展，以优异成绩迎接党的十九大和省第十四次党代会胜利召开。

（综合处　傅吉青　黄洪琳）

附表 1　2016 年浙江主要经济指标完成情况

指标名称	计量单位	2016 年		2016 年目标
		绝对值	增长率(%)	
地区生产总值	亿元	46485	7.5	7—7.5
一般公共预算收入	亿元	5301.8	9.8	7
R&D 支出相当于 GDP 比例	%	2.43 左右	—	2.4 左右
规模以上工业增加值	亿元	14009	6.2	5 以上
固定资产投资	亿元	29571	10.9	10 以上
社会消费品零售总额	亿元	21971	11.0	10 左右
外贸出口总额	亿元	17666	3.0	适度增长
居民消费价格指数	%	—	1.9	3 左右
全省居民人均可支配收入	元	38529	8.4(6.4)	7.5 左右
城镇居民人均可支配收入	元	47237	8.1(6.0)	7.5 左右
农村居民人均可支配收入	元	22866	8.2(6.3)	7.5 左右
常住人口	万人	5590	0.9	
人口自然增长率	‰	—	5.7	5 左右
城镇登记失业率	%	2.87	−0.06 个百分点	4 以内
城镇新增就业人数	万人	116.2	—	80
万元生产总值能耗	吨标准煤 2015 价	0.44	超额完成	按国家下达的目标数值
化学需氧量排放量	万吨		超额完成	
二氧化硫排放量	万吨		超额完成	
氨氮排放量	万吨		超额完成	
氮氧化物排放量	万吨		超额完成	

注:居民人均可支配收入括号内数据为扣除价格因素保留后的增速,附表 2 同。

附表 2　2016 年浙江省主要经济指标进展情况

	1—12 月		1—9 月	1—6 月	1—3 月
	绝对值	增长%	增长%	增长%	增长%
地区生产总值（亿元）	46485	7.5	7.5	7.7	7.2
第一产业	1966	2.7	2.5	1.7	1.2
第二产业	20518	5.8	6.2	6.1	5.0
第三产业	24001	9.4	9.2	9.7	9.5
规模以上工业增加值(亿元)	14009	6.2	6.6	6.7	6.1
装备制造业	5430	10.9	10.5	9.5	9.9
高新技术产业	5624	10.1	9.3	8.7	8.3
战略性新兴产业	3206	8.6	8.7	8.7	7.9
规模以上工业销售产值(亿元)	67222	4.5	4.0	4.2	3.5
出口交货值	11837	1.4	1.1	1.0	0.1
规模以上工业利润总额(亿元)	4323	16.1	15.2	14.6	17.0
全社会用电量(亿千瓦时)	3873	9.0	7.9	5.3	6.5
工业用电量	2761	6.9	4.7	4.0	4.4
全社会货运量(亿吨)	21.5	7.1	5.4	6.3	2.0
固定资产投资(亿元)	29571	10.9	11.1	12.6	12.5
基础设施投资	9365	26.3	29.2	28.5	28.3
房地产投资	7469	5.0	0.8	−0.8	−1.7
商品房销售面积(万平方米)	8636	44.3	51.0	50.0	64.0
商品房销售额(亿元)	9605	52.5	59.5	58.0	83.0
社会消费品零售总额(亿元)	21971	11.0	10.9	10.9	10.4
网络零售额(亿元)	10307	35.4	34.2	35.4	31.9
进出口总额(亿元)	22202	3.1	2.0	1.7	−4.3
出口	17666	3.0	2.7	2.8	−4.1
进口	4536	3.7	−0.9	−2.7	−5.1
财政总收入(亿元)	9225	7.7	10.1	9.9	9.7

续 表

	1—12月		1—9月	1—6月	1—3月
	绝对值	增长%	增长%	增长%	增长%
一般公共预算收入	5302	9.8	11.6	11.9	10.4
金融机构本外币贷款余额(亿元)	81805	7.0	6.3	6.0	8.1
居民消费价格涨幅(%)		1.9	1.8	2.0	2.3
工业生产者出厂价格涨幅(%)		−1.7	−2.6	−3.3	−3.7
全省居民人均可支配收入(元)	38529	8.4 (6.4)	8.4 (6.5)	8.7 (6.6)	8.4 (6.0)
城镇常住居民人均可支配收入	47237	8.1 (6.0)	7.9 (5.9)	8.3 (6.2)	8.0 (5.6)
农村常住居民人均可支配收入	22866	8.2 (6.3)	8.4 (6.6)	8.6 (6.7)	8.4 (6.3)

2016 年一季度浙江经济开局良好

2016 年是实施“十三五”规划、全面建成小康社会决胜阶段的开局之年，面对复杂多变的国际国内宏观环境，浙江坚持以五大发展理念为引领，以“八八战略”为总纲，适应和引领经济发展新常态，坚定不移打好转型升级组合拳，着力加强供给侧结构性改革。一季度，全省经济运行平稳、开局良好、稳中有进，转型升级取得积极成效。但在国际贸易低迷和国内市场需求不振的环境下，出口下降，部分行业、企业经营困难，潜在的风险隐患仍然存在，保持经济平稳持续健康发展仍需努力。

一、经济运行开局良好、稳中有进

一季度，浙江省主要经济指标好于预期、好于全国。全省生产总值为 9356 亿元，按可比价格计算，同比增长 7.2%，增幅比全国高 0.5 个百分点，比上年同期和全年分别回落 1 个和 0.8 个百分点，处于年度预期目标的合理区间。其中，第一产业增加值 302 亿元，增长 1.2%；第二产业增加值 3979 亿元，增长 5%；第三产业增加值 5075 亿元，增长 9.5%。3 月份主要经济指标回升势头较好，工业产销、用电量和货运量、出口等指标企稳回升；投资、消费、贷款等指标增幅比 1—2 月提高，投资新开工项目、商品房销售大幅增长，房屋新开工面积快速回升，财政收入较快增长，企业利润增幅回升，居民收入稳定增长，就业稳定，CPI 涨幅扩大，PPI 降幅缩小。

（一）三大产业“一快两稳”

服务业较快发展。一季度，服务业增加值占 GDP 的 54.3%，对 GDP 的增长贡献率为 68.4%，拉动 GDP 增长 4.9 个百分点。其中，营利性服务业增长 18.3%，房地产业增长 14.8%，非营利性服务业增长 9.5%，金融业增长 8.8%。信息传输、软件和信息技术等行业持续保持强劲发展势头。1—2 月，规模以上服务业企业营业收入比上年同期增长 16.1%，增幅高于全国 6.5 个百分点，其中：信息传输、软件和信息技术服务业增长 29.1%，文化、体育和娱乐业增长 41.3%。

工业产销全面回升，增幅高于全国。一季度，全部工业增加值 3486 亿元，增长 4.7%。规模以上工业增加值 2888 亿元，增长 6.1%，增幅比上年同期和全年分别回升 1 个和 1.7 个百分点，与全国同期相比，从上年同期低于 1.3 个百分点到高于 0.3 个百分点。其中，3 月份增长 9%，比 1—2 月回升 4.9 个百分点，为上年以来月度最高增速；出口交货值转降为升，3 月份增长 6.9%，一季度为 2527 亿元，增长 0.1%，结束了连续 12 个月的下降态势。小微企业工业增加值增长 8.4%，高于大型(6%)和中型(2.7%)企业。生产增长的企业比重明显扩大。一季度，规模以上工业企业中，工业总产值同比增长的企业占 57.3%，比重比上年全年提高 4.3 个百分点。38 个行业大类中，30 个行业的增长面有所扩大。从前十大行业(按 2015 年增加值比重排列)看，增长面均比去年有明显提高，电气机械、化学、汽车制造、通信电子增速均快于全省平均增速，分别为 9%、6.3%、25.7%和 16.5%。3 月份，工业总产值增速超 100%、增速 50%—100%、增速 10%—50%的企业占全部企业的比重分别为 13.7%、10.2%和 24.0%，比 1—2 月提高 5.1 个、4.2 个和 3.4 个百分点，表明此轮回升的面相对比较广，为工业经济企稳回升奠定了较好的基础。

农业生产基本稳定。一季度全省农林牧渔业增加值增长 1.4%。受年初冰冻天气影响，春粮播种面积预计为 159.4 千公顷，比上年同期下降 18.6%。效益农业稳定发展，预计药材、花卉苗木、瓜果和蔬菜等播种面积比上年同期分别增长 12.3%、10.5%、4.0%和 2.3%。肉类总产量为 32.4 万吨，下降 27%，其中猪肉产量 25.2 万吨，下降 27.9%；水产品产量为 111.5 万吨，增长 6.0%。

(二)三大需求“两稳一降”

投资平稳增长，新开工项目快速增长。一季度，固定资产投资总额 5424 亿元，比上年同期增长 12.5%，增幅高出全国 1.8 个百分点，也高于江苏、山东、广东 3.2 个、1.9 个和 0.4 个百分点。其中，项目投资(除房地产投资外)增长较快，增长 18.8%；房地产投资延续上年以来的回落走势，下降 1.7%，降幅比上年全年和今年 1—2 月分别收窄 0.4 个和 2.7 个百分点。新开工项目投资等先行指标快速增长。年初全省进行了扩大有效投资 614 个重大项目集中开工仪式，有力地促进了一季度新开工项目投资的快速增长。一季度，投资新开工项目 7753 个，增长 59.9%，新开工项目投资增长 51%，增幅比全部投资高 38.5 个百分点。房地产投资中的房屋新开工面积和购置土地面积分别增长 34.7%和 56.4%。

消费稳定增长，增幅逐步提高。一季度，社会消费品零售总额 5026 亿元，比上年同期增长 10.4%，增幅比 1—2 月提高 0.2 个百分点，与上年同期同口径相比，提高 1.8 个百分点，高于全国 0.1 个百分点。

进出口降幅收窄,出口份额稳定。一季度,进出口总值为 4563 亿元(703 亿美元),下降 4.3%(−9.7%),降幅比 1—2 月收窄 10.3(9.5)个百分点。其中,进口 978 亿元(150 亿美元),下降 5.1%(−10.6%),降幅比 1—2 月收窄 2.3(2)个百分点;出口 3586 亿元(552 亿美元),下降 4.1%(−9.5%),降幅比 1—2 月收窄 12(11.1)个百分点,其中 3 月份增长 41%。以人民币计价的出口降幅小于全国 0.1 个百分点,小于上海(−4.7%),大于广东(−1.4%),江苏(3.6%)、福建(2.3%)和山东(1.9%)为正增长;一季度出口占全国的份额为 11.9%,与上年同期持平。

实际利用外资和境外投资较快增长。一季度,新批对外投资项目 386 个,实际利用外资 278.5 亿元,增长 16.9%。境外企业和机构对外直接投资 376.2 亿元,增长 70.7%,其中,并购项目 48 个,并购额 24.5 亿美元,分别增长 1.2 和 8.1 倍。对"一带一路"沿线国家投资项目 45 个,投资 24.8 亿美元,增长 1.6 倍。

(三)三大收入"两升一稳"

财政收入较快增长,民生支出力度进一步加大。一季度,财政总收入和一般公共预算收入分别为 2583 亿元和 1526 亿元,比上年同期增长 9.7%和 10.4%,增幅同比上升 1 个和 1.8 个百分点。税收收入 1307 亿元,增长 9.1%,增幅比 1—2 月回升 0.6 个百分点,税收收入占一般公共预算收入的 85.7%,比重同比回落 1.2 个百分点。非税收收入 218 亿元,增长 19.2%。一季度,一般公共预算支出 1352 亿元,增长 3.1%,增幅比 1—2 月回升 1.7 个百分点。与民生相关的公共安全、卫生计生、社保就业、公共服务、教育等支出较快增长,增幅均在 15%以上。

企业利润增幅上升,减员增效成效显著。一季度,规模以上工业实现利润总额 751 亿元,增长 17%,增幅比上年全年上升 12 个百分点,高于主营业务收入 15.5 个百分点。38 个大类行业中,21 个行业利润增长,其中,石油加工、汽车制造、农副食品、电气机械、医药制造等行业的利润增幅均在 30%以上。主营业务利润率为 5.6%。企业从业人员减少 2.1%,劳动生产率达 17.5 万元/人(折年),按可比价计算增长 8.4%。1—2 月,规模以上服务业营业利润增长 37.4%,增幅比上年全年提高 22.1 个百分点,其中,信息传输软件和信息技术服务业、文化体育和娱乐业营业利润分别增长 46.9%和 64.3%,增幅分别比上年全年提高 33.2 个和 11.4 个百分点。

居民收入稳定增长,支出保持增长。一季度,全省居民人均可支配收入为 12016 元,比上年同期增长 8.4%,扣除价格因素增长 6%。城镇、农村居民人均可支配收入分别为14427元和7729元，分别增长8%和8.4%，扣除价格因素分别增长5.6%和6.3%。城乡居民人均收入倍差为1.87，低于全国的2.59。全省居民人均生活消费支出7029元，增长5.4%，城镇、农村居民人均消费支出分别为8060元和5197元，增长3.5%和10.3%，农村快于城镇。

(四)三大价格“两涨一降”

CPI总体稳定，涨幅同比有所扩大。一季度，全省居民消费价格同比上涨2.3%，涨幅与1—2月持平，高于上年同期和全年1.7个和0.9个百分点，高于全国0.2个百分点，其中：3月份同比上涨2.3%，涨幅与全国持平；环比下降0.5%。八大类消费价格同比“七涨一跌”，其中，食品烟酒和教育文化娱乐类涨幅较大，分别为6.3%和3.5%，食品价格上涨与鲜菜、猪肉价格大幅上涨有关，分别上涨34.7%和22%，拉动CPI上涨0.4个和0.8个百分点；衣着、居住、其他用品和服务、医疗保健、生活用品及服务分别上涨1.5%、0.9%、0.8%、0.2%、0.1%；交通和通信类价格下降2%。

PPI同比下降，环比回升。一季度，工业生产者出厂价格和购进价格同比下降3.7%和6.4%，降幅比1—2月收窄0.1个和0.3个百分点。3月份，工业生产者出厂价格和购进价格同比分别下降3.4%和5.9%；环比分别上涨0.3%和0.5%，其中，黑色金属、有色金属、化纤制造业产品出厂价格环比分别上涨3.2%、2.7%和2.2%，成为拉动PPI环比价格上涨的主要因素。我省工业品生产者出厂价格降幅比全国要小1.1个百分点，而购进价格降幅比全国要大0.9个百分点。出厂价格下降较多的部门主要是石油、冶金、建材、化学、纺织工业，分别下降14.2%、9.1%、7.5%、6.5%、3.1%。购进价格下降较多的主要是建材、黑色金属、燃料动力、有色金属及电线、化工原料类，分别下降13.1%、12.5%、11.5%、9.7%、7.7%。

房价持续上涨，台州等地仍然下降。受多项房地产市场利好政策影响，新建商品住宅销售价格继续攀升。3月份，全省新建商品住宅销售价格环比上涨1.7%，连续12个月呈现逐月攀升态势；同比上涨7.8%，涨幅比上月扩大2.1个百分点，为2015年9月份止跌回升以来的最大涨幅。在全国70个大中城市中，杭、甬、温、金4城市的新建商品住宅销售价格同比涨幅居前，且比上月扩大，分别为11.9%、7.2%、4.2%和3.2%，居全国第7、并列第11、15和18位。11个设区市新建商品住宅销售价格环比普涨，上涨的城市比上月增加4个，其中，涨幅较大的是杭(2.3%)、甬(1.6%)、温(0.5%)；同比7涨3降1平，其中，涨幅较大的是杭、甬、温；降幅较大的是台、衢、舟，分别下降3.1%、0.8%和0.5%。

（五）就业稳定，社保加强

一季度，杭、甬、温、台 4 城市调查失业率呈逐月走低态势，劳动参与率环比上升。据省人力社保厅资料，一季度城镇新增就业 25.6 万人，城镇登记失业率为 2.97%。3 月末，基本养老保险参保人数达 3727.2 万人，其中，企业职工参保 2343.6 万人；基本医疗保险参保人数 4913.5 万人，其中，城镇职工基本养老保险参保人数 1951.3 万人。

（六）金融机构存贷款同比多增，社会融资规模进一步扩大

3 月末，金融机构本外币存款余额为 93431 亿元，同比增长 10.7%，增幅与上月末持平；新增存款 3129 亿元，同比多增 359 亿元。本外币贷款余额 79587 亿元，增长 8.1%，增幅比上月末回升 0.4 个百分点，比上年末回升 1 个百分点；新增贷款 3120 亿元，同比多增 1004 亿元。在非金融企业及机关团体贷款中，短期贷款下降 3.4%，中长期贷款增长 9.1%，票据融资继续快速增长，增幅达 117.6%。1—2 月，全省社会融资规模增加 2475.6 亿元，同比多增 592 亿元，其中，直接融资（股票和债券）同比多增 420 亿元，占 70.9%。

（七）工业用电量和货运量转降为升

全社会用电量增速从 1—2 月的 2.3%回升至 3 月份的 13.9%，一季度增长 6.5%，其中，工业用电量转降为升，同比增速从下降 1.5% 转为增长 13.4%，一季度增长 4.4%；服务业用电量增长 11.9%。一季度，全社会货运量 41775 万吨，同比增长 2%，比 1—2 月回升 4.7 个百分点。全省港口货物吞吐量 3.26 亿吨，增长 0.9%，比 1—2 月回升 3.6 个百分点，其中，沿海港口货物吞吐量 2.73 亿吨，增长 1.9%。

二、转型升级取得积极成效

（一）结构调整取得新进展

一是工业结构趋新趋优。一季度，装备制造、高新技术和战略性新兴产业增加值分别比上年同期增长 9.9%、8.3%和 7.9%，增幅均高于规模以上工业，高新技术产业对工业增长的贡献率达 49%，拉动规模以上工业增长 3 个百分点。汽车制造业增加值增长 25.7%，实现利润增长 68.5%，分别拉动全省规模以上工业增加值和利润总额增长 1.5 个和 5.2 个百分点，增长贡献率达 24.7%和 30.9%。而八大高耗能行业增幅低于规模以上工业，增加值增长 5.3%，按可比价计算占规模以上工业的 34.2%，比重同比降低 0.3 个百分点。

二是投资结构持续改善。投资大项目明显增多。在一季度新开工项目中，计划投资在 10 亿—100 亿元项目有 48 个，比上年同期增加 26 个；完成投资 156 亿元，增长 2.3 倍，占新开工项目投资额的 11.9%，比重同比上升 6.5

个百分点。重大产业和基础设施投资较快增长。一季度，工业和制造业投资分别增长8.4%和9%，分别占投资总额的31.1%和26.8%。其中，高新技术产业投资增长16.3%，增幅同比提高6.9个百分点。以"机器换人"为重点的工业技术改造投资1210亿元，增长20.5%，增幅同比提高13.7个百分点，占工业投资的71.7%，比重同比提高7.2个百分点。服务业项目投资（除房地产开发外）增长27.6%，占固定资产投资的40.7%，比重同比提高4.8个百分点，其中生态环保投资增长36.1%。基础设施投资增长28.3%，占固定资产投资的28.2%，对投资增长的贡献率达56%，拉动投资增长7个百分点。在全部新开工项目中，工业投资占55.3%，基础设施投资占32.3%。浙商回归继续保持良好发展态势。一季度，浙商回归新引进项目446个（浙商资本回归项目68个），累计省外到位资金907亿元，完成全年目标任务的26.7%。其中：浙商回归产业项目省外到位资金734.8亿元，完成全年目标任务的26.2%，同比增长14.5%；浙商资本回归省外到位资金172.5亿元，完成全年目标任务的28.8%，同比增长92.1%。

三是消费升级态势明显。一季度，限额以上单位商品零售额中，汽车、石油及制品类平稳增长，零售额分别增长4.3%和3.4%，占限额以上单位商品零售额的48.8%。与住房有关的家具、建筑装潢材料、五金电料类零售额增幅分别为70.2%、37.2%和27.4%。同时文化消费类商品销售情况较好，文化办公用品、电子出版物及音像制品和通讯器材类零售额增幅分别为49.4%、21.4%和20.1%，增速均快于社会消费品零售总额增速。餐饮、旅游消费热度不减。一季度，在社会消费品零售总额中，餐饮收入为507亿元，同比增长11.2%，增幅同比提高2.2个百分点。1—2月，实现国际旅游（外汇）收入8.8亿美元，同比增长9.5%；实现国内旅游收入950亿元人民币，增长8%。全省旅行社组织出境游客33万人次，同比增长18.5%。

四是出口结构不乏亮点。民营企业出口比重进一步提高。一季度，全省民营企业出口下降0.5%，降幅小于全省平均，占全省出口总额的73%，比重同比提高2.9个百分点。高新技术产品、文化产品和部分传统产品出口逆势增长。高新技术产品出口255亿元，增长11.6%，占全省出口总额的7.1%，比重同比提高1个百分点。半导体元器件（增长58.4%），太阳能电池（增长61.2%）、集成电路（增长2.3倍）快速增长拉动高新技术产品出口增长。机电产品出口下降3.1%，其中，空调、摩托车、录放像机分别增长32%、19.5%、51.5%。文化产品出口增长3.2%，医药品和医疗仪器分别增长4.1%和13.7%，灯具、寝具和玩具分别增长8.2%、6.2%和25.1%。新型贸易方式快速发展。义乌市场采购贸易改革红利继续释放，3 月出口开始回升；海宁市场采购贸易开始起步，至 4 月 6 日报关出口 4 亿多元。服务贸易出口比重提升。一季度，全省实现服务贸易出口 433.8 亿元，增长 15.7%，占全省货物和服务贸易出口的 10.8%，同比提高 1.5 个百分点，保险、通信、文化和教育等新兴领域增长加快。

（二）“双创”态势良好

一是创新驱动不断增加。一季度，地方财政科技支出 34.2 亿元，同比增长 18%，增幅同比提高 16.5 个百分点。规模以上工业科技活动经费支出 170 亿元，增长 9.3%，增幅高于主营业务收入 7.8 个百分点。全省发明专利授权量为 4026 件，同比增长 53%。

二是以特色小镇为主要载体的众创平台加快推进。2015 年，首批 37 个特色小镇完成固定资产投资 478 亿元，实现营业收入 982 亿元，其中，特色产业固定资产投资和营业收入分别为 288 亿元和 654 亿元，占 60.3% 和 66.6%。诸暨袜艺小镇、海宁皮革时尚小镇营业收入均超过 150 亿元，呈现良好的发展态势。

三是市场主体活力进一步释放。据省工商局资料，一季度新设企业 6.1 万户，同比增长 30.5%；新设个体工商户 11.9 万户，同比增长 9.9%。截至一季度末，全省在册市场主体 482.8 万户，增长 12%；注册资本（金）总额 10.3 万亿元，增长 34%。其中：企业 149.5 万户，增长 14.4%；个体工商户 326.1 万户，增长 11%；农民专业合作社 6.4 万户，增长 5.7%。

（三）新经济动能不断累积

一是新产业、新技术、新产品快速发展。七大产业发展较快。一季度，在规模以上工业中，信息经济核心产业、高端装备、健康、时尚、节能环保制造业增加值分别为 305 亿元、346 亿元、121 亿元、272 亿元、205 亿元，同比增长 13.3%、12.7%、10.6%、8.3% 和 7.7%，增幅均高于规模以上工业。在战略性新兴产业中，新一代信息技术和物联网、新能源、新能源汽车、生物、海洋新兴产业增加值增长较快，分别为 12.1%、10%、19.6%、12.5% 和 10%，均快于规模以上工业增速。新产品产值快速增长。规模以上工业新产品产值 4467 亿元，同比增长 14.0%，增幅比规模以上工业产值高 10.5 个百分点；新产品产值率为 31.1%，同比提高 2.9 个百分点。

二是“互联网+”等新业态蓬勃发展。据省商务厅统计，一季度，全省网络零售额 1618 亿元，同比增长 31.9%，增幅比社会消费品零售总额快 21.5 个百分点，其中省内居民网络消费 813 亿元，增长 24.3%。网络购物带动快递业务快速增长。一季度快递业务量 10.2 亿件，同比增长 67.1%。信息消费快速增长。一季度，全省移动互联网流量 1.24 亿 G，同比增长 90.6%。杭州跨境电商综试区试点经验被全国复制推广，宁波跨境电商综试区正式获批，省级跨境电子商务创新发展示范区建设稳步推进。据海关统计，一季度跨境电商出口 10.4 亿元，进口 22.7 亿元。外贸综合服务平台出口增长 1.5 倍。

三是新服务、新模式不断涌现。在技术创新的驱动下，移动互联网与传统行业加速渗透融合，催生新的服务模式。网络约车、在线医疗、远程教育等新型服务模式不断释放消费潜力，集休闲、购物、餐饮、娱乐为一体的城市综合体快速发展，农家乐不断创新升级为民宿和乡俗旅游，成为农民增收的新途径。

（四）供给侧结构性改革成效初显

今年以来，各地加快以“三去一降一补”为重点的供给侧结构性改革，着力解决传统行业产能过剩和房地产库存过高等突出矛盾和问题，取得了积极进展。

去产能、去库存成效显现。据省经信委初步统计，一季度淘汰落后和严重过剩产能涉及企业近 500 家，整治“脏乱差”和“低小散”企业（作坊）约 4000 家。部分产能过剩行业产品产量下降。一季度，规模以上工业产品产量中，粗钢下降 4.9%，生铁下降 4.2%，水泥熟料下降 9.7%。而随着市场需求的回升，部分产品产量转降为升，十种有色金属产量由 1—2 月的下降 6.2%转为上升 6.4%，钢材产量由下降 1.2%转为上升 3.8%，水泥产量由下降 23.1%转为上升 1.6%。3 月末，规模以上工业产成品存货为 3101 亿元，同比仅增长 1%，比上年末减少 209 亿元。

工业品价格降幅收窄。在适度扩大内需、加快供给侧结构性改革等一系列政策措施作用下，以及部分大宗商品国际市场价格反弹的影响下，市场供求关系出现一些积极变化。1—3 月，工业生产者出厂价格同比分别下降 3.9%、3.7%和 3.4%，与上年 8 月份以来各月降幅均居 4%以上相比，降幅连续 3 个月收窄。

房地产去库存成效明显。房地产销售市场价量齐升，部分板块再现火爆行情。一季度，全省商品房销售面积 1480 万平方米，增长 64%，商品房销售额 1661 亿元，增长 83%，增幅比上年全年分别提高 36 个和 55 个百分点，同比提高 49 个和 73.5 个百分点。据省城建厅资料，3 月末，全省 11 个设区市城市商品房去库存化周期为 17.7 个月，比 2 月份减少 1.9 个月，其中，住宅为 11.2 个月（1、2 月为分别 13.2 个月、12.6 个月），呈逐月下降态势；其中，杭州（8.8 个月）、温州（6.7 个月）和衢州（9.9 个月）已低于 10 个月。

去杠杆积极推进。企业资产负债率稳步下降。2 月末，规模以上工业和服务业企业资产负债率分别为 56.9％和 51.3％，同比下降 1.2 个和 0.7 个百分点。企业股份制改造和并购重组加快推进。一季度，新增境内上市公司 1 家，新增证券市场融资 505 亿元，3 月末境内上市公司已达 300 家，数量居全国第二。新增新三板挂牌企业 123 家。企业并购重组活跃，54 家境内上市公司实施并购重组 60 次，涉及金额达 550 亿元，是上年同期的 1.6 倍。

企业生产成本有所控制。一季度，全省规模以上工业企业工业主营业务成本同比增长 0.2％，与上年同期增长 0.4％相比回落 0.2 个百分点。每百元主营业务收入中的成本为 83.5 元，低于上年同期(84.7 元)和上年全年(84.7 元)。销售费用增长 6.4％，增幅同比回落 2 个百分点；财务费用下降 6.2％，其中利息支出下降 11.4％。

（五）生态环境不断改善

节能减排成效明显。一季度，规模以上工业单位增加值能耗下降 2.0％。38 个行业大类中，22 个行业的单位增加值能耗下降，下降面达 57.9％。八大高耗能行业单耗下降 1.3％，其中非金属制品、石油加工、黑色金属等行业单耗下降 9.0％、6.9％、4.9％。化学需氧量、氨氮、二氧化硫和氮氧化物排放量持续下降，2015 年分别下降－5.77％、4.62％、－6.35％和 11.69％。“五水共治”力度加大，源头控制、截污纳管、达标排放、河道清淤等各项工作统筹推进。一季度，“五水共治”新增城镇污水管网 525.9 千米，完成年度目标 26.3％。城乡环境得到综合治理。“三改一拆”、无违建县创建、“四边三化”等工作推进力度加大。一季度，“三改一拆”拆违 1437 万平方米，改造旧住宅区、城中村、旧厂区 1940 万平方米，旧住宅区、城中村改造受益群众户数 8.36 万户。据省环保厅资料，跨行政区域河流交接断面水质达标率 82.5％，同比提高 17.7 个百分点，地表水劣Ⅴ类断面个数下降 17％，县级以上集中式饮用水水源地水质达标率 92％，同比提高 5.2 个百分点；环境空气 PM2.5 浓度均值为 57 微克/立方米，同比下降 6.6％，设区市城市空气质量优良达标天数比例为 77.5％，同比提高 6.5 个百分点。

三、经济运行存在的困难和问题

受国内外发展环境和多方面因素的影响，浙江经济运行也存在不少困难和问题。

（一）出口和工业回稳的压力较大

虽然 3 月份全省出口增速反弹至 41％，但一季度仍然下降 4.1％，与上年同期增长 13.4％落差 17.5 个百分点。出口下降与国际经济形势严峻复杂、需求低迷有关。国际货币基金组织(IMF)于4月12日再次调低2016年全球的经济增长预期。IMF预测2016年和2017年全球经济将分别增长3.2%和3.5%,分别比1月份该组织发布的预测数据下调0.2个和0.1个百分点,增长预期降至6年来最低水平。世行1月份预计2016年全球经济增长2.9%,低于上年6月份预测的3.3%,但高于2015年的2.4%。大宗商品价格虽有回升但仍处低位,贸易以及资本流动放缓。世界贸易组织(WTO)2016年4月7日预计,2016年全球贸易将增长2.8%,低于前次预估的3.9%。尤其是中东地区政局持续动荡,拉美、非洲等新兴经济体经济持续下滑、汇率波动剧烈。一季度,我省对中东、拉美、非洲出口分别下降12.1%、22.2%和10.5%,合计减少出口158.6亿元,影响全省出口下降4.2个百分点。劳动密集型产品依靠劳动力低成本的优势弱化。一季度,纺织服装、鞋、箱包等劳动密集型产品影响全省出口下降1.2个百分点。据省商务厅对近万家企业的调查显示,有15.5%企业遭遇出口订单转移。虽然一季度规模以上工业增加值增速回升超出预期,但由于我省规模以上工业中直接出口和间接出口的比例高达一半左右,出口市场需求疲弱直接影响工业增长,工业持续回升的基础不够稳固。

(二)部分行业、企业生产经营困难

经济分化本身是经济结构调整的表现,是新旧动力转换接替过程的必然结果,但正在成长的新的增长动力目前尚不足于取代正在消退的旧动力。从行业看,信息传输、软件、信息技术等服务业增长较快,而建筑业、交通运输、批发零售、住宿餐饮增速较缓。一季度,建筑业增加值增长6.6%,增幅比上年全年回落2.8个百分点;交通运输、仓储和邮政业增加值增长2.4%,回落3.3个百分点;批发零售和住宿餐饮增加值分别增长5.0%和5.8%;规模以下工业增加值仅增长1.5%,回落4.3个百分点。这也是在市场需求变化下各地主动调整、加大淘汰"低小散"和高污染企业、小作坊的一种客观反映。在规模以上工业31个制造业行业大类中,近一半行业下降或略增(4个下降,11个低于4%),其中,烟草制品、酒饮料和精制茶制造、化学纤维制造业分别下降8.1%、7.1%和4.4%。1—2月,有13个行业利润下降或全行业亏损,其中,化纤、食品制造、非金属矿物制品、印刷、有色金属、烟草等利润降幅在20%以上。

从企业看,一批企业主动通过科技创新、机器换人等成为产业转型升级的引领者,市场份额上升;但也有相当多的企业生产经营困难。特别是数量众多的规模以下工业生产低速增长。规模以上企业亏损面也有所扩大。3月末,规模以上工业有亏损企业10572家,亏损面达25.7%,同比扩大0.1个百分点,亏损企业亏损额相当于利润总额的19.1%。规模以上工业企业应收账款

9903 亿元，增长 9.5%，增幅高于主营业务收入 8 个百分点，部分企业资金回笼困难。

（三）去产能、去库存、防风险压力较大，供给侧改革任重道远

一是产能利用率低位徘徊，产能过剩问题依然严重。一季度，规模以上工业产能利用率为 76.5%，低于 70%的行业主要是非金属矿物制品、食品制造和加工、酒饮料茶制造、废弃资源综合利用等。规模以下工业中有 26.5%的企业产能利用低于正常水平。受产能过剩及需求萎缩影响，工业生产者出厂价格连续 51 个月下降。

二是商品房去库存压力犹存，待售面积仍然增长。新建商品住宅去库存周期虽然比上年同期明显下降，但部分三、四线城市商品房库存仍然较大，非住宅去库存周期（50 多个月）居高不下。一季度，全省商品房待售面积增长 17.4%。

三是金融机构不良贷款增加，企业两链风险依然存在。3 月末，全省金融机构不良贷款余额比年初增加 92.2 亿元；不良贷款率为 2.39%，比年初上升 0.02 个百分点。同时，关注类贷款余额达 3702.4 亿元，比年初增加 312 亿元，部分关注类贷款有可能向不良贷款转变。企业资金链和担保链风险、互联网金融等领域潜在的风险隐患依然存在。小微企业“贷款难”和银行“难贷款”问题交织。

总体来看，一季度浙江经济开局良好、运行平稳、稳中有升，回升势头好于预期，好于全国。但经济形势依然复杂严峻，结构调整阵痛仍在持续，经济稳定发展的基础尚不牢固。下阶段，要继续贯彻落实五大发展理念，从供需两端发力，打好转型升级组合拳，坚定不移地推进供给侧结构性改革，全力落实“三去一降一补”等重点任务，巩固提升经济运行中的积极变化，进一步夯实稳定增长的基础，化解风险隐患，保持经济平稳持续健康发展仍需努力。

附件：1. 附表 1：浙江省主要经济指标
　　　2. 附图 1—附图 3：工业、投资、消费、出口、价格等主要经济指标走势图

（综合处　傅吉青　黄洪琳）

附件

附表1　浙江省主要经济指标

	2016年				2015年	
	1—3月		3月	1—2月	1—3月	全年
	绝对值	增长%	增长%	增长%	增长%	增长%
地区生产总值(GDP)(亿元)	9356	7.2	—	—	8.2	8.0
第一产业	302	1.2	—	—	1.1	1.5
第二产业	3979	5.0	—	—	6	5.4
第三产业	5075	9.5	—	—	10.8	11.3
规模以上工业增加值(亿元)	2888	6.1	9	4.1	5.1	4.4
装备制造业	1092	9.9	11.4	8.9	8.5	6.3
高新技术产业	1083	8.3	10.4	6.9	7.3	6.9
战略性新兴产业	641	7.9	9.0	7.2	7.2	6.9
规模以上工业销售产值(亿元)	13873	3.5	7.2	1.4	2.2	0.24
出口交货值	2527	0.1	6.9	−3.3	1.6	−3.7
规模以上工业利润总额(亿元)	751	17.0	—	7.4	6.1	5.0
全社会用电量(亿千瓦时)	824	6.5	13.9	2.3	2.4	1.4
工业用电量	550	4.4	13.4	−1.5	0.1	−0.5
全社会货运量(万吨)	41775	2.0	11.6	−2.7	0.05	3.0
固定资产投资(亿元)	5424	12.5	—	12.3	17	13.2
基础设施投资	1529	28.3	—	31.1	32.9	29.2
工业投资	1688	8.4	—	10.7	5.8	11.0
6.8 技术改造投资	23.6		1210	20.5	—	19.1
高新技术产业投资	457	16.3	—	20.2	9.4	18.2
服务业投资	3665	14.1	—	12.4	22.9	14.1
房地产投资	1457	−1.7	—	−4.4	12.7	−2.1
商品房销售面积(万平方米)	1480	64.0	—	31.4	15	28.0

续　表

	2016年				2015年	
	1—3月		3月	1—2月	1—3月	全年
	绝对值	增长%	增长%	增长%	增长%	增长%
社会消费品零售总额(亿元)	5026	10.4	10.8	10.2	8.6	10.9
网络零售额(亿元)	1618	31.9	38.8	28.0	28.6	49.9
进出口总额(亿元)	4563	−4.3	26.9	−14.6	3	−1.1
出口	3586	−4.1	41.0	−16.1	13.4	2.3
进口	978	−5.1	−1.4	−7.4	−22.8	−12.5
进出口总额(亿美元)	703	−9.7	19.3	−19.2	2.7	−2.1
出口	552	−9.5	32.4	−20.6	13.1	1.2
进口	150	−10.6	−7.3	−12.6	−23.1	−13.4
财政总收入(亿元)	2583	9.7	8.1	10.4	8.7	8.7
一般公共财政预算收入	1526	10.4	9.7	10.7	8.6	7.8
金融机构本外币贷款余额(亿元)	79587	8.1	—	7.7	8.7	7.1
居民消费价格涨幅(%)		2.3	2.3	2.3	0.6	1.4
工业生产者出厂价格涨幅(%)		−3.7	−3.4	−3.8	−2.9	−3.6
全省居民人均可支配收入(元)	12016	8.4 (6.0)	—	—	9.2	8.8
城镇常住居民人均可支配收入	14427	8.0 (5.6)	—	—	8.3	8.2
农村常住居民人均可支配收入	7729	8.4 (6.3)	—	—	9.7	9.0

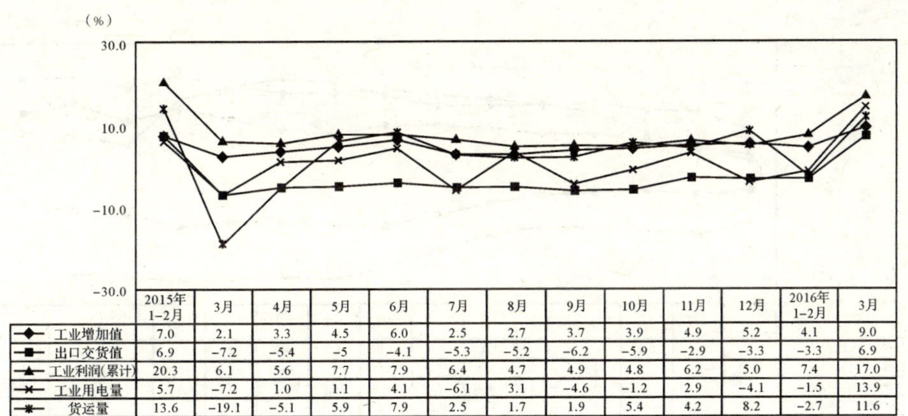

	2015年1-2月	3月	4月	5月	6月	7月	8月	9月	10月	11月	12月	2016年1-2月	3月
工业增加值	7.0	2.1	3.3	4.5	6.0	2.5	2.7	3.7	3.9	4.9	5.2	4.1	9.0
出口交货值	6.9	-7.2	-5.4	-5	-4.1	-5.3	-5.2	-6.2	-5.9	-2.9	-3.3	-3.3	6.9
工业利润(累计)	20.3	6.1	5.6	7.7	7.9	6.4	4.7	4.9	4.8	6.2	5.0	7.4	17.0
工业用电量	5.7	-7.2	1.0	1.1	4.1	-6.1	3.1	-4.6	-1.2	2.9	-4.1	-1.5	13.9
货运量	13.6	-19.1	-5.1	5.9	7.9	2.5	1.7	1.9	5.4	4.2	8.2	-2.7	11.6

附图1 工业增加值、出口交货值、工业用电量当月增速和工业利润累计增速

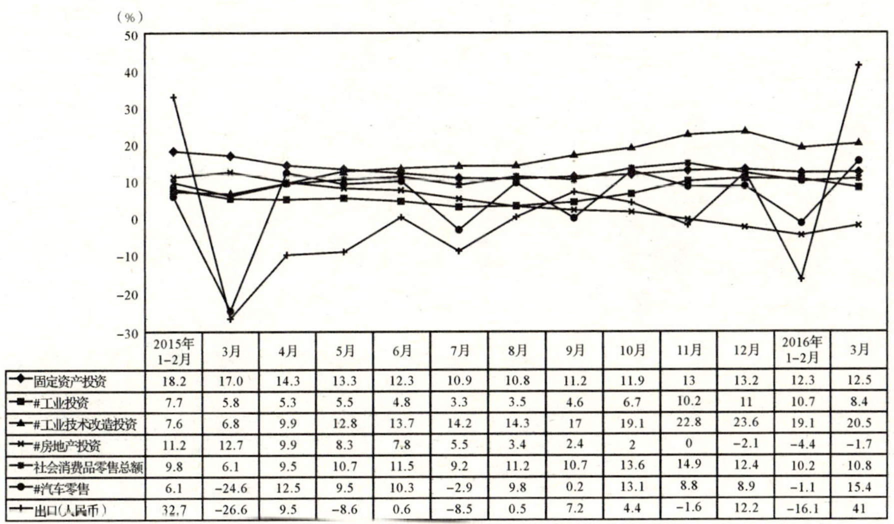

	2015年1-2月	3月	4月	5月	6月	7月	8月	9月	10月	11月	12月	2016年1-2月	3月
固定资产投资	18.2	17.0	14.3	13.3	12.3	10.9	10.8	11.2	11.9	13	13.2	12.3	12.5
#工业投资	7.7	5.8	5.3	5.5	4.8	3.3	3.5	4.6	6.7	10.2	11	10.7	8.4
#工业技术改造投资	7.6	6.8	9.9	12.8	13.7	14.2	14.3	17	19.1	22.8	23.6	19.1	20.5
#房地产投资	11.2	12.7	9.9	8.3	7.8	5.5	3.4	2.4	2	0	-2.1	-4.4	-1.7
社会消费品零售总额	9.8	6.1	9.5	10.7	11.5	9.2	11.2	10.7	13.6	14.9	12.4	10.2	10.8
#汽车零售	6.1	-24.6	12.5	9.5	10.3	-2.9	9.8	0.2	13.1	8.8	8.9	-1.1	15.4
出口(人民币)	32.7	-26.6	9.5	-8.6	0.6	-8.5	0.5	7.2	4.4	-1.6	12.2	-16.1	41

附图2 固定资产投资累计增速、社会消费品零售总额、汽车零售额和出口当月增速

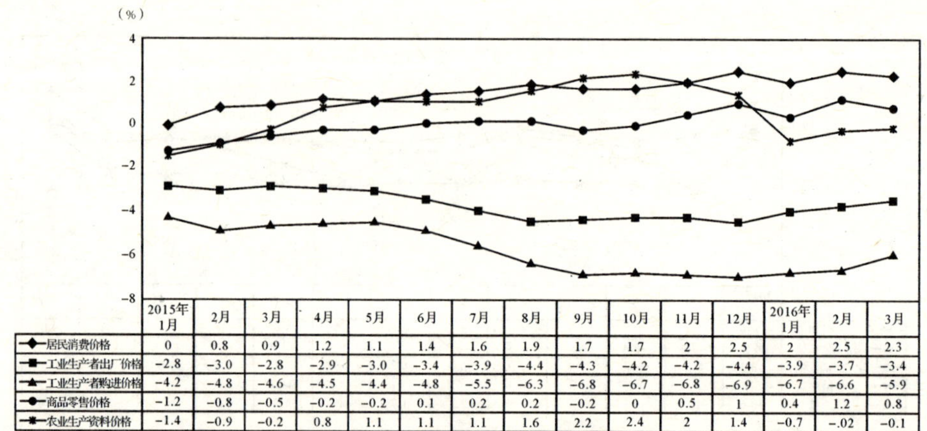

	2015年1月	2月	3月	4月	5月	6月	7月	8月	9月	10月	11月	12月	2016年1月	2月	3月
居民消费价格	0	0.8	0.9	1.2	1.1	1.4	1.6	1.9	1.7	1.7	2	2.5	2	2.5	2.3
工业生产者出厂价格	−2.8	−3.0	−2.8	−2.9	−3.0	−3.4	−3.9	−4.4	−4.3	−4.2	−4.2	−4.4	−3.9	−3.7	−3.4
工业生产者购进价格	−4.2	−4.8	−4.6	−4.5	−4.4	−4.8	−5.5	−6.3	−6.8	−6.7	−6.8	−6.9	−6.7	−6.6	−5.9
商品零售价格	−1.2	−0.8	−0.5	−0.2	−0.2	0.1	0.2	0.2	−0.2	0	0.5	1	0.4	1.2	0.8
农业生产资料价格	−1.4	−0.9	−0.2	0.8	1.1	1.1	1.1	1.6	2.2	2.4	2	1.4	−0.7	−.02	−0.1

附图3　各类价格月度涨幅

2016年上半年浙江经济稳中有进、稳中向好

今年以来,浙江省委省政府围绕供给侧与需求侧同时发力,在注重经济增长的高质量和均衡性等方面采取一系列举措,取得积极成效。上半年浙江经济运行稳中有进、稳中向好,转型升级系列组合拳效应进一步显现,七大产业等新动力成长势头良好,增长质量和效益向好,主要经济指标二季度好于一季度,也好于全国,实现了半年红。从经济走势看,稳增长压力仍不小,区域、行业、企业分化。预计下半年浙江经济将持续稳走向好。

一、经济运行基本态势

(一)经济运行稳中有进,结构优化

上半年,全省生产总值(GDP)20762亿元,按可比价格计算,同比增长7.7%,增速高于一季度(7.2%),高于全国(6.7%)。分产业看,第一产业增加值832亿元,增长1.7%;第二产业增加值9114亿元,增长6.1%;第三产业增加值10816亿元,增长9.7%,一、二、三产对GDP增长的贡献率分别为0.9%、36.5%和62.6%,GDP增长的结构更加均衡、合理。从其他主要经济指标看,工业产销、用电量、投资、消费等指标整体回升,出口增长,居民消费价格涨幅回落,工业生产者价格降幅收窄,企业景气上升。

1.工业继续回升,服务业快速增长,农业基本稳定

工业产销继续回升。上半年,全部工业增加值8024亿元,同比增长6.2%,增速比一季度上升1.5个百分点。规模以上工业增加值6519亿元,比上年同期增长6.7%,增速同比上升1.7个百分点,高于全国0.7个百分点;其中,二季度增长7.2%,比一季度(6.1%)回升1.1个百分点。月度增速也呈回升态势(见图1)。销售产值增长4.2%,内销产值增长4.9%,出口交货值增长1.0%;其中,二季度分别增长4.8%、5.4%和1.6%,增速分别比一季度回升1.3个、1.1个和1.5个百分点。规模以下工业增速回升。上半年,规模以下工业增加值1954亿元,同比增长4.8%,增幅高于全国平均水平,也高于江苏等周边省市。

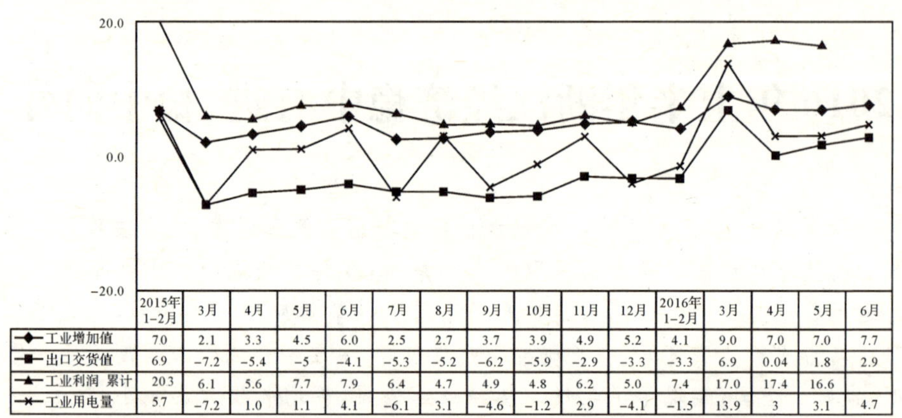

	2015年1-2月	3月	4月	5月	6月	7月	8月	9月	10月	11月	12月	2016年1-2月	3月	4月	5月	6月
工业增加值	7.0	2.1	3.3	4.5	6.0	2.5	2.7	3.7	3.9	4.9	5.2	4.1	9.0	7.0	7.0	7.7
出口交货值	6.9	-7.2	-5.4	-5	-4.1	-5.3	-5.2	-6.2	-5.9	-2.9	-3.3	-3.3	6.9	0.04	1.8	2.9
工业利润 累计	20.3	6.1	5.6	7.7	7.9	6.4	4.7	4.9	4.8	6.2	5.0	7.4	17.0	17.4	16.6	
工业用电量	5.7	-7.2	1.0	1.1	4.1	-6.1	3.1	-4.6	-1.2	2.9	-4.1	-1.5	13.9	3	3.1	4.7

图 1 浙江省工业生产、用电量月度增速和工业利润累计增速(%)

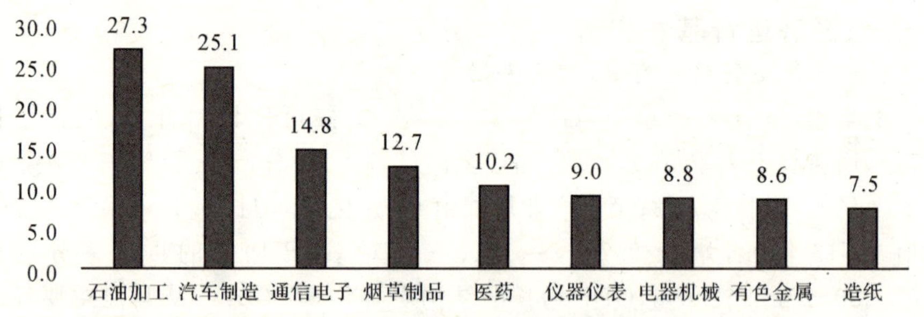

图 2 2016 年上半年浙江规模以上工业增加值增长较快的行业情况(%)

从 31 个制造业行业大类看,30 个行业增长,比一季度增加 3 个;其中,石油加工、汽车制造、通信电子等行业增速靠前(见图 2)。

服务业快速增长。上半年服务业增加值增速快于一季度 0.2 个百分点,占 GDP 的比重为 52.1%。其中,批发和零售、交通、住宿和餐饮业、金融、房地产业、营利性、非营利性服务业增加值分别增长 5.2%、5.0%、5.6%、3.8%、11.7%、22.2%和 10.3%。1—5 月,9063 家规模以上服务业(不含批零住餐、银证保和房地产)企业营业收入 3656 亿元,增长 21.7%,比一季度和上年同期分别提高 3.2 个和 7.2 个百分点,高于全国 11.7 个百分点,增速居全国各省市区第二;其中,信息传输、软件和信息技术服务业增长 37.9%,比一季度和上年同期分别提高 3.8 个和 9.5 个百分点,对服务业营业收入增长的贡献率达 60.7%。上半年,全省软件和信息技术服务业税收增长 35.8%,比一季度提高 6.2 个百分点,阿里巴巴、网新等企业继续发挥龙头作用。

农业生产基本稳定。上半年全省农林牧渔业增加值 850 亿元，比上年同期增长 1.8%，增速比一季度回升 0.4 个百分点。受益于早稻订单数量增加和种植方式创新，预计早稻播种面积 177.7 万亩，增长 1.6%，增速比上年回升 1.4 个百分点。预计药材、花卉苗木、瓜果和蔬菜等播种面积比上年同期分别增长 10.3%、9.8%、2.0%和 2.0%。畜牧业降幅收窄，渔业稳定增长。上半年，肉类总产量 62.8 万吨，下降 12.9%，其中猪肉产量 47.6 万吨，下降 15.3%，降幅分别比一季度收窄 14.1 个和 12.6 个百分点。水产品产量为 208.4 万吨，增长 4.7%。

2. 投资和消费平稳较快增长，出口回升

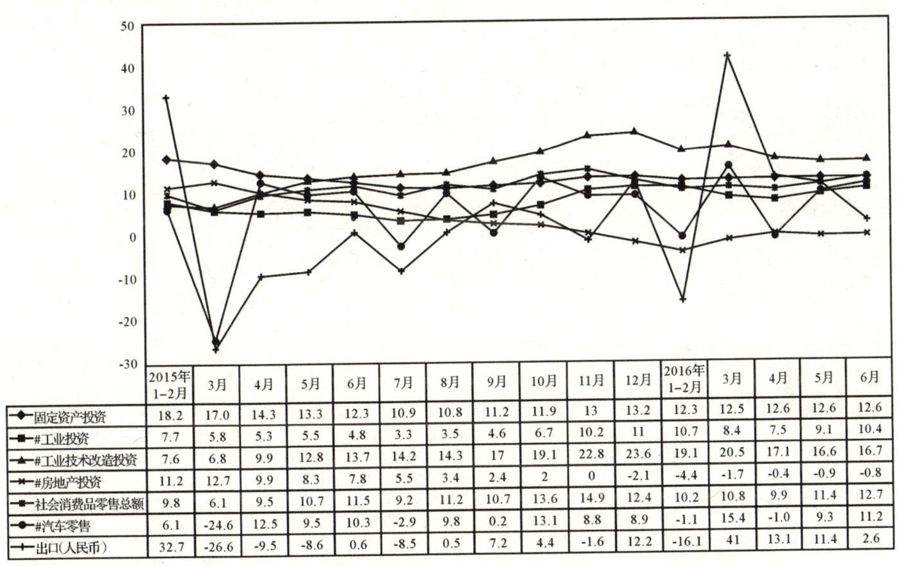

	2015年1–2月	3月	4月	5月	6月	7月	8月	9月	10月	11月	12月	2016年1–2月	3月	4月	5月	6月
固定资产投资	18.2	17.0	14.3	13.3	12.3	10.9	10.8	11.2	11.9	13	13.2	12.3	12.5	12.6	12.6	12.6
#工业投资	7.7	5.8	5.3	5.5	4.8	3.3	3.5	4.6	6.7	10.2	11	10.7	8.4	7.5	9.1	10.4
#工业技术改造投资	7.6	6.8	9.9	12.8	13.7	14.2	14.3	17	19.1	22.8	23.6	19.1	20.5	17.1	16.6	16.7
#房地产投资	11.2	12.7	9.9	8.3	7.8	5.5	3.4	2.4	2	0	-2.1	-4.4	-1.7	-0.4	-0.9	-0.8
社会消费品零售总额	9.8	6.1	9.5	10.7	11.5	9.2	11.2	10.7	13.6	14.9	12.4	10.2	10.8	9.9	11.4	12.7
#汽车零售	6.1	-24.6	12.5	9.5	10.3	-2.9	9.8	0.2	13.1	8.8	8.9	-1.1	15.4	-1.0	9.3	11.2
出口(人民币)	32.7	-26.6	-9.5	-8.6	0.6	-8.5	0.5	7.2	4.4	-1.6	12.2	-16.1	41	13.1	11.4	2.6

图 3　浙江省投资累计增速和消费、出口及相关指标月度增速(%)

投资平稳较快增长，新开工项目继续快速增长。上半年，固定资产投资总额 13659 亿元，比上年同期增长 12.6%，增速同比提高 0.3 个百分点，高于全国 3.6 个百分点，其中，二季度增长 12.6%，一季度增长 12.5%(见图 3)。项目投资 10155 亿元，增长 18.0%；房地产开发投资下降 0.8%，降幅比一季度缩小 0.9 个百分点(见表 1)。投资新开工项目 20029 个，增长 47.3%，新开工项目完成投资 4756 亿元，增长 38.0%，增速比全部投资高 25.4 个百分点，其中，工业投资占 50.7%，服务业投资占 47.0%。

工业技改、服务业和基础设施投资较快增长，比重提高。以“机器换人”为重点的工业技术改造投资占工业投资的 74.8%；服务业项目投资(除房地产开发外）比重同比提高 3.9 个百分点；基础设施投资对投资增长的贡献率达 41.9%，拉动投资总额增长 5.3 个百分点。重大基础设施、重大产业项目、高新技术产业、生态保护和环境治理投资四大重点领域投资增长较快（见表 1）。

表 1　2015—2016 年浙江省固定资产投资情况

	2016 年				2015 年	
	上半年			一季度	上半年	全年
	绝对值（亿元）	比重%	增长%	增长%	增长%	增长%
固定资产投资	13659	100.0	12.6	12.5	12.3	13.2
项目投资（除房地产开发外）	10155	74.3	18.0	18.8	14.3	20.0
房地产开发投资	3504	25.7	−0.8	−1.7	7.8	−2.1
基础设施投资	4099	30.0	28.5	28.3	26.8	29.2
工业投资	4293	31.4	10.4	8.4	4.8	11.0
技术改造	3211	23.5	16.7	20.5	13.7	23.6
制造业	3708	27.1	10.8	9.0	4.8	11.1
装备制造业	1770	13.0	12.9	13.0	8.5	14.7
高新技术产业	1123	8.2	19.2	16.3	12.4	18.2
战略性新兴产业	1267	9.3	18.8	18.1	10.3	15.8
服务业项目投资	5685	41.6	24.2	27.6	23.8	28.5
四大领域投资中						
重大基础设施	1791	13.1	28.7	28.4		
重大产业项目	4547	33.3	14.0	16.9		
高新技术产业	1433	10.5	23.3	16.3		
生态环保和环境治理	129	0.9	74.0	23.4		

民间投资增速逐月回升。上半年，民间投资增长 4.5%，增速高于全国 1.7 个百分点，其中，二季度增长 6.0%，一季度增长 2.2%。民间投资占投资总额的 55.6%，比重比一季度回升 0.9 个百分点。除房地产开发外的项目投资增长较快，拉动民间投资增长 6.5 个百分点；房地产开发投资下拉民间投资增速 2.0 个百分点。民间投资结构不断改善，制造业、工业技改、装备制造、高

新技术、战略新兴产业投资增长较快，占全部投资比重在80%左右(见表2)。民间投资新开工项目13330个，增长41.9%，占全部新开工项目数的2/3，完成投资3349亿元，占全部新开工项目投资的70.4%。

表2 2016年浙江省民间投资情况 单位:亿元,%

	上半年				1—5月	1—4月	一季度	2015年增长(%)
	绝对值(亿元)	占民间投资比重(%)	占全部投资比重(%)	增长(%)	增长(%)	增长(%)	增长(%)	
民间投资	7591	100.0	55.6	4.5	4.2	3.1	2.2	9.2
项目投资(除房地产开发外)	4829	63.6	47.6	10.8	10.0	8.4	9.1	15.1
房地产开发投资	2762	36.4	78.8	−4.9	−4.3	−4.7	−7.4	0.0
基础设施投资	683	9.0	16.7	9.2	9.9	9.3	0.7	43.4
工业投资	3256	42.9	75.8	12.8	10.4	8.3	9.7	11.4
技术改造	2567	33.8	79.9	19.9	18.5	19.4	25.4	24.6
制造业	3083	40.6	83.1	12.8	10.5	8.4	10.3	9.6
装备制造业	1496	19.7	84.5	20.7	19.3	19.0	22.3	9.6
高新技术产业	936	12.3	83.3	33.8	—	24.3	27.5	—
战略性新兴产业	917	12.1	72.4	18.3	—	11.9	12.0	—
服务业项目投资	1469	19.4	25.8	5.4	8.2	8.0	7.3	22.8

消费稳定增长。上半年，社会消费品零售总额10180亿元，增长10.9%，增速比全国高0.6个百分点，比一季度提高0.5个百分点，与上年同期同口径相比，提高1.3个百分点(见图4)。从限额以上批零业分类商品零售额看，比重较大的汽车零售额增速平稳，增长6.1%；石油及制品类下降1.0%，降幅同比缩小6.0个百分点。与住房有关的家具、建筑装潢材料、五金电料类分别增长60.5%、38.7%和29.8%，与文化消费有关的文化办公用品和体育娱乐类分别增长39.6%和24.1%，与信息消费有关的通讯器材类零售额增长23.4%。日用品、食品、饮料、服装鞋帽针纺类零售额也保持平稳较快增长，增速在16%—23%。

出口形势好于全国，份额上升。进出口、出口(以人民币计价)连续4个月保持“双增长”。据海关快报数，上半年，进出口总值 10261 亿元，同比增长 1.7%，增速比一季度回升 6.0 个百分点；其中：出口 8164 亿元，增长 2.8%，增速比一季度回升 6.9 个百分点；进口 2097 亿元，下降 2.7%，降幅比一季度收窄 2.4 个百分点。三项指标增速分别高于全国同期平均水平 5.0 个、4.9 个和 2.0 个百分点，出口增速也高于广东(0.5%)、江苏(−1.1%)、上海(−1.9%)、山东(2.7%)等出口大省，出口占全国的份额为 12.8%，比一季度和上年全年分别上升 0.9 个和 0.6 个百分点。出口结构不断改善。一是传统产品通过持续的结构调整和升级换代，依然获得海外消费者的青睐，7 大类传统劳动密集型产品出口 3059 亿元，增长 2.9%。其中玩具出口增长 26.7%。二是高新技术产品出口增势良好，出口 521 亿元，增长 8.2%，占全省出口的 6.4%，比重同比提高 0.3 个百分点。三是服务贸易进出口比重提升，上半年预计进出口 1390 亿元，增长 10%，占全省货物和服务贸易的 12.1%，比重比上年全年提高 0.8 个百分点。

实际利用外资和境外投资较快增长。上半年，全省新批外资项目 977 个，同比增长 34.4%，实到外资 608.7 亿元，增长 10.3%，完成年度目标的 58.0%。境外企业和机构对外直接投资 671 亿元，增长 91.2%，实际投资居全国第五。1—5 月，跨国并购项目 76 个，并购额 70.3 亿美元，增长 94.9%和 9.0 倍；对“一带一路”沿线国家投资项目 69 个，投资 40.4 亿美元，增长 1.9 倍。

3. 从三大价格看，CPI 稳定，PPI 降幅收窄，房价持续上涨

CPI 涨幅回落。上半年，居民消费价格比上年同期上涨 2.0%，比全国低 0.1 个百分点，其中，二季度上涨 1.7%，涨幅比一季度回落 0.6 个百分点。其中，城市上涨 2.0%，农村上涨 1.8%；消费品价格上涨 2.0%，服务价格上涨 1.9%。八大类消费价格同比 7 涨 1 跌，食品烟酒、教育文化和娱乐、衣着、其他用品和服务、居住、医疗保健、生活用品及服务类分别上涨 5.6%、3.0%、1.4%、1.4%、0.7%、0.6%和 0.2%，交通和通信类价格下降 2.3%。食品烟酒类价格上涨拉动居民消费价格总水平上涨 1.6 个百分点，是推动居民消费价格上涨的主要因素，但涨幅比一季度回落 0.7 个百分点。其中猪肉价格涨幅(25.5%)比一季度上升 3.5 个百分点；鲜菜价格涨幅(23.0%)比一季度回落 11.7 个百分点。6 月份，居民消费价格总水平同比上涨 1.5%，涨幅与上月持平，低于全国 0.4 个百分点，环比上涨 0.1%。

PPI 同比降幅连续 6 个月收窄。上半年，工业生产者出厂价格和购进价格同比下降 3.3%和 5.3%，降幅分别比一季度收窄 0.4 个和 1.1 个百分点，

出厂价格降幅小于全国 0.6 个百分点，购进价格降幅大于全国 0.5 个百分点。与上年同期相比，出厂价格下降较多的行业主要是石油、冶金、化学、建材和纺织工业，分别下降 14.9%、6.7%、6.3%、4.6%和 3.0%；购进价格下降较多的主要是建材、燃料动力、有色金属及电线、黑色金属、化工原料等，分别下降 9.5%、9.5%、8.8%、8.4%和 7.0%。6 月份，工业生产者出厂价格和购进价格同比分别下降 2.8%和 3.7%，降幅比上月分别收窄 0.1 个和 0.5 个百分点；出厂价格环比下降 0.3%，连续 3 个月上涨后转为下降，购进价格环比上涨 0.3%。

房价持续上涨。6 月份全省新建商品住宅销售价格环比上涨 1.4%，涨幅比上月缩小 0.3 个百分点，呈现连续 15 个月上涨态势；同比上涨 11.6%，涨幅比上月扩大 0.6 个百分点。11 个设区市新建商品住宅销售价格环比 10 涨 1 平，涨幅较大的为嘉兴（3.9%）和杭州（1.6%），舟山持平；同比价格 10 涨 1 降，涨幅较大的为杭州（17.4%）、宁波（8.9%）和嘉兴（6.5%）。在全国 70 个大中城市中，杭、甬、温、金 4 城市新建商品住宅销售价格同比涨幅居前，位居全国第 8、16、25 和 26 位。

4. 用电量、货运量和贷款增速平稳

用电量增速平稳。上半年，全社会用电量 1765 亿千瓦时，增长 5.3%，其中，工业用电量 1263 亿千瓦时，增长 4.0%，月度增速逐月回升（见图 1）。第三产业用电量 232 亿千瓦时，增长 10.9%。

货运量增速回升。上半年，全社会货运量 9.8 亿吨，同比增长 6.3%，货运周转量 4660 亿吨公里，增长 0.6%，增速分别比一季度回升 4.3 个和 2.7 个百分点。其中，公路货运量和货物周转量分别增长 7.9%和 5.7%，比一季度分别回升 7.9 个和 6.2 个百分点。

直接融资和中长期贷款同比多增。6 月末，金融机构本外币存款余额 95066 亿元，同比增长 8.7%，增速比上月末回落 2 个百分点，上半年新增存款 4764 亿元，同比少增 1118 亿元。6 月末，本外币贷款余额为 79880 亿元，增长 6.0%，增速与上月末基本持平；上半年新增贷款 3414 亿元，同比少增 470 亿元。在境内贷款余额中，住户贷款增长 14.1%，其中，中长期消费贷款（主要是个人住房贷款）增长 29.6%；非金融企业及机关团体贷款增长 2.3%，同比少增 954 亿元。1—5 月，直接融资（股票和债券）1205 亿元，同比多增 527 亿元。

5. 企业景气指数和企业家信心指数均处于景气区间

据对浙江省 7.5 万家企业生产经营景气状况专项调查显示，二季度，浙江省企业景气指数为 109.3，高于 100 的景气临界点，比一季度上升 0.4 点；企业家信心指数为 109.3,其中,反映企业家对本季度本行业运行状况总体评价的即期信心指数为 109.6,比一季度上升 2.6 点。六大主要行业中,工业、服务业、建筑业、批零业、房地产业企业景气指数均位于景气区间,仅住宿和餐饮业落入不景气区间(见图 4)。

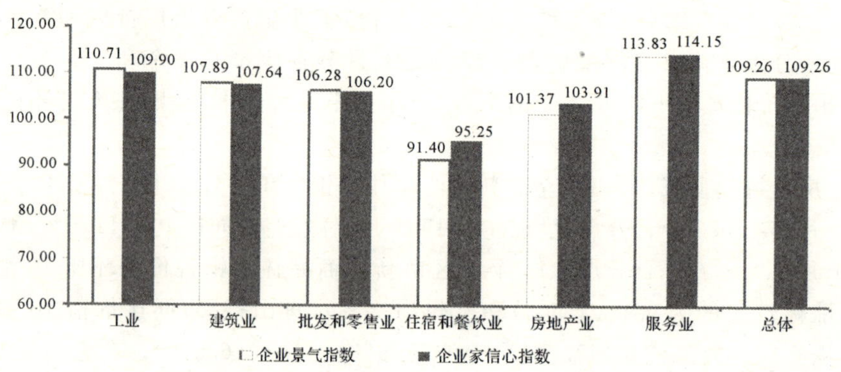

图 4　2016 年二季度浙江省企业景气指数和企业家信心指数

(二)经济运行稳中向好,提质增效

财政收支、企业利润、居民收入较快增长,就业稳定,生态环境不断改善,百姓获得感提升。

1.财政收入较快增长,民生支出比重扩大

上半年,财政总收入 5209 亿元,增长 9.9%,一般公共预算收入 3043 亿元,增长 11.9%,增速分别比一季度提高 0.2 个和 1.5 个百分点,其中,税收收入 2617 亿元,增长 12.6%,占 86.0%。一般公共预算支出 3127 亿元,增长 15.5%,增速比一季度提高 12.4 个百分点。其中,一般公共服务、公共安全、教育、科技、社保就业、卫生计生、节能环保、城乡社区等八项民生支出增长 25.3%,占财政支出的 72.8%,同比提高 5.7 个百分点。

2.企业利润增长较快,技改增效成效显著

1—5 月,从规模以上工业企业看,实现利润总额 1523 亿元,增长 16.6%,增速高于上年全年 11.6 个百分点,高于主营业务收入 14.5 个百分点,高于全国 10.2 个百分点。主营业务收入利润率为 6.4%,比一季度提高 0.8 个百分点,比全国高 0.5 个百分点。利润增长面进一步扩大。38 个大类行业中,33 个行业整体盈利,其中,27 个行业利润增长,增长的行业比一季度增加 6 个,汽车制造、电力、电气机械、石油加工、医药、通信电子六大行业对规模以上工业利润增长的贡献率分别为 25.4%、13.4%、12.1%、11.4%、9.0%和 6.1%,合计达77.4%;废弃资源综合利用业扭亏为盈;铁路船舶航空航天和其他运输设备制造、黑色金属矿采选业2个行业大幅减亏。企业从业人员减少2.0%,劳动生产率达18.8万元/人(折年),按可比价计算增长8.7%。从规模以上服务业企业看,实现营业利润499亿元,增长35.7%,增速比上年同期提高32.0个百分点,高于全国24.2个百分点,其中,信息传输软件和信息技术服务业、文化体育和娱乐业营业利润分别增长51.1%和39.3%。

3.城乡居民收入增长加快,百姓获得感提升

上半年,全省居民人均可支配收入20388元,比上年同期增长8.7%,扣除价格因素增长6.6%,比一季度分别提高0.3个和0.6个百分点。其中,城镇、农村常住居民人均可支配收入分别为24519元和13043元,分别增长8.3%和8.6%,增速高于一季度0.3个和0.2个百分点,扣除价格因素分别增长6.2%和6.7%,增速高于一季度0.6个和0.4个百分点,扭转了连续两个季度增速下降的趋势。农村居民收入增速继续快于城镇,收入差距进一步缩小。消费者信心指数上升。我局开展的全省消费者信心指数调查显示,二季度全省消费者信心指数为109.4,比一季度上升2.5点,处于“乐观”区间,其中,反映消费者对当前经济生活评价的消费者满意指数为106.3,预期指数为111.5,分别比一季度上升2.4点和2.5点。21~30岁、31~40岁和41~50岁的主力消费人群消费者信心指数分别比一季度上升4.6点、0.7点和2.0点。

4.就业稳定,社保加强

据省人力社保厅资料,上半年城镇新增就业55.5万人,6月末城镇登记失业率为2.95%。基本养老保险参保人数达3710万人,其中,企业职工参保2319万人;基本医疗保险参保人数4943万人,其中,城镇职工基本养老保险参保人数1975万人,养老金支付能力23.4个月。

5.生态环境不断改善。节能减排成效明显

上半年,规模以上工业单位增加值能耗同比下降2.2%,降幅比一季度扩大0.2个百分点。38个人类行业中有25个行业单耗同比下降,其中汽车制造、通信电子等9个行业单耗降幅超过5%。化学需氧量、氨氮、二氧化硫和氮氧化物排放量持续下降。“五水共治”力度加大,上半年,“五水共治”新增城镇污水管网1735.9千米,完成年度目标86.8%;河湖库塘清污(淤)量为8036万方,完成率为79.6%,投资29.6亿元;列入今年劣五类水质断面削减任务的6个断面中,有5个已达到Ⅴ类或以上。“三改一拆”、无违建县创建、“四边三化”等工作推进力度加大。上半年,全省累计拆除违法建筑面积8029万平方米,“三改一拆”改造旧住宅区、城中村、旧厂区8832万平方米,完成全年目标

任务的 100.4%和 88.3%，新增无违创建先进县(市、区)12 个，基本无违建县 14 个。环境质量继续改善。据省环保厅资料，上半年，全省 221 个省控断面中，Ⅰ—Ⅲ类水质断面比例为 76.9%，同比上升 7.2 个百分点，劣Ⅴ类断面 9 个，比例为 4.1%，同比减少 9 个。县级以上城市集中式饮用水水源水质达标率为 92.1%，同比上升 5.9 个百分点，其中 11 个设区城市主要饮用水水源水质达标率为 90.0%(按个数)，同比上升 17.3 个百分点。69 个县级以上城市 PM2.5 平均浓度为 42 微克/立方米，同比下降 10.6%；11 个设区市城市空气质量优良达标天数比例为 82.3%，比一季度上升 4.8 个百分点，同比上升 5.7 个百分点，PM2.5 平均浓度为 46 微克/立方米，同比下降 11.5%。

(三)新经济和大企业持续发力，新旧动力加快更替

1. 新经济动能不断累积

一是新产业、新技术、新产品快速发展。七大产业中，上半年，旅游总收入 3541 亿元，同比增长 13.1%。在规模以上工业中(见表 3)，信息经济核心产业、节能环保、健康、时尚、高端装备制造业增加值增速均高于规模以上工业。装备制造、高新技术、战略新兴产业增加值增速均高于一季度，占规模以上工业比重分别为 38.0%、37.6%和 23.0%，比一季度提高 0.2 个、0.1 个和 0.8 个百分点，高新技术产业对规模以上工业的增长贡献率达 45.2%。在战略性新兴产业中，新一代信息技术产业、新能源汽车、海洋新兴产业、新能源、生物产业增长较快。而八大高耗能行业增速走低。新产品产值快速增长。新产品产值增长 12.9%，增速比规模以上工业产值高 8.4 个百分点；新产品产值率为 31.9%，同比提高 2.3 个百分点。

表 3　上半年规模以上工业重点产业增加值情况

产业	亿元	增长%	产业	亿元	增长%
规模以上工业增加值	6519	6.7	高新技术产业	2449	8.7
七大产业中			战略性新兴产业	1498	8.7
信息经济核心产业制造业	723	12.8	新一代信息技术产业	258	15.1
节能环保制造业	551	9.0	新能源汽车	51	15.0
健康制造业	257	10.2	海洋新兴产业	57	13.8
时尚制造业	595	8.1	新能源	144	12.4
高端装备产业(制造业)	914	11.9	生物产业	207	10.1
装备制造业	2479	9.5	高耗能行业	2208	5.6

二是“互联网+”等新业态蓬勃发展。上半年,网络零售额4066亿元,同比增长35.4%;省内居民网络消费2183亿元,同比增长28.7%。网络购物带动快递业务快速增长。快递业务量24.7亿件,同比增长65.0%。信息消费快速增长。全省移动互联网流量2.65亿G,同比增长93.9%。跨境电子商务进出口继续保持蓬勃发展的势头,据商务厅资料,上半年,跨境电商零售网络出口22.3亿美元,增长35%。外贸综合服务平台发展迅猛,1—5月13家平台企业合计出口314亿元,增长2.6倍,拉动全省出口增长3.5个百分点。

三是新服务、新模式不断涌现。网络约车、在线医疗、远程教育等新型服务模式对居民生活带来便利。截至2016年5月,浙江省医院预约诊疗服务平台累计注册用户538.6万人,预约总量2353万人次、预约成功量1668万人次,预约成功率70.9%。集休闲、购物、餐饮、娱乐为一体的城市综合体快速发展,农家乐不断创新升级为民宿和乡俗旅游,成为农民增收的新途径。上半年,全省农家乐经营户达1.52万家。

2.创业态势良好

一是特色小镇创建加快推进。首批省级特色小镇37个,第二批省级特色小镇创建对象42个和培育对象51个,共130个。至一季度末,共入驻企业32728家,平均每个小镇入驻企业252家,其中,今年一季度新入驻企业3375家。130个特色小镇一季度在建项目1084个,竣工和前期项目分别为102个和82个,共1268个,其中,特色产业投资项目573个;亿元以上项目579个,分别占45.2%和45.7%。固定资产投资(不包括住宅和商业综合体项目)302亿元,其中,特色产业投资179亿元,占59.2%,规模以上工业企业主营业务收入574亿元,限额以上服务业营业收入369亿元,两者合计943亿元,接近千亿元。二是市场主体持续新增。随着简政放权步伐的加快,大众创业热情持续升温。据省工商局资料,上半年新设企业15.0万户,同比增长35.7%;新设个体工商户31.1万户,增长12.7%。个转企8836户。截至6月底,全省在册市场主体497.6万户,其中,企业156.6万户,分别增长12.1%和15.9%;注册资本(金)总额12.4万亿元,增长49%,增速比一季度提高15个百分点。今年上半年,进入国家统计局联网直报平台的新开业企业(单位)579家,同比增加134家,新增的5000万元以上项目法人单位873家。

3.大企业、大项目增势良好

大企业对经济增长的贡献明显增强。上半年,规模以上工业大型企业增加值增长7.2%,同比提高3.6个百分点,对工业经济增长的贡献率由上年同期的18.8%提高至32.5%,大型企业增加值占比为30.7%,同比提高4.9个百分点，而小微企业增加值占比降低 5.6 个百分点。1—5 月，大企业的利润增速同比大幅提高，由上年同期的 4.2%提高至 20.1%，提高幅度大于中型（由 2.8%提高至 13.2%）和小型企业（由 15.5%提高至 16.0%），对工业利润增长贡献率（42.5%）也远高于小型（31.5%）和中型企业（25.6%）。大项目明显增多。在上半年新开工项目中，投资额在 100 亿元以上的项目有 3 个；在 10 亿—100 亿元的项目有 132 个，比一季度增加 87 个，同比增加 68 个；完成投资 468 亿元，增长 1.2 倍，占新开工项目投资额的 9.8%，比重同比上升 3.7 个百分点。在 1—5 月的新批外商投资企业中，投资总额 1 亿美元以上企业 18 家，投资总额 42.7 亿美元，占外商投资总额的 32%，主要涉及精密机械、新材料、新能源、物联网、健康、文化等行业。

浙商回归增势良好。上半年，全省浙商回归新引进项目 1355 个，其中浙商资本回归项目 107 个，累计省外到位资金 1779 亿元，完成全年目标任务的 52.3%，同比增长 8.3%。其中：浙商回归产业项目省外到位资金 1461 亿元，完成全年目标任务的 52.2%，同比增长 4.4%；浙商资本回归省外到位资金 318.5 亿元，完成全年目标任务 53.1%，同比增长 30.3%。

（四）供给侧结构性改革稳步推进，成效初显

今年以来，各地加快以“三去一降一补”为重点的供给侧结构性改革，着力解决传统行业产能过剩和房地产库存过高等突出矛盾和问题，取得了积极进展。

1. 去产能力度加大

今年计划处置“僵尸企业”450 家以上，这对减少低端供给、加快盘活存量资产、化解两链风险有着积极作用。二季度，规模以上工业企业平均产能利用率为 78.2%，比一季度提高 1.7 个百分点。据省经信委统计，1—5 月淘汰落后和严重过剩产能涉及企业 618 家，整治“脏乱差”和“低小散”企业（作坊）7112 家。部分产能过剩行业产品产量下降或增速回落。上半年，规模以上工业产品产量中，生铁下降 1.4%，水泥下降 3.9%，水泥熟料下降 8.2%，人造板下降 11.0%，十种有色金属产量增速（10.5%）比上年同期回落 8.5 个百分点。5 月末，规模以上工业产成品存货为 3233 亿元，比上年末减少 2.3%，同比仅增长 1%，同比回落 4.6 个百分点。在去库存取得一定成效的基础上，以及部分大宗商品国际市场价格反弹的影响下，市场供求关系出现一些积极变化，工业生产者出厂价格同比降幅从上年 12 月的 4.4%收窄至 6 月的 2.8%，降幅连续 6 个月收窄。

2. 去库存成效明显

房地产市场继续保持旺销势头。上半年，全省商品房销售面积 3849 万平方米，增长 50.0%，商品房销售额 4249 亿元，增长 58.0%，增速比一季度分别回落 14 个和 25 个百分点，高于上年同期提高 0.4 个和 9.5 个百分点，高于上年全年提高 22 个和 30 个百分点，高于全国 22.1 个和 15.9 个百分点。商品房待售面积增长 14.6%，增速低于上年同期 12.4 个百分点。据省城建厅资料，6 月末，全省 11 个设区市城市商品房去库存化周期降至 14.5 个月，其中，住宅库存化周期降至 9.1 个月，总体回到合理区间。

3. 去杠杆积极推进

企业资产负债率稳步下降。5 月末，规模以上工业企业资产负债率为 57%，同比下降 1.4 个百分点；规模以上服务业企业资产负债率 51.4%。企业股份制改造加快推进。上半年，新增境内上市公司 9 家，居全国第三，境内上市公司新增融资 1105 亿元，新增新三板挂牌企业 257 家。6 月末，境内上市公司已达 308 家，居全国第二。企业并购重组活跃，104 家境内上市公司实施并购重组 167 次，涉及金额达 814 亿元，是上年同期的 1 倍以上。

4. 企业生产成本有所控制

1—5 月，规模以上工业企业每百元主营业务收入中的成本为 83.8 元，低于上年同期(84.7 元)和上年全年(84.8 元)，也低于全国平均(85.7 元)。规模以上工业企业财务费用下降 8.6%，降幅比一季度扩大 2.4 个百分点，同比扩大 2.0 个百分点；其中利息支出下降 12.3%，降幅比一季度扩大 0.9 个百分点，同比扩大 10.1 个百分点。规模以上服务业企业财务费用由上年同期的增长 5.9%转为下降 9.3%，降幅比一季度扩大 3.1 个百分点。

5. 创新驱动补短板力度加大

上半年，地方财政科技支出 106.7 亿元，同比增长 15.0%，增速同比提高 4.5 个百分点。1—5 月，规模以上工业科技活动经费支出 307 亿元，增长 10.8%，增速高于主营业务收入 8.7 个百分点，高于一季度 3 个百分点。全省发明专利授权量为 12806 件，同比增长 55.2%，增速比一季度提高 2.2 个百分点。

二、经济运行存在的困难和问题

(一)稳增长压力仍不小

世界经济复苏不及预期且不确定因素在增加。受汇率波动、地缘政治冲突、英国脱欧等多重因素影响，一些国际经济组织和机构对世界经济形势的判断不乐观，世界银行 6 月份将 2016 年全球经济增长预期从 1 月份的 2.9%下调至 2.4%，调低 0.5 个百分点。中国经济正处在结构调整、转型升级的关键阶段，经济发展长期向好的基本面没有变，但调整的阵痛还在持续，经济下行的压力仍然较大。在这样的大环境下，浙江经济稳增长的压力也不小。虽然今年以来主要经济指标增速稳中有升，但可持续性还有待观察。一是出口情况仍不乐观。据商务厅调查，6 月份，重点企业出口订单景气指数 91.6，仍处于“微弱不景气”区间，当前我省遭遇客户订单转移的企业面为 15%左右，订单主要是转向东南亚和中西部省份。二是部分指标有所回落。上半年，全社会和工业用电量比一季度回落 1.2 个和 0.4 个百分点；6 月末，金融机构本外币贷款余额增速比一季度末有所回落。此外，工业生产者价格连续 54 个月处于下降通道中。

（二）部分行业、企业生产经营困难

从行业看，上半年，信息传输、软件、信息技术等服务业增长较快，工业回升，而建筑（5.3%）、批零住餐、交通运输等行业上半年增加值增速都在 5%—5.6%，金融业增加值增速比一季度回落。在规模以上工业 31 个制造业行业大类中，近半数行业（14 个）上半年增加值增速在 4%以下。从企业看，部分企业生产经营困难。上半年，在近 4 万家规模以上工业企业中，总产值同比下降的企业约占 4 成，其中降幅在 20%以上的占 17.5%；利润同比下降的企业约占 3 成。5 月末，有亏损企业 8101 家，约占 2 成，其中亏损额上升的行业有 19 个。规模以上工业企业应收账款增长 9.7%，比主营业务收入增速高出 7.7 个百分点，部分企业资金回笼困难。

（三）“三去一降一补”任务比较艰巨

一是淘汰落后产能和严重过剩产能任务仍须加力。二季度，规模以上工业企业产能利用率虽然比一季度有所回升，但 38 个行业大类中，还有 11 个行业的产能利用率低于 75%，5 个行业低于 70%。二是结构性、区域性去库存压力较大。部分三、四线城市商品房销售仍困难，非住宅去库存周期居高不下（50 多个月），上半年全省商品房非住宅类待售面积增长 20%以上，远高于住宅待售面积增速。三是金融风险仍须高度重视。6 月末，金融机构不良贷款率 2.46%，比年初上升 0.09 个百分点。企业资金链和担保链风险、互联网金融等领域潜在的风险隐患依然存在，制造业企业和小微企业“贷款难”和“难贷款”问题交织。

下半年，要按照中央和省委省政府的决策部署，继续坚持稳中求进工作总基调，坚定信心、增强定力，坚定不移推进供给侧结构性改革，推进转型升级，有力、有度、有效落实好“三去一降一补”重点任务，坚持问题导向，精准施策，加快新旧动力转换。预计全年浙江经济将实现稳走向好的态势。

附件:附表 2015—2016 年浙江省主要经济指标

(综合处　傅吉青　黄洪琳)

附件

附表 1 2015—2016 年浙江省主要经济指标

	2016 年				2015 年	
	上半年		6 月	一季度	上半年	全年
	增长%	绝对值	增长%	增长%	增长%	增长%
地区生产总值(GDP)(亿元)	20762	7.7		7.2	8.3	8.0
第一产业	832	1.7		1.2	1.2	1.5
第二产业	9114	6.1		5.0	5.8	5.4
第三产业	10816	9.7		9.5	11.4	11.3
规模以上工业增加值(亿元)	6519	6.7	7.7	6.1	5.0	4.4
规模以上工业销售产值(亿元)	31067	4.2	5.7	3.5	1.5	0.24
内销产值	25490	4.9	6.3	4.3	2.3	1.1
出口交货值	5577	1.0	2.9	0.1	−1.8	−3.7
规模以上工业利润总额(亿元)	1894	14.6		17.0	7.9	5.0
全社会用电量(亿千瓦时)	1765	5.3	5.3	6.5	3.0	1.4
工业用电量	1263	4.0	4.7	4.4	1.2	−0.5
全社会货运量(万吨)	98326	6.3	4.1	2.0	1.5	3.0
固定资产投资(亿元)	13659	12.6		12.5	12.3	13.2
民间投资(亿元)	7591	4.5		2.2	9.0	9.2
商品房销售面积(万平方米)	3849	50.0		64.0	49.6	28.0
商品房销售额(亿元)	4249	58.0		83.0	48.5	28.0
社会消费品零售总额(亿元)	10180	10.9	12.7	10.4	9.6	10.9
网络零售额(亿元)	4058	35.2		31.9	51.4	49.9
进出口总额(亿元)	10261	1.7	2.2	−4.3	−2.5	−1.1
出口	8164	2.8	3.8	−4.1	2.3	2.3
进口	2097	−2.7	−3.9	−5.1	−16.8	−12.5
进出口总额(亿美元)	1579	−4.1	−4.0	−9.7	−2.4	−2.1

续 表

	2016 年				2015 年	
	上半年		6 月	一季度	上半年	全年
	增长%	绝对值	增长%	增长%	增长%	增长%
出口	1257	−2.9	−2.4	−9.5	2.4	1.2
进口	322	−8.2	−9.8	−10.6	−16.8	−13.4
财政总收入(亿元)	5209	9.9	8.5	9.7	8.3	8.7
一般公共预算收入	3043	11.9	6.8	10.4	7.5	7.8
一般公共预算支出(亿元)	3127	15.5	33.3	3.1	14.5	21.1
金融机构本外币贷款余额(亿元)	79880	6.0	6.0	8.1	9.0	7.1
居民消费价格涨幅(%)		2.0	1.5	2.3	0.9	1.4
工业生产者出厂价格涨幅(%)		−3.3	−2.8	−3.7	−3.0	−3.6
全省居民人均可支配收入(元)	20388	8.7 (6.6)		8.4 (6.0)	8.8	8.8
城镇常住居民人均可支配收入	24519	8.3 (6.2)		8.0 (5.6)	8.1	8.2
农村常住居民人均可支配收入	13043	8.6 (6.7)		8.4 (6.3)	9.3	9.0

2016 年前三季度浙江经济平稳发展持续向好

今年以来，浙江深入贯彻党中央、国务院和省委、省政府决策部署，加快推进供给侧结构性改革，坚定不移打好转型升级系列组合拳，全省经济平稳运行，结构效益持续向好，新产业新动能培育取得积极成效，主要经济指标走势好于全国。但经济运行中也存在一些问题和风险隐患，需要积极应对和妥善解决。预计第四季度浙江经济将继续保持平稳向好的发展态势，全年经济社会发展的主要预期目标有望实现。

一、从增长速度看，主要经济指标增长较快且高于全国

表 1　2016 年主要经济指标增速(%)

	规模以上工业增加值		规模以上工业利润		固定资产投资		社会消费品零售总额		出口(人民币)	
	全国	浙江	全国	浙江	全国	浙江	全国	浙江	全国	浙江
1—2 月	5.4	4.1	4.8	7.4	10.2	12.3	10.2	10.2	—13.1	—16.1
1—3 月	5.8	6.1	7.4	17.0	10.7	12.5	10.3	10.4	—4.2	—4.1
1—4 月	5.8	6.4	6.5	17.4	10.5	12.6	10.3	10.3	—2.1	0.3
1—5 月	5.9	6.5	6.4	16.6	9.6	12.6	10.2	10.5	—1.8	2.6
1—6 月	6.0	6.7	6.2	14.6	9.0	12.6	10.3	10.9	—2.1	2.8
1—7 月	6.0	6.9	6.9	14.8	8.1	11.8	10.3	10.9	—1.6	4.0
1—8 月	6.0	6.9	8.4	17.2	8.1	11.4	10.3	10.9	—1.0	5.1
1—9 月	6.0	6.6	—	15.2	8.2	11.1	10.4	10.9	—1.6	2.7

前三季度，全省生产总值(GDP)32234 亿元，按可比价格计算，同比增长 7.5%，增速高于全国(6.7%)0.8 个百分点。分产业看，第一产业增加值 1251 亿元，增长 2.5%；第二产业增加值 14330 亿元，增长 6.2%；第三产业增加值 16653 亿元，增长 9.2%，一、二、三产对 GDP 增长的贡献率分别为 1.3%、38.0%和 60.7%。其他主要经济指标延续上半年平稳增长态势，增幅高于全

国。规模以上工业增加值增速从一季度的6.1%升至前三季度的6.6%,高于全国0.6个百分点;固定资产投资增速基本稳定在11%—13%之间,前三季度增速高于全国2.9个百分点;社会消费品零售总额增速从一季度的10.4%升至10.9%,高于全国0.5个百分点;出口从一季度下降4.1%回升至增长2.7%,领先全国4.3个百分点(见表1)。

(一)三大产业运行平稳

农业生产有所提速。前三季度,全省农林牧渔业增加值1278亿元,同比增长2.6%,增速比上半年回升0.8个百分点。预计全年粮食总产量768万吨,增长2.1%,其中秋粮产量增长3.8%。前三季度,预计蔬菜、中药材、花卉苗木、果用瓜面积分别增长2.1%、12.4%、10.5%和2.5%。肉类总产量下降11.1%,其中猪肉产量下降13.7%。水产品产量增长6.3%。服务业增长较快。前三季度,服务业增加值增速快于GDP 1.7个百分点,占GDP的比重为51.7%,其中,批发和零售、交通、住宿和餐饮业、金融、房地产业、营利性服务业、非营利性服务业增加值分别增长5.3%、4.9%、5.5%、3.1%、12.6%、19.8%和9.3%。1—8月,规模以上服务业企业(不含批零住餐、银证保和房地产)营业收入6194亿元,增长20.0%,增速同比提高2.3个百分点,高于全国9.9个百分点,居全国第3位。工业平稳增长。前三季度,规模以上工业增加值10041亿元,增长6.6%;工业销售产值、出口交货值、内销产值同比分别增长4.0%、1.1%和4.7%。

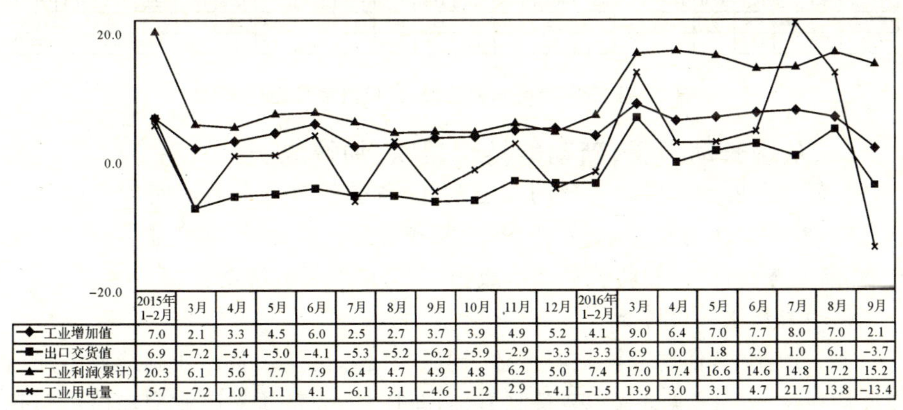

	2015年1-2月	3月	4月	5月	6月	7月	8月	9月	10月	11月	12月	2016年1-2月	3月	4月	5月	6月	7月	8月	9月
工业增加值	7.0	2.1	3.3	4.5	6.0	2.5	2.7	3.7	3.9	4.9	5.2	4.1	9.0	6.4	7.0	7.7	8.0	7.0	2.1
出口交货值	6.9	-7.2	-5.4	-5.0	-4.1	-5.3	-5.2	-6.2	-5.9	-2.9	-3.3	-3.3	6.9	0.0	1.8	2.9	1.0	6.1	-3.7
工业利润(累计)	20.3	6.1	5.6	7.7	7.9	6.4	4.7	4.9	4.8	6.2	5.0	7.4	17.0	17.4	16.6	14.6	14.8	17.2	15.2
工业用电量	5.7	-7.2	1.0	1.1	4.1	-6.1	3.1	-4.6	-1.2	2.9	-4.1	-1.5	13.9	3.0	3.1	4.7	21.7	13.8	-13.4

图1 工业产销、用电量月度增速和工业利润累计增速(%)

(二)三大需求稳定增长

投资平稳增长。前三季度,固定资产投资总额21177亿元,同比增长11.1%。项目投资15734亿元,增长15.2%;房地产开发投资5443亿元,由上半年的下降 0.8%转为增长 0.8%。投资新开工项目 29269 个，增长 30.5%，新开工项目投资增长 29.7%。投资增长后劲增强。其中，全省集中开工的重大项目投资 2042 亿元，占全部项目投资的 13.0%，占新开工项目投资的 24.5%。消费稳定增长。前三季度，社会消费品零售总额 15614 亿元，增长 10.9%，增速连续 4 个月持平。占比较大的汽车类零售额增长 8.1%，增速比上半年提高 2.0 个百分点。出口份额提升。前三季度，进出口总值 16210 亿元，同比增长 2.0%，其中：出口 12972 亿元，增长 2.7%；进口 3238 亿元，下降 0.9%。出口占全国份额为 12.9%，比上半年和上年同期分别提高 0.1 个和 0.6 个百分点。

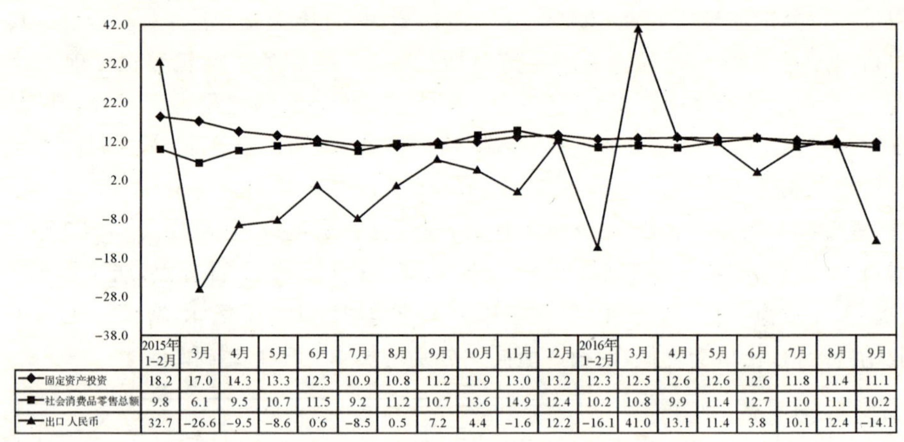

	2015年1–2月	3月	4月	5月	6月	7月	8月	9月	10月	11月	12月	2016年1–2月	3月	4月	5月	6月	7月	8月	9月
固定资产投资	18.2	17.0	14.3	13.3	12.3	10.9	10.8	11.2	11.9	13.0	13.2	12.3	12.5	12.6	12.6	12.6	11.8	11.4	11.1
社会消费品零售总额	9.8	6.1	9.5	10.7	11.5	9.2	11.2	10.7	13.6	14.9	12.4	10.2	10.8	9.9	11.4	12.7	11.0	11.1	10.2
出口 人民币	32.7	-26.6	-9.5	-8.6	0.6	-8.5	0.5	7.2	4.4	-1.6	12.2	-16.1	41.0	13.1	11.4	3.8	10.1	12.4	-14.1

图 2　投资累计增速和消费、出口月度增速(%)

二、从增长动力看，新动能持续累积、加快成长

在新旧发展动能接续转换的关键时期，省委省政府全面落实创新驱动发展战略，推动大众创业、万众创新，着力补齐科技创新短板，新产业、新技术、新产品、新业态、新模式和新服务加快成长，有力推动了经济增长。

（一）新产业较快增长

七大产业中，信息经济核心产业、健康、环保、高端装备产业制造业增加值增速均在 8%以上(见表 2)，装备制造、高新技术、战略新兴产业增加值增长较快，占规模以上工业比重分别为 38.3%、37.7%和 22.8%，同比提高 2.0 个、1.1 个和 0.5 个百分点，对规模以上工业的增长贡献率分别达 57.0%、50.7%和 29.5%。规模以上服务业中，信息传输、软件和信息技术等行业持续保持强劲发展势头，1—8 月营业收入增长 35.5%，营业利润增长 39.0%，对规模以上服务业的增长贡献率分别达62.3%和86.2%。

表2　2016年浙江省规模以上工业七大产业增加值及增速

	1—9月		1—8月	1—7月	1—6月	1—3月
	亿元	增长%	增长%	增长%	增长%	增长%
规模以上工业增加值	10041	6.6	6.9	6.9	6.7	6.1
信息经济核心产业制造业	1134	13.6	13.1	12.7	12.8	13.3
环保制造业	885	8.5	7.9	8.6	9.0	7.7
健康制造业	389	8.8	10.9	10.9	10.2	10.6
时尚制造业	917	7.1	7.7	8.0	8.1	8.3
高端装备产业制造业	1397	10.7	11.3	11.7	11.9	12.7

（二）新产品增长贡献大

前三季度，规模以上工业新产品产值增长11.8%，新产品产值率为32.4%，同比提高2.2个百分点，对规模以上工业总产值的增长贡献率达86.2%。我省列入国家"三新"统计的10种新产品产量中，有8种呈两位数增长，其中光纤、新能源汽车、智能手机、光缆、太阳能电池、稀土磁性材料、碳纤维增强复合材料、智能电视分别增长72.0%、48.1%、33.4%、28.2%、19.7%、19.0%、17.3%和14.6%，生产工业机器人2286套。

（三）新业态蓬勃发展

据省商务厅数据，前三季度，网络零售额6336亿元，同比增长34.2%；省内居民网络消费3292亿元，增长28.6%。限额以上批零业通过公共网络实现的商品零售额同比增长65.2%。信息消费和快递业务快速增长，移动互联网流量4.3亿G，增长88.8%；快递业务量39.0亿件，增长61.3%。跨境电子商务出口33.6亿元，增长1.1倍。

（四）新服务、新模式不断涌现

基于大数据、云计算、物联网的服务应用和创业创新日益活跃，创意设计、网络约车、在线医疗、远程教育、网上银行等新型服务模式给居民生活带来便利，进一步拓展了消费领域。至9月底，浙江省医院预约诊疗服务平台累计注册用户608万人，预约总量2655万人次，预约成功率70.6%。集休闲、购物、餐饮、娱乐为一体的城市综合体快速发展，农家乐不断创新升级为民宿和乡俗旅游，成为农民增收的新途径。

(五)创新创业氛围愈浓

一是加大特色小镇的培育发展,促进金融、人才、技术等高端要素进一步集聚。上半年 78 个省级特色小镇创建对象投资 528 亿元,在建亿元以上项目 424 个,集聚各类创业人才 2 万余人,新入驻企业 4881 家。二是大力支持企业加强研发,强化企业创新的主体地位。前三季度,财政科技支出增长 9.6%,规模以上工业企业科技活动经费支出增长 13.2%;创投基金注册金额已达 2104 亿元。今年以来,新认定省级重点企业研究院 25 家、省级企业研究院 153 家,新增科技型中小企业 837 家,高新技术企业和科技型中小企业累计家数分别已达 7905 家和 25182 家。国家级和省级众创空间分别为 52 家和 88 家、科技企业孵化器为 21 家和 129 家。三是加大"放管服"改革力度,市场新生力量不断增加。前三季度,新设市场主体 71.4 万户,其中:新设企业 22.7 万户,同比增长 33.0%;新设个体工商户 48.3 万户,增长 13.9%。截至 9 月底,全省在册市场主体 511.6 万户,其中:企业 161.9 万户,分别增长 12.0%和 15.8%。内资注册资本(金)增长 42.8%。"小升规"和新开工企业 3852 家,对前三季度规模以上工业增加值的增长贡献率达 23.5%,拉动规模以上工业增加值增长 1.5 个百分点。四是浙商回归项目持续增长。前三季度,浙商回归累计到位资金 2690 亿元,完成目标任务的 79.1%,同比增长 14.7%。其中:产业项目到位资金 2171 亿元,增长 10.8%,完成目标任务的 77.5%。

(六)大型企业、大项目对经济增长的贡献增强

前三季度,规模以上工业大型企业增加值增长 8.4%,增速高于中型企业(4.7%)和小微企业(6.7%),对规模以上工业增加值的增长贡献率达 42.2%,高于中型企业(25.2%)和小微企业(32.6%),比上半年提高 2.7 个百分点。前三季度,在新开工项目中,投资额在 100 亿元以上的项目 4 个;在 10 亿—100 亿元项目 195 个,比上半年增加 63 个,同比增加 93 个,投资 811 亿元,增长 93.8%。

三、从结构变化看,产业、需求和市场主体不断优化升级

(一)从产业结构看,传统行业和高耗能行业增速低于新兴行业

规模以上工业中,装备制造、高新技术、战略新兴产业增加值增速在 8%以上,而纺织、服装、皮革、化纤等传统行业增加值增速均在 4%以下,八大高耗能行业增加值仅增长 4.9%,占规模以上工业的比重(34.7%)同比下降 0.6 个百分点。

(二)从投资结构看,有效投资快速增长

一是大力推进重点领域投资,重大基础设施、重大产业项目、高新技术产

业、生态保护和环境治理投资等重点领域投资增速均快于全部投资(见表 3)。二是着力推动传统产业改造提升,以“机器换人”为重点的工业技术改造投资增速快于工业投资,装备制造业投资快于制造业投资,服务业项目投资增速快于全部投资。三是加大基础设施投入,基础设施投资增长 29.2%,占投资的 31.3%,比重同比提高 4.4 个百分点。

表 3　2016 年浙江省固定资产投资情况

	1—9 月		1—8 月	1—7 月	1—6 月	1—3 月
	亿元	增长%	增长%	增长%	增长%	增长%
固定资产投资	21177	11.1	11.4	11.8	12.6	12.5
项目投资(除房地产开发外)	15734	15.2	15.8	17.1	18.0	18.8
房地产开发投资	5443	0.8	0.5	−1.2	−0.8	−1.7
基础设施投资	6637	29.2	29.5	28.4	28.5	28.3
工业投资	6468	5.5	7.2	9.7	10.4	8.4
技术改造	4888	7.8	12.2	15.6	16.7	20.5
制造业	5550	5.1	7.5	10.2	10.8	9.0
装备制造业	2681	8.0	10.6	13.5	12.9	13.0
高新技术产业	1648	11.7	13.8	18.7	19.2	16.3
战略性新兴产业	1915	12.5	14.5	18.2	18.8	18.1
服务业项目投资	8985	23.3	23.1	23.0	24.2	27.6
民间投资	11713	2.6	3.2	4.0	4.5	2.2
四大投资领域:						
重大基础设施	2840	32.8	31.6	28.2	28.7	28.4
重大产业项目	6890	14.7	13.2	13.5	14.0	16.9
高新技术产业	2173	15.9	17.4	21.5	23.3	17.6
生态环保和环境治理	229	60.9	74.2	75.2	74.0	23.4

(三)从出口结构看,高附加值产品和新型外贸方式出口增速较快

从产品结构看,前三季度,机电产品、高新技术产品均保持较快增长态势,特别是高新技术产品出口增长 8.7%,高出全省出口 6.0 个百分点。从贸易方式看,1—8 月,市场采购贸易出口增长 9.1%,一般贸易出口增长 6.9%,加工

贸易出口下降8.0%。外贸综合服务平台发展迅猛,13家外贸综合服务平台出口462亿元,增长1.4倍,拉动浙江出口增长2.5个百分点。

(四)从消费结构看,与住房和文化消费有关的商品零售额快速增长,传统消费增势平稳

从1—9月限额以上批零业分类商品零售额看,文化办公用品、建筑装潢材料、五金电料、家具类分别增长35.2%、33.4%、27.9%和22.7%,日用品、食品、服装鞋帽针纺类零售额保持平稳较快增长,增速在17%—20%。

(五)从市场主体结构看,民营经济的优势和活力继续提升

表4　2016年浙江省民间投资情况

	1—9月				1—8月	1—7月	1—6月	1—3月
	亿元	占民间投资比重%	占全部投资比重%	增长%	增长%	增长%	增长%	增长%
民间投资	11713	100	55.3	2.6	3.2	4.0	4.5	2.2
项目投资(除房地产开发外)	7394	63.1	47.0	6.1	7.3	9.9	10.8	9.1
房地产开发投资	4319	36.9	79.3	−2.8	−3.2	−4.9	−4.9	−7.4
基础设施投资	1124	9.6	16.9	11.5	8.7	9.7	9.2	0.7
工业投资	4905	41.9	75.8	6.2	8.9	12.1	12.8	9.7
技术改造	3905	33.3	79.9	8.9	13.8	18.3	19.9	25.4
制造业	4638	39.6	83.6	6.1	8.9	12.1	12.8	10.3
装备制造业	2254	19.2	84.1	13.1	16.7	20.6	20.7	22.3
高新技术产业	1361	11.6	82.6	23.2	26.6	33.1	33.8	27.5
战略性新兴产业	1373	11.7	71.7	10.7	13.4	17.1	18.3	12.0
服务业项目投资	2310	19.7	25.7	4.2	2.5	4.2	5.4	7.3

全国工商联发布的"2016中国民营企业500强"中,浙江上榜数(134家)居全国首位,连续18年蝉联全国第一。前三季度,新设私营企业21.8万户,同比增长33.3%,新设私营企业、个体工商户和农民专业合作社占全部新设市场主体的98.7%。民营企业出口带动作用提升,其中私营企业出口额增长7.5%,比重达72.3%,同比提高3.2个百分点。民间投资结构改善,民间投资

增长 2.6%。其中,除房地产开发外的项目投资拉动民间投资增长 3.7 个百分点。高新技术、装备制造、战略性新兴产业和基础设施民间投资均增长 10%以上(见表 4)。

四、从增长质量看,企业增效,百姓增收,生态良好

(一)财政收入稳定增长,重点民生保障有力

前三季度,财政总收入 7381 亿元,增长 10.1%,一般公共预算收入 4291 亿元,增长 11.6%。税收收入增长 11.6%,占一般公共预算收入的 85.6%。在税收收入中,企业所得税和个人所得税分别增长 8.6%和 20.3%;全面实施“营改增”后,国内增值税增长 60.6%,对税收的增长贡献率达 73.3%;营业税及改征增值税下降 12.1%。公共服务供给能力有效提升,民生实事积极推进。一般公共预算支出 4787 亿元,增长 8.3%,其中一般公共服务、公共安全、教育、科技、社保就业、卫生计生、节能环保、城乡社区等八项民生支出 3417 亿元,增长 21.7%,合计占财政支出的 71.4%。

(二)企业利润较快增长

前三季度,规模以上工业企业实现利润总额 2957 亿元,增长 15.2%,增速比上半年提高 0.6 个百分点。主营业务收入利润率为 6.4%,同比提高 0.7 个百分点。企业从业人员减少 2.0%,劳动生产率达 19.9 万元/人(折年),按可比价计算增长 8.8%。38 个大类行业中,有 35 个行业整体盈利,24 个行业利润增长。

(三)百姓获得感提升

城乡居民收入增长。前三季度,全省居民人均可支配收入 29765 元,同比增长 8.4%,扣除价格因素增长 6.5%,其中,城镇、农村常住居民人均可支配收入分别为 36093 元和 18440 元,增长 7.9%和 8.4%,扣除价格因素增长 5.9%和 6.6%。城乡居民人均收入倍差为 1.96,低于上年同期 0.1 点。深入实施低收入农户收入倍增计划,在确保巩固“消除 4600”成果的基础上,千方百计拓宽增收渠道,异地搬迁扶贫 2.6 万人。就业社会保障形势良好。三季度,城镇调查失业率逐季走低,低于全国。前三季度,新增城镇就业 84.6 万人,超额完成全年目标。9 月末全省养老保险参保人数 3693 万、基本医疗保险参保人数 4963 万。

(四)生态环境持续改善

前三季度,规模以上工业单位增加值能耗同比下降 3.7%,降幅比上半年扩大 1.5 个百分点。38 个行业大类中有 24 个行业单耗同比下降,其中汽车制造、金属制品等 11 个行业单耗降幅超过 5%。深入推进“五水共治”“三改一拆”等一系列环境整治行动。新增城镇污水管网 2774 千米,河湖库塘清污(淤)量 12054

万方，完成年度目标任务的 139％和 119％。累计拆除违法建筑面积 1.25 亿平方米，改造旧住宅区、城中村、旧厂区 1.9 亿平方米，完成年度目标任务的 124.7％和 189.9％。环境质量有所改善。221 个省控断面中，达到或优于Ⅲ类水质的断面比例为 77.4％，同比上升 7.3 个百分点，劣Ⅴ类断面 8 个，同比减少 8 个。全省 69 个县级以上城市日空气质量达标天数比例平均为 87.9％，同比上升 2.8 个百分点，11 个设区城市 PM2.5 平均浓度下降 10.9％。

五、从供给侧结构性改革看，"三去一降一补"有新进展

（一）去产能有新进展

我省坚决落实国家下达的 303 万吨压减钢铁产能计划，杭钢集团半山钢铁基地顺利关停，5 年目标任务 1 年完成。前三季度，淘汰落后和严重过剩产能企业 1011 家，整治"脏乱差"和"低小散"企业（作坊）1.59 万家。规模以上工业产品中，纸浆、水泥熟料、人造板、水泥、粗钢产量分别下降 25.5％、14.1％、8.6％、7.3％和 0.4％。9 月末，规模以上工业产成品存货增长 0.9％，同比回落 1.5 个百分点，低于主营业务收入 1.9 个百分点。

（二）去库存有新成绩

商品房销售延续上年以来快速增长势头。前三季度，商品房销售面积 6192 万平方米，增长 51.0％，商品房销售额 6869 亿元，增长 59.5％，增速比上半年分别提高 1.0 个和 1.5 个百分点，同比提高 11.4 个和 19.0 个百分点，高于全国 24.1 个和 18.2 个百分点。商品房待售面积增长 8.7％，增速比上半年低 5.9 个百分点。

（三）去杠杆有新起色

前三季度，处置僵尸企业 453 家，提前完成全年计划任务。企业资产负债率稳步下降，9 月末，规模以上工业企业资产负债率为 56.3％，同比下降 2.0 个百分点；8 月末，规模以上服务业企业资产负债率 50.8％，同比下降 1.0 个百分点。

（四）降成本有新成效

前三季度，规模以上工业每百元主营业务收入中的成本为 84.0 元，低于上年同期（84.7 元）。规模以上工业企业财务费用下降 9.6％，其中利息支出下降 13.4％，降幅分别比上半年扩大 1.7 个和 0.7 个百分点。

（五）补短板有新作为

围绕科技创新、交通基础设施、生态环境、公共服务有效供给、低收入农户增收致富、改革落地等六大领域制定实施补短板行动方案。与此同时，全面深化"四张清单一张网"改革，扎实推进"放管服"改革，进一步增强经济发展内生

动力，激发了市场活力。

六、从市场价格看，CPI 总体稳定，PPI 降幅继续收窄，房价持续上涨

（一）CPI 涨幅处于低位

前三季度，居民消费价格同比上涨 1.8%，涨幅比上半年回落 0.2 个百分点，低于全国 0.2 个百分点，其中 9 月份同比上涨 2.0%，环比上涨 0.5%。八大类消费价格同比 7 涨 1 跌，食品烟酒、教育文化和娱乐、其他用品和服务、衣着、医疗保健、居住、生活用品及服务类价格分别上涨 4.7%、2.9%、2.3%、1.4%、1.0%、0.8%和 0.2%，交通和通信类价格下降 1.9%。

（二）PPI 降幅继续收窄

工业生产者出厂价格(PPI)降幅连续 9 个月收窄。前三季度，工业生产者出厂价格和购进价格同比分别下降 2.6%和 4.1%，降幅比上半年收窄 0.7 个和 1.2 个百分点，其中，9 月份分别下降 1.0%和 0.5%。

（三）房价持续上涨

9 月份，全省新建商品住宅销售价格环比上涨 4.1%，涨幅比上月扩大 1.7 个百分点，呈现连续 18 个月上涨态势；同比上涨 19.3%，涨幅比上月扩大 4.3 个百分点。在全国 70 个大中城市中，杭、甬、温、金 4 城市新建商品住宅销售价格同比涨幅分别以 28.2%、11.3%、4.6%和 5.1%，居全国第 7、20、30 和 29 位。

当前，世界经济总体上复苏比较疲弱，不稳定性、不确定性比较多。受汇率波动、地缘政治冲突、英国脱欧、美国加息没有落地等多重因素影响，一些国际经济组织和机构对今年世界经济形势的判断也不容乐观。我国经济正处于新旧动能转换和转型升级的关键阶段，经济发展长期向好的基本面没有变，经济运行总体平稳，稳中有进，稳中有好，市场供求关系、经济结构、发展质量有所改善。特别是 9 月份工业、投资、消费、出口等主要经济指标企稳回升，PPI 也由负转正，已显示出积极变化。但结构调整的阵痛还在释放，企业经营困难还比较多，经济下行压力还不小。

在这样的大环境下，浙江经济增长压力也不小。9 月份，浙江制造业 PMI (50.1%)比上月回落 1.9 个百分点，比全国低 0.3 个百分点，其中小微型企业 PMI 为 47.8%，比上月回落 2.1 个百分点；工业生产者价格连续 57 个月处于下降通道中。民间资本投资实体经济意愿还不够强，增速仍偏低，低于全省总投资 8.5 个百分点。在经济分化过程中，新动能增长尚不能完全抵消旧动力的消退。前三季度，石油加工、汽车制造、通信电子、仪器仪表、电气机械、医药制造等 6 个行业增加值增速在 8%以上，但超过半数行业(18 个)增速在 4%以

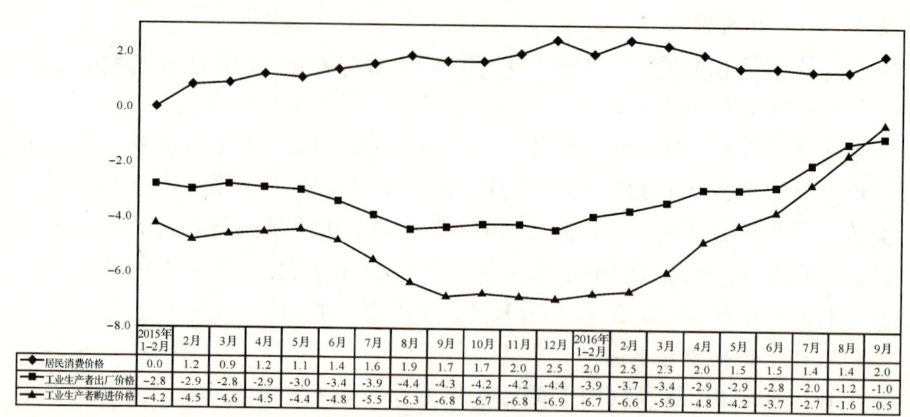

	2015年1–2月	2月	3月	4月	5月	6月	7月	8月	9月	10月	11月	12月	2016年1–2月	2月	3月	4月	5月	6月	7月	8月	9月
居民消费价格	0.0	1.2	0.9	1.2	1.1	1.4	1.6	1.9	1.7	1.7	2.0	2.5	2.0	2.5	2.3	2.0	1.5	1.5	1.4	1.4	2.0
工业生产者出厂价格	−2.8	-2.9	-2.8	-2.9	-3.0	-3.4	-3.9	-4.4	-4.3	-4.2	-4.2	-4.4	-3.9	-3.7	-3.4	-2.9	-2.9	-2.8	-2.0	-1.2	-1.0
工业生产者购进价格	−4.2	-4.5	-4.6	-4.5	-4.4	-4.8	-5.5	-6.3	-6.8	-6.7	-6.8	-6.9	-6.7	-6.6	-5.9	-4.8	-4.2	-3.7	-2.7	-1.6	-0.5

图 3　各类价格月度涨幅(%)

下。9 月末，规模以上工业有亏损企业 6801 家，亏损面为 17.0%。企业资金链和担保链等风险依然存在。

总的来看，前三季度浙江经济平稳发展，在省委省政府加快推进供给侧结构性改革、坚定不移持续推进转型升级系列组合拳、科学部署 G20 峰会的综合作用下，经济运行处于合理区间，实现了“十三五”良好起步。下阶段，要继续坚持目标导向、问题导向、效果导向，精准施策，全力冲刺，抓好各项工作的落实。预计四季度我省经济将继续保持平稳向好的发展态势，全年经济社会发展的主要目标有望实现。

附件：附表 2015—2016 年浙江省主要经济指标

（综合处　傅吉青　黄洪琳　毛惠青）

附件

附表 1　2015—2016 年浙江省主要经济指标

	2016 年							2015 年
	1—9 月		9 月	1—8 月	1—7 月	1—6 月	1—3 月	1—9 月
	绝对值	增长%	增长%	增长%	增长%	增长%	增长%	增长%
地区生产总值（亿元）	32234	7.5	—	—	—	7.7	7.2	8.0
第一产业	1251	2.5	—	—	—	1.7	1.2	1.1
第二产业	14330	6.2	—	—	—	6.1	5.0	5.4
第三产业	16653	9.2	—	—	—	9.7	9.5	11.3
规模以上工业增加值（亿元）	10041	6.6	2.1	6.9	6.9	6.7	6.1	4.2
装备制造业	3847	10.5	10.8	10.2	9.9	9.5	9.9	6.0
高新技术产业	3788	9.3	7.5	9.3	9.1	8.7	8.3	7.1
战略性新兴产业	2293	8.7	4.4	9.0	8.9	8.7	7.9	7.0
规模以上工业销售产值(亿元)	48016	4.0	0.1	4.7	4.4	4.2	3.5	0.0
出口交货值	8636	1.1	−3.7	1.9	1.2	1.0	0.1	−3.3
规模以上工业利润总额(亿元)	2957	15.2		17.2	14.8	14.6	17.0	4.9
全社会用电量(亿千瓦时)	2860	7.9	1.7	8.7	7.8	5.3	6.5	1.8
工业用电量	1988	4.7	−13.4	6.8	7.0	4.0	4.4	−0.2
全社会货运量(亿吨)	15.3	5.4	2.6	5.8	6.9	6.3	2.0	1.9
固定资产投资(亿元)	21177	11.1	—	11.4	11.8	12.6	12.5	11.2
基础设施投资	6637	29.2	—	29.5	28.4	28.5	28.3	24.9
工业投资	6468	5.5	—	7.2	9.7	10.4	8.4	4.6
技术改造投资	4888	7.8	—	12.2	15.6	16.7	20.5	17.0

续　表

	2016 年							2015 年
	1—9 月		9 月	1—8 月	1—7 月	1—6 月	1—3 月	1—9 月
	绝对值	增长%	增长%	增长%	增长%	增长%	增长%	增长%
高新技术产业投资	1648	11.7	—	13.8	18.7	19.2	16.3	13.5
服务业投资	14427	13.7	—	13.4	12.6	13.3	14.1	14.7
房地产投资	5443	0.8	—	0.5	−1.2	−0.8	−1.7	2.4
商品房销售面积(万平方米)	6192	51.0	—	47.5	49.0	50.0	64.0	39.6
商品房销售额(亿元)	6869	59.5	—	53.9	55.2	58.0	83.0	40.5
社会消费品零售总额(亿元)	15614	10.9	10.2	10.9	10.9	10.9	10.4	9.9
网络零售额(亿元)	6336	34.2		35.1	35.6	35.4	31.9	46.3
进出口总额(亿元)	16210	2.0	−11.0	3.8	2.5	1.7	−4.3	−2.6
出口	12972	2.7	−14.1	5.1	4.0	2.8	−4.1	1.2
进口	3238	−0.9	1.8	−1.2	−2.9	−2.7	−5.1	−15.0
财政总收入(亿元)	7381	10.1	13.6	9.7	9.4	9.9	9.7	8.8
一般公共预算收入	4291	11.6	20.5	10.7	10.2	11.9	10.4	8.2
金融机构本外币贷款余额(亿元)	80557	6.3		6.2	6.0	6.0	8.1	8.3
居民消费价格涨幅(%)		1.8	2.0	1.8	1.9	2.0	2.3	1.2
工业生产者出厂价格涨幅(%)		−2.6	−1.0	−2.9	−3.1	−3.3	−3.7	−3.4
全省居民人均可支配收入(元)	29765	8.4 (6.5)	—	—	—	8.7 (6.6)	8.4 (6.0)	9.2 (7.9)
城镇常住居民人均可支配收入	36093	7.9 (5.9)	—	—	—	8.3 (6.2)	8.0 (5.6)	8.4 (7.1)
农村常住居民人均可支配收入	18440	8.4 (6.6)	—	—	—	8.6 (6.7)	8.4 (6.3)	9.5 (8.1)

2016年浙江农业生产形势分析

2016年，浙江秉持发展新理念，积极推进农业供给侧结构性改革，紧紧围绕高效生态农业强省、特色精品农业大省的建设目标，扎实开展"两美"农业建设，着力构建高产、优质、高效、生态、安全的现代农业发展体系，农业经济效益不断提升。2016年，农业增加值2002亿元，比上年增长2.8%。其中，种植业增加值1094亿元，林业增加值114亿元，渔业增加值565亿元，农林牧渔服务业增加值35亿元，分别增长3.4%、1.5%、5.4%、7.6%；畜牧业增加值194亿元，下降6.5%。

一、粮食作物总体稳定，效益农业发展良好

2016年，自然天气条件总体上有利于农作物的种植和生长，再加上农业科学技术的不断推广和帮农扶农政策的有力落实，早稻亩产创历史新高，晚稻产量稳中有升，全年粮食产量总体稳定。粮食播种面积1255.5千公顷，比上年下降1.8%；单产399公斤/亩，增长1.8%；总产量752.2万吨，与上年持平。蔬菜、果用瓜、中药材、花卉苗木等经济作物持续增长，种植结构进一步优化，效益不断提升。

早稻单产创历史新高。早稻播种面积173.3万亩，比上年略降0.9%；单产426公斤/亩，增长10.1%，创历史新高；总产量73.8万吨，增长9.0%。早稻增产，一是得益于各级政府继续保持早稻订单的奖励措施，一定程度上提高了大户种植早稻的积极性；二是较好的天气条件给予早稻优良的生长环境；三是大面积推广应用的早播早栽促早熟增产技术、机插秧基质育苗和"叠盘出苗"等高产高效科学技术也进一步促进早稻增产增收。

秋粮生产稳中有升。秋粮播种面积1442.6万亩，比上年下降0.4%；单产430公斤/亩，增长1.7%；总产量619.7万吨，增长1.2%。其中，晚稻播种面积1054.3万亩，下降0.4%；单产493公斤/亩，增长2.3%；总产量520万吨，增长1.9%。秋粮的增收，一方面，下半年气候条件比上年略好，特别是10月份平均气温偏高，上旬晴雨相间，光温适宜，有利于晚稻的生长和成熟，下旬阴雨寡照，拉长晚稻的灌浆期和收割期，晚稻产量稳中有升；另一方面，全省不断加大良种科研和推广力度，大力开展科学栽培、合理施肥、统防统治，以及灾害

防治等技术培训指导，推广现代化生产模式，促进粮经全产业链发展，使粮食总体产出水平、经济效益和生态效益均得到稳步提升。

效益农业保持良好发展态势。2016 年，中药材播种面积预计 65.7 万亩，比上年增长 13.4%；产量预计 20.3 万吨，增长 13.5%。近年来，全省积极推进医药强省建设，制定《浙江省中药材保护和发展规划(2015—2020 年)》，加强中药材资源保护，加快中药材产业发展。各级政府充分发挥财政资金、产业基金的支持引导作用，建立以中药材企业为主体、社会资本共同参与的多元投入体系，将中药材生产和配套基础设施建设纳入支农政策支持范围。各地积极开展中药企业开展业主型产业基地建设，推动专业大户、家庭农场、合作社发展，实现中药材从分散生产向组织化生产转变，提高产业化水平。同时，中药材经济价值高、销路好，农户种植积极性高涨，“浙八味”、铁皮石斛等中药材种植持续升温。

全年花卉苗木播种面积预计 239.9 万亩，比上年增长 9.9%。在省政府“两路两侧”“四边三化”战略决策的指导下，浙江省范围内 3800 多千米的高速、重点区域的国省道和 2400 多千米的铁路沿线展开了新一轮的“四边三化”行动，沿江沿河绿化工程、防沙保护工程等众多生态项目对绿化苗木存在刚性需求，尤其在 G20 杭州峰会前后，各地积极加快创建森林城镇和美丽乡村建设步伐，市场对花卉苗木和盆栽类园艺的需求数量稳定增长。同时，各地“花卉＋旅游”“花卉＋互联网”等花卉新产业、新业态融合发展不断涌现。例如，湖州市南浔区双林镇计划投资 52 亿元，打造集盆景制作、销售、展示于一体的“盆景小镇”；海宁市长安镇计划建设集种植、交易、物流、旅游、培训于一体的“花卉小镇”；宁海县打造四季花香的“花语特色小镇”，进一步促进花卉市场的需求，激发农民的种植意愿。

全年蔬菜播种面积预计 955.2 万亩，产量预计 1856.5 万吨，分别比上年增长 3.0%和 4.5%；果用瓜播种面积预计 153.6 万亩，产量预计 292.1 万吨，分别增长 2.2 和 4.0%。据省农业厅数据，全年菜价波动较大，年度均价 4.22 元/公斤，比上年增长 14.7%。全省各地加强基础设施建设，提高果蔬作物抗风险能力，优化种植技术，推广优良品种，积极种植高效益、绿色无公害果蔬，同时，“旅游＋农业”的瓜果采摘游开辟了瓜果销售的新渠道，使得蔬菜、瓜果产业化效应逐步显现。

春粮、油菜籽和茶叶减产。受厄尔尼诺现象影响，造成部分地域的“烂田”现象，直接影响冬播，春粮作物产量下降。春粮播种面积 267.3 万亩，比上年下降 9.0%；总产量 58.7 万吨，下降 18.8%。其中，小麦播种面积 114.9 万亩，下降14.7%，总产量25.4万吨，下降27.7%；大麦播种面积14.6万亩，下降49.2%，总产量3.6万吨，下降53.2%；蚕(豌)豆播种面积42.5万亩，下降10.7%，总产量5.9万吨，下降18.0%；马铃薯播种面积94.6万亩，增长15.0%，总产量(折干)23.6万吨，增长7.7%。

油菜籽播种面积176.3万亩，比上年下降3.9%；总产量22.9万吨，下降8.7%，降幅比上年扩大5.7百分点。自2009年以来，油菜籽播种面积已连续八年下降，其主要原因是油菜籽种植难以推广机械化，以及收购价长期低位徘徊，农户种植积极性始终不高。同时，2015年冬季的阴雨寒潮和今年4、5月份的高温阴雨对油菜籽播种和生长都造成较大影响，致使单产下降。

全年茶叶产量预计16.4万吨，比上年下降4.7%。其中，春茶9.6万吨，下降6.5%。年初的“倒春寒”影响了茶树生长，出现新芽萌发扭曲变形，成茶“焦边”等现象，使得春茶全面开采推后10天以上，单产明显下降；4月至5月上旬，阴雨天气较多，造成采摘时间大幅减少；7月的持续晴热高温天气，造成主产区茶园的高温灼伤现象，茶叶产量减产。

二、绿化造林全面推进，林业经济创新发展

绿化造林科学有序。一年来，全省各地深入推进平原绿化、“新植1亿株珍贵树”、植树治水、“三改一拆”拆后绿化、“四边”绿化战略计划，不断夯实“建设美丽浙江、创造美好生活”的生态基础。据省林业厅统计，2016年全省完成造林更新面积37.9万亩，占年度计划任务的164.7%。其中，人工造林18.7万亩、封山育林2.4万亩、人工更新16.8万亩；完成防护林建设4.1万亩，占计划任务的100.2%；新植珍贵树2099万株，占年度任务的116.6%。其中，完成珍贵树种基地建设新植520.8万株、面积7.4万亩，补植培育769.7万株、面积23.6万亩，四旁植树808.8万株。

主要林产品有增有减。随着生态文明建设的不断推进，全社会保护绿水青山的意识逐步增强，木材采伐进一步减少，木材产量预计104.8万立方米，比上年下降15.9%；竹材产量有所增长，大径竹产量预计19997万根，增长5.6%；鲜竹笋产量预计164.6万吨，增长4.8%；人造板产量预计554.7万立方米，下降2.1%；木竹地板产量预计10652万平方米，增长5.3%。

林业经济创新发展。我省大力推广“一亩山万元钱”创新技术模式，重点推广香榧高效生态栽培、林下套种三叶青、铁皮石斛仿生栽培等模式，同时按照因地制宜、科学布局，适度规模、集约经营，市场导向、政府扶持的原则，加快发展油茶、香榧、山核桃等产业基地建设。2016年底，已建成十大模式示范基地6.5万亩、辐射推广13.2万亩；累计完成油茶新造林4.7万亩，低产林改造

3.3 万亩；香榧新造林 3.6 万亩，抚育 10 万亩，生态经营 0.9 万亩；山核桃新造林 0.8 万亩，抚育 1.4 万亩，生态经营 0.4 万亩。

三、畜牧业调控有力，养殖效益总体趋稳

近年来，浙江作为全国唯一的现代生态循环农业试点省和国家农产品质量安全示范省，牢固树立“绿水青山就是金山银山”发展理念，围绕“生态兴农美田园”“安全放心美生活”，全面确立“一控两减四基本”农业绿色发展体系，着力深化畜牧业供给侧结构性改革，稳步推进畜牧业转型升级，根据资源禀赋、环境承载能力和产业特点，推广种养结合、绿色环保的高效生态养殖，进一步优化区域布局和养殖结构，不断提升综合生产能力、市场竞争能力和可持续发展能力。

生猪生产趋于平衡。据浙江调查总队统计，2016 年，生猪存栏 573.8 万头，肉猪出栏 1169.2 万头，比上年分别下降 21.4%和 11.1%，降幅比上年分别收窄 2.9 个和 12.6 个百分点。其中，能繁母猪存栏 50.1 万头，下降 18%，降幅收窄 4.2 个百分点。

全年生猪价格总体呈现前涨后跌态势。上半年生猪价格延续 2015 年四季度走势，呈阶梯式上涨，5 月中旬到达历史高位后，下旬起开始回调，临近国庆，猪价格连续 4 周出现大幅回落，周最大跌幅超过 4.2%。10 月下旬起，猪价格呈横盘走势，近期进入平稳上升空间。据省畜牧兽医局监测，1 月 1 日—12 月 21 日，待宰活猪、仔猪和去骨带皮猪肉集市均价分别为 19.1 元/公斤、32.2 元/公斤和 31.2 元/公斤，同比分别增长 21.5%、52.7%、19.3%。另一方面，1 月 1 日—12 月 21 日，猪粮比平均 8.8∶1，比上年同期高 40.8%。上半年，猪粮比一路高升进入红色预警区域，5 月 25 日到达 10∶1，突破 2008 年 4 月9.6∶1的历史最高点。三季度猪粮比由黄色转为蓝色，四季度进入绿色预警区域，12 月 21 日猪粮比 8.3∶1。受双节效应拉动，价格将稳步上升，生猪养殖效益仍处于“猪周期”的波峰阶段，但从全国生猪供应量来看，预计 2017 年上半年供求或将处于平衡状态，猪价以平稳为主，随着生猪产能逐渐释放，下半年猪价可能有所回落，跌势趋缓，但仍有较高收益。

家禽生产效益趋稳。年末家禽存栏 6593 万只，出栏 14942 万只，比上年分别下降 12.3%和 1.7%。家禽产品价格跌宕起伏，总体效益较好。一方面，活鸡价格一、四季度好于二、三季度，活鸡 1 月底价格跌至最低，而后受生猪价格影响，活鸡价格也呈现持续上涨态势，二季度有所回落，进入 8 月份止跌回升，行情向好，国庆后逐步回调，近期受节日拉动价格有回升。12 月 21 日活鸡价格每公斤 16.1 元，比 8 月初上涨 2.5%。另一方面，鸡蛋今年均价 10 元/公

斤,比上年下降 5.1%。随着年底前消费需求加大,再加上冬季养殖户补栏积极性不高,2017 年一季度肉禽产品价格可能会有所上升,家禽养殖效益趋于稳定。

牛羊生产增减不一。年末牛存栏 14.5 万头,比上年下降 3.3%,出栏 8.8 万头,增长 6.1%,其中:肉牛存栏 9.5 万头,与上年基本持平;奶牛存栏 3.9 万头,下降 10.1%。羊存栏 113.1 万只,下降 0.3%,出栏 119.4 万只,增长 6.9%。一方面,面对进口奶粉和液态奶对浙江奶业的冲击,养殖户为保持利润,进一步淘汰低产牛,奶牛存栏持续下降。另一方面,随着湖羊产业振兴计划不断推进,湖羊养殖产业保持良好发展态势,四季度是羊肉的消费旺季,活羊价格略有回升,牛羊生产效益总体稳定。

畜牧产品调减减缓。全年肉类总产量预计 118.1 万吨,比上年下降 9.9%,降幅比上年收窄 6.7 个百分点。其中,猪肉产量 90.7 万吨,下降 12.2%;牛肉产量 1.3 万吨,增长 6.7%;羊肉产量 1.9 万吨,增长 6.1%;禽肉产量 23.2 万吨,下降 2.3%;禽蛋产量 30.8 万吨,下降 7.4%;牛奶产量 15.3 万吨,下降 7.3%。

四、渔业生产持续增长,养殖捕捞齐头并进

2016 年,浙江省围绕加快建设海洋强省的目标,强化海洋生态环境治理、优化海洋资源配置、夯实海洋基础支撑,全面提升海洋资源保护与利用能力,渔业生产保持较好的发展态势。据省海洋与渔业局统计,水产品总产量预计 634.8 万吨,比上年增长 5.5%。

捕捞生产平稳增长。全年国内海洋捕捞产量 348.5 万吨,淡水捕捞产量 9.1 万吨,比上年分别增长 3.5%和 2.9%。一是渔场振兴初步成果开始显现。随着增殖放流力度和执法强度的加大,经济鱼类资源逐步恢复,各种经济鱼类产量明显增加。二是渔用柴油价格持续下跌,渔业生产成本不断下降,油价补贴政策进一步调整,大大提高了渔民的生产积极性,渔船出海生产时间明显增加。与此同时,水产品价格的高位运行,也对渔民生产的积极性有较大的促进作用。

水产养殖转型成效。全年海水养殖产量 102.1 万吨,淡水养殖产量 105.6 万吨,比上年分别增长 9.4%和 3.6%。一是浅海紫菜养殖发展较快。温、台等地把发展紫菜养殖作为生计渔民转产转业的重要途径,在增加渔民收入的同时,也成为推动海水养殖业发展新亮点。二是主养产品生产情况平稳。大棚高位池养殖的南美白对虾普遍稳定,海水大棚高位池养殖成功率在 70%以上,一些地方单产水平创历史新高,最高产量达到亩产 4000 公斤。三是设施

养殖成功转型。在精养高效、标准化养殖模式的示范推广作用下，各地推进保温大棚设施的应用，延长养殖季节，提高资源利用率和单位面积收益率，海水养殖效益明显提高。大黄鱼和青蟹等养殖品种的标准化养殖技术取得重大突破，其中，宁波开启深海养殖大黄鱼模式，分别在象山港、南韭山、石浦等海域建立了围网养殖基地，岱衢族大黄鱼养殖更接近大自然；三门县承担建设的“国家青蟹养殖综合标准化示范区”项目，通过了国家标准化管理委员会验收。

远洋渔业增长较快。全年远洋渔业产量 69.5 万吨，比上年增长 13.6%。一方面，安哥拉、吉布提过洋性围网作业生产效益明显，经过积极稳妥地引导国内捕捞转产从事远洋渔业，巩固西非安哥拉和东非吉布提过洋性生产项目，扩大生产规模，过洋性远洋渔业有新的突破。另一方面，浙江省大力推进舟山国家远洋渔业基地建设，积极打造以西码头为依托的远洋渔业现代化专业母港，推进远洋水产品现代交易市场、水产品加工冷链物流区、培育远洋渔业现代服务业建设，进一步促进了浙江远洋渔业的发展。

（省地方统计调查局一产处　吴圣寒）

增长动能加快转换　浙江工业稳定向好

——2016年浙江工业经济运行情况分析

2016年，面对错综复杂的外部发展环境，浙江认真贯彻落实中央及省委、省政府各项决策部署，坚持稳中求进工作总基调，积极推进供给侧结构性改革，以提高发展质量和效益为中心，坚定不移打好转型升级系列组合拳，工业经济呈现提质增效、稳中向好的态势。

一、工业产销平稳增长，经济效益持续改善

（一）工业生产增长区间明显上移

2016年，规模以上工业增加值14009亿元，比上年增长6.2%，增速比上年提高1.8个百分点。月度增加值累计增速稳定在6%—7%之间小幅波动，比2015年4%—5%的增速区间上移近2个百分点，比全国平均水平高0.2个百分点。从用电情况看，全年工业用电量2761亿千瓦时，增长6.9%，增速比上年提高7.3个百分点，其中制造业用电量2293亿千瓦时，增长5.3%，增速比上年提高6.0个百分点。

（二）工业产品销售稳步提升

2016年，规模以上工业销售产值67222亿元，比上年增长4.5%。其中，国内销售产值和出口交货值分别增长5.2%和1.4%，增速分别比上年提高4.0个和5.1个百分点。分季度看，国内销售产值一季度（4.3%）、上半年（4.9%）、前三季度（4.7%）和全年（5.2%）增速基本稳定；出口交货值一季度（0.1%）、上半年（1.0%）、前三季度（1.1%）和全年（1.4%）增速保持回升态势。出口交货值增速比全国平均水平高1.0个百分点，19个行业出口增速高于全国同行业水平，其中船舶出口增速比全国高13.7个百分点，出口额占比达23.2%。规模以上工业企业生产经营及景气状况调查结果显示（以下简称景气调查），2016年浙江工业企业平均产能利用率逐季提高，从一季度的76.5%提高到二季度的78.2%、三季度的78.9%和四季度80.7%的全年最高水平。石油加工和计算机通信电子产能利用率提升最高，分别由一季度的75.1%和74.3%提升到四季度的87.5%和85.9%。总体来看，工业企业产能利用水平和国内外销售双双稳步提升，产销衔接良好，全年产销率为96.7%，

比上年提高 0.3 个百分点。

(三)工业企业经济效益保持较好水平

2016 年,规模以上工业企业主营业务收入 65308 亿元,比上年增长 4.1%,增速比上年的下降 1.1%提升 5.2 个百分点,比前三季度提高 1.3 个百分点,呈逐月回升态势。利润总额 4323 亿元,自 3 月份以来持续两位数增长,全年增长 16.1%,增速比上年提高 11.1 个百分点,比全国平均水平高 7.6 个百分点,居全国第 6 位,在浙苏沪鲁粤等工业大省中居第 1 位。四大行业对全省利润增长的贡献率超 5 成,汽车、化工、石油加工和电气机械行业利润分别增长 46.7%、27.2%、51.4%和 14.5%,对规模以上工业利润的贡献率分别为 21.5%、12.5%、9.4%和 8.6%。劳动生产率为 20.7 万元/人,增长 7.9%,其中,计算机通信电子、石油加工、汽车、船舶和仪器仪表等行业劳动生产率增速超过 10%。

二、工业结构持续优化,新旧动能加快转换

大力实施创新驱动战略,促进产业优化升级,新产业和新发展动能加快形成。

(一)产业结构调整稳步推进

2016 年,规模以上工业中装备制造业、高新技术产业、战略性新兴产业增加值分别增长 10.9%、10.1%和 8.6%,分别占 38.8%、40.1%和 22.9%,比重分别比上年提高 2.0 个、2.0 个和 0.5 个百分点。八大高耗能行业增加值增长 3.7%,占 34.0%,比重比上年下降 0.9 个百分点,其中钢铁和非金属矿物制品等行业增加值下降 3.0%和 0.8%。黑色金属压延、非金属矿物业制品两个高耗能行业用电量下降,降幅分别为 59.0%和 8.0%。

(二)投资结构出现积极变化

不断加大工业企业技术改造投入力度。2016 年,工业技改投资占工业投资比重为 78.3%,比上年提高 1.7 个百分点。第四季度景气调查显示,26.4%的工业企业将本季度的主要投资方向放在设备升级改造上,有 22.2%的企业投向开发新产品,14.2%和 12.8%的企业则选择扩大生产规模和增加节能环保投入。重点产业成为工业投资热点。装备制造业和高新技术产业(制造业)投资分别为 3858 亿元和 2365 亿元,占工业投资的比重为 42.4%和 26.0%,比上年提高 0.6 个和 1.3 个百分点。31 个制造业中,有 17 个行业投资增长,其中电气机械(18.9%)、汽车(8.7%)、计算机通信电子(16.3%)、船舶(15.6%)等增长较快。

(三)新增长点对工业生产发挥积极拉动作用

2016年,着力抓平台项目建设和市场主体培育,有400余家新建规模以上工业企业相继投产,占全部规模以上工业企业的1.0%,对工业增长的贡献率高达10.2%,对工业利润增长的贡献率为2.3%。"小升规"企业对工业增长发挥积极拉动作用。2013—2015年"小升规"企业合计超万家,该批企业2016年利润总额311亿元,比上年增长46.9%,对规模以上工业利润增长的贡献率达16.5%。

(四)重点主导产业加速成长

2016年,七大万亿产业较快发展。信息经济核心产业制造业、高端装备产业(制造业)、健康制造业、节能环保制造业增加值分别比上年增长13.6%、9.6%、8.9%和7.4%,增速分别比规模以上工业高7.4个、3.4个、2.7个和1.2个百分点,拉动规模以上工业增加值增长1.4个、1.3个、0.3个和0.8个百分点。信息经济核心产业制造业、高端装备产业(制造业)、健康制造业、节能环保制造业利润分别增长8.9%、21.0%、32.0%和15.5%。从31个制造业行业大类看,汽车制造、计算机通信电子增加值分别增长24.5%和19.4%,已成为拉动浙江省工业经济发展的主导行业,占规模以上工业的比重为6.8%和6.0%,两个行业对工业增长的贡献率高达37.3%。

(五)创新驱动成效显现

2016年,规模以上工业新产品产值23861亿元,增长11.6%。新产品产值率为34.3%,比上年提高2.3个百分点,对规模以上工业总产值增长的贡献率为90.2%,比上半年和前三季度分别提高5.9个和4.0个百分点。新产品生产快速增长,符合消费升级发展方向的新能源汽车、智能电视、光纤、智能手机、光缆、碳纤维增强复合材料、太阳能电池等产品产量分别增长19.9倍、29.1%、28.5%、25.1%、18.0%、12.7%和11.8%。

三、供给侧结构性改革初显成效,企业发展信心增强

2016年,随着供给侧结构性改革的推进,工业领域重点改革任务取得积极进展,去产能、去库存、去杠杆、降成本取得明显成效,实体经济发展环境和企业发展信心总体好转,提质增效发展态势明显。

(一)去产能有新成绩

浙江省制定实施钢铁行业化解过剩产能实施方案,顺利关停杭钢集团半山钢铁基地,超额完成国家下达浙江省的压减炼钢产能任务,五年任务一年全部完成,10家压减产能企业设备全部封存,1.3万名职工基本完成分流安置工作。全年淘汰落后和严重过剩产能企业2000余家,处置僵尸企业555家,超

额完成全年计划任务。2016 年，规模以上工业产品中，纸浆、水泥熟料、人造板、水泥、粗钢产量分别下降 19.5％、9.9％、7.8％、4.1％和 1.6％。

（二）库存水平有所降低

2016 年末，规模以上工业企业产成品存货 3312 亿元，占全国的比重由上年的 8.5％回落到 8.3％，产成品存货比上年末增长 1.7％，增速低于全国 1.5 个百分点。产成品存货周转天数为 20.9 天，比上年减少 0.4 天。规模以上工业产成品存货行业分化现象较为明显。当年新增库存 56.4 亿元，其中高耗能行业产成品库存大幅减少，化纤、造纸、黑色金属压延、橡胶塑料、非金属矿物制品、皮革和纺织等高耗能和产能过剩行业的产成品库存合计减少 48.5 亿元，代表新兴主导产业的电气机械、计算机通信电子、汽车和化学原料等行业分别新增库存 32.8 亿元、20.8 亿元、19.7 亿元和 18.6 亿元。

（三）企业杠杆率有所下降

2016 年末，规模以上工业企业资产负债率为 55.4％，低于全国平均水平 0.4 个百分点，比上年末下降 1.8 个百分点。38 个大类行业中，除汽车、石油加工、烟草和计算机通信电子 4 个行业外，34 个行业资产负债率比上年末有不同程度下降。资产负债率超过 60％的工业企业比 2015 年减少 537 家，企业数占比下降 1.4 个百分点。

（四）降成本成效逐步显现

随着减负降本综合性政策和降成本三年行动方案的落实，浙江省全面实施“营改增”，多次下调电价、天然气价格，加大金融机构帮扶力度，企业减负降本工作深入推进，单位成本小幅下降，税费、用能和融资负担进一步减轻。2016 年，工业企业每百元主营业务收入中的成本为 84.1 元，比全国低 1.4 元，比上年下降 0.6 元，比全国多降 0.5 元；成本费用利润率为 7.1％，比上年下降 0.8 个百分点。四季度景气调查结果显示，40.6％的受访工业企业表示受益最多的政策措施是减税降费，比一季度增加 15.8 个百分点。随着成本费用的下降，企业利润空间有效释放，主营业务收入利润率达 6.6％，比上年提高 0.7 个百分点。

（五）用工需求趋稳回升

2016 年，规模以上工业企业平均用工人数 677 万人，比上年下降 1.6％，降幅比上年收窄 1.8 个百分点。景气调查结果显示，3.8 万多家被调查单位的用工需求上半年保持平稳、下半年回升明显。从一至四季度看，用工需求比上季度回升的企业数占被调查单位数的比例分别为 10.5％、10.1％、11.1％和 13.2％。企业当前最需要和缺少的人员是普通技工，占调查企业的 35.0％，缺少高级技工、科研人员和经营管理人员的企业比重分别为 25.3%、24.5%和 15.2%。企业认为“招工难”的主要原因是符合岗位要求的应聘者减少，占 20.2%;求职者对薪酬期望过高，占 19.7%。

从当前发展态势看，浙江工业结构调整、转型升级进程进一步加快，工业经济稳中有进、稳中向好。但也必须看到，当前工业经济需求不足、产能过剩等矛盾仍处在化解过程中，还未得到有效解决，工业购销价格从“低进高出”转为“高进低出”，传统产业增长仍有不少困难，推进“三去一降一补”重点任务仍然艰巨复杂。新的一年里，全省上下必须坚持稳中求进工作总基调，牢固树立和贯彻落实新发展理念，适应把握和引领经济发展新常态，坚持以推进供给侧结构性改革为主线，坚定不移打好“拆治归”转型升级系列组合拳，加快结构优化、动能转换的步伐，进一步巩固工业经济稳中向好、稳中提质的势头。

（工业处　蒋晓雁）

2016 年浙江服务业发展态势良好

2016 年是“十三五”的开局之年，面对错综复杂的国内外环境，浙江全面落实中央和省委、省政府的决策部署，主动把握和引领经济发展新常态，积极推进供给侧结构性改革，服务业继续保持快速发展态势，各项指标居全国前列，结构不断优化。

一、服务业总体发展态势良好

服务业对生产总值、投资、税收收入增长贡献持续加大，已成为经济增长的重要动力。2016 年，服务业对 GDP 的增长贡献率达 62.9%。

（一）服务业增加值增速快于 GDP 和其他产业

2016 年，服务业增加值达 24001 亿元，比上年增长 9.4%，增速比全国高 1.6 个百分点，比 GDP 高 1.9 个百分点，比一产、二产分别高 6.7 个和 3.6 个百分点。分季度看，均保持相对较快增速。

表 1　2016 年浙江生产总值增速(%)

	1 季度	上半年	1—3 季度	全年
地区生产总值	7.2	7.7	7.5	7.5
第一产业	1.2	1.7	2.5	2.7
第二产业	5.0	6.1	6.2	5.8
第三产业	9.5	9.7	9.2	9.4

（二）服务业增加值比重逐年上升，超过半壁江山

近几年，服务业增加值所占比重持续上升，2016 年达到 51.6%，首次突破 50.0%，比上年提高 1.8 个百分点，比 2011—2015 年年均水平提高 1.2 个百分点，与全国持平。

（三）服务业投资比重提高

服务业投资增速连续多年快于全部投资和第二产业投资。2016 年，服务业投资 20076 亿元，比上年增长 14.6%，比全部投资、第二产业投资增速分别高 3.7 个和 11.1 个百分点，占全部投资的 67.9%，比重比上年提高 2.2 个百分点。

(四)服务业税收增速和比重均提高

随着服务业规模的不断扩大,以及营改增政策的持续推进,服务业税收成为税收增长的源泉。2016年,服务业税收达5000亿元,比上年增长9.2%,增速比上年提高8.5个百分点,比全部税收收入高3.6个百分点,占税收收入的53.2%,比重比上年提高1.7个百分点,对税收收入的增长贡献率达85%。

二、服务业重点行业蓬勃发展

(一)金融业存贷款同比多增

2016年末,金融机构本外币存款余额99530亿元,比上年末增长10.2%;全年新增存款9229亿元,同比多增524亿元。本外币贷款余额81805亿元,增长7.0%;全年新增贷款5338亿元,同比多增381亿元。在境内贷款余额中,住户贷款占到34.2%,贷款余额增长18.3%,其中中长期消费贷款余额(主要是个人住房贷款)增长36.5%,占到境内贷款余额的20.3%;非金融企业及机关团体贷款余额增长1.7%,其中中长期贷款增长7.8%。

(二)房地产开发投资持续回升

2016年,在政策和市场的双重作用下,房地产市场销售总体较旺,房地产开发受其影响增速回升明显,商品房销售面积8637万平方米,比上年增长44.3%,增速比上年提高16.3个百分点,商品房销售额9605亿元,增长52.5%,增速比上年提高24.5个百分点。房地产开发投资7469亿元,增长5.0%,其中,商品住宅投资4807亿元,增长8.0%。

(三)旅游业发展稳中有升

2016年是G20杭州峰会举办之年,城市品牌得到巨大提升,旅游业保持较快增长。2016年,旅游总收入8093亿元,比上年增长13.4%,增速比上年提高0.4个百分点,其中:国内旅游收入7600亿元,增长13.1%;国际旅游收入74亿美元,增长9.5%。共接待游客57300万人次,增长9.1%,接待入境游客1120万人次,增长10.7%,增速比上年提高1.9个百分点。旅行社组织出境游客246万人次,增长8.4%,增速比上年有所放缓。

(四)邮电业保持快速发展态势

2016年,邮电业务总量3715亿元,比上年增长55.3%,增速比上年提高13.3个百分点。其中,邮政业务总量1251亿元,增长54.2%,邮政业务收入619亿元,增长36.5%。快递业连续多年快速增长,成为邮政业务收入的主力军,快递业务收入达541亿元,增长41.0%,占邮政业务收入的87.4%。电信业务需求旺盛,电信业务总量2465亿元,增长55.9%,增速比上年提高17.9个百分点。

三、服务业企业稳中有升

（一）企业规模持续扩大

2016 年，9239 家规模以上服务业企业资产总计 32238 亿元，比上年增长 15.6%，增速比上年提高 1.8 个百分点；固定资产原价 8546 亿元，增长 5.4%，增速比上年提高 1.7 个百分点；从事服务业活动的从业人员平均人数 171 万人，增长 6.2%，增速比上年提高 3.0 个百分点。

（二）企业收入和盈利能力较快增长

2016 年，规模以上服务业企业营业收入 10573 亿元，比上年增长 21.1%，增速比上年提高 4.4 个百分点；利润总额 1613 亿元，增长 25.6%，增速比上年提高 10.3 个百分点。

（三）企业发展居全国前列

2016 年，规模以上服务业企业营业收入占全国的 7.1%，比重比上年提高 0.4 个百分点，稳居第五位，营业收入增速在各省市中居第二，仅次于云南（28.3%）；营业利润总额占全国的比重为 8.6%，比上年提高 1.7 个百分点，列北京、广东、上海之后居全国第四，营业利润增速在发达省市中居榜首；从业人员平均人数占全国的比重为 6.7%，比上年提高 0.5 个百分点，居全国第五。

（四）各行业发展趋势向好

表 2　2016 年浙江规模以上服务业主要行业营业收入情况

行　业	营业收入(亿元)	比上年增长(%)
总计	10572.9	21.1
交通运输、仓储和邮政业	2306.8	7.2
信息传输、软件和信息技术服务业	4296.8	34.4
房地产业(除房地产开发经营)	272.7	15.6
租赁和商务服务业	1992.5	21.0
科学研究和技术服务业	882.9	15.0
水利、环境和公共设施管理业	268.7	16.5
居民服务、修理和其他服务业	52.8	13.6
教育	47.1	−2.9
卫生和社会工作	114.7	22.9
文化、体育和娱乐业	337.8	9.3

规模以上服务业企业分行业门类看，信息传输、软件和信息技术服务业行业发展较快，2016 年营业收入 4297 亿元，比上年增长 34.4%，增速居各行业首位，对规模以上服务业营业收入的增长贡献率达到 59.6%。交通运输、仓储和邮政业发展趋好，营业收入 2307 亿元，增长 7.2%，增速比上年提高 5.6 个百分点；租赁和商务服务业，科学研究和技术服务业，水利、环境和公共设施管理业保持较好发展态势，营业收入分别为 1992 亿元、883 亿元、269 亿元，分别增长 21.0%、15.0%和 16.5%，增速比上年分别提高 4.4 个、8.0 个、8.0 个百分点。

（地方统计调查局三产处　钱铁娟）

2016 年浙江固定资产投资运行分析

2016 年，浙江省上下坚决贯彻落实省委、省政府决策部署，继续加大扩大有效投资工作力度，加快推进新投资项目的储备、前期准备和落地开工建设，固定资产投资保持平稳较快增长，投资结构优化。

一、固定资产投资保持平稳较快增长

2016 年，固定资产投资 29571 亿元，比上年增长 10.9%，顺利实现年初确定的增长 10%以上的预期目标。其中，项目投资 22102 亿元，增长 13.0%；房地产开发投资 7469 亿元，增长 5.0%。

从走势看，2016 年投资增速先扬后抑再回升，总体保持平稳较快增长。年初开局良好，1—2 月增长 12.3%，此后略有加快，1—4 月、1—5 月、上半年为全年最高点，均增长 12.6%。7 月后，连续数月回落，1—10 月为最低点，增长 10.2%。11 月、12 月再次回升(见图 1)。

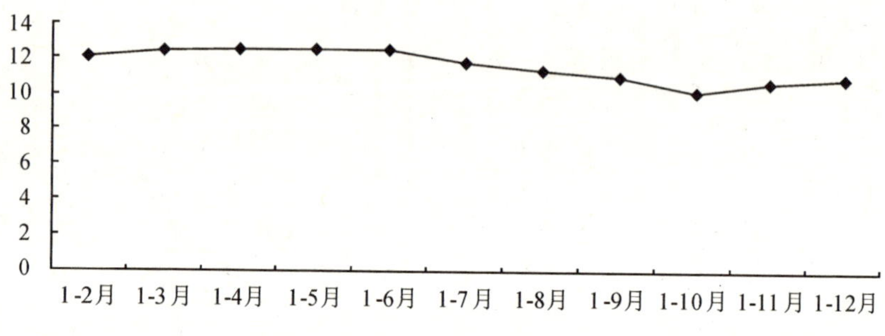

图 1　2016 年全省投资增速(%)

二、投资结构优化改善

(一)信息技术和物联网产业、新能源汽车等战略性新兴产业投资增长较快，高污染、高耗能行业投资下降

2016 年，战略性新兴产业投资 2745 亿元，增长 7.9%(见表 1)。其中，新一代信息技术和物联网产业、新能源汽车、海洋新兴产业、核电关联产业等投资分别增长 32.0%、29.9%、16.4%和 12.1%。高污染、高耗能行业投资明显下降，化纤、造纸、有色金属等行业投资分别下降 21.6%、11.2%、8.0%。

表 1 2016 年浙江省战略新兴产业投资情况

指标名称	全年			前三季度		
	投资额（亿元）	比重（%）	增长（%）	投资额（亿元）	比重（%）	增长（%）
合　　计	2745	100.0	7.9	1915	100.0	12.5
1.节能环保产业	802	29.2	3.7	558	29.1	8.2
2.新一代信息技术和物联网产业	183	6.7	32.0	114	5.9	15.6
3.生物产业	428	15.6	2.1	296	15.5	2.8
4.高端装备制造产业	225	8.2	2.5	155	8.1	3.9
5.新能源产业	446	16.3	10.5	317	16.6	24.3
6.新材料产业	446	16.3	8.9	324	16.9	18.9
7.新能源汽车	58	2.1	29.9	39	2.0	28.8
8.核电关联产业	59	2.1	12.1	41	2.2	17.1
9.海洋新兴产业	98	3.6	16.4	70	3.7	21.9

（二）民间资本进入基础设施，投资项目比重提高

近年来，积极鼓励推动民间资本进入基础设施和公共服务领域，取得一定成效，民间资本进入水利环境和公共设施管理业等基础设施和公共服务领域投资的比重有所提高。2016 年，基础设施民间投资 1644 亿元，占民间投资的比重为 10%，分别比前三季度、上年提高 0.4 个、0.3 个百分点。

三、水利、体育设施等公共服务领域补短板投资快速增长

2016 年，基础设施投资 9365 亿元，增长 26.3%，占固定资产投资的比重为 31.7%。基础设施项目对全部投资增长贡献率达到 67%，拉动投资增长 7.3 个百分点。

基础设施投资中，体育设施、水利环境和公共设施管理、教育设施、卫生设施等公共服务领域补短板投资快速增长，增速分别达到 79.7% 、41.1%、26.4%和 24.1%，交通运输仓储和邮政业投资增长 11.5%。

四、重点领域投资增长较快

2016 年，投资聚焦重点领域，四大重点领域投资较快增长。重大产业项目、重大基础设施、高新技术产业、生态保护和环境治理业分别增长 17.6%、

35.3%、14.3%和 51.9%，分别比全部投资增幅高出 6.7 个、24.4 个、3.4 个和 41.0 个百分点。

民间资本积极投入重点领域投资。2016 年，重大基础设施、高新技术产业、生态保护和环境治理民间投资分别增长 20.9%、19.1%、59.3%，重大产业项目民间投资从上半年的负增长转为前三季度的正增长且增幅逐步回升，全年增长 1.8%，比前三季度加快 1.5 个百分点（见表 2），体现了民间资本投资意愿的增强和对产业发展的信心。

表 2　2016 年浙江省四大重点领域投资情况

指标名称	全年				前三季度			
	投资（亿元）	增长（%）	民间投资（亿元）	增长（%）	投资（亿元）	增长（%）	民间投资（亿元）	增长（%）
重大产业项目	9593	17.6	2868	1.8	6890	14.7	2051	0.3
重大基础设施项目	3998	35.3	498	20.9	2840	32.8	340	22.1
高新技术产业	3157	14.3	2125	19.1	2173	15.9	1485	23.0
生态保护和环境治理业	330	51.9	54	59.3	229	60.9	40	72.6

五、新开工项目投资增势良好

2016 年，积极推进新投资项目的落地开工，先后于 1 月 4 日、7 月 22 日分别对 614 个和 668 个重大建设项目举行了集中开工仪式，两次集中开工项目分别完成投资 1689 亿元和 1349 亿元，分别占计划总投资的 26.4%和 18.5%。

全年新开工项目投资 12615 亿元，比上年增长 22.1%，增幅分别比全部投资、项目投资高出 11.2 个和 9.1 个百分点。

新开工项目 36732 个，比上年增长 22.0%。其中，10 亿元及以上项目 311 个，投资 1474 亿元，分别增长 86.2%和 69.7%；1 亿—10 亿元项目 2915 个，投资 3833 亿元，分别增长 35.5%和 32.1%；亿元以下项目 33506 个，投资 7308 亿元，分别增长 20.6%和 11.4%。

（投资处　季南）

2016 年浙江消费品市场运行情况分析

2016 年，面对复杂多变的国内外经济环境，我省全面落实“十大扩消费行动”，消费潜力继续释放，省内消费品市场零售额保持平稳较快增长，消费结构升级趋势明显，消费品市场呈现出稳中有升、稳中向好的良好发展态势。主要特点有：

一是社会消费品零售总额突破两万亿。全年社会消费品零售总额 21970 亿元，首次突破 2 万亿大关，比上年增长 11.0%，增速比上年提高 0.1 个百分点，超出全国平均增速 0.6 个百分点，扣除价格因素实际增长 9.9%，高于周边主要省市，分别比广东、山东、江苏高 0.8 个、0.6 个、0.1 个百分点。

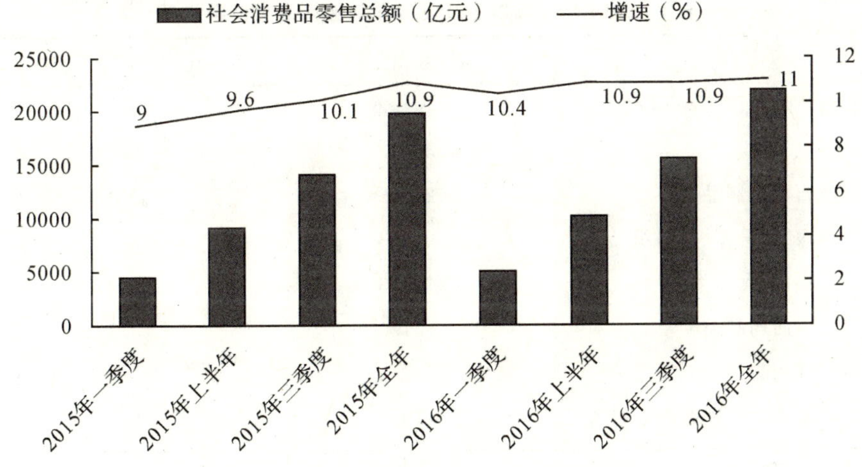

图 1　2015—2016 年分季度社会消费品零售总额

二是乡村消费品市场占比逐步提升。随着“美丽乡村”建设、“三改一拆”等工作的持续推进，乡村旅游和农村电子商务蓬勃发展，农村市场环境持续改善，消费潜力进一步释放，乡村消费品市场持续较快增长。全年乡村消费品零售额 3690 亿元，增长 13.0%，增速比上年提高 0.6 个百分点；城镇消费品零售额 18281 亿元，增长 10.7%，增速与上年一致。相比之下，乡村消费占比正逐年提升。

三是网上零售持续发力。2016 年，“互联网＋”模式不断发展，销售渠道不断拓宽，网络消费持续快速增长。按限额以上单位测算，全年通过网络实现的零售额 1006 亿元，增长 58.3%，比上年提高 3.8 个百分点，占限上商品零售额的 11.0%，拉动限上消费品零售额增长 4.5 个百分点。

四是消费升级和改善类商品零售增长较快。随着供给侧结构性改革的积极推进，居民消费结构正逐步升级。从限额以上单位商品零售类值看，全年文化办公用品类零售额 139.5 亿元，增长 32.6%；服装、鞋帽、针纺织品类零售额 950.3 亿元，增长 16.7%；日用品类零售额 324.4 亿元，增长 13.7%；家用电器和音像器材类零售额 410.1 亿元，增长 9.5%。

五是出行类消费明显回升。随着汽车排放相关政策的落实，居民消费信心的回升，自主汽车品牌品质的提高，加之国内油价回稳等综合因素作用，全年限额以上汽车类零售额 3351.3 亿元，增长 9.3%，增速比上年提高 4.4 个百分点，拉动限上消费品零售额增长 3.4 个百分点；石油及制品类商品零售额 1225.2 亿元，增长 0.1%，增速转降为升，比上年回升 7.2 个百分点。

表 1　2016 年限额以上批发和零售业商品类值零售额

	零售额(亿元)	比上年增长(%)
限上企业(单位)商品零售	9141.2	9.8
其中：汽车类	3351.3	9.3
石油及制品类	1225.2	0.1
服装、鞋帽、针纺织品类	950.3	16.7
粮油、食品类	736.3	14.4
中西药品类	751.0	5.1
日用品类	324.4	13.7
家用电器和音像器材类	410.1	9.5
金银珠宝类	192.6	−1.4
通讯器材类	170.8	14.5
建筑及装潢材料类	142.8	24.3
文化办公用品类	139.5	32.6
家具类	92.1	13.0
五金电料类	39.5	29.7
体育、娱乐用品类	21.5	14.0

六是批零企业销售额增速提高，住餐企业营业额增速有所回落。批发业

企业实现销售额65600亿元，比上年增长12.0%，增速比上年提高3.1个百分点；零售业企业实现销售额27200亿元，增长13.8%，增速比上年提高1.9个百分点；餐饮业实现营业额2798亿元，增长15.7%，增速比上年回落0.5个百分点；住宿企业实现营业额586.7亿元，增长9.1%，增速比上年回落0.6个百分点。

2017年，虽然制约消费增长的因素仍存在，但随着省委、省政府坚持以推进供给侧结构性改革为主线，适度扩大总需求，加强预期引导，全面做好稳增长、促改革、调结构、惠民生、防风险各项工作，消费品市场有望保持稳定增长。建议在继续发展电子商务、不断完善物流配送网络、融合创新线上线下商业的基础上，进一步推动消费升级，最大限度发挥扩大消费政策的引导作用；进一步规范建设旅游市场，提升跨境电商和保税区对境外消费的回流作用；合理增长居民收入水平，健全社会保障体系，提高消费能力和即期消费意愿；进一步规范市场秩序和价格秩序，切实加强食品安全监督，有效引导和管理价格竞争，提升消费者消费信心。

（贸易外经处　王小剑）

2016 年浙江对外经济与贸易分析

2016 年，面对错综复杂的外部发展环境，浙江坚持稳中求进工作总基调，坚定不移打好转型升级系列组合拳，货物贸易稳中向好，服务贸易较快增长，引进外资水平稳步提高，境外直接投资快速增长，国外经济合作稳定增长。

一、货物贸易稳中向好，出口市场份额持续提高

2016 年，货物贸易进出口额 22202 亿元，比上年增长 3.1%，增速高于全国平均水平 4.0 个百分点，比上年提高 4.2 个百分点，进出口额占全国的 9.1%，比上年提高 0.3 个百分点。

（一）出口增速保持领先，市场份额持续提高

2016 年，货物出口 17666 亿元，比上年增长 3.0%，增速高于全国平均水平 4.9 个百分点，也高于广东（−1.0%）、江苏（0.2%）、上海（−0.5%）、福建（−2.3%）和山东（1.2%），出口增速连续四年居沿海主要省市之首。市场份额不断提高，占全国出口的 12.8%，比上年提高 0.7 个百分点；出口规模已超越印度，占全球市场的 1.7%，相当于全球排名第 17 的西班牙的出口额。

表 1　2014—2016 浙江省出口情况

年份	出口额（亿元）	增速（%）	占全国比重（%）	占全球比重（%）
2014	16793	8.8	11.7	1.4
2015	17174	2.3	12.1	1.7
2016	17666	3.0	12.8	1.7

分月度看，出口额变化大致呈“W”形趋势，2 月份受春节假期和企业提早出货影响，出口额为全年最低，之后基本逐月增长，8 月份出口创历史新高，9 月份小幅回落，10 月份受国外圣诞节因素影响有所回升，12 月份出口创全年次新高。规模以上工业出口交货值与出口变化态势基本同步（图 1）。

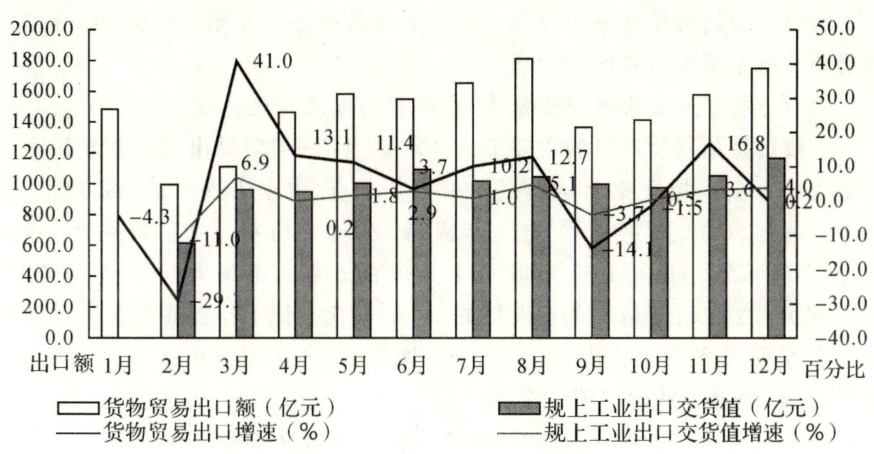

图 1　2016 年浙江省出口变动情况

（二）出口发挥引擎作用，贸易竞争力较强

表 2　2016 年全国及沿海主要省市数据

地区	依存度（%）			贸易竞争力
	进出口	出口	进口	
全国	32.7	18.6	14.1	0.138
广东	79.4	49.7	29.6	0.253
江苏	44.2	27.7	16.5	0.252
浙江	47.8	38.0	9.8	0.591
上海	104.4	44.1	60.3	−0.155
山东	23.1	13.5	9.6	0.171
福建	36.3	24.0	12.3	0.321

出口对浙江经济增长发挥着重要作用。2016 年，出口依存度为 38.0%，高于全国平均水平 19.4 个百分点，在沿海主要出口省市中仅次于广东（49.7%）和上海（44.1%），高于江苏（27.7%）、山东（13.5%）和福建（24.0%）。贸易顺差达到 13093 亿元，约相当于全国顺差额的五分之二

(39.2%)。货物贸易竞争力较强,2016 年贸易竞争力指数[①]为 0.591,远高于全国和沿海主要出口省市(表 2)。

(三)一般贸易占比进一步提高,新型贸易方式发展良好

一般贸易是货物出口的主要形式。2016 年,一般贸易出口 13936 亿元,比上年增长 4.4%,增速比上年提高 4.1 个百分点,占全省出口的 78.9%,比重高于全国 53.8%的平均水平,比上年提高 1.0 个百分点。加工贸易出口 1694 亿元,下降 6.7%,降幅比上年收窄 2.2 个百分点。市场采购贸易方式出口 1872 亿元,增长 5.9%,占全省出口的 10.6%,比重比上年提高 0.3 个百分点。13 家外贸服务平台企业出口 606 亿元,增长 83.2%,新增有外贸实绩的企业 1.13 万家,新增企业出口值达 245 亿元。

(四)民营企业出口一枝独秀,外商投资企业出口降幅收窄

2016 年,拥有外贸经营权的登记备案企业达 15.2 万家,比上年增加 1.6 万家。民营企业继续发挥出口主力军的作用,2016 年出口 13380 亿元,比上年增长 6.5%,占全省出口的 75.7%,比重比上年提高 2.5 个百分点。国有企业和外商投资企业出口分别为 964 亿元和 3322 亿元,分别下降 10.7%和 5.4%。

(五)出口产品结构升级优化,机电、高新技术产品出口高于平均水平

机电、高新技术产品出口占比不断提高。2016 年,机电产品出口 7490 亿元,比上年增长 3.6%,占全省出口的 42.4%,比重比上年提高 0.3 个百分点;其中机械设备出口 20850 亿元,增长 5.8%。高新技术产品出口 1112 亿元,增长 6.5%,占全省出口的 6.3%,比重比上年提高 0.2 个百分点;其中材料技术出口增长 50.7%,增速居高新技术产品出口首位;生命科学技术出口 290 亿元,增长 7.2%。七大类传统劳动密集型产品合计出口 6436 亿元,增长 1.6%,其中玩具出口高速增长,增速达 41.1%,增速比上年提高 20.4 个百分点。摩托车及其零附件、光伏产品、安防类电视摄像机等高附加值、自主品牌产品出口增速高于全省平均水平。

(六)对欧美等传统出口市场稳定增长,对“一带一路”国家出口快速增长

欧盟和美国是最主要的出口市场。2016 年,对欧盟和美国的出口分别为 3947 亿元和 3250 亿元,比上年分别增长 5.0%和 6.9%,份额分别为 22.3%

---

① 贸易竞争力指数(TC)是对国际竞争力分析时用得比较多的一个指标,表示一国进出口贸易的差额占进出口贸易总额的比重,一般公式表示为:贸易竞争力指数=(出口额-进口额)/(出口额+进口额)。

和18.4%。对东盟、俄罗斯出口较快增长，增速分别为7.5%和6.4%；对日本出口平稳增长，增速为1.4%；对香港、巴西出口大幅下降，分别下降20.9%和11.8%。对"一带一路"沿线国家出口快速增长，在出口增速高于10%的16个国家中，除葡萄牙和韩国外，其他14个国家均为"一带一路"沿线国家，合计出口1506亿元，增长18.6%。

(七)进口实现正增长

受产业结构优化升级、国际大宗商品价格上涨等因素影响，2016年进口4546亿元，比上年增长3.7%，从2016年11月开始结束了连续29个月的累计增速负增长态势，其中12月当月进口489亿元，增长22.6%，规模和增速均创年内新高。机电产品进口854亿元，增长4.0%，增速比上年提高11.8个百分点。高新技术产品进口528亿元，增长11.9%，占全省进口的比重比上年提高0.8个百分点。15种主要大宗商品合计进口1939亿元，增长0.3%。

(八)区域差异明显，杭州、嘉兴和湖州出口增速居前三

从出口看，6个市出口增速高于全省平均水平，其中杭州、嘉兴和湖州居前三，温州、宁波和衢州出口下降。从进口看，区域间分化明显，丽水、杭州、衢州增速在15%以上，而绍兴和舟山分别下降21.4%和17.5%(表3)。

表3 浙江省及分市进出口情况

地区	出口		进口	
	金额(亿元)	增速(%)	金额(亿元)	增速(%)
全省	17666.5	3.0	4535.6	3.7
杭州	3019.0	9.5	1091.0	18.3
宁波	4359.4	−1.4	1902.7	6.5
温州	1060.4	−0.1	132.4	−9.5
嘉兴	1549.9	9.0	518.1	2.4
湖州	594.4	8.2	79.7	−5.0
绍兴	1686.2	0.2	134.7	−21.4
金华	3110.7	5.1	75.4	−12.3
衢州	199.9	−1.5	79.9	15.3
舟山	413.8	7.6	282.3	−17.5
台州	1169.4	0.1	141.4	−2.6
丽水	208.7	6.0	16.7	22.9

二、服务贸易较快增长,文化、保险等领域亮点纷呈

(一)规模扩大,占比进一步提高

2016 年,服务贸易进出口 3173 亿元,比上年增长 15.2%,占全省货物和服务贸易进出口总额的 12.5%,比重比上年提高 1.2 个百分点。其中,服务贸易出口 2074 亿元,增长 17.0%,增速比上年提高 0.5 个百分点,占全省货物和服务出口的 10.5%,比重比上年提高 1.2 个百分点;服务贸易进口 1099 亿元,增长 12.0%。

(二)贸易结构优化,市场有新拓展

2016 年,国际服务外包出口继续保持领军地位,出口 557 亿元,占服务贸易出口的 26.9%,比重比上年提高 2.0 个百分点,比上年增长 26.0%,增速比上年提高 0.4 个百分点。其中,信息技术外包(ITO)合同接包执行金额 328 亿元,是服务外包业务的主体。美国、中国香港、日本是国际服务外包业务的前 3 位发包地,合计市场份额超过 50%。61 个"一带一路"国家(地区)全年外包执行额 82 亿元,占全省离岸执行额的 14.8%。

旅游服务、建筑及相关工程服务、国际运输与海事服务依旧为服务贸易出口的主要行业,出口额分别为 501 亿元、450 亿元和 383 亿元,分别比上年增长 26.8%、19.3%和 11.2%。

(三)服务领域进一步扩展,文件、保险等服务贸易增速较快

文化贸易发展态势较好。2016 年,文化服务进出口 40.7 亿元,比上年增长 29.8%。其中,文化服务出口 14.7 亿元,增长 1.4 倍;对"一带一路"沿线国家出口 5.0 亿元,首次成为文化出口第一市场;以高科技、高附加值为主的文化创意服务出口 8.2 亿元;影视、出版、艺术等核心领域的文化服务出口 6.1 亿元,增长 2.5 倍。

国际海事服务发展迅速,2016 年出口 30 亿元。保险服务高速增长,出口 2.5 亿元,比上年增长 96.0%。教育服务、金融服务出口增速高于平均水平。

三、引资水平稳步提高,服务业利用外资快速增长

(一)实际使用外资稳定增长

2016 年,外商直接投资发展稳定,项目数 2145 个,比上年增长 20.6%;实际利用外资 176 亿美元,增长 3.6%,占全国的份额为 14.0%,份额比上年提高 0.6 个百分点。利用外资继续走在全国前列。分市看,台州实际利用外资增长 1.9 倍,增速居各市之首。

（二）服务业利用外资快速增长

服务业是外商直接投资的主要行业，2016 年项目数 1718 个，比上年增长 25.8%，占外商直接投资的 80.1%。服务业合同外资和实际外资分别为 180 亿美元和 103 亿美元，比上年分别增长 3.3%和 6.4%，分别占外商直接投资的 64.2%和 58.6%。化学原料及化学制品制造业，电力、燃气及水的生产和供应业实际利用外资快速增长，增速分别为 1.9 倍和 1.1 倍。

（三）大项目、发达国家的投资增多

2016 年，新批总投资净增资 1 亿美元以上的大项目 68 个，投资总额 183 亿美元，合同外资 87 亿美元。来自美国的合同外资 12 亿美元，比上年增长 29.8%；日本、韩国和台湾地区出现恢复性增长，实际利用外资分别增长 46.0%、37.3%和 2.0 倍。

四、境外直接投资快速增长，国际经济合作稳定增长

境外直接投资快速增长。2016 年，经备案、核准的境外企业和机构共计 803 家，境外直接投资备案额 1172 亿元，比上年增长 29.0%；主要涉及制造业、电力能源、租赁和商务服务业等行业。

国际经济合作稳定增长。2016 年，国外经济合作营业额 474 亿元，比上年增长 16.9%；其中，对外承包工程营业额 463 亿元，增长 15.3%；新签合同额 376 亿元，与上年基本持平。外派劳务人员实际收入总额 11 亿元；共派出各类劳务人员 20396 人次，比上年增加 467 人次。

（贸易外经处　吴珺）

2016 年浙江居民收入情况分析

2016 年，随着全省经济平稳向好发展和一系列惠民增收政策的落实，浙江省居民收入继续保持增长，但增速与上年相比有所放缓。

一、人均可支配收入增长情况

（一）全体居民人均可支配收入增长 8.4%

2016 年居民人均可支配收入 38529 元，比 2015 年增加了 2992 元，同比名义增长 8.4%，增幅比上年降低 0.4 个百分点；扣除价格上涨因素，实际增长 6.4%，增幅比上年回落 0.9 个百分点。

分收入来源看，人均工资性收入 22207 元，同比增长 7.5%；人均经营净收入 6589 元，同比增长 6.6%；人均财产净收入 4337 元，同比增长 6.3%；人均转移净收入 5396 元，同比增长 16.7%。

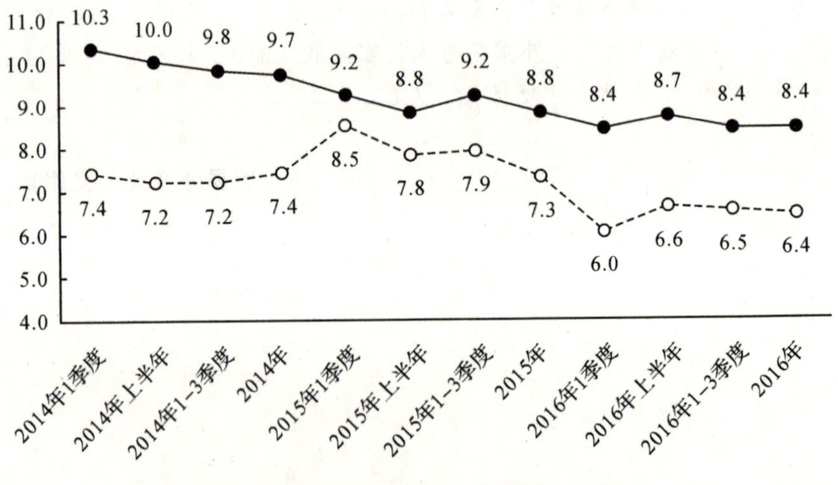

图 1　2014—2016 年浙江居民人均可支配收入增长情况

（二）城镇常住居民人均可支配收入增长 8.1%

城镇常住居民人均可支配收入 47237 元，比 2015 年增加了 3523 元，同比名义增长 8.1%，增幅比上年降低 0.1 个百分点；扣除价格上涨因素，实际增长 6.0%，增幅比上年回落 0.7 个百分点。

分收入来源看，人均工资性收入 26656 元，同比增长 6.8%；人均经营净收入 7126 元，同比增长 7.2%；人均财产净收入 6381 元，同比增长 5.5%；人均转移净收入 7074 元，同比增长 16.5%。

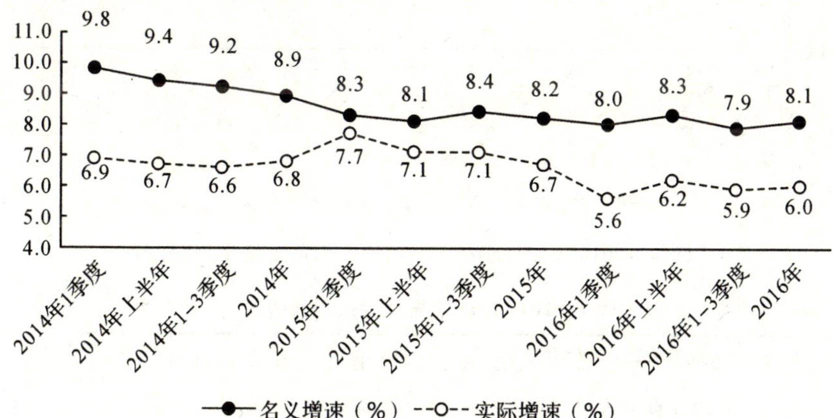

图 2　2014—2016 年浙江城镇常住居民人均可支配收入增长情况

（三）农村常住居民人均可支配收入增长 8.2%

农村常住居民人均可支配收入 22866 元，比上年增加了 1741 元，同比名义增长 8.2%，增幅比上年降低了 0.8 个百分点；扣除价格上涨因素，实际增长 6.3%，增幅比上年回落了 1.2 个百分点。

分收入来源看，人均工资性收入 14204 元，同比增长 8.5%；人均经营净收入 5622 元，同比增长 4.8%；人均财产净收入 662 元，同比增长 8.9%；人均转移净收入 2378 元，同比增长 15.1%。

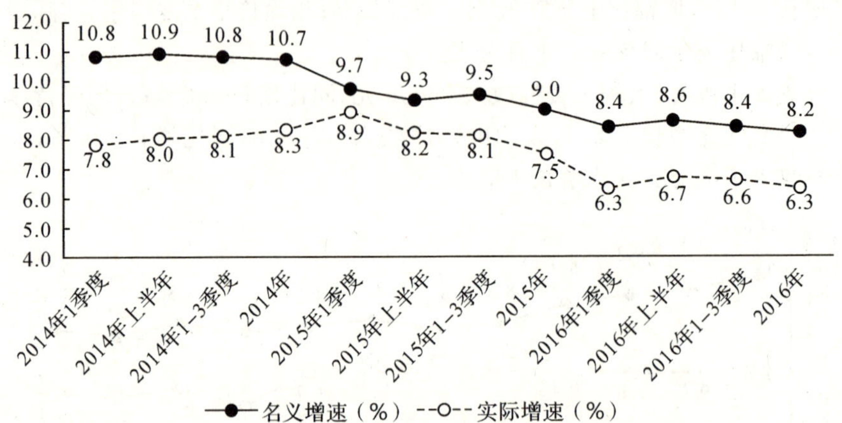

图 3　2014—2016 年浙江农村常住居民人均可支配收入增长情况

表 1　2016 年浙江居民收入增长情况

指标名称		2016 年(元)	2015 年(元)	名义增长(%)	实际增长(%)
全体居民	人均可支配收入	38529	35537	8.4	6.4
	(一)工资性收入	22207	20654	7.5	
	(二)经营净收入	6589	6182	6.6	
	(三)财产净收入	4337	4079	6.3	
	(四)转移净收入	5396	4622	16.7	
城镇常住居民	人均可支配收入	47237	43714	8.1	6.0
	(一)工资性收入	26656	24948	6.8	
	(二)经营净收入	7126	6646	7.2	
	(三)财产净收入	6381	6048	5.5	
	(四)转移净收入	7074	6073	16.5	
农村常住居民	人均可支配收入	22866	21125	8.2	6.3
	(一)工资性收入	14204	13087	8.5	
	(二)经营净收入	5622	5364	4.8	
	(三)财产净收入	662	608	8.9	
	(四)转移净收入	2378	2066	15.1	

注:2016 年全省居民消费价格指数:全省 101.9,城镇 102.0,农村 101.8。

二、居民收入水平继续保持全国前列，实际增速快于全国

据国家统计局住户调查数据反馈，2016 年浙江省居民人均可支配收入 38529 元，比全国平均水平的 23821 元高 14708 元，居全国 31 个省(区、市)第三位，省(区)第一位。人均可支配收入水平位于全国前两位的分别是上海(54305 元)和北京(52530 元)；此外，天津(34074 元)、江苏(32070 元)、广东(30296 元)、福建(27608 元)、辽宁(26040 元)、山东(24685 元)和内蒙古(24127 元)的居民收入绝对值也高于全国平均数。

分城乡看，2016 年浙江省城镇常住居民人均可支配收入 47237 元，比全国平均水平的 33616 元高 13621 元，居全国 31 个省(区、市)第三位。城镇常住居民人均可支配收入位于全国前两位的分别是上海(57692 元)和北京(57275 元)；此外，江苏(40152 元)、广东(37684 元)、天津(37110 元)、福建(36014 元)和山东(34012 元)的城镇常住居民人均可支配收入绝对值也高于全国平均数。

2016 年浙江省农村常住居民人均可支配收入 22866 元，比全国平均水平的 12363 元高 10503 元，居全国 31 个省(区、市)第二位。农村常住居民人均可支配收入位于全国第一的是上海(25520 元)，此外，北京(22310 元)、天津(20076 元)、江苏(17606 元)、福建(14999 元)、广东(14512 元)、山东(13954 元)、辽宁(12881 元)和湖北(12725 元)的农村常住居民人均可支配收入绝对值也高于全国平均数。

从增长速度看，2016 年浙江省全体及分城乡居民收入实际增速均快于全国，城镇常住居民收入名义增速快于全国，全体及农村常住居民收入名义增速与全国持平。数据反馈显示，2016 年浙江省全体居民人均可支配收入同比名义增长 8.4%，名义增幅与全国持平，扣除价格因素增长 6.4%，实际增幅高于全国 0.1 个百分点。其中城镇常住居民人均可支配收入同比名义和实际分别增长 8.1%和 6.0%，高于全国 0.3 个和 0.4 个百分点；农村常住居民人均可支配收入同比名义和实际分别增长 8.2%和 6.3%，名义增幅与全国持平，实际增幅高于全国 0.1 个百分点。2016 年浙江省城乡居民收入比为 2.07：1，远小于全国平均 2.72：1 的水平。

三、居民收入增长因素分析

(一)经济持续平稳向好发展，为居民增收奠定了基础

2016 年以来，浙江坚定不移打好“拆、治、归”转型升级系列组合拳，加快推进供给侧结构性改革和实施补短板政策，全省经济运行延续平稳向好态势，结构效益持续向好，新产业新动能培育取得积极成效，财政收支稳定增长，居民消费价格总体稳定，为全年城乡居民增收奠定了基础。2016 年浙江生产总值

(GDP)达 46485 亿元,比上年增长 7.5%,增速快于全国 0.8 个百分点。

(二)工资性收入稳步增长

2016 年浙江居民人均工资性收入增长 7.5%,对可支配收入增长的贡献率为 51.9%,居四大项收入首位。工资性收入具有刚性增长特征,2016 年全省经济持续向好发展,务工形势良好。新农村建设、五水共治、迎接 G20 峰会等基础建设项目吸纳了大量劳动力就业。同时,随着机关事业单位工作人员工资标准的提高以及车改补贴的发放到位,进一步促进了居民工资性收入的增长。

(三)经营净收入较快增长

2016 年浙江居民人均经营净收入增长 6.6%,增幅较上年提高 2.9 个百分点,对可支配收入增长的贡献率为 13.6%。全年我省城乡居民人均经营净收入分别增长 7.2%和 4.8%,增速均比上年有所加快。其中城镇常住居民人均第三产业经营净收入同比增长 13.6%,农村常住居民人均第一产业经营净收入同比增长 11.6%,均增长较快;前者主要是由于批发和零售业、租赁和商务服务业等行业经营收入增长较快,后者的促进因素为农业和渔业经营收入的较快增长。

(四)转移净收入持续快速增长

2016 年浙江居民人均转移净收入增长 16.7%,其增长速度仍领跑四大项收入,且增幅较上年提高 2.4 个百分点,对可支配收入增长的贡献率为 25.9%,仅次于工资性收入。转移净收入的增长动力主要来自占比最大的养老金和离退休金收入的快速增长,2016 年我省居民人均养老金或离退休金收入增长 18.4%。同时,各地提高最低生活保障标准、加大扶贫帮困力度等政策的实施,进一步促进了我省居民转移收入的提高。

四、十一市人均可支配收入增长情况

2016 年全省 11 个设区市居民人均可支配收入均保持增长,全体居民人均可支配收入最高的是杭州市,为 46116 元;最低的是衢州市,为 26745 元。全体居民人均可支配收入同比增幅最快的是丽水市,增长 9.7%;最低的是宁波市,增长 7.9%。

城镇常住居民人均可支配收入最高的是杭州市,为 52185 元;最低的是丽水市,为 35968 元。城镇常住居民人均可支配收入同比增幅最快的是丽水市,增幅为 9.4%;最慢的是嘉兴市,增幅为 7.5%。

农村常住居民人均可支配收入最高的是嘉兴市,为 28997 元;最低的是丽水市,为 16459 元。农村常住居民人均可支配收入同比增幅最快的是丽水市,增幅为 9.7%；最慢的是宁波市和金华市，增幅为 7.9%。

表 2 2016 年浙江市居民人均可支配收入情况表

单位	全体居民人均可支配收入（元）	同比增幅（%）	城镇常住居民人均可支配收入（元）	同比增幅（%）	农村常住居民人均可支配收入（元）	同比增幅（%）
杭州	46116	8.1	52185	8.0	27908	8.5
宁波	44641	7.9	51560	7.7	28572	7.9
温州	39601	8.6	47785	8.5	22985	8.2
嘉兴	40118	8.0	48926	7.5	28997	8.0
湖州	37193	8.6	45794	8.4	26508	8.6
绍兴	41506	8.1	50305	7.6	27744	8.2
金华	37159	8.1	46554	7.8	21896	7.9
衢州	26745	9.3	36188	9.0	18421	9.1
舟山	41564	8.7	48423	8.0	28308	9.3
台州	36915	9.3	47162	9.0	23164	9.1
丽水	26757	9.7	35968	9.4	16459	9.7

（国家统计局浙江调查总队居民收支调查处 殷柏尧）

2016 年浙江居民消费情况分析

2016 年，浙江省居民人均消费支出稳步增长，消费水平持续保持全国前列，城乡居民消费热点各异，生活质量进一步提升。

一、人均生活消费支出情况

（一）全体居民人均生活消费支出增长 5.8%

全体居民人均生活消费支出 25527 元，同比名义和实际分别增长 5.8%和 3.8%，增幅沿袭上年走势继续收窄，分别下降了 1.1 个和 1.6 个百分点。全年分季度来看，消费增幅呈收窄后又扩大的“V”字形走势，其中名义增幅分别比一季度、上半年和前三季度高 0.4 个、1.9 个和 1.7 个百分点，实际增幅比一季度、上半年和前三季度高 0.8 个、1.9 个和 1.5 个百分点。

（二）城镇常住居民人均生活消费支出增长 4.9%

城镇常住居民人均生活消费支出 30068 元，首次突破 3 万元，同比名义和实际分别增长 4.9%和 2.8%，分别比上年低 0.3 个和 0.9 个百分点，增幅比上年略有收窄。从季度增长走势看，全年名义增幅分别比一季度、上半年和前三季度高 1.4 个、2.3 个和 1.2 个百分点，实际增幅比一季度、上半年和前三季度高 1.6 个、2.2 个和 1.0 个百分点。

（三）农村常住居民人均生活消费支出增长 7.8%

农村常住居民人均生活消费支出 17359 元，同比名义和实际分别增长 7.8%和 5.9%，分别比上年低 3.3 个和 3.7 个百分点。从季度增长走势看，全年名义增幅比一季度低 2.5 个百分点，比上半年和前三季度分别高 1.0 个和 3.6 个百分点；实际增幅比一季度低 2.2 个百分点，比上半年和前三季度分别高 1.0 个和 3.4 个百分点，收入“V”字形增长走势十分明显。

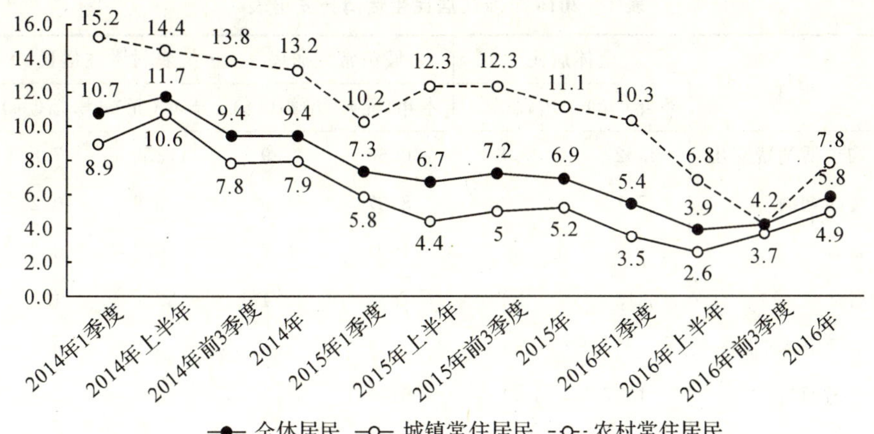

图1 2014—2016年浙江居民人均生活消费支出增长情况(%)

二、居民消费支出水平继续居全国前列

2016年浙江居民人均生活消费支出比全国平均水平(17111元)高8416元,居全国31个省(区、市)第四位,省(区)第一位。人均生活消费支出水平位于全国前三位的分别是上海(37458元)、北京(35416元)和天津(26129元)。此外,广东(23448元)、江苏(22130元)、福建(20167元)、辽宁(19853元)和内蒙古(18072元)等居民人均生活消费支出绝对值也高于全国平均水平。

按城乡分,浙江城镇常住居民人均生活消费支出比全国平均水平(23079元)高6989元,居全国31个省(区、市)第三位。城镇常住居民人均生活消费支出位于全国前两位的分别是上海(39857元)和北京(38256元)。此外,广东(28613元)、天津(28345元)、江苏(26433元)、福建(25006元)和辽宁(24996元)等省城镇常住居民人均生活消费支出绝对值也高于全国平均水平。

农村常住居民人均生活消费支出比全国平均水平(10130元)高7229元,居全国31个省(区、市)第一位。此外,北京(17329元)、上海(17071元)、天津(15912元)、江苏(14428元)、福建(12911元)、广东(12415元)、内蒙古(11463元)、湖北(10938元)、湖南(10630元)、安徽(10287元)、四川(10192元)等省农村常住居民人均生活消费支出绝对值也高于全国平均水平。

三、八大类生活消费支出"六增二降"

从消费结构来看,2016年浙江省居民八大类生活消费支出"六增二降",其中教育文化娱乐支出增长最快,衣着、其他用品和服务类支出同比下降。

表 1　2016 年浙江居民生活消费支出表

指标	全体居民		城镇常住居民		农村常住居民	
	本年(元)	增幅(%)	本年(元)	增幅(%)	本年(元)	增幅(%)
人均生活消费支出	25527	5.8	30068	4.9	17359	7.8
1.食品烟酒	7414	6.3	8467	4.6	5520	10.2
2.衣着	1564	−5.0	1904	−6.7	953	0.2
3.居住	6133	2.8	7385	2.1	3882	4.0
4.生活用品及服务	1224	5.6	1421	4.4	870	8.1
5.交通通信	4377	10.5	5101	7.3	3076	19.9
6.教育文化娱乐	2794	15.1	3452	16.5	1611	8.4
7.医疗保健	1507	5.1	1692	9.9	1173	−5.9
8.其他用品和服务	513	−6.5	645	−5.4	274	−12.5

(一)教育文化娱乐支出快速增长

2016 年浙江省居民人均教育文化娱乐支出 2794 元,同比增长 15.1%,增速居八大类消费支出首位,增幅比上年提高了 3.1 个百分点,对消费支出增长的贡献率达到 26.0%,贡献率排食品烟酒和交通通信之后位居第三。其中城乡常住居民人均教育文化娱乐支出分别为 3452 元和 1611 元,同比增长 16.5%和 8.4%,分别比上年提升 4.4 个百分点和下降 1.3 个百分点。

(二)交通通信支出较快增长

浙江省居民人均交通通信支出 4377 元,同比增长 10.5%,增速仅次于教育文化娱乐支出,增幅较上年提高 2.6 个百分点,对消费支出增长的贡献率达到 29.5%,仅次于食品烟酒。其中城镇常住居民和农村常住居民人均交通通信支出分别为 5101 元和 3076 元,同比增长 7.3%和 19.9%,增幅分别比上年提高 1.5 个和 6.2 个百分点。

(三)食品烟酒、生活用品及服务、医疗保健支出平稳增长

浙江省居民人均食品烟酒支出 7414 元,同比增长 6.3%,增幅与上年相比略微提升 0.1 个百分点,对消费支出增长的贡献率达到 31.1%,居八大类消费支出首位。其中城镇常住居民和农村常住居民人均食品烟酒支出分别为 8467 元和 5520 元,同比增长 4.6%和 10.2%,分别比上年回落 0.4 个百分点和提升 1.8 个百分点。2016 年浙江省全体及城乡常住居民恩格尔系数分别为

29.0%、28.2%和31.8%。

人均生活用品及服务支出1224元，同比增长5.6%，增幅较上年提升了1.9个百分点，其中城镇常住居民和农村常住居民人均生活用品及服务支出分别为1421元和870元，同比增长4.4%和8.1%，增幅分别比上年回升2.4个和0.3个百分点。

人均医疗保健支出1507元，同比增长5.1%，增幅较上年回落0.4个百分点，其中城镇常住居民和农村常住居民人均医疗保健支出分别为1692元和1173元，同比增长9.9%和下降5.9%，分别比上年提升9.1个百分点和下降22.6个百分点。

（四）居住支出缓慢增长

居民人均居住支出6133元，同比增长2.8%，增幅较上年下降了4.1个百分点，其中城镇常住居民和农村常住居民人均居住支出分别为7385元和3882元，同比增长2.1%和4.0%，均增长缓慢，增幅分别比上年同期下降了2.7和9个百分点。

（五）衣着、其他用品和服务支出负增长

居民人均衣着支出1564元，同比下降5.0%，增幅较上年回落了8.7个百分点，其中城镇常住居民和农村常住居民人均衣着支出分别为1904元和953元，同比下降6.7%和增长0.2%，分别比上年回落了8.9个和7.6个百分点，降幅较为明显。

人均其他用品和服务支出513元，同比下降6.5%，增速位于八大类消费支出末位，增幅较上年回落了15.5个百分点，是八大类消费中同比降幅最大的，下降的主要原因在于人均购买首饰及手表支出减少了54元，同比下降28.8%。其中城镇常住居民和农村常住居民人均其他用品和服务支出分别为645元和274元，同比下降5.4%和12.5%，分别比上年回落了12个和29.1个百分点。

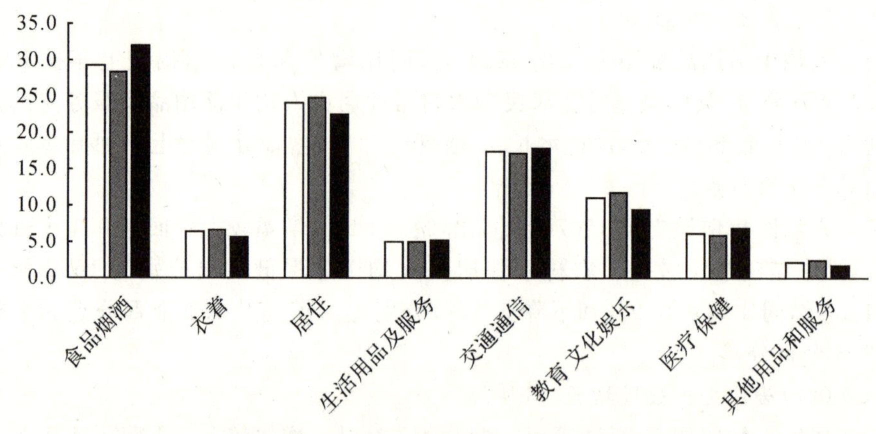

图 2 浙江居民八大类消费支出占生活消费总支出的比重(%)

四、城乡居民消费热点各异,生活质量进一步提升

(一)住房条件继续改善

浙江省居民住房条件进一步改善。从居住样式看,2016 年末浙江居民居住在单栋楼房的家庭比例为 50.0%,同比提高 1.8 个百分点;从住房主要建筑材料看,以钢筋混凝土为主要建筑材料的住房比例为 44.1%,同比提高 5.1 个百分点;从房屋来源看,2016 年末浙江居民自有房比例为 85.6%,同比提高 1.6 个百分点;从饮用水状况来看,主要饮用水为经过净化处理的自来水的家庭比例为 92.4%,同比提高 1.4 个百分点;从卫浴设备来看,住宅内为水冲式卫生厕所的家庭比例为 93.4%,同比提高 2.0 个百分点。

(二)人均购买汽车支出较快增长

随着居民收入水平的提高,对生活品质的要求也相应提高,包括交通出行方面。数据显示,2016 年我省居民人均购买汽车支出 1414 元,同比增长 19.2%。分城乡看,城镇居民人均购买汽车支出 1584 元,同比增长 13.3%;农村居民人均购买汽车支出 1108 元,同比增长 36.2%,快于城镇 22.9 个百分点。截至 2016 年年末,我省居民每百户家用汽车拥有量为 45.2 辆,同比增加 5.4 辆;其中:城镇 53.3 辆,同比增加 5.4 辆;农村 30.2 辆,同比增加 4.8 辆。家用汽车的普及,扩大了居民日常生活的半径,也增加了居民假期出行的舒适度和便利性。

(三)家庭耐用品拥有量进一步增长

居民家用、娱乐用和信息化耐用消费品拥有量继续较快增长,生活品质进一步提高。截至2016年末，每百户彩色电视机、电冰箱、洗衣机、空调、热水器拥有量分别为172.6台、98.9台、86.4台、169.3台和92.0台，同比分别增加了3.3台、3.2台、3.2台、14.8台和4.5台；每百户计算机拥有量和接入互联网的计算机分别为77.8台和69.4台，同比分别增加0.2台和0.6台；每百户居民家庭拥有移动电话233.1部，同比增加8.9部，其中接入互联网的移动电话138.6部，同比增加22.8部。

（四）吃、住、行、学占居民消费的八成左右

居民消费主要集中在吃、住、行（包括通信）、学（包括娱乐）这四方面。调查数据显示，2016年浙江省居民人均食品烟酒、居住、交通通信、教育文化娱乐支出分别为7414元、6133元、4377元和2794元，占人均生活消费总支出的比重分别为29.0%、24.0%、17.1%和10.9%，以上四类消费合计占生活消费总支出的比重为81.0%。分城乡看，食品烟酒、居住、交通通信支出和教育文化娱乐支出占城镇常住居民人均生活消费总支出的比重之和为81.3%，占农村常住居民人均生活消费总支出的比重之和为81.2%。

（五）教育为本的重要性更加凸显

居民对教育的重视程度越来越高，教育为本的重要性愈发凸显。调查数据显示，2016年浙江省居民人均教育支出1585元，占教育文化娱乐总支出的比重为56.7%，同比增长18.7%，增幅较上年提高了11.2个百分点。从教育阶段来看，初中教育、高中教育、大专及以上教育支出增速位列前三，同比分别增长37.5%、26.9%和24.6%；从教育支出用途来看，除食宿生活费较快增长以外，培训费用的大幅上涨也是教育支出快速增长的有力推动因素，初中教育、高中教育、大专及以上教育三个教育阶段中培训费同比分别增长67.3%、1.15倍和96.2%。

（六）城镇居民旅游热度不减

省时、省力且高效的团体旅游成为居民出游的重要方式之一，尤其是城镇居民，近年来旅游热情持续高涨，成为居民消费一大热点。调查数据显示，2016年浙江省城镇常住居民人均团体旅游支出990元，是农村常住居民人均团体旅游支出的8.46倍；同比增长21.6%，增幅高于农村居民25.9个百分点。

（七）农村居民网络消费持续快速增长

当前，以“互联网+”为核心特征的新型消费业态亮点纷呈，尤其在浙江省农村地区增长势头强劲。调查数据显示，2016年浙江省居民人均通过互联网购买的商品和服务支出467元，比上年增加66元，同比增长16.4%。分城乡

看，城镇常住居民人均通过互联网购买的商品和服务支出 644 元，比上年增加 72 元，同比增长 12.6％；农村常住居民人均通过互联网购买的商品和服务支出 148 元，比上年增加 48 元，同比增长 48.3％，增速快于城镇 35.7 个百分点，农村居民网络消费支出延续上年发展势头继续快速增长。

（国家统计局浙江调查总队居民收支调查处　盛飞）

2016年浙江居民消费价格运行情况分析

2016年浙江省深入推进供给侧结构性改革，加快转型升级，保持经济平稳运行，物价总水平呈现持续温和上涨态势。全年全省居民消费价格总水平比上年同期上涨1.9%，涨幅比上年（上涨1.4%）扩大0.5个百分点。

一、浙江省居民消费价格运行基本情况

全省居民消费价格总水平上涨1.9%，其中城市上涨2.0%，农村上涨1.8%；食品价格上涨5.1%，非食品价格上涨1.2%；消费品价格上涨1.9%，服务价格上涨1.9%。

（一）月度同比价格呈前后高中间低走势

全年各月同比价格呈现前高中低后高的走势（见图1），其中2月份受鲜菜、猪肉、水产品等鲜活食品价格快速上涨的影响，涨幅最高。1—4月份同比涨幅均在2.0%以上；5—8月份受食品价格涨幅回落的影响，同比涨幅降至1.4%—1.5%的区间内；9—12月份受鲜菜、汽柴油价格由降转升、租赁房房租价格涨幅扩大的影响，同比涨幅又扩大至2.0%以上。

（二）月度环比价格涨多跌少

全年各月环比价格“六涨三跌三平”。其中1、2月份受寒潮天气以及元旦、春节等节日因素影响，环比价格分别上涨0.4%和1.7%；3月份开始受鲜菜价格大幅回落的影响，环比价格由升转降，3—5月份降幅在0.3%—0.5%之间；6—9月份在鲜菜、私房房租、成品油等价格攀升的拉动下环比价格持续上涨，涨幅在0.2%—0.5%之间；10—12月份价格趋于平稳，连续三个月与上月持平。

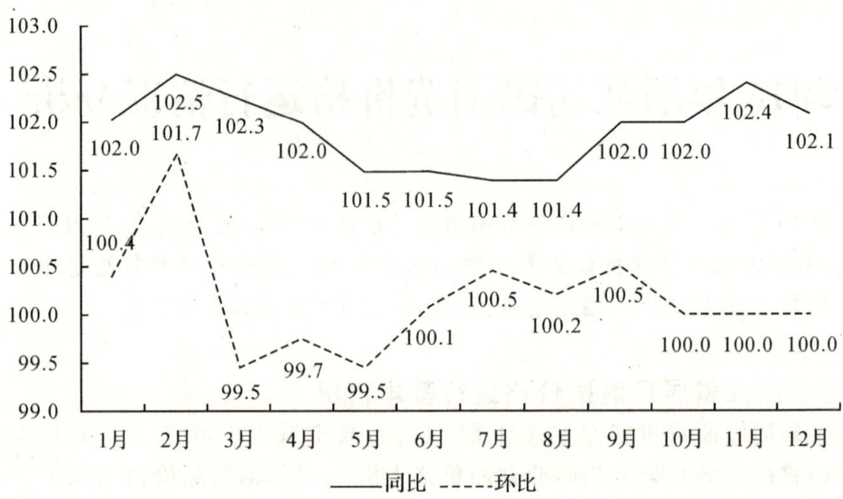

图 1　2016 年浙江 CPI 各月同比和环比走势图

(二)八大类商品及服务价格七涨一跌

八大类消费品及服务价格呈现“七涨一跌”的格局,其中食品烟酒类价格上涨 4.4%,涨幅居首,拉动居民消费价格总水平上涨 1.2 个百分点,涨价贡献率达 63.2%。其他七大类消费品及服务价格分别为:教育文化和娱乐类价格上涨 2.7%,其他用品和服务类价格上涨 2.5%,衣着类价格上涨 1.5%,居住类价格上涨 1.0%,医疗保健类价格上涨 1.3%,生活用品及服务类价格上涨 0.2%;交通和通信类价格下降 1.3%。

(三)城市涨幅高于农村

城市居民消费价格总水平上涨 2.0%,涨幅高出农村 0.2 个百分点,主要原因有三个:一是由于城乡教育资源不平衡,多数农村地区缺少普通高等院校、优质私立中小学校等。受 2015 年秋季开始浙江执行公办普通高校学费新标准,加上部分城市陆续上调私立中小学校学费等因素影响,城市教育服务价格同比上涨 4.8%,涨幅高出农村 2.8 个百分点。二是由于相对农村居民,城市居民保健意识整体提高更快,对相关商品的需求更大,城市的滋补保健品、中药材价格分别上涨 9.1%、5.5%,涨幅分别高出农村 4.1 个、3.3 个百分点。三是由于城市住宅小区物业相对于农村更为完善,今年以来受人力、水电资源等成本增加的影响调价频率明显加快,城市物业管理费上涨 2.5%,涨幅高出农村 0.7 个百分点。

（四）浙江 CPI 低于全国平均水平

浙江居民消费价格总水平上涨 1.9%，涨幅低于全国 0.1 个百分点。所调查的八大类消费品和服务价格走势与全国一致（见表 1）。在全国 31 个省（市、区）中与河南、湖南、四川并列第 10 位。在华东六省一市中列第 5 位，分别比上海、江苏、山东、江西低 1.3 个、0.4 个、0.2 个、0.1 个百分点，高于安徽、福建 0.1 个、0.2 个百分点。

八大类消费品和服务价格中，浙江与全国差距最大的是医疗保健类价格涨幅低于全国 2.5 个百分点，这是浙江 CPI 总水平低于全国的主要原因。由于浙江省公立医院综合改革已于 2014 年年底前实现全覆盖，而该项工作目前正在全国其他省份陆续推进，浙江医疗服务类价格已先于全国上涨，因此 2016 年浙江医疗保健类中的医疗服务价格与上年持平，但低于全国 3.5 个百分点。相反，浙江的教育文化和娱乐类价格涨幅高出全国 1.1 个百分点，主要是由于从 2015 年秋季开始浙江执行公办普通高校学费新标准，同时部分私立中小学校上调学费的影响，浙江教育文化和娱乐类中的教育服务价格上涨 4.1%，高出全国 1.6 个百分点。

表 1　2016 年浙江 CPI 与全国比较

	浙江省	全国	差距
居民消费价格总指数	101.9	102.0	−0.1
一、食品烟酒	104.4	103.8	0.6
二、衣着	101.5	101.4	0.1
三、居住	101.0	101.6	−0.6
四、生活用品及服务	100.2	100.5	−0.3
五、交通和通信	98.7	98.7	0.0
六、教育文化和娱乐	102.7	101.6	1.1
七、医疗保健	101.3	103.8	−2.5
八、其他用品和服务	102.5	102.8	−0.3

二、主要商品（服务）价格运行特点

（一）食品烟酒价格上涨成为拉动 CPI 上扬的首要因素

调查显示，2016 年全省食品烟酒类价格上涨 4.4%，对 CPI 的拉动作用最大。其中食品价格上涨 5.1%，所调查的 14 个小类食品价格中，除蛋类、干鲜瓜果类价格下降外，其余食品类价格全部上涨；在外餐饮价格在肉、禽、菜、水产品等鲜活食品价格攀升的推动下上涨 3.8%；烟酒价格受上年 5 月份国家上调烟草消费税的影响，上涨 2.2%；茶及饮料价格上涨 0.5%。

1. 粮油价格稳中有升

受国家粮食扶持政策的影响，粮食价格稳中有升，上涨 0.5%。大米、面粉、粮食制品等价格均有不同程度的上涨。食用油价格上涨 1.6%，其中食用动物油价格在猪肉价格大幅攀升的带动下上涨 22.1%，涨幅在 CPI 的 262 个基本分类中居首位；食用植物油价格受大豆期货价格反弹的影响，一反前两年持续下降的态势，上涨 0.5%。

2. 鲜菜、猪肉、水产品价格明显上涨

由于前三年猪肉价格一直处于低迷状态，导致今年上半年生猪存栏大幅缩减，市场供应量偏紧，猪肉价格持续上涨，尤其春节过后涨幅较大。下半年受供应量增加的影响，环比价格企稳回落，但价格水平仍维持高位运行。全年猪肉价格上涨 16.0%，同时带动畜肉副产品价格上涨 13.7%。另据对全省 100 余家农贸市场的价格监测显示（见图 2），今年以来猪肉价格呈现震荡走高的态势，其中 2016 年 6 月上旬全省猪后腿肉和猪五花肉价格分别为 33.16 元/公斤和 34.00 元/公斤，价格创历史新高。

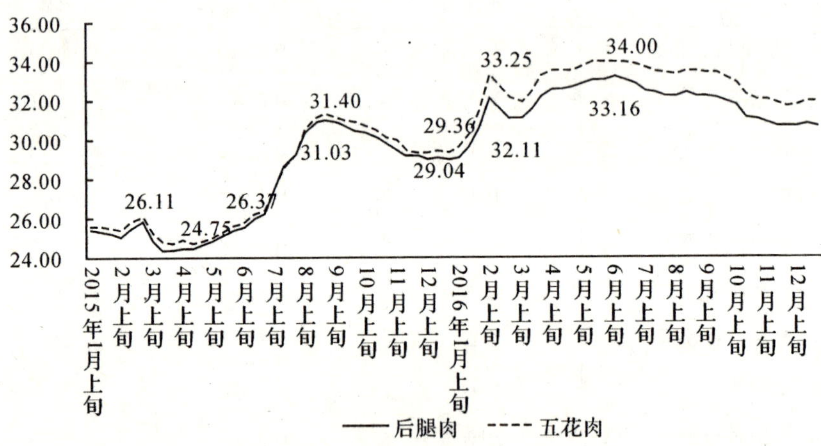

图 2　2015 年 1 月上旬—2016 年 12 月下旬浙江猪肉平均价格　单位：元/公斤

鲜菜价格受年初全省大部分地区寒潮以及三季度高温、台风、暴雨等恶劣天气因素的影响，价格出现较快上涨，全年鲜菜价格比上年上涨 14.0%。受大众消费习惯改变以及供求关系变化的影响，水产品价格上涨 4.8%，其中海水鱼、淡水鱼、虾蟹类价格分别上涨7.4%、5.7%、3.9%。猪肉、鲜菜、水产品价格的上涨,共同拉动居民消费价格总水平上涨0.8个百分点。

3.食品中仅有蛋类、干鲜瓜果类价格下降

蛋类价格受供需不平衡以及饲料成本降低的影响下降3.5%,其中鸡蛋、其他蛋及制品价格分别下降3.5%、3.6%。干鲜瓜果类价格下降1.5%,其中鲜果价格受去年下半年以来国内常见水果主产地普遍丰收,供应量显著增加的影响,延续上年跌势,下降2.7%;坚果、瓜果制品价格分别上涨1.9%、2.1%。

(二)多重因素推高服务价格

服务价格延续前6年持续上涨的态势,上涨1.9%。所调查的65种基本分类中,过半数的服务项目价格出现上涨。

1.教育类服务价格上涨

受多数市县上调幼儿园、民办中学及大学收费标准的影响,高等教育、课外教育、小学初中教育、学前教育价格分别上涨5.3%、5.1%、4.0%、3.6%,共同拉动居民消费价格总指数0.3个百分点,成为推动服务项目价格上涨的主要因素。

2.各类家庭及个人服务价格上涨

在劳动力成本持续提高的大环境下,衣着加工、养老服务、家政服务、装潢维修、美发、衣着洗涤保养等价格分别上涨9.4%、4.6%、4.2%、4.2%、3.9%、3.4%。

3.交通、旅游类服务价格上涨

受居民生活水平提高、出行意愿增加的影响,飞机票、出租汽车价格分别上涨12.7%、4.1%,旅行社收费、导游费分别上涨2.6%、3.9%。

4.房租及相关服务价格上涨

受上年部分市县上调公房房租以及房地产市场价格显著上涨拉动的影响,公房房租、中介服务费、私房房租分别上涨2.7%、2.0%、1.8%。

(三)工业品价格延续上年下跌态势

由于工业生产者出厂、购进价格延续上年下降态势,加上技术革新等因素,工业消费品价格下降0.2%。

1.油脂品价格下降

今年以来成品油价格调整频繁,共调整15次(下调5次、上调10次)。虽然自9月份开始汽柴油月同比价格止跌回升,但由于基期价格较低的因素,全年汽油、柴油价格分别下降4.6%、0.9%。受此影响,液化石油气价格下降13.6%。

2.交通、通信类价格持续下降

由于技术进步加快产品更新换代的速度，通信工具、交通工具、大型家用器具、小家电等工业消费品价格持续走低，分别下降 5.6%、1.8%、1.0%、0.6%。

3.部分工业品价格上涨

受国际贵金属价格波动的影响，金饰品、银饰品价格分别上涨 12.2%、5.3%。受部分市县推动资源类价格改革的影响，水、管道燃气价格分别上涨 1.7%、3.9%。

三、2017 年价格走势预期

展望 2017 年，影响 CPI 变动的因素错综复杂。一方面，全球经济仍将维持整体低迷态势，国内传统增长动能减弱，部分行业产能过剩等抑制价格的因素依然存在；另一方面，国际大宗商品价格有望继续抬升，国内供给侧结构性改革正在深入推进，经济发展中的积极因素逐渐增多。2016 年浙江 CPI 走势对 2017 全年翘尾影响约为 0.6 个百分点，预计 2017 年浙江居民消费价格总水平仍将呈现温和上涨态势。

（一）国内外宏观经济环境为稳定 CPI 提供条件

1.国内货币政策维持稳健

2016 年相关部门陆续出台了降准降息、减税降费和稳定金融市场等一系列调控举措，同时进一步推进金融体制改革，保持流动性合理充裕。国内房地产市场先扬后抑，价格在一系列调控政策出台后得到明显抑制。预计 2017 年为推进供给侧结构性改革，货币政策仍将维持稳健的主基调。

2.国际经济复苏乏力，外需疲软

2016 年国际经济复苏程度远低于预期，加工贸易出口持续处于负增长，预计全球需求低迷、贸易总量萎缩的态势在短期内都难以改变。

（二）主要农产品价格走势分化

1.猪肉价格难以出现大幅上涨

2016 年以来生猪养殖逐渐淘汰小散养殖模式，受环境整治等因素的影响，规模化经营的成本有所提高。目前“猪周期”逐渐拉长，母猪存栏仍处于低位，产能仍没有显著恢复。但周期中的价格高涨期已经过去，猪肉价格大幅上涨的可能性很小，预计 2017 年整体将处于稳中有降的态势。

2.养殖、捕捞成本上升将继续推高水产品价格

由于柴油价格不断上涨提高了远洋捕捞成本，加上受人力成本以及规模化养殖成本提高的影响，预计水产品价格将延续 2016 年的上涨态势。

3. 异常天气以及投机等不确定因素或将推高鲜菜价格

2016 年年初全省大范围地区的寒潮天气以及三季度的台风、暴雨天气，使得鲜菜价格大幅上涨。另外，由于大蒜、生姜等相对易存储蔬菜受贸易商囤货炒作的空间较大，投机因素在一定程度上也推高了部分蔬菜价格。2017 年仍不排除这两大因素推高鲜菜价格的可能。

(三)大宗商品价格上涨的传导因素潜在

2016 年以来国际大宗商品价格触底回升。国际原油价格从 1 月份开始反弹，到 6 月份价格几近翻倍。其他大宗商品如铁矿石、有色金属、煤炭、橡胶等产品价格先后出现反弹，对企业生产成本的抬升和工业品价格的上涨形成有力支撑，逐渐传导到 CPI 上，工业消费品月同比价格在 8 月份开始转正。其中金饰品月同比价格涨幅在 7 月份创出历史新高，汽、柴油月同比价格在 9 月份结束了前 24 个月持续下跌的走势由降转升。考虑到传导存在的时滞因素，预计 2017 年部分工业消费品仍有上涨空间。

(四)政策性调价因素助推 CPI 上涨

近年来陆续有地区上调水价、天然气价格，目前水、电、气等公共基础商品价格改革还在进行中；受办学成本逐年上涨的影响，教育服务价格还将持续走高；药品价格管制随着价格改革的逐步放松，也将在很大程度上继续推高医疗保健价格。

(国家统计局浙江调查总队消费价格调查处　华敏)

2016 年浙江工业生产者价格运行情况分析

受国际大宗商品价格普遍上涨及国内供给侧结构性改革推动的影响，国内市场供求关系有所改善，浙江工业生产者价格结束了自 2012 年以来持续五年的下降态势，四季度起月同比价格止跌回升，涨幅逐月扩大。受前期价格持续下降影响，2016 年浙江工业生产者价格仍然呈现负增长，其中：工业生产者出厂价格总水平(PPI)下降 1.7%，降幅比上年缩小 1.9 个百分点；工业生产者购进价格总水平(IPI)下降 2.2%，降幅比上年缩小 3.3 个百分点。

一、2016 年工业生产者价格运行情况

(一)月同比价格近五年来首次回升

与上年同期相比，前三季度工业生产者价格持续处于下降通道，降幅呈现逐月收窄的运行态势，四季度起全省 PPI、IPI 先后结束了自 2012 年 1 月以来连续 58 个月下降的态势，月同比价格止跌回升，涨势不断加剧(见图 1)。其中 IPI 在 10 月份上涨 0.8%后，涨幅快速扩大，12 月份达 6.9%，比 10 月份扩大 6.1 个百分点；PPI 在 11 月份上涨 0.9%的基础上继续上涨 3.1%，涨幅扩大 2.2 个百分点。

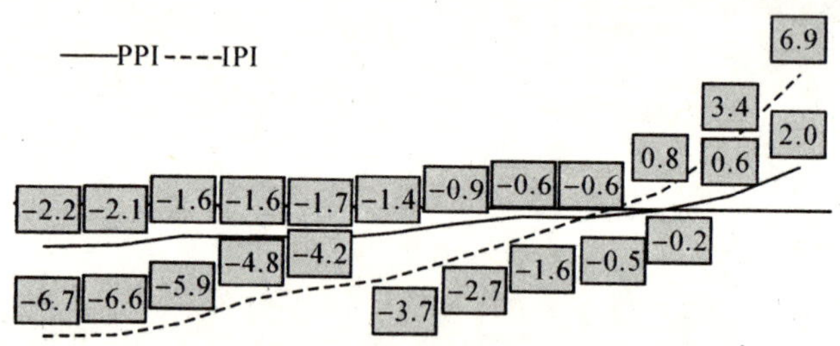

图 1　2016 年 1—12 月份浙江工业生产者价格同比涨幅(%)

(二)环比价格涨多跌少

与上月相比，3 月份起 PPI、IPI 双双止跌回升，这是自 2015 年 6 月份以来 PPI、IPI 连续 9 个月逐月下跌后的首次回升，随后逐月攀升，至 12 月份，价

格水平升至全年最高值。从环比价格走势看，PPI 除 6 月份下降 0.3%外，其他 9 个月均呈现上涨态势，其中 12 月份上涨 1.5%，比 2 月份累计上涨 3.6%；IPI 连续 10 个月上涨，其中 12 月份上涨 2.4%，比 2 月份累计上涨 8.7%。

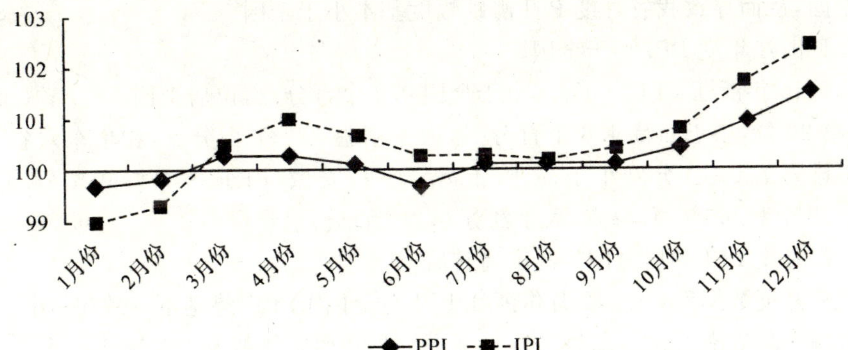

图 2　2016 年 1—12 月份浙江工业生产者价格环比走势图

（三）购销价格运行从“低进高出”转为“高进低出”

2016 年 IPI 为 97.8，小于 PPI 0.5 个百分点。分月度看，前 8 个月 IPI 均小于 PPI，9 月份 IPI 为 99.5，大于 PPI 0.5 个百分点，扭转了 2012 年 4 月份起连续 53 个月小于 PPI 的运行态势，即购销价格从“低进高出”转为“高进低出”（见图 3）。其中 2 月份 IPI 小于 PPI2.9 个百分点，差距为 2011 年 10 月份以来最大，3 月份起逐月缩小，至 8 月缩小为 0.4 个百分点，9 月份起反转并逐月扩大，9—12 月份差距分别为 0.5 个、1.1 个、2.5 个和 3.8 个百分点。

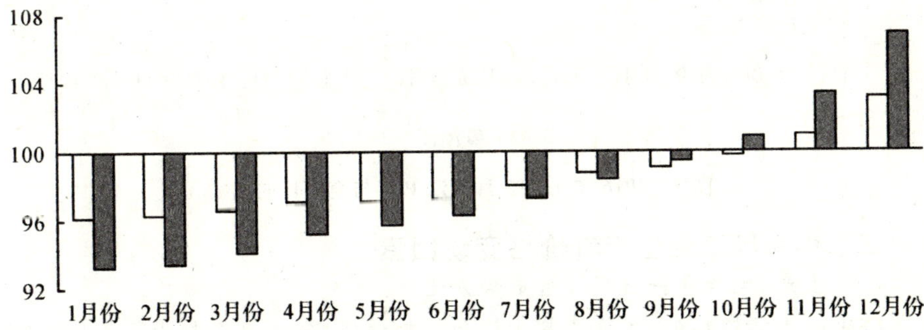

图 3　2016 年 1—12 月份浙江 PPI 与 IPI 比较图

(四)浙江 PPI 与全国比较

受产业结构差异而形成的行业权重占比不同影响,在国际大宗商品价格大幅波动的情况下,浙江省相关大类行业产品价格波动对 PPI 的拉动作用小于全国,从而导致我省月度 PPI 涨跌幅度基本小于全国。

1.浙江年度 PPI 小于全国

2016 年浙江 PPI 为 98.3,小于全国 0.3 个百分点,位居全国 31 个省(市、区)第 20 位,小于西藏 4.6 个百分点,大于新疆 3.8 个百分点,在华东六省一市中排列第 6 位,分别小于福建、上海、江西、安徽、山东 0.8 个、0.5 个、0.3 个、0.2 个和 0.2 个百分点,大于江苏 0.2 个百分点。

2.月度 PPI 列居全国位次由前转后

从月度数据看,1—12 月份浙江 PPI 与全国 PPI 走势基本一致(见图 4),均呈现先降后涨的运行态势。1—4 月份,浙江 PPI 分别大于全国 1.4 个、1.2 个、0.9 个和 0.5 个百分点,位居全国前列,5 月份起扭转了长期大于全国的运行态势,小于全国 0.1 个百分点。随后差距逐月扩大,至 12 月份,浙江 PPI 小于全国 2.4 个百分点,居全国第 27 位。

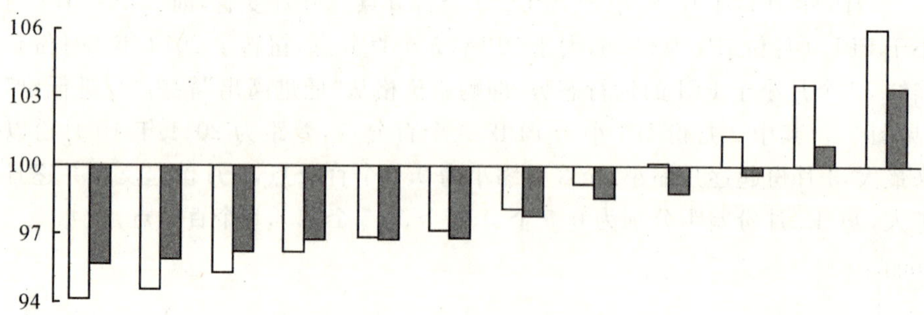

图 4　2016 年 1—12 月浙江 PPI 与全国比较图

二、2016 年工业生产者价格变动因素

(一)生产、生活资料出厂价格走势分化

按生产生活资料分,生产资料出厂价格持续下降,生活资料出厂价格小幅上涨。2016 年浙江全省生产资料类产品价格同比下降 2.4%,拉动 PPI 下降 1.8 个百分点,是拉动 PPI 下降的主导因素。其中,原料工业价格下降 3.0%,采掘工业价格下降 4.2%,加工工业价格下降 1.7%。生活资料类产品价格小幅上涨 0.2%,其中:食品价格上涨 0.7%,衣着价格上涨 0.6%,一般日用品价

格上涨 0.2%，耐用消费品价格下降 0.7%。

(二)重点行业产品出厂价格波动对 PPI 影响较大

所调查的 37 个大类行业中，25 个工业行业产品价格呈现不同程度的下降，价格下降面为 67.6%，较上年(86.8%)缩小 19.2 个百分点。全省销售产值排名前十的重点行业产品价格全面下降，拉动 PPI 下降 1.4 个百分点(见表 1)。其中化学原料和化学制品制造业、化学纤维制造业、电气机械和器材制造业和纺织业产品价格下降分别拉动 PPI 下降 0.3 个、0.2 个、0.2 个和 0.2 个百分点，价格波动对 PPI 影响较大。

表 1　2016 年浙江重点行业产品价格涨跌幅及对 PPI 影响

工业行业分类	涨跌幅度(%)	对 PPI 影响(百分点)
纺织业	−1.5	−0.2
电气机械和器材制造业	−2.2	0.2
化学原料和化学制品制造业	−3.9	0.3
电力、热力生产和供应业	−2.1	−0.1
通用设备制造业	−1.8	0.1
汽车制造业	−1.4	−0.1
橡胶和塑料制品业	−2.7	−0.1
金属制品业	−1.4	−0.1
计算机、通信和其他电子设备制造业	−0.6	0.0
化学纤维制造业	−4.9	−0.2

(三)近七成行业产品同比价格先后走出下降通道

受国际大宗商品价格触底反弹及国内淘汰过剩产能措施影响，浙江省部分行业产品价格先后出现反弹并逐月攀升，至 12 月份，64.9%的行业大类产品价格走出下降通道，月同比价格出现不同程度的上涨。其中在铁矿石价格持续攀升的拉动下，黑色金属冶炼和压延加工业产品环比价格 1 月份起止跌回升，经过 11 个月的上涨(6 月份短暂回调)，12 月份比上年同期上涨 28.5%，涨幅位居 37 个行业榜首。其他涨幅较大的有：有色金属冶炼和压延加工业产品价格上涨 19.5%，废弃资源综合利用业产品价格上涨 18.3%，黑色金属矿采选业产品价格上涨 14.1%，石油加工、炼焦和核燃料加工业产品价格上涨 10.5%(见图 5)。

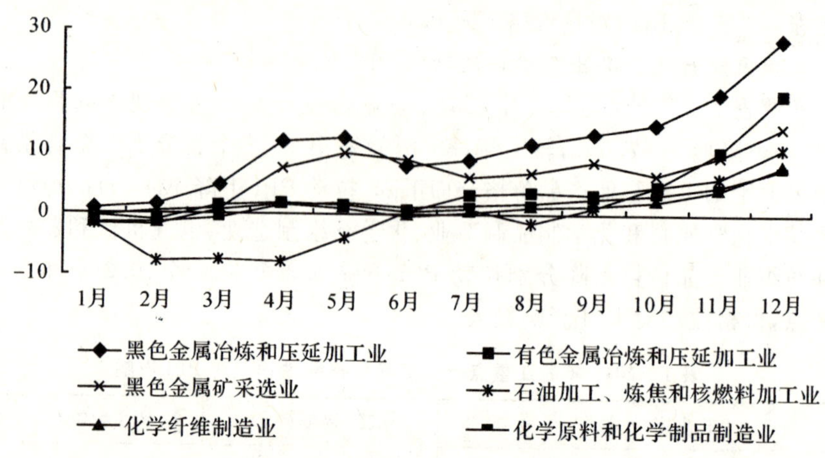

图 5　2016 年 1—12 月部分行业产品出厂价格涨幅(与上年 12 月相比)

(四)工业生产者购进价格全面反弹

从月度同比价格走势看,10 月份起 IPI 止跌回升且快速上涨,至 12 月份涨幅达 6.9%,比 10 月份扩大 6.1 个百分点,九大类产品价格全面回升(见图 6),其中黑色金属材料类价格上涨 18.3%,有色金属材料及电线类价格上涨 15.8%,燃料、动力类价格上涨 12.6%。受前期价格持续下降影响,2016 年 IPI 比上年同期下降 2.2%,所调查的 9 个大类产品价格呈现不同程度的下降,降幅居前三的是:建筑材料及非金属矿类价格下降 4.3%,燃料、动力类价格下降 3.6%,化工原料类价格下降 3.5%。

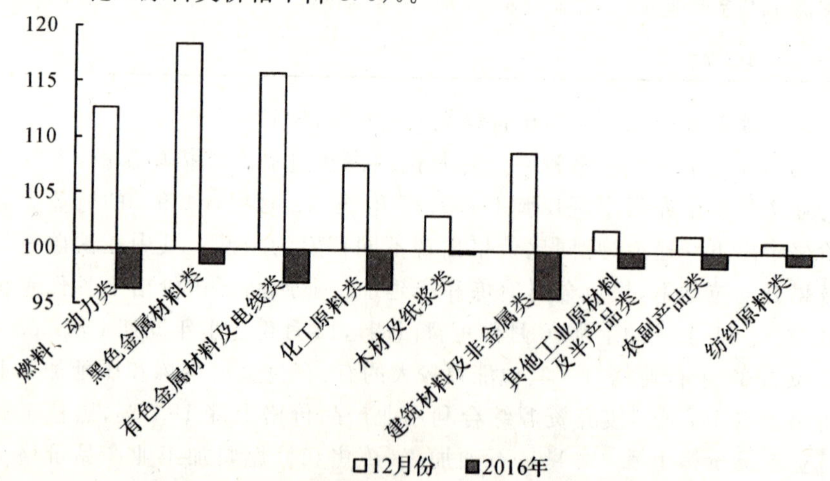

图 6　2016 年 12 月份及全年 IPI 九大类产品价格涨跌幅

三、浙江工业生产者价格止跌回升的主要原因

(一)持续下跌后的基数效应

自2012年1月份以来,浙江PPI同比价格持续处于下降通道,至今年10月份已达到58个月(见图7),为建立工业生产者价格统计制度以来的最长下降周期。环比价格有36个月出现下降,与2011年末相比,2016年2月份PPI累计下降10.1%。工业品价格持续下降,形成一个较低的基数效应,到一定程度存在反弹的内在需求。

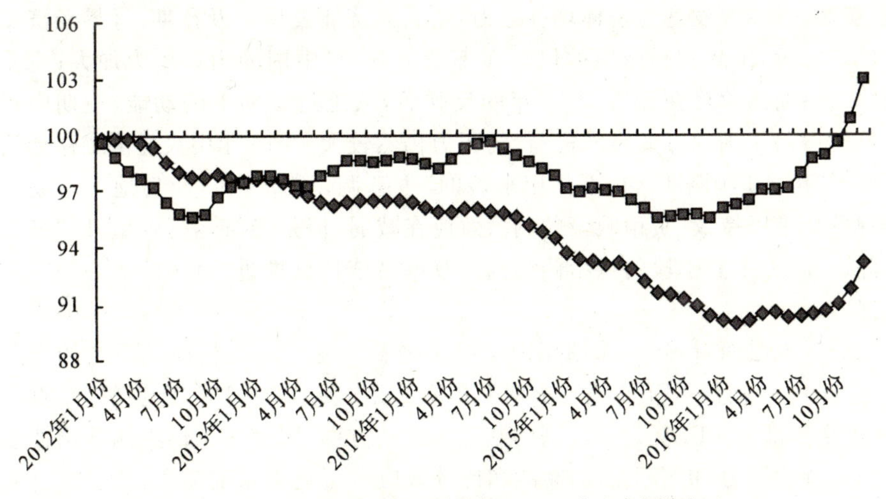

图7　2012年以来浙江PPI走势图

(二)国际大宗商品价格触底反弹

受欧美积极的货币政策及金融期货市场炒作等因素影响,今年以来国际大宗商品价格触底回弹。从国际原油价格走势看,今年1月份伦敦洲际交易所布伦特原油跌至27.1美元/桶的低点之后,价格开始反弹,12月份已升至50美元/桶上方,最高到达56美元/桶。从铁矿石价格走势看,据中国钢铁工业协会的CIOPI指数显示,进口铁矿石价格指数从1月份的150左右,上涨到11月份的268左右。其他大宗商品如有色金属、煤炭、橡胶等产品价格先后出现反弹,一定程度上增加了工业品价格上涨的输入性压力。

(三)国内市场供求关系出现改善

最近一段时期以来,我国市场需求有所回暖,供求关系出现改善,带动了工业品价格一定程度的上涨,特别是一些工业产品,包括钢铁、煤炭、有色金

属、化工等产品价格上涨幅度较大。据国家统计局对 24 个省(区、市)流通领域 9 大类 50 种重要生产资料市场价格的监测显示,与年初相比,12 月中旬有 43 种产品价格出现不同程度的上涨,其中,热轧普通薄板(3mm,Q235)价格为 4067.1 元/吨,比年初上涨 93.4%,焦煤(1/3 焦煤)价格为 1170 元/吨,比年初上涨 129.4%,锌锭(0#)价格为 22341.7 元/吨,比年初上涨 71.4%。

三、2017 年浙江 PPI 走势预测

从宏观层面看,国际、国内经济发展的不确定因素较多。国际方面,欧元区、美国、日本等发达经济体增长乏力,新兴经济体发展不及预期,世界经济发展困难加重,国际贸易摩擦的风险在不断上升,对中国的出口压力加大;主要国际大宗商品价格在经历 2016 年的反弹后,缺乏持续向上的动能,短期内仍将反复震荡。国内方面,经济下行的压力仍然较大,2016 年中央经济工作会议确定了“房子是用来住的,不是用来炒的”主基调,预计 2017 年房地产市场火爆现象会难以持续,货币政策的刺激效应在减弱,但是经济运行企稳,以“三去一降一补”为主要手段的供给侧结构性改革措施持续推进,市场的信心和需求在提升。

从微观层面看,一方面翘尾因素呈正增长。受上年价格前低后高的走势影响,2017 年浙江 PPI 的翘尾影响为 2.7 个百分点,其中 1 季度为 3.5 个百分点,为全年浙江 PPI 奠定了较高的基础。另一方面,国家深化供给侧结构性改革仍将持续发力,价格上涨的动能和比价效应将影响大宗商品价格上涨,进而形成 2017 年的新涨价因素。由于大宗商品价格已持续多月上涨,近期将高位调整,预计短期内大幅上涨的可能性不大。据全国流通领域 9 大类 50 种重要生产资料市场价格的监测显示,与 12 月中旬相比,2017 年 1 月上旬,16 种产品价格上涨,30 种下降,4 种持平。其中黑色金属、有色金属和化工产品价格普遍下降,部分产品价格连续两旬下跌。

综上所述,预计 2017 年浙江 PPI 将稳中趋升。

(国家统计局浙江调查总队生产投资价格调查处　吴晓燕)

2016 年浙江住宅销售价格运行情况分析

在去库存政策的大背景下，2016 年浙江房地产市场整体向好，呈现量价齐升的运行态势。全省（11 个设区市城区）全年新建商品住宅销售面积达 4371 万平方米，增长 34.5%，新建商品住宅销售价格上涨 13.8%，二手住宅销售价格上涨 10.8%，分别比上年扩大 16.5 个和 12.9 个百分点。

一、2016 年全省住宅销售价格变动情况

（一）环比价格逐月攀升

浙江全省住宅销售价格呈现逐月攀升的运行态势（见图 1），至 12 月份新建商品住宅价格累计上涨 19.9%，二手住宅价格累计上涨 15.2%。从各月环比涨幅看，全年最高点出现在 9 月份，新建商品住宅和二手住宅价格分别为 4.1% 和 3.4%，比年初扩大 3.5 个和 3.0 个百分点。四季度起，在全国热点城市调控政策密集出台的大背景下，杭州、嘉兴等地相继出台调控政策，房地产市场运行环境趋紧，价格趋稳。10 月份全省新建商品住宅和二手住宅价格环比涨幅回落，12 月份新建商品住宅价格与上月持平，二手住宅环比价格上涨 0.2%。

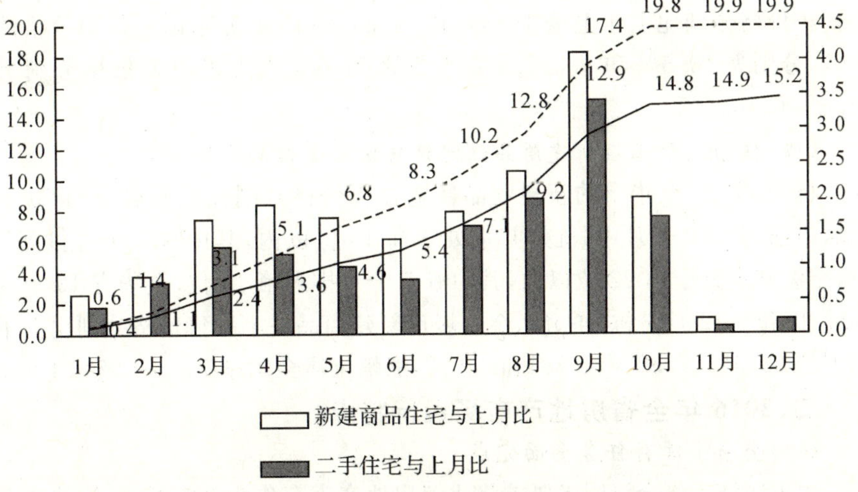

图 1 2016 年 1—12 月份浙江省住宅销售环比涨幅（%）

（二）同比价格涨幅屡创新高

与上年同期相比，全省住宅销售价格涨幅呈先扩大后平稳的运行态势（见图 2）。前 10 个月涨幅逐月扩大，10 月份新建商品住宅和二手住宅价格同比涨幅达到年内最高点，分别为 21.2%和 16.2%，随后涨幅逐月收窄，12 月份全省新建商品住宅和二手住宅销售价格分别上涨 20.0%和 15.1%，较 10 月份收窄 1.2 个和 1.1 个百分点。

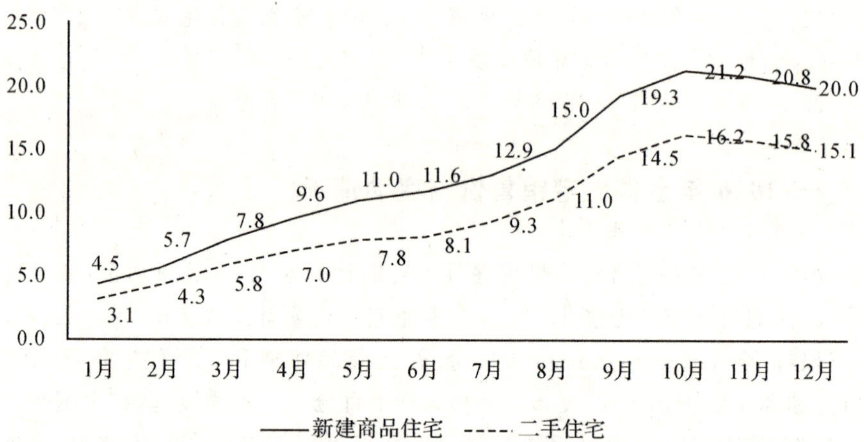

图 2　2016 年 1—12 月份浙江省住宅销售价格同比涨幅（%）

（三）小面积户型价格涨幅最高

分类型看，90 平方米以下户型销售价格涨幅最高，新建商品住宅和二手住宅销售价格分别比上年上涨 19.8%和 12.3%；144 平方米以上户型价格涨幅最低，分别为 10.5%和 9.3%。90 平方米和 144 平方米户型价格分别上涨 12.4%和 10.1%。

（四）杭、甬、金三市新建商品住宅销售价格涨幅居全国前列

杭州、宁波、金华市的新建商品住宅销售价格月同比涨幅居全国 70 个大中城市前列。12 个月中，杭州基本处于前 10 位以内，其中有 6 个月排列第 7 位；宁波基本处于前 22 位以内，其中有 5 个月排列第 15 位；金华有 10 个月排列前 30 位。12 月份杭、甬、温、金 4 城市新建商品住宅销售价格分别比上年同期上涨 28.6%、12.2%、4.7%和 6.6%，涨幅位居全国第 7、22、42 和 34 位。

二、2016 年全省房地产市场运行特点

（一）全省去库存任务全面完成

中央经济工作会议明确要求将化解房地产库存作为 2016 年经济社会发展

五大任务之一,《浙江省房地产业发展"十三五"规划》中也提出"促进存量商品房消化"。2016 年全省住宅销售市场成交规模创历史新高,新建商品住宅可售房源面积、套数及消化周期均逐月下降(见图 3),结构性和区域性库存压力均有所缓解。截止到 12 月底,全省(11 个设区市城区,下同)新建商品住宅可售面积 2088 万平方米,比年初减少 44.0%。随着库存数量的减少及销售量的持续回升,全省新建商品住宅消化周期逐月缩短,以近 12 个月的月均销售量测算,12 月底全省新建商品住宅库存的消化周期降低至 5.7 个月,比年初缩短 8.1 个月。

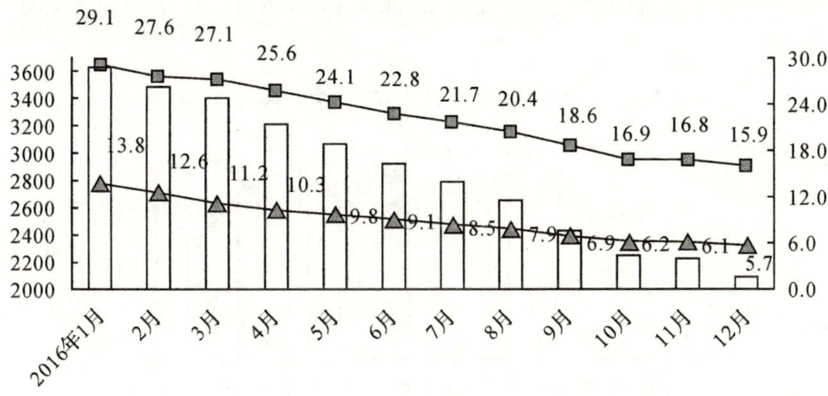

图 3 浙江省 11 个设区市市区新建商品住宅可售房源面积、套数及消化周期

从全省 11 个设区市新建商品住宅去库存情况看,截止到 12 月份,各城市去化周期均在 10 个月以下(见图 4),分处于 3 个区间。

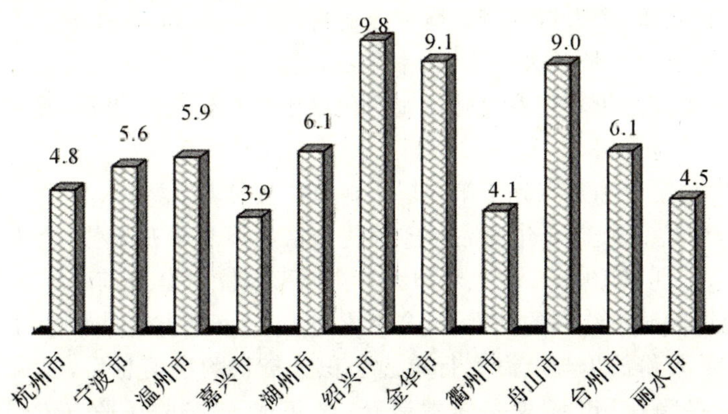

图 4 12 月份浙江省 11 个设区市新建商品住宅库存消化周期

绍兴、金华和舟山处于第一区间，去化周期在 9 个月以上；湖州、台州、温州和宁波处于第二区间，去化周期在 5—7 个月之间；杭州、丽水、衢州和嘉兴处于第三区间，去化周期在 5 个月以下。

（二）成交规模大幅增长

2 月下旬以来，随着政策叠加效应的增强，居民购房意愿加大，下单速度加快，市场成交活跃。其中 3 月份全省新建商品住宅成交 45125 套，同比增长 161.2%，创近三年新高；4—12 月份销量高位回落，但仍处于历史较高水平（见图 5）。2016 年全省新建商品住宅销售面积高达 4371 万平方米，同比增长 34.5%。

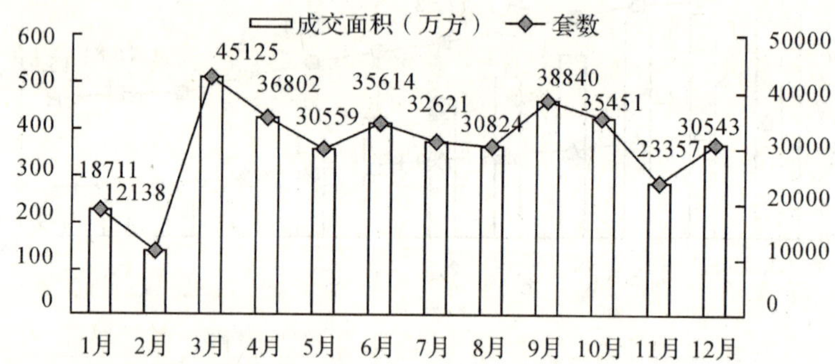

图 5　2016 年 1—12 月份浙江省 11 个设区市新建商品住宅销售面积及套数

（三）房地产开发企业实际到位资金较为宽松

2016 年浙江全省房地产开发投资实际到位资金 10860 亿元，增长 25.2%。其中，国内贷款增长 20.9%；自筹资金增长 0.5%；其他资金来源中的定金及预收款、个人按揭贷款增幅分别高达 34.9%和 53.2%。

（四）城市间市场层次分明，差异显著

从 11 个设区市新建商品住宅销售价格走势及销量变化看，城市间市场层次分明，差异显著。

1. 杭州、宁波和嘉兴处于第一层次，呈现“量价齐升”

2016 年杭、甬、嘉新建商品住宅销售价格呈逐月攀升态势，全年涨幅处于较高水平，分别以 19.9%、9.9%和 9.8%的涨幅位居全省前三。杭州在 G20 峰会及地铁等城市红利的助推下，全年成交 1652 万平方米，同比增长 42.7%；嘉兴市自 5 月份放出与上海实行单边公积金贷款购房消息后，吸引了大量上海人到嘉兴购房，市场成交异常活跃，全年成交 436 万平方米，同比增长 100%；宁波全年成交 741 万平方米，同比增长 42.8%。

2.温州等七市处于第二层次,呈现“量价双稳”

二、三线城市以去库存为主要目标,加快去化回笼资金,全年销售情况良好,销售价格稳中有升。全年金华、温州、湖州、绍兴、舟山、衢州和丽水新建商品住宅销售价格分别上涨 4.2%、4.0%、3.3%、2.2%、1.2%、1.1%和 0.9%,全年销量较上年也有不同程度的增长。

3.台州处于第三层次,呈现“以价换量”

受前期高库存压力、经济增长压力和行政区块分散等因素影响,台州新建商品住宅销售价格仍比上年下降 1.3%,是唯一价格仍下降的设区市。全年共成交 245 万平方米,同比增长 31.0%。

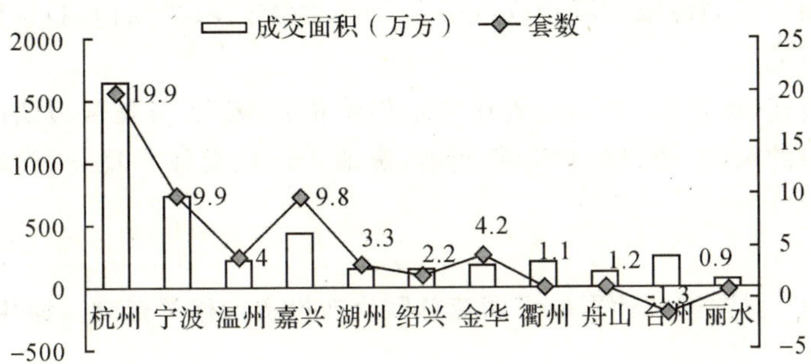

图 6 2016 年全省 11 个设区市新建商品住宅同比涨跌幅及销售面积

三、影响因素分析

(一)政策性因素影响

2016 年房地产政策经历了从宽松到热点城市收紧的过程。前三季度,在因城施策去库存的宏观背景下,推出一系列诸如降低契税、降息以及户籍方面的去库存政策,对降低购房成本、减轻购房负担起到直接作用,使得购房者入市意愿增强,成交活跃,部分城市房地产市场出现火爆局面,随着热点城市房价地价的快速上涨,市场及金融风险进一步加剧,四季度起杭州、嘉兴等城市相继出台调控政策,市场热度逐渐降温,销售价格逐步回稳。

(二)土地价格因素影响

土地价格走势影响市场预期,对房价波动起重要作用。2016 年以来,随着房地产市场走出低谷,土地市场逐步升温。全省供应住宅用地 39171.5 亩,增长 25.7%;出让均价 10865 元/平方米,上涨 63.4%。自 10 月份浙江省热点城市密集发布调控政策以来,相关城市住宅销售价格趋于平稳,但土地市场热度仍未降低。在杭州,11 月份迎来推地高峰,房开拿地热情依然高涨,三墩北、丁桥、艮北等板块楼面价记录再次被刷新，其中丁桥宅地溢价率高达 100.7%。部分区域土地溢价率居高不下，使得周边房价超过正常预期，短期内难以出现大幅回调。

四、2017 年浙江省住宅销售价格走势预测

2016 年在去库存的宏观背景下，房地产市场量价齐升，去库存任务全面完成，供给侧结构性改革初见成效，为房地产市场平稳发展营造了良好环境。另一方面，抑制房地产价格上涨的因素依然存在，一是 2016 年中央经济工作会议确定了“房子是用来住的，不是用来炒的”主基调，这就意味着未来的房地产政策将继续打压投机性需求，房价难以出现快速上涨的态势；二是杭州、嘉兴等地将继续受到当前限购限贷政策因素影响，各类需求受到抑制，价格面临继续回调的可能。

综上所述，预计 2017 年全省住宅销售价格将“稳字当先”，短期内不会出现过快上涨的风险，销售量将有所回落，房地产市场总体平稳运行，城市间市场继续分化。

（国家统计局浙江调查总队生产投资价格调查处　谢伟平）

2016年四季度浙江消费者信心指数运行情况分析

四季度，随着浙江经济的稳走向好，居民就业和收入信心持续向好，消费意愿增强，消费者信心指数继续上扬。

一、消费者信心指数连续三个季度上扬

四季度，全省消费者信心指数(CCI)为117.6，比三季度上升3.2点，连续三个季度保持上扬态势。其中，反映消费者对当前经济生活评价的消费者满意指数为114.2，比三季度上升2.7点；反映消费者对未来经济生活预期的消费者预期指数为119.8，比三季度上升3.4点。2016年各季度的消费者信心指数呈连续上扬态势，四季度消费者信心指数创2013年以来新高，表明消费者对浙江省经济环境总体持乐观判断。

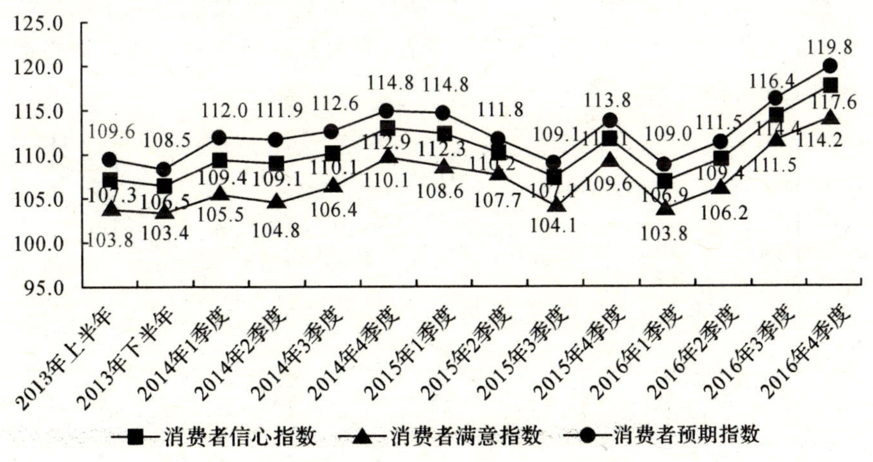

图1　全省消费者信心指数走势图

浙江省11个地市的消费者信心指数均位于"乐观"区间。其中，丽水、湖州和台州市的消费者信心指数相对较高，分别为126.9、125.2和124.6，均超过120点位；舟山、衢州和温州的消费者信心指数分别为111.1、111.6和114.0。

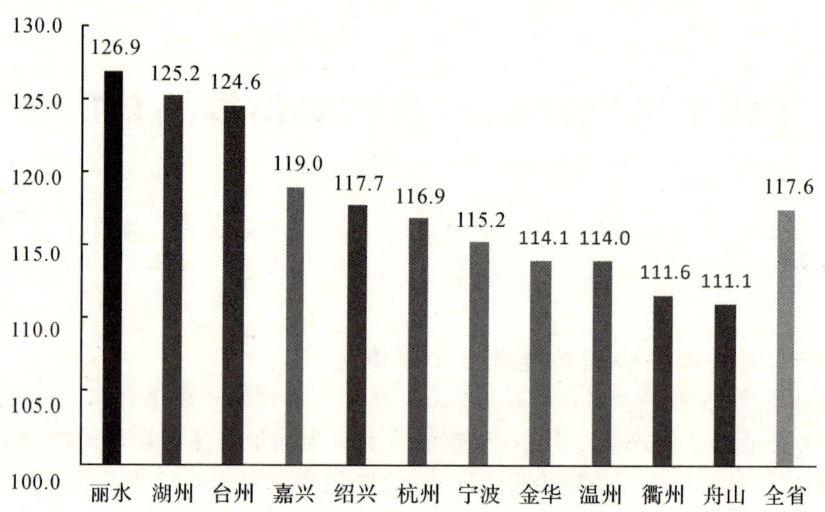

图 2　四季度浙江省 11 个市消费者信心指数

城乡消费者信心指数继续走高，其中，城镇消费者信心指数为 118.1，比三季度提升 3.2 点；农村消费者信心指数为 116.8，比三季度提升 3.1 点。城镇消费者信心指数提升幅度高于农村消费者，成为拉动浙江省消费者信心指数上升的主要群体。

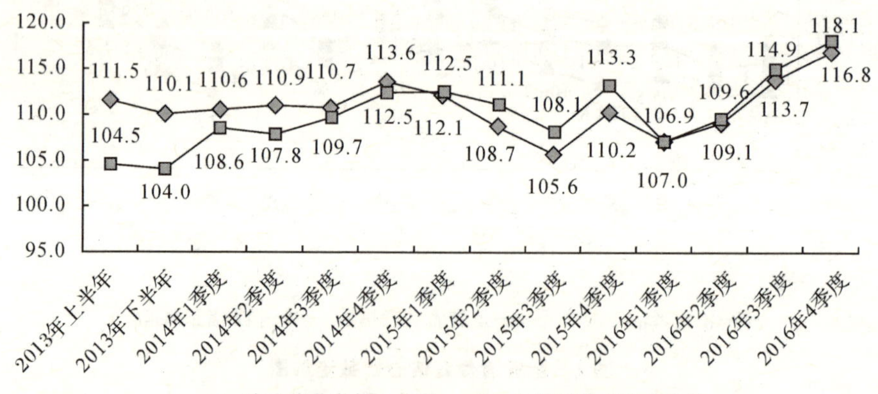

图 3　浙江省城乡消费者信心指数走势图

主力消费人群的信心指数总体向好。其中，21～30 岁、41～50 岁人群的消费者信心指数分别为 119.0、111.7，比三季度分别上升 2.2 点和 4.6 点；全职工作和非全职工作人群的消费者信心指数分别为 116.3 和 114.4，比三季度分别上升 1.4 点和 8.5 点。

按收入状况分组看，居民家庭月收入和消费者信心指数呈正相关。其中，家庭月收入在 15000 元以上的人群消费者信心指数最高，为 124.4；家庭月收入在 2500 元以下的人群消费者信心指数最低，为 99.3。

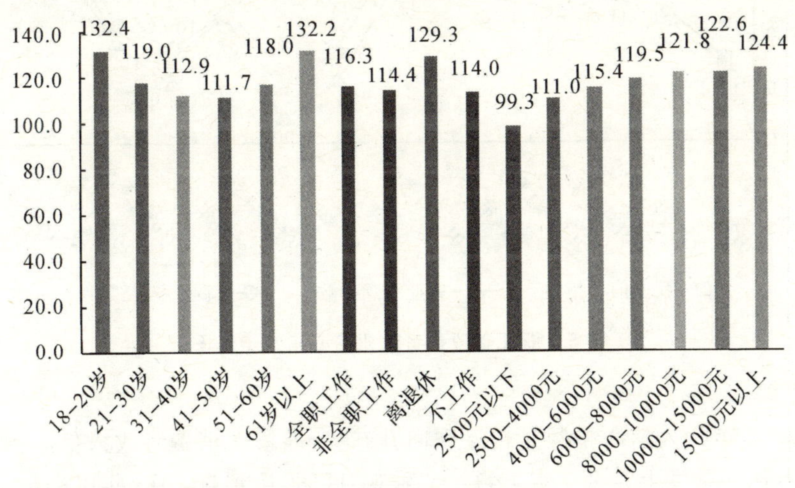

图 4 四季度浙江省各分组人群消费者信心指数

二、影响四季度消费者信心指数变动的几个主要因素

(一)就业信心提升

随着浙江省转型升级组合拳的逐步显效，新产业、新业态、新商业模式促进社会就业结构进一步优化，消费者就业信心持续提升。四季度，消费者对就业形势的判断继续保持乐观，就业信心指数为 120.3，比三季度上升 4.1 点，运行于“乐观”区间。其中，反映消费者对当前就业状况评价的就业满意指数为 118.6，比三季度上升 4.1 点；反映消费者对未来就业状况预期的就业预期指数为 121.5，比三季度上升 4.1 点。

主力消费人群对就业形势的判断总体乐观，其中，21～30 岁和 41～50 岁年龄段人群的就业信心指数分别比三季度上升 2.5 点和 6.1 点；全职工作人群和非全职工作人群的就业信心指数分别比三季度上升 1.8 点和 11.6 点。城镇和农村居民的就业信心指数分别比三季度上升 3.9 点和 4.3 点。

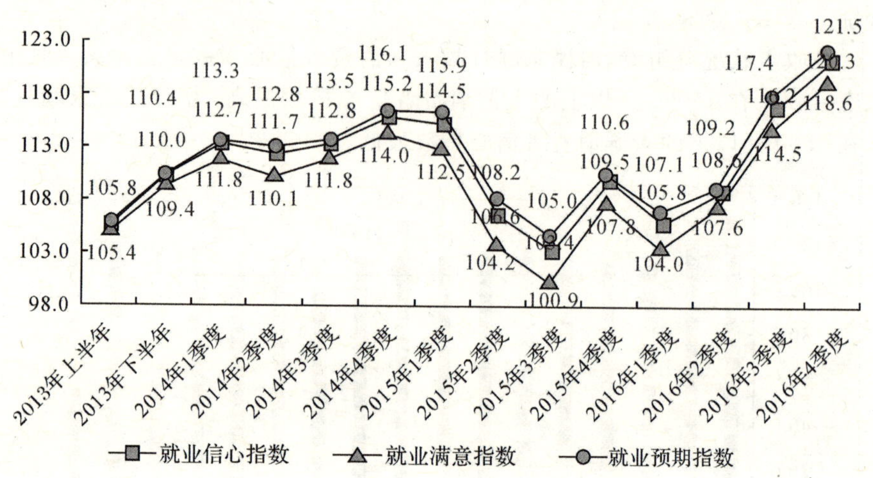

图 5　浙江省消费者就业信心指数走势图

(二)收入信心向好

2016 年收入信心指数呈现逐季回升态势,四季度消费者收入信心指数为 116.9,比三季度上升 2.3 点,运行于"乐观"区间,达到自 2013 年以来最高点。其中,反映消费者对当前收入状况评价的收入满意指数为 115.2,比三季度上升 1.6 点;反映消费者对未来收入状况预期的收入预期指数为 118.1,比三季度上升 2.8 点。

主力消费人群的收入信心普遍乐观,其中,21～30 岁和 41～50 岁人群的收入信心指数分别比三季度上升 2.0 点和 3.2 点;全职工作和非全职工作人群的收入信心指数分别比三季度上升 0.7 点和 6.6 点。城镇和农村居民的收入信心指数分别比三季度上升 2.4 点和 2.2 点。

按收入状况分组看,居民家庭月收入和收入信心呈正相关。其中,家庭月收入在 15000 元以上的人群收入信心指数最高,为 131.3;家庭月收入在 2500 元以下的人群收入信心指数最低,为 90.1。

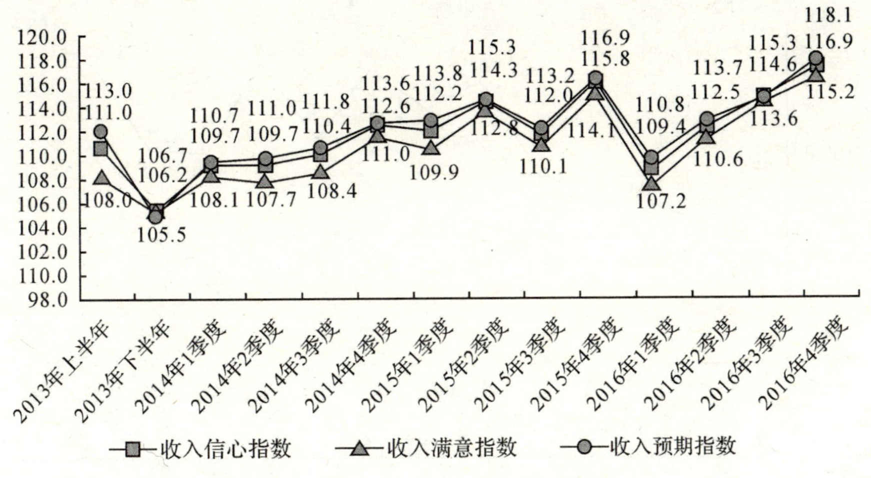

图 6 浙江省消费者收入信心指数走势图

(三)消费意愿增强

随着“双 11”“双 12”网购促销和年底消费潮到来,消费者的消费意愿明显增强。四季度消费意愿指数为 108.8,比三季度上升 2.4 点,位于“乐观”区间。其中,认为当前购买所需物品(购房除外)的时机“非常好”和“比较好”的消费者占 58.6%,比三季度提高 2.4 个百分点。主力消费人群的消费意愿提升。其中,21～30 岁、31～40 岁和 41～50 岁人群的消费意愿指数分别比三季度提升 1.5 点、0.5 点和 3.7 点;全职工作和非全职工作人群的消费意愿指数分别比三季度提升 1.5 点和 5.6 点。城镇和农村居民的消费意愿指数分别比三季度提升 2.8 点和 1.8 点。

按收入状况分组看,居民家庭月收入和消费意愿呈正相关。其中,家庭月收入在 15000 元以上的人群消费意愿指数最高,为 122.3;家庭月收入在 2500 元以下的人群消费意愿指数最低,为 86.0。

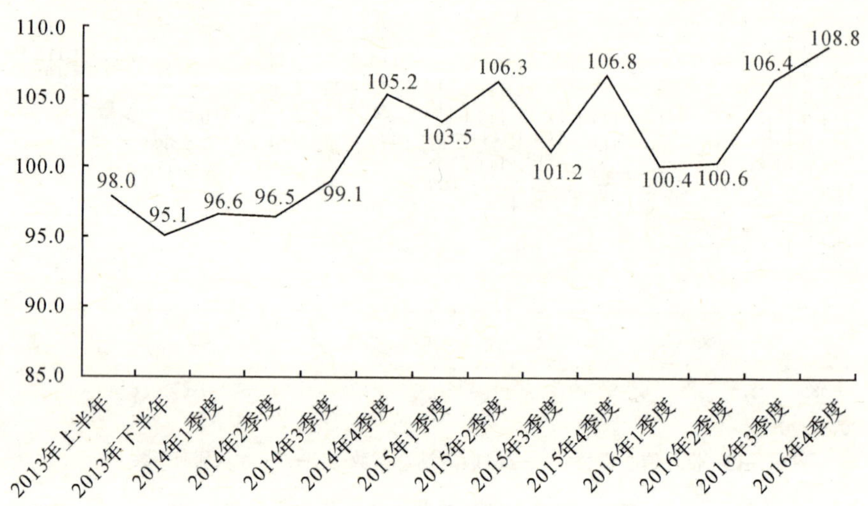

图7　浙江省消费者消费意愿指数走势图

三、值得关注的几个消费变化

（一）物价上涨预期继续上升

四季度，对未来6个月总体物价水平持“上升”预期的消费者比例为54.6%，持“基本不变”预期的比例为35.7%，持“下降”预期的比例为8.2%，另有1.5%的消费者表示“不清楚”。其中，看涨未来6个月总体物价水平的消费者比例比三季度上升7.3个百分点。

主力消费人群看涨物价的比例普遍升高，其中，21～30岁、31～40岁和41～50岁人群看涨物价的比例分别比三季度提高7.4个、7.3个和11.2个百分点；全职工作和非全职工作人群看涨物价的比例分别比三季度提高8.0和7.6个百分点。城镇和农村居民看涨物价的比例分别比三季度提高5.4个和10.0个百分点。

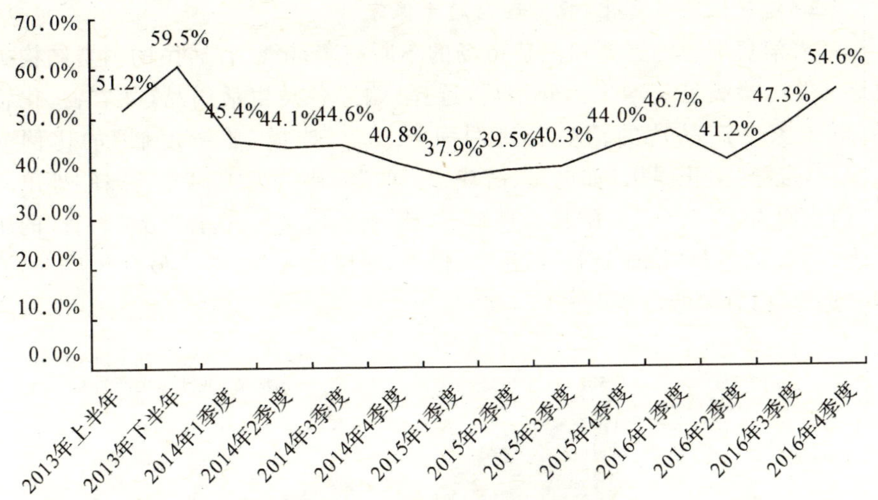

图 8 浙江省消费者通胀预期走势图

(二)购房意愿保持平稳

随着近期一系列房产限购政策的出台,房地产市场有所降温,消费者购房意愿基本保持平稳。四季度,认为目前购买房产的时机"非常好"和"比较好"的消费者比例为 30.7%,比三季度回升 0.8 个百分点。

其中,认为未来 6 个月商品房价格将"上涨"的消费者占 29.7%,认为"基本不变"的占 49.7%,认为"下降"的占 16.0%,另有 4.6%的消费者表示"不清楚",看涨商品房价格的消费者不到 3 成,大多数消费者认为商品房价格将保持平稳。

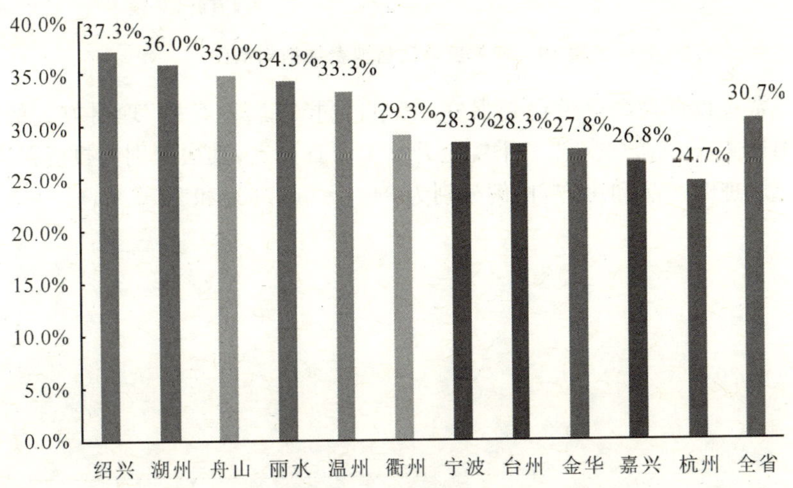

图 9 四季度浙江省消费者看好购房时机的比例

（三）消费渠道多元化，投资理财趋于保守

随着消费理念的更新和消费市场的不断完善，浙江省居民的消费结构更加多元化。当满足基本生活开销后，选择“购买各类生活用品（如衣物、化妆品、电子家电产品）”的消费者比例为 64.3%，选择“旅游度假”的比例为 44.4%，选择“文化娱乐（如电影、游戏、书刊）”的比例为 43.2%，选择“外出就餐”的比例为 43.0%，选择“投资理财”的比例为 42.6%，选择“培训教育”的比例为 39.9%，选择“偿还贷款、信用卡、借款”的比例为 36.8%，另有 5.5%的消费者选择“没有剩余的钱”。

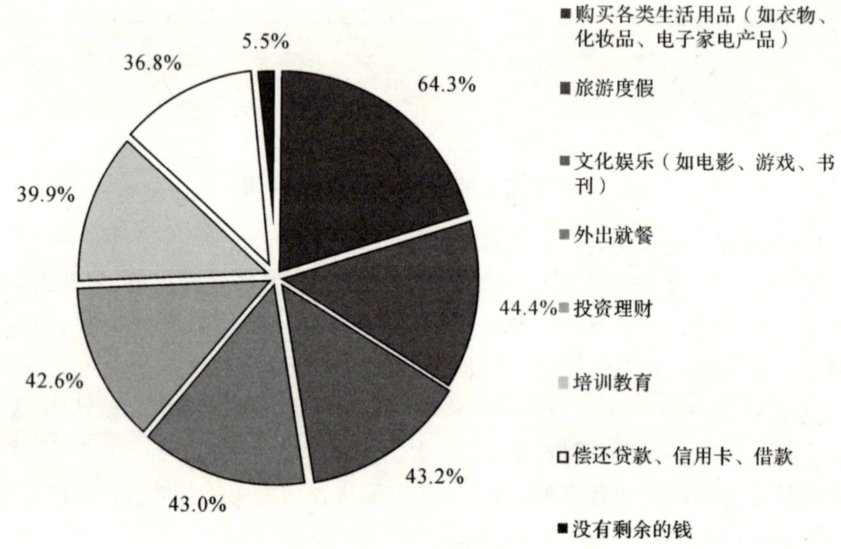

图 10　四季度浙江省消费结构比例图

消费者投资理财渠道仍趋保守，其中，选择“储蓄/存款”理财方式的消费者比例最高，为 54.6%，比三季度上升 0.1 个百分点；其次分别为投资保险、股票/基金/理财产品和房产，比例分别为 34.1%、30.6%和 21.7%。

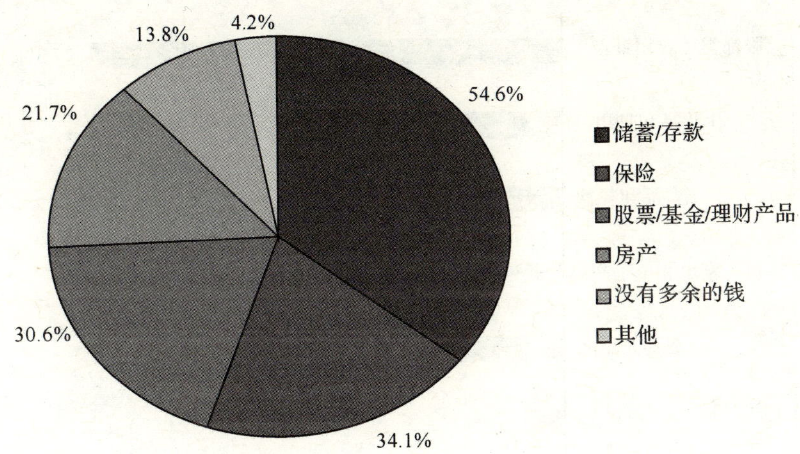

图 11 四季度浙江省消费者投资理财结构图

(四)网络促销释放消费潜能

随着年底消费潮的到来,互联网平台释放巨大消费潜能。调查显示,69.0%的消费者家庭在今年的“双 11”和“双 12”购物节中通过网络平台进行消费,比 2015 年提升 8.0 个百分点。消费金额在 1000 元以上的消费者占消费总人群的 66.2%,比 2015 年提高 16.3 个百分点。其中,消费金额在“1000—3000 元”的占 38.4%,消费金额在“3000—5000 元”的占 16.1%,消费金额在“1000 元以下”的消费者占 32.3%。从消费内容看,服饰类(衣帽鞋包)商品依然是网络消费的主要商品,选择比例达到 77.3%;其次分别为化妆品和日用品(54.5%)、食品和餐饮(40.1%)、手机、家电和电子产品(31.8%)、婴幼儿用品(22.3%)和奢侈品(6.7%)。

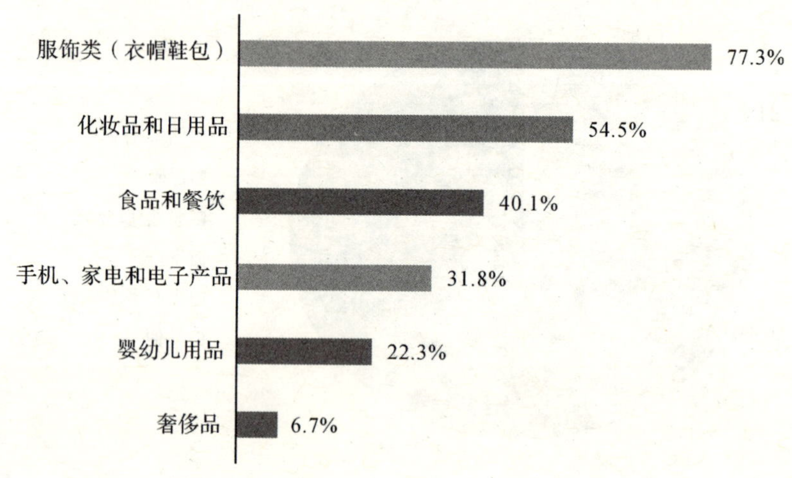

图12 四季度浙江省消费者网购消费情况

（五）境外消费比例继续上升

调查显示，2016年，浙江省消费者家庭通过境外游或海外代购的形式购买过国外产品的比例达26.2%，比2015年和2014年分别上升2.0个和5.4个百分点。其中，21～40岁的中青年、6000元月收入以上的群体是境外消费的主力军，分别占到境外消费人数的70.4%和75.8%。从消费金额看，2016年境外消费在“3000元以下”的消费者比例最高，占消费人群的34.1%；其次是“3000—5000元”和“5000—10000元”，分别占25.3%和20.4%；境外消费金额在5000元以上的消费者比例(38.9%)比2015年上升4.8个百分点。从消费内容看，普通生活消费品是境外消费主流，其中：化妆品和日用品是境外消费最多的商品，选择比例为69.8%；其次分别为食品(34.9%)、婴幼儿用品(34.7%)、服饰类（衣帽鞋包）商品(31.3%)、奢侈品和贵金属(13.6%)及手机、家电和电子产品(13.3%)。

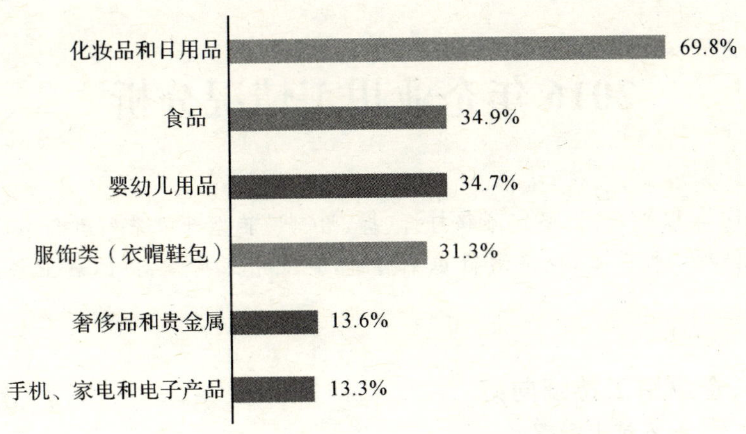

图 13　四季度浙江省消费者家庭境外消费情况

（民生民意调查中心　李鑫）

2016 年企业用工情况分析

2016 年以来，浙江坚定不移打好“拆、治、归”转型升级系列组合拳，积极推进供给侧结构性改革，经济运行稳中有进，企业用工持续向好，就业转型持续推进。

一、企业用工持续向好

（一）用工保持小幅增长

2016 年企业用工由降转升，持续小幅增长。四季度末，6318 家被调查企业从业人员为 274.7 万人，同比增速从一季度的 0.1％上升到 1.0％。其中，28.3％的企业用工增加，28.4％的企业用工减少，其余企业用工基本不变。

（二）用工成本增幅回落

四季度企业普通技工月底薪增幅呈现回落态势，从一季度比上年同期增长 3.5％逐步回落到四季度的增长 3.0％，增幅比上年低 3.9 个百分点。其中普通技工月底薪上涨的企业仅占 1/3。用工成本从快速上涨回落到温和上升，劳动力市场恢复良性常态。

（三）企业用工开始活跃

2016 年浙江制造业采购经理指数（PMI）中从业人员指数自年初以来总体保持上升，前 10 个月一直处于 50％以下，11 月、12 月均达到 50.0％，连续两个月站上收缩扩张临界点。12 月非制造业商务活动指数中从业人员指数为 50.8％，自下半年以来已连续 6 个月处于扩张区间。

（四）就业岗位供给充裕

全省劳动力市场求职者与岗位的比率一路走高，从 3 月的 1∶1.29 上升到 12 月的 1∶1.64，比上年同期上升 0.15，比 9 月上升 0.16，目前我省就业岗位供给相对求职者数量来说比较充裕。企业从业人员高频度地流动也从侧面反映了当前就业机会较多，整体就业压力不大。

（五）就业信心指数明显上升

浙江就业信心指数保持上涨，四季度为 120.3，比上年同期高 10.8 点，比三季度高 4.1 点，上升明显。其中，城镇就业信心指数 120.4，农村消费者就业信心指数 120.2，城乡基本趋同。

(六)失业率低水平上小幅下降

全省城镇登记失业率保持下行,四季度末为2.87%,比上年下降0.06个百分点,比三季度末下降0.08个百分点,继续保持较低水平。杭州、宁波、温州、台州等四城市劳动力调查数据同时显示,今年以来,调查失业率持续下降。

二、就业转型持续推进

(一)产业升级带动服务业用工持续增加

随着经济转型的推进,服务业成为推动经济增长的主力。2016年,第三产业增加值达到24001亿元,比上年增长9.4%,分别高于第一和第二产业增速6.7个和3.6个百分点。同时,服务业吸纳新增就业、转移就业的能力也随之增强。四季度末,被调查服务业企业从业人员同比增长2.5%,明显高于工业。其中,房地产业从业人员同比增长10.7%,信息传输、软件和信息技术服务业增长6.1%,租赁和商务服务增长2.9%,金融业增长2.6%。

(二)企业转型推动企业用工效率持续提升

企业信息化、工业化融合深度推进,生产力水平整体跃升。2016年,工业增加值比上年增长6.2%,但被调查工业企业期末从业人员比上年下降1.3%。用工减少原因调查显示,33.2%的工业企业是正常经营情况下因技术进步、机器换人等效率提升而裁减冗员。

(三)创新创业成为就业增长压舱石

用工调查中,属于战略性新兴行业的255家企业,年末从业人员比年初增加0.8万人,增长4.3%。同时根据单位名录信息初步统计,2016年新成立已入库单位14.3万家,从业人员合计77.3万人,约占全部单位从业人员的2.5%。创新创业带动就业成为就业增长的稳定器。

(四)从业人员素质结构优化

省就业局监测数据反映,年末企业从业人员中农民工占68.2%,比上年下降0.5个百分点;高校毕业生占20.1%,比上年上升1.0个百分点,从业人员结构逐步改善。同时,农民工中高中以上学历比例高于上年1.0个百分点,为31.5%,有技能等级比例高于上年同期1.0个百分点,为45.4%,人员素质也在逐步提升。

三、用工调查反映的问题

(一)预期用工需求走弱

调查结果显示,预计未来3个月用工将增加的企业比例呈下降趋势,一季度为18.9%,四季度为13.5%。预计用工将减少的企业比例先升后降,从一季度的11.5%下降到三季度的9.5%,四季度又上升到12.0%。企业预期趋于谨慎,企业用工需求走弱,维持用工持续增长的基础有待加强。

（二）企业员工稳定性不高

至 12 月份，被调查企业员工流动率累计达到 49.7%，其中，房地产业为 76.5%，住宿和餐饮业为 70.9%，制造业为 62.8%，信息传输、软件和信息技术服务业为 61.9%。虽然人员的充分流动能够促进竞争，但流动过于频繁既增加了企业经营的不确定性，又增加了用工成本，不利于企业发展。对于制造业等行业，更不利于员工知识、技能的积累，不利于成熟、团结、协作的员工队伍培养，不利于优秀企业文化的形成和传播。

（三）企业未完全摆脱对低成本用工的依赖

反映缺少普通技工的企业比例全年始终在 30%以上，四季度达到最高，为 33.2%。而且普通技工缺工数量占缺工总量的 79.6%，远高于普通技工占企业从业人员 43.9%的比重。同时，在认为存在招工难问题的企业中，73.9%的企业认为主要是求职者薪酬要求过高。表明不少企业依然未能摆脱依靠低成本劳动力获得竞争优势的发展思路。

（四）劳动力市场供需结构性矛盾持续存在

调查中有 76.4%的企业反映存在缺工现象，同时却又有 28.5%的企业存在不同程度的减员情况，而且反映缺工的企业中有 30.3%是有减员的。劳动力供给冷热不均，企业缺工与减员并存。同时，技术含量低、劳动密集型行业工资偏低，员工涨薪意愿强烈，与企业不堪用工成本压力，迫切期盼减负并存。

四、对策建议

发展经济的重要目的就是解决民生问题，而就业是最大的民生。车俊省长在《政府工作报告》中明确提出要鼓励就业、扩大就业、促进增收。当前要切实采取有力措施，维持总体就业稳定，促进用工平稳增长。

一是持续深入打好“拆、治、归”转型升级组合拳，加快推进供给侧结构性改革，补齐短板，提振经济，推进就业进一步转型。

二是以特色小镇建设为依托，积极搭建平台，落实财政、税收、人才等扶持政策，推进大众创业、万众创新，培育新的用工增长点，保持总体就业平稳增长。

三是整合职业教育与职业培训资源，扩大教育与培训规模，提升教育与培训水平，增加用工市场的有效供给，改善用工结构性矛盾。

四是积极引导企业改进用人机制，建立职工利益与企业发展统一的薪酬体系和企业文化，真正做到待遇留人、事业留人、感情留人，保证员工队伍相对稳定、素质稳步提高。

（人口与就业处　罗斌　赵静）

2016 年浙江省群众安全感保持高位稳中有升

按照省委省政府“平安浙江”建设年度工作部署，省统计局近期完成了2016 年度“平安浙江”群众安全感调查。本次调查共计从全省 89 个县(市、区)中抽取 1310 个样本村(社区)，覆盖 811 个乡(镇、街道)，对 32700 名 16 岁及以上的人口进行有效入户调查，并对 17750 人进行有效电话调查。调查样本保持了总量大、小区分散、覆盖面广、代表性强等特点。调查显示，2016 年，平安浙江建设以“五位一体”总布局和“四个全面”战略布局为统领，在服务保障 G20 中得到检验、深化和提升。

一、群众安全感总体保持高位稳中有升

平安是高水平全面小康的题中要义，是老百姓发展获得感的重要组成部分。调查结果显示，全省有 96.43%的被访者认为在工作、生活所在地具有安全感，比上年上升 0.09 个百分点。群众安全感保持高位且稳中有升。全省 70%以上的县(市、区)群众安全感满意率高于 96%。各市中，丽水市群众安全感满意率最高，嘉兴市提升最明显。平安浙江建设在服务保障 G20 中得到检验，总体保持高位稳中有升的态势(如图 1)。

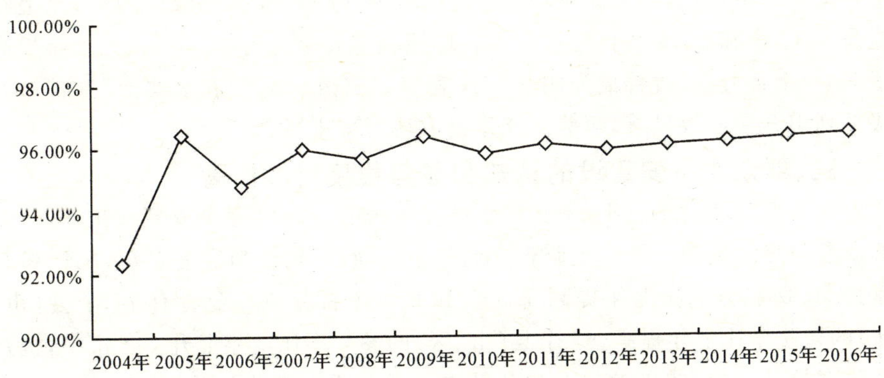

图 1　2004—2016 年浙江全省群众安全感满意率

表 1　2016 年度“平安浙江”建设人民群众安全感调查主要数据

地　区	安全感满意率(%)	知晓率(%)	参与率(%)
全　省	96.43	85.8	50.6
杭州市	96.43	84.6	51.1
宁波市	95.94	84.7	46.2
温州市	95.44	86.0	50.9
嘉兴市	96.81	85.3	49.0
湖州市	97.17	86.6	51.3
绍兴市	96.24	87.5	54.0
金华市	96.34	85.2	47.5
衢州市	97.16	87.1	54.3
舟山市	97.75	85.7	47.9
台州市	96.40	87.0	53.5
丽水市	98.08	87.1	54.9

二、生态环境安全状况改善最为明显

平安浙江建设在服务保障 G20 中进一步深化，平安建设四个主要方面均有改善。其中，96.52%的受访者认为在治安领域有安全感，与上年基本持平略有提高。生产、食品药品领域的安全感分别为 92.35% 和 86.27%，比上年提高 4.12 个和 2.98 个百分点。生态环境领域安全感为 91.54%，比上年提高了 5.09 个百分点，改善最为明显。这表明，“三改一拆”“五水共治”等转型升级系列组合拳成效显著，两美浙江建设取得可喜进展。

三、群众对平安建设的认知和参与程度持续提高

平安浙江建设十三年，平安理念已深入民心。2016 年平安建设护航 G20，群众参与热情更加上涨。经调查，全省“平安浙江”建设知晓率为 85.8%，参与率为 50.6%，分别比上年提高 1.5 个和 2.3 个百分点。全省有 74 个县(市、区)的知晓率比上年提高，67 个县(市、区)的参与率比上年上升。各市中，杭州知晓率提升最快，绍兴参与率提升最快。平安浙江建设在服务保障 G20 中进一步推进。

四、各地平安建设发展趋于均衡

从指标极值差来看，2016 年各市“平安浙江”建设群众安全感、知晓率、参

与率最高与最低分别相差 2.64 个、2.9 个和 8.8 个百分点，比例分别为 2.8%、3.4%和 19.0%，除参与率外相差较小。从指标变异系数看，各市间安全感满意率、知晓率、参与率加权变异系数均较小，依次为 0.007、0.012、0.053，且分别比上年下降 0.001、0.004、0.007。各市平安建设发展总体差异较小，逐步趋于均衡。

五、环境污染是影响群众安全感的敏感问题

对于“刑事治安案件”“生产安全事故”“食品药品安全问题”“环境污染问题”等四类问题对安全感的影响，认为“环境污染”问题影响最敏感，占受访者的比重为 33.7%，其次是“食品药品安全问题”，占受访者的比重为 31.3%，其他两类问题的比重较低。随着高水平全面建成小康社会的深入推进，人民群众对平安需求在不断提升，平安建设存在进一步深化、提升空间。一是考核内容需要进一步丰富和拓展。高水平全面建成小康社会的平安涵盖了政治、经济、社会、环境等诸多方面，而根据调查结果，目前平安浙江考核中群众安全感四个方面指标内容只反映百姓 50%左右的感受。二是考核方式需要进一步转变。基层平安建设过程中不同程度存在重结果轻过程、重数字轻实际、重形式轻内容的情况，需进一步加大群众评议指标的权重，适当增加过程指标，引导群众全面参与高水平平安建设。三是切实采取有效措施解决人民群众关心的突出问题。食品药品安全感不高，群众反映“偷盗事件多发”“伪劣食品较多”等突出问题，需要进一步加大执法检查力度，强化社会监督，及时回应人民群众的关切。

（人口就业处　罗斌）

统计评价

浙江省现代农业产业统计监测研究报告

农业是国民经济的基础，农业的可持续发展是人类可持续发展的根本保证。发展现代农业，走具有中国特色的农业现代化道路，是党中央做出的重大战略决策，是推进社会主义新农村建设的首要任务，更是全面建成小康社会的重要基础。近年来，我国经济发展进入新常态，农业发展过程中不断涌现新产业、新业态、新模式，现代农业的发展激发了农业转型升级和产业结构不断优化，促进了传统农业与二、三产业的联动发展和深度融合，推动了农业新经济的可持续发展。加快农业统计调查改革步伐，提升农村经济社会发展统计调查水平，积极探索与农业发展新常态相适应的现代农业统计工作，全面、客观反映现代农业发展的真实情况，及时为党委政府推进农业农村发展提供决策参考依据，就显得尤为必要。

一、探索建立现代农业产业统计体系的目的和意义

现代农业是在现代市场经济条件下，以专业化分工、社会化协作和商品化生产为前提，以企业化、集约化、产业化经营为手段，以不断提高的土地产出率、科技贡献率、劳动生产率为标志，广泛应用现代产业理念、现代设施装备、现代科学技术、现代管理方法进行农业生产经营活动的现代产业体系。现行农业统计制度的统计对象局限于传统的农林牧渔业，没有关注为农业生产提供支持和服务的服务业、农产品加工等上下游产业，无法全面反映现代农业产业的全貌。建立现代农业产业统计体系，全面、客观、准确反映现代农业发展总体情况，既是科学反映农业经济发展进入“新常态”的迫切需要，也是农业统计方法制度改革的历史趋势，更是为党委政府制定农业发展政策提供服务的必然要求。

(一)全面反映现代农业发展现状

现代农业产业涵盖一、二、三产的农业全产业链行业，不仅涉及现代农业产业的法人单位、产业活动单位、个体工商户和新型农业经营主体，还包括相关的企事业单位和社会团体。现代农业产业统计体系采用创新性的方法开展统计数据调查和监测分析，拓宽农业统计调查的范围，完善农业统计调查的内容，从而全面反映现代农业的发展情况，系统体现农产品加工业、农村电子商

务、涉农休闲观光旅游、农业金融服务、新农村建设等一、二、三产融合发展的经济效益和社会效益。

(二)客观评价现代农业发展进程

现代农业是一个动态的和历史的概念,按农业生产力性质和水平划分的农业发展史上,属于农业发展的最新阶段。现代农业的发展是农业结构调整、产业优化、一、二、三产融合发展的动态变化,需要有一个动态的监测体系,客观评价农业经济增长的趋势和现代农业发展的进程,并实时预测走向。建立现代农业产业统计体系,有助于摸清农业经济发展新规律,准确评价现代农业发展新特点,全面把握现代农业发展新方向,及时跟踪监测农村一、二、三产融合发展情况、城乡一体化发展进程和全面建成小康社会全过程。

(三)扎实有效提升农业统计服务

探索建立现代农业产业统计体系,是进一步完善农业统计制度,创新农业统计方法,拓展农业统计改革,着力于提高农业经济新常态下的统计服务水平的重要举措。通过现代农业产业统计体系的建立,全面反映现代农业发展方式的转变、农业供给侧结构性改革和农业新业态发展情况,准确评价现代农业的产业链、价值链总体情况,及时为党委政府制定农业发展政策提供参考依据,充分发挥统计监测评价促进现代农业发展的导向作用。

二、现代农业产业统计监测方案

(一)统计范围和对象

现代农业产业统计的范围包括农业生产的产前、产中、产后各个阶段,覆盖第一产业以及为一产提供支持和服务的和由一产衍生的二、三产业相关行业。统计对象为辖区内所有的涉及现代农业产业的法人单位、产业活动单位、个体户。

(二)现代农业产业统计分类

现代农业产业统计分类是以《国民经济行业分类与代码(GB/74754—2011)》为基础,将符合现代农业及相关产业特征有关活动重新组合,是《国民经济行业分类》的派生分类。

该统计分类将现代农业的范围划分为 28 个大类,包含了第一产业的全部,第二产业的农产品加工、农业生产资料制造、农业机械制造等,第三产业的农产品销售、农业科技服务、金融服务等全部涉农行业,涉及《国民经济行业分类》(GB/T 4754—2011)中的 12 个门类,46 个大类,336 个行业小类(详见表 1)。

表 1　现代农业产业统计分类

大类代码	名　　称	涉及国民经济行业分类
01	农业	A 门类 01 大类
02	林业	A 门类 02 大类
03	畜牧业	A 门类 03 大类
04	渔业	A 门类 04 大类
05	农副食品加工	C 门类 13 大类
06	食品制造	C 门类 14 大类的一部分
07	酒、饮料、精制茶制造	C 门类 15 大类的一部分
08	中药制造	C 门类 27 大类的一部分
09	棉、麻、丝及其制品	C 门类 17 大类的一部分
10	木、竹、藤、棕、草制品	C 门类 20、21、24 大类的一部分
11	化学制品制造	C 门类 26 大类的一部分
12	农林牧渔业生产资料制造	C 门类 26 和 27 大类的一部分
13	农、林、牧、渔专用机械及工具制造	C 门类 33、35、37 和 40 大类的一部分
14	农产品加工设备制造	C 门类 35 大类的一部分
15	农、林、牧、渔服务业	A 门类 05 大类
16	农产品及相关产品批发	F 门类 51 大类的一部分
17	农产品及相关产品零售	F 门类 52 大类的一部分
18	农产品交通运输、仓储和邮政	G 门类 53、54、55、56、58、59 和 60 大类的一部分
19	乡村旅游	H 门类 61 和 62 大类、N 门类 78 大类和 R 门类 89 大类的一部分
20	信息传输、软件和信息技术服务业	I 门类 63、64、65 大类的一部分
21	农业金融服务	J 门类 66、67 和 68 大类的一部分
22	商务服务业	L 门类 72 大类的一部分
23	农业科学研究和专业技术服务	M 门类 73 和 74 大类的一部分
24	农业及相关科技推广和应用服务	M 门类 75 大类的一部分

续　表

大类代码	名　　称	涉及国民经济行业分类
25	农村水利、环境和公共设施管理业	N 门类 76、77 和 78 大类的一部分
26	农业职业教育	P 门类 82 大类的一部分
27	农业文化传播活动	R 门类 85、86 和 87 大类的一部分
28	公共管理、社会保障和社会组织	S 门类 91、93、94 和 95 大类的一部分

（三）调查内容和表式

随着农业多种功能的不断开发和延伸，其作为社会公共部门的属性日益明显。现代农业发展成果的统计不能局限在第一产业，而是要计算与农业相关的和由农业衍生的全部最终产品的价值。由此设计了《现代农业产业主要行业总产出和增加值（浙 MA1 表）》和《现代农业产业增加值测算表（浙 MA2 表）》进行核算，全面反映农业全产业链的价值和对整个国民经济的贡献。

表 2　现代农业产业统计表式

表号	表　名	调查内容和指标数量	取数方式	报告期别
浙 MA1 表	现代农业产业主要行业总产出和增加值	主要行业总产出、增加值及增长速度，共 32 个指标	由核算资料、名录库数据和部门行政记录加工	年　报
浙 MA2 表	现代农业产业增加值测算表	现代农业统计分类中列明的行业小类的增加值、涉农行业系数和现代农业增加值，共 441 个指标	由核算资料、名录库数据和部门行政记录加工	年　报

（四）核算方法

核算的方法是，按照现代农业统计分类，获取《国民经济行业分类》（GB/T 4754—2011）中涉农的 336 个小类的增加值，并分别判断每个小类是否全行业属于现代农业，对全部属于的行业小类进行直接加总；对部分属于的行业小类，则先测算该涉农行业的系数，将小类增加值乘以系数之后再加总。

系数的测算方法是，根据行业的不同分别采取企业法、行政记录法、专家判断法、重点调查法等多种方法。第二产业（涉农）相关行业根据企业法，以第三次经济普查资料为基础，以涉农企业收入占该行业全部企业收入的比重计算系数；批零业以服务业批零类值表中涉农产品的占比计算系数；交通运输业以交通部门提供的涉农产品运输量占全部运输量的比重计算系数；邮政业以邮政部门提供的涉农产品业务量占全部业务量的比重计算系数;货币服务以人行杭州中心支行提供的涉农存贷款余额占全部存贷款余额的比重计算系数;保险以保险协会提供的涉农保费收入占全部保费收入的比重计算系数。

三、全省现代农业产业发展情况实证分析

浙江是农业小省,却是现代农业产业强省。早在2003年,习近平总书记在浙江工作期间做出了大力发展高效生态农业的重大战略决策,为浙江发展现代农业指明了根本方向。多年来,全省各级党委、政府深入贯彻中央农村工作会议和"中央一号文件"精神,始终高度重视"三农"工作,以市场需求和生态平衡为导向,以改革创新和科技创新为动力,加快转变农业发展方式,大力发展高效生态农业,积极拓展一、二、三产业交叉融合发展新渠道,浙江农业发展已迈入现代农业发展的新时期。

(一)全省现代农业产业总体情况

据初步测算,2015年,全省现代农业产业增加值为4466亿元(现价,下同),占GDP比重为10.4%,比传统的第一产业比重高6.1个百分点;比2014年增长4.4%,增幅比第一产业高1.3个百分点(详见表3)。

表3 2013—2015年全省现代农业产业增加值

指标名称	2015年(亿元)	2014年(亿元)	2013年(亿元)	2014年比2013年现价增速(%)	2015年比2014年现价增速(%)
一、GDP	42886	40173	37757	6.4	6.8
二、现代农业产业	4466	4279	4180	2.4	4.4
1.第一产业	1833	1777	1760	1.0	3.1
2.第二产业(涉农)	1574	1581	1599	−1.1	−0.5
3.第三产业(涉农)	1059	921	821	12.2	14.9

分三次产业来看,2015年,第一产业增加值1833亿元,比2014年增长3.1%,占现代农业产业增加值的41.1%,是现代农业的主导产业;农业产业链的延伸辐射,带动涉农二、三产业稳步发展,涉农第二产业增加值为1574亿元,下降0.5%,涉农第三产业增加值1059亿元,增长14.9%,拉动现代农业增长3.1个百分点,是拉动现代农业增长的主要产业。

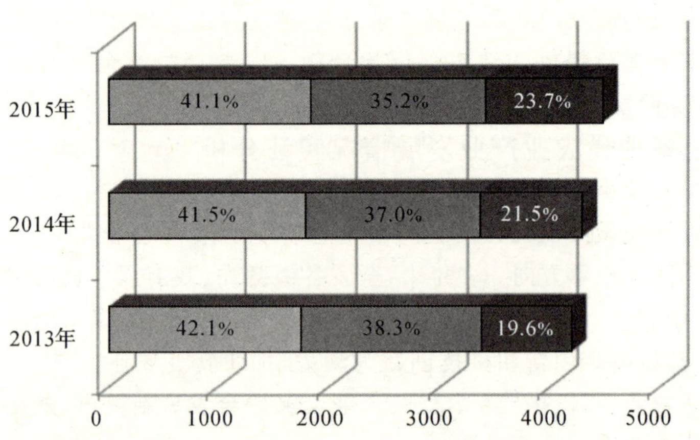

图 1　2013—2015 年全省现代农业产业增加值三次产业结构

（二）全省现代农业产业发展特点

1. 现代农业生产水平不断提高，产业结构得到进一步优化

第一产业作为现代农业的主导产业，是现代农业发展的“稳定器”，其转型升级的加快和产业结构的优化促进了现代农业规范化和产业化发展，全省现代农业生产水平提高明显，产业结构不断优化。

（1）现代农业生产水平提高明显。近年来，全省持续推进现代农业园区和粮食功能区建设，深入实施“8810”三年行动计划，稳定了全省农业生产能力，提升了农业发展层次和生产效率，农业生产水平有了明显提高，为现代农业快速发展打下扎实基础。目前，全省已建成现代农业园区 818 个、面积 516 万亩，创建国家现代农业示范区 12 个，园区亩均产出高出周边农户 30%左右；已建成粮食生产功能区 8680 个、面积 733 万亩；2015 年，全省粮食播种面积达到 1917 万亩，创近六年来新高，总产保持在 75 亿公斤以上。农业科技水平日益提高，单季稻攻关亩产突破千公斤，早稻单产连续四年居全国第一，农业科技贡献率达到 62%，比全国平均高 6 个百分点。

（2）高效精品农业发展势头强劲。全省着力践行习近平总书记关于“绿水青山就是金山银山”的重要理念，以现代生态循环农业试点省和国家农产品质量安全示范省建设为主要载体，扎实推进高效生态、特色精品、绿色安全的高质量、高水平现代农业强省（“双高”农业强省）建设。绿色发展快速崛起，围绕“生态兴农美田园”，以“治污”为重点，联动农业治水、治土、治气，扩大专业化统防统治和绿色防控面积，加快配方肥、有机肥应用。2015 年，全省化肥使用量和农药使用量比 2012 年分别下降 3.5％和 6.7％，比全国提早七年实现了“零增长”。全省各地因地制宜，扬长补短，大力发展特色主导产业，浙江的茶叶、笋干、蜂蜜、水产等产品的产量位居全国前列，有一批农产品品牌享誉全国。2015 年，全省十大主导产业（除畜牧产业外）实现产值 1644 亿元，同比增长 4.5％，占农林牧渔业总产值的比重达 56％，比 2014 年提高 0.8 个百分点，拉动农林牧渔业总产值增长 2.5 个百分点，成为浙江农业发展的主要推动力。

（3）农林牧渔产业结构不断优化。全省上下紧密结合不同区域的资源禀赋、环境承载能力和产业特点，突出以转型升级为主线，不断优化调整种养业空间布局，扎实推进“五水共治”“四边三化”“三改一拆”等重点工作，深入开展渔业“一打三整治”专项行动，严格落实畜牧业的禁限养政策，着力提高现代生态循环农业发展水平，农林牧渔产业结构进一步优化。2015 年，全省一产增加值 1833 亿元，比 2014 年增长 3.1％。其中农业和林业分别为 1033 亿元和 109 亿元，增长 3.2％和 1.8％，占一产比重为 56.4％和 5.9％，占比继续保持稳定；畜牧业增加值为 190 亿元，同比下降 10.4％，降幅收窄 3.7 个百分点，占比为 10.3％，下降 1.7 百分点；渔业增加值为 501 亿元，增长 9.6％，增幅提高 6.8 个百分点，占比为 27.3％，提高 1.6 个百分点。

2.新型农业经营主体日益壮大，农产品加工业有待提升

浙江积极培育新型农业经营主体，农业生产模式转型升级的步伐不断加快，农业生产转型升级效果初显。农产品加工制造作为第二产业中的传统基础产业，面临着转型升级后的再次起飞。

（1）新型农业经营主体培育步伐加快。浙江持续深化“三农”改革，积极培育新型农业经营主体和服务主体，农业生产模式转型升级的步伐不断加快，农业生产转型升级效果显现。在《浙江省委省政府关于加快推进农业现代化的若干意见》（浙委〔2012〕118 号）的指导下，通过自 2013 年初开始实施的《加快推进农业现代化三年行动计划》，加速构建具有生产、供销、信用“三位一体”功能的农民合作组织体系及有效运转的体制机制，农业生产性服务业正积极适应新需求的变化，全省努力构建“企业小循环、区域中循环、县域大循环”三级循环体系。2015 年，全省经工商注册登记的家庭农场超 2 万家，比 2012 年翻了 3 番；国家级农民合作示范社达 292 家。农业龙头企业不断发展壮大，2014 年全省农业龙头企业实现销售收入 3368 亿元，年销售收入超亿元的企业达到 642 家。

（2）农业领域“机器换人”有效推进。浙江大力发展高效设施农业，加快机

械化、智能化技术装备、高效节水喷滴管技术的示范推广。重点引导农业生产经营主体、工商企业投资建设高效型的钢架大棚、玻璃温室，引进光温水肥智能控制、远程监控等物联网技术，应用适宜棚内作业的机械设备，进一步提升设施农业发展规模、质量和水平。高性能机械逐步取代传统机具，农林牧渔专用机械及工具制造业持续增长，2014 年、2015 年增加值分别为 42 亿元、47 亿元，同比分别增长 10.9％和 12.9％；中药制造业增长喜人，2014 年、2015 年增加值分别为 52 亿元、57 亿元，分别增长 5.8％和 10.2％；农业作业机械动力水平达到 80％以上，为农业生产的转型升级提供了有力的支持。

（3）农产品加工业亟须转型升级。近年来，浙江农产品加工转化率不断提高，但农副产品加工仍以传统生产方式为主，农副产品的深加工、精加工能力不足，传统加工业产能过剩和环境污染压力加大，国内市场需求低迷，出口形势不容乐观，产业布局调整与技术设备升级迫在眉睫，转型升级有待进一步加快。2015 年，农副产品加工业增加值为 206 亿元，比上年减少 4 亿元，同比下降 3.4％；酒、饮料等制造、农林牧渔业生产资料制造呈现下降态势，农产品加工设备制造增长乏力。尤其是以棉、丝为主要原料的制造业生产持续下滑，2014 年、2015 年，棉麻丝及其制品业增加值分别为 581 亿元和 577 亿元，分别下降 1％和 0.6％。

3.“互联网＋”现代农业快速发展，产业延伸融合成效明显

浙江充分发挥“互联网＋”现代农业优势，加快互联网技术在农业领域的运用，大力发展智慧农业、大数据农业，加快农村信息化示范省建设，积极推进农业电子政务、事务、服务与商务，着力拓展一、二、三产业交叉融合发展新渠道，休闲观光农业和乡村旅游等呈现出持续快速发展态势，农村公共服务功能不断完善，是拉动现代农业增长的主要产业。

（1）农产品流通现代化进程加快。各级政府不断完善电子商务公共服务体系，有力促进农产品实体交易和电子商务深度融合。2015 年，涉农第三产业增加值 1059 亿元，比上年增长 14.9％，拉动现代农业增长 3.1 个百分点，是拉动现代农业增长的主要产业。涉农批发零售业快速发展，全省农产品及相关产品批零业增加值为 360 亿元，增长 13.2％，农产品互联网零售增加值为 28 亿元，增长 35.9％。11 个市和 27 个县的地方特色馆已入驻淘宝“特色中国”板块，提高了浙江特色农产品的知名度。据阿里巴巴集团发布的“2015 中国淘宝村名单”，全省共有 280 个“淘宝村”和 20 个“淘宝镇”，分别占全国总数的 35.9％和 28.2％，“淘宝村”数量位居全国第一。

（2）休闲观光和乡村旅游蓬勃发展。近年来，省委省政府提出加快建设旅

游经济强省的战略目标，积极推进农旅互动，休闲观光农业和乡村旅游呈现出持续快速发展态势。2015 年，有 17 个县被列为全国休闲观光农业示范县，休闲观光农业收入 177 亿元。2015 年，全省乡村旅游增加值为 80 亿元，同比增长 22.0%；有 176 个村入选中国传统村落，占全国总数的 6.9%，有 24 个镇(村)入选全国特色景观旅游名镇(村)，突出“一村一品”“一村一景”“一村一韵”的建设主题，有效加快了农村一、二、三产业的融合发展和新型业态的培育。据省旅游局统计，2015 年，全省乡村旅游共接待 2.1 亿人次，同比增长 7.1%，乡村旅游住宿床位平均价格 153 元，增长 39.2%，乡村旅游经营收入 227 亿元，增长 12.5%。

(3)农村公共服务业日臻完善。随着农业生产现代化进程持续推进，农村一、二、三产业融合发展不断深入，促进形成城乡一体化的农村服务体系新格局，涉农相关机构团体的职能不断完善，提供的社会化服务能力进一步规范和提高。2015 年，全省涉农服务业增加值 351 亿元，增长 20.1%。其中，农林牧渔服务业增长 10.1%，农业及相关科技推广应用服务、信息传输和信息技术服务、农业商业服务、农村水利环境和公共设施管理服务、农业科学研究和专业技术服务业增加值分别增长 42.1%、24.9%、18.8%、16.0%、10.1%。涉农职业教育和农业文化传播服务平稳发展，增加值分别增长 12.7%和 15.1%。涉农公共管理水平、社会保障能力和农村基层组织建设不断增强，涉农公共管理、社会保障和社会组织增加值为 81 亿元，增长 14.6%。

(三)加快现代农业发展的对策建议

习近平总书记指出：“重农固本，是安民之基”。近年来，浙江农业发展取得了长足的进步，但在基础条件、生产主体、产业化水平和产业链延伸等方面还不适应现代农业发展的要求。浙江现代农业发展要牢固树立创新、协调、绿色、开发、共享的发展理念，加快推进农业供给侧结构性改革，扎实构建高产、优质、高效、生态、安全农业发展体系，有效促进农业增效、农民增收和农村繁荣，加快拉齐补长农业现代化短板，积极推进“四化同步”发展，使农业生产水平更高、农民收入更富、农村田园更美，走出一条有浙江特点的中国特色农业现代化道路。

1.以市场为导向，进一步发挥农业经济效益

一是夯实基础，提升发展效益。继续加快建设适应主导产业发展的高标准农田水利基础设施，加强林业特色产业基地的配套基础设施和标准渔港、标准鱼塘建设，充分发挥农业综合开发在现代农业发展中的作用，进一步加强气象预报工作，提高对台风、暴雨等自然灾害的预测预警水平，全面提高农业生

产抗灾害能力和可持续发展水平。二是适度经营,发挥规模效益。根据浙江人口众多、耕地有限的实际情况,不能片面追求大规模、高效益,只能是适度规模经营。适度规模既要与城镇化进程和农民转移规模相适应,又要考虑到农业机械化的技术成本,更要最大限度发挥规模效益和保证农民有较好的收益。三是调整结构,优化产业效益。以稳定粮食生产为根本,确保"压仓石"的地位,以农牧结合、农林结合、循环发展为导向,以一产向二、三产业延伸发展为手段,调整优化农林牧渔生产结构。加强农业标准化体系建设,发展种养结合循环农业,合理布局规模化养殖场,大力推广林下经济,扩展远洋渔业,统筹推进农林牧渔业全面高效发展。

2.以生态为导向,大力发展绿色精品农业

发展绿色精品农业就是以绿色消费为导向,大力发展优质安全的农产品,形成从农田到餐桌全过程的农产品质量安全保障体系,以绿色安全来提升农产品的市场竞争力;要从浙江农业资源短缺的实际出发,注重农业资源的节约使用、循环利用、综合开发,积极推广资源节约型生产经营模式;严格按照生态环境协调发展的要求,积极推进农业标准化清洁生产,加强农业污染治理和生态环境建设,实现农业可持续发展;充分发挥科技进步成为农业发展的主动力作用,加大幅度提高农业的科技含量和科技贡献率,充分运用生物技术、信息技术、新材料技术提升种子种苗、种植养殖和农产品精深加工水平。

3.以富民为导向,着力打造高端高质高效农业

一是构建创新高效的农业服务体系。积极创新农业服务形式,持续推进以农民专业合作社为基础、供销合作社为依托、农村信用合作社为后盾的"三位一体"的服务联合体建设。建立健全农产品市场物流体系,扎实构建以政府部门的服务和管理为保障的集技术、信息、金融、营销等服务于一体的新型农业服务平台。高效统筹各种扶农帮农富农政策,加大财政政策扶持力度,整合完善农业补贴,推进金融资源向农业农村倾斜,有效建立农业支持保护制度。二是打造开放共享的农业新业态。健全工业反哺农业、城市带动农村的体制机制,加强农业产业融合发展与城乡规划、新型城镇化进程有效衔接,推动形成百万农村能人创业带动千万农民转产转业的局面,共享现代化建设成果。同时,利用"互联网+现代农业"的机遇,大力发展农村电子商务,推进现代信息技术在农业生产、经营、管理和服务等方面的应用,鼓励对农田种植、畜禽养殖、渔业生产进行物联网改造。三是扩展农业的多功能深度融合。全面推进农业与旅游、教育、文化、健康养老等产业深度融合,有序发展新型乡村旅游,合理开发农业文化遗产,统筹教育资源,培养农业专业技术人才,实现现代农

业产业链条完整、功能多样、业态丰富的全面协调可持续发展。

课题组组长:沈　强
副　组　长:张晟立
成　　　员:王科跃　王兆雄　周东春　张　卫
　　　　　　汪维薇　高淑媛　吴圣寒
执　　　笔:王兆雄　高淑媛　吴圣寒

[参考文献]

[1] 国务院办公厅关于推进农村一二三产业融合发展的指导意见(国办发〔2015〕93号)[Z].

[2] 顾益康,张伟明.中国特色农业现代化的科学内涵、目标模式与支撑体系[M].北京:中国农业出版社,2013.

[3] 尹成杰.现代农业发展与体制机制创新[M].北京:中国农业出版社,2013.

2016 年浙江省信息经济发展综合评价报告

为贯彻落实《浙江省人民政府关于加快发展信息经济的指导意见》和《浙江省信息经济发展规划(2014—2020 年)》要求,根据《浙江省信息化工作领导小组办公室转发省经信委省统计局关于印发〈浙江省信息经济综合评价办法(试行)〉的通知》精神,省经信委、省统计局联合组织了 2015 年度全省各市、县(市、区)信息经济发展水平的综合评价工作。现将评价结果分析如下。

一、信息经济发展总体情况

近年来,全省深入实施"八八战略",紧紧抓住新一轮科技产业革命与产业变革、数字经济发展浪潮的重大历史机遇,加快推进以互联网为核心的信息经济创新发展,以关键技术创新和应用模式创新为引领,加快信息基础设施建设,大力发展新一代信息技术产业,全面推进新一代信息技术与三次产业的融合创新,以信息化培育新动能,用新动能推动新发展,信息经济呈现良好的发展势头,成为浙江经济转型升级的新动能。根据评价结果显示,2015 年信息经济发展指数为 125.6%,其中基础设施、核心产业、个人应用和企业应用发展指数分别为 151.1%、111.9%、137.8%和 103.8%(详见表 1)。

表 1　2015 年浙江省信息经济主要指标完成情况

类别	一级指标	二级指标	单位	2014 年	2015 年
基础设施类	基础设施	1. 城域网出口带宽	Gbps	11939	23286
		2. 固定宽带段口平均速度	Mbps	10.5	30.9
		3. 每平方公里拥有移动电话基站数量	个/平方公里	1.5	2.0
		4. 固定互联网普及率	户/百人	31.1	34.7
		5. 移动互联网普及率	户/百人	89.8	102.9
		6. 付费数字电视普及率(含 IPTV)	户/百人	44.3	53.1

续 表

类别	一级指标	二级指标	单位	2014 年	2015 年
产业发展类	核心产业	1.信息经济核心产业增加值占GDP的比例	%	7.1	7.9
		2.信息经济核心产业劳动生产率	万元/人	25.0	28.3
		3.信息制造业新产品产值率	%	46.1	52.2
融合应用类	个人应用	1.人均移动互联网接入流量	G/人	2.5	6.2
		2.全体居民人均通讯支出	元/人	879.0	956.5
		3.人均电子商务销售额	元/人	8723	10255
		4.网络零售额相当于社会消费品零售总额比例	%	31.6	38.5
	企业应用	1.工业企业信息化投入相当于主营业务收入比例	%	0.2	0.4
		2.工业企业电子商务销售额占主营业务收入的比重	%	3.6	3.7
		3.工业企业每百名员工拥有计算机数	台/百人	24.0	25.1
		4.工业企业从事信息技术工作人员的比例	%	1.7	2.0
		5.工业企业应用信息化进行购销存管理普及率	%	56.5	55.7
		6.工业企业应用信息化进行生产制造管理普及率	%	38.7	36.8
		7.工业企业应用信息化进行物流配送管理普及率	%	12.5	11.8
	政府应用	该项指标暂不参与评价。			

（一）信息基础设施建设水平大幅提升

近年来，浙江不断加大力度，加快完善基础设施建设，打造全方位互联互通格局，建设高速畅通、覆盖城乡、质优价廉、服务便捷的宽带网络基础设施和服务体系，网络覆盖和保障能力不断提升，各项指标均处于全国前列，2015 年电信业务总量(按 2010 年不变单价)达 1581 亿元，比上年增长 38%。至 2015 年，城域网出口宽带达 22.7Tbps，固定宽带端口平均速率达 30.9Mbps，比上年分别增长 95.0%和 194.3%。累计建成 4G 基站数约 10 万个，每平方公里拥有移动电话基站数量 2.0 个，TD-LTE/FDD 已完成全省商用覆盖，4G+/pre5G 启动试验网建设与应用。固定互联网普及率和移动互联网普及率分别达 34.7 户/百人和 102.9 户/百人，分别比上年提高 3.6 个点和 13.1 个点。广播电视有线网络"一省一网"整合基本完成，"三网融合"取得重大进展，付费数字电视普及率(含 IPTV)达 53.1%，比上年提高 8.8 个百分点。

(二)信息经济核心产业成为全省经济增长的新引擎

信息经济核心产业的发展以及相关创新能力的提升，为信息经济加速发展提供强劲拉动与内生动力。2015 年，信息经济核心产业增加值 3373 亿元，按现价计算，比上年增长 18.2%，增幅比上年提高 3.8 个百分点，占 GDP 的比重为 7.9%，比上年提高 0.8 个百分点。信息经济核心产业劳动生产率为 28.3 万元/人，是全社会劳动生产率的 2.5 倍，比上年增长 13.2%。作为"新经济"的基础，信息经济核心产业已经成为重要的支柱产业。2015 年，信息制造业新产品产值率达 52.2%，高出规模以上工业 20.3 个百分点，信息制造业已成为工业新产品的高产区；信息服务业营业收入 3615 亿元，增长 39.4%，增幅高于规模以上服务业营业收入 19.3 个百分点，对规模以上服务业增长的贡献率达 66.7%。全省大力推进以重点企业研究院为核心的产业技术创新综合试点，推进产业基地及特色小镇建设，已建成国家和省级信息产业基地、园区 40 个，省级信息经济示范区 12 个，省级信息经济类特色小镇 10 个。一批优势骨干企业快速成长，2015 年 13 家企业入围中国电子百强，9 家企业入围中国软件百强，22 家入围中国电子元件百强，入围百强数总体保持全国前列。

(三)融合应用深入推进

1. 个人信息消费成为激发消费增长的重要引擎

随着互联网、移动互联网、物联网、云计算、大数据等新一代信息技术的快速发展，个人信息消费热点不断涌现，新服务、新模式层出不穷，可穿戴设备、AR/VR、智能家电等智能硬件成为新的消费热点；网络约车、网络众筹、网络医院等分享经济不断创新发展，基于互联网的个人信息消费活力不断激发，成为消费增长的重要引擎。在 4G 用户大幅增长、套餐流量资费下降等因素影响下，居民个人信息消费额大幅增长，信息消费的领域不断拓宽，消费方式和消费习惯也发生了巨大的变化。2015 年，网络零售额 7611 亿元，比上年增长

49.9%,省内居民网络消费4012亿元,增长39.6%。全年人均通讯支出956元/人,增长8.8%。全年人均移动互联网接入流量6.2G,比上年增加3.7G,增长148%,呈高速增长态势。人均电子商务销售额10255元/人,比上年增长17.6%。网络零售额相当于社会消费品零售总额的38.5%,比上年提高6.9个百分点。浙江跨境电商进出口额约占全国的四分之一,仅次于广东,位居全国第二;跨境电商出口超40亿美元,约占全国的16%。据阿里研究院发布的数据显示,2015年全国电商百佳县中浙江占42席,全国780个淘宝村中浙江占280席,均位居全国第一。

2.企业融合创新应用进一步提升

新一代信息技术在企业各个关键环节的应用不断深化、应用面不断拓展,研发设计、生产装备、流程管理、物流配送、能源管理的数字化、网络化、智能化不断加速,信息技术正在从单项业务应用向多业务综合集成转变,从单一企业应用向产业链协同应用转变,机器换人和智能制造步伐不断加快,企业信息整合应用正在成为推动传统产业发展方式转变的重要动力。从近4万家规模以上工业企业的信息化调查情况来看,2015年,每百名员工拥有计算机25.1台,比上年增长4.6%;信息化投入272亿元,相当于企业主营业务收入的比例为0.4%,比上年提高0.2个百分点;专职从事信息技术工作人员13.9万人,占全部从业人员的2.0%,比上年提高0.3个百分点;应用信息化进行购销存管理普及率、生产制造管理普及率和物流配送管理普及率分别为55.7%、36.8%和11.8%。

信息化水平不断提升。据中国电子信息产业发展研究院发布的评估报告,2015年浙江信息化发展指数达95.89,较2014年的84.8增长11.09,仅次于北京、上海,居全国第三位、各省区第一位;两化融合发展指数为98.15,相比2014年的86.26增长11.89,仅次于广东,位居全国第二。

二、各地信息经济发展综合评价结果

根据《浙江省信息经济综合评价办法(试行)》,对11个设区市和90个县(市、区)进行了综合评价。在评价实施过程中,鉴于目前部分指标分县(市、区)的数据采集尚存在一定的困难,我们对这类指标统一采用特殊处理方式。一是对移动电话用户数、移动互联网用户数、移动互联网接入流量、移动电话基站数、付费数字电视用户数等反映基础设施指标,统一采用公安总户数的比例对市辖区的总数进行划分;二是各县(市、区)常住人口数暂时采用2010年人口普查数据。

(一)市级评价结果

根据评价结果,可分为三个梯队。第一梯队分值为 100 分以上,杭州作为我省信息经济的领军城市,以 149.8 的高分蝉联榜首,对全省信息经济快速发展的示范带动作用明显;第二梯队分值在 80 至 100 之间共 5 个市,依次是宁波 98.6 分、嘉兴 97.3 分、金华 95.2 分、温州 88.0 分、湖州 82.5 分;第三梯队分值在 60 至 80 之间的地区,依次是台州 74.7 分、丽水和绍兴并列 74.3 分、舟山 67.4 分和衢州 67.3 分,5 个地区评价结果较为接近。

从纵向得分看,杭州、台州得分略有上升,分别提升 1.33 分和 0.10 分,其余 9 市得分均有所下降,下降最多的 3 市分别是舟山、宁波和金华,分别下降 8.0 分、3.72 分和 3.68 分。总体上看,各市由于产业基础和经济发展水平不均,信息经济发展水平仍存在较大的差距,且与领头的杭州市的差距有略微拉大的迹象。

从名次变化看,台州市提升 3 位,超过舟山、丽水、绍兴 3 市,从第 10 位提升到第 7 位,而舟山后退 1 位,绍兴后退 2 位,分别居第 10、9 位。

表 2　2015 年各市信息经济综合评价结果

地区	基础设施		核心产业		个人应用		企业应用		总指数	
	得分	位次	得分	位次	得分	位次	得分	位次	得分	位次
杭州市	134.64	1	174.22	1	152.64	1	131.6	1	149.8	1
宁波市	122.43	2	73.27	5	104.56	3	100.2	2	98.6	2
嘉兴市	116.33	3	87.34	2	92.19	5	94.5	4	97.3	3
金华市	99.24	5	81.44	3	104.75	2	99.7	3	95.2	4
温州市	112.59	4	73.25	6	83.65	6	84.8	9	88.0	5
湖州市	85.56	9	75.73	4	76.15	7	94.1	5	82.5	6
台州市	96.92	6	52.63	10	69.58	10	84.1	10	74.7	7
丽水市	66.26	10	53.59	9	93.82	4	91.5	6	74.3	8
绍兴市	86.76	8	57.19	8	72.21	8	84.9	8	74.3	9
舟山市	93.09	7	41.62	11	70.11	9	70.3	11	67.4	10
衢州市	64.43	11	64.19	7	49.89	11	91.2	7	67.3	11

1. 基础设施建设方面

杭州、宁波、嘉兴、温州 4 个市的发展情况优于全省平均水平,金华、台州、舟山、绍兴和湖州5市处于中流水平，与全省平均水平较为接近，排名最后两位的是丽水和衢州，与全省平均水平有一定的差距。就分项指标情况来看，城域网出口带宽最为领先的是杭州、温州和宁波市，分别达到3684Gbps、3804Gbps和3034Gbps。固定宽带段口平均速度最高的依次是杭州、温州、嘉兴、宁波和台州市，分别为34.5Gbps、33.9Gbps、31.8Gbps、31.3Gbps和30.5Mbps。嘉兴、舟山和宁波市每平方公里拥有移动电话基站数量居前三位，分别为3.9个、3.6个和2.9个。杭州和宁波市互联网普及率最高，其中固定互联网普及率分别为40.6户/百人和39.4户/百人，移动互联网普及率分别为129.1户/百人和121.8户/百人。各市付费数据电视普及率(含IPTV)的差距较为明显，杭州市付费数据电视普及率(含IPTV)高达125.5户/百人。

从纵向得分对比看，湖州、嘉兴、绍兴、台州、丽水5市得分有所提升，分别提升3.3分、4.86分、3.54分、5.63分、8.25分，表明其在基础建设方面的改善程度比全省平均提升水平快；其余6市得分有所下降，改善程度比全省平均提升水平慢。在名次变化上，嘉兴、台州、丽水各前进1位，温州、衢州、舟山各后退1位，其他5市没有变化。

2.核心产业发展情况

杭州市以174.2分独占鳌头，与其他市地相比优势十分明显，居第2至第6位的分别是嘉兴、金华、湖州、宁波和温州等市。杭州将"发展信息经济、推进智慧应用"作为全市"一号工程"，连续出台了打造信息经济"六大中心"等一系列政策扶持，信息经济得到迅猛发展。2015年，杭州信息经济核心产业增加值占GDP的比例达18.5%，比全省平均水平高出10.6个百分点；信息经济核心产业劳动生产率为48.8万元/人，是全省平均水平的1.7倍；信息制造业新产品产值率63.1%，比全省平均水平高10.9个百分点。此外，嘉兴、宁波、温州和金华4市的信息经济核心产业增加值占当地GDP的比例均在6.0%以上；舟山、湖州、绍兴、金华和台州市的信息经济核心产业劳动生产率均在20万元/人以上；嘉兴市信息制造业的新产品产值率达66.6%，居全省首位。

从得分看，杭州提升1.61分，快于全省平均提升水平，而其余10市均有所下降，提升水平慢于全省平均提升水平，其中舟山、衢州得分降低最大，分别降低10.55分和9.37分。从名次变化看，宁波提升1位，温州下降1位，位次互换，分别居第5和第6位，其他9市则没有变化。

3.个人应用情况

杭州、宁波、嘉兴、金华等市作为全国信息消费试点市，先后出台了多项促进信息消费扩大内需的实施意见及试点方案，试点工作卓有成效。个人应用前 3 位的杭州、金华、宁波市得分均高于 100 分，丽水、嘉兴、温州 3 市的得分在 80 分以上，湖州、绍兴、舟山、台州和衢州 5 市得分低于 80 分。杭州、舟山、温州和宁波市等地居民全年人均通讯支出在 1000 元以上，杭州、宁波、金华、嘉兴、舟山、湖州、温州和台州等市全年人均移动互联网接入流量在 5G 以上。根据阿里研究院发布的 2015 年中国“电商百佳城市”榜单，我省 11 个地级市全部入围其中，杭州、金华市分列第 1 和第 4 位。2015 年，杭州网络零售总额达 2680 亿元，比上年增长 42.6%，拉动全省网络零售总额增长 15.8 个百分点，网络零售总额相当于社会消费品零售总额的 57.0%，人均电子商务销售额为 29891.3 元，是全省平均水平的 2.9 倍。金华网络零售总额相当于社会消费品零售总额的 75.4%，为全省最高。其他各市的发展也各有特色，嘉兴市网络零售总额占社会消费品零售总额的 55.9%，高出全省平均水平 17.4 个百分点；丽水和宁波 2 市人均电子商务销售额最高，分别为 18705 元和 10596 元。

从得分变化看，衢州得分提升最大，提升 5.08 分，其次是温州市，提升 2.06，其提升水平快于全省平均提升水平；其余 9 市均有所下降，下降最大的为嘉兴和绍兴 2 市，得分分别下降 11.63 分和 8.42 分。从名次变化看，金华、丽水、湖州各提升 1 位，而宁波、嘉兴、绍兴各下降 1 位，其他 5 市没有变化。

4. 企业应用情况

各市的发展水平差异有所扩大。杭州市的优势地位进一步显现，从上年的 120.8 分上升到 131.6 分，宁波和金华市分别为 100.2 分和 99.7 分，得分在 100 分左右，嘉兴、湖州、丽水和衢州 4 市得分在 90 分以上，绍兴、温州和台州市接近 85 分，舟山得分为 70.3 分。杭州市工业企业的信息网络软硬件配备较为普及，规模以上工业企业从事信息技术工作人员的比例为 2.8%，每百名员工拥有计算机数量 33.6 台。宁波市在工业企业应用信息化进行购销存管理普及率、生产制造管理普及率和物流配送管理普及率上相对领先，分别为 62.0%、44.5%和 13.7%。从规模以上工业企业的信息化投入情况看，杭州、宁波、绍兴、嘉兴、湖州和金华等市的信息化投入分别为 72.8 亿元、43.7 亿元、39.5 亿元、26.7 亿元、25.7 亿元和 17.5 亿元。杭州和湖州市信息化投入相当于企业主营业务收入的比例分别为 0.59%和 0.61%，约高于全省平均水平 0.2 个百分点。丽水、杭州、温州、金华和衢州市工业企业电子商务销售额占主营业务收入的比重分别为 13.9%、6.7%、4.6%、4.1%和 4.1%，高于全省平均水平。

从得分情况看，杭州、嘉兴、湖州均有所提升，分别提升 10.84 分、3.54 分、3.25 分，其他各市均有所下降，其中舟山、丽水下降最大，分别下降 12.78 分和

7.64分。从名次变化看，嘉兴、湖州各提升2位、绍兴提升1位，衢州、丽水各下降2位，温州下降1位，其他5市没有变化。

(二)县(市、区)级评价结果

2015年，90个县(市、区)中，综合评价得分最高的6个县(市、区)依次为杭州市滨江区(171.0)、西湖区(154.5)、余杭区(148.5)、上城区(133.0)、下城区(126.5)、宁波市海曙区(121.4)和杭州市拱墅区(121.3)，得分超过120分，比2014年新增拱墅区；综合评价得分在100—120分有16个县(市、区)，在80—100分有21个县(市、区)，在60—80分有35个县(市、区)，60分以下的有11个县(市、区)。80分以上占比接近50%，60分以下的占比为12.2%。

信息经济总体发展情况处于全省领先地位(总得分100以上)的23个县区依次是滨江区、西湖区、余杭区、上城区、下城区、海曙区、拱墅区、江东区、乐清市、南湖区、秀洲区、椒江区、东阳市、吴兴区、义乌市、鹿城区、海宁市、鄞州区、江干区、婺城区、越城区、萧山区、金东区。

从名次变化看，提升10位及以上的有11个，分别是吴兴区(16位)、天台县(16位)、江干区(14位)、桐庐县(14位)、秀洲区(13位)、椒江区(13位)、三门县(12位)、南湖区(11位)、桐乡市(11位)、临海市(10位)、莲都区(10位)。

1.信息基础设施建设方面

39个县(市、区)得分高于100分，优于全省平均水平。排名前20位的依次是上城区、下城区、义乌市、海曙区、西湖区、拱墅区、滨江区、江东区、鹿城区、江干区、越城区、余杭区、萧山区、桐乡市、南湖区、镇海区、吴兴区、龙湾区、椒江区、秀洲区。新进前20位的是越城区、桐乡市、南湖区、吴兴区、秀洲区5个县(市、区)。

从名次变化看，提升10位及以上的有12个，分别是长兴县(28位)、莲都区(28位)、吴兴区(22位)、三门县(22位)、柯城区(19位)、桐乡市(18位)、上虞市(15位)、永康市(15位)、婺城区(12位)、秀洲区(10位)、越城区(10位)、嵊州市(10位)。

2.信息经济核心产业发展情况

10个县(市、区)得分高于100分，优于全省平均水平，依次是滨江区、余杭区、西湖区、东阳市、乐清市、嘉善县、临安市、开化县、苍南县、海宁市。

从名次变化看，提升10位以上的有8个，分别是桐庐县(37位)、诸暨市(19位)、宁海县(16位)、龙湾区(16位)、浦江县(16位)、磐安县(13位)、鹿城区(11位)、兰溪市(11位)。

3. 个人应用情况

23 个县(市、区)得分高于 100 分，优于全省平均水平，依次是滨江区、下城区、江东区、上城区、余杭区、西湖区、拱墅区、义乌市、椒江区、秀洲区、江干区、鹿城区、海曙区、萧山区、吴兴区、莲都区、婺城区、鄞州区、北仑区、镇海区、越城区、永康市、龙湾区。

从名次变化看，提升 10 位以上的有 13 个，分别是天台县(24 位)、温岭市(23 位)、平阳县(21 位)、桐乡市(19 位)、桐庐县(17 位)、江干区(16 位)、富阳市(14 位)、庆元县(14 位)、浦江县(13 位)、黄岩区(13 位)、缙云县(13 位)、苍南县(11 位)、瑞安市(11 位)。

4. 企业应用情况

29 个县(市、区)得分高于 100 分，优于全省平均水平。排名居前 20 的分别为滨江区、西湖区、上城区、江东区、下城区、江干区、拱墅区、海曙区、宁海县、淳安县、金东区、余杭区、南湖区、乐清市、磐安县、天台县、衢江区、义乌市、庆元县、桐庐县。

从名次变化看，提升 10 位以上的有 22 个，分别是天台县(44 位)、景宁县(35 位)、庆元县(32 位)、南浔区(28 位)、椒江区(26 位)、临海市(26 位)、兰溪市(22 位)、秀洲区(21 位)、三门县(20 位)、仙居县(20 位)、富阳区(19 位)、吴兴区(18 位)、海盐县(16 位)、诸暨市(16 位)、桐庐县(15 位)、镇海区(15 位)、文成县(15 位)、德清县(14 位)、拱墅区(13 位)、萧山区(13 位)、海宁市(13 位)、温岭市(13 位)。

表 3　2015 年各县(市、区)信息经济综合评价结果

排名	地　区	基础设施	核心产业	个人应用	企业应用	总分
1	滨江区	151.77	182.38	185.76	162.8	171.0
2	西湖区	154.63	165.50	144.88	149.1	154.5
3	余杭区	137.39	177.59	153.44	117.7	148.5
4	上城区	175.90	65.79	160.58	147.6	133.0
5	下城区	171.44	56.75	163.66	133.2	126.5
6	海曙区	157.18	86.55	120.04	129.2	121.4
7	拱墅区	152.79	75.43	138.22	130.5	121.3
8	江东区	151.76	40.11	161.94	133.6	116.3

续 表

排名	地 区	基础设施	核心产业	个人应用	企业应用	总分
9	乐清市	108.73	116.20	96.68	111.9	109.1
10	南湖区	135.99	88.26	93.87	117.6	108.2
11	秀洲区	126.48	82.41	126.81	96.4	106.4
12	椒江区	129.13	83.66	128.04	86.1	105.4
13	东阳市	93.11	142.29	77.95	95.9	105.2
14	吴兴区	132.22	79.96	114.12	98.9	104.9
15	义乌市	158.21	33.80	134.67	108.7	104.3
16	鹿城区	143.87	88.67	120.19	63.7	103.7
17	海宁市	108.30	104.22	92.47	105.9	103.0
18	鄞州区	125.65	80.35	107.71	103.1	102.9
19	江干区	142.51	32.18	120.28	132.2	102.2
20	婺城区	109.22	85.56	109.46	107.2	101.7
21	越城区	139.32	79.45	105.45	85.4	101.5
22	萧山区	137.23	66.19	116.14	94.0	101.3
23	金东区	90.52	99.85	92.34	117.9	100.0
24	龙湾区	129.31	88.87	101.34	76.8	99.0
25	北仑区	124.98	64.66	107.20	103.4	98.0
26	江北区	126.18	72.25	97.47	96.2	96.8
27	富阳区	92.52	92.88	99.49	102.5	96.5
28	镇海区	133.09	56.70	105.49	96.5	95.7
29	余姚市	104.08	97.88	81.71	93.8	94.9
30	临安市	85.55	110.69	75.25	101.3	94.4
31	永康市	109.02	70.87	102.93	100.4	94.2
32	嘉善县	103.65	111.14	73.53	81.2	94.1
33	桐乡市	136.72	68.24	86.42	86.4	93.5
34	慈溪市	118.74	74.93	86.44	96.8	93.4

续　表

排名	地　区	基础设施	核心产业	个人应用	企业应用	总分
35	苍南县	100.47	105.32	58.56	78.0	87.5
36	宁海县	79.72	81.37	64.43	118.6	85.8
37	平湖市	100.19	86.58	67.47	84.9	85.4
38	桐庐县	81.95	83.52	68.49	107.3	85.3
39	瑞安市	112.82	77.71	73.34	65.9	82.8
40	南浔区	85.54	86.52	56.05	99.1	82.5
41	玉环县	121.72	51.79	70.14	89.3	81.9
42	永嘉县	87.13	67.17	87.76	87.7	81.4
43	瓯海区	124.91	48.75	86.50	69.7	80.9
44	长兴县	90.38	88.91	61.09	79.0	80.9
45	莲都区	94.74	37.53	111.68	88.9	80.0
46	诸暨市	88.36	81.37	54.51	93.0	79.9
47	定海区	107.07	48.01	86.03	83.2	79.2
48	安吉县	81.09	63.62	68.40	106.6	78.9
49	武义县	78.73	65.64	80.24	93.8	78.6
50	淳安县	70.82	80.87	41.81	118.1	78.3
51	海盐县	85.89	70.35	59.61	97.0	78.0
52	洞头县	96.93	63.75	55.71	95.1	77.5
53	浦江县	80.82	68.52	73.25	88.7	77.3
54	德清县	90.08	60.55	62.25	91.2	75.4
55	开化县	55.63	105.79	35.59	93.8	75.0
56	天台县	75.67	45.11	74.73	111.0	74.4
57	象山县	85.79	61.86	54.16	97.0	74.2
58	嵊州市	78.75	60.26	54.55	102.6	73.4
59	兰溪市	64.40	82.93	47.32	95.5	73.4
60	平阳县	96.59	67.86	59.95	66.5	73.0

续 表

排名	地 区	基础设施	核心产业	个人应用	企业应用	总分
61	温岭市	106.53	42.62	71.41	77.1	72.9
62	黄岩区	94.69	38.96	81.37	78.3	71.3
63	路桥区	119.36	24.73	66.75	80.3	70.4
64	奉化市	97.82	53.11	62.91	68.6	70.0
65	磐安县	64.56	56.30	49.41	111.2	69.5
66	青田县	58.37	76.39	58.98	76.5	68.1
67	柯桥区	89.82	43.99	75.54	67.6	67.8
68	临海市	74.54	54.25	57.47	87.8	67.7
69	云和县	66.28	60.91	53.46	91.7	67.7
70	柯城区	103.11	22.15	64.18	89.6	67.2
71	上虞区	86.20	31.99	64.58	94.5	67.1
72	泰顺县	85.84	68.42	35.10	75.3	67.0
73	新昌县	72.20	49.95	56.63	92.4	66.7
74	三门县	97.54	37.51	53.83	83.7	66.7
75	缙云县	67.11	58.76	57.17	84.5	66.4
76	江山市	53.64	73.01	41.98	82.0	63.4
77	龙泉市	56.83	56.69	50.37	91.8	63.4
78	衢江区	73.60	25.74	43.79	108.8	60.8
79	仙居县	79.52	24.90	57.65	87.2	60.1
80	文成县	71.17	46.55	42.07	80.4	59.5
81	龙游县	61.82	44.74	37.22	95.0	58.9
82	建德市	69.70	36.12	44.10	90.4	58.8
83	遂昌县	55.96	64.99	39.49	70.8	58.5
84	庆元县	52.78	23.39	51.33	107.9	56.3
85	普陀区	99.72	17.64	57.13	57.4	56.0
86	松阳县	52.12	51.84	41.40	76.5	55.3

续　表

排名	地　区	基础设施	核心产业	个人应用	企业应用	总分
87	岱山县	69.51	18.27	53.16	78.1	52.5
88	常山县	55.39	44.36	36.06	75.2	52.4
89	嵊泗县	90.21	6.40	65.64	57.3	52.1
90	景宁县	57.74	18.45	39.46	90.5	49.5

（工业处　蒋晓雁）

浙江省2015年度工业强县(市、区)综合评价报告

为贯彻落实《浙江省人民政府关于开展工业强县(市、区)建设试点的若干意见》《浙江省人民政府办公厅关于深化工业强县(市、区)建设工作的指导意见》和《浙江省人民政府关于印发中国制造2025浙江行动纲要的通知》,根据《浙江省人民政府办公厅转发省经信委省统计局关于浙江省工业强县(市、区)综合评价办法(试行)的通知》精神,省经信委、省统计局联合组织了2015年度工业强县(市、区)综合评价工作,现将评价结果分析如下。

一、工业强省(制造强省)建设的进展情况

2015年,在经济发展新常态背景下,全省上下认真贯彻省委省政府有关决策部署,围绕建设工业强省(制造强省)战略目标,着力打好“四换三名”等转型升级“组合拳”,工业强省(制造强省)建设取得积极成效。

(一)质量效益不断提升

2015年,全省工业增加值17209亿元,扣除价格因素比上年增长4.8%;人均工业增加值由2014年的3.1万元提高到3.2万元。工业固定资产投资8747亿元,增长11.0%,占主营业务收入的比例由2014年的12.2%提高到13.8%,提高1.6个百分点。全省工业生产增速虽略低于年初预期,但提质增效明显。2015年,全省规模以上工业增加值率由2014年的19.4%提高到20.3%,提高0.9个百分点;主营业务收入利润率由2014年的5.8%提高到6.1%,提高0.3个百分点;全员劳动生产率由2014年的18.0万元/人提高到19.2万元/人,扣除价格因素后提高8.1%。

(二)创新能力逐步增强

2015年,全省规模以上工业R&D经费支出854亿元,比上年增长11.1%;占主营业务收入的比例为1.4%,比2014年提高0.2个百分点;每百个规模以上工业企业拥有研发机构数由2014年22.3个提高到2015年的23.7个;每万人拥有工业有效发明专利授权数由2014年的5.2件提高到2015年的5.8件。2015年,全省规模以上工业企业实现新产品产值21284亿元,新产品产值率31.9%,比2014年提高3.5个百分点。

（三）产业结构持续优化

2015 年，规模以上工业中，战略性新兴产业、高新技术产业和装备制造业增加值同比分别增长 6.9%、6.9%和 6.3%，增速比规模以上工业分别高 2.5 个、2.5 个和 1.9 个百分点，占规模以上工业的比重分别为 25.5%、37.5%和 37.0%，比 2014 年分别提高 0.3 个、0.6 个和 1.1 个百分点。规模以上工业企业主导产品采标率继续大幅提高，在上年大幅提高 4.4 个百分点的基础上继续提高 3.8 个百分点，为 61.8%。

（四）"两化"融合继续深化

信息化和工业化深度融合国家示范区创建取得积极进展，成功举办第二届世界互联网大会，"两化"融合水平进一步提高。2015 年，全省信息化发展指数为 0.92，比上年提高 0.03。

（五）单位资源占用产出有新提高

2015 年，全省规模以上工业单位工业用地增加值 93.9 万元/亩，扣除价格因素同比提高 9.0%；规模以上工业单位能耗工业增加值 1.3 万元/吨标准煤，扣除价格因素同比提高 4.7%；单位水耗工业增加值 333.6 元/立方米，扣除价格因素同比提高 15.0%。

表 1　2015 年浙江省工业强省（制造强省）主要指标完成情况

指标名称	单位	指标值		完成程度(%)	
		2015 年	2014 年	2015 年	2014 年
人均工业增加值	万元	3.2	3.1	57.5	55.9
工业固定资产投资与主营业务收入的比例	%	13.8	12.2	115.3	100.0
规模以上工业增加值率	%	20.3	19.4	67.6	64.7
规模以上工业主营业务收入利润率	%	6.1	5.8	60.7	57.9
规模以上工业全员劳动生产率	万元/人	19.2	18.0	54.9	51.4
规模以上工业 R&D 经费支出占主营业务收入的比例	%	1.4	1.2	67.5	59.7
每百个规模以上工业企业研发机构数	个	23.7	22.3	52.6	49.5
每万人拥有工业有效发明专利授权数	个	5.8	5.2	96.9	86.5

续 表

指标名称	单位	指标值		完成程度(%)	
		2015 年	2014 年	2015 年	2014 年
规模以上工业新产品产值率	%	31.9	28.3	91.0	80.9
主导产业工业增加值占规模以上工业增加值的比重	%	25.6	24.9	42.6	41.5
战略性新兴产业增加值占规模以上工业增加值的比重	%	25.5	25.2	63.9	62.9
高新技术产业增加值占规模以上工业增加值的比重	%	37.5	36.1	93.7	90.1
装备制造业增加值占规模以上工业增加值的比重	%	37.0	35.9	82.2	79.8
规模以上工业企业主导产品采标率	%	61.8	58.0	103.0	96.6
信息化指数	—	0.92	0.89	50.9	49.4
企业"两化"融合应用指数	%	—	86.3	—	86.3
规模以上工业单位工业用地增加值	万元/亩	93.9	89.3	46.9	44.6
规模以上工业单位能耗工业增加值	万元/吨标准煤	1.3	1.3	32.2	31.9
单位水耗工业增加值	元/立方米	333.6	300.6	83.4	75.2

二、工业强县(市、区)建设的进展情况

(一)各县(市、区)工业创强水平普遍提高

各地认真贯彻落实省委省政府有关决策部署,设区市有关城区大力发展都市工业,工业大县(市、区)积极建设制造业强县,26 个加快发展的县(市、区)切实发展生态工业,工业创强水平进一步提高。2015 年,90 个县(市、区)简单平均的综合评价得分为 48.6 分,比 2014 年提高 1.6 分。90 个县(市、区)中,近八成的县(市、区)综合评价得分比 2014 年有不同程度提高。其中,提高 5 分以上、2～5 分、0～2 分的县(市、区)分别有 4 个、40 个和 27 个。90 个县(市、区)中,综合评价得分最高的前五位县(市、区)分别为:滨江区(93.9)、鄞州区(79.0)、慈溪市(74.0)、萧山区(73.5)和乐清市(70.9);综合评价得分超

过60分的县(市、区)有15个,比2014年新增海宁市、镇海区和上城区3个县(市、区);综合评价得分在50～60分的县(市、区)有22个,比2014年增加5个;综合评价得分在40～50分的县(市、区)有31个,比2014年减少5个;综合评价得分在30～40分的县(市、区)有20个,比2014年减少2个;综合评价得分在30分以下的县(市、区)有2个,比2014年减少1个。

表2 2014—2015年90个县(市、区)综合评价得分比较

综合评价得分区间	县(市、区)数量		
	2015年度	2014年度	两年比较
得分超过60分	15	12	增加3个
得分超过50分	37	29	增加8个
得分超过40分	68	65	增加3个
得分超过30分	88	87	增加1个
得分低于30分	2	3	减少1个

(二)工业转型升级不断加快

2015年,工业强县(市、区)综合评价涉及的质量效益、自主创新、结构调整、"两化"融合和绿色发展等5个一级指标得分全部有所提升,平均得分分别为48.1分、45.4分、55.4分、58.7分和40.7分,比2014年分别提高0.8分、2.4分、1.5分、3.5分和1.3分。从19个二级指标实现程度看,有17个二级指标的实现程度均值比2014年有所提高;规模以上制造业主导产品采标率、工业固定资产投资与主营业务收入的比例、主导产业工业增加值占规模以上工业增加值的比重3项指标的实现程度均值最高,分别为92.8%、89.0%和86.3%。从总量规模看,按照在地原则统计,2015年全省规模以上工业总产值超1000亿元的县(市、区)有20个,新增嘉善县和永康市;超500亿元的县(市、区)有44个,新增普陀区、东阳市、安吉县和江北区。

表3 2014—2015年19个二级指标实现程度均值比较

序号	指标名称	2015年	2014年	提高幅度
1	人均工业增加值	49.5	49.9	−0.4
2	工业固定资产投资与主营业务收入的比例	89.0	86.3	2.7
3	规模以上工业增加值率	68.4	66.9	1.5

续 表

序号	指标名称	2015 年	2014 年	提高幅度
4	规模以上工业主营业务收入利润率	57.9	58.9	−1.0
5	规模以上工业全员劳动生产率	54.5	53.0	1.5
6	规模以上工业 R&D 经费支出占主营业务收入的比例	65.6	60.8	4.8
7	每百个规模以上工业企业研发机构数	51.0	47.5	3.5
8	每万人拥有工业有效发明专利授权数	55.9	52.5	3.4
9	规模以上工业新产品产值率	76.9	72.9	4.0
10	主导产业工业增加值占规模以上工业增加值的比重	86.3	86.1	0.2
11	战略性新兴产业增加值占规模以上工业增加值的比重	61.0	59.4	1.6
12	高新技术产业增加值占规模以上工业增加值的比重	79.2	74.8	4.4
13	装备制造业增加值占规模以上工业增加值的比重	67.5	65.8	1.7
14	规模以上制造业主导产品采标率	92.8	88.4	4.4
15	信息化指数	49.7	48.7	1.0
16	企业“两化”融合应用指数	67.7	61.7	6.0
17	规模以上工业单位工业用地增加值	47.3	45.9	1.4
18	规模以上工业单位能耗工业增加值	46.0	45.4	0.6
19	单位水耗工业增加值	79.7	77.3	2.4

(三)试点示范带动作用增强

2015 年,20 个工业强县建设省级试点县(市、区)综合评价平均得分为 61.6 分,比 2014 年提高 2.0 分,比非试点县(市、区)高 16.7 分;5 个一级指标平均得分都明显高于非试点县(市、区)。从分档结果看,2015 年,第Ⅰ档(2011 年规上工业总产值 1000 亿元以上)县(市、区)综合评价平均得分为 65.9 分,比 2014 年提高 2.4 分;第Ⅱ档(2011 年规上工业总产值 500 亿~1000 亿元)县(市、区)综合评价平均得分为 54.6 分,比 2014 年提高 2.6 分;第Ⅲ档(2011

年规上工业总产值 500 亿元以下）县（市、区）综合评价平均得分为 42.6 分，比 2014 年提高 1.2 分。2015 年，26 个加快发展县（市、区）综合评价平均得分为 38.0 分，比 2014 年提高 1.6 分。

表 4　2015 年综合评价分类得分均值比较表

档次	规模效益	自主创新	结构调整	“两化”融合	绿色发展	综合评价得分
工业强县建设省级试点县（市、区）	64.5	59.9	69.3	64.6	49.8	61.6
非试点县（市、区）	43.5	41.3	51.4	57.0	38.1	44.9
Ⅰ档（2011 年规上工业总产值 1000 亿元以上）	69.7	65.2	72.6	68.3	52.9	65.9
Ⅱ档（2011 年规上工业总产值 500～1000 亿元）	54.4	53.9	60.6	64.3	44.8	54.6
Ⅲ档（2011 年规上工业总产值 500 亿元以下）	41.0	38.0	49.6	54.7	36.5	42.6
26 个加快发展县（市、区）	38.9	30.5	44.7	49.7	31.5	38.0

三、工业强县（市、区）建设存在的问题分析

从近年来工业强县（市、区）综合评价结果看，工业创强工作取得阶段性成果，但也存在着区域发展不够平衡、创新能力有待增强、产业结构调整力度有待加大、绿色发展水平还不够高等短板问题。全面深化工业创强，必须继续着力破解这些发展难题。

（一）区域发展不够平衡

2013—2015 年，工业强县（市、区）综合评价比上年分别提高 3.5 分、2.6 分和 1.6 分，提高幅度逐年减少。尽管基数抬高创强难度增加，但也说明创强力度还有待加强。个别县（市、区）综合评价得分过低，县（市、区）之间得分差距过大问题较为突出。90 个县（市、区）中，2015 年综合评价得分最高的有 93.9 分，最低的仅 24.0 分，分差达 69.9 分，在 2014 年比上年扩大 4.4 分的基础上再扩大 3.7 分，差距进一步拉大。全省有 53 个县（市、区）得分在 50 分以下，有 22 个县（市、区）得分在 40 分以下，一些县（市、区）工业发展基础和水平仍较为薄弱。

（二）创新能力有待增强

促进工业做强做大的关键在于科技进步和技术创新。这几年，我省在加

大科技投入、加快科技转化上做了大量工作，工业强县(市、区)综合评价中自主创新能力一级指标平均得分连续提高，但总体仍然相对偏低。2015 年，90 个县(市、区)自主创新平均得分为 45.4 分，在 5 个一级指标中排第 4 位。

(三)产业结构调整力度有待加大

2015 年，90 个县(市、区)结构调整平均得分比 2014 年提高 1.5 分，提升幅度居 5 个一级指标第 3 位。分档看，第Ⅱ档和第Ⅲ档县(市、区)结构调整平均得分分别为 60.6 分和 49.6 分，比第Ⅰ档分别低 12 分和 23 分，说明这些县(市、区)结构调整的空间还很大。从二级指标看，战略性新兴产业增加值占规模以上工业增加值的比重、装备制造业增加值占规模以上工业增加值的比重的实现程度均值比 2014 年分别提高了 1.6 个和 1.7 个百分点，提升幅度还不够大。

(四)绿色发展水平不够高

2015 年，90 个县(市、区)绿色发展平均得分 40.7 分，得分为 5 个一级指标最低；比 2014 年提高 1.3 分，提升幅度为 5 个一级指标的第 4 位。资源要素利用效率不高，仍然是我省工业创强的"瓶颈"之一。

当前及今后一个时期，全球新一轮科技革命和产业变革加快兴起，我国经济加快向形态更高级、分工更精细、结构更合理的阶段演化，浙江工业发展正经历从增量扩能为主转向调整存量、做优增量并存的深度调整，以信息经济、高端装备等为代表的发展新动能加快培育，以特色优势产业为代表的传统动力持续修复，以"四换三名"为重要抓手的工业转型升级"组合拳"日益完善，工业领域供给侧结构性改革深入推进。各地、各部门要在省委、省政府的正确领导下，坚定新常态下工业创强不动摇，以供给侧结构性改革为根本动力，以"四换三名"为主要载体，结合实施《中国制造 2025 浙江行动纲要》，致力优化供给结构、提高供给质量和效率，实现工业和制造业保持中高速增长、迈向中高端水平，加快建设工业强省(制造强省)。

附件：1. 2015 年度工业强县(市、区)综合评价结果

2. 2015 年度工业强县(市、区)综合评价结果分档排名

(省转升办　省经信委　省统计局)

附件 1　2015 年度工业强县(市、区)综合评价结果

县(市、区)	质量效益	自主创新	结构调整	“两化”融合	绿色发展	总得分	总排名
滨江区	87.6	94.6	93.9	100.0	99.8	93.93	1
鄞州区	74.5	86.8	80.2	75.0	78.6	78.98	2
慈溪市	70.2	87.6	81.8	70.4	60.2	74.02	3
萧山区	84.5	69.7	74.3	73.7	59.7	73.46	4
乐清市	61.7	55.3	95.3	68.4	76.8	70.87	5
余杭区	62.5	71.9	82.3	78.4	55.2	68.47	6
诸暨市	72.9	58.4	69.1	61.9	63.2	66.21	7
上虞区	69.5	66.5	82.5	60.8	46.9	66.14	8
海盐县	78.8	52.6	85.9	59.3	44.0	66.07	9
余姚市	59.2	72.7	78.1	66.0	48.9	64.29	10
海宁市	61.1	74.8	70.1	70.0	44.9	63.27	11
北仑区	72.7	60.0	69.3	70.9	34.3	61.61	12
镇海区	87.8	38.4	47.0	69.4	53.7	61.11	13
新昌县	56.7	69.2	64.2	64.2	54.0	60.91	14
上城区	74.9	32.7	25.2	75.3	96.5	60.87	15
柯桥区	84.0	45.6	49.1	60.0	47.4	59.62	16
桐乡市	58.4	65.7	67.7	62.1	41.5	58.71	17
永康市	56.0	56.8	65.8	62.6	55.5	58.70	18
长兴县	60.5	67.3	64.3	63.6	32.4	57.32	19
龙湾区	57.3	52.0	58.7	64.9	51.7	56.18	20
宁海县	57.6	58.8	53.2	61.5	50.7	55.97	21
温岭市	46.0	58.4	72.4	52.3	51.1	55.41	22
富阳区	56.2	59.2	69.1	69.0	28.9	55.22	23
瑞安市	46.4	52.5	64.8	59.6	55.6	54.46	24
平湖市	60.8	48.9	63.0	62.5	35.6	54.00	25

续　表

县(市、区)	质量效益	自主创新	结构调整	“两化”融合	绿色发展	总得分	总排名
西湖区	34.2	50.2	60.8	81.2	64.8	53.53	26
德清县	57.9	55.2	59.6	61.1	34.7	53.38	27
临安市	48.0	58.9	73.3	68.0	28.3	53.32	28
嘉善县	47.9	58.5	64.8	63.7	35.0	52.40	29
拱墅区	49.9	45.5	65.1	73.2	37.5	51.90	30
椒江区	46.2	62.7	68.7	59.5	28.8	51.85	31
永嘉县	43.4	47.9	53.2	59.9	60.0	51.25	32
玉环县	50.5	44.7	53.5	61.4	50.2	50.99	33
定海区	52.0	35.2	70.8	55.0	42.7	50.84	34
秀洲区	52.2	54.2	56.4	63.1	33.3	50.77	35
瓯海区	39.8	47.0	43.7	60.4	70.8	50.28	36
江北区	33.3	61.1	63.3	66.1	42.7	50.02	37
义乌市	52.3	56.0	41.3	66.2	39.5	49.67	38
东阳市	42.1	56.9	66.3	62.5	29.1	49.34	39
江干区	41.3	37.9	47.3	65.4	65.9	49.16	40
桐庐县	54.6	50.0	54.6	61.3	28.1	49.07	41
临海市	45.6	46.4	67.1	54.3	34.1	48.66	42
黄岩区	43.4	55.0	59.1	58.2	31.5	47.98	43
吴兴区	44.0	59.2	52.6	65.0	29.3	47.93	44
天台县	48.6	48.1	60.6	53.0	31.3	47.89	45
南浔区	51.1	50.0	53.0	54.1	30.8	47.53	46
鹿城区	34.8	50.1	44.5	65.0	57.3	47.31	47
象山县	46.3	47.4	51.8	58.0	38.6	47.25	48
南湖区	37.9	56.2	58.4	64.2	32.4	47.20	49
奉化市	36.2	53.7	54.3	64.0	39.5	46.75	50

续　表

县(市、区)	质量效益	自主创新	结构调整	"两化"融合	绿色发展	总得分	总排名
青田县	51.3	33.3	41.5	48.5	55.9	46.38	51
安吉县	49.3	45.7	53.2	52.5	29.7	45.73	52
江东区	57.5	14.2	21.7	59.2	76.5	45.65	53
嵊州市	39.3	47.9	58.8	51.2	34.7	45.19	54
普陀区	45.0	37.5	59.1	42.6	40.2	45.10	55
路桥区	38.3	32.7	65.5	59.0	36.5	44.36	56
建德市	50.3	56.1	39.5	65.0	17.5	44.22	57
仙居县	38.1	44.7	58.4	52.0	34.7	44.18	58
越城区	43.8	33.8	58.4	57.0	27.3	42.73	59
兰溪市	53.9	33.8	49.1	51.2	24.1	42.71	60
缙云县	44.4	34.3	52.0	48.9	36.1	42.69	61
岱山县	44.4	20.0	61.3	43.0	44.1	42.68	62
婺城区	36.4	46.7	56.9	57.9	20.7	41.59	63
江山市	48.3	34.9	55.5	54.1	17.7	41.52	64
磐安县	32.0	46.9	43.2	54.4	38.8	40.80	65
武义县	37.6	40.2	46.4	57.0	30.3	40.36	66
莲都区	45.7	29.7	40.2	48.7	38.7	40.31	67
下城区	13.4	40.5	57.8	68.3	47.4	40.00	68
淳安县	44.9	21.7	34.3	59.8	45.6	39.78	69
平阳县	37.9	28.6	43.5	53.7	39.9	39.12	70
浦江县	39.2	39.6	33.7	52.6	34.1	38.49	71
金东区	32.0	46.6	48.3	53.4	22.2	38.37	72
龙泉市	37.9	19.8	48.4	51.6	37.1	37.58	73
苍南县	42.9	24.7	37.7	54.2	33.9	37.53	74
开化县	32.7	46.7	45.9	47.3	19.1	36.89	75

续 表

县(市、区)	质量效益	自主创新	结构调整	“两化”融合	绿色发展	总得分	总排名
庆元县	34.3	35.3	32.6	40.0	44.5	36.79	76
文成县	39.9	28.3	44.7	37.6	26.6	35.65	77
景宁县	41.5	9.9	49.3	37.1	38.1	35.64	78
三门县	33.7	31.8	50.0	50.0	19.2	35.30	79
衢江区	39.2	22.3	47.5	49.3	20.9	34.81	80
龙游县	45.5	25.0	35.0	54.7	17.5	34.62	81
海曙区	28.7	14.5	25.2	65.6	48.6	32.84	82
柯城区	28.2	22.7	47.4	50.8	25.4	32.64	83
洞头区	17.8	30.9	59.0	45.7	22.0	32.29	84
遂昌县	31.1	27.5	43.3	44.8	21.0	32.16	85
泰顺县	29.6	34.2	38.6	41.0	21.5	31.82	86
松阳县	39.0	14.3	32.3	45.7	29.7	31.52	87
云和县	32.4	21.2	40.1	46.5	22.0	31.01	88
常山县	32.7	18.6	40.3	50.6	12.6	29.16	89
嵊泗县	30.8	8.2	19.4	35.0	28.7	23.99	90

附件 2　2015 年度工业强县(市、区)综合评价结果分档排名

档次	县(市、区)	评价得分	分档排名	县(市、区)	评价得分	分档排名
I档(规上工业总产值1000亿元以上)	鄞州区	78.98	1	余姚市	64.29	8
	慈溪市	74.02	2	海宁市	63.27	9
	萧山区	73.46	3	北仑区	61.61	10
	乐清市	70.87	4	镇海区	61.11	11
	余杭区	68.47	5	柯桥区	59.62	12
	诸暨市	66.21	6	桐乡市	58.71	13
	上虞区	66.14	7	富阳区	55.22	14

续　表

档次	县(市、区)	评价得分	分档排名	县(市、区)	评价得分	分档排名
II 档（规上工业总产值500～1000 亿元）	滨江区	93.93	1	嘉善县	52.40	10
	上城区	60.87	2	拱墅区	51.90	11
	永康市	58.70	3	玉环县	50.99	12
	长兴县	57.32	4	秀洲区	50.77	13
	温岭市	55.41	5	义乌市	49.67	14
	瑞安市	54.46	6	临海市	48.66	15
	平湖市	54.00	7	南浔区	47.53	16
	德清县	53.38	8	南湖区	47.20	17
	临安市	53.32	9	兰溪市	42.71	18
III 档（规上工业总产值500 亿元以下）	海盐县	66.07	1	岱山县	42.68	30
	新昌县	60.91	2	婺城区	41.59	31
	龙湾区	56.18	3	江山市	41.52	32
	宁海县	55.97	4	磐安县	40.80	33
	西湖区	53.53	5	武义县	40.36	34
	椒江区	51.85	6	莲都区	40.31	35
	永嘉县	51.25	7	下城区	40.00	36
	定海区	50.84	8	淳安县	39.78	37
	瓯海区	50.28	9	平阳县	39.12	38
	江北区	50.02	10	浦江县	38.49	39
	东阳市	49.34	11	金东区	38.37	40
	江干区	49.16	12	龙泉市	37.58	41
	桐庐县	49.07	13	苍南县	37.53	42
	黄岩区	47.98	14	开化县	36.89	43
	吴兴区	47.93	15	庆元县	36.79	44
	天台县	47.89	16	文成县	35.65	45
	鹿城区	47.31	17	景宁县	35.64	46

续 表

档次	县(市、区)	评价得分	分档排名	县(市、区)	评价得分	分档排名
III 档（规上工业总产值500 亿元以下）	象山县	47.25	18	三门县	35.30	47
	奉化市	46.75	19	衢江区	34.81	48
	青田县	46.38	20	龙游县	34.62	49
	安吉县	45.73	21	海曙区	32.84	50
	江东区	45.65	22	柯城区	32.64	51
	嵊州市	45.19	23	洞头区	32.29	52
	普陀区	45.10	24	遂昌县	32.16	53
	路桥区	44.36	25	泰顺县	31.82	54
	建德市	44.22	26	松阳县	31.52	55
	仙居县	44.18	27	云和县	31.01	56
	越城区	42.73	28	常山县	29.16	57
	缙云县	42.69	29	嵊泗县	23.99	58

注：以 2011 年为基准年，按规模以上工业总产值将各县(市、区)分为 I 档(1000 亿元以上)、Ⅱ档(500 亿～ 1000 亿元)、III 档(500 亿元以下)

2015 年浙江省信息化发展指数评价报告

为贯彻落实《浙江省国民经济和社会信息化发展“十二五”规划》，及时反映浙江信息化发展水平，全面评价全省及各市、县（市、区）信息化发展进程，省经信委、省统计局联合组织开展 2015 年度全省信息化发展水平测评工作。现将全省及 11 个设区市、90 个县（市、区）的信息化发展指数评价结果公布如下，供参考。

一、浙江省信息化发展指数（Ⅲ）指标体系

（一）指导思想

深入贯彻落实科学发展观，紧紧围绕全省“八八战略”和“创业富民、创新强省”总战略，以深化改革和自主创新为动力，以推进互联网与经济社会融合发展为主线，深入推进经济社会各领域信息化，打造全国信息化应用和创新发展高地，促进“两富”“两美”现代化浙江建设。

（二）指标体系修订的原因及内容

近年来，随着国家“互联网＋”行动计划和大数据战略的实施，大数据、云计算、物联网、移动互联网、人工智能等新一代信息技术快速演进，并广泛渗透于经济社会各领域，浙江的信息化应用广度和深度已有了飞跃性发展，在对全省和各市、县（市、区）信息化发展指数进行测算时，发现按浙江省地区信息化发展指数（Ⅱ）指标体系测算，部分数据出现异常变化，分析表明若继续使用将不能有效反映信息化发展的水平和特征，因此，本指标体系在原有基础上进行了部分调整和修订（以下称为浙江省信息化发展指数（Ⅲ）指标体系）。修订后的浙江省信息化发展指数（Ⅲ）指标体系由 5 项分类指数和 18 个指标构成（见表 1）。具体如下：

1. 基础设施

基础设施是信息化发展的基本物质条件。由 5 个指标构成，除保留电话拥有率、企业每百人计算机使用量和企业拥有网站的比重这 3 项指标外，为了反映付费数字电视服务使用水平和移动互联网普及应用水平，增加了付费数字电视普及率（含 IPTV）和移动互联网普及率 2 项指标，取消了电视机拥有率和计算机拥有率 2 项指标。

表 1　浙江省信息化发展指数(Ⅲ)指标体系

总指数	分类指数	指标	单位	分类权重	指标权重
信息化发展指数	一、基础设施指数	1. 电话拥有率	部/百人	20	4
		2. 付费数字电视普及率(含 IPTV)	户/百人		4
		3. 移动互联网普及率	户/百人		4
		4. 企业每百人计算机使用量	台/百人		4
		5. 企业拥有网站的比重	%		4
信息化发展指数	二、产业技术指数	6. 人均软件及电信业务收入	元/人	21	7
		7. 每百万人发明专利授权量	项/百万人		7
		8. 信息制造业新产品产值率	%		7
	三、应用消费指数	9. 互联网宽带普及率	户/百人	21	7
		10. 政府门户网站综合应用水平	次/万人		7
		11. 全体居民人均通讯支出	元/人		7
	四、知识支撑指数	12. 平均受教育年限	年/人	20	5
		13. 成人识字率	%		5
		14. 每万人口拥有各级各类在校学生数	人/万人		5
		15. 人均财政性教育经费支出	元/人		5
	五、发展效果指数	16. 信息经济核心产业增加值占 GDP 的比重	%	18	6
		17. R&D 经费支出占 GDP 的比重	%		6
		18. 人均 GDP	元/人		6

2. 产业技术

产业技术反映了科技创新在推进信息化发展中的重要作用。由 3 个指标构成,保留每百万人口发明专利授权量指标,增加信息制造业新产品产值率,以反映信息制造业企业自主创新能力及新产品开发和应用强度。将人均电信业务收入更改为人均软件及电信业务收入,反映科技创新和电信业产出水平对信息技术的贡献。

3.应用消费

应用消费反映了信息技术在人们日常工作生活中的应用水平。由 3 个指标构成,除保留了互联网宽带普及率、政府门户网站综合应用水平 2 项指标外,由于国家统计局实施城乡住户调查一体化改革后,统计口径有较大变化,为了取得分县(市、区)数据,将城乡居民人均信息消费支出更改为全体居民人均通讯支出,以反映全体居民用于通信方面的通信工具、电话费、邮费及其他通信费用等全部支出的水平。

4.知识支撑

知识水平是人们应用信息通讯技术的必要条件。由 4 个指标构成,除保留平均受教育年限、成人识字率和人均财政性教育经费支出 3 个指标外,将每万人口 15 年义务教育在校学生数更名为每万人口各级各类学校在校学生数,使各地区的教育状况能够有所反映。

5.发展效果

从宏观角度衡量信息化的发展环境、支撑因素及发展效果。由 3 个指标构成,保留 R&D 经费支出占 GDP 比重反映信息化发展的科技支持水平、人均 GDP 指标来反映经济发展实力外,将信息制造业增加值占规上工业增加值的比重更改为信息经济核心产业增加值占 GDP 的比重,来反映信息经济核心产业发展与产业结构优化的贡献度。

基于浙江省信息化发展指数(Ⅲ)指标体系,我们对 2015 年全省和各市、县(市、区)信息化发展指数进行了测算。为与上年指数可比,我们对 2014 年信息化发展指数也按照新体系进行了重新测算。

二、全省信息化发展指数总体评价

(一)全省信息化水平持续提升

2015 年,全省继续围绕"八八战略",按照"干好一三五,实现四翻番"的决策部署,加快信息基础设施建设,大力发展新一代信息技术产业,提升发展电子商务,扩大信息消费,加快推动"两化深度融合国家示范区"和智慧城市示范建设,推动信息技术在经济社会各领域的广泛应用,全省信息化水平和信息产业的综合实力不断提高。

经测算,2015 年全省信息化发展指数为 0.917,比上年提高 0.029,五类分项指数值较上年均有所上升,其中基础设施指数 0.814、产业技术指数 1.029、应用消费指数 0.903、知识支撑指数 0.934、发展效果指数 0.899,分别比上年提高 0.038、0.033、0.022、0.007 和 0.050(见表 2)。

表 2 浙江省信息化发展指数(Ⅲ)与分类指数比较

	基础设施指数	产业技术指数	应用消费指数	知识支撑指数	发展效果指数	总指数
2014 年	0.776	0.996	0.881	0.927	0.849	0.888
2015 年	0.814	1.029	0.903	0.934	0.899	0.917

(二)各分类指数发展的特点

1.信息基础设施建设不断完善,服务能力进一步优化。2015 年,全省基础设施指数达到 0.814。近年来,我省大力推进移动宽带通信、宽带普及提速、光纤到户、4G 网络等新信息技术的普及和发展,全省信息基础设施建设不断优化升级。从基础设施二级指标来看,2015 年,全省居民“电话拥有率指数”“付费数字电视普及率(含 IPTV)指数”和“移动互联网普及率指数”分别为 0.895、0.785 和 0.817,较上年分别提高 0.004、0.095 和 0.058。随着信息技术在企业中不断集成应用,“机器换人”和“机器联网”成为越来越多企业转型升级的共识,企业纷纷加强智能装备、管理信息系统、设计工具、电商平台的应用,信息化应用的深度和广度均大幅提升。从基础设施二级指标来看,2015 年,全省“四上”企业(即规模以上工业企业、有资质的建筑业企业、限额以上批零住餐企业、规模以上服务业企业)中,“企业每百人计算机使用量指数”和“企业拥有网站的比重指数”分别为 0.802 和 0.773,较上年分别提高 0.020 和 0.013。

2.信息技术推动作用稳步增强,知识支撑水平持续提升。2015 年,产业技术指数和知识支撑指数分别达到 1.029 和 0.934。随着信息技术的不断发展,科技创新在推进信息化发展中发挥着越来越重要的作用。从产业技术二级指标来看,2015 年,全省“人均软件及电信业务收入指数”“每百万人发明专利授权量指数”和“信息制造业新产品产值率指数”分别为 1.082、0.981 和 1.024,除“每白力人发明专利授权量指数”略微下降外,其他两项二级指标指数较上年分别提高 0.022 和 0.085,增长幅度明显。随着义务教育的基本普及和教育均衡发展的不断强化,我省居民的知识水平不断提高,对信息化发展的支撑作用也持续提升。从知识支撑二级指标来看,2015 年,全省“平均受教育年限指数”“成人识字率指数”“每万人口拥有各级各类在校学生数指数”和“人均财政性教育经费支出指数”分别为 1.093、0.950、0.702 和 0.991,除“每万人口拥有各级各类在校学生数指数”较上年基本持平外,其他三项二级指标指数分别提高 0.016、0.002 和 0.010。

3.应用消费持续扩展和深化，信息化发展溢出效应明显。2015 年，应用消费指数和发展效果指数分别达到 0.903 和 0.899。随着全省经济的稳步发展，互联网用户数快速增加，电子政务发展迅速，城乡居民用于信息消费的支出不断增加。从应用消费指数二级指标来看，2015 年，“互联网宽带普及率指数”“政府门户网站综合应用水平指数”和“全体居民人均通讯支出指数”分别为 1.103、0.806 和 0.799，较上年分别提高 0.025、0.021 和 0.018。随着全省信息化发展环境和支撑因素的不断优化，信息化对经济发展的溢出效应日益显现。从信息发展效果二级指标看，2015 年，全省“信息经济核心产业增加值占 GDP 的比重指数”“R&D 经费支出占 GDP 的比重指数”和“人均 GDP 指数”分别为 0.616、0.753 和 1.327，较上年分别提高 0.041、0.026 和 0.082。

三、各设区市信息化发展指数综合评价

（一）各设区市信息化发展水平的聚类分析

2015 年，全省设区市信息化发展指数从高到低的顺序依次为：杭州、宁波、嘉兴、金华、湖州、舟山、绍兴、温州、台州、衢州、丽水。与上年相比，各设区市信息化发展指数均实现不同程度增长，其中，衢州和金华两地提高幅度最大，分别达到 0.079 和 0.074（见图 1）。

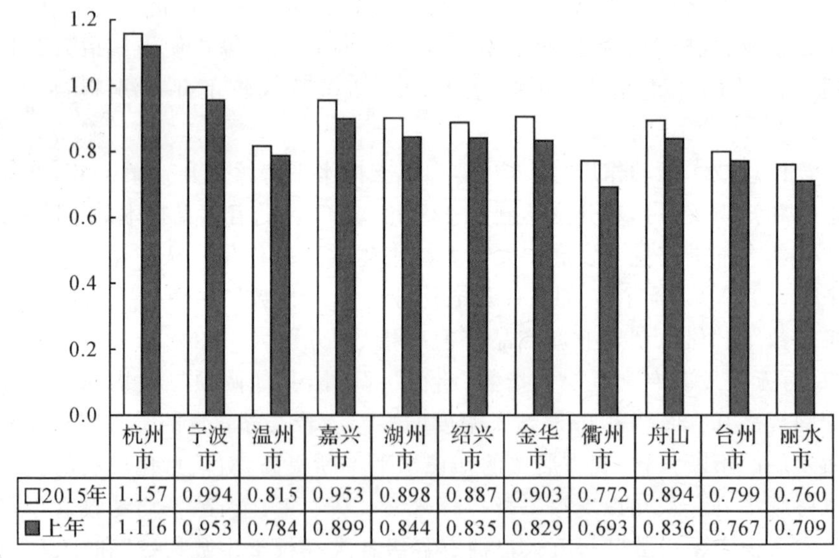

	杭州市	宁波市	温州市	嘉兴市	湖州市	绍兴市	金华市	衢州市	舟山市	台州市	丽水市
□2015年	1.157	0.994	0.815	0.953	0.898	0.887	0.903	0.772	0.894	0.799	0.760
■上年	1.116	0.953	0.784	0.899	0.844	0.835	0.829	0.693	0.836	0.767	0.709

图 1　2015 年各设区市信息化发展指数与上年比较

根据 2015 年信息化发展指数的测算结果，将各市划分为三类地区（见

表3)。

表3 2015年全省分三类地区信息化发展指数比较

	基础设施指数	产业技术指数	应用消费指数	知识支撑指数	发展效果指数	总指数
全省	0.814	1.029	0.903	0.934	0.899	0.917
第一类地区						
杭州市	1.144	1.159	1.105	0.979	1.425	1.157
宁波市	0.869	0.980	1.134	0.953	1.033	0.994
第二类地区						
嘉兴市	0.756	1.113	1.046	0.922	0.914	0.953
金华市	0.784	0.963	1.069	0.928	0.741	0.903
湖州市	0.762	0.947	1.020	0.920	0.825	0.898
舟山市	0.723	0.923	1.130	0.927	0.737	0.894
绍兴市	0.659	0.963	1.038	0.935	0.824	0.887
温州市	0.682	0.848	0.980	0.907	0.629	0.815
第三类地区						
台州市	0.696	0.860	0.913	0.897	0.602	0.799
衢州市	0.637	0.909	0.819	0.896	0.569	0.772
丽水市	0.637	0.879	0.830	0.904	0.513	0.760

第一类地区(信息化发展较高水平地区):包括杭州、宁波共2个市。这类地区2015年信息化发展指数超过0.990,平均达到1.076,比上年提高0.090,相当于全省平均水平的1.17倍。

第二类地区(信息化发展中等水平地区):包括嘉兴、金华、湖州、舟山、绍兴、温州共6个市。这类地区2015年信息化发展指数介于0.810—0.960之间,平均达到0.892,比上年提高0.03,相当于全省平均水平的97.3%和第一类地区的82.9%。

第三类地区(信息化发展较低水平地区):包括台州、衢州、丽水共3个市。这类地区2015年信息化发展指数介于0.760—0.800之间,平均达到0.777,比上年提高0.039,相当于全省平均水平的84.7%和第一类地区的72.2%。

（二）信息化发展水平不平衡，各设区市间差距有所缩小

测度结果显示，我省各设区市信息化水平在不断提高的同时，各设区市之间发展仍不均衡，但差距有所缩小。2015 年信息化发展指数最高的杭州比最低的丽水高 0.397，两者差距较去年的 0.423 有所缩小。

1. 从基础设施指数看，2015 年杭州市信息基础设施指数最高，达到 1.144，与最低的衢州市和丽水市相比，差距为 0.507。在二级指标中，杭州市每百人电话拥有率最高，达到 210.6 部，而衢州市和台州市位居全省后两位，每百人电话拥有率分别为 154.4 部和 150.6 部。杭州市付费数字电视普及率最高，达到 107.1 户/百人，衢州市和丽水市分别为 16.0 户/百人和 10.0 户/百人，居全省后两位。杭州市移动互联网普及率最高，达到 123.0 户/百人，宁波次之，为 104.3 户/百人，丽水市和衢州市分别为 67.3 户/百人和 54.3 户/百人，居全省末两位。杭州市"四上"企业每百人计算机使用量为 27.6 台，拥有网站比重为 64.3%，而温州市分别为 18.4 台、43.4%，嘉兴市分别为 20.4 台、56.4%，绍兴市分别为 10.9 台、61.8%，舟山市分别为 21.5 台、48.1%。可以看出，各设区市信息化基础设施建设存在一定差距。

2. 从产业技术指数看，杭州市产业技术指数最高，达到 1.159，比最低的温州市高 0.311。在二级指标中，杭州市、宁波市人均软件及电信业务收入分别达到 25224.96 元、5369.74 元，排名末两位的丽水市、衢州市分别为 1036.62 元、724.21 元，杭州市人均软件及电信业务收入分别为丽水市、衢州市的 24.3 倍和 34.8 倍；宁波市每百万人发明专利授权量达 5542 件，比杭州多 1769 件，衢州市、丽水市分别为 1361 和 1716 件，宁波市每百万人发明专利授权量分别为衢州市、丽水市的 4.1 倍和 3.2 倍。

3. 从应用消费指数看，宁波市应用消费指数最高，达到 1.134，比最低的衢州市高 0.315。在二级指标中，宁波市、金华市互联网宽带普及率分别达到 35.97 户/百人、35.80 户/百人，排名末三位的台州市、丽水市、衢州市互联网宽带普及率分别为 27.88 户/百人、24.11 户/百人、23.82 户/百人。每万人政府网站页面浏览量杭州为 38067 次，衢州最高为 86875 次，台州最低为 19547 次。

4. 从知识支撑指数看，杭州市知识支撑指数最高，达到 0.979，与最低的衢州市相比，差距为 0.083。根据第六次人口普查资料推算，各市常住人口中，杭州市平均受教育年限最长，为 9.94 年/人，温州、衢州、台州、丽水较低，分别为人均 8.32 年、8.09 年、8.04 年和 8.03 年；各市成人识字率基本在 91%—98% 之间，最高的绍兴、杭州两市分别为 97.38% 和 96.85%，最低的温州、台州、丽

水、衢州分别为 93.52%、92.54%、92.45%和 91.61%。金华市、宁波市每万人口拥有各级各类在校学生数分别为 2011.29 人和 1910.59 人,居全省最高,舟山市最低为 1175.15 人;舟山市和杭州市人均财政性教育经费支出分别为 2147.40 元和 2054.39 元,居全省最高,温州市和台州市分别为 1378.31 元和 1394.45 元,居全省末两位。

5. 从发展效果指数看,杭州市发展效果指数最高,达到 1.425,而最低的丽水市仅为 0.513,差距为 0.912。在规模以上工业中,杭州市信息经济核心产业增加值占 GDP 的比重最高,为 16.0%,宁波市次之,为 6.2%,绍兴市、舟山市最低,分别为 2.1%、1.3%;杭州市、嘉兴市的 R&D 经费支出占 GDP 比重分别达 2.98%、2.64%,在全省居领先地位,而衢州市、丽水市仅为 1.26%、1.14%;杭州市、宁波市人均 GDP 分别为 103813 元和 98362 元,但温州市、衢州市、丽水市分别仅为 47118 元、52500 元和 49459 元。

四、各县(市、区)信息化发展指数综合评价

(一)各县(市、区)信息化发展水平的聚类分析

2015 年,90 个县(市、区)中,信息化发展指数超过 1 的有滨江区、西湖区、上城区、余杭区、海曙区等 17 个县(市、区),信息化发展指数在 0.9—1 之间的有 23 个县(市、区),在 0.8—0.9 之间的有 22 个县(市、区),在 0.7—0.8 之间的有 22 个县(市、区),在 0.7 以下的有 6 个县(市、区),分别占 18.9%、25.6%、24.4%、24.4%和 6.7%。

信息化发展水平处于全省领先地位的 17 个县(市、区)依次是滨江区、西湖区、上城区、余杭区、下城区、拱墅区、海曙区、江东区、北仑区、江干区、镇海区、义乌市、江北区、南湖区、萧山区、婺城区、鄞州区。

(二)信息化发展水平整体提升明显,县域之间信息化发展水平存在较大差距

1. 各县(市、区)信息化发展水平整体提升明显。2015 年,信息化发展指数高于全省平均水平的县(市、区)有 34 个,占 90 个县(市、区)比重为 37.8%。与上年相比,全省 90 个县(市、区)的信息化发展指数较去年均有不同程度的增长,其中婺城区和江东区指数增长排名全省前两名,分别达到 0.148 和 0.111。

2. 各县(市、区)信息化发展水平仍存在较大差距。从各县(市、区)信息化发展指数来看,2015 年,信息化发展指数最高的滨江区比指数最低的泰顺县高 1.381,滨江区信息化发展指数相当于全省平均水平的 2.16 倍。从各县(市、区)信息化五个分类指数来看(见图 2),2015 年,发展效果指数差距最大,最低

发展效果指数仅相当于该分类指数最高值的 6.3%；其次为基础设施指数，最低基础设施指数相当于最高值的 27.4%；产业技术指数、应用消费指数和知识支撑指数最低值分别相当于最高值的 35.7%、47.4%和 83.3%。

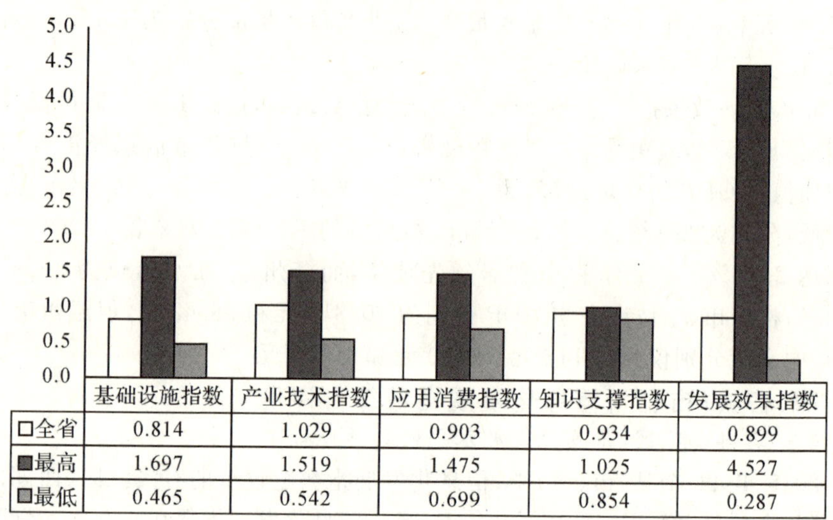

	基础设施指数	产业技术指数	应用消费指数	知识支撑指数	发展效果指数
□全省	0.814	1.029	0.903	0.934	0.899
■最高	1.697	1.519	1.475	1.025	4.527
■最低	0.465	0.542	0.699	0.854	0.287

图 2　2015 年信息化分类指数的全省、最高和最低水平比较图

五、对策建议

(一)夯实信息基础设施建设，提升基础设施智慧化水平

贯彻落实“宽带浙江”战略，加快推进宽带网络升级改造，提升网络容量和智能调度能力，统筹提高城乡宽带网络普及水平和接入能力，加大加深第四代移动通信网络覆盖、优化和安全，鼓励通信网络向 IP 化、无线化、智能化发展，加强网络安全保障工作，增强信息基础设施和重要信息系统的抗灾能力。推进物联网技术示范应用，培育发展物联网产业，积极推进三网融合，不断完善网络布点，建设宽带应用网络设施。加大落后地区信息基础设施建设，努力缩小地区信息化水平差距，促进协调发展。

(二)加强工业化与信息化深度融合，促进产业转型升级

信息化和工业化融合是一项长期持续的系统性工作。要推进产业集群两化深度融合，加快重点行业两化深度融合，推动信息通信技术和传统产业技术相结合的集成创新，大力推动“智能制造”和“互联网＋制造”新模式，发展智能生产工具，推进生产装备数字化和生产过程智能化，大力提升研发、生产制造、销售、仓储物流等关键环节的信息化应用水平，提升生产制造全过程的工作效能，加快推动我省从工业大省向工业强省、制造大省向“智造强省”转变。推动

资源配置、流程再造、业务重塑和管理决策环节的信息化，提升企业资源配置效率、市场反应效率、技术创新水平和全球化环境下的综合竞争能力。

(三)统筹城乡协调发展，激发信息消费活力

围绕智慧城市建设需要，务实推进政府、企业和居民信息消费。加快信息技术在政务领域的应用，提升电子政务服务效能；加大物联网、云计算和大数据在政府治理领域的应用，推进城市精准化管理，创新城市管理模式，实现对城市全地域覆盖、全时空监控、全过程综合管理。积极发挥电信运营商对信息基础网络的支撑服务作用，推动其业务转型和服务创新，在基础设施、应用系统、通信、数据中心、大数据咨询等方面为企业提供可靠的服务，引导企业、个人扩大信息消费。加大农村信息化建设投入力度，推进农村社会管理和服务信息化，建立农村信息服务体系。通过信息化服务手段，促进城市和农村的资源和信息自由流动、有序对接，从而有效加快农业转型升级，缩小城乡差距，推动城市和农村的统筹、协调发展。

(四)提高全民文化素质，树立以公众为中心的社会信息化发展理念

科技创新能力的提升是实现社会经济质的变革和飞跃的基础，而全民文化素质的提高又是科技创新能力提升的关键因素。因此，需要围绕公共管理和社会服务，科学把握公众需求，梳理业务流程，加强信息技术应用的普及指导，加大信息资源开发利用力度，努力缩小不同领域、人群间信息化水平，促进信息化全面协调发展，逐步缩小城乡之间、地区之间的“数字鸿沟”。

附件：1. 2015 年省、市、县(市、区)信息化发展指数

2. 2014 年省、市、县(市、区)信息化发展指数(修订)

附件 1　2015 年省、市、县(市、区)信息化发展指数

	基础设施指数	产业技术指数	应用消费指数	知识支撑指数	发展效果指数	总指数
浙江省	0.814	1.029	0.903	0.934	0.899	0.917
杭州市	1.144	1.159	1.105	0.979	1.425	1.157
上城区	1.697	0.736	1.437	1.011	1.543	1.276
下城区	1.589	0.992	1.418	1.005	0.957	1.197
江干区	1.306	0.973	1.466	0.984	0.626	1.083
拱墅区	1.436	1.176	1.460	0.992	0.717	1.168
西湖区	1.468	1.270	1.475	1.025	1.309	1.311
滨江区	1.675	1.519	1.447	1.024	4.527	1.977
萧山区	0.853	1.077	1.165	0.938	1.016	1.012
余杭区	1.214	1.155	1.276	0.990	1.738	1.264
桐庐县	0.768	0.691	0.861	0.921	0.682	0.787
淳安县	0.681	1.049	0.841	0.901	0.522	0.807
建德市	0.867	0.730	0.906	0.911	0.680	0.822
富阳市	0.903	0.861	0.886	0.947	0.977	0.913
临安市	0.863	0.920	1.097	0.935	1.065	0.975
宁波市	0.869	0.980	1.134	0.953	1.033	0.994
海曙区	1.436	1.027	1.338	1.001	0.994	1.163
江东区	1.393	1.041	1.348	0.997	0.889	1.140
江北区	0.852	1.029	1.245	0.983	0.984	1.022
北仑区	0.866	0.779	1.291	0.967	1.579	1.086
镇海区	0.823	1.140	1.098	0.958	1.301	1.060
鄞州区	0.770	1.063	1.101	0.957	1.124	1.002
象山县	0.660	1.110	1.068	0.894	0.790	0.910
宁海县	0.716	1.151	0.940	0.914	0.777	0.905
余姚市	0.789	1.096	1.123	0.931	1.023	0.994

续 表

	基础设施指数	产业技术指数	应用消费指数	知识支撑指数	发展效果指数	总指数
慈溪市	0.800	0.978	1.048	0.926	0.951	0.942
奉化市	1.052	1.001	1.063	0.930	0.754	0.966
温州市	0.682	0.848	0.980	0.907	0.629	0.815
鹿城区	0.764	0.768	1.269	0.923	0.547	0.864
龙湾区	0.781	0.959	1.223	0.898	0.800	0.938
瓯海区	0.730	0.827	1.088	0.929	0.555	0.833
洞头县	0.612	0.972	1.034	0.885	0.829	0.870
永嘉县	0.613	0.830	0.920	0.895	0.577	0.773
平阳县	0.592	0.830	0.928	0.886	0.396	0.736
苍南县	0.590	0.944	0.950	0.870	0.423	0.766
文成县	0.465	0.826	0.699	0.857	0.312	0.641
泰顺县	0.526	0.548	0.702	0.862	0.313	0.596
瑞安市	0.713	0.937	1.005	0.883	0.662	0.846
乐清市	0.721	0.820	0.992	0.909	0.946	0.877
嘉兴市	0.756	1.113	1.046	0.922	0.914	0.953
南湖区	0.796	1.094	1.279	0.938	0.975	1.021
秀洲区	0.733	1.006	1.107	0.896	0.840	0.921
嘉善县	0.696	1.201	0.981	0.916	0.995	0.960
海盐县	0.708	1.048	1.014	0.925	0.905	0.922
海宁市	0.742	1.149	1.063	0.925	1.000	0.978
平湖市	0.701	1.075	0.972	0.910	0.899	0.914
桐乡市	0.692	1.077	0.995	0.908	0.831	0.904
湖州市	0.762	0.947	1.020	0.920	0.825	0.898
吴兴区	0.813	1.044	1.192	0.910	0.749	0.949
南浔区	0.724	0.925	1.006	0.868	0.855	0.878

续　表

	基础设施指数	产业技术指数	应用消费指数	知识支撑指数	发展效果指数	总指数
德清县	0.741	0.917	1.064	0.924	0.847	0.901
长兴县	0.665	0.931	0.984	0.922	0.949	0.890
安吉县	0.775	0.997	0.986	0.921	0.698	0.881
绍兴市	0.659	0.963	1.038	0.935	0.824	0.887
越城区	0.707	1.084	1.390	0.920	0.618	0.956
柯桥区	0.580	0.891	1.085	0.929	0.943	0.886
新昌县	0.628	1.106	1.017	0.936	1.023	0.943
诸暨市	0.777	1.100	0.949	0.944	0.851	0.928
上虞市	0.631	0.921	1.008	0.913	0.846	0.866
嵊州市	0.602	1.028	0.887	0.924	0.678	0.829
金华市	0.784	0.963	1.069	0.928	0.741	0.903
婺城区	0.756	1.128	1.466	0.924	0.710	1.008
金东区	0.741	0.864	1.188	0.890	0.633	0.871
武义县	0.729	0.810	0.953	0.915	0.747	0.834
浦江县	0.666	0.792	0.879	0.913	0.632	0.780
磐安县	0.634	0.702	0.873	0.919	0.614	0.752
兰溪市	0.636	0.944	0.801	0.882	0.642	0.786
义乌市	1.117	0.872	1.435	0.945	0.694	1.022
东阳市	0.630	0.980	1.043	0.931	1.081	0.932
永康市	0.808	0.993	1.049	0.930	0.829	0.926
衢州市	0.637	0.909	0.819	0.896	0.569	0.772
柯城区	0.619	1.068	0.993	0.931	0.287	0.794
衢江区	0.620	1.024	0.729	0.857	0.312	0.720
常山县	0.573	0.806	0.749	0.860	0.415	0.688
开化县	0.657	0.968	0.768	0.854	0.758	0.803

续 表

	基础设施指数	产业技术指数	应用消费指数	知识支撑指数	发展效果指数	总指数
龙游县	0.593	0.743	0.779	0.903	0.485	0.706
江山市	0.609	0.796	0.778	0.893	0.638	0.746
舟山市	0.723	0.923	1.130	0.927	0.737	0.894
定海区	0.742	0.982	1.250	0.910	0.767	0.937
普陀区	0.704	0.577	1.088	0.914	0.713	0.802
岱山县	0.603	0.568	1.062	0.891	0.792	0.784
嵊泗县	0.650	0.564	1.144	0.900	0.653	0.786
台州市	0.696	0.860	0.913	0.897	0.602	0.799
椒江区	0.809	0.951	1.277	0.909	0.743	0.945
黄岩区	0.686	0.942	0.995	0.904	0.569	0.827
路桥区	0.779	0.879	0.985	0.895	0.645	0.842
玉环县	0.786	0.953	1.024	0.884	0.690	0.873
三门县	0.633	0.714	0.845	0.872	0.473	0.714
天台县	0.663	0.900	0.890	0.915	0.440	0.771
仙居县	0.644	0.602	0.822	0.894	0.479	0.693
温岭市	0.646	0.814	0.851	0.891	0.597	0.764
临海市	0.645	0.891	0.880	0.889	0.622	0.791
丽水市	0.637	0.879	0.830	0.904	0.513	0.760
莲都区	0.640	0.749	1.118	0.922	0.548	0.803
青田县	0.551	1.011	0.880	0.865	0.654	0.798
缙云县	0.660	0.841	0.803	0.907	0.578	0.763
遂昌县	0.641	0.927	0.904	0.889	0.481	0.777
松阳县	0.593	0.841	0.826	0.898	0.398	0.720
云和县	0.653	1.171	0.875	0.910	0.461	0.825
庆元县	0.661	0.577	0.777	0.892	0.411	0.669
景宁县	0.562	0.542	0.812	0.894	0.335	0.636
龙泉市	0.642	0.752	0.802	0.886	0.396	0.703

附件 2　2014 年省、市、县(市、区)信息化发展指数(修订)

	基础设施指数	产业技术指数	应用消费指数	知识支撑指数	发展效果指数	总指数
浙江省	0.776	0.996	0.881	0.927	0.849	0.888
杭州市	1.094	1.145	1.077	0.971	1.315	1.116
上城区	1.664	0.748	1.380	1.006	1.454	1.242
下城区	1.531	0.956	1.399	1.003	0.900	1.163
江干区	1.232	0.954	1.400	0.987	0.605	1.047
拱墅区	1.341	1.163	1.391	0.987	0.696	1.127
西湖区	1.418	1.234	1.419	1.019	1.163	1.254
滨江区	1.612	1.498	1.420	1.016	4.196	1.894
萧山区	0.854	1.089	1.064	0.932	1.008	0.991
余杭区	1.151	1.084	1.155	0.978	1.531	1.172
桐庐县	0.758	0.697	0.829	0.914	0.631	0.768
淳安县	0.641	0.889	0.765	0.894	0.470	0.739
建德市	0.827	0.716	0.865	0.907	0.639	0.794
富阳市	0.858	0.875	0.875	0.940	0.929	0.894
临安市	0.835	0.918	0.988	0.931	1.061	0.944
宁波市	0.838	0.974	1.016	0.947	0.990	0.953
海曙区	1.180	1.023	1.340	1.002	0.986	1.110
江东区	1.157	0.970	1.282	0.998	0.692	1.029
江北区	0.853	0.933	1.216	0.972	0.932	0.984
北仑区	0.823	0.761	1.227	0.964	1.411	1.029
镇海区	0.815	1.134	0.975	0.953	1.254	1.022
鄞州区	0.765	1.051	1.064	0.955	1.049	0.977
象山县	0.668	1.087	0.997	0.891	0.765	0.887
宁海县	0.678	1.103	0.833	0.906	0.739	0.856
余姚市	0.776	1.092	1.054	0.923	0.961	0.963

续 表

	基础设施指数	产业技术指数	应用消费指数	知识支撑指数	发展效果指数	总指数
慈溪市	0.826	1.015	1.014	0.922	0.905	0.939
奉化市	0.922	1.021	1.008	0.926	0.714	0.924
温州市	0.692	0.834	0.866	0.900	0.602	0.784
鹿城区	0.777	0.750	1.269	0.926	0.535	0.861
龙湾区	0.809	0.865	1.181	0.900	0.761	0.908
瓯海区	0.743	0.862	1.020	0.921	0.519	0.821
洞头县	0.614	0.778	1.003	0.875	0.807	0.817
永嘉县	0.598	0.877	0.881	0.887	0.555	0.766
平阳县	0.599	0.684	0.874	0.879	0.383	0.692
苍南县	0.591	0.937	0.904	0.862	0.390	0.747
文成县	0.491	0.568	0.694	0.851	0.295	0.587
泰顺县	0.523	0.574	0.676	0.857	0.311	0.594
瑞安市	0.712	0.949	0.993	0.879	0.664	0.846
乐清市	0.735	0.793	0.974	0.903	0.878	0.857
嘉兴市	0.763	1.076	0.862	0.915	0.866	0.899
南湖区	0.788	1.006	1.148	0.940	0.924	0.964
秀洲区	0.707	1.018	0.998	0.882	0.772	0.880
嘉善县	0.687	1.210	0.920	0.907	0.941	0.935
海盐县	0.702	1.050	1.010	0.918	0.839	0.908
海宁市	0.715	1.121	0.976	0.918	0.946	0.937
平湖市	0.688	1.033	0.875	0.905	0.872	0.876
桐乡市	0.678	0.973	0.944	0.901	0.786	0.860
湖州市	0.758	0.889	0.856	0.913	0.795	0.844
吴兴区	0.786	1.014	0.975	0.911	0.753	0.893
南浔区	0.711	0.922	0.980	0.864	0.820	0.862

续　表

	基础设施指数	产业技术指数	应用消费指数	知识支撑指数	发展效果指数	总指数
德清县	0.721	0.855	1.006	0.916	0.803	0.863
长兴县	0.639	0.833	0.946	0.917	0.936	0.853
安吉县	0.769	0.962	0.905	0.910	0.646	0.844
绍兴市	0.653	0.952	0.845	0.928	0.783	0.835
越城区	0.716	0.876	1.271	0.918	0.612	0.888
柯桥区	0.576	0.800	1.060	0.926	0.913	0.855
新昌县	0.642	1.077	0.952	0.926	0.950	0.911
诸暨市	0.758	1.076	0.861	0.938	0.812	0.892
上虞市	0.649	0.769	0.925	0.909	0.793	0.810
嵊州市	0.590	0.996	0.804	0.916	0.657	0.797
金华市	0.775	0.869	0.868	0.921	0.695	0.829
婺城区	0.724	1.039	1.011	0.926	0.554	0.861
金东区	0.758	0.808	0.932	0.890	0.595	0.802
武义县	0.735	0.820	0.815	0.909	0.687	0.796
浦江县	0.661	0.861	0.772	0.907	0.599	0.764
磐安县	0.626	0.770	0.829	0.913	0.578	0.748
兰溪市	0.605	0.651	0.760	0.875	0.591	0.699
义乌市	1.133	0.789	1.316	0.935	0.627	0.968
东阳市	0.633	0.869	0.862	0.923	1.013	0.857
永康市	0.847	0.905	0.899	0.923	0.787	0.875
衢州市	0.606	0.736	0.675	0.891	0.541	0.693
柯城区	0.609	0.940	0.876	0.929	0.228	0.730
衢江区	0.613	1.034	0.666	0.853	0.296	0.704
常山县	0.542	0.706	0.701	0.855	0.418	0.650
开化县	0.720	0.562	0.695	0.848	0.728	0.709

续 表

	基础设施指数	产业技术指数	应用消费指数	知识支撑指数	发展效果指数	总指数
龙游县	0.584	0.777	0.722	0.897	0.462	0.694
江山市	0.589	0.739	0.708	0.889	0.616	0.710
舟山市	0.705	0.882	0.948	0.920	0.706	0.836
定海区	0.753	0.937	1.123	0.918	0.750	0.902
普陀区	0.701	0.575	1.048	0.908	0.670	0.783
岱山县	0.597	0.561	0.679	0.886	0.748	0.692
嵊泗县	0.627	0.575	1.052	0.894	0.641	0.761
台州市	0.713	0.827	0.806	0.891	0.576	0.767
椒江区	0.836	0.971	1.170	0.906	0.704	0.925
黄岩区	0.735	0.854	0.977	0.896	0.530	0.806
路桥区	0.817	0.802	0.958	0.889	0.630	0.824
玉环县	0.822	0.959	0.994	0.879	0.668	0.871
三门县	0.608	0.681	0.838	0.866	0.453	0.695
天台县	0.659	0.829	0.859	0.910	0.414	0.743
仙居县	0.624	0.647	0.804	0.891	0.436	0.686
温岭市	0.695	0.713	0.846	0.885	0.574	0.747
临海市	0.634	0.801	0.871	0.881	0.600	0.762
丽水市	0.643	0.815	0.671	0.897	0.495	0.709
莲都区	0.635	0.673	0.965	0.920	0.545	0.753
青田县	0.553	0.909	0.804	0.857	0.623	0.754
缙云县	0.655	0.822	0.720	0.900	0.534	0.731
遂昌县	0.626	0.928	0.819	0.883	0.473	0.754
松阳县	0.569	0.751	0.766	0.890	0.376	0.678
云和县	0.617	1.196	0.811	0.903	0.442	0.805
庆元县	0.667	0.588	0.736	0.882	0.376	0.655

续　表

	基础设施指数	产业技术指数	应用消费指数	知识支撑指数	发展效果指数	总指数
景宁县	0.558	0.562	0.770	0.891	0.321	0.627
龙泉市	0.647	0.595	0.743	0.879	0.373	0.653

浙江省经济和信息化委员会

浙江省统计局

2015年全省开发区(园区)发展报告

开发区(园区)是地方政府为促进区域经济迅速发展而享有各类优惠政策的特殊经济区域,是政府作为促进本地经济发展的一个重要抓手,在促进经济增长、引入先进技术和管理手段、推进科技进步等方面起着不可替代的作用。2015年作为"十二五"的收官之年,全省开发区(园区)继续保持经济平稳较快增长,发展质量和综合效益进一步提高,对全省和当地经济的贡献度增大,经济结构调整和产业提升步伐加快,呈现良好发展态势。

一、开发区(园区)总体情况及主要特征

(一)开发区(园区)数量变化

浙江省开发区自1984年建立第一个国家级经济开发区(宁波经济技术开发区)后,开发区(园区)蓬勃发展,走过了30多年的辉煌历程。2003年,为摸清工业园区"家底",省统计局与省委政研室联合开展全省开发区(园区)专项调查,结果显示,全省共有工业园区917家(其中有195家是园中园)。2004年下半年,根据中央清理整顿开发区的要求,拟保留园区134家。2006年,国家发展和改革委员会、国土资源部、建设部联合发布《中国开发区审核公告目录》(2006年版),在此目录中,公布了国务院批准设立的浙江开发区共116家,数量居全国第三位。有12家为国家级开发区,其中,4家经济技术开发区,4家出口加工区,1家高新技术开发区,1家保税区,3家其他类型开发区(一家为旅游度假区);有103家为省级开发区。2015年,根据省政府统一部署,开展了各类开发区整合优化提升工作。据省统计局的开发区(园区)统计监测,至2015年底共有省级及以上开发区(园区)109家和旅游度假区20家,其中:国家级开发区(园区)29家,国家级旅游度假区1家;省级开发区(园区)80家,省级旅游度假区19家。

(二)经济能级持续提升

2015年,开发区(园区)[①]经济运行态势总体好于全省水平,工业、投资、出

---

① 仅指109家全省省级及以上开发区(园区)(下同)。

口等主要指标稳中有升，开发建设速度加快，转型升级力度加大，经济能级持续提升。

1. 开发建设速度不断加快

2015年底，开发区（园区）已开发面积2325平方公里，比上年增长4.1%。其中，工业用地面积1291平方公里，已投产工业用地面积953平方公里，分别比上年增长2.4%和4.7%。全年新入园企业40641家，比上年增长6.4%。共有入园企业27.38万家，比上年增长16.4%，而同期入园企业从业人员646万人，仅增长1.0%。

2015年，开发区（园区）完成基础设施投入2214亿元，比上年增长14.1%，入园企业投资总额7403亿元，增长9.3%。分地区看，嘉兴、温州和金华总量居全省前三位，分别占入园企业投资总额的18.1%、15.1%和14.7%；增幅前三位的地区分别是金华、台州和杭州，分别增长32.5%、15.6%和12.8%。

表1　2015年全省开发区（园区）投资总额情况

地区	绝对值（亿元）	比上年（%）	占比（%）
全省合计	7403	9.3	100.0
杭州	661	12.8	8.9
宁波	895	8.9	12.1
温州	1119	11.2	15.1
嘉兴	1343	9.0	18.1
湖州	573	−0.4	7.7
绍兴	1005	−3.2	13.6
金华	1085	32.5	14.7
衢州	174	10.2	2.4
舟山	177	−7.8	2.4
台州	252	15.6	3.4
丽水	119	−5.2	1.6

2. 工业运行质量优于全省

2015年，开发区（园区）工业总产值49770亿元，比上年增长2.8%，增幅比规模以上工业总产值高2.0个百分点。从11市来看，工业总产值突破五千亿元的地区有 4 个，按绝对值从大到小排序分别是宁波、杭州、绍兴和嘉兴；舟山、温州和金华增幅居前三，分别增长 16.0%、7.9%和 7.7%。

全年开发区(园区)工业企业营业收入 46568 亿元，比上年增长 1.9%，其中，新产品销售收入和高新技术产业营业收入分别为 14436 亿元和 16078 亿元，分别增长 18.4%和 14.6%，增幅快于工业企业营业收入 16.5 个和 12.7 个百分点。工业企业利税总额为 4955 亿元，比上年增长 9.8%，其中，利润总额 2713 亿元，增长 11.1%，增幅比规模以上工业企业高 6.1 个百分点，占规模以上工业企业利润总额的 73.0%。分地区看，利润总额突破 500 亿元的地区有 2 个，分别是杭州和宁波，两者利润总额合计占全部的 42.3%。开发区(园区)工业企业的效益稳步提升，且明显好于全省规上工业企业。

表 2 2015 年全省开发区(园区)工业总产值和利润总额情况

地区	工业总产值			利润总额		
	绝对值(亿元)	比上年(%)	占比(%)	绝对值(亿元)	比上年(%)	占比(%)
全省合计	49770	2.8	100.0	2713	11.1	100.0
杭州	7687	−0.1	15.4	614	10.4	22.6
宁波	9541	−1.3	19.2	535	28.5	19.7
温州	4182	7.9	8.4	234	11.3	8.6
嘉兴	6715	3.9	13.5	298	6.8	11.0
湖州	4739	6.8	9.5	209	11.0	7.7
绍兴	6988	2.3	14.0	358	3.1	13.2
金华	4336	7.7	8.7	194	5.3	7.1
衢州	880	−2.7	1.8	28	−25.7	1.0
舟山	1218	16.0	2.4	30	54.6	1.1
台州	2126	4.7	4.3	123	10.7	4.5
丽水	1359	−5.7	2.7	92	−1.4	3.4

3. 对外经济占据半壁江山

2015 年，开发区(园区)实际到位外资 99 亿美元，增长 4.9%，占全省的 58.2%，其中，服务业实际到位外资 46 亿美元，增长 5.5%，占开发区(园区)实际到位外资的 46.2%，占比比上年(46.0%)提高 0.2 个百分点。实际引进内资 3034 亿元，微降 1.4%，其中，服务业实际引进内资 1124 亿元，增长 34.1%，占开发区（园区）实际引进内资的 37.0%，占比比去年（27.2%）提高 9.8 个百分点。

全年开发区（园区）进出口总额、出口额和进口额分别为 1728 亿美元、1268 亿美元和 460 亿美元，分别占全省的 49.7%、45.8%和 65.1%。其中，服务业企业进出口总额、出口额和进口额分别为 324 亿美元、277 亿美元、47 亿美元，分别比上年增长 4.6%、1.8%和 24.7%。

表 3 全省开发区（园区）与全省进出口情况对比

指标	开发区（园区）（亿美元）	全省合计（亿美元）	占比（%）
进出口总额	1728	3474	49.7
出口额	1268	2767	45.8
进口额	460	707	65.1

（三）科研创新能力增强

“十二五”以来，通过设立人才专项资金和科技创新专项资金，整合政府、企业、高校等创新资源，建设投用各类创新平台，从而营造科技创新的软硬件环境，激励企业不断创新发展，新产品产值快速增长，劳动生产率明显提高。

1. 研发投入和平台建设并举

2015 年，开发区（园区）规模以上工业企业科技活动经费支出总额 521 亿元，比上年增长 24.0%，比全省规模以上工业企业科技活动经费支出总额增速（2.8%）高 21.2 个百分点。

至 2015 年底，开发区（园区）共建设创业投资服务中心（孵化器）1233 万平方米，比上年末增加 177 万平方米，增长 16.7%；创业投资服务中心累计孵化项目 7845 个，比上年增加 983 个，增长 14.3%。园区内共有企业研发中心 2789 家，比上年增加 326 家，增长 13.2%，其中，国家级和省级分别有 52 和 1555 家，两者合计占总数的 57.6%。

2. 科研和创新活力明显增强

至 2015 年底，开发区（园区）引进国家和省级“千人计划”人才 795 人，比上年增加 166 人，增长 26.4%；专利申请授权数和专利申请受理数分别为 100214 项和 121168 项，分别比上年增加 19180 项和 21798 项，增长 23.7%和 21.9%，其中，发明专利申请授权数和发明专利申请受理数分别为 12031 和 26724 项，分别比上年增加 3790 项和 6076 项，增长 46.0%和 29.4%。

2015年，开发区（园区）内企业新产品销售收入和高新技术产业营业收入分别为14436亿元和16078亿元，分别增长18.4%和14.6%，增幅快于园区工业企业营业收入16.5个和12.7个百分点。

（四）生态化建设特征明显

2015年，浙江省开发区（园区）注重经济发展与生态建设相耦合，生产方式与环境保护相协调，不断探索更高层次、更高水平的发展方式，循环经济建设取得积极成效，生态化建设特征明显。

1.生态化园区建设稳步向前

至2015年底，109家开发区（园区）中通过ISO14000环境管理体系认证的园区有74家，占园区总数的67.9%；通过ISO9001质量体系认证的园区有69家，占园区总数的63.3%；已制定园区环境报告及信息公开制度的园区达95家，占园区总数的87.2%。

园区内污水处理厂122家，比上年增加4家，增长3.4%；静脉企业达232家，比上年增加28家，增长13.7%；废旧物资回收企业（站点）261家，基本与上年持平；清洁生产企业达2828家，比上年增加716家，增长33.9%；清洁生产企业比率从上年的0.9%增长至2015年的1.0%，提高0.1个百分点。

2.园区生态化发展水平凸显

工业园区的生态化建设在取得了显著成效的同时，其生态化发展水平进一步凸显，园区工业"三废"的处理能力有所提高。

2015年，开发区（园区）的工业固体废物处置量为1140万吨，比上年增加150万吨，增长15.2%；工业固体废物综合利用量为2349万吨，比上年增加106万吨，增长4.7%；固废综合利用率为64.3%，比上年提高1.6个百分点。全年园区污水处理率达83.4%，比上年提高0.2个百分点。

2015年，开发区（园区）内规模以上工业企业废气收集利用量为318万吨，比上年增加63.6万吨，增长25.0%；万元产值综合能耗为0.187吨标煤，比上年减少0.005吨标煤，下降2.5%。

3.循环经济意识进一步增强

倡导清洁生产、延长产业链、发展静脉产业是园区生态化的重要内容。调查发现，全省园区内企业发展循环经济、开展清洁生产意识进一步增强，通过不断提高创新能力，促进能源和废弃物的循环利用。

园区内企业的技术创新能力是工业园区生态化发展的技术支撑。2015年，开发区（园区）内规模以上工业企业共支出科技活动费用521亿元，比上年增长24.0%；环保设备购置费用30亿元，比上年增长28.6%；科技活动人员

223943 人，比上年增长 11.7%。

园区内规模以上工业企业积极利用先进设备收集余热开展循环利用，全年回收余热总热量达 313691 亿万千焦，比上年增长 8.1%；利用余热发电量达 2249 百万千瓦时，比上年增长 14.5%。

二、开发区(园区)运行中值得关注的问题

(一)各园区发展不均衡，发展速度参差不齐

2015 年，尽管全省开发区(园区)总体保持了较快的经济增长，但各地区、各园区之间的经济发展不平衡，发展速度参差不齐。

1. 分地区看，各地开发区(园区)经济发展不均衡

近年来，开发区(园区)资源集聚能力增强，经济规模和发展空间扩大，整合提升速度加快，有些地方形成产城融合的新城区。但一些规模较小的园区因种种原因，整合提升力度不强。

分 11 市看，杭州、宁波、嘉兴开发区(园区)发展较快，主要经济指标占全省比重位居前列，温州、湖州、绍兴紧随其后，这 6 个市的开发区(园区)工业总产值、利润总额、投资总额、进出口总额和吸引外资规模占到了全省的 75%以上，分别为 80.1%、82.8%、75.6%、83.1%和 93.5%。

表 4　分市开发区(园区)主要经济指标

指标 地区	工业总产值 (亿元)	利润总额 (亿元)	投资总额 (亿元)	进出口总额 (亿美元)	实际到位外资 (亿美元)
全省合计	49770	2713	7403	1728	98.9
杭州	7687	614	661	250	26.4
宁波	9541	535	895	583	25.5
温州	4182	234	1119	69	0.8
嘉兴	6715	298	1343	259	26.0
湖州	4739	209	573	100	7.1
绍兴	6988	358	1005	174	6.7
金华	4336	194	1085	114	1.8
衢州	880	28	174	21	0.3
舟山	1218	30	177	36	0.5
台州	2126	123	252	102	2.6
丽水	1359	92	119	19	1.3

表5　分市开发区(园区)主要经济指标占全省园区比重

单位:%

地区	工业总产值	利润总额	投资总额	进出口总额	实际到位外资
杭州	15.4	22.6	8.9	14.5	26.7
宁波	19.2	19.7	12.1	33.7	25.8
温州	8.4	8.6	15.1	4.0	0.8
嘉兴	13.5	11.0	18.1	15.0	26.3
湖州	9.5	7.7	7.7	5.8	7.2
绍兴	14.0	13.2	13.6	10.1	6.8
金华	8.7	7.1	14.7	6.6	1.8
衢州	1.8	1.0	2.4	1.2	0.3
舟山	2.4	1.1	2.4	2.1	0.5
台州	4.3	4.5	3.4	5.9	2.6
丽水	2.7	3.4	1.6	1.1	1.3

2.分级别看,省级园区发展潜力有待挖掘

2015年,省级及以上开发区(园区)109家,其中国家级29家,省级80家。虽然国家级开发区(园区)仅占26.6%,但主要经济指标总量基本与省级园区持平,园区内规模以上企业的销售产值、主营业务收入和利润总额占全部开发区的比重均超过50%;资产合计和利润总额增幅分别超过省级开发区(园区)企业4.7个和9.5个百分点,分别超过全部开发区(园区)企业2.5个和4.6个百分点。

表6　分级别开发区(园区)主要经济指标占全省园区比重及增幅

单位:%

级别	规模以上企业数量	资产合计		工业总产值		工业销售产值		主营业务收入		利润总额	
		占比	增幅	占比	增幅	占比	增幅	占比	增幅	占比	增幅
全　部	11902	100	7.1	100	4.1	100	3.2	100	1.2	100	7.1
国家级	4497	49.3	9.6	49.9	3.8	50.2	2.8	50.7	1.1	54.4	11.6
省　级	7405	50.7	4.9	50.1	4.4	49.8	3.7	49.3	1.4	45.6	2.1

（二）园区循环利用能力仍有待提高

1. 重点行业企业废弃物处置能力下降

纺织、医药、石化、建材、火力发电、冶金、造纸等高耗能、高排放的企业，属于循环经济重点行业企业，这七大重点行业企业的废弃物排放量在所有被调查企业中占据的比重较大，然而这些重点行业企业工业固废处置能力却呈下降态势，应引起重视。2015 年，园区内这些重点行业规模以上企业规模，单位产值产生固废 0.138 吨/万元，是所有工业企业平均单位产值产生固废量（0.086 吨/万元）的 1.6 倍；固废处置率从上年的 25.8%下降至 23.9%，降低了 1.9 个百分点。其中：建材、纺织、造纸、冶金的固废处置率分别比上年下降 3.3 个、3.2 个、1.2 个和 0.5 个百分点。

2. 污染物减排压力依然较大

在主要污染物排放呈下降态势的情况下，园区排放量无论与上年比，还是占全省比重均呈上升状态，减排压力依然不可忽视。2015 年，开发区（园区）内工业废水排放量为 7.7 亿吨，比上年增长 6.8%；工业固体废物产生量 3544 万吨，比上年增长 2.2%。其中，开发区（园区）内规模以上工业企业的工业废水排放量为 4.6 亿吨，比上年增长 2.8%。

三、对策建议

“十二五”以来，开发区（园区）在培育大企业、构筑大平台、招引大项目、集聚大产业的战略发展中发挥了独特的作用，有力地推动全省经济平稳、健康发展。按照全省“八八战略”和“两美浙江建设”的要求，从全省资源环境特点出发，以加快转型升级和优化提升为目标，“十三五”期间，园区建设需着力做好以下工作。

（一）加强园区聚集整合力和产业化建设

加快实现园区与功能区融合发展，规划确定主导产业，并根据产业关联度培植企业群，形成产业的群体规模优势。加强相同产业的空间整合，使量大面广、规模较小的同类型企业聚集，更好地体现园区经济的规模效应。同时，要提高功能区管理机构动作效率；争创国家级、省级高新园区，大力提升科技创新能力，引进培育发展高新技术产业，加快产业转型升级发展。

（二）进一步加快基础设施建设

一是硬件建设要完善。高标准建设园区的供水、排水、供电、供气、公路、通讯等，切实把园区建成设施完备、功能齐全、承载力强的工业发展平台，使园区真正成为招商的洼地和产业聚集地。二是软件要优。进一步理顺园区管理体制，大力优化园区发展软环境。以更优的服务来招商、来引资，加快发展。

（三）把可持续发展战略落到实处

一方面要加快园区生态改造步伐，全面推进园区循环化、生态化改造。大力发展低碳经济，鼓励创建低碳园区，提高资源利用效率；建立环境保护长效机制，构建环境管理和监督机制。另一方面要明确园区产业结构、发展规模和方向、可接纳的工业门类，规定各种污染物的排放总量指标、绿化指标和污染控制要求，完善配套的基础设施和环保措施。尽可能充分利用资源，使经济发展的成本最低、质量最好、效益最高、污染物排放最少。

（省地方统计调查局　夏菁）

2015 年浙江传媒产业发展监测报告

近年来,传媒产业越来越受到政府部门和社会各界的重视。为厘清传媒产业的统计范畴,掌握浙江传媒产业的发展现状及存在的问题,弥补传媒产业研究的不足,2015 年,我们制定了“浙江传媒产业监测评价制度”,2016 年,在传媒产业监测评价制度的基础上计算得出了 2015 年浙江传媒产业发展指数,并对 2015 年传媒产业的发展情况进行了监测和评价。

一、2015 年浙江传媒产业高速增长

(一)增加值规模不断扩大

2015 年,浙江经济整体保持平稳发展态势,服务业快速增长,加之 G20、亚运会等大项目落户杭州,给传媒产业的进一步发展提供了良好的外部环境,传媒产业高速发展。据测算,2015 年,传媒产业增加值为 645.3 亿元,比上年增长 18.2%(现价计算,下同),比 GDP 现价增速高 11.4 个百分点,比服务业增加值现价增速高 7.2 个百分点,增速在各产业中位居前列。2015 年,传媒产业增加值占 GDP 的 1.5%,比重比 2014 年提高 0.15 个百分点,传媒产业的重要性稳步上升。

传媒产业可划分为纸质传媒产业、传统电子传媒产业、新媒体产业和传媒辅助产业①四个类别,其中,新媒体产业增加值 323.4 亿元,位居第一,占传媒产业的 41.0%,比重比位居第二的传媒辅助产业高 14.1 个百分点(见图 1);新媒体产业增加值比上年增长 25.1%,增速最快,比居第二位的传统电子传媒产业高 6.5 个百分点;2015 年,纸质传媒产业增加值 91.4 亿元,下降 1.3%,是四个类别中唯一下降的。

---

① 传媒产业类别按媒体类型划分,以便于了解各类媒体的发展态势,细分产业按国民经济行业分类进行划分,以便于进行增加值的测算。

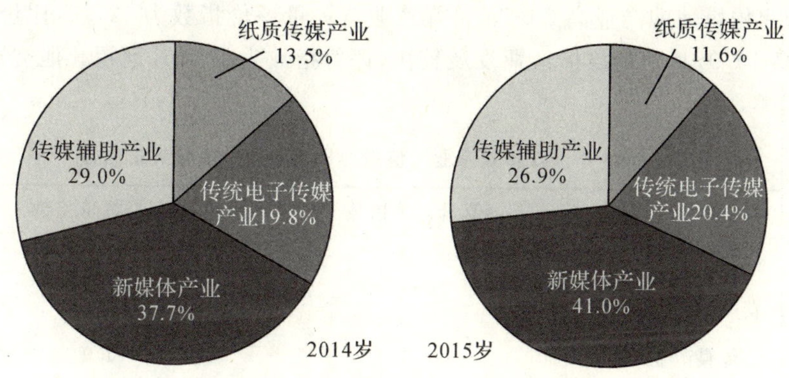

图 1　2014 年及 2015 年浙江传媒产业四大类别增加值比重

各细分产业中，互联网服务增加值规模仍居各产业首位，为 320.7 亿元，远远超过其他行业，是居第二位的基础服务产业的 2.2 倍，比上年增长 25.3%，增速在各细分产业中也位居前列；报纸产业增加值 27.2 亿元，下降 9.6%。

（二）评价指数大幅度增长

根据传媒产业监测评价方法，以 2014 年为基期，对 2015 年浙江传媒产业发展指数[①]进行了测算。2015 年，传媒产业评价指数为 116.8，即比 2014 年增长 16.8%。其中，新媒体产业评价指数最高，为 129.4，增长 29.4%，纸质传媒产业评价指数为 96.7，下降 3.3%，是四个门类中唯一下降的（见表 1）。

表 1　2015 年浙江传媒产业增加值、增速及评价指数

类别	增加值（亿元）	增速（%）	评价指数
传媒产业	788.5	15.0	116.8
纸质传媒产业	91.4	−1.3	96.7
传统电子传媒产业	161.2	18.6	115.6
新媒体产业	323.4	25.1	129.4
传媒辅助产业	212.4	6.8	100.3

2015 年，传媒产业价值量评价指数为 110.9，增长较快。其中，纸质传媒业评价指数为 92.4，是四类传媒产业中唯一降低的，比 2014 年降低 7.6 个百分点，新媒体产业评价指数为 121，有较大幅度的增长，比纸质传媒业指数高

① 传媒产业发展指数由价值量指数和业务量指数组成，价值量指数用来表示传媒产业的经济影响力，业务量指数用来表示传媒产业社会、政治、文化等方面的影响力。

28.5，比传媒辅助产业高 20.2。传媒产业业务量评价指数为 121.8，比价值量指数高 10.9，其中新媒体产业发展较快，评价指数为 136.6，远超其他类别（见表 2）。

表 2　2015 年浙江传媒产业价值量评价指数及业务量评价指数

类别	价值量评价指数	业务量评价指数
传媒产业	110.9	121.8
纸质传媒产业	92.4	100.4
传统电子传媒产业	116.2	115.0
新媒体产业	121.0	136.6
传媒辅助产业	100.8	100.0

各细分产业中，价值量评价指数最高的是互联网销售产业，为 167，远远超过其他产业，如果不设指标阈值，指数会更高，可能会高达 300 以上。印刷、报纸、广播[①]等细分产业的价值量指标均有所下降。

各类媒体中，业务量评价指数最高的是网络视听，为 142.4；电影、数字出版也较高，分别为 134.9 和 129.4；报纸、期刊、音像、电子等传统媒体的业务量评价指数均有所下降。

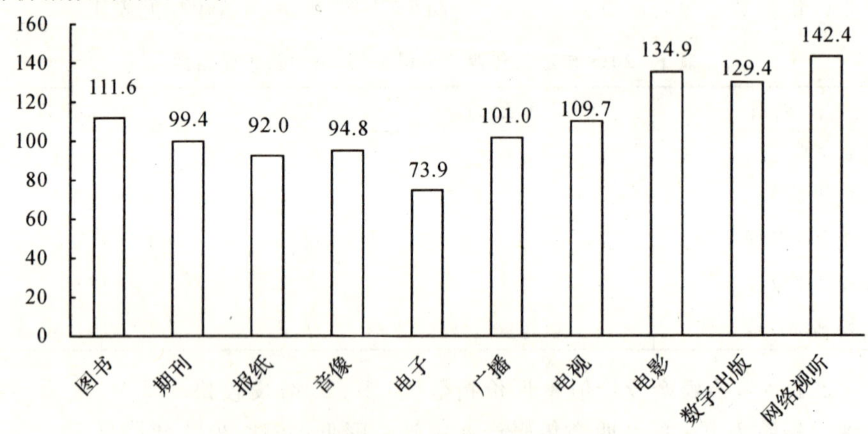

图 2　2015 年传媒产业各媒体业务量指标评价指数

① 2015 年，根据省统计局的数据，广播（8610）行业没有规上企业，因而相关指标大幅下降。

二、纸质传媒产业继续滑落，报业下降较大

近年来，受新媒体冲击等因素的影响，纸质传媒整体规模继续萎缩，特别是报纸产业，下降幅度较大。2015 年，纸质传媒产业增加值为 91.4 亿元，比上年下降 1.3%。其中，印刷产业增加值 29 亿元，增长 2.2%；图书期刊增加值 35.3 亿元，增长 3%；报纸产业增加值 27.2 亿元，下降 9.6%，下降幅度较大。

从评价指数来看，纸质传媒产业的总体评价指数是四类传媒产业中唯一下降的，其中又以报纸的下降幅度最大。价值量评价指标中，印刷的评价指数为 89.6，下降 10.4 个百分点；图书期刊的评价指数为 106.6，小幅增长；报纸的评价指数为 73.7，下降 26.3 个百分点，下降幅度最大。业务量评价指标中，图书的评价指数为 111.6，保持了较高的增长速度；期刊的评价指数为 99.4，基本持平；报纸的评价指数为 92，下降幅度最大。

2015 年，全省 14 家图书出版社营业收入 20.4 亿元，利润总额 6.1 亿元，比上年分别增长 4.1%和 14.1%，出版图书 1.4 万种，增长 8%，其中新版图书 6940 种，增长 1%，重印图书 6761 种，增长 16.4%；报纸出版单位营业收入 44.7 亿元，利润总额 3.1 亿元，比上年分别下降 16.3%和 55.5%，公开发行报纸 68 种，总印数 31 亿份，下降 7.7%；期刊社营业收入 6.6 亿元，利润总额 1.3 亿元，比上年分别增长 13.8%和 25.5%，共有期刊 226 种，总印数 7743.8 万册，下降 0.3%；印刷复制业营业收入 1199 亿元，增长 2.9%；出版物发行业营业收入 189.3 亿元，增长 7.3%。

从以上数据可以看出，报业的发展正面临着双重困境：一方面，订阅量在萎缩。大量的用户被电视、网络等媒体所分流，这种趋势还在延续甚至有加剧的态势。另一方面，报业的经营效益也在下降。许多报纸下调价格甚至免费发行，广告收入不断下降，人工等费用不断上升，多重挤压之下，利润空间进一步缩小。

相较于报纸，图书期刊所面临的形势要好些，主要有以下几个原因：首先，新闻是新媒体产业的重要切入点，而图书期刊的新闻属性相对较小，受到的冲击较小。第二，图书期刊的用户忠诚度较高。图书期刊市场有大量的教育类书籍和专业期刊，他们所对应的用户忠诚度很高，不容易被分流。第三，健康因素。图书期刊的阅读量较大，电子阅读的方式对视力、颈椎等身体部位损伤较大，大家更愿意选择纸质产品。但是随着网络电子技术的进一步发展，以上优势会逐渐减少，图书期刊特别是期刊所面临的竞争压力将会越来越大。

三、传统电子传媒产业整体上升，电影一枝独秀

虽然受到新兴媒体的巨大挑战，但传统电子传媒产业仍然保持了较高的

增长幅度。2015 年，传统电子传媒产业增加值 161.2 亿元，比上年增长 18.6%。其中，音像产业增加值 2.3 亿元，增长 6.5%；广播产业增加值 4 亿元，增长 17.1%；电视产业增加值 105 亿元，规模最大，增长 18.1%；电影产业增加值 49.9 亿元，增长 20.7%，增速最高。

传统电子传媒产业评价指数为 115.6，增速较快，价值量指标和业务量指标分别为 116.2 和 115，都保持了较快增长。价值量评价指标中，音像业的评价指数为 133.9，上升幅度最大；电视业的评价指数为 125.8，增长也较快；电影业的评价指数为 107.9。业务量评价指标中，电影业的评价指数最高，为 134.9，这与电影业务量的上升直接相关；广播、电视业小幅增长，音像制品和电子出版物有所降低。

2015 年，音像电子出版单位营业收入 1 亿元，比上年增长 3.6%，利润总额 0.07 亿元，增长 22.2%；出版音像制品 227 种，下降 2.6%，出版音像制品数量 432.3 万盒，增长 2.6%，出版电子出版物 377 种，增长 3%。

2015 年，省广播电视业创收收入为 434.7 亿元，在全国居第三位。广播广告收入为 13.2 亿元，比上年下降 9.7%，全年制作广播节目共计 51.4 万小时，比上年增加 1.4 万小时，全年公共广播节目播出节目共计 76.2 万小时。电视广告收入 105.5 亿元，比上年增长 43.5%，全年制作电视节目共计 16.2 万小时，比上年增加 0.6 万小时，公共电视节目播出时间为 75.4 万小时。

电影综合收入 34.9 亿元，比上年增长 47.5%，制作电影 60 部，年底院线内影院 418 家，观影人数达到 9695 万人次，农村电影放映工程送电影下乡 28 万场。

从以上数据可以看出，音像、电子、广播这三类媒体的体量较小，影响力和规模都在不断缩小，而电视和电影整体依然保持较快增长。电视及电影能在新媒体的冲击下仍然保持较快增长主要源于以下几个因素：

第一，电视拥有一部分相对稳定的观众群体。缘于生活习惯又或者是对新媒体的不熟悉或不喜欢，部分群体特别是一些年纪相对较大的群体对电视的依赖度较高。

第二，价格因素。新兴媒体中的新闻、资讯等大多数文字内容基本上都是以免费的方式提供，而电视电影等内容则不然。由于受到版权保护等因素的影响，第一时间出现在新兴媒体中的电视剧、电影等很多内容也需要付费观看，新媒体价格优势并不明显，对电视电影观众的分流影响相对较小。

第三，经济条件的改善提高了人们对视觉效果的追求。我国经济持续近 40 年的高速增长，大大改善了人们的经济条件，大家对电视电影特别是电影的视觉效果有越来越高的要求，3D、大屏幕等技术的出现恰好满足了这一点，而现阶段的新兴媒体并不具备这一条件，这使得电影产业在与新兴媒体竞争中仍具优势。

在可预见的未来，随着新兴媒体技术的突破和人口年龄结构的变迁，电视所受到的挑战将会越来越大，而电影则可能会保持较长时间的快速增长。

四、新媒体产业快速发展

2015 年是新媒体产业继续快速发展的一年，新兴媒体已有业态逐渐成熟，盈利模式被不断发掘，新兴业态不断涌现，新媒体技术革新仍处于方兴未艾的阶段，新媒体的发展势头不可阻挡、后劲十足。2015 年，浙江新传媒产业增加值 323.4 亿元（全社会口径），比上年增长 25.1%。其中，互联网销售实现增加值 2.8 亿元，增长 10%；互联网服务实现增加值 320.7 亿元，增长 25.3%，增速在各细分产业中位居首位。

新传媒产业评价指数为 129.4，继续保持了快速增长的态势，价值量指标和业务量指标分别为 128.4 和 148.4，均保持了较快增长。价值量评价指标中，互联网销售的评价指数为 164，上升幅度最大；互联网服务的评价指数为 126.5，增长也较快。业务量评价指标中，数字出版的评价指数最高，为 199.2，可谓飞跃式发展；网络视听评价指数为 106.8，增长平稳。

综合考虑媒体类型和专家的意见后，我们将新媒体产业划分为数字出版和网络视听两个类型。为全面掌握新媒体发展态势，对省内新媒体企业进行了调查，主要调查统计了 2013 年到 2015 年各类新媒体企业的 24 个主要业务量指标，其中数字出版类 9 个，网络视听类 15 个。

调查数据显示，2015 年数字出版的 9 个业务量指标中有 3 个下降。其中，制作网络动漫共计 9.9 万部，比 2014 年下降 32.8%，下降幅度最大，手机阅读月均访问用户数和手机报月均付费用户数两项指标也有一定的下降；有 6 个业务量指标上升，其中网络原创文学和数字音乐两项指标有较大幅度的上升，分别增长 49.7%和 61%。

网络视听类 15 个业务量指标中有 3 个下降，12 个上升。其中 PC 客户端播放次数、用户生产节目存量和网络视听节目付费用户数三项指标有所下降，分别下降 7.7%、14.3%和 20.3%；自制节目存量、本年新增节目和年度月均独立访客数 3 个指标上升幅度最大，增幅超过一倍；现有节目存量、音频节目存量、视频节目存量、移动客户端播放次数 4 个指标增幅也较大，超过 50%。

从以上指标可以看出，新媒体产业的整体业态仍处于急剧变革期，新的业态不断涌现，一些老的业态被削弱，新兴媒体不仅在与传统纸质媒体、电子媒体竞争，也在与自身竞争，产业发展道路还远未固定。

新世纪以来，新兴媒体以出人意料的速度快速攫取了媒体市场的巨大份额，其主要原因在于以下几点：

首先，便捷性。随着智能终端的普及、网络带宽的提高和无线技术的成熟，新兴媒体具有了传统媒体所无法获取的便捷属性。无论何时、无论何地，大家都可以通过新兴媒体快速、方便地浏览到信息，这是新兴媒体快速崛起的决定性因素。

其次，廉价性。新兴媒体所提供的信息很多是免费的，即使是一些非免费的项目，一般所收取的费用也不高，再考虑到环境、硬件方面的费用，与传统媒体相比，新兴媒体拥有极大的价格竞争优势。廉价这一特征是新兴媒体不断攻占传统媒体市场份额的利器。

再次，生活性。新兴媒体很好地融合了信息化技术，将自身与我们的生活完美结合到一起，渗透到我们衣食住行等生活日常的方方面面，这极大地扩大了新媒体的客户群体，提高了客户群体对新媒体的依赖性。与人们生活的密切联系是新兴媒体发展壮大的巨大动力。

最后，时尚性。新媒体所使用的技术、表现方式、经营理念与传统媒体截然不同，它不仅满足了用户需求，更多时候是创造性地激发了用户需求，这使得它处处都闪现着时尚的气息，吸引了大量的青少年。时尚性是新兴媒体对传统媒体的优势之一。

五、对外交流和数字出版进一步发展

(一)对外交流进一步加强

2015 年，传媒产业进一步加强了对外交流力度，对外版权贸易与传媒产品进出口平稳增长。

2015 年，出版物进出口单位实现营业收入 2.5 亿元，同比增长 42.5%。全年图书进口 293.8 万册，图书出口 221.2 万册。全省共引进版权 368 种，全部为图书，其中，日本 79 种，美国 58 种，英国 22 种。全省共输出版权 344 种，全部为图书，其中，美国 43 种，韩国 41 种，俄罗斯 32 种。

2015 年，电视节目出口总额 2.8 亿元，同比增长 2.5 倍。其中，电视剧出口总额 2.2 亿元，在全国各省市中位居第一；动画电视出口总额 4191 万元。电视节目出口量时长为 6701 小时，出口电视剧 191 部共 7138 集，在全国各省市中居第一位，出口动画电视 1334 小时 37 分钟。

表 3　2015 年浙江电视剧出口情况

指标	单位	绝对数
全年电视节目出口总额	亿元	2.8
其中:全年电视剧出口总额	亿元	2.2
全年动画电视出口总额	万元	4191
全年电视节目出口量	时	6701
其中:全年出口电视剧	部/集	191/7138
全年出口动画电视	时:分	1334:37

(二)数字出版基地稳步发展

2015 年,杭州国家数字出版产业基地新成立上城数字出版园区,基地的整体规模不断扩大,土地资产大幅增长,年底基地资产总计为 107 亿元,同比增长 42.2%。

2015 年,基地实现营业收入 84.3 亿元,同比增长 8.8%,但由于基地大幅改善员工的福利待遇、市场推广费用大幅增长和咪咕数字传媒有限公司改制等原因的影响,2015 年基地共实现利润 4.2 亿元,与 2014 年相比有较大幅度的下降。

总的来说,新兴媒体具有绝对的优势与后劲,它不仅仅会改变我们的生活方式,还将改变我们的生活理念,传统媒体也在融合与创新中激发新的生命力。传统媒体与新兴媒体融合将是今后的发展趋势。

(省地方统计调查局三产处　徐文晔)

“十二五”浙江 R&D 投入情况分析

“十二五”时期是浙江全面实施创新驱动发展战略、加快建设创新型省份、实现经济转型升级和提质增效的关键时期。浙江紧紧抓住新技术革命和产业变革、大众创业万众创新的良好机遇，大力推进科技体制改革，充分发挥科技支撑作用，有效释放改革创新红利，全省研发水平得到了持续提升，R&D(研究与试验发展)经费和 R&D 人员投入稳步增长，R&D 经费相当于 GDP 的比重逐年提升，有力地促进了经济的可持续发展。

一、“十二五”期间，浙江 R&D 投入主要情况

(一)R&D 经费投入首破千亿大关，投入强度再创历史新高

2015 年，R&D 经费投入总量首次突破千亿大关，达到 1011 亿元，比 2014 年增加 103 亿元，增长 11.4%，是 2010 年的 2.1 倍，五年年均增长 15.4%；R&D 经费相当于 GDP 的比重再创历史新高，达到 2.36%，高于全国平均水平 0.29 个百分点，比 2014 年提升 0.1 个百分点，自 2010 年以来年均提升 0.12 个百分点。R&D 经费总量列江苏、广东、山东、北京之后，居全国第五位，R&D 经费投入强度列北京、上海、天津、江苏、广东之后，居全国第六位，位次均与 2014 年一致。

1. 从投入主体上看，工业企业对 R&D 经费投入增长的贡献最大

2015 年，规模以上工业企业 R&D 经费投入 854 亿元，比 2014 年增长 11.1%，是 2010 年的 2.1 倍，年均增长 15.9%，高于 R&D 经费投入总量增速 0.4 个百分点。科研机构和高等院校的 R&D 经费投入分别为 30 亿元和 56 亿元，分别比 2010 增长 97.1%和 62.5%。“十二五”期间，规模以上工业企业对全省 R&D 经费投入增长的贡献率(86.3%)，远高于科研机构(2.9%)和高等院校(4.2%)。

表 1　全省 R&D 经费投入分类情况表

	2010 年		2015 年		“十二五”期间对 R&D 经费增长的贡献(%)
	R&D 经费(亿元)	占比(%)	R&D 经费(亿元)	占比(%)	
科研机构	15.4	3.1	30.3	3	2.9
高等院校	34.6	7	56.1	5.6	4.2
规模以上工业企业	407.4	82.4	853.6	84.4	86.3
其他部门	36.9	7.5	71.2	7	6.6

2. 从投入类型上看，试验与发展经费占比进一步扩大

R&D 经费由基础研究、应用研究和试验发展三部分组成。2015 年，投入的 R&D 经费中，有 941 亿元投入到了试验与发展领域，占比达到了 93%，比重与 2014 年基本持平，比 2010 年提高 1.4 个百分点。与此同时，投入到基础研究和应用研究 R&D 经费合计 71 亿元，占比由 2010 年 8.4%下降到 2015 年的 7%，从数据上看，试验发展仍是 R&D 经费投入的主要方向，并有进一步增加的趋势。

3. 从产业部门上看，高新技术企业的投入占较大比重

2015 年，规模以上高新技术企业共投入 R&D 经费 508 亿元，占规模以上工业企业 R&D 经费投入总量的 59.6%，比重比 2014 年提升 0.9 个百分点；有 R&D 活动的企业占比达到了 92%，远高于规模以上工业企业(33.1%)；R&D 经费投入强度(R&D 经费相当于主营业务收入的比重)达到了 3.43%，高于规模以上工业企业平均水平 2.08 个百分点。从数据可以看出，我省规模以上高新技术企业总体竞争能力较强，转型升级取得积极的进展。

4. 从行业结构上看，超 50 亿元的行业大类达到 5 个

2015 年，规模以上工业企业 41 个行业大类中，R&D 经费投入超 50 亿元的行业大类达到 5 个，分别是电气机械和器材制造业，计算机、通信和其他电子设备制造业，通用设备制造业，化学原料和化学制品制造业，汽车制造业，共投入 R&D 经费 459.4 亿元，占规模以上工业企业 R&D 经费总投入的 53.8%；R&D 经费投入强度最高的三大行业分别是计算机、通信和其他电子设备制造业，仪器仪表制造业，医药制造业，R&D 经费投入强度分别达到了 3.87%、3.45%和 2.93%。

表 2　R&D 经费投入强度排前八位的行业大类

行业大类	R&D 经费投入(亿元)	R&D 经费投入强度(%)
计算机、通信和其他电子设备制造业	110.5	3.87
仪器仪表制造业	27.1	3.45
医药制造业	33.9	2.93
专用设备制造业	40.6	2.62
通用设备制造业	89.8	2.19
电气机械和器材制造业	124.5	2.08
铁路、船舶、航空航天和其他运输设备制造业	19.4	2.04
汽车制造业	64.2	1.84

表 3　2015 年 11 个设区市 R&D 经费投入情况

地　区	R&D 经费投入(亿元)	R&D 经费相当于 GDP 比重(%)
杭州市	302.2	3.01
宁波市	193.2	2.41
温州市	78.8	1.71
嘉兴市	95.9	2.73
湖州市	53.2	2.55
绍兴市	101.2	2.27
金华市	68.6	2.02
衢州市	14.3	1.24
舟山市	15.5	1.41
台州市	63.1	1.78
丽水市	13.0	1.18

5. 从地区分布上看，研发活动主要集中在浙东北地区

2015 年，浙东北(杭州、宁波、嘉兴、湖州、绍兴、舟山)R&D 经费共投入 761 亿元，占全省总投入的 75.3%，浙西南(温州、金华、衢州、台州、丽水)R&D 经费共投入 238 亿元，占 23.5%，浙东北 R&D 经费投入是浙西南的 3.2 倍，研发的活跃度更高。其中，杭州和宁波的 R&D 经费投入分别为 302 亿元和 193 亿元，两个市的投入几乎占据全省半壁江山。杭州的 R&D 经费相当于

GDP 的比重达 3.01%，在 11 个设区市中排名第一。

（二）R&D 人员投入稳定增长，排名继续居全国第三位

R&D 人员是国际上用于比较研发人力投入的指标，2015 年，共投入折合全时的 R&D 人员 36.5 万人年，比 2014 年增长 7.8%，比 2010 年增长 63.2%，五年年均增长 10.3%，“十二五”期间 R&D 人员总量始终居全国第三位。每万人拥有 R&D 人员 65.8 人年，比 2010 年增加 24.8 人年，五年年均递增 5 人年。

1. 企业 R&D 人员是研发的主体力量

2015 年，各类企业共投入 R&D 人员 33.7 万人年，比 2010 年增长 67.7%，五年年均增长 10.9%，高于全社会 R&D 人员增速 0.6 个百分点，企业 R&D 人员占全社会 R&D 人员的比重达到 92.3%；科研机构 R&D 人员 0.7 万人年，占 2%；高等院校 R&D 人员 1.6 万人年，占 4.4%。2010—2015 年全社会共增加 R&D 人员 14.1 万人年，各类企业 R&D 人员净增 13.6 万人年，对全社会 R&D 人员增长的贡献度达 96.2%。

2. 科研机构和高等院校 R&D 人员素质明显高于企业

2015 年，共有研究机构 10896 个，机构 R&D 人员 29.3 万人，其中博士和硕士毕业的高素质人才 3.4 万人，占 11.5%。科研机构、高等院校和各类企业的机构人员分别为 0.9 万人、1 万人和 27.3 万人，拥有的高素质人才分别为 0.5 万人、0.9 万人和 2 万人，高素质人才所占比重分别为 53.9%、84%和 7.3%，科研机构、高等院校的高素质人才占比是企业的 7.4 倍和 11.5 倍，企业 R&D 人员素质有待提高。

3. 大中型工业企业 R&D 人员的研发质量相对较高

2015 年，规模以上工业企业 R&D 人员 31.7 万人年，人均 R&D 经费投入 27 万元。其中，大中型工业企业共投入 R&D 经费 542.6 亿元，投入 R&D 人员 19.3 万人年，人均 R&D 经费投入为 28.2 万元；小微企业共投入 R&D 经费 311 亿元，投入 R&D 人员 12.4 万人年，人均 R&D 经费投入为 25.1 万元，大中型工业企业 R&D 人员人均 R&D 经费投入高于小微企业 3.1 万元，研发质量相对较高。

4. 经济总量大的地区 R&D 人员投入相对较多

2015 年，11 个设区市中 R&D 人员投入量排序与 GDP 排序基本一致，投入 3 万人年以上的市共有 5 个，分别是杭州（9.4 万人年）、宁波（7.9 万人年）、温州（4 万人年）、绍兴（3.5 万人年）、嘉兴（3.1 万人年），5 个市的 R&D 人员投入占到全社会投入总量的 76.3%。有 4 个市每万人拥有 R&D 人员超全省

平均水平，分别是杭州（105.3 人年）、宁波（101.4 人年）、绍兴（70.1 人年）和嘉兴（68.0 人年）。

表 4 2015 年 11 个设区市 R&D 人员投入情况

地 区	R&D 人员（万人年）	每万人拥有 R&D 人员（人年）
杭州市	9.4	105.3
宁波市	7.9	101.4
温州市	4.0	44.2
嘉兴市	3.1	68.0
湖州市	1.7	57.8
绍兴市	3.5	70.1
金华市	2.6	47.7
衢州市	0.5	23.9
舟山市	0.4	37.6
台州市	2.9	48.5
丽水市	0.5	22.6

二、我省 R&D 投入存在的主要问题

一是核心研发能力还有待加强。代表科学研究的基础研究和应用研究是研发活动的基础，加强科学研究是提升前沿核心领域研发能力的重要途径。"十二五"以来，我省的基础研究和应用研究经费投入虽然保持增长，但五年年均增速只有 11.1%，低于同期全社会 R&D 经费增速 4.3 个百分点，占比由 2010 年的 8.4%下降到 2015 年的 7%，只有全国平均水平的一半。从数据上看，R&D 经费投入在价值链的高端领域不多，基础领域、关键领域和前沿领域的研发能力有待加强。

二是 R&D 活动的质量有待提高。我省是民营经济较为发达的省份，2015 年，共有 14187 家单位开展了 R&D 活动，比 2010 年增长了 57.4%，占全国单位总数的 16%以上。开展 R&D 活动的单位数量有了较大幅度的增加，说明了研发作为创新活动的核心和基础得到了全社会更多的认可和支持，但是在质量方面仍显不足。平均每家单位投入的 R&D 经费只有 712.8 万元，不到全国平均水平（1640 万元）的一半。

三是R&D投入的地区差异仍然较大。浙东北地区R&D投入远高于浙西南地区，2015年，浙东北地区R&D经费投入、R&D人员投入分别是浙西南地区的3.2倍和2.5倍。R&D经费投入最多市是投入最少市的23倍，R&D经费相当于GDP的比重最高市是最低市的2.6倍，R&D人员投入最多市是投入最少市的22倍。虽然自2010年以来，全省11个设区市的R&D投入差距有所缩小，但区域差距仍然较为明显。

三、对策建议

省委十三届九次全会把补齐科技创新短板放在补齐六大短板的第一位，把科技创新作为第一工程来抓，明确了32条重要工作任务分工。这些工作的落实显效，必将对提升我省科技创新和研发能力起到积极的促进作用。结合统计数据分析，提出如下建议：

（一）优化R&D经费的投入结构，全力打造核心技术优势

把加大科学研究投入作为提升我省研发综合实力的重要举措摆在优先位置，支持和鼓励科研机构、高等院校、有实力的企业开展基础领域和前沿领域的创新研究，建立政策扶持体系，从资金、项目、人才等方面给予倾斜保障，力争在“十三五”期间打造一批具有自主知识产权、在国际上站得住脚、在国内有重要影响的关键技术和研发成果，形成核心技术优势。

（二）推进产学研精准对接合作，持续提高R&D活动的质量和水平

进一步完善以企业为主体的产学研协同创新机制，落实相关政策措施，从大产业、大平台、大项目、大企业入手，把企业的技术需求与高校、科研院所的科研能力有机整合起来，实施精准化对接。积极推进不同区域、不同行业的企业、高校和科研院所开展产学研联合攻关，突破关键技术研发瓶颈，提升研发活动的质量和水平，促进产学研合作向纵深发展。

（三）注重大城市辐射带动作用，实现地域间R&D投入统筹协调发展

目前，浙江的产业集聚效应非常明显，杭州、宁波等中心城市的经济实力、人才实力和研发实力明显强于周边城市，这为浙江加快转型升级、提升国际竞争力提供了重要的支撑。在此基础上，为了全面实现转型发展，需要加快产业梯度转移和辐射，带动周边城市培育符合本区域经济特点和研发活动实际情况的优势产业和特色产业。要加快相关地区的高新技术产业园区和研发支撑平台创建工作，加强不同地域间的平台沟通和协调，实现优势互补，融合发展。

（社科处　毕宁）

"十二五"时期浙江新型城市化发展报告

浙江城市化发展之路是一条勇于开拓创新的新型城市化道路。2006年，浙江在全国率先提出走资源节约、环境友好、经济高效、社会和谐、大中小城市和小城镇协调发展、城乡互协的新型城市化道路，开启了浙江新型城市化的新征程。近年来，浙江进一步强调推进以人为核心的城市化，全面提高城市化质量和水平，一系列"三改一拆""五水共治"等转型升级组合拳的精准举措，为城市化健康发展提供了日趋完善健全的体制和机制，经过多年不懈努力，浙江城市化发展焕发出新的生机和活力。"十二五"时期，浙江城市化进程稳健推进，发展质量不断提高，综合效应进一步显现。

一、浙江新型城市化发展特征

（一）量质并举，城市化进入稳健推进阶段

城市化发展是改革开放以来浙江经济社会发展取得的最伟大成就之一。从1978年的改革开放开启至2015年的37年浙江城市化发展的进程分析，浙江城市化经历了1978—1998年的恢复并较快发展阶段，到1999—2010年的加速发展阶段，再到2011—2015年"十二五"时期量质并举稳健推进阶段。2015年，浙江城市化水平为65.8%，比全国水平(56.1%)高9.7个百分点，比浙江2010年水平提高4.2个百分点，"十二五"时期年均提高0.84个百分点。尽管比前十年(2000—2010年)的年均提高幅度(1.29个百分点)回落0.45个百分点，但城市化发展质量明显提升，城乡协调发展水平不断提高，城乡居民收入比由2010年的2.42∶1缩小至2015年的2.07∶1，是我国城乡居民收入差距最小的省份之一，如期实现"消除4600"的脱贫目标。五年累计转移85.5万农村劳动力就业，城镇登记失业率维持在3%左右的低位。浙江以占全国1%的陆域面积、4%的人口，创造了近6.3%的经济总量，离不开浙江城市化发展释放的巨大能量。从省际比较看，2015年浙江城市化水平列广东(68.7%)、辽宁(67.3%)、江苏(66.5%)之后居全国各省区第四位，且与第一位的广东差距由2010年的4.56个百分点缩小到2015年的2.9个百分点。从全球城市化发展看，我省城市化发展进程也明显快于世界水平。国家统计局课题"世界人口城市化发展状况"以及联合国报告显示，浙江城市化水平由1978年低于

世界水平 23 个百分点、1990 年低于 10 个百分点，到 2000 年反超 2.7 个百分点、2005 年超过 7 个百分点，“十二五”时期平均超过约 10 个百分点。预计到“十三五”末，我省城市化水平将达到 70％左右。

（二）科学规划，大中小城市和小城镇协调发展

“十二五”时期，浙江全面推进全省城市和城镇空间结构、功能结构、规模结构的优化完善，加快形成空间分布合理、不同城市功能互补、大中小城市和小城镇协调发展的格局。2013—2015 年，国务院先后批复浙江的绍兴县和上虞市、富阳市、洞头县撤县（市）分别划入绍兴市区、杭州市区和温州市区，从县域经济转向都市圈经济、城市经济转变，这是浙江走向未来城市化、统一规划协调城乡发展，顺应城市化发展的需要。按照国务院关于城市规模划分标准，以城区常住人口为统计口径，截至 2015 年底，浙江有特大城市 1 个、大城市 7 个、中小城市 3 个，市辖区 35 个，建制镇 641 个，与 2010 年相比，大城市增加 1 个，中小城市减少 1 个，市辖区增加 3 个，建制镇减少 87 个，通过撤扩并等行政区划调整，城镇体系进一步优化，目前，由长三角区域中心城市、省域中心城市、县市域中心城市、小城镇构成的五级城镇体系不断完善。为适应与引领经济新常态，2015 年，按照创新、协调、绿色、开放、共享五大发展理念，聚焦浙江信息经济、环保、健康、旅游、时尚、金融、高端装备等七大新兴产业，融合产业、文化、旅游、社区功能的创新创业发展平台，浙江全面启动建设一批产业特色鲜明、人文气息浓厚、生态环境优美、兼具旅游与社区功能的特色小镇，成为推进供给侧结构性改革和新型城市化的有效路径。同时加快推进杭州、宁波、温州和金华—义乌四大都市区建设，积极融入长三角世界级城市群一体化发展进程，充分发挥四大都市区在城市化进程中的主导和带动作用。2015 年四大都市区 GDP 占全省总量的 60％。

（三）打破城乡壁垒，户籍制度改革加快推进

作为流动人口大省，在推进城市化的进程中，浙江较早出台了对农村进城务工人员分类管理办法；率先实施差别化落户政策，推行蓝印户口制度，引导农村转移人口进入中小城市和小城镇定居；率先推行流动人口居住证制度，加大对外来务工人员的分类管理；率先推进城乡居民户籍登记制度改革，建立城乡统一的人口登记制度，稳步推进城镇常住人口基本公共服务均等化。“十二五”时期，浙江加快推进户口迁移制度、户口登记制度、居住证制度、人口信息管理制度和相关领域配套制度“五项改革”，加快中心镇改革发展和小城市培育试点，积极推进“三权到人（户）、权跟人（户）走”等农村产权制度改革和城乡一体化发展相关体制改革，为愿意进城的农民和愿意留在农村的农民创造平

等的制度条件，取得了制度创新、发展提质、百姓“获得感”提升的良好成效。2015 年，浙江省人民政府印发了《关于进一步推进户籍制度改革的实施意见》，提出全面放开县市落户限制、有序放开大中城市落户限制、建立完善积分落户制度、实行省内户口自由迁移等多项政策，为基本建立与高水平全面建成小康社会相适应，有效支撑社会管理和公共服务，依法保障公民权利，以人为本、科学高效、规范有序的新型户籍制度，全面提高全省新型城镇化水平提供有力保障。浙江在城乡融合发展中，努力从制度上消除和防止农村居民与城市居民之间的矛盾，使全省人民共享发展成果，这也正是浙江新型城市化的核心所在。测算显示，2015 年全省户籍人口城市化为 51.2%，高于全国约 10 个百分点。可以看到，浙江省在户籍制度改革这块“硬骨头”面前，勇于尝试并一直走在全国前列。

（四）齐头并进，区域城市化协调推进

根据规划，我省分为环杭州湾、温台和浙中三大城市群。环杭州湾包括杭州、宁波、嘉兴、湖州、绍兴、舟山市，温台包括温州、台州市，浙中包括金华、衢州、丽水市。在 3 大城市群中，环杭州湾地区位于浙江的东北部，其区位条件优越，是浙江经济最发达的地区。温台沿海产业带地区市场化水平高，民营经济活力充沛，是著名的“温台模式”发源地，经济体制充满活力。金衢丽地区位于浙江省西南部，生态环境优越，待开发资源丰富。“十二五”时期，浙江省委、省政府制定实施加快山区经济发展规划，实施的山海协作、结对帮扶、异地搬迁等工程扎实推进取得明显成效，区域城市化水平差距逐渐缩小。2015 年最高城市化水平区域的环杭州湾地区达到 68.2%，高于全省（65.8%）2.4 个百分点，比 2010 年的 64.2%提高 4.0 个百分点；最低城市化水平区域的金衢丽地区为 59.6%，比 2010 年的 53.4%提高 6.2 个百分点。城市化水平最高和最低两区域差距从 2010 年的 10.8 个百分点缩小到 2015 年的 8.6 个百分点。与此同时，温台地区与金衢丽地区的城市化水平差距也从 2010 年的 8.5 个百分点缩小到 2015 年的 5.3 个百分点。虽然地区之间发展不平衡仍然存在，但我省在加快新型城市化的进程中，城乡统筹、地区统筹取得明显成效。

二、浙江新型城市化发展的显现效应

（一）实施新型城市化有力促进了产业集聚和经济结构转型升级

城市化经济带来了较高层次的集聚经济。为破解浙江传统“块状经济”产业层次较低、布局分散、创新较弱、品牌不强的低端化锁定问题，制定了加快“块状经济”向现代产业集群转型的决策，依托现有“块状经济”，规划建设覆盖杭州、宁波、温州都市经济圈和浙中城市群等重点城市区域的 14 个省级产业集聚区，自2010年制定规划、2011年启动建设以来，14个省级产业集聚区总体上已从“打基础、筑平台”阶段过渡到“引项目、聚产业”加速发展时期，在主导产业培育、产业优化、招商引资和集聚发展方面取得了积极进展，为全省经济转型升级发挥了重要引领作用。截至2015年底，浙江省产业集聚区累计投产“四上”企业（即规模以上工业企业、资质等级建筑业企业、限额以上批零住餐企业、限额以上服务业企业）4394家，其中，大型企业105家，世界500强企业48家。与此同时，31个城市（统计范围为11个设区市和20个县级市）人口和经济总量呈现出不断扩大的趋势，集聚效应明显。2015年31个城市人口和经济总量分别达到4187.6万人和35895亿元，比2010年的4135.6万人和21361亿元，分别增长1.3%和68%（名义增长），城市GDP占全省比重更是从2010年的77%提高到2015年83.7%，提高6.7个百分点，年均提高1.34个百分点。城市化促进提供了大量的二、三产业就业机会，31个城市二、三产业就业人员占全省就业人员的比重从2010年的84.5%上升到2015年的90.0%，提高5.5个百分点。与此同时，31个城市三次产业增加值构成从2010年的4.1∶52.3∶43.6调整为2015年的3.5∶46.1∶50.4，城市经济集聚和人口净流入的趋势明显，城市第三产业比重首次超过50%。产业集聚和城市经济的辐射带来的是整个产业链的整合和全省产业结构的提升。“十二五”时期，浙江三次产业结构实现了从“二三一”到“三二一”的历史性跨越。在城市化的推动下，浙江旅游、信息、房地产等第三产业快速发展。2015年，第一产业增加值1833亿元，与2010年相比，年均增长1.8%；第二产业增加值19707亿元，年均增长7.2%；第三产业增加值21347亿元，年均增长9.8%，三次产业比例由2010年的4.9∶51.1∶44.0，调整为2015年的4.3∶45.9∶49.8，其中，2014年三产比重首次超过二产，三次产业结构实现了质的转变。

（二）实施新型城市化有效扩大了投资和消费需求

通过实施新型城市化战略，有力推动了浙江投资和消费的强劲增长。从投资需求看，城市化极大地促进了城市建设、大中城市的调整性扩张和功能的提升以及小城镇的壮大和集中，并形成对交通、住房、通信、教育、医疗、文化以及其他基础设施的巨大投资需求，带动相关产业大发展。“十二五”时期前四年，城镇固定资产投资54204亿元，占投资总额的72.3%，年均增长19.5%，高于全部投资增幅2.0个百分点，城镇投资对全部投资增长的贡献达到78.6%。作为浙江省会城市和杭州都市区核心城市以及城市化率全省排位第一的城市，“十二五”时期，杭州大力发展扶持文化创意、旅游休闲、金融服务、电子商务、信息软件、先进装备制造、物联网、生物医药、节能环保、新能源等十大产业，提升改造传统优势产业，积极发展高效生态农业。重点建设杭州大江东产业集聚区、杭州城西科创产业集聚区两大省级产业集聚区。建成了高速铁路主骨架网和中心枢纽，地铁一期工程建成运行，三纵五横快速路网基本形成。2011—2014年，杭州市区固定资产投资13214.5亿元，占杭州投资总额的比重达到82.3%。其中房地产业、制造业、水利、环境和公共设施管理、交通运输等行业投资占比位居前列。市区投资对全杭州地区投资增长的贡献率高达91.2%。从消费需求看，"十二五"时期，浙江城市化每提高1个百分点，就有约50万农民转为城市居民，约有250万农村居民转为城市居民，按照"十二五"时期农村居民消费水平大约是城镇居民消费水平的一半测算，新增250万的城市人口新增消费需求约350亿元。城镇化加速投资和消费需求的双增长，有效弥补了外需对浙江经济增长的不利影响，不断促进浙江经济健康持续较快增长。

（三）实施新型城市化极大增强了浙江人民的获得感和幸福感

1.城乡环境整洁优美

在实施新型城市化的进程中，浙江努力践行"绿水青山就是金山银山"的科学论断，全力推进"五水共治""三改一拆"，深入开展"四边三化"，有效开展"大气防治"，着力提升基础设施现代化水平。数据显示，2015年，地表水省控断面Ⅲ类以上水质比例达到72.9%，比2013年提高9.1个百分点。2013—2015年，"三改一拆"改造旧住宅厂区、城中村面积5.8亿平方米，拆除违法建筑4.7亿平方米。2015年，平均霾日数53天，比2010年增加2.6天。设区市环境空气PM2.5年均浓度平均为47微克/立方米，比2013年下降23.0%；设区市城市空气质量优良达标天数比例为78.2%，比2013年提高9.8个百分点。大力推进城市地下空间开发利用，开展地下综合管廊建设试点，加快完善道路、通讯、网络、能源、供水、环保等基础设施。美丽乡村建设持续深入推进，到2015年末，98%以上的村实现生活垃圾集中收集处理，78.98%的村实现生活污水有效治理（农户受益率80%以上），农村生活污水治理农户受益率达到65.5%。有58个县（市、区）成为美丽乡村创建先进县。宜居宜业的城乡环境不断完善。

2.城乡人民生活质量稳步提升

2015年浙江全体居民人均可支配收入为35537元，比2010年增加14378元，"十二五"时期年均实际增长8.0%，其中2015年城镇常住居民人均可支配收入为43714元，比2010年增加了16912元，年均实际增长7.5%，2015年农村常住居民人均可支配收入为21125元，比2010年增加了8848元，年均实际增长 8.4%，农村居民收入实际增幅高于城镇居民 0.9 个百分点，城乡居民收入差距明显减少。城镇常住居民人均可支配收入连续 15 年、农村常住居民人均可支配收入连续 31 年居全国各省区首位。收入的较快增长推动了居民生活质量继续改善。消费领域从物质消费为主向文教娱乐、休闲旅游、医疗保健等精神消费拓展。汽车、电脑等高档耐用消费品大量进入普通家庭。居民住房面积和条件大为提升。

3. 民生保障日益加强

就业、教育、文化、医疗、平安建设全面推进。2015 年，就业人员 3733 万人，比 2010 年增长 2.7%，高于常住人口 1.7%的增长幅度。城镇登记失业率在 3%的低水平小幅波动。普通高考录取率达到 87.1%，普通高等学校在校学生由 2010 年的 93.3 万人增加到 2015 年的 105.5 万人，增长 13.1%，高于常住人口增长幅度 11.4 个百分点。每千人床位数约 5 张，比 2010 年增加约 4 张。人均期望寿命超过 78 岁，达到“十二五”预期目标。基本养老保险和医疗保险参保人数均提前和超额完成“十二五”规划目标，社会救助体系基本实现城乡全覆盖。“平安浙江”建设人民群众安全感满意率逐年提高，2015 年达到 96.34%，高于全国平均水平，浙江在推进平安中国建设的进程中走在前列。

综观浙江实施的新型城市化所显现的综合效应，不仅表现在扩大投资和消费的短期效应上，更重要的是体现了经济持续健康增长、产业集聚和转型升级、百姓安居乐业的长期效应上，这些都为今后时期浙江城市化继续走在前列更高质量发展奠定了扎实的基础。当前，我国城市已进入新的发展时期，以人为核心的新型城市化正在推进，2016 年省委城市化工作会议提出“全面提升城市化发展质量，走出一条具有浙江特色的现代化城市建设道路”，具体提出了“围绕‘人’深化农村三权改革；围绕‘地’，深化城乡建设用地制度改革；围绕‘钱’，创新城市建设投融资模式；围绕‘惠’，深化公共服务体制改革”等举措，为浙江建设现代化城市提供了强有力的体制机制保障。世界城市日的总主题是“城市，让世界更美好”，浙江城市化发展之路将朝着这一目标继续稳健前行。

（人口处　潘强敏）

浙江省儿童发展规划"十二五"终期统计监测报告

为全面、准确、客观地了解浙江省实施《浙江省儿童发展规划(2011—2015年)》(以下简称《儿童发展规划》)的成效,掌握儿童发展的基本状况,对全省在2011—2014年期间实施《儿童发展规划》的情况进行全面评价,总结实施以来主要目标进展情况及存在的问题,并提出对策建议。

一、《儿童发展规划》目标总体完成情况

监测数据显示:自2011年《儿童发展规划》实施以来,目标总体进展顺利,趋势向好,在涉及儿童与健康、教育、福利、社会环境和法律保护五个领域中共有75项统计监测指标,除"孤儿家庭收养人数""当年救助的流浪儿童人次数"和"清退童工人数"这三项未设目标值外,在设目标值的72项中已有68项目标达到或超过终期目标,占94.4%,4项未达标,占目标总数的5.6%,其中,预计可达标3项,预计达标困难1项。

二、《儿童发展规划》分领域进展情况

(一)儿童与健康

2010—2014年,浙江不断加大基本公共卫生服务项目的实施力度,妇幼卫生事业呈现持续、稳定、健康发展的良好势头,妇幼保健队伍逐渐壮大,服务体系不断完善,综合服务能力不断提升,为儿童健康水平的不断提高奠定了坚实的基础,有力地推动了儿童发展规划健康领域各项目标的顺利实施。

1. 出生人口素质得到提升

建立以政府主导,政策推动,技术支撑的全省出生缺陷综合防控体系,实施出生缺陷干预工程,认真落实三级干预措施,减少出生缺陷及其所致残疾。2014年,严重致残出生缺陷发生率235.8/万,比2010年下降36.3/万。新生儿破伤风发病率高于1‰的县连续为零,新生儿疾病筛覆盖率继续保持100%,新生儿疾病筛查项目增加2项。低出生体重发生率3.4%,达到《儿童发展规划》目标值;5岁以下儿童低体重率0.6%,低于《儿童发展规划》目标值4.4个百分点。

2.死亡率继续稳定低水平

2014年,婴儿死亡率和5岁以下儿童死亡率均达到并超过《儿童发展规划》要求呈逐年下降趋势,大大低于全国平均水平,在全国处于领先地位。婴儿死亡率和5岁以下儿童死亡率为3.7‰和5.3‰,比2010年分别下降2.4和2.9个千分点。18岁以下儿童伤害死亡率由2010年14.8/10万下降到2014年10.7/10万,下降4.2/10万。

3.疫苗接种保持较高水平

根据《浙江省计划免疫接种实施规范(试行)》要求,按照科学的免疫程序,有计划地利用疫苗进行预防接种。2014年,纳入国家免疫规划的8苗接种率,持续保持在99.5%以上高水平。儿童计划免疫已全面达到并超过《儿童发展规划》提出的各项目标,提高了儿童群体的免疫力,有效减少了儿童传染疾病的发生,保障了儿童健康成长。

4.儿童健康质量逐步改善

2014年,婴幼儿家长科学喂养知识普及率为99%,比《儿童发展规划》目标值提高14个百分点。0—6个月婴儿母乳喂养率90.3%,比2010年提高3.2个百分点;其中,6个月婴儿纯母乳喂养率66.3%,比2010年提高5.4个百分点。儿童营养状况逐步改善,5岁以下儿童中、重度贫血患病率0.25%,比2010年下降0.27个百分点,低于《儿童发展规划》目标值11.75个百分点。5岁以下儿童生长迟缓率0.47%,低于《儿童发展规划》目标值6.53个百分点。

5.儿童保健水平不断提高

2014年,3岁以下儿童系统管理率和7岁以下儿童系统管理率分别为96.33%和97.13%,分别比2010年提高2个和1.29个百分点,超出《儿童发展规划》目标6.33个和7.13个百分点。新生儿疾病筛查率和新生儿听力筛查率分别为99.72%和99.68%,分别比《儿童发展规划》目标值高9.72个和14.68个百分点。新生儿访视率99%,比2010年提高1.29个百分点。已设立省级妇幼保健机构2个、市级妇幼保健机构11个、县(市、区)级妇幼保健机构85个,每1—1.5万人配备1名妇幼保健人员,基本形成覆盖省、市、县三级妇幼保健网络。省儿童保健院滨江园区现全面竣工正式使用。

(二)儿童与教育

大力实施教育发展规划,积极探索构建早期教育体系;扎实推进学前教育公益普惠性发展;不断提高义务教育均衡发展程度;持续巩固高中阶段教育优质内涵;大力发展特殊教育水平和家长学校;加强中小学信息化基础设施建设,中小学现代教育技术装备总体水平位居全国前列,有力地推动了儿童发展规划各项教育目标的实施。

1. 学前教育发展较快

2014 年,积极推进第二轮《学前教育三年行动计划》,下发了《浙江省等级幼儿园评定标准》和《浙江省幼儿园等级评定实施办法》。全省有幼儿园 8871 所,其中,等级幼儿园 6562 所,等级幼儿园覆盖率 89.1%,比 2010 年提高 18.89 个百分点。基本实现了“全面普及”和“所有乡镇建有等级中心幼儿园”的目标要求。在园幼儿 185.8 万人,比 2010 年增加 2.7 万人。其中,城市公办幼儿园数 819 个,比 2010 年增加 272 个,增长 49.7%。幼儿园专任教师 11.2 万人,比 2010 年增加 1.7 万人;幼儿教师学历合格率为 99.6%,比上年提高 0.3 个百分点。

2. 义务教育均衡发展

2014 年,在全国率先取消了“开除”“勒令退学”等惩戒条款,修订发布《浙江省义务教育阶段学生学籍管理办法》和《浙江省全日制普通高级中学学生学籍管理办法》。进一步推进教育均衡,保障适龄儿童少年平等接受义务教育的权利。小学适龄儿童净入学率 99.99%;小学五年巩固率、初中三年巩固率、九年义务教育巩固率均达到 100%。初中毕业生年升学率 98.5%,比 2010 年提高 0.5 个百分点。高中阶段毛入学率 95.2%,比 2010 年提高 2.7 个百分点,超过《儿童发展规划》目标。标准化中小学比例 72.2%,比 2011 年提高 50.5%,接近《儿童发展规划》目标。

3. 特殊教育大力推进

特殊教育是教育的一个重要组成部分,它的发展对于提升社会的文明程度、减轻家庭和社会的负担、提高特殊需要人群的素质、促进国家教育水平的不断提高都有着积极的意义。2014 年,“盲教育以省为主、聋教育以市为主、培智教育以县为主”的特殊教育布局基本形成。共有特殊教育学校 84 所,比 2010 年增加 17 所,增长 25.4%;特教学校在校生数 15884 人,比 2010 年增加 2874 人,增长 22.1%。特殊教育专任教师数达到 2422 人,比 2010 年增加 836 人,增长 52.7%。

4. 家庭教育持续提高

2014 年,已创建省级示范家长学校数 519 所,比 2011 年增加 493 所,增长 19.0 倍,是《儿童发展规划》目标值的 4.2 倍。家长学校数 29657 个,比 2012 年增加 8839 个,增长 42.5%;培训人次数 235.5 万人次,增加 59.7 万人次,增长 34.0%。城市社区建立家长学校比例 89.1%,超过《儿童发展规划》目标要求9.1个百分点。行政村建立家长学校比例、中小学校家长学校办学率和幼儿园家长学校办学率分别为69.65%、97.44%和97.44%,分别超过《规划》目标要求9.65、12.44个和12.44个百分点。

(三)儿童与福利

始终坚持儿童优先原则,不断扩大儿童福利范围,扎实推进普惠型儿童福利制度建设,实施"城乡四级"一体化儿童福利服务体系,积极探索建立困境儿童基本生活保障制度,扎实推进孤儿基本生活最低养育标准自然增长机制,大力推动儿童福利事业向前发展。

1.儿童福利制度建设不断完善

2014年,出台了《关于推进困境儿童分类保障制度的通知》,在全国率先建立了困境儿童分类保障制度,重点将事实无人抚养困境儿童以及困难家庭的重度残疾、患重病和罕见病儿童纳入儿童福利保障。推动城乡社区儿童福利督导制度建设,全省共建成儿童福利指导中心73个,97个市、县(市、区)建立儿童福利督导制度,儿童福利督导员2万余人,为儿童福利保障服务体系建设奠定了坚实的基础。

2.儿童福利补助标准逐步提高

建立孤儿基本生活最低养育标准自然增长机制,实行城乡统筹。福利机构养育的孤儿年基本生活最低养育标准按不低于当地上年度城镇居民家庭人均消费性支出的70%确定;社会散居孤儿年基本生活最低养育标准按不低于当地福利机构孤儿养育标准的60%确定,孤儿的基本生活得到了较好保障。

3.儿童福利机构建设继续提升

2014年,收养性社会福利单位2030个,收养床位数29.8万张,收养人数14.2万人,分别比2010年增加335个、10.4万张和3.3万人。通过实施"儿童福利机构建设蓝天计划",儿童福利机构建设得到加强,孤儿养育条件和环境得到了较大改善,现有儿童福利机构69家,儿童用房总面积20万平方米,床位4904多张,共有儿童福利机构工作人员1500余名。

4.儿童康复救助工作不断加强

2014年,完成"明天计划"手术76例,完成"抢救性康复"342例。开展残疾儿童康复的残疾人康复服务机构为80个,残疾儿童抢救性康复项目3127人,比2010年增加2019人,增长1.8倍。孤儿家庭收养人数4073人,当年救助流浪儿童2234人次。

(四)儿童与法律

规划实施以来,始终坚持儿童优先和儿童最大利益原则,加大法制宣传教育力度，完善保护儿童的法律体系、儿童监护制度，保护儿童人身权利和财产权益，加大对儿童的法律援助和司法救助工作力度，不断完善社会化儿童维权网络，为儿童健康成长创造了良好的法律环境。

1. 相关法律法规逐步完善

近年来，重视少年法庭工作，大力加强少年审判机构建设，建立健全各项审判工作制度，不断探索预防和减少未成年人犯罪的方式方法。建立了在押未成年人年龄先行调查制度；异地籍未成年人帮教基地制度；缓刑青少年犯减刑制度。开展未成年人犯罪记录封存制度执行情况专项检查，深化细化捕后未成年人犯罪案件羁押必要性审查机制。颁布实施《大型游乐设施维护保养规则》《学生用纤维制品联盟标准》等相关法律法规，各项法律法规的出台和完善，极大地保障了广大儿童的各项权益。

2. 法制宣传教育力度加大

2014 年，通过各级广电媒体、报刊宣传《未成年人保护法》《预防未成年人犯罪法》《浙江省未成年人保护条例》等与儿童发展密切相关的法律法规，开展多种形式的法制教育和维权宣传活动，提高未成年人的安全防范意识和救护能力。不断增强全体公民的儿童发展和保护意识，努力营造有利于儿童发展的良好氛围。

3. 儿童合法权益得到有效保障

2014 年，社区儿童维权机构覆盖率 100％和县（市、区）“12355”青少年服务台基层工作站覆盖率均为 100％，提前达到《儿童发展规划》目标值要求。质监部门开展了为期 1 个月的“蓝剑 4 号”专项执法行动。共出动执法人员 4250 人次，检查企业 1025 家，执法抽样 115 批次，查处违法案件 78 件；组织开展“纤检保健康”专项执法检查行动，共出动执法人员 1130 人次，检查企业 372 家，执法抽样 63 批次，不合格 14 批次，切实保障少年儿童的人身及消费安全，有效地维护了儿童权益，扩大了社会影响力。

4. 法律援助工作进一步深化

法律援助的覆盖面继续扩大，法律援助尽可能做到应援尽援。2014 年，未成年人法律援助工作站点数 84 个；未成年人法律援助案件 14460 件，占 14.71％，比 2010 年增加 8717 件，增长 1.5 倍。中小学法制副校长人数 6929 人，比 2012 年增加 859 人，增长 14.2％。中小学生普法教育率达到 100％，提前达到《儿童发展规划》要求。

5. 未成年人犯罪率持续下降

2014 年，30 余个法院设有独立建制少年庭，对未成年人犯罪实施“教育为主，惩罚为辅”，重点立足于教育和矫治，依法对未成年人予以从轻或减轻适用刑法方针收到明显效果。未成年人罪犯占罪犯人数的比重由2010年的6.6%下降到4.2%，下降2.4个百分点。

（五）儿童与环境

《儿童发展规划》实施以来，广泛开展儿童优先原则教育，加大环境保护治理力度，积极开展儿童产品监督抽查，切实保障儿童的人身及消费安全，提供健康文化产品，优化儿童阅读条件，创造积极向上的文化环境，大力建设儿童之家，为我省儿童健康成长创建和谐安全的社会生活环境。

1.儿童生活环境持续改善

2014年，城市污水处理率、城市生活垃圾无害化处理率、农村自来水普及率和农村卫生厕所普及率分别为90.68%、100%、97.02%和94.78%，比2010年分别提高7.94个、1.71个、3.73个和5.85个百分点。农村集中式供水受益人口比例97.5%，比2011年提高1.5个百分点。儿童生存的环境得到了改善。

2.儿童社会环境不断优化

2014年，社区服务中心（站）14086个，比2010增加10917个，增长3.4倍。其中，农村村级社区服务中心占90.1%。基层组织中持有证书的专业社会工作者人数12753人，比2011年增加11891人，增长13.8倍。已建立雏鹰争章体验基地数1330个，比2011年增加680个，增长1.1倍，是《儿童发展规划》目标值的13.3倍。

3.儿童成长环境日趋完善

2014年，制定《浙江省托幼机构卫生保健合格单位评审细则（试行）》，规范托幼机构卫生保健管理，现全省托幼机构卫生保健合格率96.63%，高于《儿童发展规划》目标值11.63个百分点。其中，托儿所合格率为95.49%，幼儿园合格率为97.61% 。建立儿童中心（或儿童之家）个数2.85万个，比2011年增加2.09万个，增长2.75倍。建立儿童活动中心的地市比例和建立儿童活动场所的县（市、区）比例分别为100%和43.33%，比2011年分别提高27.28%和10.83%，均提前达到《儿童发展规划》目标值的要求。

4.儿童文化氛围日益浓厚

利用文化馆、文化站、公共图书馆、文化广场、农村文化礼堂等场所，广泛开展形式多样、丰富多彩的文化活动。2014年，成功举办“第十届浙江省未成年人读书节”，开展了“未成年人阅读推广论坛”“我爱我家”家庭读书竞赛、“浙江省未成年人读书节十周年主题回顾展”等活动。以“我读书、我快乐、我智慧"为主题,组织各地开展各类活动 2300 多场次。实施"雏鹰计划"优秀儿童剧进校园活动,全年共免费为未成年人观众演出 800 多场。

5. 儿童文化产品丰富多彩

2014 年,拥有文化馆(站)1430 个,拥有公共图书馆 98 个,总藏量为 5634 万册,比 2010 年增加 1873 万册,增长 49.8%。博物馆 105 个,比 2010 年增加 15 个,增长 16.7%。公共图书馆少儿文献 634.4 万册,比 2011 年增加 226.6 万册,增长 55.6%。未成年人参观博物馆、科技馆人数分别为 1125.9 万人次和 178.7 万人次,比 2011 年分别增加 311.2 万人次和 148.7 万人次,增长 38.2%和 5.0 倍。全年播出少儿广播、电视和动画等儿童节目时间分别为 11292 小时 35 分、21673 小时 08 分和 20660 小时 31 分。出版发行各类少儿图书和少儿期刊总印数分别达到 5166 万和 3090 万册,儿童音像制品 354 万盘,为少儿成长提供丰富的精神食粮。

三、主要存在的问题

本期《儿童发展规划》实施以来,儿童事业快速发展,各项目标进展顺利,取得了显著成效,但在实施过程中也出现了一些问题亟待解决。

(一)优质教育资源发展不均衡

近年来,加大了对农村、边远山区和经济欠发达地区实施规划的政策支持和扶持力度,并取得了较大的进展,但由于经济发展水平、教育投入强度、社会文化背景的差异,区域之间、城乡间、校际的义务教育发展水平仍存在较大的差异。教育资源城市学校不足和农村学校闲置并存,矛盾比较突出。进城务工人员随迁子女和农村留守儿童等弱势群体教育压力较大。2014 年,幼儿园 8871 所,民办 6660 所,占 75.08%;其中城市公办幼儿园 819 所,比 2010 年增长 49.7%,但农村公办幼儿园由 2010 年 775 所下降到 2014 年的 671 所,减少 104 所。因此,优质教育资源合理配置依然需要全社会的共同努力和关心。

(二)儿童身体素质值得关注

随着经济快速发展,现代生活中的饮食结构、作息习惯有了显著的变化,大量电子视频设备的出品,使得幼儿的视力保健面临巨大挑战;随着各种休闲食品充斥市场,以及父母对口腔保健意识的缺乏,使得龋齿发病率、视力不良率等逐步增加,这些严重影响青少年儿童的健康成长,应引起社会和有关部门的注意。目前,全省还没有开展"中小学生《国家学生体质健康标准》达标率"监测统计;幼儿体质抽样检测合格率、中小学生贫血患病率、中小学生超重、肥胖发生率等指标才开始监测统计,缺乏相关基础数据用于全面反映儿童健康状况。

(三)儿童意外伤害时有发生

随着《儿童发展规划》的深入实施,儿童的卫生保健状况有了显著的改善。过去对儿童生命威胁很大的疾病得到有效控制,儿童死亡率也逐年下降。但随着社会经济的发展,人们生活方式的改变,又出现了车祸、溺水、自杀、药品、高层住宅等诸多威胁儿童生命安全的新因素,如不采取积极有效的措施,很容易受到意外伤害。

四、对策与建议

规划实施以来,我省在发展儿童事业方面成果显著,但同时要正视所面临的困难和挑战,积极采取科学有效的措施,及时解决存在的各种问题,努力推进儿童事业的全面发展。

(一)保障儿童公平接受教育

要从关心国家和民族未来的角度,真正解决涉及儿童事业迫切需要解决的重点、难点问题,进一步加大对经济欠发达地区政策倾斜力度,努力改善农村、山区等边远贫困地区的教学设施建设,不断提高师资队伍水平,推进城乡间、地区间及校际教育的均衡化发展,缩小城乡差距。深入推进中小学现代远程教育工程,提高农村教育信息化水平,进一步发展公办幼儿园,加强进城务工人员随迁子女义务教育工作和农村留守儿童教育工作,保障儿童公平接受教育。

(二)提高儿童身心健康素养水平

儿童是社会可持续发展的人力资源,提高儿童的身体素质刻不容缓。加强儿童健康的宣传教育,提高儿童整体素质,积极开展有利于幼儿健康的群众性体育组织,推动幼儿体育活动的进程,及时了解和掌握幼儿体质状况,全面实施国家学生体质健康标准,建立学生健康档案。加强对儿童健康指导和干预,合理膳食、体育锻炼,宣传健康知识,养成良好的生活习惯,充分发挥大众媒体的作用,开辟和健全多层次、多形式、全方位的健康教育网络和传播途径,有效地预防和控制儿童疾病的发生,提高儿童健康水平和身体素质。

(三)增强儿童自我保护意识和能力

儿童在成长的过程中缺乏生活和社会经验,自理能力较差,虽然教师和家长在竭尽全力地呵护,但毕竟有限,应教会儿童必要的安全知识。加强安全知识的宣传,学校、家庭、社区应相互配合,开展健康教育活动,提高儿童的自我保护意识和能力,预防和减少儿童伤害的发生,制订实施多部门合作的儿童伤害综合干预行动计划,建立完善儿童伤害监测系统和报告制度。

(社科处　郑燕红)

浙江省妇女发展规划“十二五”终期统计监测评估报告

为全面了解浙江省实施《浙江省妇女发展规划(2011—2015 年)》(以下简称《妇女发展规划》)成效,掌握妇女发展的状况,对在 2011—2014 年期间实施《妇女发展规划》情况进行全面评估,总结规划实施四年来主要目标进展情况及存在的问题,并提出对策建议。

一、《妇女发展规划》目标总体完成情况

监测结果显示:在《妇女发展规划》涉及的妇女与卫生保健、妇女与教育培训、妇女与经济发展、妇女参与决策管理、妇女与社会保障、妇女与环境优化、妇女与法律保护七个领域中的 82 项监测指标总体进展顺利,除“城市低保、农村五保对象中女性人数”未设目标值外,在设目标值的 81 项指标中,有 66 项提前达到或超过终期目标,占 81.5%;15 项无法判断或未达标,占 18.5%,其中,2 项无法判断,4 项预期可达标,9 项预期达标困难。

二、《妇女发展规划》分领域进展情况

(一)妇女与卫生保健

2010—2014 年,妇幼卫生事业呈现持续、稳定、健康发展的良好势头,妇幼保健队伍逐渐壮大,机构设施逐渐完善,综合服务能力不断提升,为妇女健康水平的不断提高奠定了坚实的基础,有力地推动了妇女规划健康领域各项目标的顺利实施。

1. 妇幼保健网络逐步健全

2014 年,已设立省级妇幼保健机构 2 个、市级妇幼保健机构 11 个、县(市、区)级妇幼保健机构 85 个,基本形成覆盖省、市、县三级妇幼保健网络。以每 1—1.5 万人口配备 1 名妇幼保健人员配备标准,充实妇幼保健机构人员,设有床位的机构应按床位编制另行计算,乡镇卫生院至少配备 1 名以上负责本乡镇的妇幼保健工作的专职妇幼保健人员。同时,充分利用现有资源,采取聘请村计生联系员兼任“联络员、信息员、宣传员、访视员”为一体的村卫生联系员为网底的妇幼保健网络。

2.孕产妇死亡率稳定较低水平

2014年,分别成立了产前诊断、辅助生殖和产科质量控制三个中心,修订下发《浙江省助产技术管理规范》和《浙江省高危妊娠管理办法》,为孕产妇保健保驾护航。孕产妇死亡率为5.5/10万,比2010年下降1.9/10万,超过《妇女发展规划》控制在10/10万以内的目标值要求,大大低于全国平均水平,在全国位居第三。其中,城市孕产妇死亡率6.4/10万,比2010年下降0.2/10万;农村孕产妇死亡率下降明显,由2010年9.1/10万下降到2014年的3.7/10万下降5.4/10万。

3.孕产妇保健水平明显提高

2014年,孕产妇系统管理率96.8%,其中,城市97.0%,农村96.4%,分别比2010年提高1.5个、1.4个和1.7个百分点。孕产妇中、重度贫血患病率0.4%,比2010年下降0.7个百分点。孕产妇住院分娩率、农村孕产妇住院分娩率、农村高危孕产妇住院分娩率均为100%。孕产妇接受艾滋病病毒抗体检测,检测率99.8%,比2010年提高4.6个百分点。

4.妇女生殖健康水平逐年提升

随着人民生活水平的日益提高,广大妇女的健康意识不断加强。2014年,妇女常见病筛查率由2010年43.4%增加到76.7%,提高33.3个百分点。随着女性保健意识的增强,妇女常见病检查面的扩大和检查水平的提高,查出患妇女病的比例由2010年的31.7%下降到29.7%。宫颈癌死亡率4.1/10万,比2010年下降2.1/10万,乳腺癌死亡率3.9/10万,比2010年略上升了0.6/10万。妇女梅毒年报告发病率由2010年108.3/10万下降到2014年71.9/10万,下降了36.4个10万分点。

5.优生"两免"政策全面覆盖

即免费婚前医学检查、免费优生检测,优生"两免"政策已全面覆盖。2014年,婚前医学检查率已达93.5%,比2010年提高12.9个百分点,超过《妇女发展规划》70%以上的目标值。孕前优生检测率92.2%,比2010年提高1.8个百分点,超过《妇女发展规划》目标值22.2个百分点。孕产妇产前检查率98.7%,比2010年提高0.2个百分点,在全国处于领先水平。

(二)妇女与教育培训

2010年以来,大力实施教育发展规划,积极探索构建早期教育体系;扎实推进学前教育公益普惠性发展;不断提高义务教育均衡发展程度;持续巩固高中阶段教育优质内涵;大力发展特殊教育水平;加强妇女科技教育培训,构建妇女终身教育体系,有力地推动了妇女发展规划各项教育目标的实施。

1. 学前教育女生比例稳步提高

以县为单位先后实施了两轮发展学前教育三年行动计划，开展了一系列发展学前教育的重大项目，扎实推进学前教育公益普惠性发展，着力解决“入园难”“入园贵”问题，经过“十二五”的努力，学前教育规模持续增长，女童接受学前教育的比例不断提高。我省学前教育实现了跨越式发展，取得了显著的成就。2014 年，学前三年毛入园率 97.2%，比 2010 年提高 2.2 个百分点，呈逐年上升的态势。幼儿园 8871 所，在园幼儿人数 185.8 万人，比 2010 年增加 2.7 万人；其中，女童 85.4 万人，比 2010 年增加 1.6 万人，增长 1.9%。

2. 义务教育男女比例均衡发展

积极推广“名校集团化”“城乡学校共同体”“乡村中心校”模式，以名校、强校带动薄弱学校提高教学质量和办学水平，实现区域内学校间的均衡发展。小学学龄儿童净入学率 99.99%，九年义务教育巩固率 100%，2014 年，全省小学、初中在校 504.4 万人，其中，女生 233.3 万人，占 46.3%，比上年增加 3.1 万人，增长 1.4%。义务教育阶段残疾儿童在校人数 15193 人，其中，女生 5427 人，比 2010 年分别增长 16.8%和 22.3%。

3. 高中阶段教育女生比例过半

先后出台印发《关于加强普通高中学生生涯规划教育的指导意见》《关于完善浙江省普通高中学生成长记录与综合素质评价的意见》，“必修分层、选修分类、体艺分项”走班教学已成为我省普通高中教学的“新常态”，普通高中得到了长足的发展，教育质量稳步提升。2014 年，普通高中学校 561 所，普通高中在校生 79.1 万人，其中，女生 40.2 万人，占 50.8%，比重比 2010 年提高 0.3 个百分点，女生比例已过半并呈逐年上升趋势。全省的高中阶段毛入学率 95.2%，比 2010 年提高 2.7 个百分点。

4. 女性高等教育比例不断提升

制订《浙江省深化高校考试招生制度综合改革试点方案》，成为全国两个高校考试招生制度综合改革试点省市之一。2014 年，高等教育毛入学率达到 54%，比 2010 年提高 9 个百分点，超过国家目标值 14 个百分点。高等教育规模不断扩大，2014 年，普通高校在校人数 97.8 万人，女生占 55.5%，比 2010 年提高 2.8 个百分点，并有逐年提高的趋势。在校女研究生 2.9 万人，占 47.4%，比 2010 年提高 2.0 个百分点。

5. 女职工受教育水平明显提高

注重女职工综合素质提升。结合经济技术创新和“创建学习型组织、争做知识型职工”活动，广泛开展以技能培训和学历教育为主的女职工素质提升活动。加强教育培训阵地建设，通过女职工流动课堂(学校)、读书俱乐部、文化讲坛等，为企业和女职工提供“定向式”“菜单式”“一站式”的多方位培训服务。目前，已有各类女职工培训学校1044所，全国女职工培训示范学校9所，省级女职工培训示范学校5所，参加培训学习的女职工达3088.6万人次，共有近65万名女职工实现了学历上档次，有近40万名女职工晋升了技术等级。

(三)妇女与经济发展

《妇女发展规划》实施以来，大力实施积极就业政策，认真贯彻《就业促进法》，加大宣传力度，努力营造平等就业的社会氛围。妇女就业规模不断扩大，就业渠道不断增加，妇女职业培训权益得到保障，社会保障体系建设获新进展，妇女劳动保障监测力度不断加大，从而有力推动妇女经济事业的发展。

1.妇女就业服务活动常态开展

加强妇女就业政策的宣传，积极制定促进女性就业的相关政策，切实保障妇女的平等就业权，帮助更多的妇女劳动者实现就业。举办“春风行动”，开展“就业援助月”、“333就业服务月”、劳动力省内余缺调剂工程、公益性岗位进村等活动，为妇女劳动者提供有针对性的就业创业服务，依托街道(乡镇)、社区(村)建立就业困难人员动态管理、动态援助的长效工作机制。

2.妇女就业比例保持稳步增长

2014年，年末从业人员数为3714.2万人，其中女性为1594.5万人，占42.9%，高于《妇女发展规划》确定的目标要求，与2010年相比，从业女性人数增加43.8万人，增长2.8%。城镇单位从业人员为1102.7万人，其中，女性为360.6万人，占32.7%，与2010年相比，增加37.8万人，增长11.7%。年末城镇登记失业率为2.96%，比2010年下降0.24个百分点。

3.女性专业技术人员比例有所提高

2014年，公有制经济企事业单位高级专业技术人员为14.7万人，比2011年增加3.4万人，其中，女性为6.2万人，增加1.8万人，占42.4%，超过《妇女发展规划》中要求的35%以上。其中，女性企业高级专业技术人员为2015人，比2011年增加686人，增长51.6%。女性事业高级专业技术人员6.0万人，比2011年增加1.7万人，增长39.6%。

4.残疾女性就业得到有效保障

认真贯彻落实《关于加快推进残疾人事业发展的实施意见》和《浙江省残疾人保障条例》，制定出台《浙江省残疾人就业办法》等20余项助残惠残政策，基本构建了残疾人事业法律法规政策体系，初步建立了残疾人社会保障和服务体系，形成了党政主导、部门配合、社会参与、残联组织充分发挥作用的残疾人事业领导体制和工作机制，残疾人生活发展状况显著改善，合法权益得到有效维护。2014 年，残疾人小康实现程度超过 90%。残疾女性就业人数 18 万人，比 2012 年增加 2.2 万人，增长 13.9%。

（四）妇女与决策管理

我省历来高度重视培养选拔女干部工作，将培养和选拔女干部工作纳入领导班子和干部队伍建设的总体规划，明确提出各级党政单位领导班子配备女干部的目标要求和主要任务；建立各项工作机制，加强女干部配备情况督查，通过统筹谋划、系统培养、择优使用，为女干部成长提供良好的条件。

1.党政领导班子女干部配备率稳步提升

2014 年，省、市、县三级党政工作部门领导班子配有女干部的班子比例分别为 58.2%、55.2%和 56.9%，全面达到并超过《妇女发展规划》提出的 50%以上目标，但市级党政工作部门领导班子配有女干部的班子比例比 2011 年下降 2.2 个百分点。市级党委领导班子中配有女干部的班子比例由 2010 年的 72.7%提高到 90.9%，提高 18.2 个百分点。县（市、区）党委和政府领导班子中配有女干部的班子比例分别是 90%和 96.7%，比 2010 年分别提高 8.9 个和 4.5 个百分点。

2.人大、政协中女性比例略有提高

2014 年，市级人大、政协领导班子中配有女干部的班子比例均为 100%，且持续保持四年。省、市、县（市、区）三级人大代表中女性比例分别为 26.3%、22.4%和 18.5%，其中，省级人大代表中女性比例比 2010 年下降 0.3 个百分点；省级人大常委会中女性比例与 2010 年持平；市、县（市、区）两级人大代表中女性比例分别比 2010 年提高 0.68 个和 0.01 个百分点。省、市、县（市、区）三级政协代表中女性比例分别为 25.5%、28.3%和 27.1%，其中，省政协代表中女性比例比 2010 年提高 1.0 个百分点；市和县（市、区）两级政协代表中女性比例分别比 2010 年提高 2.2 个和 1.7 个百分点。

3.女性公务员和后备干部人数逐步增加

2014 年，女公务员为 8.0 万人，比 2010 年增加 1.7 万人，增长 26.1%；女性占全部公务员的 24.8%，比 2010 年提高 2.5 个百分点。其中，县处级公务员女性人数 6343 人，比 2010 年增加 1520 人，增长 31.5%。市、县后备干部中女干部比例分别为 25.4%和 34.9%，比 2011 年提高 0.73 个和 7.0 个百分点，超过《妇女发展规划》提出的不少于 15%和 20%的目标要求。

4.女性参与企业经营管理比例明显提高

职工董事、职工监事是职工参与企业重大问题决策和监督的代表，具有重要的地位和作用。2014 年,企业董事会中女职工董事的比重和企业监事会中女职工监事占职工监事的比重分别为 47.1%和 41.5%,与 2010 年相比,分别提高了 10.2 个和 4.5 个百分点;企业职工代表大会中女性代表比重由 2010 年的 34.1%上升为 37.3%,提高了 3.2 个百分点。

5.女性参与基层民主管理程度有待提高

2014 年,基层单位的村委员会成员中女性比例和村委员会主任中女性比例分别为 24.8%和 8.9%,分别比 2010 年提高 5.3 个和 2.8 个百分点,但和上年相比,村委员会成员中女性比例却下降了 4.0 个百分点,该指标对比规划目标仍有较大差距。居委会成员中女性比例 49.9%达到规划目标,但与 2010 年相比下降 0.6 个百分点。村民代表会议组成人员中女性村民代表比例为 33.5%,达到并超过《妇女发展规划》提出的 33%以上的目标要求。

(五)妇女与社会保障

规划实施以来,大力实施社会保险制度全覆盖,深入推进基本养老保险体系建设,扩大妇女基本养老保险覆盖范围和待遇水平;不断健全城乡医疗保障制度,有效保障了妇女的医疗待遇;逐步完善工伤、生育和失业保险制度,加大医疗救助,保障妇女经济补偿和医疗服务,推动妇女社会保障水平迈上新台阶。

1.女性各项保险人数显著增加

2010 年以来,不断完善社会保障制度,扩大社会保险覆盖率,女性参加各项保险人数增加显著并呈上升趋势。2014 年,参加城镇职工基本养老保险,基本医疗保险、工伤、失业、生育等社会保险的女性人数分别为 1150.5 万、908.1 万、742.8 万、539.6 万和 544.3 万人,与 2010 年相比,分别增加 538.4 万、417.0 万、203.9 万、219.9 万和 238.2 万人,分别增长 85.0%、84.9%、37.8%、68.8%和 77.8%。

2.女性社会生活保障逐步提高

各级政府加大对城乡居民最低生活保障工作力度,不断提高保障标准。2014 年,城乡居民最低生活保障人数 57.2 万人,其中,女性 20.3 万人,占 35.4%。城乡居民最低生活保障标准水平分别达到每人每月 587 元和 487 元,比 2010 年每人每月分别提高 210.3 元和 241.8 元,同比分别增长 55.8%和 87.6%。城乡差距由 2010 年每人每月的 131.5 元降为 2014 年的 100 元,城乡保障差距明显缩小。

3.女职工劳动保护水平逐步提升

积极推动《浙江省女职工劳动保护办法》的修订工作,使女职工劳动保护更加全面，保护水平得到提升。2014 年，共签订专项集体合同 10.8 万份，签订率达 96.8%，覆盖企业 36.6 万家，覆盖女职工 772.6 万人。工会单位女职工数为 905.4 万，比 2010 年增加 217.6 万人，增长 31.6%。已建工会女职工组织 14.9 万个，工会女职工组织覆盖率达 98.4%，有专、兼职的女职工工作干部 22.4 万人，有 10.2 万家组织设立了女职委主任。执行《女职工劳动保护特别规定》的企业有 46.2 万家，占 83.2%，比 2010 年提高了 14.9 个百分点。

（六）妇女与法律保护

《妇女发展规划》实施以来，认真贯彻《劳动合同法》《浙江省女职工劳动保护办法》等法律法规，重视维护女职工特殊劳动群体“工作条件、工作时间、休息休假和劳动保护”等特殊权益。严厉打击各种侵害妇女权益违法犯罪行为，不断创新妇女维权的工作机制，加大妇女法律援助力度，保护妇女合法权益，全面推进“平安浙江”“法制浙江”的建设。

1. 维权工作机制不断创新

积极探索维权的新途径、新方法，不断创新维权工作机制，组织建立了联席会议制度、月案通报制度，多部门协作建立“妇女维权合议庭”，目前全省已建立了一支兼具法律素质和维权实践经验的女人民陪审员队伍，使妇女合法权益得到有效保护。2013 年，根据国家新修改的《中华人民共和国民事诉讼法》有关行为保全的规定，为进一步推进家暴人身保护令试点，组织建立“反家庭暴力合议庭”，依法维护了广大妇女的人身权利。

2. 妇女法律援助成效明显

2014 年，建立法律援助中心 102 家，妇女法律援助工作站点数 102 个，法律援助案件受授人数 9.8 万人，比 2010 年增加 5.1 万人，增长 1.1 倍；其中，妇女人数为 2.5 万人，比 2010 年增加 1.1 万人，增长 77.4%。

3. 妇女权益保护力度加大

2014 年，全省家庭暴力伤情鉴定机构和受暴妇女儿童救助（庇护）机构数为 53 个和 97 个，与 2011 年相比分别增加 16 个和 61 个，增长 43.2% 和 1.7 倍。受暴妇女儿童提供伤残鉴定数 111 件，受救助（庇护）所救助人数 463 人次同比分别增加 6 件和 320 人次，分别增长 5.71% 和 2.2 倍。妇女维权站覆盖率 99.5%，比 2011 年提高 6.5 个百分点，超过《妇女发展规划》提出 90% 以上的目标要求。“12338”妇女维权热线覆盖率 100%，提前达到《妇女发展规划》要求。

（七）妇女与环境优化

以建设“富饶秀美、和谐安康”的生态浙江为目标，坚持生态省建设方略，走生态立省之路，维护人民群众环境权益、保障改善民生为核心，大力发展生态经济，不断优化社会环境，切实提高人民群众生活品质，为广大妇女创建良好的自然社会生活环境。

1. 自然环境不断优化

2014 年，森林覆盖率为 60.9%。城市绿化覆盖面积 149641 公顷，比 2010 年增加 58530 公顷，增长 64.2 个百分点。人均公园绿地面积 12.9 平方米，城市绿化覆盖率 40.7%，比 2010 年提高 2.4 个百分点。截至 2014 年，累计建成国家级生态县 16 个，国家环境保护模范城市 8 个，国家级生态乡镇 581 个，省级生态县 57 个，省级环保模范城市 10 个，省级生态乡镇 1038 个。

2. 生活环境逐步提高

2014 年，城市污水处理率、城市生活垃圾无害化处理率、农村自来水普及率和农村卫生厕所普及率分别为 90.68%、100%、97.02%和 94.78%，分别比 2010 年提高 7.94 个、1.71 个、3.73 个和 5.85 个百分点，呈逐步上升态势。农村集中式供水受益人口比例为 97.5%，比 2011 年提高 1.5 个百分点。

3. 社会环境不断改善

2014 年，文明家庭户数 1047.2 万户，比 2011 年增加 231.7 万户，增长 28.4%。文明家庭创建达标率 64.6%，比 2011 年增加 13.7 个百分点，超过《妇女发展规划》的目标要求。妇联基层组织 3.5 万个，比 2010 年增加 965 个，增长 2.8%。建立妇女活动场所的县（市、区）比例为 54.4%，比 2011 年提高 20%。

三、主要存在的问题

本期《妇女发展规划》实施以来，全省的妇女事业快速发展，各项目标进展顺利，取得了显著成效，但在实施过程中也出现了一些问题亟待解决。

（一）妇女参与决策的水平仍待提高

近年来，虽然各级政府女干部配备率不断上升，但总体分布、结构仍不尽合理，呈现出副职多、正职少，低层次多、高层次少，党群部门多、综合和重要们少的现象。2014 年，县级政府领导班子正职中女干部比例为 14.4%，比上年下降 2.2 个百分点。省、市级政府领导班子正职中女干部比例则为 0。省级人大代表中女性比例为 26.3%，比 2010 年下降 0.3 个百分点。省级人大常委会女性比例与 2010 年持平。

（二）妇幼保健工作发展尚不均衡

妇幼保健工作发展还不够均衡，主要体现在城乡之间、地区之间、人群之间发展不均衡；妇幼卫生的许多指标差距还较大，农村、贫困地区、边远山区以及流动人口的孕产妇死亡率还比较高；妇幼卫生服务基础仍显薄弱，妇幼保健机构工作用房紧张、医疗保健设施简陋，人才队伍不稳定、素质有待加强，导致妇幼保健服务和社会需求不相适应的矛盾仍然突出。特别是国家计划生育政策调整以后，妇幼保健与计划生育服务的任务更加艰巨。

（三）妇女健康水平面临新的挑战

1. 妇女艾滋病感染人数仍呈上升趋势

对艾滋病等实行了综合防治措施，全省妇女艾滋病感染仍呈上升趋势。全省孕产妇艾滋病病毒抗体阳性率为 0.01%，与 2010 年持平，但当年报告艾滋病病毒感染例数和女性人数都上升明显，分别比 2010 年增加了 1560 人和 64 人，分别增长 61.9%和 10.3%。实现将妇女艾滋病毒感染率控制在较低水平的目标，任务仍然非常艰巨。

2. 乳腺癌和宫颈癌患病率呈上升趋势

妇女常见病检查率与目标任务有距离；其中，在妇女常见病筛查中乳腺癌和宫颈癌患病率呈上升趋势，2014 年，分别为 22.7/10 万和 19.5/10 万，比 2011 年分别上升 18.5/10 万和 7.4/10 万。“两癌”成为妇女健康中另一大杀手，对妇女的健康形成较大威胁。

（四）妇女就业形势仍不容乐观

女职工就业形势发展向好，女职工的就业结构发生较大变化，已由传统的纺织、服务等技术含量较低的行业部门，向高技能、高知识含量的行业转变。但女职工就业过程中自身就业竞争力不强、城镇和农村就业不均衡、择业培训针对性不强等问题依然存在。总体技能素质偏低，与经济社会发展要求不相适应。

四、对策与建议

《妇女发展规划》实施以来，发展妇女事业方面成果显著，但同时要正视所面临的困难和挑战，积极采取科学有效的措施，及时解决存在的各种问题，努力推进妇女事业的全面发展。

（一）加大推进女干部培养选拔力度

妇女参政议政作为我国政治生活中的重要组成部分，不仅是妇女地位提高的重要体现，也是社会文明进步的重要标志。各级部门要高度重视，坚持把这项工作纳入领导班子和干部队伍建设以及基层党组织建设的总体规划中，积极推动建立健全有利于女性参政、女干部成长的政策和机制。坚持政策引导，创造条件，扩大女干部后备来源，对有潜力的后备人才，实行动态管理，及时纳入视野。整合资源，拓宽选拔渠道，进一步发挥群众团体的桥梁纽带作用，举荐党内外各层面、各领域的优秀女性人才。加强对现有女干部的培养，落实培养措施，加强跟踪了解，切实做到备用结合。

（二）提高经费投入，优化卫生资源配置

提高妇幼卫生经费占卫生总经费的比例，优化卫生资源配置，增加农村和欠发达地区的妇幼卫生经费投入，保障重大妇幼公共卫生项目的顺利实施。落实各级妇幼保健机构编制，建立健全妇幼保健管理制度，加快各级妇幼保健机构基础设施建设，加强妇幼保健的规范化管理。为坚持妇幼保健机构的公益性质，需要加强对妇幼健康事业的领导，需要将妇幼健康的指标纳入省委、省政府对各级地方党委和政府的考核内容。

（三）加大对艾滋病、性病及梅毒的预防力度

完善艾滋病、性病、梅毒的防治工作机制，针对妇女重点人群，加强宣传教育。继续把预防和阻断艾滋病母婴传播纳入妇幼卫生常规工作，提高防治水平。提供规范化的性病和艾滋病诊疗服务，将其纳入基本医疗保障或新型农村合作医疗范围。

（四）继续深入开展“妇女健康促进工程”

加大政府投入力度，整合资源，因地制宜地深入实施“妇女健康促进工程”，继续积极推进“两癌筛查”项目。加强对妇科常见病防治知识的宣传，提供优质的防治服务，做好早诊早治工作。组织技术人员和基层妇幼卫生人员的理论培训，通过各种方式在各项目地区对妇女常见病防治的重要意义和防治知识进行广泛宣传，提高适龄妇女对妇女常见病防治知识覆盖率和“两癌”的检查参与率。逐步扩大乳腺癌、宫颈癌免费检查范围，并将其纳入“农民健康工程”检查项目。

（五）多形式提升女职工综合素质

广泛开展以技能培训和学历教育为主的女职工素质提升活动。根据职业变化需求和妇女从业人员特点，开展有针对性、实用性、有效性的就业前培训，提高妇女从业人员的就业能力和就业竞争力。不断拓展女性向知识性、技术性的中高端岗位发展的新渠道，努力提升妇女的就业层次。努力开发适合女性特点的就业岗位，如社区保洁保绿、家政服务、养老机构护理员等，努力帮助其实现再就业。鼓励和支持有能力的妇女开展灵活就业、自主创业，以创业促就业。努力做好农村妇女劳动力转移就业工作，推动城乡妇女就业全面协调发展。

（社科处　郑燕红）

2015 年浙江省文化发展指数(CDI)评价报告

为客观全面反映我省文化改革发展情况，为省委、省政府推进文化强省建设提供决策参考，省委宣传部、省统计局根据《浙江省文化发展指数(CDI)评价指标体系》规定的评价领域和相关指标，对 2015 年度全省及 11 个设区市的文化发展水平开展综合评价。通过对六大领域总计 33 项指标进行测算，形成以下报告。为保持指标的可比性，所测算指标总体保持与前两年一致，仅个别指标有所调整。调整后的具体指标、权重及测算结果如表 1 所示。

表 1　"浙江省文化发展指数(CDI)"评价指标体系

领域	指标名称	计量单位	发展水平	环比增速%	指标权重%	领域权重%	备注
文化资源支撑力	人均地方财政收入	元	116.03	16.03	2.67	16	
	每百万人拥有世界文化遗产数	个	99.44	−0.56	2.67		
	每万人拥有非物质文化遗产数	个	99.44	−0.56	2.67		
	每万人拥有重点文物保护单位数	个	99.44	−0.56	2.67		
	每万人拥有公共文化设施建筑面积	平方米	123.90	23.90	2.67		
	信息化发展指数		103.85	3.85	2.67		
文化价值引领力	人均慈善捐款额	元	99.73	−0.27	2.29	16	
	每万人拥有注册志愿者	人	149.68	49.68	2.29		
	千人献血量	升	101.41	1.41	2.29		
	每万人拥有各级道德类模范数	人	103.27	3.27	2.29		逆向
	城市文明测评指数		96.73	−3.27	2.29		
	文明村(社区)创建率	%	100.34	0.34	2.29		
	区域企业信用失信率	‰	88.39	−11.61	2.29		

续 表

领域	指标名称	计量单位	发展水平	环比增速%	指标权重%	领域权重%	备注
公共文化服务力	公共文化事业费占地方财政支出的比重	%	116.89	16.89	2.29	16	
	每万人拥有电影银幕数	块	128.89	28.89	2.29		
	人均年观看电影、艺术表演、文博展览次数	人次	115.36	15.36	2.29		
	图书馆流通率	人次	144.13	44.13	2.29		
	农村应急广播覆盖率	%	180.51	80.51	2.29		
	数字电视用户占有线电视用户比例	%	102.84	2.84	2.29		
	农村文化礼堂建成率	%	144.36	44.36	2.29		
文化产业竞争力	文化及相关特色产业增加值占 GDP 比重	%	106.62	6.62	3.20	16	
	文化内容产业增加值占文化及相关特色产业增加值的比重	%	93.02	−6.98	3.20		
	全体居民人均娱乐、文化支出占消费支出的比例	%	110.22	10.22	3.20		
	每万人拥有影视(动画)剧制作指数		113.03	13.03	3.20		
	文化服务贸易出口占服务贸易出口的比重	%	107.12	7.12	3.20		
区域文化创新力	R&D 经费支出相当于 GDP 的比重	%	104.34	4.34	2.67	16	
	每百万人拥有省级文化领域优秀人才数	人	104.39	4.39	2.67		
	每百万人拥有优秀文化作品数量	件	109.58	9.58	2.67		
	每百万人拥有版权作品登记量	个	99.47	−0.53	2.67		
	万人发明专利拥有量	件	134.69	34.69	2.67		
	每百万人拥有文化品牌数	个	105.03	5.03	2.67		

续　表

领域	指标名称	计量单位	发展水平	环比增速%	指标权重%	领域权重%	备注
公众评价	公众对道德环境的满意度		102.70	2.70	10.00	20	
	公众对文化生活的满意度		101.85	1.85	10.00		

一、2015 年全省文化发展水平综合评价

总体判断:2015 年,在文化强省战略的引领和各地各部门各方面的共同努力下,我省文化改革步伐继续加快,文化发展水平再上新台阶。

(一)全省文化发展指数继续保持两位数增长

以 2014 年全省文化发展指数为基准值 100 计算,2015 年浙江省文化发展指数为 110.30,比 2014 年提高了 10.30 个百分点。这是继 2014 年浙江省文化发展指数提升 13.89 个百分点之后,又一次实现两位数增长。

(二)公共文化服务力引领各领域指数全面提升

2015 年,全省文化发展健康稳健,各领域指数全面提升。参见图 1。

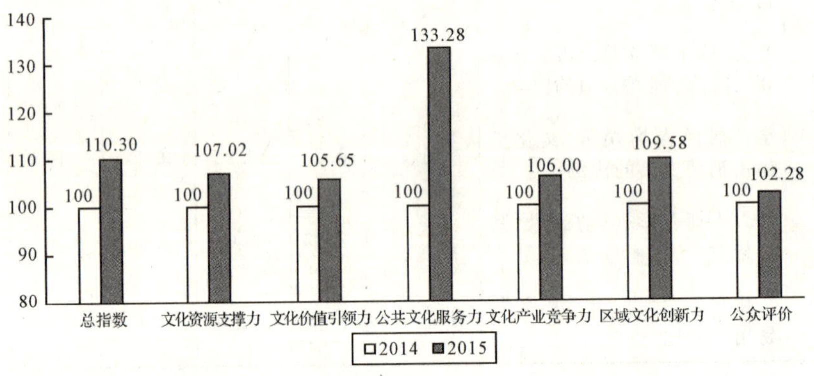

图 1　2015 年全省文化发展总指数及各领域指数

六大领域指标普遍增长助推全省文化发展指数持续攀升。2015 年,六大领域指标对应全省文化发展指数增长的贡献度依次为:公共文化服务力(51.70%)、区域文化创新力(14.89%)、文化资源支撑力(10.90%)、文化产业竞争力(9.32%)、文化价值引领力(8.78%)和公众评价(4.42%)。参见图 2。

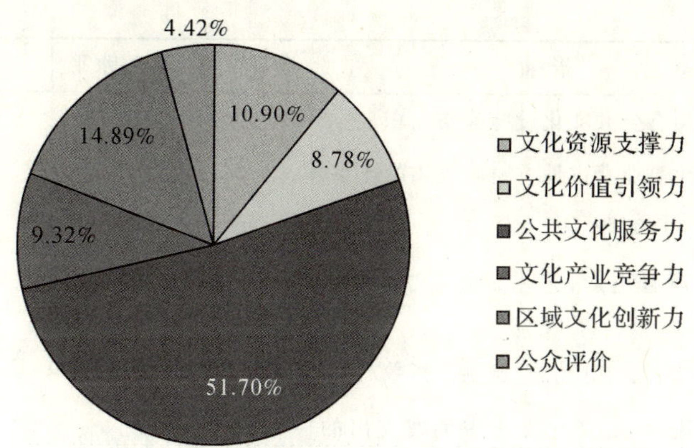

图 2　2015 年全省文化发展指数领域指数贡献度

公共文化服务力领域指数增幅从 2014 年的 22.82%跃升到 2015 年的 33.28%,居各领域增速首位,对总指数增长贡献过半。

区域文化创新力持续稳定上升,2015 年领域指数增幅为 9.58%,与 2014 年增幅接近,在六大领域中位居第二。

这两大领域指数,对总指数增长的贡献度接近七成。

在全省人均地方财政收入和人均拥有公共文化设施建筑面积两项指标的拉动下,文化资源支撑力领域增幅达 7.02%,对总指数增长的贡献度达到 10.90%,位列各领域第三,说明全省各地对文化发展的投入在持续增长。

(三)33 项内含评价指标升多降少

纳入 2015 年文化发展指数的 33 项评价指标与上一年度相比,有 25 项上升,8 项下降,无持平。具体排序见表 2。

表 2　2015 年全省文化发展指数内含指标增速排序表

项目	指标	计量单位	发展水平	环比增速%
增长指标	农村应急广播覆盖率	%	180.51	80.51
	每万人拥有注册志愿者	人	149.68	49.68
	农村文化礼堂建成率	%	144.36	44.36
	图书馆流通率	%	144.13	44.13
	万人发明专利拥有量	个	134.69	34.69
	每万人拥有电影银幕数	块	128.89	28.89

续 表

项目	指标	计量单位	发展水平	环比增速%
增长指标	每万人拥有公共文化设施建筑面积	平方米	123.90	23.90
	公共文化事业费占地方财政支出的比重	%	116.89	16.89
	人均地方财政收入	元	116.03	16.03
	人均年观看电影、艺术表演、文博展览次数	次	115.36	15.36
	每万人拥有影视(动画)剧制作指数		113.03	13.03
	全体居民娱乐、文化支出占消费支出的比例	%	110.22	10.22
	每百万人拥有优秀文化作品数量	件	109.58	9.58
	文化服务贸易出口占服务贸易出口的比重	%	107.12	7.12
	文化及相关特色产业增加值占 GDP 比重	%	106.62	6.62
	每百万人拥有文化品牌数	个	105.03	5.03
	每百万人拥有省级文化领域优秀人才数	人	104.39	4.39
	R&D 经费支出相当于 GDP 的比重	%	104.34	4.34
	信息化发展指数		103.85	3.85
	每万人拥有各级道德类模范数	人	103.27	3.27
	数字电视用户占有线电视用户比例	%	102.84	2.84
	公众对道德环境的满意度		102.70	2.70
	公众对文化生活的满意度		101.85	1.85
	千人献血量	%	101.41	1.41
	文明村(社区)创建率	%	100.34	0.34
下降指标	人均慈善捐款额	元	99.73	−0.27
	每百万人拥有版权作品登记量	件	99.47	−0.53
	每百万人拥有世界文化遗产数	个	99.44	−0.56
	每万人拥有非物质文化遗产数	个	99.44	−0.56

续 表

项目	指标	计量单位	发展水平	环比增速%
下降指标	每万人拥有重点文物保护单位数	个	99.44	−0.56
	城市文明测评指数		96.73	−3.27
	文化内容产业增加值占文化及相关特色产业增加值的比重	%	93.02	−6.98
	区域企业信用失信率	%	88.39	−11.61

由表2可见，33项指标中，增幅最高的前三项指标分别为：公共文化服务力领域的“农村应急广播覆盖率”(80.51%)、文化价值引领力领域的“每万人拥有注册志愿者”(49.68%)和公共文化服务力领域的“农村文化礼堂建成率”(44.36%)，他们对全省文化发展总指数增长的贡献度也最大，分别达到17.87%、11.03%和9.84%，合计38.74%，为我省文化发展提供了有力支撑。特别值得一提的是，经过“十二五”期间全省和各设区市的共同努力，“农村应急广播覆盖率”达到100%，实现了全覆盖，这是我省加快推进文化强省建设、增强公共文化服务能力的一个重要体现，同时也反映出我省文化发展惠及农村、吸引大众广泛参与的良好态势。降幅最大的两项指标分别是：文化价值引领力领域的“区域企业信用失信率”(−11.61%)和文化产业竞争力领域的“文化内容产业增加值占文化及相关特色产业增加值的比重”(−6.98%)，但较之上一年度降幅已有所收窄。其中，“区域企业信用失信率”系逆向指标，但为便于统一解读，这里已经过指数化处理，故数值增加代表企业信用度上升，数值下降则代表企业信用度降低(下同)。

8项下降指标，下降原因不一。其中有5项与人口基数相关，也即人口自然增长会抵消部分指数增长。如上一年度所预测，“每百万人拥有世界文化遗产数”“每万人拥有非物质文化遗产数”和“每万人拥有重点文物保护单位数”等3项指标随着人口自然增加继续呈略微下降趋势。“人均慈善捐款额”和“每百万人拥有版权作品登记量”也与此相类似。参见表3。

表3 2015年全省文化发展指数与人口负相关下降指标一览

项目	指标	计量单位	发展水平	环比增速%
下降指标	每百万人拥有世界文化遗产数	个	99.44	−0.56
	每万人拥有非物质文化遗产数	个	99.44	−0.56
	每万人拥有重点文物保护单位数	个	99.44	−0.56
	人均慈善捐款额	元	99.73	−0.27
	每百万人拥有版权作品登记量	件	99.47	−0.57

“每百万人拥有世界文化遗产数”“每万人拥有非物质文化遗产数”和“每万人拥有重点文物保护单位数”这3项指标,都与资源禀赋相关,且会在较长时间内相对稳定。

与2014年相比,2015年的8项下降指标中,“区域企业信用失信率”指数降幅最大(−11.61%),但与上年(−20.07%)相比,降幅明显趋缓。这在全国经济下行压力不减,企业经营难度普遍加大的客观形势下,还是值得肯定的。“文化内容产业增加值占文化及相关特色产业增加值的比重”降幅第二(−6.98%),反映出文化及相关特色产业投资成效有待进一步深化。“城市文明测评指数”(96.73)下降,直接原因是我省在2015年对城市文明测评体系做了较大调整,体现出面对新的形势和要求,城市文明建设的内涵在不断丰富、标准在不断提高、空间更加广阔。

“每百万人拥有版权作品登记量”指数为99.47,与上年同期相比略有下降(−0.53%),该指标与人口基数变化相关,且降幅比上年(−4.5%)明显收窄,但仍是全部下降指标中各设区市之间发展最不均衡的指标,最高值与最低值相差逾百倍,且差距有进一步加大的趋势。建议进一步关注和研究。参见表4。

表4 各市每百万人拥有版权作品登记量指数一览

年度	全省	杭州	宁波	温州	嘉兴	湖州	绍兴	金华	衢州	舟山	台州	丽水
2014	95.50	116.61	107.45	12.13	207.56	22.91	399.16	37.87	2.10	2.09	10.25	2.73
2015	99.47	124.57	101.21	21.84	197.14	23.22	400.00	33.94	5.04	1.25	66.65	6.20

(四)地区间文化发展不均衡现象明显改善

2015年全省11个设区市的文化发展指数继续保持全数提升,且地区间不均衡的现象明显改善,各设区市最高与最低之间的差距绝对值与前两年相比均有明显收窄(2013 年为 140.8－76.77＝64.03,2014 年为 154.79－81.45＝73.34,2015 年为 143.63－90.30＝53.33)。参见表 5。

表 5　2015 年全省与设区市文化发展指数领域指标对比

领域指数	全省	杭州	宁波	温州	嘉兴	湖州	绍兴	金华	衢州	舟山	台州	丽水
文化资源支撑力	107.02	144.43	101.60	104.77	136.67	139.66	99.80	85.94	144.83	103.58	69.94	214.85
文化价值引领力	105.65	139.42	122.89	102.44	114.13	120.56	91.78	86.51	95.75	138.51	99.48	97.45
公共文化服务力	133.28	163.48	130.68	113.83	170.60	140.59	128.20	106.58	117.82	139.63	145.86	122.20
文化产业竞争力	106.00	141.99	89.20	100.60	90.90	133.34	75.79	172.15	64.28	51.48	49.60	72.15
区域文化创新力	109.58	180.69	120.78	65.67	97.26	95.53	154.25	89.64	66.69	90.81	69.58	83.67
公众评价	102.28	102.15	102.14	95.82	102.46	105.10	103.57	100.26	103.34	102.15	103.91	107.21
总指数	110.30	143.63	110.85	97.13	118.02	121.77	108.69	106.58	98.97	104.27	90.30	115.89

综观"十二五"以来各设区市文化发展总指数,温州、衢州、台州等地总体排位靠后。深入分析可见,自然禀赋、历史渊源等客观因素是制约这几个设区市文化发展水平的重要原因。如 2015 年台州市文化资源支撑力领域指数为 69.94,只相当于丽水市的 32.55%。其中,"每百万人拥有世界文化遗产数"指数台州市为 0,丽水市为 400,差距显著。另外,这几个设区市其他部分领域与全省平均水平也存在一定差距,如文化产业竞争力和区域文化创新力。可喜的是,这几个设区市均在寻找各自突破点。如台州市和温州市的公共文化服务力、衢州市的文化资源支撑力领域指数均有显著提升。温州市和衢州市的 2015 年文化发展总指数已接近 100,接近达到 2014 年的全省总体水平,台州市也超过 90,且增速全省第一,充分显示了这几个设区市的努力成果。

二、全省 11 个设区市的具体分析

对 11 个设区市文化发展水平进行分析,参见表 6。

表 6　全省及各设区市文化发展指数及增长速度总表

地区	文化发展水平总指数		增长速度(%)
	2014 年	2015 年	
全省	100.00	110.30	10.30
杭州市	133.32	143.63	7.73
宁波市	99.69	110.85	11.19
温州市	84.26	97.13	15.27
嘉兴市	107.40	118.02	9.89
湖州市	101.61	121.77	19.84
绍兴市	97.53	108.69	11.44
金华市	101.79	106.58	4.70
衢州市	88.58	98.97	11.75
舟山市	96.65	104.27	7.88
台州市	72.80	90.30	24.04
丽水市	101.64	115.89	14.02

从表 6 可见，与 2014 年相比，所有设区市 2015 年的文化发展总指数均有明显提升。宁波、温州、湖州、绍兴、衢州、台州和丽水增长速度均超过两位数。其中，台州、湖州和温州的文化发展总指数增速排在全省的前三位。

表 7　全省及各设区市文化发展指数领域指数贡献度

领　域	全省	杭州市	宁波市	温州市	嘉兴市	湖州市	绍兴市	金华市	衢州市	舟山市	台州市	丽水市
文化资源支撑力	10.90	16.29	2.36	−26.65	32.56	29.15	−0.36	−34.19	−695.85	13.41	49.57	115.63
文化价值引领力	8.78	14.46	33.76	−13.62	12.54	15.11	−15.13	−32.80	65.88	144.28	0.86	−2.57
公共文化服务力	51.70	23.28	45.23	−77.20	62.69	29.83	51.94	15.99	−276.61	148.46	−75.62	22.35
文化产业竞争力	9.32	15.40	−15.93	−3.34	−8.08	24.50	−44.58	175.39	554.38	−181.77	83.10	−28.04
区域文化创新力	14.89	29.59	30.64	191.63	−2.43	−3.28	99.91	−25.19	517.01	−34.45	50.15	−16.44
公众评价	4.42	0.98	3.94	29.18	2.73	4.68	8.22	0.80	−64.81	10.06	−8.05	9.07

各设区市六大领域指标对本地文化发展总指数(CDI)的贡献度，参见表7。

(一)杭州市

2015年杭州市文化发展总指数为143.63，连续5年在高起点上快速增长，在全省各设区市中起到了引领和风向标作用。参见图3。

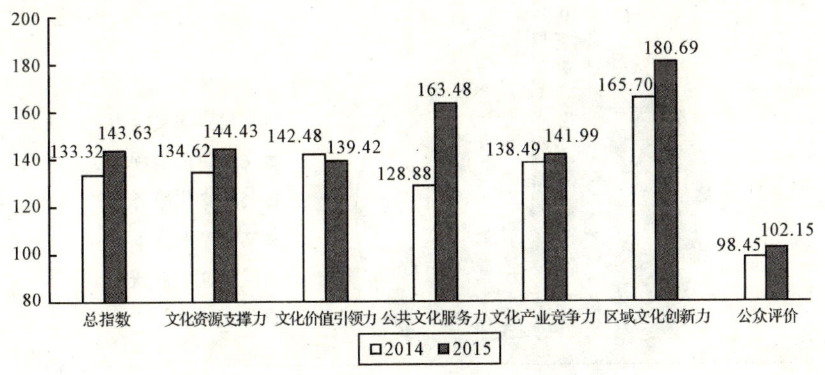

图3 2014—2015年杭州市各领域文化发展指数情况

从指标看，领先指标较多，特别是全省首位指标有10项："人均地方财政收入""信息化发展指数""千人献血量""区域企业信用失信率""公共文化事业费占地方财政支出的比重""每万人拥有电影银幕数""文化及相关特色产业增加值占GDP比重""R&D经费支出相当于GDP的比重""每百万人拥有优秀文化作品数量"和"万人发明专利拥有量"。

只有1项相对落后指标："公众对道德环境的满意度"，无末位指标。

从指标贡献度看，对杭州市文化发展总指数增长贡献度最大的前三项指标为：区域文化创新力领域的"万人发明专利拥有量"(15.63%)、文化产业竞争力领域的"每万人拥有影视(动画)剧制作指数"(11.83%)、文化资源支撑力领域的"每百万人拥有世界文化遗产数"(9.46%)。三者合计对总指数增加值贡献度为36.92%。

从领域看，同上一年度相一致，除公众评价外，其他五个领域均相对领先，尤其是文化价值引领力和区域文化创新力，持续保持全省首位。公众评价在11个设区市中相对排名不高(第八)，应与杭州经济社会发展水平较高，杭州市民身处省会和千年文化古都，对道德环境和文化生活期望值较高有关。同时，相较于2013年度，杭州市的公众评价领域指标已连续两年逆转了下滑的态势，分别环比上行5.34个百分点和3.70个百分点，由此可以看出，该市在文化发展方面的努力正持续获得更多的公众认可。

从领域贡献度看，对杭州市文化发展总指数增长贡献度排序依次为：区域文化创新力（29.59%）、公共文化服务力（23.28%）、文化资源支撑力（16.29%）、文化产业竞争力（15.40%）、文化价值引领力（14.46%）和公众评价（0.98%）。参见图4。

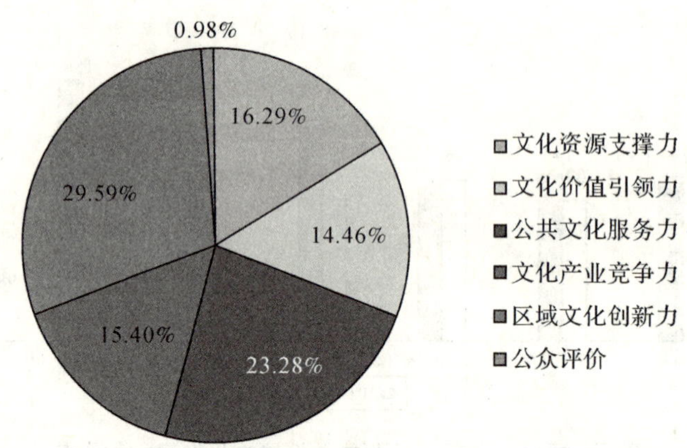

图4 2015年杭州市文化发展指数领域贡献度

从领域增幅看，各领域发展速度相对于2014年的同比增幅从大到小分别为：公共文化服务力34.59%、区域文化创新力14.99%、文化资源支撑力9.82%、公众评价3.70%、文化产业竞争力3.50%、文化价值引领力−3.06%。

杭州市最大的优势在各方面发展总体比较均衡。需要重点关注的仍是文化产业竞争力领域中的“文化内容产业增加值占文化及相关特色产业增加值的比重”指数值，2015年仅为61.69，只有全省指数（93.02）的66.32%，且此项指标较上一年度在全省的地位略有下降。

（二）宁波市

2015年宁波市文化发展总指数为110.85，发展增速11.19%，发展水平属于中等偏上且相对较快的地区。参见图5。

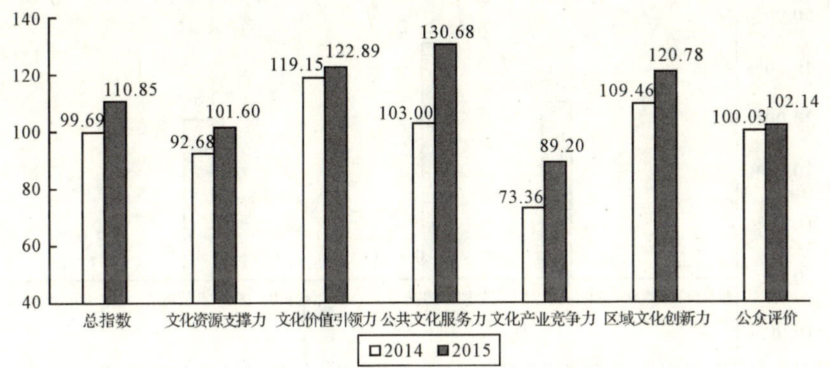

图 5　2014—2015 年宁波市各领域文化发展指数情况

从指标看，有 9 项相对领先指标，包括“人均地方财政收入”“信息化发展指数”“人均慈善捐款额”“每万人拥有注册志愿者”“城市文明测评指数”“每万人拥有电影银幕数”“全体居民娱乐、文化支出占消费支出的比例”“每百万人拥有优秀文化作品数量”和“万人发明专利拥有量”，无全省首位指标。

有 3 项指标相对落后，包括“每百万人拥有非物质文化遗产数”“每万人拥有重点文物保护单位数”和“每百万人拥有省级文化领域优秀人才数”，其中第一项为全省末位指标。

从指标贡献度看，对宁波市文化发展总指数增长贡献度最大的前三项指标为：区域文化创新力领域的“万人发明专利拥有量”（21.12%）、公共文化服务力领域的“农村文化礼堂建成率”（20.86%）和文化价值引领力领域的“文明村（社区）创建率”（19.60%）。3 项指标合计对总指数增长贡献度达到 61.58%，相对偏高，但较上一年度的前三指标贡献度总和 96.26%还是有明显优化的趋势。

从领域看，文化价值引领力（122.89）和区域文化创新力（120.78）两个领域在全省处于领先；公众评价（102.14）领域虽然仍在全省处于相对落后位置，但已连续两年实现正增长，且与其他兄弟市的差距在逐渐缩小。

从领域贡献度看，对宁波市文化发展总指数增长做出正面贡献的有五个领域，按其贡献度大小排序依次为：公共文化服务力（45.23%）、文化价值引领力（33.76%）、区域文化创新力（30.64%）、公众评价（3.94%）和文化资源支撑力（2.36%）；而对其指数增长有负面影响的一个领域是文化产业竞争力（−15.93%）。参见图 6。

从领域增幅看，各领域发展速度相对于 2014 年的同比增幅从大到小分别

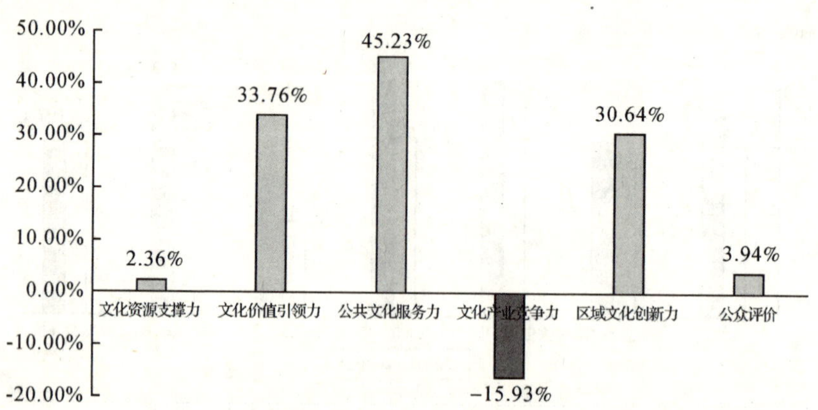

图 6　2015 年宁波市文化发展指数领域贡献度

为:公共文化服务力 27.68%、文化产业竞争力 15.43%、区域文化创新力 11.33%、文化资源支撑力 8.92%、文化价值引领力 3.75%、公众评价 2.10%。

总体看,宁波市文化发展势头较好,且发展不平衡现象 2015 年有明显改善。仍需注意的是文化产业竞争力领域中的“文化服务贸易出口占服务贸易出口的比重”指数,虽已由上一年度的 7.45 迅速攀升到本年度的 75.98,但在全省仍属中等偏下水平(全省发展水平 107.12),与宁波市在我省的地位不符,建议重点关注。

(三)温州市

2015 年温州市文化发展总指数为 97.13,发展增速为 15.27%。属于受人口基数等因素影响较大、文化发展整体水平较弱,但发展速度较快、势头向好的地区。参见图 7。

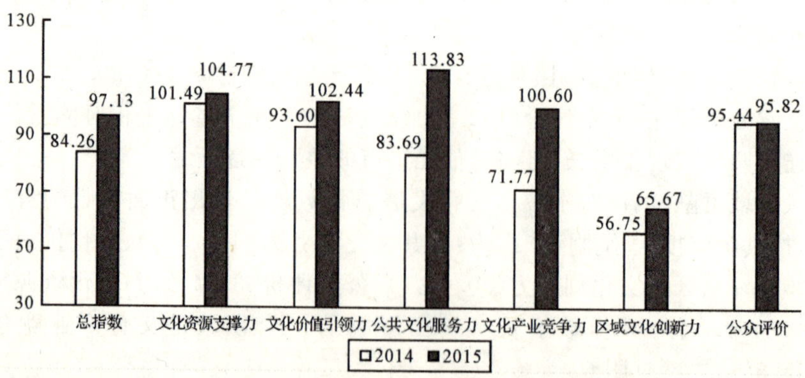

图 7　2014—2015 年温州市各领域文化发展指数情况

从指标看，有 4 项相对领先指标："人均慈善捐款额""每万人拥有各级道德类模范数""文化内容产业增加值占文化及相关特色产业增加值的比重"和"文化服务贸易出口占服务贸易出口的比重"。其中前三项为全省首位指标。

有 10 项相对落后指标："每万人拥有注册志愿者""每万人拥有电影银幕数""每百万人拥有文化品牌数""公众对道德环境的满意度""公众对文化生活的满意度""人均地方财政收入""千人献血量""区域企业信用失信率"（逆向指标，但为便于统一解读，已经指数化处理，故数值增加表示企业信用度上升，数值下降则表示企业信用度降低）、"农村文化礼堂建成率"和"万人发明专利拥有量"。其中前五项为全省末位指标。

从指标贡献度看，导致温州市文化发展总指数未达到 100 水平，影响最大的三项指标分别为：文化产业竞争力领域的"每万人拥有影视（动画）剧制作指数"（109.68%）、区域文化创新力领域的"每百万人拥有版权作品登记量"（72.72%）和"万人发明专利拥有量"（41.80%）。这 3 项指标对其总指数低于 100 水平的"贡献度"（因其低于 100 基准，故实为负面影响）合计达到 224.20%，说明温州市 2015 年文化发展总指数不高主要是因为少数指标滞后所致。

从领域看，六大领域相较上一年度都实现了程度不等的增长。但就每一领域来看，均落后于全省的相应领域指数水平。特别要关注的是公众评价领域（95.82）继上一年度之后再次处于全省末位（全省指数 102.28）。

从领域贡献度看，有两个领域拖了温州市文化发展总指数增长的后腿：区域文化创新力"贡献度"（191.63%）和公众评价"贡献度"（29.18%）。另外四个领域则形成了与此相反的使其总指数增加的趋势，其阻碍指标下降的"贡献度"分别为：公共文化服务力（－77.20%）、文化资源支撑力（－26.65%）、文化价值引领力（－13.62%）和文化产业竞争力（－3.34%）。参见图 8。说明：因为温州市 2015 年文化发展总指数未达到参照基准——2014 年全省文化发展总指数水平（即指数值低于 100），因而在计算指数贡献度时与一般情况相反，即"贡献度"为负数时代表指标/领域指数正向增长，实际作用是阻碍文化发展总指数下降；而"贡献度"为正数时，则代表指标/领域指数下降，呈负面影响，造成文化发展总指数下降。

从领域增幅看，各领域发展速度相对于 2014 年的同比增幅从大到小分别为：公共文化服务力 30.14、文化产业竞争力 28.83、文化价值引领力 8.84、区域文化创新力 8.92、文化资源支撑力 3.28 和公众评价 0.38。

总体看，杭宁温三市中，虽然温州在文化发展方面与另外两市差距较大，历史原因居多，但增长潜力也较大。应重点关注区域文化创新力、公众评价等领域。

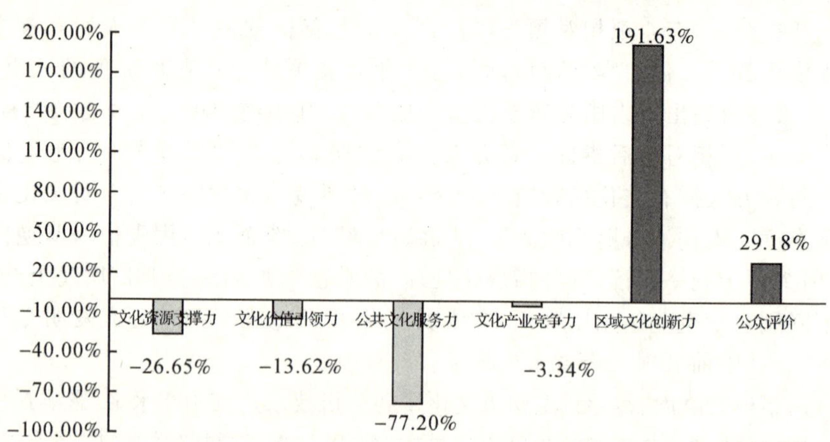

图 8　2015 年温州市文化发展指数领域贡献度

(四)嘉兴市

2015 年嘉兴市文化发展总指数为 118.02,发展增速 9.89%,发展水平继续排名全省前三,发展速度稳健。参见图 9。

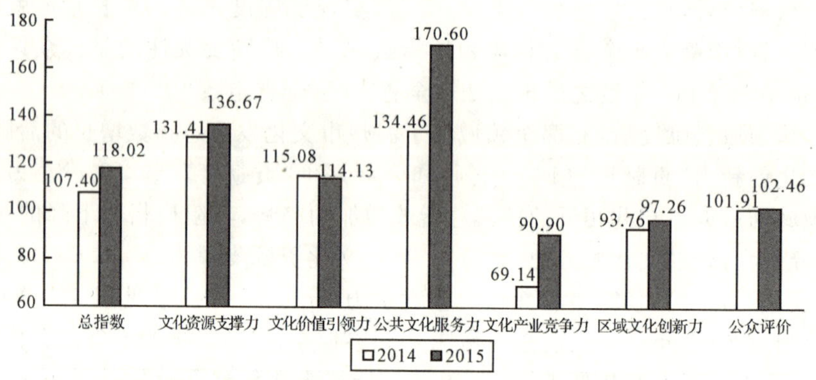

图 9　2014—2015 年嘉兴市各领域文化发展指数情况

从指标看,有 12 项相对领先指标:“图书馆流通率”“数字电视用户占有线电视用户比例”“农村文化礼堂建成率”“每百万人拥有世界文化遗产数”“每万人拥有公共文化设施建筑面积”“信息化发展指数”“文明村(社区)创建率”“文化内容产业增加值占文化及相关特色产业增加值的比重”“全体居民娱乐、文化支出占消费支出的比例”“每万人拥有影视(动画)剧制作指数”“R&D 经费支出相当于 GDP 的比重”和“每百万人拥有版权作品登记量”,其中前三项为全省首位指标。

8 项相对落后指标："文化服务贸易出口占服务贸易出口的比重""每百万人拥有省级文化领域优秀人才数""每万人拥有非物质文化遗产数""人均慈善捐款额""万人拥有各级道德类模范数""人均年观看电影、艺术表演、文博展览次数""每百万人拥有优秀文化作品数量"和"每百万人拥有文化品牌数"，其中前两项为全省末位指标。

从指标贡献度看，对嘉兴市文化发展总指数增长贡献度最大的前三项指标为：公共文化服务力领域的"农村文化礼堂建成率"(32.50%)、文化资源支撑力领域的"每百万人拥有世界文化遗产数"(28.88%)和文化价值引领力领域的"文明村(社区)创建率"(20.69%)。这 3 项指标对总指数增长的贡献度合计达到 82.07%，相对较高。

从领域看，公共文化服务力(170.60)在全省居首，其他五个领域在全省均属于中等偏上，无相对落后领域。

从领域贡献度看，对嘉兴市文化发展总指数增长做出正面贡献的有四个领域，按其贡献度大小排序依次为：公共文化服务力(62.69%)、文化资源支撑力(32.56%)、文化价值引领力(12.54%)和公众评价(2.73%)；而对其指数增长有负面影响的两个领域是：文化产业竞争力(−8.08%)和区域文化创新力(−2.43%)。参见图 10。

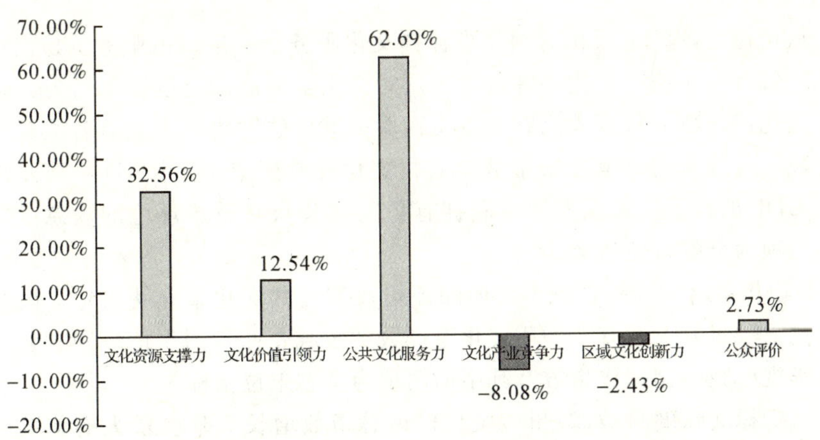

图 10　2015 年嘉兴市文化发展指数领域贡献度

从领域增幅看，各领域发展速度相对于 2014 年的同比增幅从大到小分别为：公共文化服务力 36.14%、文化产业竞争力 21.75%、文化资源支撑力 5.25%、区域文化创新力 3.50%、公众评价 0.55%、文化价值引领力

−0.95%。其中,区域文化创新力逆转上一年度的下滑态势,转向小幅上涨;而文化价值引领力略有下降,应适当关注。

总体看,嘉兴市文化发展水平与速度均值得称道,但也需关注个别领域指标的下滑态势。

(五)湖州市

2015年湖州市文化发展总指数为121.77,发展增速19.87%,显示出良好的总体态势和强劲的发展势头。参见图11。

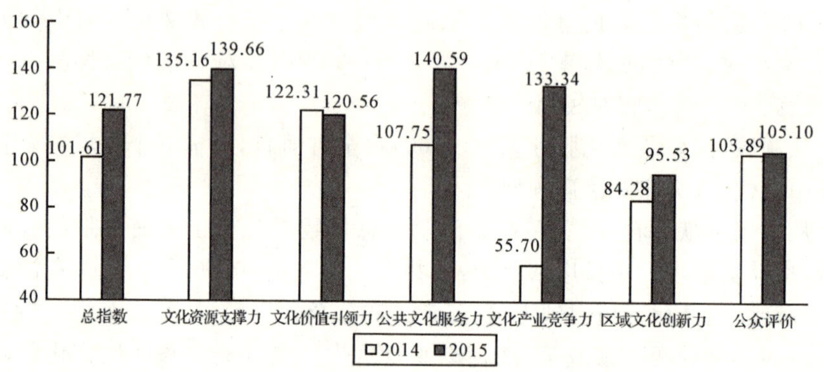

图11 2014—2015年湖州市各领域文化发展指数情况

从指标看,有11项相对领先指标:"文化服务贸易出口占服务贸易出口的比重""每百万人拥有文化品牌数""公众对文化生活的满意度""每百万人拥有世界文化遗产数""每万人拥有重点文物保护单位数""每万人拥有各级道德类模范数""每万人拥有电影银幕数""农村文化礼堂建成率""R&D经费支出相当于GDP的比重""万人发明专利拥有量"和"公众对道德环境的满意度",其中前三项为全省首位指标。

5项相对落后指标:"城市文明测评指数""公共文化事业费占地方财政支出的比重""每万人拥有非物质文化遗产数""区域企业信用失信率"和"每万人拥有影视(动画)剧制作指数",其中前两项为全省末位指标。

从指标贡献度看,对湖州市文化发展总指数增长贡献度最大的前三项指标为:文化产业竞争力领域的"文化服务贸易出口占服务贸易出口的比重"(44.13%)、文化资源支撑力领域的"每百万人拥有世界文化遗产数"(25.89%)和公共文化服务力领域的"农村文化礼堂建成率"(17.22%)。这3项指标对总指数增长的贡献度合计达到87.24%,相对较高,但前三项指标合计贡献率之和较上一年度已有所下降。

从领域看，有两个相对领先领域：文化产业竞争力（133.34）和公众评价（105.10），其余四个领域在全省的排序也相对靠前，无相对落后领域。

从领域贡献度看，对湖州市文化发展总指数增长做出正面贡献的有五个领域，排序依次为：公共文化服务力（29.83%）、文化资源支撑力（29.15%）、文化产业竞争力（24.50%）、文化价值引领力（15.11%）和公众评价（4.68%）；而对其指数增长产生负面影响的一个领域是区域文化创新力（－3.28%）。文化产业竞争力不但逆转了上一年度的指数负贡献，且为 2015 年度总指数的增长做出了较为显著的贡献。参见图 12。

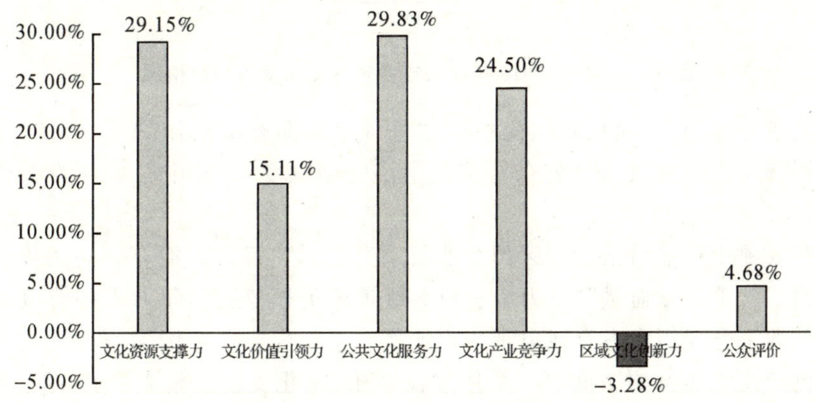

图 12　2015 年湖州市文化发展指数领域贡献度

从领域增幅看，各领域发展速度相对于 2014 年的同比增幅从大到小分别为：文化产业竞争力 77.64%、公共文化服务力 32.83%、区域文化创新力 11.25%、文化资源支撑力 4.49%、公众评价 1.20%、文化价值引领力 －1.75%。

特别值得肯定的是，2012—2014 年该市公众评价领域连续三年全省排名第一，2015 年位列全省第二。值得关注的是，文化产业竞争力中的“每万人拥有影视（动画）剧制作指数”为 0。经了解，系因影视动画企业产品生产制作周期长的特殊性，2015 年湖州影视动画恰巧没有产品产出。虽然客观原因确实存在，但这也是该市文化发展努力改进的方向之一。

（六）绍兴市

2015 年绍兴市文化发展总指数为 108.69，发展增速 11.44%，属于文化发展水平中等，但发展速度较快的地区。参见图 13。

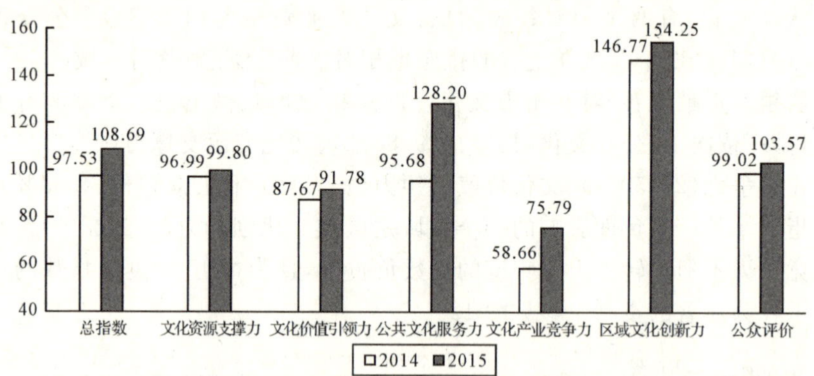

图 13　2014—2015 年绍兴市各领域文化发展指数情况

从指标看,有 3 项相对领先指标:“每百万人拥有版权作品登记量”“每百万人拥有文化品牌数”和“公众对文化生活的满意度”。其中第一项为全省首位指标。

有 8 项相对落后指标:“区域企业信用失信率”“每万人拥有公共文化设施建筑面积”“千人献血量”“每万人拥有各级道德类模范数”“每万人拥有电影银幕数”“数字电视用户占有线电视用户比例”“文化内容产业增加值占文化及相关特色产业增加值的比重”和“全体居民娱乐、文化支出占消费支出的比例”。其中第一项为全省末位指标。

从指标贡献度看,对绍兴市文化发展总指数增长贡献最大的前三项指标为:区域文化创新力领域的“每百万人拥有版权作品登记量”(92.08%)、公共文化服务力领域的“农村应急广播覆盖率”(21.18%)和“农村文化礼堂建成率”(12.89%)。这 3 项指标对总指数的贡献度合计高达 126.15%,也即其余指标对于该市文化发展总指数的“贡献度”合计为－26.15%,这一现象虽然相较于上一年度前三指标贡献度 217.03%有很大程度的改善,但指标发展不平衡现象仍比较明显,值得继续关注。

从领域看,有一个相对领先:区域文化创新力(154.25);有两个相对落后:文化资源支撑力(99.80)和文化价值引领力(91.78);其他三个领域均处于全省中等水平。

从领域贡献度看,同上一年度相类似,对绍兴市文化发展总指数增长做出正面贡献的有三个领域,排序依次为:区域文化创新力(99.91%)、公共文化服务力(51.94%)和公众评价(8.22%);而对其指数增长有负面影响的三个领域依次是:文化产业竞争力(－44.58%)、文化价值引领力(－15.13%)、文化资源支撑力(－0.36％)。参见图14。

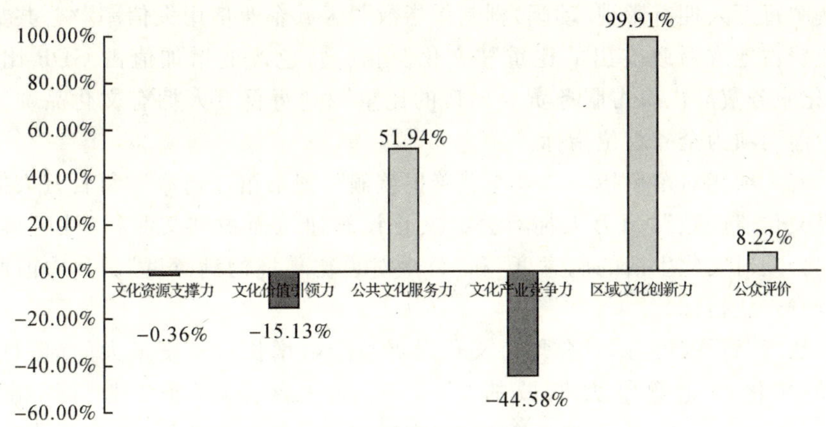

图14　2015年绍兴市文化发展指数领域贡献度

从领域增幅看,各领域发展速度相对于2014年的同比增幅从大到小分别为:公共文化服务力32.53％、文化产业竞争力17.13％、区域文化创新力7.49％、公众评价4.55％、文化价值引领力4.11％、文化资源支撑力2.81％。

整体看,绍兴市文化发展比较稳健,在全省居于中等水准。需要关注个别指标,如“每万人拥有影视(动画)剧制作指数”(19.63)仅及全省指数(113.03)的17.37％。

(七)金华市

2015年金华市文化发展总指数为106.58,发展增速4.70％,属于发展水平中等、发展速度稍慢的地区。参见图15。

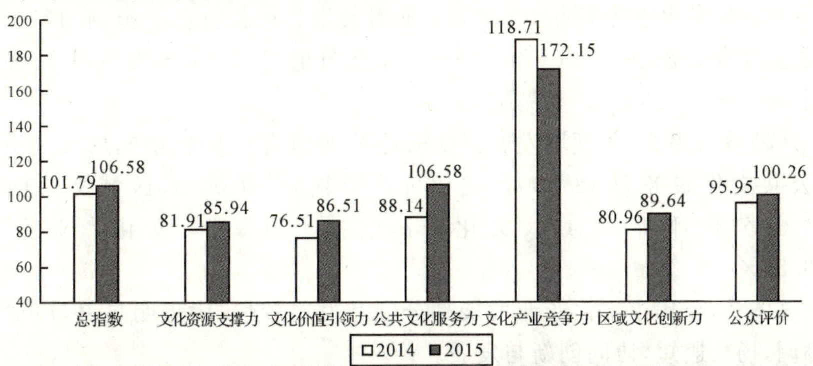

图15　2014—2015年金华市各领域文化发展指数情况

从指标看，有 7 项相对领先指标："全体居民娱乐、文化支出占消费支出的比例""每万人拥有影视(动画)剧制作指数""区域企业信用失信率""公共文化事业费占地方财政支出的比重""文化及相关特色产业增加值占 GDP 比重""文化服务贸易出口占服务贸易出口的比重"和"每百万人拥有文化品牌数"，其中前两项为全省首位指标。

有 7 项相对落后指标："人均慈善捐款额""图书馆流通率""每百万人拥有世界文化遗产数""每万人拥有公共文化设施建筑面积""文明村(社区)创建率""公众对文化生活的满意度"和"公众对道德环境的满意度"。其中前两项是全省末位指标。

从指标贡献度看，对金华市文化发展总指数增长贡献度最大的前三项指标为：文化产业竞争力领域的"每万人拥有影视(动画)剧制作指数"(145.85%)、公共文化服务力领域的"农村应急广播覆盖率"(27.96%)和文化产业竞争力领域的"文化服务贸易出口占服务贸易出口的比重"(27.55%)。这 3 项指标对总指数增长的贡献度合计达到 201.36%，也即其余指标对于该市 CDI 总指数的"贡献度"合计为－101.36%，说明其指标间发展不均衡现象较突出，应着力抓好协调发展。

从领域看，有一个相对领先领域：文化产业竞争力(172.15)，居于全省首位，此领域金华已连续保持三年优势，且遥遥领先于其他兄弟市(全省指数 106.00)；区域文化创新力(89.64)处于全省中等偏下水平，其余四个领域均处于全省相对落后水平。

从领域贡献度看，对金华市文化发展总指数增长做出正面贡献的有三个领域，按其贡献度大小排序依次为：文化产业竞争力(175.39%)、公共文化服务力(15.99%)和公众评价(0.80%)；而对其指数增长有负面影响的三个领域依次是：文化资源支撑力(－34.19%)、文化价值引领力(－32.80%)、区域文化创新力(－25.19%)。参见图 16。

从领域增幅看，各领域发展速度相对于 2014 年的同比增幅从大到小分别为：公共文化服务力 18.43%、文化价值引领力 10.00%、区域文化创新力 8.68%、公众评价 4.31%、文化资源支撑力 4.02%、文化产业竞争力－16.56%。

总体看，金华市文化产业发展部分领域发展较快、优势明显，但应加强统筹协调，扬长避短，协同创新与发展。

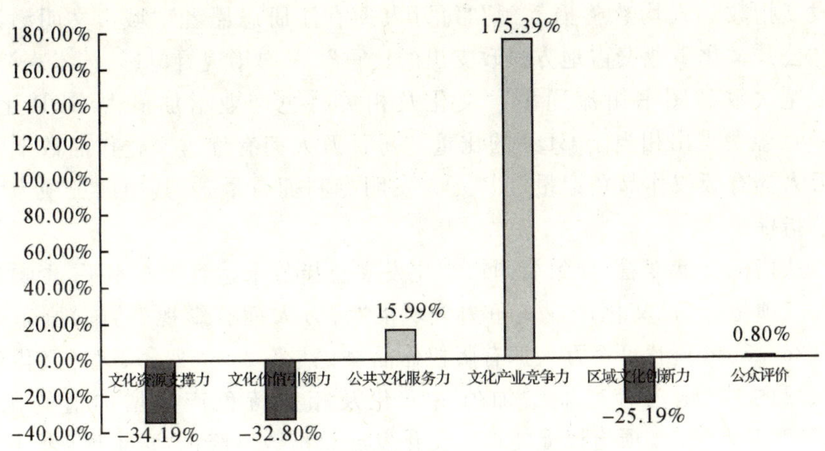

图 16 2015 年金华市文化发展指数领域贡献度

(八)衢州市

2015 年衢州市文化发展总指数为 98.97,发展增速 11.75%,属于文化发展水平不高,但正加速追赶全省平均水平的地区。参见图 17。

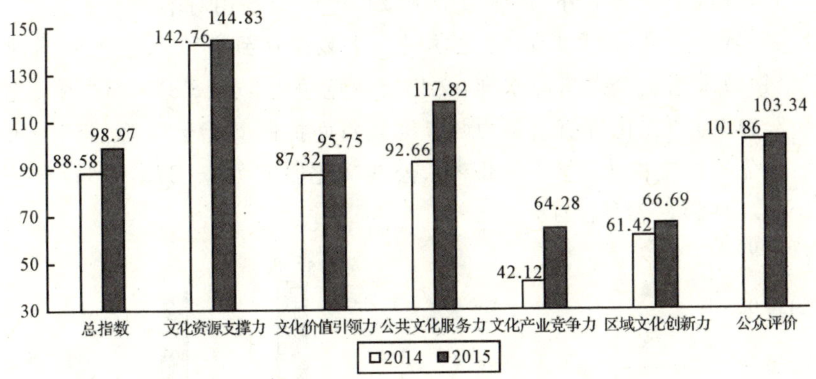

图 17 2014—2015 年衢州市各领域文化发展指数情况

从指标看,有 6 项相对领先指标:“每万人拥有重点文物保护单位数”“每万人拥有非物质文化遗产数”“千人献血量”“数字电视用户占有线电视用户比例”“每百万人拥有省级文化领域优秀人才数”和“公众对道德环境的满意度”。其中第一项为全省首位指标。

有 15 项相对落后指标:“人均地方财政收入”“每万人拥有公共文化设施建筑面积”“文化内容产业增加值占文化及相关特色产业增加值的比重”“信息

化发展指数”“人均慈善捐款额”“每万人拥有注册志愿者”“城市文明测评指数”“公共文化事业费占地方财政支出的比重”“人均年观看电影、艺术表演、文博展览次数”“图书馆流通率”“文化及相关特色产业增加值占 GDP 比重”“R&D 经费支出相当于 GDP 的比重”“每百万人拥有优秀文化作品数量”“每百万人拥有版权作品登记量”和“万人发明专利拥有量”。其中前三项为全省末位指标。

从指标贡献度看，导致衢州市文化发展总指数未达到 100 水平，影响最大的前三项指标为：文化产业竞争力领域的“每万人拥有影视（动画）剧制作指数”(269.86%)和“每百万人拥有版权作品登记量”(245.62%)、区域文化创新力领域的“文化内容产业增加值占文化及相关特色产业增加值的比重”(150.28%)。这 3 项指标促使该市文化发展总指数下降的“贡献度”合计达到 665.77%，这就是说，其余各项指标对于该市文化发展总指数的贡献度合计为 −565.77%，即上述 3 项指标对于总指数值的拉低极大地抵消了其余指标对总指数的拉升。

从领域看，除文化资源支撑力(144.83)领域处于相对领先水平，公众评价(103.34)领域中等偏上外，其他四个领域仍处于全省相对落后水平。

从领域贡献度看，衢州市文化发展总指数未达到 100 水平主要归因于以下三个领域未达到全省指数水准：文化产业竞争力(554.38%)、区域文化创新力(517.01%)和文化价值引领力(65.88%)；而抑制其指数下降的三个领域依次是：文化资源支撑力(−695.85%)、公共文化服务力(−276.61%)和公众评价(−64.81%)。参见图 18。

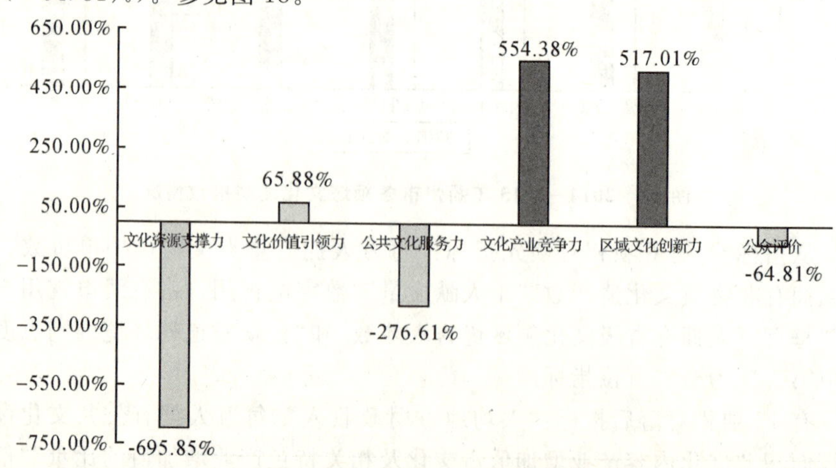

图 18 2015 年衢州市文化发展指数领域贡献度

从领域增幅看，各领域发展速度相对于2014年的同比增幅从大到小分别为：公共文化服务力25.16%、文化产业竞争力22.16%、文化价值引领力8.44%、区域文化创新力5.27%、文化资源支撑力2.07%、公众评价1.48%。

衢州市文化产业竞争力领域指数由上一年度的42.12，增长到本年度的64.28，增长22.16个点，虽有明显增长，但较之全省(106.00)的平均水准仍有相当差距。而最薄弱的环节是区域文化创新力领域的“每百万人拥有版权作品登记量”(2.19)指标，只有全省相应指标数值(99.43)的2.20%。

总体看，衢州市文化发展总指数比较接近全省指数，但领域间、指标间发展不均衡现象相当突出。同时，数据分析也显示，如果能从若干短板进行突破，下一年度总指数或可有质的变化。

(九)舟山市

2015年舟山市文化发展总指数为104.27，发展增速7.88%，属于文化发展水平全省中下，发展速度靠后的地区。参见图19。

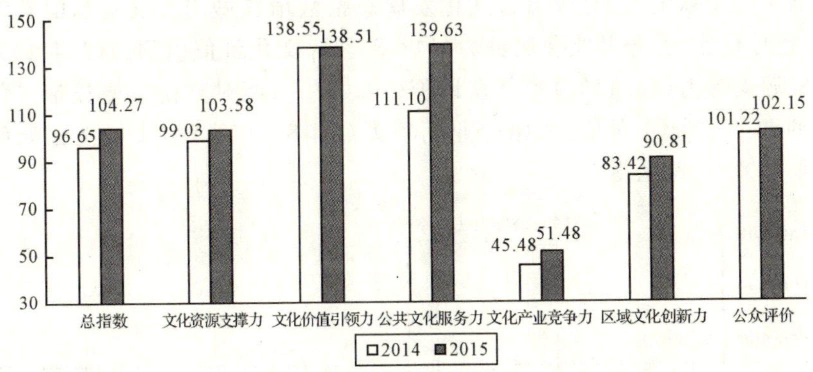

图19　2014—2015年舟山市各领域文化发展指数情况

从指标看，有9项相对领先指标：“文明村(社区)创建率”“人均地方财政收入”“每万人拥有非物质文化遗产数”“每万人拥有公共文化设施建筑面积”“人均慈善捐款额”“图书馆流通率”“农村文化礼堂建成率”“每百万人拥有省级文化领域优秀人才数”和“每百万人拥有优秀文化作品数量”。其中第一项为全省首位指标。

有11项相对落后指标：“人均年观看电影、艺术表演、文博展览次数”“文化及相关特色产业增加值占GDP比重”“每百万人拥有版权作品登记量”“每百万人拥有世界文化遗产数”“每万人拥有重点文物保护单位数”“每万人拥有注册志愿者”“每万人拥有电影银幕数”“文化内容产业增加值占文化及相关特色产业增加值的比重”“文化服务贸易出口占服务贸易出口的比重”“R&D 经费支出相当于 GDP 的比重”和“公众对文化生活的满意度”。其中前三项为全省末位指标。

从指标贡献度看，对舟山市文化发展总指数增长贡献度最大的前三项指标为：公共文化服务力领域的“农村文化礼堂建成率”（103.17%）、文化价值引领力领域的“文明村（社区）创建率”（102.56%）和文化资源支撑力领域的“每万人拥有非物质文化遗产数”（46.29%）。这 3 项指标对总指数增长的贡献度合计达到 252.02%，即其余指标对于该市文化发展总指数的“贡献度”合计为 －152.02%，也就是除前三项指标强力拉升总指数值外，其余指标一致导致总指数下降，说明其指标间发展不均衡现象突出，应注重各方面的协调发展。

从领域看，文化价值引领力（138.51）领域处于全省相对领先水平；而文化产业竞争力（51.48）领域则相对落后，其余四个领域处于全省文化发展的中等水平。

从领域贡献度看，对舟山市文化发展总指数增长做出正面贡献的有四个领域，排序依次为：公共文化服务力（148.86%）、文化价值引领力（144.28%）、文化资源支撑力（13.41%）和公众评价（10.06%）；而对其指数增长带来负面影响的两个领域分别是：文化产业竞争力（－181.77%）和区域文化创新力（－34.45%）。参见图 20。

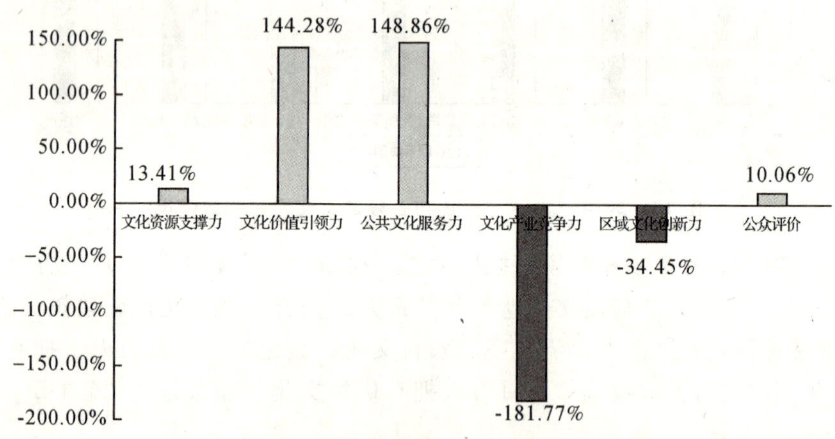

图 20　2015 年舟山市文化发展指数领域贡献度

从领域增幅看，各领域发展速度相对于 2014 年的同比增幅从大到小分别为：公共文化服务力 28.53%、区域文化创新力 7.39%、文化产业竞争力

6.00%、文化资源支撑力 4.55%、公众评价 0.93%、文化价值引领力 −0.03%。

总体来看，过去几年舟山市文化发展指数一直处在中到中上水平区间。也应该看到，部分指数测算或因人口较少致分母较小而分子相对放大，如2015年有8项相对领先指标中有5项与人口基数密切相关。最突出的薄弱环节是文化产业竞争力(51.48)，虽较之上一年度(45.48)有所提升，但仍不及全省指数(106.00)一半。2014年舟山市文化发展指数110.96，增速11.69 %，双双位列全省第五；2015年文化发展指数104.27，居全省第八，增速由两位数降为一位数(7.88%)，下滑较为明显。

(十)台州市

2015年台州市文化发展总指数为90.30，发展增速为24.04%。属于文化发展基础相对薄弱，整体发展水平相对较低，但正以全省第一的增速全速追赶的地区。参见图21。

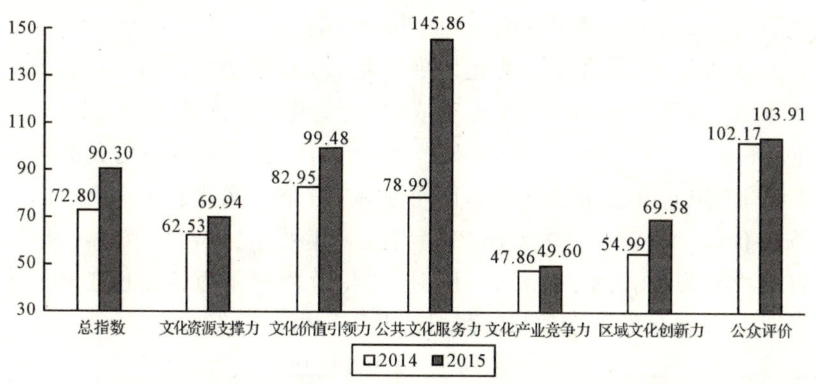

图21　2014—2015年台州市各领域文化发展指数情况

从指标看，有6项相对领先指标："每万人拥有注册志愿者""城市文明测评指数""人均年观看电影、艺术表演、文博展览次数""图书馆流通率""区域企业信用失信率"和"数字电视用户占有线电视用户比例"。前三项为全省居于首位指标。

有15项相对落后指标："每百万人拥有世界文化遗产数""每万人拥有重点文物保护单位数""千人献血量""每万人拥有各级道德类模范数""每百万人拥有优秀文化作品数量""信息化发展指数""文明村(社区)创建率""公共文化事业费占地方财政支出的比重""农村文化礼堂建成率""文化及相关特色产业增加值占GDP比重""全体居民娱乐、文化支出占消费支出的比例""每万人拥有影视(动画)剧制作指数”“文化服务贸易出口占服务贸易出口的比重”“每百万人拥有省级文化领域优秀人才数”和“每百万人拥有文化品牌数”。其中前五项为全省末位指标。

从指标贡献度看,影响台州市文化发展总指数未达到 100 水平的前三项指标为:文化产业竞争力领域的“每万人拥有影视(动画)剧制作指数”(32.98%)、文化资源支撑力领域的“每百万人拥有世界文化遗产数”(27.48%)和文化产业竞争力领域的“文化服务贸易出口占服务贸易出口的比重”(24.35%)。这 3 项指标对台州总指数下降的贡献度合计达到 84.81%,这就是说,其余全部指标对于该市文化发展总指数上升的贡献度合计为 184.81%,才可抵消这 3 项指标对总指数的拖累,说明存在发展不均衡的现象。

从领域看,公共文化服务力(145.86)和公众评价(103.91)两个领域在全省位居前列。文化资源支撑力(69.94)、文化产业竞争力(49.60)和区域文化创新力(69.58)三个领域相对落后,前两者位居全省末位。

从领域贡献度看,台州市文化发展总指数未达 100 水平主要可归因于以下四个领域,按其“贡献度”大小排序依次为:文化产业竞争力(83.10%)、区域文化创新力(50.15%)、文化资源支撑力(49.57%)和文化价值引领力(0.86%);而阻止其总指数下降的两个领域为:公共文化服务力(−75.62%)和公众评价(−8.05%)。参见图 22。同上一年度相比,台州市已经从公共文化服务力领域方向找到了突破口,同时,文化价值引领力领域也正面临突破,由此可见其在文化发展基础相对薄弱情况下所做出的努力。

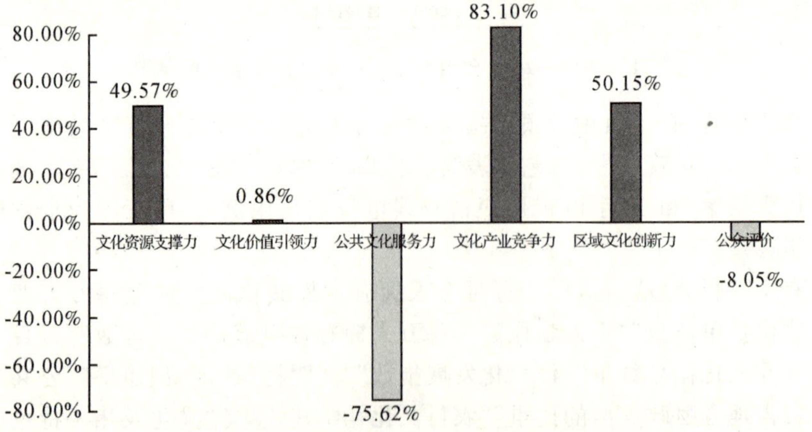

图 22　2015 年台州市文化发展指数领域贡献度

从领域增幅看，各领域发展速度相对于2014年的同比增幅从大到小分别为：公共文化服务力66.88%、文化价值引领力16.53%、文化资源支撑力7.41%、区域文化创新力14.59%、文化产业竞争力1.75%、公众评价1.74%。

总体看，台州市文化发展指数历年均靠后。深入分析可见，主要制约在文化资源支撑力和文化产业竞争力。前者与自然禀赋高度相关，台州市仅为全省指数的65.35%，不到丽水1/3、衢州1/2或舟山2/3；后者与发展起点密切相关。可以看到，台州市正在奋起直追，2015年增速(24.04%)全省第一，与兄弟市差距逐渐缩小。特别是公共文化服务力(84.66%)和文化价值引领力两大领域(19.93%)有了突破。建议接下来要重点弥补文化产业竞争力这块短板(台州市49.60，全省106.00)。

(十一)丽水市

2015年丽水市文化发展总指数为115.89，发展增速为14.02%，属于发展水平中等偏上、发展速度较快的地区。参见图23。

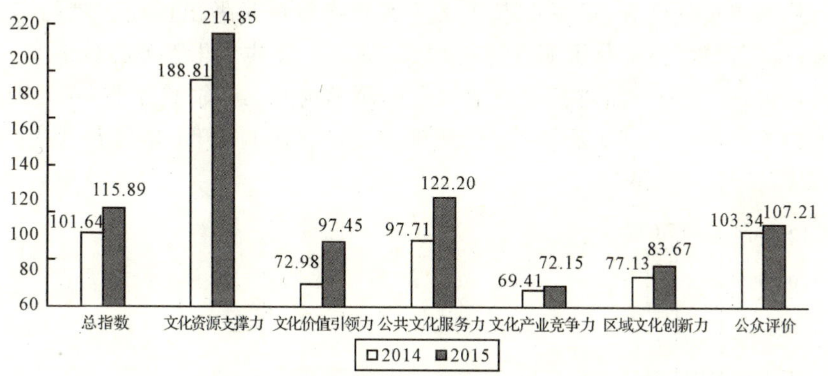

图23 2014—2015年丽水市各领域文化发展指数情况

从指标看，有13项相对领先指标："每百万人拥有世界文化遗产数""每万人拥有非物质文化遗产数""每万人拥有公共文化设施建筑面积""每百万人拥有省级文化领域优秀人才数""公众对道德环境的满意度""每万人拥有重点文物保护单位数""每万人拥有注册志愿者""千人献血量""公共文化事业费占地方财政支出的比重""人均年观看电影、艺术表演、文博展览次数""文化及相关特色产业增加值占GDP比重""文化内容产业增加值占文化及相关特色产业增加值的比重"和"公众对文化生活的满意度"。其中前五项指标为全省首位指标。

有12项相对落后指标："信息化发展指数""文明村(社区)创建率""村文

化礼堂建成率”“全体居民娱乐、文化支出占消费支出的比例”“每万人拥有影视(动画)剧制作指数”“R&D 经费支出相当于 GDP 的比重”“万人发明专利拥有量”“人均地方财政收入”“每百万人拥有版权作品登记量”“城市文明测评指数”“图书馆流通率”和“数字电视用户占有线电视用户比例”。其中前七项指标为全省末位指标。

从指标贡献度看，对丽水市文化发展总指数增长贡献度最大的前三项指标为：文化资源支撑力领域的“每百万人拥有世界文化遗产数”(50.34%)、“每万人拥有公共文化设施建筑面积”(28.34%)和“每万人拥有非物质文化遗产数”(25.03%)。这 3 项指标对丽水市文化发展总指数增长的贡献度合计高达 103.71%，即除此之外的其他指标对于该市文化发展总指数的影响几乎没有促进。说明本地文化发展不平衡的现象仍然存在。

从领域看，有两个位居全省首位的领域：文化资源支撑力(214.85)和公众评价(107.21)；其余四个领域均处于中等偏下水平。

从领域贡献度看，对丽水市文化发展总指数增长做出正面贡献的有三个领域，排序依次为：文化资源支撑力(115.63%)、公共文化服务力(22.35%)和公众评价(9.07%)；而对其指数增加有负面影响的三个领域分别为：文化产业竞争力(−28.04%)、区域文化创新力(−16.44%)和文化价值引领力(−2.57%)。参见图 24。

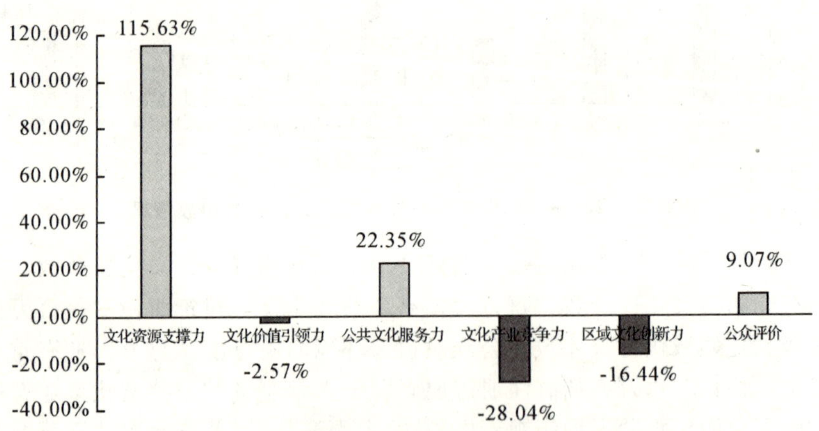

图 24　2015 年丽水市文化发展指数领域贡献度

从领域增幅看，各领域发展速度相对于 2014 年的同比增幅从大到小分别为：文化资源支撑力 26.04%、公共文化服务力 24.48%、文化价值引领力 24.47%、区域文化创新力 6.53%、公众评价 3.87%、文化产业竞争力 2.74%。

虽然与其他设区市相比，丽水市经济在全省并不发达，但经过几年来的持续快速增长，其文化发展总指数(115.89)已超过全省总指数(110.30)。这固然得益于其文化资源支撑力(214.85，全省 107.02)得天独厚，但其他领域和指标也有诸多亮点。值得关注的是，指标间发展不平衡现象仍相对明显，需要进一步加强协调发展。

三、“十二五”期间文化发展指数总体评价

(一)全省文化发展呈现持续增长的良好势头

从 2011 年到 2015 年，浙江省文化发展指数(CDI)测评，贯穿整个“十二五”期间。五年来，尽管各年增速有所起伏，但总体向上的趋势始终没有改变。需要说明的是，浙江省文化发展指数(CDI)目前采用的是环比法，如换一个维度改成同比法，即每年均以 2010 年为基期直接对标，指数值便呈逐年稳步增长之势，五年增幅叠加接近六成。此量化数值因指标调整虽不宜直接解读为我省文化发展水平已相当于 2010 年的 1.6 倍，但是从量化评价的总体估值看，“十二五”期间，我省文化发展水平持续以较大幅度提升，这一趋势判断论据扎实且充分。相关动态参见图 25。

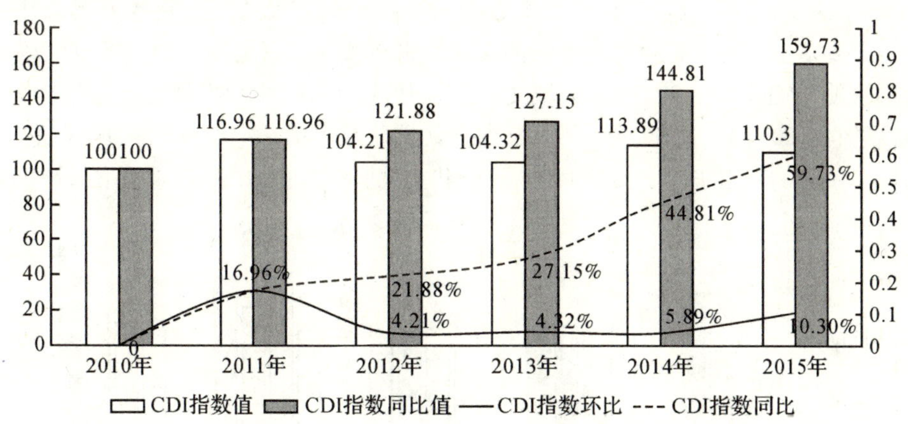

图 25 “十二五”期间全省 CDI 指数环比与同比

(二)各领域相继发力推升文化发展指数上行

“十二五”期间，支撑我省文化发展指数的六大领域指数整体趋增但情况不一。从波动幅度看，由小而大排序：公众评价领域波动幅度最小，总体维持小幅波动并趋升；其次是区域文化创新力领域和文化价值引领力两个领域；波动较大的三个领域则形态迥异，文化资源支撑力增幅总体趋降，因其中有 3 项指标与资源禀赋和人口增长密切相关，其他 3 项指标经过连续数年递增难以

维持两位数增长；文化产业竞争力则于 2014 年达到一个小高潮后，次年将增幅首席让位于公众文化服务力；公共文化服务力从 2012 年以来一路加速飙升。详情参见图 26。

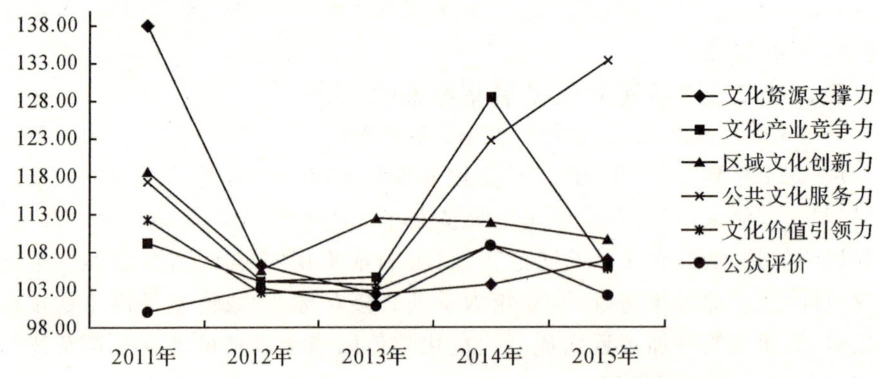

图 26　“十二五”期间文化发展指数六大领域指数增幅走势

“十二五”期间，文化发展指数(CDI)各领域指数对总指数增长的贡献度发生了不小的变化。仅以五年来对总指数增长贡献相对较大的四个领域为例，2011 年：主要基于自然禀赋和硬件投入的文化资源支撑力一枝独秀；2012 年：四个领域“软硬”趋于平衡；2013 年：区域文化创新力崭露头角，文化发展的创新软实力初现锋芒；2014 年：文化产业竞争力与公共文化服务力，一软一硬，呈现双轮驱动；2015 年：典型的软实力风向标——公共文化服务力独占鳌头。参见图 27。

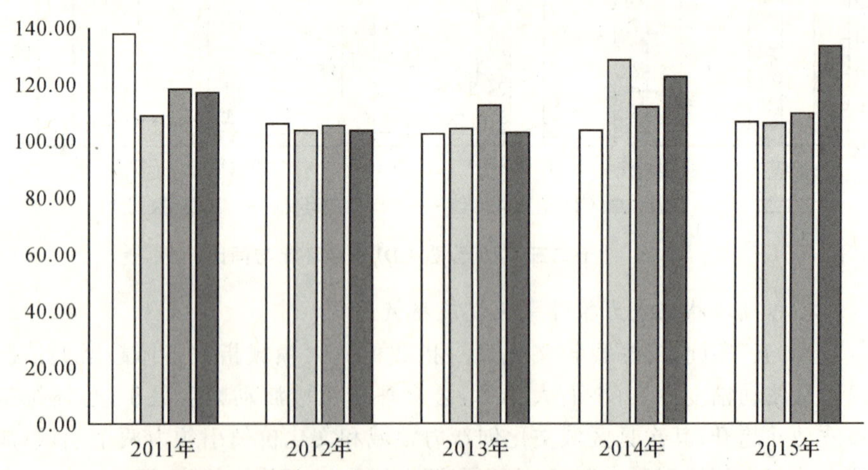

图 27　“十二五”期间对全省文化发展总指数增长贡献较大的领域

深入分析可以发现,每一年份主推我省文化发展指数(CDI)增长的领域有所不同,正是各个领域的交替轮动促成了整体发展态势的健康持续。

这样的轮动,固然有上年某一领域指数高企会相对削弱下一年度同一领域指数表现的因素,但更应看到各级各方面在前进的征程中不断调整状态、补齐短板、你追我赶。

从近几年的增长态势中,可以明显感受到"服务"和"创新"已成为我省文化发展的重要驱动力,传统的资源依赖型发展模式正被创新驱动型模式所取代,未来更将助力我省文化发展突破资源瓶颈,获得可持续发展的充沛动力。

(三)地区文化发展差距依然存在但趋向缩小

"十二五"期间,全省11个设区市无一例外全部实现了正增长。当然,各设区市之间发展还很不平衡,但总体上看,设区市之间的差距趋向缩小。参见图28。

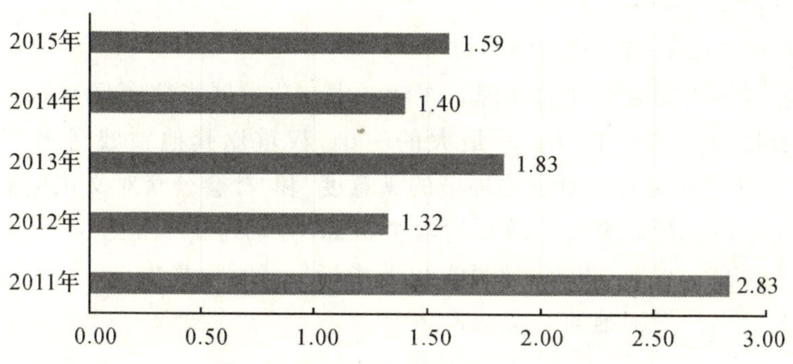

图28 "十二五"期间首末位设区市文化发展总指数倍率对比

文化发展水平与自然禀赋、历史积淀和经济发展基础密切相关,各个地区之间文化发展水平的差异是无法回避的客观现实。我们欣喜地看到,文化发展指数的正向激励作用十分明显,"十二五"期间,在全省文化发展整体水平全面提升、文化发展指数增速较快的前提下,原先自然禀赋制约较大、文化发展基础较弱、总指数评价相对较低的部分设区市通过加倍努力,正在不断缩小与兄弟城市之间的差距,有的已呈后来居上之势。参见表8。

11个设区市中,省会杭州市的文化发展指数连续五年位居全省首位,且领先优势十分明显。2015年杭州市文化发展指数143.63,比次席领先近22点,比最后一位领先53点。其中固然有地处省会资源禀赋得天独厚的因素,更不能忽略其文化产业竞争力、区域文化创新力、文化价值引领力和公共文化服务力等领域同样在全省名列前茅。只有公众评价排名不高,但也已进入上行通道。其次是湖州市、嘉兴市和丽水市，五年中位次逐步前移。

表 8 “十二五”期间各设区市文化发展总指数排序一览

年份	1	2	3	4	5	6	7	8	9	10	11
2011	杭州	绍兴	舟山	宁波	嘉兴	湖州	金华	衢州	丽水	台州	温州
2012	杭州	舟山	湖州	嘉兴	丽水	宁波	绍兴	金华	衢州	台州	温州
2013	杭州	丽水	舟山	宁波	绍兴	湖州	嘉兴	金华	衢州	温州	台州
2014	杭州	金华	嘉兴	湖州	舟山	宁波	丽水	绍兴	衢州	温州	台州
2015	杭州	湖州	嘉兴	丽水	宁波	绍兴	金华	舟山	衢州	温州	台州

至于五年来一直比较靠后的几个设区市，都有自然禀赋、历史渊源、经济发展水平等客观因素制约，且近年来都在加快增速奋力追赶，2015 年评价报告中已有分析不再赘述。

(四)社会公众满意度稳步提升

金杯银杯不如老百姓的口碑。在浙江省文化发展指数(CDI)指标体系中，公众评价是六个领域中“块头”最大的一个，权重比其他领域高出 25%。以 2015 年为例，“社会公众对道德环境的满意度”和“社会公众对文化生活的满意度”是 33 项评价指标中权重最大的两个指标，分别占 10%，比 33 项指标权重平均值(3.03%)高出 230%，比最小权重指标(2.29%)高出 337%。这一指标的提升无疑也是最困难的。参见表 9。

表 9 “十二五”期间全省公众评价指数动态

年　份	2010	2011	2012	2013	2014	2015
公众评价指标	100	100	103.23	100.89	108.84	102.28

从表中可以看出，2011 年公众评价指数值与 2010 年持平，在当年各领域中是唯一没有增长的领域。其余四年，除了 2014 年增速接近 9%，其他均在 4%以内，但仍不难看出“十二五”期间该领域指数整体呈稳步趋升的态势。参见图 29。

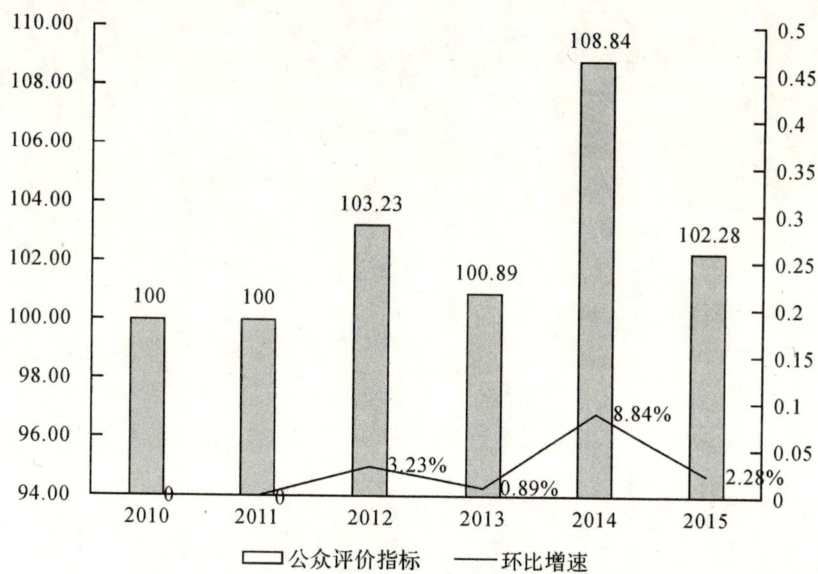

图 29 “十二五”期间全省公众评价指数变化趋势

自省委十二届十次全会做出建设文化强省的决策部署以来，全省上下着眼于“物质上共同富裕、精神上共同富有”的建设目标，全面推进从文化大省向文化强省迈进的各项工作，社会公众的文化生活品质得到了显著提升。“十二五”期间，我省普通民众对社会道德环境和文化生活两个方面的评价均呈现出逐年稳步上升的态势就是最好的佐证。

（五）部分评价指标已实现或接近满分

构成文化发展指数评价体系的 33 项指标中，有 10 项相对指标。除去其中达到满分值无意义或无可能的 5 项指标外，其余指标中已有部分指标实现或接近极值。如：“农村应急广播覆盖率”，全省 11 个设区市在 2015 年均达到 100％，实现了全覆盖；“数字电视用户占有线电视用户比例”在 2015 年有三个设区市已实现 100％的普及率，全省的指标原始数值高达 98.92％。这充分说明了五年来全省上下推进文化改革发展的共同努力，同时也体现出文化发展指数测评体系对实际工作的积极推动作用。面对“十三五”的新形势、新任务、新要求，在总体稳定的前提下对文化发展指数评价指标体系进行调整，具有重要的现实意义，需要加快研究制定。

（省委宣传部省统计局）

专题研究

浙江转型升级组合拳取得积极成效

——2015年反映转型升级主要指标简析

2015年，浙江全省上下以习近平总书记提出的“干在实处永无止境、走在前列要谋新篇”为使命，全面落实中央和省委、省政府的决策部署，主动适应经济发展新常态，坚定不移打好转型升级系列组合拳，经济运行稳走向好，转型升级取得积极成效，提质增效取得积极进展。本文主要按照国家统计局确定的反映转型升级主要指标，对全省转型升级、提质增效情况做一简要分析。

一、动能转换成效明显

(一)服务业发挥主引擎作用，消费拉动增强

继2014年服务业增加值占GDP比重首次超过第二产业，三次产业结构实现从“二三一”向“三二一”的历史性跨越后，2015年全省服务业增加值占GDP比重达到49.8%，比上年提高1.9个百分点，“三二一”产业结构进一步巩固和强化。2015年，全省服务业增加值首次突破两万亿元大关，达到2.1万亿元，比上年增长11.3%，高于GDP增幅3.3个百分点，高于二产增幅6.0个百分点，高于全国服务业增幅3.0个百分点。在全国的服务业增加值占比中，我省排名由2010年的第8位上升至2015年的第5位。服务业对GDP增长的贡献率达65.7%，拉动GDP增长5.2个百分点，服务业投资对固定资产投资贡献率高达69.7%，拉动投资增长9.2个百分点。全省服务业投资1.8万亿元，比上年增长14.1%，比第二产业投资增速高3.1个百分点，延续了多年来服务业投资增速快于固定资产投资和第二产业投资的势头。“十二五”期间，服务业投资占固定资产投资的比重不断上升，由2010年58.8%提高至2015年的65.7%，平均每年提高1.4个百分点。可见，在新的增长模式中，由信息技术和互联网为依托的“新经济”对全省经济的增长起到不容忽视的作用，服务业成为推动浙江经济转型升级的新动能。从各市情况看，服务业增加值比重高于全省平均水平的有杭州、温州和金华市，服务业增加值比重最高的是杭州市(58.2%)。

表 1　服务业增加值占 GDP 比重

	2015 年		2014 年	
	%	位次	%	位次
全省	49.8		47.9	
杭州	58.2	1	55.1	1
宁波	45.2	8	44.6	6
温州	53.4	2	49.7	2
嘉兴	43.4	11	41.6	11
湖州	45.1	9	42.6	9
绍兴	45.1	10	43.6	7
金华	50.3	3	48.6	3
衢州	46.0	7	41.9	10
舟山	48.7	5	48.0	4
台州	49.4	4	46.7	5
丽水	46.0	6	43.1	8

居民收入的稳步增长和消费环境持续改善，城乡居民消费能力进一步提升，生活消费支出平稳增长，生活质量不断提升，消费升级成为大多数人的自觉选择。浙江城乡居民收入连续多年居全国省区首位，出境游等追求享受型消费体验的人数也是全国最多的。2015 年，浙江居民消费率为 37%，比上年提高 0.2 个百分点，消费拉动效应有所增强。其中，农村居民消费率上升快于城镇，2010 年至 2015 年，农村居民消费率由 7.9%上升为 8.9%，提高 1.0 个百分点，但农村居民消费率仍大大低于城镇居民消费率，表明农村消费市场有待进一步挖掘。

（二）工业新动能蓄势已发

新产业、新业态、新主体等新动能，开始成为全省工业企稳回升的新引擎，新旧动能转换初显成效。在服务业保持快速发展的同时，工业中的新动能聚集成长，工业结构优化调整，高技术制造业在调整转型中表现突出，对经济增长带动作用日益显著。推进制造业“机器换人”是浙江提升产业水平、打造浙江竞争新优势的重大战略部署。高技术制造业是国民经济行业中研发投入强度相对较高的制造业行业。在经济增速换挡期，以电子及通信设备制造和医药制造为代表的高技术制造业总体呈现了稳中有进的发展态势，为优化工业产业结构奠定基础。2015 年，高技术制造业增加值 1393 亿元，增长 11.0%，增速比规模以上工业高 7.0 个百分点，高技术制造业增加值占工业增加值比重为 10.3%，比上年提高 0.7 个百分点。战略性新兴产业、装备制造业增加值分别增长 6.9%和 6.3%，增幅均高于规模以上工业，分别占规模以上工业的 25.5%和 36.8%，比重比上年提高 0.6 个和 1.5 个百分点。从各市情况看，高技术制造业增加值占工业增加值比重高于全省的有杭州、台州和金华市。高技术制造业的区域集中度较高，杭州和宁波市高技术制造业增加值占全省的比重分别为 43.7%和 15.8%，合计占 59.5%，高技术产业区域布局的相对集中，鼓励和推动杭州、宁波市高技术产业发展，使它们成为全省高技术产业发展的技术源和辐射源，有利于带动全省高技术产业发展。

表 2 高技术制造业增加值占工业增加值比重

	2015 年		2014 年	
	%	位次	%	位次
全省	10.3		9.6	
杭州	21.5	1	19.4	1
宁波	7.9	4	8.2	4
温州	7.1	6	6.7	6
嘉兴	7.7	5	7.4	5
湖州	4.9	9	4.4	9
绍兴	5.3	8	5.4	8
金华	10.8	3	9.6	3
衢州	6.0	7	6.1	7
舟山	1.2	11	0.8	11
台州	14.2	2	12.4	2
丽水	3.7	10	2.9	10

（三）文化及相关特色产业成为新亮点

早在 2005 年，习近平总书记在浙江工作期间，在省委十一届八次全体（扩大）会议指出，加快建设文化大省，是顺应文化与经济、政治相互交融客观趋势的战略选择，并提出要重点实施包括文化产业促进工程在内的文化“八项工程”。正是这样的前瞻和不断的坚持，引领浙江特色的文化产业的长足发展。近年来，为不断满足人民群众的精神文化需求，浙江努力促进文化大发展大繁荣，切实增强文化软实力和影响力，深入推进文化强省建设，进一步推动了经济转型升级，文化对经济发展的拉动力和贡献率显著提高。新闻出版、影视服务、文化旅游、文化会展和文化产品制造等文化产业优势领域逐渐显现，数字动漫、数字电视、数字出版、网络广播影视等新兴文化业态快速成长。2015 年，全省文化及相关特色产业增加值 2490 亿元，占 GDP 的比重为 5.81%，比上年提高 0.4 个百分点，文化产业已然成为浙江国民经济支柱性产业和经济社会发展的新亮点。文化及相关特色产业增加值占 GDP 的比重高于全省平均水平的有杭州和金华市。

表 3　文化及相关特色产业增加值占 GDP 比重

	2015 年		2014 年	
	%	位次	%	位次
全省	5.81		5.45	
杭州	8.76	1	7.43	1
宁波	4.53	5	4.75	3
温州	4.54	4	4.70	4
嘉兴	4.52	6	4.68	5
湖州	4.50	7	4.46	7
绍兴	4.44	8	4.17	10
金华	6.96	2	6.97	2
衢州	4.40	10	4.35	9
舟山	4.05	11	4.17	11
台州	4.40	9	4.45	8
丽水	5.66	3	4.53	6

（四）城市化进入提质发展的新阶段

城市化是衡量一个地区经济社会发展水平的重要标志。“十二五”期间，我省深入实施新型城市化战略，“人的城市化”稳步推进，城镇规模结构更为合理，城乡建设和管理体系不断完善，城乡统筹改革深入推进。2015 年，全省常住人口 5539 万人，常住人口城市化水平达 65.8%，高出全国平均水平约 10 个百分点。"十二五"时期，浙江非农业人口占比年均提高1.11个百分点，新增城镇就业人数515.5万人，"十二五"期末，户籍城市化水平达51.3%，农业转移人口市民化稳步推进。同时，杭、甬、温、金义都市区经济加快发展，城市集聚辐射功能不断增强，在长三角城市群地位逐步提升。省域中心城市发展势头良好，美丽县城、县域中心城市加快建设，城市化结构形态更为合理。从三大经济区域来看，环杭州湾产业带城镇化水平最高，温台沿海产业带其次，金丽衢产业相对较低。按地区划分，浙东北城市化水平较高，浙西南相对较低。

表4 城镇化率

	2015年		2014年	
	%	位次	%	位次
全省	65.8		64.9	
杭州	75.3	1	75.1	1
宁波	71.1	2	70.3	2
温州	68.0	3	67.2	3
嘉兴	60.9	7	59.2	8
湖州	59.2	9	57.4	9
绍兴	63.2	6	62.1	6
金华	64.5	5	63.3	5
衢州	50.2	11	49.0	11
舟山	66.9	4	66.3	4
台州	60.3	8	59.5	7
丽水	56.4	10	55.2	10

二、创新驱动引领产业升级

（一）创新资源进一步向企业聚集

在省委、省政府的坚强领导下，浙江科技创新各项工作取得了明显成效，在创新投入产出、高新技术产业发展、企业技术创新能力等方面均实现了新突破，自主创新能力、科技综合实力和竞争力迈上新台阶。2015年，全省R&D经费投入总量首次突破千亿大关，达到1011亿元，比2014年增加103亿元，增长11.4%，是2010年的2.05倍，"十二五"期间年均增长15.4%；R&D经费相当于GDP的比例再创历史新高，达到2.36%，高于全国平均水平0.29个百分点，比 2014 年提升 0.1 个百分点，自 2010 年以来年均提升 0.12 个百分点。规模以上工业企业中，R&D 经费与主营业务收入之比（R&D 经费相当于主营业务收入的比重）为 1.35%，比上年提高 0.16 个百分点。从 R&D 经费投入主体看，工业企业对 R&D 经费投入增长的贡献最大。2015 年，全省规模以上工业企业 R&D 经费投入 854 亿元，比 2014 年增长 11.1%，是 2010 年的 2.1 倍，年均增长 15.9%，高于 R&D 经费投入总量年均增速 0.5 个百分点。从产业部门看，高新技术企业的投入占较大比重。2015 年，我省规模以上高新技术企业共投入 R&D 经费 508 亿元，占规模以上工业企业 R&D 经费投入总量的 59.6%，比重比 2014 年提升 0.9 个百分点；有 R&D 活动的企业占比达 92%，远高于规模以上工业企业（33.1%）；R&D 经费投入强度为 3.43%，高于规模以上工业企业平均水平 2.08 个百分点。R&D 经费投入强度最高的三大行业是计算机、通信和其他电子设备制造业，仪器仪表制造业，医药制造业，投入强度分别为 3.87%、3.45%和 2.93%。

表 5　R&D 经费与 GDP 之比

	2015 年		2014 年	
	%	位次	%	位次
全省	2.36		2.26	
杭州	3.01	1	2.98	1
宁波	2.41	4	2.31	4
温州	1.71	8	1.50	8
嘉兴	2.73	2	2.64	2
湖州	2.55	3	2.47	3
绍兴	2.27	5	2.16	5
金华	2.02	6	1.89	6
衢州	1.24	10	1.26	10
舟山	1.41	9	1.46	9
台州	1.78	7	1.67	7
丽水	1.18	11	1.14	11

表 6 R&D经费与工业企业主营业务收入之比

	2015 年		2014 年	
	%	位次	%	位次
全省	1.35		1.19	
杭州	1.66	1	1.42	1
宁波	1.41	5	1.24	6
温州	1.63	2	1.36	2
嘉兴	1.35	6	1.24	6
湖州	1.27	7	1.18	8
绍兴	1.07	9	0.97	9
金华	1.50	4	1.35	3
衢州	0.91	10	0.87	10
舟山	1.19	8	1.25	5
台州	1.57	3	1.32	4
丽水	0.75	11	0.66	11

(二)总体研发智力水平提升

人才资源是第一资源,集聚人才资源、提升人才素质是实现快速发展的战略和途径,近些年来,浙江通过深入实施人才强省战略,加快推进人才强省建设,人才政策创新,努力构筑创新型人才资源新优势,人才资源总量不断增长、人才素质稳步提升。每万名就业人员 R&D 人员折合时当量即一个地区 R&D 人员全时当量与每万名就业人员的比值,反映一个地区从事科技创新的人力资源水平。2015 年,每万名就业人员 R&D 人员全时当量 97.7 人年/万人,比上年提高 5.6 人年/万人。2010—2015 年全社会共增加 R&D 人员 14.1 万人年,各类企业 R&D 人员净增 13.6 万人年,对全社会 R&D 人员增长的贡献度达 96.2%,可见,企业 R&D 人员是研发的主体力量,为企业转型升级提供了有力人才支撑。每万就业人员 R&D 人员折合当量超过全省平均水平的由上年的两个市增加至三个,分别为杭州、宁波和绍兴市。

表 7　每万名就业人员 R&D 人员全时当量

	2015 年		2014 年	
	人年/万人	位次	人年/万人	位次
全省	97.69		91.11	
杭州	143.01	2	137.72	2
宁波	153.44	1	141.98	1
温州	70.72	8	60.66	8
嘉兴	95.28	4	83.35	4
湖州	92.47	5	78.71	5
绍兴	100.93	3	89.30	3
金华	75.77	6	66.21	7
衢州	39.32	10	36.17	10
舟山	58.43	9	51.45	9
台州	72.80	7	67.58	6
丽水	34.42	11	30.88	11

（三）科技进步对企业贡献提高

科技进步贡献率是指广义技术进步对经济增长的贡献份额，即扣除了资本和劳动之外的其他因素对经济增长的贡献，是衡量科技竞争实力和科技转化为现实生产力的综合性指标，用以反映创新对国民经济发展的促进效果。2015 年，根据省科技厅测算，全省科技进步贡献率达 57%，比上年提高 1 个百分点。在《浙江省国民经济和社会发展第十三个五年规划纲要》中，省委、省政府坚持将创新驱动战略摆在发展全局的核心位置，实施创新驱动战略，让创新之花结出发展之果，科技进步贡献率有望进一步快速提升。

三、质量效益均衡发展

（一）主动作为降低成本

税收是地方财政收入的主要来源，是政府创造需求的重要资金支撑，税收占 GDP 比重是衡量政府在国民经济总量中的集中程度和反映政府对经济社会调节能力的重要指标。2015 年，全省一般公共预算收入 4810 亿元，比上年增长 7.8%，合理的收入增速有力地保障了省委、省政府重大战略部署的实施，也增添了浙江转型发展的信心。其中，税收收入 4168 亿元，增长 8.1%，按同口径计算，占一般公共预算收入的比重为92.4%，继续位居全国前列，这一比重反映出浙江财政收入的税源基础扎实、可持续发展能力强。2015年，税收占GDP比重为20.7%，比上年下降0.7个百分点，通过落实营改增等结构性减税和普遍性降费政策，浙江为企业减负超过150亿元，小微企业税收优惠政策覆盖面已达100%。随着营改增改革的全面推开，减税效应将会进一步扩大，对于降低企业成本的作用也会更加突出。政府主动作为，着力为企业降成本，"输血"和"减负"并重，为企业转型升级注入底气。

表8　税收与GDP之比

	2015年		2014年	
	%	位次	%	位次
全省	20.7		21.4	
杭州	22.2	3	21.9	3
宁波	24.5	2	23.3	2
温州	13.5	8	14.5	6
嘉兴	18.3	4	17.7	4
湖州	15.8	5	14.5	5
绍兴	13.1	9	13.3	9
金华	14.9	6	13.9	7
衢州	12.1	11	11.7	11
舟山	24.6	1	37.5	1
台州	14.1	7	13.7	8
丽水	12.8	10	12.5	10

（二）加大投入补短板

GDP与固定资产投资之比是衡量一个地区增量资本投入产出效率，反映投资对经济增长的拉动作用。投资是稳增长最有效的举措，也是改善城镇化质量、转方式、调结构、补短板的有效手段。从我省和全国来看，近几年该指标均呈下降趋势。2015年，全省每百元固定资产投资产出GDP为161元，居全国第5位，比上年下降10元，同期全国下降3元，江苏下降2元，山东下降7元，广东下降15元，天津下降10元。今天的投资意味着明天的增长、生态和环保。2015年，全省固定资产投资26665亿元，比上年增长13.2%，高于全国

3.2 个百分点，其中，第二产业稳中趋快，战略性新兴产业较快增长，装备制造业不断回升，基础设施撑起投资增长的半壁江山，新开工项目个数回升明显。新金温铁路、甬台温天然气管道、淘宝城等一系列重大项目开工，通过扩大有效投资，发挥需求引擎作用，推动浙江经济在调速换挡中平衡向前。

表 9　GDP 与固定资产投资之比

	2015 年		2014 年	
	%	位次	%	位次
全省	1.61		1.71	
杭州	1.81	2	1.86	4
宁波	1.78	4	1.91	3
温州	1.34	9	1.41	10
嘉兴	1.40	8	1.51	8
湖州	1.49	6	1.57	7
绍兴	1.73	5	1.85	5
金华	1.85	1	2.01	1
衢州	1.30	10	1.43	9
舟山	0.96	11	1.06	11
台州	1.78	3	1.92	2
丽水	1.47	7	1.58	6

（三）劳动生产率较快增长

劳动生产率水平是衡量经济增长质量和效益的核心指标，因而也是衡量转型升级、发展方式转变是否取得成效、成效大小如何的关键指标。2015 年，全省劳动生产率为 11.5 万元/人，比上年增长 7.7%（按可比价计算），是全国全员劳动生产率的 1.5 倍，增长速度快于全国 1.1 个百分点。可见，省委、省政府所实施的“四换三名”工程中机器换人、腾笼换鸟等举措已显现成效，达到了增进经济运行效率的目的。作为潜在的经济增长率，劳动生产率的持续提高是浙江经济发展的重要因素，“生产效率红利”正在逐步取代人口红利推动经济增长。从各市情况看，全社会劳动生产率高于全省水平的有 4 个市，依次为宁波、杭州、舟山和绍兴市。

表 10 全社会劳动生产率

	2015 年		2014 年	
	元/人	位次	元/人	位次
全省	115173		108241	
杭州	152564	2	141044	2
宁波	154409	1	148993	1
温州	80749	10	75213	10
嘉兴	106386	6	99569	6
湖州	113445	5	107511	5
绍兴	129006	4	123638	4
金华	98308	7	92682	7
衢州	86587	9	83291	9
舟山	147114	3	138159	3
台州	88349	8	84759	8
丽水	78130	11	74831	11

（四）总资产贡献率基本稳定

总资产贡献率反映企业全部资产的获利能力，是企业经营业绩和管理水平的集中体现，是评价和考核企业盈利能力的核心指标。2015 年，规模以上工业企业总资产贡献率为 11.4%，比上年提高 0.1 个百分点；全国为 13.2%，比上年降低 1.1 个百分点。从各市情况看，高于全省平均水平的有 4 个市，最高的是丽水市，最低的是舟山市。

表 11 规模以上工业企业总资产贡献率

	2015 年		2014 年	
	%	位次	%	位次
全省	11.42		11.33	
杭州	12.61	4	12.65	3
宁波	13.49	3	12.23	4
温州	10.53	6	11.42	5

续　表

	2015 年		2014 年	
	%	位次	%	位次
嘉兴	10.20	7	9.63	10
湖州	13.96	2	13.34	2
绍兴	11.38	5	11.24	6
金华	10.04	8	11.08	7
衢州	7.67	10	10.89	8
舟山	3.52	11	3.02	11
台州	9.72	9	9.98	9
丽水	15.71	1	17.25	1

（五）人民群众获得感增强

随着全省经济的平稳向好发展和一系列促增收、惠民生政策的实施，浙江居民收入稳步增长。2015 年，浙江全体居民人均可支配收入 35537 元，居全国第 3 位，是全国平均水平的 1.62 倍，名义增长 8.8%，扣除价格影响因素实际增长 7.3%。与 2010 年相比，浙江全体居民人均可支配收入增加 14378 元，年均名义增长 10.9%，扣除价格因素后年均实际增长 8.0%。浙江居民收入连续多年稳步增长，除了全省整体经济平稳向好发展这个基本因素外，收入渠道拓宽，结构优化，政府积极出台各项增收惠民措施等都有力地促进了居民收入增长。特别是浙江已经不存在家庭人均收入低于 4600 元的绝对贫困户。2015 年，被称为“GDP 含金量”的居民人均可支配收入与人均 GDP 之比为 45.8%，高于全国平均水平 44.5%。从各市情况看，居民人均可支配收入与人均 GDP 之比高于全省平均水平的有 5 个市，最高为温州市，最低的为宁波市。

（六）环境保护资源利用明显改善

“绿水青山就是金山银山”，全省上下坚持践行这一科学论断，集中力量针对社会公众特别关心的雾霾、水环境污染等重点领域展开专项行动。2015 年，全省深入推进“五水共治”，全面实施大气污染防治行动计划，切实加大节能减排力度，抓好重污染行业整治收官，统筹城乡环境综合治理，生态环保工作取得显著成效，环境质量明显得到改善。全省单位 GDP 能耗降低率 3.5%；化学需氧量、氨氮、二氧化硫和氮氧化物减排比例分别为 5.77%、4.62%、6.35%和 11.69%，均超额完成年度减排目标。2015 年，全省环境空气中

PM2.5浓度持续下降，城市环境空气质量总体好于上年。具体来说，11个设区城市日空气质量(AQI)优良天数比例平均为78.2%，约285天。其中舟山市环境空气质量达到国家二级标准。全省平均霾日数53天，比上年减少16天。霾多发区主要集中在杭州、嘉兴、金华市部分地区，舟山、丽水、台州市出现霾天气较少。

表12 居民人均可支配收入与人均GDP之比

	2015年		2014年	
	%	位次	%	位次
全省	45.77		44.76	
杭州	30.53	10	37.82	11
宁波	30.25	11	38.75	10
温州	64.14	1	71.06	1
嘉兴	36.83	8	46.72	5
湖州	43.34	6	47.09	4
绍兴	38.09	7	41.02	8
金华	48.15	5	53.53	3
衢州	54.64	4	42.51	7
舟山	34.10	9	39.56	9
台州	56.79	3	55.06	2
丽水	58.84	2	45.37	6

表13 单位GDP能源消耗降低率

	2015年		2014年	
	%	位次	%	位次
全省	3.5		6.1	
杭州	3.9	6	7.0	2
宁波	2.5	11	5.8	4
温州	5.5	1	5.0	7
嘉兴	3.9	6	4.7	9

续 表

	2015 年		2014 年	
	%	位次	%	位次
湖州	3.7	10	5.1	6
绍兴	3.9	6	5.3	5
金华	4.2	4	7.1	1
衢州	3.8	9	4.9	8
舟山	4.7	3	1.5	11
台州	4.1	5	4.5	10
丽水	5.2	2	6.1	3

表 14　主要污染物排放总量降低率

	化学需氧量				二氧化硫				氨氮				氮氧化物			
	2015 年		2014 年		2015 年		2014 年		2015 年		2014 年		2015 年		2014 年	
	%	位次	%	位次	%	位次	%	位次	%	位次	%	位次	%		%	位次
全省	5.77		3.94		6.35		3.25		4.62		4.00		11.7		8.65	
杭州	6.52	3	5.10	3	7.65	5	2.04	8	4.01	7	3.76	5	10.9	9	5.78	3
宁波	8.73	1	3.87	5	8.82	1	5.47	1	3.25	9	3.06	9	12.5	5	17.2	1
温州	4.95	8	3.75	6	5.22	6	1.01	10	4.1	6	5.28	1	11.6	8	5.73	4
嘉兴	4.73	9	3.14	9	8.39	3	2.80	5	2.82	11	4.64	2	12.7	4	3.34	8
湖州	3.83	10	5.30	1	1.73	10	1.18	9	2.95	10	3.30	7	12.3	6	4.18	6
绍兴	7.32	2	3.26	7	7.94	4	2.98	4	7.61	2	4.40	4	13	3	4.61	5
金华	5.39	6	4.37	4	3.17	8	5.13	2	3.93	8	4.62	3	11.6	7	9.17	2
衢州	5.92	5	3.11	10	4.92	7	3.74	3	7.99	1	3.10	8	4.58	10	3.62	7
舟山	2.62	11	2.86	11	8.64	2	0.77	11	6.49	3	2.57	11	15.8	1	0.37	11
台州	5.28	7	3.22	8	2.68	9	2.61	6	6.25	4	3.01	10	13.2	2	1.06	10
丽水	6.37	4	5.12	2	1.55	11	2.05	7	5.49	5	3.38	6	4.02	11	2.93	9

（综合处　何春燕）

新增企业对浙江工业经济的影响分析

近年来，浙江省委、省政府大力推进大众创业、万众创新，进一步推动市场主体转型升级，积极培育发展新动能、打造发展新引擎。作为实体经济发展的主力，工业企业也是“双创”的主力。数据显示，浙江规模以上工业新增企业①总体发展迅猛，增长动力强劲，呈现出又好又快的良好发展态势，成为发展的新力军和创新的重要载体。今后，在促进增量企业数量增加的同时，要积极引导新增企业往高新技术、新兴产业方向发展，为促进经济发展方式转变汇聚新优势和新动能。

一、新增企业基本情况

(一)新增企业数量基本稳定，成为拉动工业增长的新动力

2014年、2015年和2016年上半年，浙江规模以上工业新增企业5132、4939和3814家，分别占规模以上工业企业数的13.3%、12.3%和9.6%；增加值分别为751亿元、593亿元和210亿元(统计快报数据，下同)，占规模以上工业增加值的比重为6.0%、4.5%和3.2%；主营业务收入分别为3962亿元、2828亿元和957亿元，占规模以上工业主营业务收入的比重为6.3%、4.5%和3.2%。“小升规”企业分别为4588、4412和3636家，合计12636家，超额完成3年万家目标。

表1 新增企业个数、增加值及其占比

年份	企业数(家)	新开工(家)	“小升规”(家)	增加值		主营业务收入	
				总量(亿元)	占比(%)	总量(亿元)	占比(%)
2014年	5132	544	4588	751	6.0	3962	6.3
2015年	4939	527	4412	593	4.5	2828	4.5
2016年上半年	3814	178	3636	210	3.2	957	3.2

① 新增企业：当年新纳入规模以上工业企业库的“小升规”企业和新开工企业。

（二）新增企业以制造业为主，行业集中度较高

从三大门类情况来看，新增企业以制造业为主。2014 年、2015 年和 2016 年上半年，新增制造业企业分别为 5081、4853 和 3751 家，占新增企业的 99.0%、98.3%和 98.3%；主营业务收入分别占新增企业的 97.9%、96.5%和 96.9%；新增采掘业企业分别占新增企业的 0.4%、0.6%和 0.5%，主营业务收入分别占新增企业的 0.5%、0.7%和 0.7%；新增电力、热力、燃气及水生产和供应业分别占新增企业的 0.6%、1.1%和 1.2%，主营业务收入分别占新增企业的 1.6%、2.8%和 2.4%。

从制造业内部细分行业看，新增企业数占比前十的行业没有变化，只在位次上略有变动（见表 4）。主要分布在纺织业、通用设备制造业、电气机械和器材制造业等行业。2014 年、2015 年和 2016 年上半年，这 3 个行业新增企业数均居前列，合计占新增企业的 1/3 左右。从主营业务收入看，汽车制造业和上述 3 个行业占比最高。2014 年、2015 年和 2016 年上半年，汽车制造业新增企业数占比在 5%左右，但主营业务收入占比分别达到了 11.5%、18.8%和 16.0%，居各行业之首。

表 2　新增企业主要行业情况（%）

行业	2014 年		2015 年		2016 年上半年	
	企业家数占比	主营业务收入占比	企业家数占比	主营业务收入占比	企业家数占比	主营业务收入占比
纺织业	12.5	8.1	9.9	7.7	10.1	9.5
通用设备制造业	9.8	6.9	9.5	6.4	8.7	6.6
电气机械和器材制造业	8.8	7.8	11.3	10.1	11.2	9.6
纺织服装、服饰业	7.1	4.5	8.9	5.5	8.6	5.0
橡胶和塑料制品业	6.4	4.3	6.8	4.6	5.8	4.4
金属制品业	6.2	3.9	6.5	4.4	6.7	5.8
皮革、毛皮、羽毛及其制品和制鞋业	5.9	2.9	6.2	3.4	5.7	3.2
汽车制造业	4.8	11.5	5.2	18.8	5.4	16.0
专用设备制造业	4.5	2.7	3.6	2.6	4.2	3.8
非金属矿物制品业	3.9	2.9	3.5	3.2	3.5	3.1

（三）新增企业以小微企业为主，大中型企业较少

分企业规模来看，新增企业以小微企业为主。2014 年、2015 年和 2016 年上半年，新增小微企业分别为 4959、4859 和 3711 家，占新增企业的 96.7%、98.4%和 97.3%；主营业务收入分别占新增企业的 71.0%、87.9%和 76.6%。新增的大中型企业分别有 173、80 和 103 个，仅占新增企业的 3.3%、1.6%和 2.7%；主营业务收入分别占新增企业的 29.0%、12.1%和 23.4%。

表 3　分规模新增企业家数和主营业务收入占比(%)

规模	2014 年		2015 年		2016 年上半年	
	企业家数占比	主营业务收入占比	企业家数占比	主营业务收入占比	企业家数占比	主营业务收入占比
大　型	0.3	12.3	0.0	5.2	0.2	11.5
中　型	3.0	16.7	1.6	6.9	2.5	11.9
小　型	90.4	67.8	91.7	83.5	88.9	71.1
微　型	6.3	3.2	6.7	4.4	8.4	5.5

表 4　分经济类型新增企业家数和主营业务收入占比(%)

经济类型	2014 年		2015 年		2016 年上半年	
	企业家数占比	主营业务收入占比	企业家数占比	主营业务收入占比	企业家数占比	主营业务收入占比
国有企业	0.0	0.0	0.1	0.2	0.1	0.3
集体企业	0.1	0.0	0.2	0.2	0.1	0.0
股份合作企业	0.5	0.2	1.0	0.5	1.2	0.5
有限责任公司	15.5	28.3	13.1	26.1	10.7	12.6
股份有限公司	0.9	5.5	0.6	0.6	1.3	2.7
私营企业	73.3	47.1	77.9	62.2	79.3	72.4
其他企业	0.0	0.0	0.0	0.0	0.1	0.0
港、澳、台商投资企业	5.2	8.5	3.4	4.9	4.3	7.2
外商投资企业	4.4	10.4	3.7	5.4	3.0	4.2

（四）新增企业以私营企业为主，国有企业很少

从登记注册类型来看，新增企业以私营企业为主。2014 年、2015 年和 2016 年上半年，新增企业中私营企业分别为 3763、3849 和 3025 家，占新增企业的 73.3％、77.9％和 79.3％；主营业务收入占比分别为 47.1％、62.2％和 72.4％，呈逐年上升的趋势。有限责任公司和"三资"企业的新增企业紧随其后。国有企业新增企业很少，2004 年、2015 年和 2016 年上半年分别有 1、3 和 3 家，经济总量也不大。

表 5　分地区新增企业家数和主营业务收入占比（％）

地区	2014 年		2015 年		2016 年上半年	
	企业家数占比	主营业务收入占比	企业家数占比	主营业务收入占比	企业家数占比	主营业务收入占比
杭州市	14.4	21.9	11.3	18.0	11.6	12.9
宁波市	14.6	15.7	18.5	25.1	19.6	16.6
温州市	11.4	6.0	19.9	11.7	16.0	8.7
嘉兴市	12.2	10.7	13.1	12.2	12.3	11.3
湖州市	5.8	4.6	5.6	7.9	6.0	7.6
绍兴市	11.6	21.1	9.5	8.9	11.6	12.8
金华市	13.9	9.0	9.7	6.5	9.9	19.7
衢州市	2.5	2.1	1.6	1.8	1.5	1.3
舟山市	0.8	1.0	0.6	0.6	0.9	1.0
台州市	10.0	5.4	8.8	6.1	8.2	6.0
丽水市	2.9	2.5	1.4	1.1	2.2	1.9

（五）新增企业区域分布较均衡，户均大小有差异

从区域分布来看，新增企业数的分市占比情况与规模以上工业企业数占比基本一致。杭州、宁波、温州、嘉兴、绍兴、金华和台州等 7 个市新增企业较多，湖州、衢州、舟山和丽水等 4 个市新增企业较少。其中，宁波新增企业数占比呈逐年增加的态势。从户均规模看，杭州和宁波新增企业户均规模较大，温州较小。2014 年，杭州和宁波新增企业数占比分别为 14.4％和 14.6％，主营业务收入的占比分别达到 21.9％和 15.7％。2015 年，杭州和宁波新增企业数

占比分别为 11.3%和 18.5%，主营业务收入的占比分别达到 18.0%和 25.1%。2014 年、2015 年和 2016 年上半年，温州新增企业数占比分别为 11.4%、19.9%和 16.0%，而主营业务收入的占比仅为 6.0%、11.7%和 8.7%。

二、新增企业对浙江工业经济的影响

(一)新增企业对工业产销拉动作用明显

新增企业对规模以上工业增加值增长的贡献率比较大。2014 年，浙江规模以上工业新增企业对规模以上工业增加值增长的贡献率为 35.4%，拉动规模以上工业增加值增长 2.4 个百分点。2015 年，新增企业对规模以上工业增加值增长的贡献率高达 45.2%，拉动规模以上工业增加值增长 2.0 个百分点。2016 年上半年，新增企业增加值对规模以上工业增加值增长的贡献率为 22.3%，拉动规模以上工业增加值增长 1.5 个百分点，随着下半年新开工企业的逐步纳入，对工业生产的拉动作用将会进一步显现。

新增企业对销售产值甚至起着方向性的影响。2014 年、2015 年和 2016 年上半年，新增企业销售产值同比分别增长 67.2%、98.2%和 138.1%，拉动规模以上工业销售产值分别增长 2.7(规模以上工业销售产值同比增长 5.9%，下同)、2.2(0.2%)和 1.9(4.2%)个百分点；出口交货值分别增长 57.2%、65.5%和 135.0%，拉动规模以上工业出口交货值分别增长 1.6(5.2%)、0.4(−3.7%)和 4.3(1.0%)个百分点。新增企业对 2015 年规模以上工业企业销售产值和 2016 年上半年出口交货值的增长态势起着由负转正的影响。

表 6 新增企业销售产值和出口总额及其影响

年份	销售产值			出口交货值		
	总量(亿元)	增长速度(%)	拉动增长(百分点)	总量(亿元)	增长速度(%)	拉动增长(百分点)
2014 年	4058.0	67.2	2.7	602.6	57.2	1.6
2015 年	2904.0	98.2	2.2	420.0	65.5	0.4
2016 年上半年	992.9	138.1	1.9	161.3	135.0	4.3

(二)新增企业推动工业经济效益提升

新增企业作为新开工或者新扩大生产规模的企业，主营业务收入快速增长的同时，利润总额也高速增长。2014 年、2015 年和 2016 年上半年，新增企业利润总额分别为 163 亿元、81 亿元和 33 亿元，同比分别增长 96.7%、2.2 倍和 5.0 倍，对规模以上工业利润总额增长的贡献率为 47.0%、31.4% 和 11.3%，拉动规模以上工业利润总额增长 2.4、1.6 和 1.6 个百分点。

表 7　新增企业经济效益主要指标总额及其影响

年份	主营业务收入			利润总额		
	总量（亿元）	增长速度（%）	拉动增长（百分点）	总量（亿元）	增长速度（%）	拉动增长（百分点）
2014 年	3962	63.1	2.5	163	96.7	2.4
2015 年	2828	85.7	2.1	81	219.6	1.6
2016 年上半年	957	118.2	1.8	33	497.2	1.6

（三）新增企业促进工业转型升级和结构优化

新增企业中，装备制造业占比较高。2014 年、2015 年和 2016 年上半年，新增企业中装备制造业主营业务收入分别为 1547 亿元、1330 亿元和 442 亿元，占新增企业主营业务收入的 39.1%、47.0% 和 46.2%，比规模以上工业装备制造业占比高 6.1、12.2 和 10.2 个百分点；同比分别增长 65.0%、96.8% 和 135.9%，增幅比新增企业高 1.9、11.1 和 17.7 个百分点。

新增企业中，高耗能行业占比较低。2014 年、2015 年和 2016 年上半年，新增企业中高耗能行业主营业务收入分别为 1151 亿元、737 亿元和 233 亿元，占新增企业主营业务收入的 29.1%、26.1% 和 24.4%，呈逐年降低态势，比规模以上工业高耗能行业占比低 11.4、12.5 和 13.9 个百分点

表 8　新增企业中部分产业主营业务收入发展情况

年份	装备制造业			高耗能行业		
	总量（亿元）	占新增企业（%）	增长速度（%）	总量（亿元）	占新增企业（%）	增长速度（%）
2014 年	1547	39.1	65.0	1151	29.1	67.4
2015 年	1330	47.0	96.8	737	26.1	108.7
2016 年上半年	442	46.2	135.9	233	24.4	126.3

三、存在问题

（一）新增工业企业出现减速减规态势

新增工业企业数量和经济总量逐年减少。2015 年新增企业家数比 2014

年减少不明显，但工业增加值减少较多，占规模以上工业增加值的比重从6.0%减少至4.5%。2016年上半年，除去新开工企业，规下升规上企业3636家，远低于2014年4588家和2015年4412家。这固然和前几年“小升规”挖掘力度大有关，但当前“小升规”培育力度仍需加强。新增企业巩固和维护工作需及时展开。2014年新增企业中，有505家企业在2015年退出了规模以上工业企业库；2015年新增企业中，有649家企业在2016年退出了规模以上工业企业库。新增企业中新开工企业比重偏低。2014年和2015年，新开工企业占比都在10%左右。截止到2016年上半年，新开工企业仅178个，占比不到5%。从新增企业的规模来看，大部分新增企业为小型企业，大中型企业占比低，而新增小微企业的生产稳定性和对地方经济发展的拉动作用值得关注。

（二）新增工业企业的科技含量有待提高

从新增企业来看，高新技术产业占比仍然较低。2014年、2015年和2016年上半年，新增企业中，高新技术产业主营业务收入占比分别为16.3%、21.1%和15.6%，远低于规模以上工业中高新技术产业占比。在国家大力推行大众创业、万众创新的背景下，科技含量不高就会导致企业竞争力不强，发展动力不足，从而影响浙江经济转型升级。

（三）新增工业企业的经济效益还有较大提升空间

从数据看，新增工业企业的盈利能力和成本控制需要进一步增强。一是亏损企业数量偏多。2014年末、2015年末和2016年6月末，新增企业中亏损企业分别为691、855和926家，占全部新增企业的比重分别为13.5%、17.3%和24.3%，亏损面比全省规模以上工业企业高0.7、2.8和4.9个百分点。二是主营业务收入利润率偏低。2014年、2015年和2016年上半年，新增企业主营业务收入利润率为4.1%、2.9%和3.4%，比全省规模以上工业企业主营业务收入利润率低1.5、3.0和2.9个百分点。

四、对策建议

（一）大力挖掘工业发展新潜能，着力促进小微企业上规模

当前，浙江工业发展正经历从增量扩能为主转向调整存量、做优增量并存的深度调整。新常态下，在优化规模以上工业存量企业的同时，要巩固和维护好新增企业，大力挖掘发展新潜力。着力加强“小升规”培育工作，坚决落实《浙江省“小微企业三年成长计划”(2015—2017)》，通过构建有利于小微企业成长升级的有效工作机制和平台，有效破解制约小微企业发展的瓶颈和难题，着力推动一批成长性好的小微企业转型升级为规模以上工业企业，特别是创新型、科技型、成长性和新兴产业的小微企业，壮大规模以上工业队伍，从而带

动工业产业结构和企业结构的优化调整。重视招商引资，增强紧迫感和危机感，引进一批大项目好项目，着力培育一批能对当地工业经济产生较大拉动作用的新开工企业。

（二）提高新增企业技术含量，增强经济发展的质量和效益

新增企业作为拉动工业经济增长和提高工业企业经济效益的主要动力之一，要充分发挥企业处于上升期的优势，利用新一代信息技术和"互联网＋"的大规模应用，积极采用新技术、新工艺、新方法，加快促进产业技术进步，推动提高企业适应经济发展新常态的能力。深入实施《中国制造 2025 浙江行动纲要》，推动制造业增长动力从要素驱动为主转向创新驱动为主，产业结构由中低端为主转向中高端为主，生产方式由传统方式转向智能制造、协同制造、绿色制造等先进生产方式。通过引进先进的管理经验，培养高素质的企业管理人员，降低企业的运行成本，加大品牌建设，提高工业经济运行的质量和效益。

（三）加快供给侧改革，促进浙江工业加快转型升级

新增企业的加快培育发展要与淘汰落后产能相结合，按照《浙江省供给侧结构性改革去产能行动方案（2016—2017 年）》《浙江省供给侧结构性改革去杠杆行动方案（2016—2017 年）》的要求，进一步落实重点工作，细化责任分工，以"四换三名"为主要载体，将产能过剩、效益低下和污染严重的企业淘汰出去，将高技术、高产出、绿色化的企业引进来，致力于优化供给结构、提高供给质量和效率，才能不断提高浙江工业企业的结构和效益，促进浙江经济持续、健康、较快发展。

（工业处　徐璐）

从纺织业的发展看浙江工业转型升级

浙江素有“丝绸之府”的美誉，纺织业[①]是工业的支柱产业。作为主导产业，纺织业在经历相当长一段时间的高速发展后，已经先于工业经济进入调整期，虽然总量规模扩张的速度有所放缓，但产品质量不断提升、内部结构不断优化的步伐持续加快。本文通过梳理纺织业的发展概况和转型升级特征，分析纺织业发展面临的问题，探讨在经济新常态下纺织业如何抓住新机遇实现转型升级，并期望以纺织业作为一个切入点，探索一些促进浙江传统优势工业转型升级的有效举措。

一、纺织业基本概况

（一）纺织业是浙江工业的支柱产业

改革开放初期，浙江纺织业就具备较好的基础。商品经济意识较强的浙江经济主体，紧紧抓住改革开放特定的历史机遇，通过大力发展轻纺工业，进而带动了浙江工业的全面快速发展。1979 年，纺织业占全省工业产品销售收入的比重达 22.7%，是名副其实的第一产业。2014 年，浙江规模以上工业中，纺织业增加值 2029 亿元，占规模以上工业比重为 15.6%；主营业务收入 10712 亿元，占规模以上工业总量的 16.6%；利润总额 544 亿元，占规模以上工业总量的 14.6%；年平均用工人数 151 万人，占规模以上工业总用工人数的 20.9%。经历了产业发展的起步期、发展期、腾飞期后，目前浙江纺织业逐步迈入艰难的转型期。纺织业主动放缓总量规模扩张的速度，通过自主创新、品牌创优等，不断变革生产方式，不断提高发展的质量效益水平，使其在全省工业经济中的支柱地位仍不可动摇。

① 本文所指纺织业为大纺织产业，包括纺织品、服装和化学纤维制造。

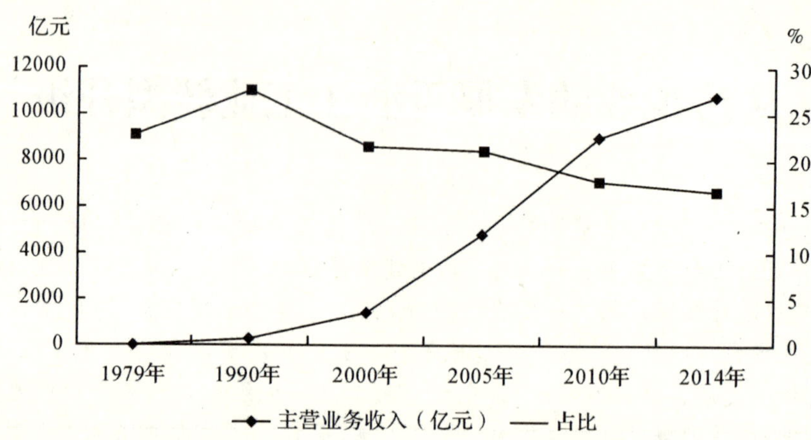

图 1　2000—2014 年规上纺织业规模变化图

（二）纺织业的内部结构特征

1. 纺织品占据半壁江山

总的来说，浙江纺织产业可以分为纺织品、纺织服装服饰业、化学纤维制造业等三大行业。尽管近年来服装和化学纤维制造规模不断扩大，但短期内纺织品主导格局难以发生根本变化。2014 年，浙江规模以上工业中，纺织、服装、化学纤维占纺织产业增加值的比重分别为 54.8%、29.7%、15.5%。

2. 私营经济活跃

纺织业是浙江民营企业最多的行业之一。改革开放初期，传统的纺织加工业由于技术含量低、劳动密集型、投资少、见效快，私营经济大量涌入纺织业，并持续蓬勃发展起来。2014 年，浙江规模以上工业中，纺织私营企业 6110 家，占纺织业企业比重达 73.4%，比全省规模以上工业中私营企业占比高 5.9 个百分点。

表 1　2014 年纺织业企业登记注册类型构成

登记注册类型	纺织产业(%)	规上工业(%)
国有企业	0.02	0.26
集体企业	0.07	0.17
股份合作企业	0.34	0.82
私营企业	73.41	67.47
外商及港澳台商投资	18.37	15.27
其他企业	7.79	16.01

3. 小微企业是主力军

2014 年，全省规模以上纺织企业中，小微企业占比近九成，实现主营业务收入 5025 亿元，占规模以上纺织业主营业务收入的 46.9%。小微企业队伍的逐渐壮大为经济发展注入新的活力，对纺织业发展起到了举足轻重的作用。

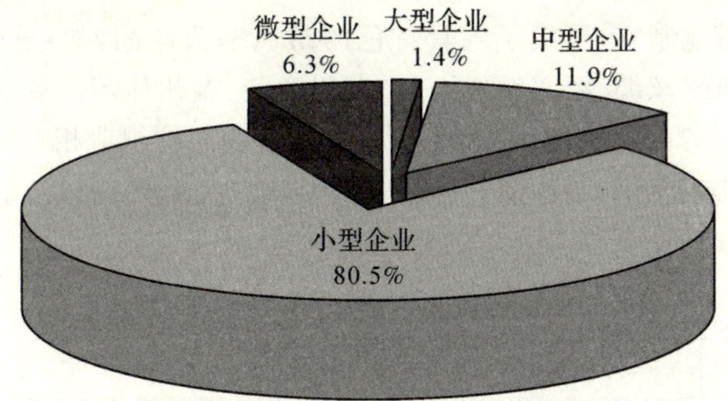

图 2　2014 年浙江纺织业企业规模构成

表 2　纺织业主要产品产量

产品名称	计量单位	2000 年	2005 年	2010 年	2014 年
纱	万吨	34.19	96.41	214.87	229.98
布	亿米	16.19	83.64	158.99	156.25
绒线	万吨	2.06	1.72	2.44	4.29
服装	亿件	11.55	27.70	48.80	39.85
化学纤维	万吨	154.08	660.33	1366.13	1987.97

二、纺织业转型升级特征

(一)纺织业的演变特征

1. 乘势做大，抢占市场

“丝绸之府”是对浙江的美誉，也是发展纺织工业的底蕴。改革开放后，我国以经济建设为中心，经济体制由计划经济向商品经济转轨，浙江乡村集体经济迅速发展，私有资本开始活跃，在短缺经济的需求环境下，以“穿”为基本生活需求所释放出来的购买力助推了浙江纺织业的快速发展。在浙江纺织业中，棉、毛、麻、化纤、针织、印染、复制、服装、纺机、纺器等门类俱全，形成具有浙江特色的纺织工业体系。进入 21 世纪后，纺织业各类主要产品产量快速增长，总量居全国各省前列。2014 年，浙江规模以上工业企业生产的纱、布、绒线、呢绒、服装、化纤等产品产量较 2000 年分别增长 5.73 倍、8.65 倍、1.09 倍、4.48 倍、2.45 倍和 11.9 倍。

2. 集聚发展，特色基地逐步形成

在市场驱动、产业选择和政府的共同努力下，通过龙头企业和实体市场辐射带动，各地因地制宜，形成了各具特色的纺织拳头产品，如：杭州女装、宁波男装、嘉兴和湖州丝绸、绍兴纺织面料、湖州童装、温州休闲服装、嵊州领带、萧山化纤、诸暨与义乌的衬衫和袜子等。2014 年，浙江纺织业相对于全国的区位熵为 2.77，专业化程度明显高于全国。其中，绍兴、嘉兴、湖州、金华等 4 市专业化程度较高。

表 3　浙江各市纺织业分布情况①

地市	区位熵	占全省比重	主要行业
杭　州	0.89	17.8	棉纺织及加工、合成纤维制造
宁　波	0.54	10.9	针织服装制造
温　州	0.57	3.9	机织服装制造
嘉　兴	1.54	17.3	棉纺织及印染加工
湖　州	1.12	6.6	绢丝加工、涤纶纤维制造及织造
绍　兴	2.18	32.0	棉纺织及印染加工
金　华	1.18	7.4	棉纺织、机织服装制造
衢　州	0.29	0.7	棉纺纱加工
舟　山	0.25	0.4	涤纶纤维制造
台　州	0.13	0.8	篷布制造
丽　水	0.23	0.6	革基布、无纺布生产

3. 生产技术升级，纺织设备制造加快发展

随着人们生活水平日益提高，纺织服装市场需求不断扩大，生产对装备水平要求越来越高，传统的小作坊式生产模式已无法适应经济社会的快速发展，纺织业的发展由纺织、印染、服装加工逐渐向现代纺织机械延伸。通过引进国内外的先进设备、技术，加以消化和创新，浙江纺织机械行业实现了长足发展。

① 本表内相关数据以 2014 年主营业务收入为基础数据进行测算。

全省纺织机械制造业主营业务收入从2000年的31.3亿元增加到2014年的276.6亿元，增长7.8倍，年均增长16.8%；纺织机械与纺织业主营业务收入的比重从2000年的1∶44.6调整为1∶38.7。

4.品牌创强，巩固全国领先地位

从前期的以“布”为主，逐渐演化为“从布到装”，在这一阶段纺织业的发展过程中，品牌建设越来越受到社会各界的关注。在政府积极鼓励和引导企业打造“专属名片”下，企业加大创新和品牌建设投入力度，涌现出了一批诸如雅戈尔，报喜鸟、森马、美特斯邦威、杉杉、培罗成等的知名服装品牌，并在高端纺织领域不断扩大市场占有份额，极大地改善了纺织业产业格局。据中国服装协会发布，全国“2014年服装行业百强企业”名单中近四分之一为浙江企业，占比居各省之首。

5.走出国门，纺织生产布局世界步伐加快

改革开放给了浙江纺织走向世界的契机。作为传统优势产业，浙江纺织业迅速被世界接纳，成为中国主要纺织品服装输出地，主要出口欧盟、美国、日本、东盟等，产品遍布全球。据海关统计数据显示，2014年，浙江纺织纱线织物及制品、服装及衣着附件合计出口额达709.6亿美元，比2000年增长8.7倍，年均增速达17.6%，占全省出口总额的比重达26%。据省商务厅资料，到2015年，浙江境外投资纺织企业18家，合同外资3.6亿美元，实际使用外资2.4亿美元。

（二）纺织业的升级特征

1.劳动生产率不断提高

通过对产品、工艺的不断改造提升和“机器换人”工程的不断推进，纺织业对劳动力的依赖程度明显下降。2000—2014年，浙江规模以上工业中，纺织业劳动生产率从3.54万元/人提高到13.42万元/人，增长2.8倍，明显提高。

2.对能源的依赖度逐渐下降

纺织业是典型的资源依赖型产业。“十一五”以来，通过不断淘汰落后产能、改造旧设备和引进先进工艺与设备，纺织业生产线明显优化，不仅大大提升了生产效率，还降低了对能源的依赖程度。2014年纺织业万元增加值能耗（当量）较2006年下降43.1%，降幅大于规模以上工业3.2个百分点。

3.自主创新能力不断提高

近年来，纺织业的科技投入不断加大，通过创新驱动，推动了产业的进一步优化发展。企业充分意识到装备水平的重要性，在引进的基础上，不断加强对纺织机械的研究与开发，并广泛应用到生产线中，本土纺织机械产业规模不断扩大，新设备、新技术不断涌现。2000—2014 年，全省工业企业研究与试验发展（R&D）经费从 26.5 亿元增加至 768.2 亿元，增长近 28 倍。2014 年，纺织机械业新产品产值率达 29.8%，高于规模以上工业平均水平 1.5 个百分点。同时，以往浙江大部分纺织企业从以贴牌生产、按订单要求简单加工为主的局面逐步有所改变，不少企业主动加入创新元素，为客户提供更加丰富的自主产品。

三、纺织业当前面临的发展困境

近几年来，由于劳动力成本、能源成本、运输成本、环境治理成本高等因素影响，浙江低档纺织品加工的成本优势已完全丧失，同时随着第三世界新兴经济体以及经济发达大国的“再工业化”战略，浙江纺织业发展承受着巨大压力。

（一）需求不足，产能过剩

国内外需求萎缩、产品供给结构不佳、东南亚纺织业的不断壮大，使得浙江纺织业订单大幅减少，中低端产品供大于求矛盾凸显。据多次工业企业景气调查显示，近四分之一的纺织业企业认为产品订货量低于正常水平，超过一半的企业认为生产能力没有充分发挥的主要原因为产品需求减少，订单不足。近五年来，纺织业产成品存货占资产总计比重逐年递增。2014 年，全省纺织业产成品库存 690 亿元，占资产总计比重达 7%，均为 2000 年以来较高水平。

（二）产业低端化格局依旧

目前浙江纺织业在全球产业链中总体仍处于微笑曲线的下端即制造加工阶段，前端的研究、设计和后端的营销、品牌建设相对较为薄弱，市场定位与产品档次不高，产业层次低，附加值较低。2014 年，纺织业增加值率为 18.2%，低于规模以上工业平均水平 1.2 个百分点，与通用设备、汽车制造等相对高端产业存在明显差距。

（三）副业包袱，创新投入不足

不少民营纺织老板在行业困境和外部重重诱惑下，将经营重心转向盈利能力更强的副业，原有实体纺织业以维持为主。近年来，资本市场、房地产市场均遭受较大冲击，副业不仅未能“锦上添花”，反而“雪上加霜”，在一定程度上成为拖累现有产业发展的包袱。由于副业投资失败而破产、关停的纺织企业也不鲜见。副业包袱，再加上企业投资意愿不强、对技术重视度不够等种种原因，纺织企业对科技活动的投入总体偏低。2014 年，纺织业仅有 15.7% 的企业有 R&D 活动，比例低于规模以上工业 14 个百分点；万元主营业务收入 R&D 经费投入 64.6 元，仅为规模以上工业的一半左右。

（四）环境压力，治理投入大

纺织业是一个资源依赖性和环境敏感性极高的产业，属于高耗能、高污染行业，在生产的过程中产生较多的废水、废气和粉尘，给生态环境造成较大污染。面对资源环境矛盾突出的情况，我国政府在低碳、环保方面的监管标准及任务要求更趋严格。尽管这几年，浙江纺织业单位增加值能耗和二氧化碳排放强度一定程度下降，但是绝对水平和发达国家水平、政府要求还存在一定差距。在当前市场行情不佳、银行贷款紧缩、企业资金普遍吃紧情况下，特别是中小纺织企业生存压力越来越大。

（五）劳动力红利渐失，人工成本增加

发展经济学家刘易斯提出：每个国家都会遭遇一个经济发展进入新阶段的转折点，即劳动力需求增长速度超过劳动力供给增长速度，因而导致工资水平上涨，这意味着人口红利时代的结束，即“刘易斯拐点”。我国现阶段正处于该“拐点”。据国际劳工组织公布，2013—2014 年，中国人均月薪 656 美元，而印度、菲律宾、巴基斯坦等国均不到 300 美元，仅为中国的 40％左右。受经济利益的驱使，更多的国际订单转向了该部分劳动力更为廉价的国家，我国纺织业国际市场份额减少。2014 年，浙江纺织业人均薪酬 4.7 万元/人，比 2000 年增长 3.9 倍。同时，作为劳动密集型产业，纺织业对员工文化程度和专业技能水平要求相对更低，也导致劳动生产率水平较低，并阻碍工业结构的整体提升。

四、促进纺织业转型升级的建议

当前，纺织业正处于重要的发展转折时期。进一步深化产业结构调整，加快转型升级，努力适应世界和中国经济“新常态”，是纺织业发展的根本任务。纺织业是浙江传统优势产业的代表，对其转型升级的研究，也是对浙江传统优势行业转型升级研究的一个突破口。

（一）找准路子，正确认识纺织业的发展思路

纺织业永远不会是夕阳产业。在自身规模大、从业人员多、行业历史长的情况下，纺织业能够与其他发展势头迅猛的行业进行竞争，从一个侧面反映出纺织业在全部工业行业中仍然具有较强的生命力和产业竞争活力。浙江大力发展纺织业，仍是大有作为。但是，纺织业的发展不能停留在老思路下。改革开放后，浙江纺织业之所以有突飞猛进的发展，与当时物资紧缺、产业技术要求不高、生产要素比较优势等因素密切相关。近些年，特别是金融危机后，纺织业发展遭遇很大瓶颈，主要由于延续以往粗放发展的方式，走的是一条低档、低价、薄利的发展路子，导致形成了目前纺织高端产品不能满足需求，中低

端产品竞争过度，缺少国际话语权，产品和营销模式还不能适应消费的新变化的窘况。经济新常态下，发展纺织业必须要认识和把握纺织经济发展的新常态、新背景，从整个行业与外部环境形势和自身发展变化的本质联系上去研究和探讨产业发展，促进纺织业转型升级向高端化、低碳化、服务化转变。高端化就是高品质、高技术含量、高附加值，也包括高话语权，提高纺织业在产业链分工中的地位。低碳化就是要加快淘汰落后产能，开发推广节能减排、清洁生产技术，加大污染治理，注重资源循环利用。服务化以消费者为核心，由生产环节向研发设计、营销及消费服务延伸，为客户提供个性化、系统化解决方案和差异化服务。

（二）找准定位，正确把脉纺织业的发展趋势

曾经的浙江纺织业可以用四个字来概括："轻、小、集、加"，这也是浙江轻纺工业的写照。"名、新、精、优"也许可以是未来纺织业新的产业特征。随着居民消费水平提高，纺织服装等作为生活必需品已经得到基本满足的条件下，个性化、多元化取代数量扩张，日益成为新的消费趋势特征。更好满足消费者对产品时尚性、功能性、生态按照性等方面高品质的要求，成为纺织业在新时期的重要使命。打造"名品"，聚焦辨识度，加大品牌建设，推进自主品牌建设，要由终端向全产业链、由品牌建设核心要素培育向系统性培育、由重点企业品牌向区域群体品牌延伸。打造"新品"，聚焦市场变化，探索有效手段更加深入地洞悉消费者需求并做出及时调整，加大研发力度，开发新产品，力争将传统的消费品新品上市动辄需要 12—24 个月的周期进一步缩短。打造"精品"，聚焦客户需求，针对特殊人群的特殊需求，推广个性化定制，研发出精细、精美、精湛且精致的特种产品。打造"优品"，聚焦产品品质，从生产工艺到设备、流程再造的全环节狠抓产品质量，实行精细化管理，生产让消费者放心的优质产品。

（三）找准抓手，准确把握纺织业转型升级的有效途径

从纺织业的设计、生产、销售、服务等几大环节来看，推进转型升级可以从 3 个"注重"入手。注重自主创新。要读懂需求侧需求，围绕供给侧改革，通过不断加大科研投入、加强人才培养、加强产学研联合来提高自主创新能力，加强原始创新和集成创新能力的提升，不断创新理念、创新模式、创新产品，实现有效供给，促进纺织行业从价值链低端向价值链高端发展。注重"机器换人"。作为劳动密集型产业，机械化、自动化、智能化将成为促进纺织业转型升级的有效途径。把握打造"中国制造 2025 浙江纲要"契机，通过"机器换人"提高产业管控一体化应用程度，提升产业的信息化技术水平，对于纺织产业转型升级

起到至关重要的作用。注重“两化融合”。要抓住“互联网+”的机遇，在设计、管理、生产、流通等各环节广泛推进信息化应用。充分利用“大数据”，剖析客户需求，及时掌握市场变化，快速做出反应。发挥网络平台作用，大力发展“线上”经济，实现市场营销、资源调配、货物流通等的高效合理运转和潜在市场的开发。当然，在最终的实施过程中，仍需进一步细化措施，落实到位，才能真正促进纺织业转型升级、提质增效。

（工业处　陈叶青）

浙江工业企业库存变化情况分析

产成品库存变动是反映工业生产变化的重要指标之一，它能反映产品供销状况，也能较为灵敏地反映生产预期，与宏观经济周期关系十分密切。“去库存”是经济周期的收缩性调整行为，是缓解需求不足和产能过剩矛盾的有效途径。为适应和引领新常态，浙江积极推进供给侧结构性改革，促进产业结构升级换代、经济提质增效，企业库存总体处于历史低位。2015 年末，全省规模以上工业企业产成品库存 3310 亿元，比年初增长 1.0%；当年新增库存 15.6 亿元，仅次于 1999 年的历史最低水平。

一、工业产成品库存增速总体趋缓

（一）工业产成品库存相对规模较小

2015 年末，全省规模以上工业产成品存货 3310 亿元，占全国的比重由上年的 8.9%回落到 8.6%，相当于工业总产值的 4.9%，当年新增库存仅 15.6 亿元。与主营业务收入相比，占比也只有 5.3%。

（二）工业产成品库存增速总体趋缓

2015 年工业产成品库存比年初增长 1.0%，增幅低于全国 2.3 个百分点。从年内各月走势看，产成品库存增速呈现先扬后抑走势。上半年，产成品库存增速逐步加快，从 3 月末的 4.0%上升到 6 月末的 5.9%，为全年最高增速，下半年增速平稳回落，从 9 月末的 1.2%回落至 12 月末的 1.0%。

（三）产成品资金占用比重有所降低

2015 年，全省规模以上工业产成品库存占流动资产的比重为 8.9%，比上年降低 0.3 个百分点。从企业规模来看，大型企业、微型产成品存货分别为 746.6 亿元和 64.7 亿元，占流动资产的比重较低，分别为 8.3%和 8.5%，分别比上年降低 0.7 和 0.1 个百分点；中型企业产成品存货为 979.7 亿元，占流动资产的比重为 8.9%，降低 0.3 个百分点；小型企业产成品存货为 1518.7 亿元，占流动资产的比重达 9.3%，与上年持平。

（四）高耗能行业产成品库存大幅减少

2015 年，全省规模以上工业中有超过四成的行业产成品库存有不同程度的缩小，其中高耗能行业产成品库存大幅减少。石油加工、黑色金属压延、有色金属压延、非金属矿物制品、造纸、橡胶塑料制品业等高耗能和产能过剩行业的产成品库存分别同比下降 27.9%、12.7%、12.6%、8.3%、4.4% 和 4.1%,六大行业产成品库存合计比年初减少 50.3 亿元,影响全省工业产成品存货下降 1.6 个百分点。从产成品库存构成来看,六大行业产成品库存占全省工业的 15.3%,比全国平均水平低 7.3 个百分点;库存占比较上年下降 1.7 个百分点,比全国降幅高 0.5 个百分点。

二、生产企业适应市场需求变动能力增强

(一)产成品库存与工业生产运行趋势紧密相关

工业产成品库存与工业增加值的运行趋势基本一致:即在经济上行阶段,工业生产加快,受需求预期拉动,工业企业整体存货呈现上升态势;在经济下行阶段,工业生产放缓,受需求萎缩影响,促使企业加快存货调整。当工业经济出现明显波动时,产成品库存变化也较为剧烈,且变动幅度普遍大于工业增加值。1998 年以来,浙江省工业产成品库存经历了三次深度调整期(图 1)。第一次是在 1998 年,全省工业增加值增长 8.3%,增速相对较慢,工业产成品库存明显下滑,在 1999 年出现 4.7%的增幅。随后工业生产逐步恢复,2000—2007 年全省工业增加值基本保持 20%左右的高速增长,工业产成品库存也逐渐上升,基本保持两位数的增长,在 2004 年和 2007 年一度达到 30.7% 和 27.2%的增速。第二次是在 2009 年,全球金融危机对全省工业经济造成严重冲击,工业生产低迷,工业产成品库存再次回到低位,2009 年,规模以上工业增加值增长 6.2%,产成品库存降至该周期谷底,仅增长 2.9%,比 1999 年的水平也低 1.8 个百分点。随后全省经济进入企稳回升阶段,2010、2011 两年全省工业增加值分别增长 16.2% 和 10.9%,2011 年产成品大幅增长 23.6%。之后进入第三次回落阶段,全省产成品库存增幅在 2012 年降至 5.4%后,一直处于低位增长,2015 年产成品存货增长仅 1.0%,为 1998 年来的最小增幅。

从历年数据看,产成品库存与工业生产运行存在以下特征:工业生产增速在下行期时,工业产成品库存增速高于工业增加值增速,工业生产回升期时,产成品库存增速低于增加值增速。2014 年,全省工业产成品库存增速高于工业增加值增速 1.8 个百分点,到 2015 年产成品库存增速低于增加值增速 3.4 个百分点。如果延续以上走势,或许意味着浙江工业生产在下一阶段将逐渐企稳、增速提势。

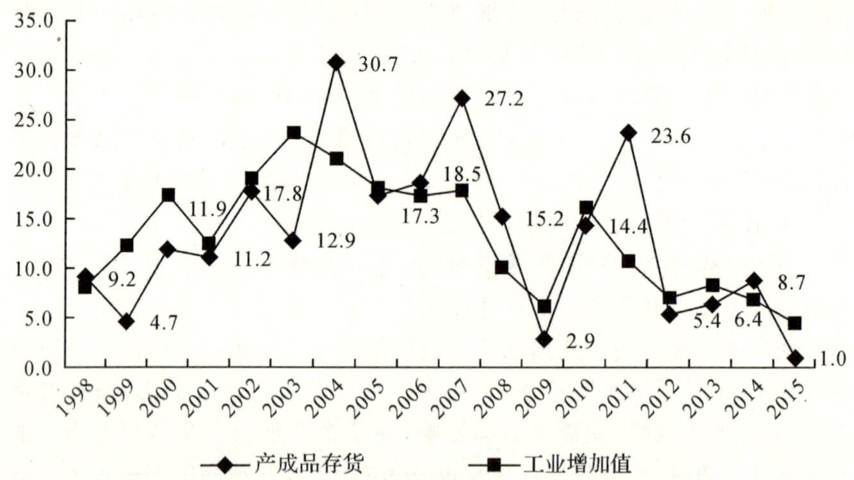

图 1　规模以上工业增加值、产成品存货增长情况(%)

(二)工业库存的周期性变化特征

从各季度企业库存变动趋势看,受春节等因素影响,产成品库存变动具有明显的季度性和周期性特征。主要表现为一季度存货大幅减少,二季度快速上升为全年最高水平,三、四季度逐步下降。从 1999 年以来 68 个当季数据计算得出,浙江每季平均增加产成品库存 43 亿元,每年平均增加 172.2 亿元(详见表 1)。2015 年,全年产成品存货仅增加 15.6 亿元,明显低于历史年均水平,工业企业呈现快速出清存货的迹象。如果考虑企业数据的增加和规模的扩大,目前浙江工业的库存水平处于历史低位。与全国相比,浙江产成品存货每年新增额占全国新增额的比重明显下滑,2005—2007 年,浙江产成品存货每年新增额占全国的比重依次为 13.0%、10.0%和 14.0%,此后逐年回落,从 2008 年的 6.4%,回落到 2009 年的 4.2%和 2010 年的 3.3%,在 2011 年和 2012 年小幅上升到 6.0%和 8.6%,连续三年从 2013 年的 8.3%回落到 2014 年的 5.8%、2015 年的 1.0%。虽然这与工业经济总量占全国比重有所下降有关,也表明以民营企业和生产下游产品为主的浙江工业企业的库存压力要小于全国平均水平。

表 1 浙江规模以上工业企业产成品存货变动情况

年份	产成品存货变动(亿元)				
	一季度	二季度	三季度	四季度	全年
1999	−0.1	17.2	−0.6	−2.1	14.4
2000	−4.4	17.3	13.6	5.6	32.1
2001	8.1	34.5	−0.6	5.1	47.0
2002	75.6	39.2	6.3	32.8	154.0
2003	59.3	78.6	−4.3	−17.5	116.0
2004	123.0	63.0	16.7	58.2	261.0
2005	85.4	88.0	58.9	24.5	256.7
2006	91.3	58.3	56.7	18.7	225.0
2007	123.9	111.5	98.0	122.3	455.7
2008	83.8	177.7	109.7	−92.0	279.1
2009	−108.9	83.6	81.0	−6.1	49.7
2010	−315.6	173.2	68.0	164.0	89.6
2011	−108.1	201.9	102.7	65.3	261.7
2012	26.0	144.7	−4.3	37.3	203.8
2013	17.7	89.1	52.2	53.5	212.6
2014	1.5	93.7	135.6	22.3	253.1
2015	−177.9	193.7	−12.5	12.2	15.6

(三)企业对市场需求变化敏感度提高

随着市场化程度不断提高,浙江工业企业对市场需求变化的敏感度提高。在需求扩张、产销衔接良好的阶段,企业主动扩大生产,增加工业项目投资和技改投资,回补产成品库存,例如在 2003 至 2006 年以及 2011 年度全省规模以上工业企业产销率均高于 97.7%,从 2004 年开始浙江工业持续较快增长,各年新增库存都在 200 亿元以上,2007 年更是达到新增库存 455.7 亿元的峰值。在需求放缓的背景下,企业为减少库存积压而主动调减生产,控制产销平衡,例如 2009 年和 2015 年产销率分别为 97.3%和 96.3%,当年新增的产成品存货仅 49.7 和 15.6 亿元(图 2)。

用 2010 年前后两段时间的数据对比发现，2010 年前，工业企业产销率在 2006 年达到 97.9%的最高水平，产成品库存新增量在下一年度达到最高点，当产销率在 2008 年跌落最低点，新增库存情况也延后一年大幅减少。而 2010 年以来，企业产销率和当年的库存控制情况更为契合。2011 年工业企业产销率为 97.7%，新增库存为 264.7 亿元，同时达近年来的最高点，在 2015 年产销率和新增库存双双回落至最低点。表明现阶段我省工业企业已经能够根据当前市场需求变化迅速调整企业经营策略。

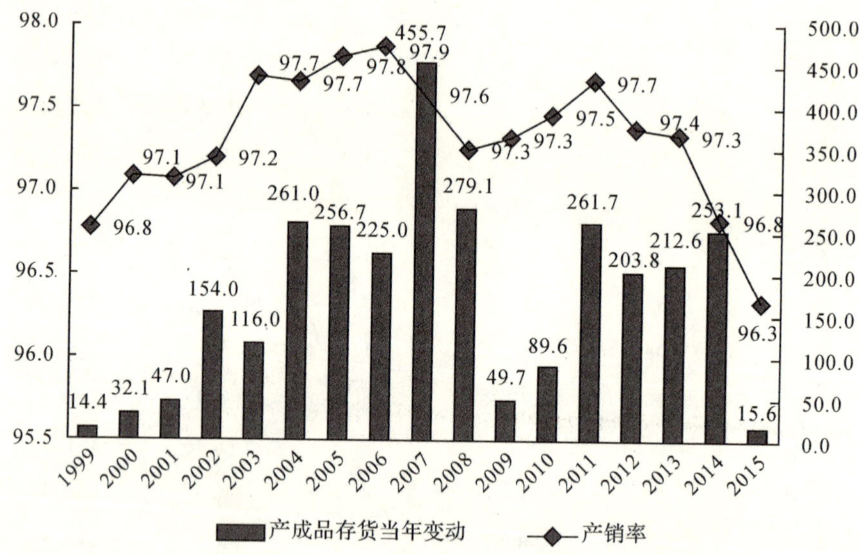

图 2　规模以上工业产销率和产成品存货当年变动情况

三、对浙江"去库存化"的基本判断

企业库存水平取决于未来需求、价格变动、供货周期等多方面因素，其中未来需求是最重要的因素。2015 年，浙江制造业采购经理指数(简称 PMI)全年均值为 50.4%，低于 2014 年、2013 年各 1.2 个百分点。表明浙江制造业经济总体保持平稳扩张的态势，经济下行压力较前两年有所增大。从分项来看，"两大库存"持续收缩。产成品库存代表下游需求状况，而原材料库存则反映了上游供应商基于未来市场需求预期所做的决策。2015 年产成品库存指数和主要原材料库存指数年均值分别为 48.1%和 46.9%，表明企业增加产成品库存和回补原材料库存的意愿偏弱。

当前，浙江规模以上工业总体存货水平已处于 1998 年以来的历史低位，2015 年或已进入去库存周期底部；但从微观层面来看，工业企业处于去库存与去产能并行阶段。从浙江规模以上工业库存周期与生产增长的变动规律来看,2016 年浙江工业经济或将筑底企稳。工业企业要趁此经济调整期间,以市场为导向组织生产经营,适应需求结构变化,主动调节自身过剩产能,推动产品结构升级,从低端同质化产品转向高端差异化产品转型,从而建立起全新的运营机制,提高市场占有率,淘汰落后产能,增强浙江工业经济持续健康发展的内生动力。

(工业处　蒋晓雁)

浙江服务业就业变动态势与特征分析

经济理论和国际经验表明，服务业的就业弹性远高于制造业和农业，大力发展服务业能创造更多的就业机会。早在 20 世纪 90 年代，服务业就已成为我国吸纳就业的重要渠道。但国内有研究指出，近几年服务业就业吸纳能力有下降趋势，如何在增速换档期继续担当就业稳定器成为亟待研究的课题。浙江作为经济发达地区，近年来大力发展服务业，就业渠道不断拓宽，那么浙江服务业的就业容量、吸纳能力究竟如何？就业增长点在哪些行业？未来有多大的就业潜力和空间？本文采用就业增长率、就业份额、就业弹性系数、结构偏离度、比较劳动生产率等指标对 1985—2015 年浙江服务业就业变动态势和特征进行考察分析。

一、总体变动态势

（一）服务业就业规模和份额持续上升，产业转移与一般规律相吻合

30 年来，浙江服务业发展迅速，已经超越第二产业，约占国民经济“半壁江山”。2015 年，浙江省服务业增加值 21347 亿元，比 1985 年增长 31.3 倍，年均增长 12.3%；占 GDP 的 49.8%，比重比 1985 年上升 25 个百分点。服务业的快速发展带动劳动就业规模和份额不断扩大。全省服务业从业人员总数从 1985 年的 310 万人增加至 2015 年的 1437 万人，30 年增加 1127 万人，增长 3.6 倍，年均增长 5.2%；同期第一产业从业人数减少 781 万人，以年均下降 3.1%的速度减少；第二产业从业人数增加 1069 万人，年均增长 3.0%。从就业份额看，1985—2015 年第三产业从业人员占比从 13.4%提高至 38.5%，而同期第一产业从 54.9%下降至 13.2%，第二产业从 31.7%升至 48.3%。

从历年各产业的就业增长率和就业份额的变动轨迹图（图 1、图 2）可较直观地看出劳动力产业转移的基本态势：一是第三产业从业人员总体呈增长态势，其就业比重也呈逐年上升态势，同期第一产业从业人员基本呈下降态势，其比重也相应呈下降态势，第二产业从业人员呈近似横“S”形正负交替增长态势，其比重也经历了“升—降—再升—再降”的波动。二是 20 世纪 90 年代，第三产业就业增长快于第二产业，对新增就业的拉动作用较大，三次就业结构从之前的“一、二、三”型逐渐转变至 2001 年的“二、一、三”型，2002 年进一步转变

为“二、三、一”型。三是 2000—2011 年，随着工业化进程的快速推进，第二产业的就业增长比第三产业就业增长更为快速，其就业比重的提升也快于第三产业。四是 2011 年之后，随着工业经济从两位数的高增长回落到一位数的中速增长，特别是企业“机器换人”力度加大，第二产业就业呈负增长态势，其就业比重相应有所回落，而第三产业就业继续平稳增长，就业比重稳步上升。

上述就业特点与经济发展的宏观背景密切相关。服务业快速发展具有标志性意义的是 1987 年、1998 年和 2014 年。1987 年服务业占 GDP 的比重提升到 27.4%，首次超过了第一产业增加值比重，使浙江省三次产业结构实现了由“二、一、三”到“二、三、一”的历史性转变；1998 年，服务业增加值增速首次超过了第二产业，产业结构演变出现了新的动向，大力发展高新技术产业成为全省产业结构调整优化的重点；2014 年服务业增加值占 GDP 的比重到达 47.9%，首次超越第二产业，实现了“三、二、一”的现代化产业格局。产出结构的升级对就业结构具有牵动作用①，劳动力逐渐从第一产业向第二、三产业转移，这种转移与经济学家威廉·配第和克拉克描述的劳动力要素产业转移的一般规律基本吻合。但是，由于产业结构具有一定的刚性，转型升级需要相对较长的过程，因此，浙江省“二、三、一”的就业格局预计还将持续一段时间。

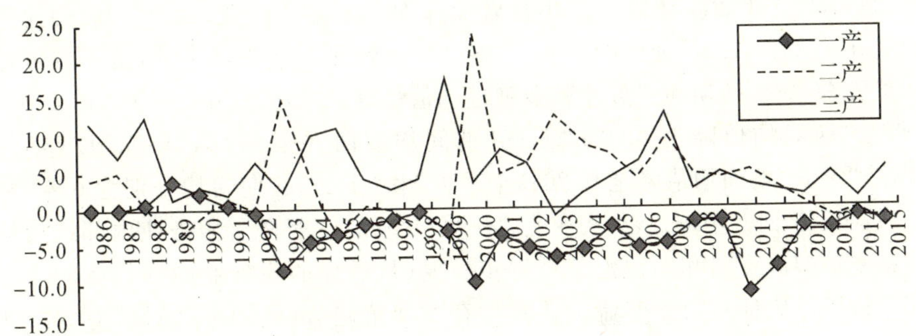

图 1　浙江省 1985—2015 年各产业就业增长率的变化　单位：%

资料来源：2015 年浙江省统计年鉴，2015 年的数据浙江局人口处，下同

① 参见：赵履宽，杨体仁，姚先国，王建新．劳动经济学[M]．北京：中国劳动出版社，1997．502．

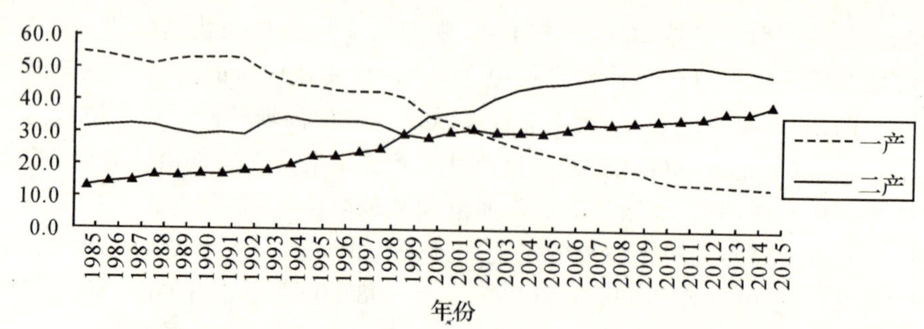

图 2　浙江省 1985—2015 年各产业就业份额的变化　单位:%

（二）服务业的就业吸纳能力呈阶段性波动，近几年就业弹性在第二产业走低的情况下总体回升

为进一步考察经济增长与就业增长的数量关系，对 1986—2015 年就业弹性系数进行测算(见表 1)。测算发现，30 年来，浙江省服务业就业弹性系数呈现波动起伏，但大体表现为就业“吸入”效应。为消除随机因素的干扰，利用平均移动法对就业弹性系数进行滤波处理，更好地反映就业弹性的长期趋势。滤波处理后发现，2000 年前第三产业就业弹性大于第二产业，但在波动中呈回落态势；2000 年后波动幅度较小且就业弹性小于第二产业；2011 年后就业弹性又开始大于第二产业(2011 年后，第二产业就业弹性明显走低，由正转负)。分阶段看，“七五”期间服务业就业弹性均值最高(1.07)，其中 1990 年达 1.98；“八五”期间均值降至 0.32；“九五”期间均值回升至 0.56，其中 2000 年达 1.76；“十五”期间均值降至 0.26；“十一五”和“十二五”期间均分别为 0.42 和 0.3；2015 年回升至 0.46。从变化轨迹可以看出，尽管随着服务业内部结构从劳动密集型向资本和知识密集型逐步转变(从后面的服务业内部行业就业特征分析可以佐证)，第三产业就业弹性存在回落趋势，经济增长对就业的拉动趋小，但近几年回落幅度小于第二产业，第二产业随着产业内部结构调整优化、“机器换人”“三改一拆”、淘汰落后产能和“低小散”企业和作坊等已出现劳动力“挤出”现象，而第三产业仍然保持着稳定的就业“吸入”效应。

表 1 1986—2015 年浙江服务业就业弹性变化

年份	二产	三产	三年移动平均		年份	二产	三产	三年移动平均	
			二产	三产				二产	三产
1986	0.29	0.69	—	—	2001	0.41	0.67	0.95	0.47
1987	0.29	0.65	0.20	0.87	2002	0.45	0.44	0.53	0.34
1988	0.01	1.27	−1.64	0.56	2003	0.73	−0.09	0.57	0.16
1989	−5.22	−0.24	−1.80	1.00	2004	0.53	0.13	0.61	0.10
1990	−0.19	1.98	−1.78	0.60	2005	0.56	0.26	0.45	0.27
七五平均	0.07	1.07	—	—	十五平均	0.55	0.26	—	—
1991	0.06	0.07	−0.04	0.78	2006	0.27	0.41	0.48	0.50
1992	0.00	0.29	0.17	0.17	2007	0.62	0.83	0.45	0.48
1993	0.45	0.14	0.19	0.35	2008	0.45	0.21	0.57	0.46
1994	0.13	0.64	0.12	0.46	2009	0.62	0.34	0.49	0.26
1995	−0.21	0.59	−0.02	0.53	2010	0.41	0.23	0.47	0.26
八五平均	0.12	0.32	—	—	十一五平均	0.46	0.42	—	—
1996	0.02	0.36	−0.07	0.40	2011	0.38	0.21	0.29	0.20
1997	−0.04	0.24	−0.10	0.31	2012	0.10	0.15	0.10	0.29
1998	−0.29	0.34	−0.35	0.78	2013	−0.17	0.52	−0.04	0.27
1999	−0.72	1.76	0.33	0.80	2014	−0.05	0.15	−0.22	0.38
2000	1.98	0.30	0.56	0.91	2015	−0.42	0.46		
九五平均	0.15	0.56	—	—	十二五平均	−0.01	0.30	—	—

(三)服务业增加值比重与就业比重协同提升,还存在待挖掘的就业空间

30 年来,服务业增加值比重与就业比重基本呈协同上升态势(见图 3),但就业结构的变动比经济产出结构的变化相对延后。服务业增加值比重从 1985 年的 24.8%上升到 2015 年 49.8%,于 1987 年超过第一产业,2014 年超过第二产业;与此同时,服务业就业比重不断增加,从 1985 年的 13.4%上升到 2015 年的 38.5%,于 2002 年才超过第一产业,2015 年占比低于服务业增加值

占比 11.3 个百分点。

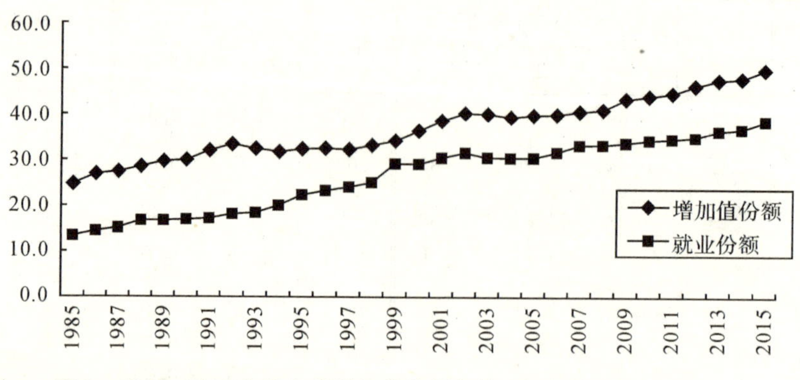

图 3　1985—2015 年服务业增加值份额与就业份额的变动　单位:%

为进一步考察增加值结构与就业结构的协调性,对历年来结构偏离度[①]和比较劳动生产率[②]进行测算(见表 2)。结构偏离度大于零,则意味着该产业就业接近于饱和,存在着劳动力流出的可能;小于零,则意味着该产业就业存在着空余,有吸收更多就业的能力。比较劳动生产率与结构偏离度基本成反向变动,其值大于 1,表明该产业的劳动密集程度较低,存在劳动力转入的空间;小于 1,则产业劳动密集程度较高,劳动力有被挤出的可能。测算发现,浙江服务业结构偏离度一直呈负值,存在劳动力就业空余,不同时段偏离度呈波浪起伏,1985 年偏离度为－11.4,以后负偏离逐年扩大,至 1992 年负偏离最大(－15.3),之后负偏离逐年缩小,在 1999 年负偏离最小(－5.1),2000 年后又逐步扩大,2011 年后基本稳定在－11 左右(而第二产业 2011 年后呈正偏离态,即就业趋于饱和)。从比较劳动生产率看,浙江服务业大于 1,劳动密集度总体较低,尚有吸纳就业的空间,说明扩大规模可带来就业的增长。2000 年之前,服务业比较劳动生产率总体上走低,但 2000 年之后企稳回升,在 1.25 左右且高于第二产业,2010 年之后回升到 1.3 左右,而第二产业比较劳动生产率在 2000 年后逐年走低,2010 年之后连续小于 1。显然,浙江服务业还存在待挖掘的就业空间。

---

① 结构偏离度计算公式为:P=L－C,其中 L 为从业人员所占比重,C 为增加值所占比重。

② 比较劳动生产率为 Q=C/L,C 和 L 定义同上。

表 2　1985—2015 年浙江服务业结构偏离度与比较劳动生产率

年份	结构偏离度%	比较劳动生产率	年份	结构偏离度%	比较劳动生产率
1985	−11.4	1.85	2001	−8.1	1.27
1986	−12.4	1.86	2002	−8.7	1.28
1987	−12.2	1.80	2003	−9.6	1.31
1988	−11.9	1.71	2004	−9.1	1.30
1989	−13.0	1.78	2005	−9.5	1.31
1990	−13.0	1.76	2006	−8.4	1.27
1991	−15.0	1.88	2007	−7.4	1.22
1992	−15.3	1.85	2008	−7.8	1.24
1993	−14.1	1.77	2009	−9.8	1.29
1994	−11.7	1.59	2010	−9.8	1.29
1995	−10.1	1.45	2011	−10.0	1.29
1996	−9.3	1.40	2012	−11.4	1.33
1997	−8.4	1.35	2013	−11.1	1.31
1998	−8.3	1.33	2014	−11.1	1.30
1999	−5.1	1.18	2015	−11.3	1.29
2000	−7.4	1.26			

（四）浙江服务业还将创造更多的就业机会

近几年服务业对全省稳定就业发挥了重要作用，继续挖掘其就业潜力，还可创造更多的就业机会。对 1985—2015 年的数据进行回归估计，浙江服务业就业比重每提高一个百分点，就可多吸纳约 44 万人就业（回归模型的 $R^2=0.950$，t 值和 F 值均在 0.001 水平上显著），若浙江服务业就业结构达到 50% 的水平，那么将会创造约 500 万个就业机会，这对合理配置劳动力资源，解决就业问题将起到相当大的作用。

二、服务业内部行业的就业特征

（一）资本、知识密集型服务业就业份额还不高，但就业增速快于传统劳动密集型服务业

表 3　2011—2015 年服务业从业人员比重和平均增　　单位:%

年份	就业比重					就业增长率	
	2011	2012	2013	2014	2015	2015	2011—2015年平均
批发和零售业	12.4	12.3	13.1	13.2	13.9	5.5	3.0
交通运输、仓储及邮政业	4.0	3.9	3.8	3.9	4.1	3.9	0.8
住宿餐饮业	4.1	3.8	3.2	3.2	3.0	−5.6	−5.0
信息传输、计算机服务和软件业	1.2	1.1	1.1	1.2	1.6	29.1	4.6
金融业	0.9	1.0	1.0	1.1	1.2	12.3	7.8
房地产业	0.9	1.1	1.1	1.1	1.1	6.3	7.4
租赁与商务服务业	2.1	2.2	2.5	2.6	2.6	3.8	11.1
科学研究与技术服务业	0.6	0.7	0.9	0.9	1.0	9.9	12.0
水利、环境和公共设施管理业	0.4	0.4	0.4	0.5	0.5	1.9	1.4
居民服务及其他服务业	3.2	3.3	3.2	3.3	3.4	3.2	1.9
教育	1.8	1.9	1.9	1.9	1.9	1.9	1.9
卫生和社会工作	1.0	1.1	1.1	1.2	1.3	9.7	4.8
文化、体育与娱乐业	0.4	0.4	0.5	0.5	0.5	3.8	1.9
公共管理、社会保障和社会组织	1.6	1.7	2.4	2.5	2.4	−1.8	−1.2

细分行业看,近 5 年各行业的就业份额变动不大。批发零售业、交通运输仓储业、居民服务业、住宿餐饮业等传统行业就业比重居前四的格局没有变,但这些行业的就业增速较缓,住宿餐饮业为负增长;而金融、房地产、信息传输计算机服务和软件业、租赁与商业服务业、科技研究和技术服务业等资本、知识密集型行业的就业比重不高但增速较快。从近 5 年各行业就业平均增速看,居前四的行业分别是科技研究和技术服务、租赁与商业服务、金融和房地

产业。其中,2015年就业增速居前四的行业分别为信息传输计算机服务和软件业、金融业、科技研究和技术服务业、卫生和社会工作,这些行业的就业比重也相应有所提高,信息传输计算机服务和软件业就业增速高达29.1%;房地产和批发零售业的增速虽低于上述行业但高于服务业整体水平,就业比重有所提高;而住宿餐饮、公共管理和社会组织就业增速为负,比重也比2014年有所下降(见表3)。

(二)金融、房地产、信息传输计算机服务和软件业三大行业仍存在较大的就业空间

表4　2011—2015年浙江服务业内部行业结构偏离和比较劳动生产率

年份	结构偏离度%					比较劳动生产率				
	2011	2012	2013	2014	2015	2011	2012	2013	2014	2015
批发和零售业	1.7	0.8	1.0	1.0	1.6	0.7	0.7	0.7	0.7	0.9
交通运输、仓储及邮政业	0.2	0.1	0.0	0.1	0.2	0.7	0.7	0.8	0.8	0.9
住宿餐饮业	2.0	1.7	1.2	1.0	0.7	0.4	0.4	0.5	0.5	0.8
信息传输、计算机服务和软件业	−1.2	−1.5	−1.8	−2.2	−2.4	1.5	1.8	2.0	2.2	2.5
金融业	−7.4	−6.7	−6.4	−5.8	−5.6	7.3	5.6	5.5	5.1	5.8
房地产业	−4.4	−4.6	−4.9	−4.3	−4.3	4.5	4.0	4.3	3.9	4.8
租赁与商务服务业	0.2	0.1	0.3	0.2	0.0	0.7	0.7	0.7	0.7	1.0
科学研究与技术服务业	−0.3	−0.3	−0.3	−0.3	−0.3	1.1	1.1	1.0	1.1	1.3
水利、环境和公共设施管理业	0.0	0.0	0.0	0.0	−0.1	0.8	0.8	0.8	0.8	1.1
居民服务及其他服务业	2.0	2.0	1.9	2.0	2.0	0.3	0.3	0.3	0.3	0.4
教育	−0.6	−0.6	−0.7	−0.8	−0.9	1.0	1.0	1.1	1.1	1.5
卫生和社会工作	−0.5	−0.6	−0.4	−0.5	−0.7	1.1	1.1	1.0	1.1	1.6
文化、体育与娱乐业	−0.2	−0.3	−0.2	−0.2	−0.3	1.2	1.2	1.1	1.1	1.5
公共管理、社保和社会组织	−1.5	−1.4	−0.7	−0.7	−1.0	1.5	1.4	1.0	1.0	1.4

从近几年各行业的结构偏离度和比较劳动生产率看(见表 4),金融业、房地产业、信息传输计算机服务和软件业各年的结构偏离度基本为负值且远离平衡态,比较劳动生产率也远大于 1,意味着这些行业存在较大的就业空间;与此相反,批发零售、住宿餐饮、交通运输、居民服务及其他服务业等传统行业的各年结构偏离度基本为正且远离平衡态,意味着这些行业劳动力存在移出的压力。

(三)房地产、金融、租赁和商务服务、科学研究与技术服务、公共管理和社会组织等行业的就业吸纳力较强

表 5　2011—2015 年浙江省服务业内部行业就业弹性

年份	2011	2012	2013	2014	2015	5 年均值
批发和零售业	0.1	0.0	0.6	0.1	0.6	0.2
交通运输、仓储及邮政业	0.0	−0.2	−0.3	0.4	0.5	0.1
住宿餐饮业	0.2	−1.2	−2.7	0.0	−0.6	−0.5
信息传输、计算机服务和软件业	−0.4	−0.7	0.2	0.5	1.1	0.2
金融业	0.8	3.6	0.0	0.9	1.7	1.4
房地产业	−2.1	1.9	−0.2	−4.6	0.7	1.8
租赁和商务服务业	1.9	0.4	0.9	0.1	0.2	0.7
科学研究与技术服务业	1.0	0.9	1.1	0.3	1.1	0.9
水利、环境和公共设施管理业	−1.0	0.9	0.3	0.7	0.1	0.1
居民服务和其他服务业	0.1	0.3	−0.2	0.3	0.2	0.2
教育	0.0	0.3	0.1	0.3	0.1	0.2
卫生和社会工作	0.2	0.6	0.3	0.2	0.7	0.4
文化、体育和娱乐业	−0.7	0.5	2.5	0.3	0.2	0.2
公共管理、社保和社会组织	−1.2	1.3	—	0.2	−0.1	1.2

注:因 2013 年社会组织数据与 2012 年口径变化不可比,故省略公共管理、社保和社会组织的 2013 年值。

从就业弹性系数看(见表 5),可分为三个层次:处于第一层次的是房地产业和金融业,2011—2015 年平均就业弹性系数分别达 1.8 和 1.4(2014 年房地

产的就业弹性系数为负,并非就业挤出效应,因为2014年该行业增加值为负增长0.7%,而就业为正增长3.3%,仍然是就业吸入效应);第二层次是租赁和商务服务业、科学研究与技术服务、公共管理和社会组织,就业弹性在0.7以上;第三层次是批发零售等其他服务业,就业弹性系数很低,在0.3以下。这表明,随着增加值的增长,对就业带动力最强的行业是房地产业、金融业、租赁和商务服务业、科学研究与技术服务业和公共管理社会组织。信息传输计算机服务和软件业2011—2012年吸纳劳动力不足,但2012年之后吸纳劳动力逐年增强。

(四)教育、卫生、金融、科研、信息软件和技术、文化等行业对高素质人才的吸纳力较强

从浙江服务业单位吸纳的专业技术人才的行业分布(见图4)看,八成以上分布在教育、卫生、金融、科学研究和技术服务业、信息传输计算机服务和软件业等五大行业,分别占34.9%、22.4%、11.2%、6.7%和5.6%,在全省城镇单位的专业技术人才中,上述五个行业吸纳的专业技术人才逾五成。从各行业专业技术人才占各行业从业人员的比重看,有六个行业占比超过40%,分别为卫生(77.5%)、教育(74.5%)、科技研究与技术服务业(63.3%)、信息传输计算机服务和软件业(49.8%)、文化体育娱乐业(44.5%)和金融业(40.2%)。

显然,技术知识密集型行业需要大量高素质的人才与之匹配。近几年来,正是这些行业的快速发展提升了浙江服务业对大学生就业的吸纳能力。2015年1%人口抽样调查数据显示,第三产业就业人员中,大专及以上及文化程度占比为29.5%,比2010年提高4.8个百分点,占比和提高幅度均远高于第二产业(8.7%,提高2.4个百分点)。其中,信息软件和技术、金融、房地产等行业的大专及以上文化程度占比分别为67.4%、74.7%和32.2%,比2010年提高7.3、5.6和6.3个百分点,占比和提高幅度远高于交通运输(13.8%、4.4个百分点)和住宿餐饮(7.7%、2.2个百分点)。批发零售业随着“互联网+”和电子商务的渗透,对大学生的就业吸纳力也有所增强,2015年,大专及以上文化程度占比为17.5%,比2010年提高5.8个百分点。可见,大力发展技术知识密集型服务业有利于解决浙江以及全国面临的大学生就业难问题。

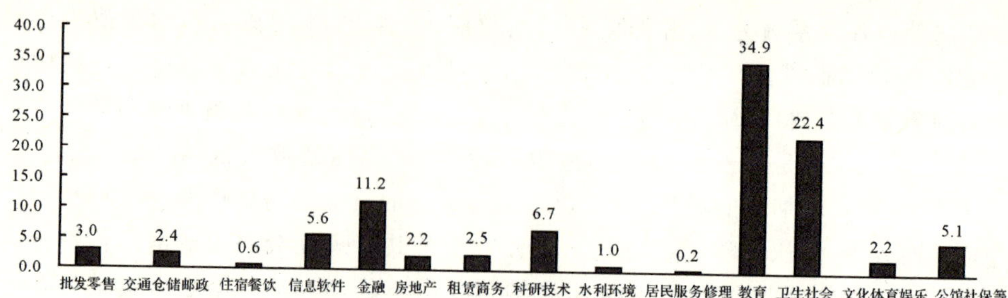

图 4　2015 年浙江服务业城镇单位专业技术人员在各行业的分布　单位:%

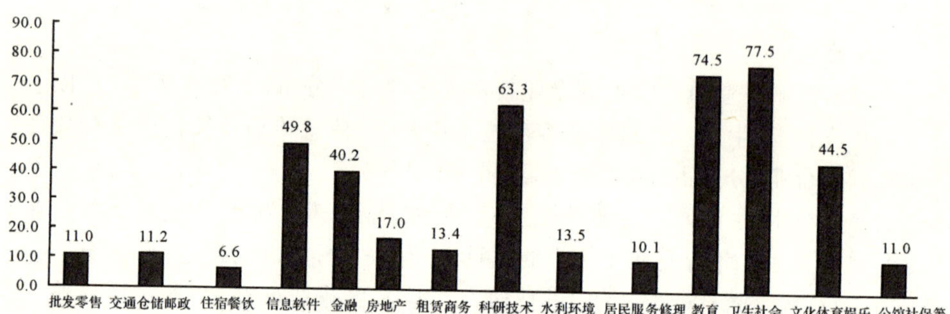

图 5　2015 年浙江服务业城镇单位各行业专业技术人员占该行业从业人员比重　单位:%

三、"十三五"期间服务业就业的趋势预测

中国社科院一项研究采用了简单趋势法预测全国服务业就业比重①(夏杰长,2015),本文借鉴该预测方法对浙江省"十三五"时期全社会及服务业就业人数进行推算。总的思路:先预测 GDP 及服务业增加值,再利用就业弹性系数来推算全社会和服务业就业数据。具体方法:第一步,根据浙江省国民经济与社会发展"十三五"规划以及服务业增加值占比的变化趋势,推断服务业增加值在 2016—2020 年的占比。浙江省"十三五"规划纲要指出 2020 年浙江省服务业占 GDP 比重为 53%以上,这里假定 2020 年比重为 53%,按照年均增速保守推算 2016—2020 年各年服务业增加值占比。第二步,浙江省"十三五"规划纲要要求 2016—2020 年 GDP 年均增速大于 7.0%,假设每年增速为 7.0%,则可得出每年 GDP 预测数据值。第三步,根据推算的服务业增加值占比与 GDP 预测值,可得出各年服务业的增加值,进而得出各年服务业增加值

① 参见:夏杰长,经济新常态背景下中国服务业特征与趋势研究,学习与探索,2015(7):83—83.

增速。第四步，利用就业弹性系数计算全社会和服务业就业增速，进而计算全社会和服务业就业人员，最后得出服务业就业人员占全社会就业人员的比重。

表 6 浙江省各时期就业弹性

	服务业就业弹性	整个经济就业弹性
八五时期均值	0.317	0.027
九五时期均值	0.558	0.071
十五时期均值	0.264	0.200
十一五时期均值	0.419	0.272
十二五时期均值	0.300	0.065
十三五时期均值(保守估计)	0.300	0.065

表 7 "十三五"时期服务业就业人数及比重预测 单位:万人

年份	服务业就业人数	全社会就业人数	服务业就业比重(%)	服务业新增就业
2014	1366	3714	36.8	17.7
2015	1437	3734	38.5	70.6
2016	1474	3751	39.3	37.4
2017	1512	3769	40.1	38.3
2018	1552	3787	41.0	39.2
2019	1592	3805	41.8	40.2
2020	1633	3823	42.7	41.1

注:此结果是建立在服务业就业弹性保持十二五时期均值的推算，引用时需注意前提条件。

先根据历史资料计算浙江全社会和服务业就业弹性系数变化趋势(见表6)，考虑到美国、德国、日本发达国家就业弹性并不一定随着服务业的进一步发展而发生下降或停滞的现象(2012 年美国服务业就业弹性回升到 0.47，德国回升到 0.97)，同时考虑服务业资本密集化和知识密集度加深的事实，采取比较保守的意见，假设 2015 年后，浙江服务业的就业弹性系数为 0.3，整个经济的就业弹性系数为 0.065。由此推算出 2016—2020 年全社会和服务业就业人数、服务业就业人数比重及新增就业人数(见表 7)。到 2020 年，浙江服务业就业人数至少可达 1633 万人，就业比重约为 42.7%。

四、结论与启示

综上所述,得出以下结论:

(一)增速换档期服务业发展对就业呈正"吸入"效应,这种正效应与浙江转型升级取得积极成效有关

近年来,省委省政府将发展服务业作为适应和引领经济新常态、打好转型升级组合拳的重招之一,大力发展七大万亿产业,涉及信息、健康、金融、旅游等现代服务业,加强对商贸、金融、物流、信息、科技、旅游、文化、房地产、社区、电子商务和服务外包等 11 个重点行业的培育,加强对服务业强县(市、区)的试点培育,积极创建服务业集聚示范区,以重点行业、重点区域引领服务业发展,有力支撑和带动了全省服务业的快速发展和增效升级,进而带动了服务业就业的稳定增长。从前面分析知,即使近几年在工业部门出现劳动力"挤出",服务业仍保持着稳定的就业"吸入"效应。而且,服务业发展对就业的正向影响还可能进一步提升,从静态看,主要表现为服务业就业弹性系数不大,吸纳劳动力仍有余地;从动态调整看,浙江服务业增加值与就业协同增长,但劳动力产业转移仍较缓慢,就业结构偏离有改善的空间。

(二)近几年浙江服务业就业吸纳能力没有减弱,与内部结构的优化相关

批发零售、住宿餐饮、运输仓储、居民服务业等传统劳动密集型行业进入门槛相对较低、吸纳就业多,但就业增速放缓,就业趋于饱和;而信息传输软件技术、金融、房地产、科研、卫生等技术知识密集型行业就业比重不高,但就业增速较快,就业空间大且对高技术人才和大学生吸纳力大。

(三)服务业就业空间和潜力仍很大

从前面较保守预测可知,到 2020 年,浙江服务业就业比重至少可达 42.7%,2016—2020 年服务业新增就业至少可达 196 万人,远高于全省从业人员新增数量,此预测是建立在就业弹性只保持在 0.3 的基础上,若就业弹性能维持 2015 年的 0.46,"十三五"时期服务业新增就业可达 300 万人以上。

提高浙江服务业就业吸纳能力,可从以下几方面再下功夫:首先,继续推动服务业内部结构优化升级,重点推动信息传输软件技术、金融、房地产、科研、卫生等行业发展。过度依赖传统服务业吸纳就业,不仅难以解决就业压力,而且不利于提升产业结构和竞争力。而现代服务业就业潜力和就业弹性相对较大,对高素质劳动力有较强的吸纳力,有利于缓解高校就业难,改善就业质量,有利于产业结构和人口结构的优化。因此,要继续加快体制和技术创新,加快推动上述行业健康发展。其次,继续以产业化、市场化为方向,形成公平、透明的准入政策,促进市场多元化的竞争格局,为行业发展和就业吸纳能

力的开发提供良好的外部环境。第三，提升劳动力素质，使之适应产业创新。继续加大教育投资力度，特别是在二胎政策放开后，教育需求将大幅增长，加强基础教育势在必行；加强职业技术教育以提高劳动力的素质，以适应经济发展对劳动力资源的需求，优化就业结构。

（本文系国家统计局课题“增速换档期服务业就业效应研究”的部分内容）

课题负责人：王美福
课题组成员：傅吉青　黄洪琳　罗　斌　何春燕
执　　　笔：黄洪琳

[参考文献]

[1] 夏杰长.经济新常态背景下中国服务业特征与趋势研究[J].学习与探索，2015(7)：83—83.

[2] 史忠良.产业经济学[M].北京：经济管理出版社，2005.

[3] 李冠霖、任旺兵.我国第三产业结构就业增长难度加大——从我国第三产业结构偏离度的演变轨迹及国际比较看我国第三产业的就业增长[J].财贸经济，2003(10).

[4] 赵履宽，杨体仁，姚先国，王建新. 劳动经济学[M].北京：中国劳动出版社，1997.

浙江经济增长和能源消费特征分析

"十二五"以来，浙江经济逐步进入"新常态"，经济增速从高速增长向中高速增长转变，经济结构从中低端迈向中高端，发展方式从规模速度型转向质量效益型，发展动力从要素、投资驱动转向创新驱动。同时，支撑经济发展的能源消费也呈现新特征，能源利用效率出现新变化，节能降耗动力发生新转变，绿色低碳发展取得新进展。"十三五"时期，我省节能降耗工作将进入"啃硬骨头"的攻坚阶段，需要继续全力以赴推动节能降耗工作，切实提高能源利用效率水平，确保经济平稳增长的同时有效控制能源消费总量。

一、浙江"十二五"时期经济增长特征

（一）经济稳定在中高速增长区间

2011—2015 年，GDP 比上年分别增长 9.0%、8.0%、8.2%、7.6%和 8.0%，平均增速为 8.2%。从季度看，2012—2015 年季度 GDP 增长率基本稳定在 7%至 8.3%之间，中高速增长区间逐渐清晰。

（二）企业效益不断提升

2015 年，规模以上工业企业实现利润 3718 亿元，比 2010 年增长 31.2%，年均增长 5.6%；劳动生产率达 19.3 万元/人，比 2010 年提高 56.4%；从业人员平均劳动报酬 5.6 万元，比 2010 年的 2.8 万元提高一倍。同时，越来越多的制造企业重视引进和开发智能化设备，优化产品设计与生产工艺，制造业信息化、智能化、集约化程度提高，工业附加值率明显提升。2015 年全省工业机器人的使用量约占全国的 15%，居各省市区第一位，全年约减少 60 万简单劳动为主的操作工人。

（三）产业结构发生趋势性转变

一是三次产业结构明显优化。2014 年，三次产业结构实现了从"二三一"到"三二一"的历史性跨越。2015 年，第三产业增加值增长 11.3%，比 GDP 增速高 3.3 个百分点，对 GDP 增长贡献率达 65.7%；服务业增加值占 GDP 比重达 49.8%，比 2010 年提高 6.3 个百分点，高出第二产业 3.9 个百分点。服务业成为经济运行中最具活力的部分和新的增长动力，从 2008 年开始，第三产业增加值增速已连续八年高于 GDP 和第二产业增速。二是工业结构调整进

程明显加快。“十二五”期间，省委、省政府出台一系列政策措施，推动浙江从工业大省向工业强省、制造大省向“智造强省”迈进，新兴产业加快发展，高耗能行业增长趋缓。“十二五”时期，高新技术产业、装备制造业和战略性新兴产业增加值年均[①]分别增长9.8%、8.7%和8.2%，增速比规模以上工业分别高2.2、1.2和0.7个百分点。与此同时，能耗总量和单耗水平均较高的八大高耗能行业增加值年均增长7.1%，增速比规模以上工业低0.4个百分点。三是服务业结构明显改善。受益于互联网络的发展，信息传输、计算机服务和软件业成为“十二五”以来第三产业中增加值增速最快的行业，2011—2014年[②]年均增长18.7%，比GDP增速高10.5个百分点；批发零售业增加值占GDP的比重为12.1%，仍然是第三产业中占比最高的行业，“十二五”时期增加值年均增幅达11.6%，比GDP增速高3.4个百分点；能源消费相对较高的交通运输业发展平稳，增加值年均增长7.0%，比GDP增速低1.2个百分点。

（四）投资结构优化

投资的精准度和有效性加强，结构优化。一是基础设施投资比重上升。2015年，基础设施投资、房地产开发投资和制造业投资分别占固定资产投资的27.8%、26.7%和28.4%，但基础设施投资占比比2010年上升0.8个百分点。二是服务业投资占比提高。2015年，服务业投资1.8万亿元，比2010年增长2.6倍，比第二产业投资增速高81.1个百分点，服务业投资占固定资产投资由2010年58.8%提高至2015年的65.7%。三是工业投资热点向智能制造和高端装备等领域转变。仅2015年一年，以“机器换人”为重点的工业技术改造投资增长23.6%，占工业投资的76.6%。

二、浙江“十二五”时期能源消费特征

（一）能耗总量低位增长，结构优化

十二五时期，随着经济发展步入新常态，能源消费增速趋缓，弹性系数逐步降低。2011—2015年，全社会能耗比上年分别增长5.7%、1.4%、4.1%、1.0%和4.2%，五年平均增长3.3%，增速比“十一五”时期同落3.7个百分点，比GDP增速低4.9个百分点；能源消费弹性系数仅为0.33，比“十一五”时期低0.26。近年来，浙江更加注重低碳发展，大力推进“煤改气”工程，能源消费结构优化。2015年，温室气体排放系数较高的煤炭（含焦炭）占一次能源消费的比重为52.4%，比2010年下降8.1个百分点；相对清洁的天然气消费占

---

① 战略新兴产业统计从2011年开始，本文所用增速为2011—2015年平均增速。

② 该细分行业2015年数据需GDP年报数据确定后方能取得。

比 4.9%,比 2010 年提高 2.4 个百分点。

(二)能源利用效率明显提高,工业发挥节能主战场作用

"十二五"时期,浙江经济增长方式明显转变,科学发展和绿色发展理念逐步体现,节能降耗成效较为显著,能源利用效率明显提高。2015 年,单位 GDP 能耗 0.48 吨标准煤/万元(2010 年价),由低到高居全国第四位,仅高于北京、广东和上海。"十二五"时期单位 GDP 能耗累计下降 20.7%,比"十一五"时期高 0.7 个百分点,年均降幅达 4.5%。工业是国民经济中最大用能部门,大力推动工业领域节能降耗工作,通过实施万吨千家企业节能、严把能评准入关、淘汰落后产能、落实节能技改项目等措施推进工业节能降耗,发挥工业节能主战场作用。"十二五"时期工业单位增加值能耗累计下降 23.7%,比单位 GDP 能耗降幅高约 3.0 个百分点。

(三)结构节能成效显现,贡献提高

浙江加快调结构、促转型的步伐,结构节能对全社会节能贡献已有所显现。一是三次产业结构优化促节能。"十二五"时期,服务业加快发展,第二产业比重有所下降,结构变化有利于节能,对全社会节能的贡献约 8%,其中 2015 年结构节能贡献高达 36.8%。二是工业内部行业结构变化有利于节能。"十二五"时期,浙江着力实施工业结构优化升级战略,严格控制两高行业发展,取得一定成效。如 2014 年和 2015 年工业结构节能贡献率分别约 11 %和 18%,尽管其余年份结构节能贡献相对较低,但总体而言,工业结构向有利于节能的方向转变。三是第三产业内部结构变化有利于节能。"十二五"时期第三产业中高产出、低能耗的信息经济和现代服务业等绿色产业的引领支撑作用进一步显现,单耗水平较高的交通运输业比重有所下降,三产内部结构变化有利于节能。

(四)供给侧结构性改革作用显现,主要高耗能行业能耗总量和单耗水平双下降

浙江从 2015 年开始,实施以去产能、去库存、去杠杆、降成本、补短板为重点的供给侧结构性改革,钢铁、水泥等高耗能行业成为"去产能"的重点领域,在此之前,浙江已严格控制高耗能产品生产规模,有效削减主要高耗能行业能耗总量,节能成效极为明显。非金属矿物制品和黑色金属冶炼业为单耗水平最高的两个行业,"十二五"时期,非金属矿物制品业中单耗较高的水泥熟料产量不增反降,累计下降 11.2%,行业能耗累计下降 12.0%,单位增加值能耗降幅高达 34.3%;黑色金属冶炼业主要产品产量有所增长,但产品结构明显改善,单耗较高的粗钢产量增速比钢材低 27.4 个百分点,行业能耗与"十二五"

初期持平，单位增加值能耗降幅高达27.3%。两行业对规模以上工业节能的贡献较低的年份约20%，较高的年份高达60%左右。

三、“十三五”节能降耗政策建议

“十三五”时期，浙江经济发展新常态背景下，既面临现代服务业加快发展、制造业优化升级和经济发展驱动力转变等机遇，也面临能源生产和消费结构加快调整的挑战。与此同时，为有效控制全国能耗增长态势，实现中国对国际社会做出的碳排放总量控制承诺，“十三五”时期国家对各省实施能耗“双控”措施，能耗总量和单位GDP能耗降幅均为约束性指标，且总量控制措施预计明显严于单耗。因此，需要进一步提高对节能降耗工作重要性、复杂性和艰巨性的认识，在保增长的同时通过调结构、促转型推动能耗“双控”工作，大幅提升能源利用效率，在实现绿色低碳发展的同时确保经济平稳较快增长。

（一）切实加大能源“双控”工作督查力度

尽管“十三五”时期浙江节能降耗工作面临一些有利因素，但完成能源“双控”工作的难度仍然较大。当前，部分地区由于“十二五”期间超额完成节能降耗目标，对节能降耗工作有所松懈，个别地区对高耗能行业发展的控制力度有所放松，形成较大的能耗反弹压力。一季度，能耗增长4.2%，比全国平均水平高3.2个百分点，单位GDP能耗下降3.5%，降幅比全国平均水平低1.8个百分点，但各地节能降耗进展不平衡。因此，各级政府要加大对能耗“双控”工作的督查力度，在稳增长的同时通过调结构、促转型推动能耗“双控”工作，确保经济发展和节能降耗相向而行，顺利完成节能目标任务。

（二）着力加快结构调整，挖掘结构节能潜力

一是优化三次产业结构，有效提高结构节能贡献率。顺应信息化发展趋势，加快发展电子商务、文化创意、研发设计和数字传媒等低能耗、创新性、高附加值的现代服务业产业；以制造业和服务业跨界融合发展为目标，加快发展网络经济、信息服务、现代物流、科技教育、商务会展和批发分销等生产性服务业；改造提升商贸流通、旅游和房地产等传统优势服务业，切实提升产业附加值。二是有效推动制造业优化升级，发挥工业结构节能成效。抢抓以互（物）联网技术、生物技术、新能源技术、新材料技术等交叉融合引发的全球新一轮科技革命与产业变革重大机遇，充分利用省内制造业及互联网产业的领先优势，加速推进工业化与信息化的深度融合，抢抓时机重点发展以智慧产业为代表的高延展性、高成长性、低能耗的新兴产业，着力优化制造业内部结构，发挥工业结构节能成效。加快推进低碳绿色节能技术对传统制造业的全面改造换代，从源头上扼制环境和生态破坏，形成经济社会生态良性互动发展新模式。

(三)从严控制高耗能行业发展

以供给侧结构性改革为契机,大力推动黑色金属冶炼和非金属矿物制品等高耗能行业"去产能、去库存"进程,积极淘汰高耗能落后生产工艺、产品和设备。同时,进一步强化源头控制,把节能评估审查作为审批、核准项目的前置性条件,加大能评审查监管力度,从能耗总量和单位增加值能耗水平两个角度进行能评把关,实行一票否决制,严格控制"两高"行业新增产能。

(工业处　池照)

浙江省小微企业生存及成长性研究

小微企业作为浙江极具活力与发展潜力的微观组织，在促进经济增长、增加就业、推动科技创新、加强社会和谐稳定方面具有重要作用。面广量大的小微企业是浙商创业成长的主要平台。同时，小微企业发展也面临基础薄弱、质量较低、市场准入障碍、融资困难等诸多挑战，生存能力相对脆弱。本文通过对 2008 年和 2015 年统计基本单位名录库数据的对比，研究浙江小微企业的存活状况和发展趋势，以期找到小微企业抗风险能力弱、生命周期短和成长性较弱的症结所在，为浙江小微企业健康发展提供政策依据。

一、小微企业存活状况

2011 年 6 月，国家工业和信息化部、统计局、发展改革委、财政部等相关部门制定《中小企业划型标准规定》(以下简称《规定》)，将中小企业划分为中型、小型、微型企业，首次将微型企业作为独立的一个企业类型。根据《规定》划分，2008 年浙江小微企业数量为 43.4 万个，至 2015 年底，小微企业达到 117.2 万个，小微企业数量快速增长。在总量增长的同时，也伴随着小微企业的快速迭代，成立成长与衰落消亡并存。

(一)小微企业数量增长迅速，新生企业数远多于消亡企业数

在“大众创业、万众创新”的背景下，浙江小微企业快速新生，虽然期间伴随着不少企业的快速消亡，但新生企业数远多于消亡企业数。2008 年至 2013 年的五年间，共净增小微企业 37.3 万个，总量达 80.7 万个，在全国所占的份额在 10%以上，企业总量仅次于江苏和广东列全国第三。此后小微企业数量增长进一步加快，到 2015 年达到 117.2 万个，两年净增 36.6 万个，成为浙江省经济发展的重要力量。

(二)与大中型企业比较，小微企业生存期短，成长性较弱

由于规模小、抗风险能力弱等原因，小微企业在初创期融资能力较弱、技术水平较为落后，企业的生存能力较弱，使得不少企业卒于襁褓之中。并且，随着劳动力和土地成本的上升，小微企业与大中型企业相比缺少发展优势，尤其是受 2008 年以来国际金融危机的冲击，内需、外需增长乏力，“成本高、税费高、融资难、招工难”等问题导致小微企业生产经营困难，致使一些小微企业遭

受冲击而消亡。2008 年末，小微企业总数为 43.4 万个，至 2015 年末，这批企业中仍存活数量为 26.4 万个，即有 60.7%的企业得以存活，同期大中型企业存活率为 86.5%，比小微企业存活率高 25.8 个百分点（表 1）。

表 1　2008 年以来浙江省大中型企业和小微企业存活情况对比

企业类型	2008 年	2015 年存活	存活率
	企业数量（万个）	企业数量（万个）	（%）
大中型企业	1.3	1.1	86.5
小微企业	43.4	26.4	60.7

通过考察浙江小微企业的成长性发现，其成长为大中型企业更为困难。2008 年至 2015 年末，存活的 26.4 万个小微企业中有 0.6 万个成长为大中型企业，占存活企业比重 2.3%，仅占原有小微企业总数的 1.4%（图 1）。

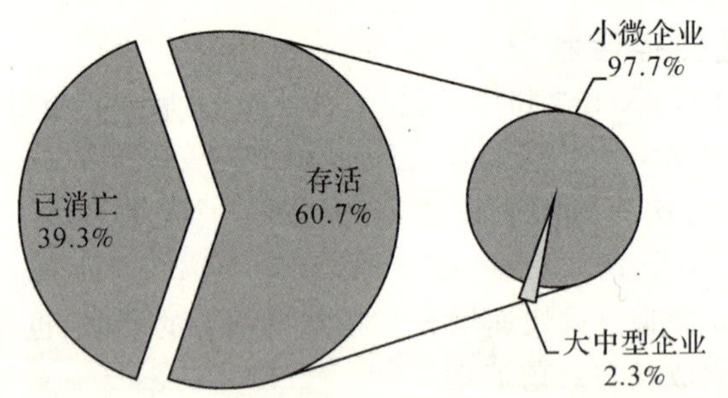

图 1　2008 年以来浙江小微企业存活及成长为大中型企业比例

（三）小微企业地区间存活率差距不大，杭州成长为大中型企业比例最高

浙北地区小微企业存活率较高，浙东沿海地区次之，浙西南地区最低。存活率最高的为绍兴、杭州和嘉兴，分别为 67.3%、63.2%和 62.1%，存活率最低的为衢州，仅为 52.0%。从小微企业的成长性来看，成长为大中型企业的数量占 2008 年原有小微企业总数的比重以杭州为全省最高。杭州作为浙江省的省会，是全省的经济、政治、文化、科技、教育、交通、服务中心，又凭借毗邻上海的区位优势，小微企业发展环境明显好于其他地区，因此其成长为大中型企业的比例也最高。而宁波、台州、温州和嘉兴等地，小微企业数量上虽然也处于全省前列，但其成长性却为全省倒数，反而落后于衢州、湖州、绍兴等地。

表 2 2008 年以来浙江省小微企业存活及成长性情况分地区对比

地区	2008 年	2015 年			
		存活		成长为大中型企业	
	企业数量(个)	企业数量(个)	存活率(%)	企业数量(个)	占原有小微企业总数的比重(%)
杭州	98685	62372	63.2	1734	1.8
宁波	85904	50430	58.7	1122	1.3
温州	53617	32259	60.2	514	1.0
嘉兴	40777	25339	62.1	499	1.2
湖州	14834	9133	61.6	225	1.5
绍兴	39025	26249	67.3	632	1.6
金华	35025	19755	56.4	494	1.4
衢州	9040	4698	52.0	155	1.7
舟山	7872	4638	58.9	110	1.4
台州	41024	23864	58.2	424	1.0
丽水	8318	4994	60.0	120	1.4

(四)制造企业存活率相对较高,建筑企业成长为大中型企业比例最高

表 3 2008 年以来浙江省小微企业存活及成长性情况分行业对比

行业类别	2008 年	2015 年			
		存活		成长为大中型企业	
	企业数量(个)	企业数量(个)	存活率(%)	企业数量(个)	占原有同行业小微企业总数的比重(%)
制造业	237886	153817	64.7%	1876	0.8
建筑业	11623	6866	59.1%	977	8.4
服务业	179283	99785	55.7%	3129	1.7

对比不同行业小微企业的存活情况发现,制造业企业存活率相对较高,制造业企业存活率为 64.7%,而建筑业和服务业企业存活率分别为 59.1%和 55.7%(表 3)。制造业企业更容易存活,这与其成立之初门槛高、体量大、产业

生命周期长、普遍受到各级政府政策支持有关。数据显示，建筑业与服务业企业存活率相当，并没有体现企业存活率在产业大类上的差别，但建筑业企业在度过初创期后，有较高的比例进入成长期和成熟期，因此发展成大中型企业的比例明显高于制造业和服务业。

二、浙江小微企业发展存在的问题

相较于大中型企业，小微企业的“低、小、散”问题突出。“低”是指多数小微企业处于产业链和价值链的低端；“小”是指企业规模偏小，实力偏弱；“散”是指地域分布较散，产业集聚程度偏低。“低、小、散”的普遍特征决定小微企业生产经营的不确定性和较高的倒闭率，致使小微企业生存期较短，成长性较弱。

（一）市场需求不足影响小微企业经营

小微企业从事的行业门槛低，技术含量不高，在供不应求的卖方市场时期，产销两旺，货款回笼及时，利润较为可观，企业便“蜂拥而至”，导致市场需求迅速饱和，使得产能明显过剩。如今，买方市场格局的出现，使小微企业产品销售和货款回笼越来越难，资金链也随之绷紧。特别是金融危机发生以来，小微企业市场需求不足问题显得十分突出，市场需求减少、订单不足导致企业开工率下降，产品库存积压，对企业的正常经营产生影响。

（二）资金紧张制约小微企业成长

融资难问题一直是制约小微企业发展的重要原因。适合小微企业的金融产品十分短缺。小微企业的融资多用于流动资金，具有规模小、时间急、频率快的特点。而目前国有商业银行实行集约化经营管理体制，贷款需要逐级上报审批，造成贷款审批时间长、银行授信程序复杂，不能满足小微企业时间急、频率快的需求特点。另外，小微企业贷款笔数多、单笔数额小也会大大增加银行维护成本，为追求利润最大化和控制风险，各商业银行更偏爱大企业，为小微企业融资而开发的金融产品品种少，难以满足小微企业的融资需求。小微企业普遍缺乏担保与抵押，其自身经营的不确定性使放贷者面临较大的风险，从而不愿向小微企业提供资金。许多小微企业财务制度不健全、不规范，报表数据与实际情况相背离，加上少数企业法制意识淡薄，欠息、逃债、赖债等现象时有发生，造成企业整体信用不良，放贷者想放贷而不敢放贷的局面。

（三）成本上升弱化小微企业竞争力

近几年，人工、土地、房租、物流成本均大幅上涨，人工成本上涨更是企业一直面临的突出问题。多项成本过快上涨提高了企业的综合成本，挤压了小微企业的利润空间。而同行业小微企业的产品和服务往往同质性强，差异性不足，行业内竞争异常激烈，企业为保住自己的市场份额，不敢随成本上升而相应提升产品价格，这就使得盈利越来越难，小微企业生存艰难。

转型升级是小微企业发展的根本出路。“低、小、散”的普遍特征使小微企业在市场环境好时尚能靠数量扩张求得发展，但如今市场已发生根本性改变，以往以大量消耗资源为代价，以低价战略占领市场的方法已行不通。通过转型升级，提升市场竞争力，使企业有一个良好的市场前景才是解决小微企业生存和发展的根本出路。加快产业升级，提升企业竞争力，努力把提升劳动生产率作为增长方式转变的核心，把粗放式劳动力成本优势转变为集约式技术优势；大力推进传统产业技术改造，使之从低端产业和产业链低端中走出来，提高产品附加值和产品档次，提升传统产业整体素质。通过自身调结构、提质量、重升级，增强企业的生命力和竞争力。

三、扶持小微企业发展的对策建议

小微企业扶持发展是一个世界性的课题，发达国家对小微企业的扶持主要体现在财税、融资、公共服务三大方面。

（一）建立小微企业信贷制度，拓宽融资渠道，帮助小微企业度过初创期

加快小微企业融资担保体系和信用评价体系建设。担保和信用都是信贷的前提，要建立符合小微企业特点的信贷制度，必须首先建立符合小微实际的两大体系。一是建立和完善小微企业融资担保体系。可尝试设立小微企业信用担保基金，通过各级财政拨款、会员企业风险金、社会入股等方式、积极吸纳各路资本，壮大实力，并在完善担保机构运作办法、创新担保方式上做出努力。二是建立和完善小微企业信用评价体系。首先要帮助企业建立现代企业制度，尤其要帮助企业建立规范、透明，能真实反映小微企业状况的财务制度；其次，要建立小微企业信用信息征集查询平台和小微企业信用奖惩制度等。可以利用省级小微企业公共征信平台与金融机构开展合作，鼓励金融机构为信用纪录良好的小微企业优先安排信用贷款。

多种方式缓解小微企业融资难问题。加大、改进大型国有银行和商业银行对小微企业的金融服务。在适当控制风险的前提下鼓励多样化经营，探索适合小微企业特点的专业化经营模式，大力发展小型微型金融和小贷公司、村镇银行、担保公司、融资租赁公司等金融机构，为小微企业提供多样化的融资服务。抑制金融机构融资成本的不合理上升，遏制变相高息揽储，维护良好的金融秩序；第三，优化商业银行小微企业的贷款管理，采取存贷提前审批、设立循环贷款等方式，提高贷款审批发放效率，对小微企业贷款实行差别化监管要求。

（二）为小微企业提供丰富便捷的公共服务，助力小微企业度过成长期

搭建信息平台，解决信息不对称的问题，对小微企业进行产业结构调整或创业动向的信息发布，辅助产业布局，鼓励和引导小微企业进入具有竞争力前景的行业。通过平台加强政府与小微企业之间的沟通，使小微企业能够及时准确地了解、申请、享受各项优惠政策，同时可以提出自己的困难与诉求。

助力小微企业准确合理运用广告策略和商标发展战略。引导小微企业制定广告策略以提升产品和服务的知名度。引导有条件的媒体或大型专业广告企业参与，加大对小微企业中成长性好的现代服务业、新兴服务业、战略性新兴行业的支持力度。

［参考文献］

[1]国家工商总局.全国小型微型企业发展报告,2014.
[2]汇付—西财.中国小微企业发展报告,2014.

（普查中心　凌艳）

浙江引智工作成效显著

近年来，浙江省委省政府高度重视人才引进工作，继续大力推动各项引智措施，以“外专千人计划”“海外工程师计划”等重点工作为抓手，努力营造优良的软硬件环境，不断提高引智能力，拓展引智渠道，引智工作继续快速发展，成效显著，为我省经济转型升级提供了重要的智力支撑。

一、浙江引智工作的基本情况

（一）境外专家数量快速增长

十几年来，境外来浙工作的专家总量基本呈稳定增长态势。2001 年至 2015 年，浙江引进境外专家共计 40 万人次，其中 2001 年为 1.3 万人次，2015 年达到 4.5 万人次，年均增长 9.4%，除少数年份外，境外来浙工作专家人数呈逐年上升态势。

（二）外国专家所占比重不断上升

随着浙江经济的快速发展，国际交流的层次和水平日益提升，交流范围不断扩大，来浙工作境外专家中的外国人比重快速上升，从 2001 年的 56.1%上升至 2015 年的 73.1%，来自港澳台地区的专家比重则有所下降。从各大洲的分布来看，亚洲一直是浙江引智工作的主要区域，境外专家人数居五大洲之首，其次是欧洲和北美洲，2015 年分别为 2.2、1.0 和 1.0 万人次。从国别地区来看，境外来浙工作专家来源地主要集中在中国香港、中国台湾、日本和美国等地，2015 年境外来浙工作专家人数分别为 0.4、0.8、0.3 和 0.8 万人次。

（三）境外来浙工作专家以短期专家居多

从聘用期看，2001 年到 2015 年的十五年间，只有 2010 年和 2011 年两年的短期专家数量少于长期专家，其余年份的短期专家人数均多于长期专家，其中 2005 年差距最大，短期专家与长期专家的比例为 71∶29。2014 年短期专家和长期专家分别为 2.8 和 1.4 万人次，比例为 67∶33，2015 年短期专家和长期专家分别为 2.9 和 1.6 万人次，比例为 64∶36。长期专家中，工作时间在六个月以上的比重有所扩大，占比从 2001 年的 81.1%扩大到 2015 年的 95.6%，其中又以工作一年到三年的比重最大，2015 年达为 0.6 万人次。

(四)境外来浙工作专家以男性居多

从男女比例来看,境外来浙工作专家中,男性占绝对多数,从 2001 年到 2015 年,男性所占比例一直高居 80%以上,十几年来,这一比例虽有波动但没有明显的趋势性变化,男性始终是境外来浙工作专家中的绝对多数。2014 年和 2015 年男性境外来浙工作专家分别为 3.6、3.8 万人次,占比分别为 86.7%和 84.9%。

二、引智工作取得新成效

(一)境外来浙专家数量占全国比重稳步上升

2001 年境外来浙工作专家人数占全国境外专家人数的比重为 2.9%,在全国各省市中位列第十位。2005 年占比达历史新高,为 7.1%,在全国排名升至第五位。2006 年到 2011 年,占比一直在 5%左右浮动,均居全国第六位,2013 年占比为 6.2%,居全国第五位。2014 年和 2015 年占比分别 6.7%和 7.2%,均居全国第五位。2001 年至 2015 年,境外来浙工作专家人数占全国境外专家人数的比重平均每年上升 0.3 个百分点,浙江的引智工作成效明显。

(二)境外来浙专家增速位居全国前列

近两年,浙江加大了引智工作力度,境外来浙工作专家人数增长速度很快,2014 年境外来浙工作专家人数 4.2 万人次,比 2013 年增长 9.7%,增速仅在山西、贵州和四川三省之后,居全国各省市第四位,比全国平均增幅高 8.6 个百分点。2015 年比 2014 年增长 7.3%,增速仅在宁夏、贵州、新疆及河北四省之后,居全国各省市第五位,比全国平均增幅高 6.6 个百分点。从近两年来看,来浙工作境外专家增幅明显比其他发达省份要高,浙江与广东、江苏等省份的差距在逐渐缩小。

(三)"外专千人计划"成果显著

近年来,我省对引智工作始终做到坚持不懈、狠抓落实,大力推动"外专千人计划""海外工程师"等项目的落地。具体工作中,我们根据浙江实际,结合浙江经济结构和战略新兴产业特点,重点引进一批能够突破关键技术、核心技术,能够带动产业发展的高层次外国专家。浙江"外专千人计划"入选人数连续数年位于全国前列,入选国家"外专千人计划"累计达二十多名,居全国首位,"海外工程师"计划也进展显著,企业的主动性得到了充分的发挥。

(四)引智方式渠道丰富多变

近年来,浙江省引智渠道不断增加,先后与美国、西班牙、加拿大、匈牙利等八个国家、二十余家猎头公司、中介机构建立合作关系,为我省引进一大批"高、精、尖、缺"的国外人才智力。浙江省还成功举办了浙洽会海外高层次人才智力洽谈活动、欧洲引才活动、北京高洽会外籍人才招聘专场、西湖友谊奖等活动,专门引进我省紧缺急需人才与智力。

三、存在问题

(一)引进境外专家规模仍偏小

虽然2015年境外来浙工作专家人数比往年有明显增长,但与居全国前四位的广东、江苏、上海、北京相比,差距依然比较明显,数量比以上四省分别少8.5、5.7、4.9和2.8万人次,境外来浙工作专家人数分别只有广东、江苏、上海和北京境外专家数量的34.5%、43.9%、47.9%和61.3%。浙江省与江苏、广东两省大体处于同一经济发展阶段,但引智工作仍稍显落后,需要我们进一步加大工作力度,重视境外人才的引进。

(二)学历结构仍待改善

一直以来,大学及大学以下学历占境外来浙长期工作专家主体,人数从2001年0.5万人次增加至2015年1.0万人次,十四年间增长近两倍,占全部长期专家的比重虽然有所下降,但2015年仍达到59.1%。2015年拥有硕士和博士学位的境外来浙长期工作专家人数分别为0.3万人次和0.4万人次,占比分别从2001年14.8%和3.0%增加至2015年19.3%和21.7%,有较大幅度的上升,但我省高学历境外长期专家占比仍有很大的提升空间,有必要进一步加强这方面的努力。

(三)地区行业集中度过高

分地区看,2015年,杭州、宁波两地市分别引进境外专家2.2和1.2万人次,分别占全省总量的48.1%和25.9%,这一方面表明杭州、宁波的引智工作成效显著,但另一方面也说明浙江其他地区的引智工作仍需加强。分行业看,制造、教育等几个行业是我省引进境外专家的重点领域,其引进境外专家之和占全省总量的绝大部分,而其他行业特别是一些新兴行业占比很少。因此,在今后的引智工作中,有必要进一步加强杭州、宁波以外地区的引资工作力度,对新兴行业的引智工作要予以充分的重视,要有大局意识和前瞻意识,努力促使浙江引智工作更上一个新台阶。

(省地方统计调查局三产处　徐文晔)

经济转型升级进程中的浙江人口发展变化

近些年来，我省积极实施以“五水共治”“三改一拆”“浙商回归”“四换三名”等为主要内容的转型升级组合拳，坚持一张蓝图绘到底，深入推进供给侧结构性改革，全省经济呈现稳中有进、稳中向好的发展态势。经济转型升级推动了我省就业人口的需求变化，对我省人口的素质、结构、分布等产生了积极影响，人口发展变化又进一步推动经济转型升级的不断深化，人口与经济的交织互动深刻影响着浙江经济社会发展。

一、“十二五”时期浙江人口发展的新趋势

2010 年以来，伴随着经济发展方式的转变，浙江人口由快速增长逐步转为平稳增长。2015 年，常住人口为 5539 万人，与 2010 年相比，增加 92.5 万人，年均增长 0.34%，“十二五”时期，浙江人口增长进入平稳发展阶段。

（一）大学文化程度人口显著增加

2015 年 1%人口抽样调查数据显示，与 2010 年第六次人口普查相比，浙江人均受教育年限从 8.6 年上升为 8.9 年，其主要因素是具有大学文化程度人口的大幅增加。在 6 岁及以上人口中，2015 年大专及以上人口占 14.7%，比 2010 年提高 4.8 个百分点，未上过学、小学、初中、高中人口分别下降 0.02、0.90、3.70 和 0.17 个百分点。

（二）省外人口逐步回流

浙江人口增速的放缓主要原因是省外流入人口的流速、流向发生了较大变化。2001—2010 年，省外人口增加了 813.5 万人，年均增长 12.4%。“十二五”时期，浙江加快经济发展方式转变，加大对“低小散”“脏乱差”的落后产能和严重过剩产能的淘汰整治力度，普通低技能岗位减少，一些外来人员回流。2015 年 1%人口抽样调查数据显示，省外流入人口占浙江常住人口的比重为 21.2%，比 2010 年下降 0.5 个百分点。

（三）人口老龄化进入加速阶段

随着新中国成立后两次人口生育高峰出生的人口逐步进入老年人口，浙江人口开始进入加速老龄化阶段。以 60 岁及以上老年人口比重为观察指标，2015 年达到 16.96%，比 2010 年提高 3.07 个百分点，年均提高 0.61 个百分

点，年均提高的幅度是2000—2010年的4倍，是1990—2000年的3倍。

表1 浙江人口老龄化主要指标变化情况 单位:%

	2015年	2010年	2000年	1990年	1982年
0～14岁人口比重	13.33	13.21	18.06	23.29	29.30
60岁以上人口比重	16.96	13.89	12.34	10.38	8.69
♯65岁以上人口比重	11.18	9.34	8.92	6.83	5.76
老少比(65岁及以上人口与0～14岁人口之比)	83.87	70.69	49.42	29.32	19.65
年龄中位数	40.4	37.6	33.3	27.7	24.7

(四)劳动年龄人口进入单边下降通道

2011年，浙江16～64岁劳动年龄人口为4169.4万人，占全部常住人口比重为76.3%，达到峰值，之后开始逐年下降，2014年减少到4152.4万人，占75.4%，2015年继续减少到4142.2万人，占74.8%，与2011年的峰值相比下降27.2万人。

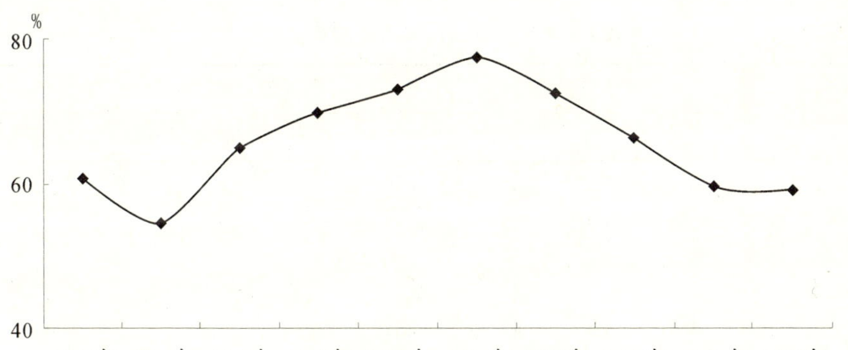

图1 浙江省劳动年龄人口发展趋势

(五)省外流入人口总体老化并呈现“两头上升、中间下降”的态势

从省外流入人口的变化来看，比总量减少更需关注的是流入人口年龄结构的变化。2015年1%人口抽样调查数据显示，与2010年相比，以劳动年龄人口为主的省外流入人口同样呈现老化趋势，年龄段峰值从2010年的20～24岁延后到2015年的25～29岁，年龄中位数从29.9岁增加到32.0岁。与此同时，省外流入人口的年龄结构还呈现少儿人口和中老年人口上升、青壮年人

口下降的趋势，0～14 岁少儿人口比重增加 1.0 个百分点，45 岁及以上人口增加 8.8 个百分点，其中 60 岁及以上人口增加 0.8 个百分点，而 15～44 岁青壮年人口下降 9.7 个百分点。

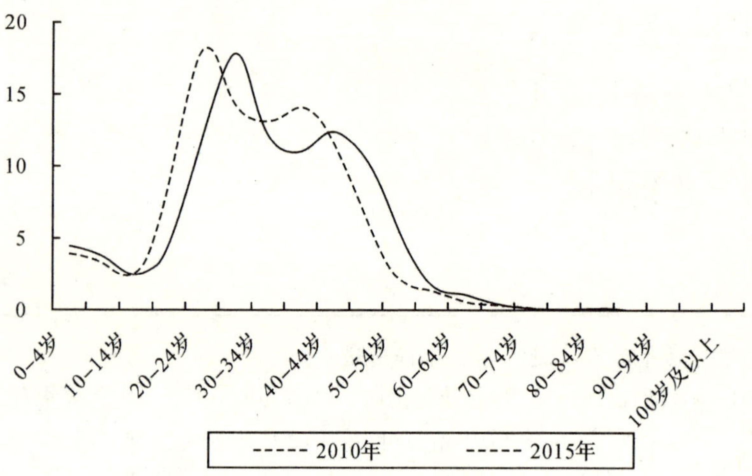

图 2　浙江省外流入人口年龄结构

表 2　浙江产业结构和就业结构变化情况

	产业结构(%)			就业结构(%)			
	一产	二产	三产	一产	二产	其中：制造业	三产
2010	4.9	51.1	44.0	16.0	49.8	40.5	34.2
2011	4.9	50.5	44.6	14.6	50.9	40.9	34.6
2012	4.8	48.9	46.3	14.1	51.0	40.7	34.9
2013	4.7	47.8	47.5	13.7	50.0	39.2	36.4
2014	4.4	47.7	47.9	13.5	49.7	38.9	36.8
2015	4.2	46.0	49.8	13.2	48.3	37.5	38.5

二、浙江经济转型升级过程中人口发展新变化

(一)就业结构不断优化，产业结构加快提升

2012—2015 年，浙江第三产业增加值分别增长 9.9%、8.9%、8.6%、11.3%，连续高于第二产业增速。2015 年，服务业对 GDP 增长的贡献率达 65.7%，服务业投资对固定资产投资贡献率高达 69.7%，服务业已经成为浙江

经济增长的重要动力。与此同时,就业人口的内部结构发生了积极变化,第二产业就业人员比重下降,就业人口逐步向第三产业、高端职业流动,行业选择渐趋多样化。2015 年,第二产业就业人员比重为 48.3%,比 2010 年下降 1.5 个百分点,其中,制造业就业人员比重为 37.5%,比 2010 年下降 3.0 个百分点。服务业的快速发展成了制造业用工减少后吸纳就业的主要渠道。第三产业就业人员比重为 38.5%,比 2010 年提高 4.3 个百分点。

就业人员的职业分布,也同样反映了浙江就业人员在产业升级的进程中逐步实现了职业生涯的升级,许多一线生产操作工人经过培训转岗为技术人员,或者转移从事社会生产生活服务行业。与 2010 年相比,2015 年社会生产生活服务人员增加 9.9 个百分点,而生产制造人员减少 6.8 个百分点。

表 3 浙江就业人口职业分布 单位:%

	2015 年	2010 年	增减百分点
单位负责人	4.3	3.4	0.9
专业技术人员	9.1	7.8	1.3
办事人员	5.1	6.0	−0.9
社会生产生活服务人员	31.6	21.7	9.9
农林牧渔业生产人员	10.5	15.0	−4.5
生产制造人员	39.4	46.2	−6.8

(二)规上工业从业人员持续减少,劳动效率稳步提高

通过推进工艺流程升级和产品升级,加强以"机器换人"为核心的现代化技术改造,是浙江实施传统制造业转型升级的主要路径。2015 年规模以上工业为完成以"机器换人"为主的技术改造投资 6701 亿元,比上年增长 23.6%。"机器换人"提高劳动生产效率,减人增效明显。自 2012 年初以来,规模以上工业平均从业人数一直呈现负增长,2012—2015 年末分别比上年下降 3.5%、1.3%、2.3%和 3.5%,规模以上工业劳动生产率则从 2010 年的 12.3 万元/人提高到 2015 年的 19.3 万元/人。

(三)低端外来劳动力逐步回流,淘汰落后产能进展明显

传统制造业是"去产能"和淘汰"脏乱差"小作坊的整治重点,是吸纳普通低端劳动力最多的劳动密集型行业,也是在这一轮落后产能淘汰的过程中企业用工减少最多的行业,其中,无技能、低文化程度的劳动力首当其冲。2015 年 1%人口抽样调查数据显示,三次产业就业人员中,初中及以下文化程度人

员比重分别为 94.0%、77.0%和 50.7%，分别比 2010 年降低 0.3、2.6 和 4.4 个百分点。其中，外来劳动力一直是这些传统劳动密集型行业的用工主体，在"去产能"的进程中人数减少也最为明显。以皮革制品业为例，2010 年外来劳动力的占比达到 68.7%，但 2015 年已经下降到 55.7%。

表 4 浙江分产业就业人员的低文化程度人口变化情况

	初中及以下人口占从业人员比重(%)		
	2015 年	2010 年	+、-百分点
第一产业	94.0	94.3	-0.3
第二产业	77.0	79.6	-2.6
第三产业	50.7	55.1	-4.4

(四)高素质人才就业比重不断提高，科技创新和知识密集型产业积极发展

	大专及以上人口占从业人员比重(%)		
	2015 年	2010 年	+、-百分点
第一产业	0.9	0.5	0.4
第二产业	8.7	6.2	2.5
其中：传统制造业	5.4	3.9	1.5
先进制造业	13.1	9.0	4.1
第三产业	29.5	24.7	4.8
其中：批发零售业	17.5	11.7	5.8
交通运输业	13.8	9.4	4.4
住宿餐饮业	7.7	5.5	2.2
信息技术服务业	67.4	60.1	7.3
金融业	74.7	69.1	5.6
房地产业	32.2	26.0	6.2
居民服务业	5.7	4.1	1.6
文化体育娱乐业	30.2	25.1	5.1

随着"机器换人"的推进，"互联网+"和电子商务的迅速发展，高新技术和现代服务业等知识密集型产业较快发展，需要大量高素质科技人员和专业人

才。这些岗位需求的升级逐步提升了浙江经济发展对大学生的吸纳能力，大学生在就业人员中的比重全面提高。2015年1%人口抽样调查数据显示，三次产业的就业人员中，大专及以上文化程度人员占比分别为0.9%、8.7%和29.5%，比2010年提高0.4、2.5、4.8个百分点。传统制造业、先进制造业的就业人员中，大专及以上人员分别占5.4%、13.1%，比2010年提高1.5、4.1个百分点；服务业中，信息技术、房地产、批发零售、金融、文化体育娱乐等行业的大专及以上文化程度人员所占比重提高较快。其中，随着以阿里巴巴为代表的一批企业不断发展壮大，浙江信息技术服务业的集聚和发散效应正在显现，对高素质人才的需求也快速增加，2015年信息技术服务业大专及以上人员占67.4%，比2010年提高7.3个百分点。

（五）人口逐步向大城市和中心镇集中，产业集聚效应显著提升

随着产业结构调整步伐加快，城市基础设施建设和管理逐步完善，中心城镇对区域发展的积聚和辐射不断提高，城市对人口的承载力和吸纳能力日益增强。2015年，浙江常住人口城镇化率达到65.8%，比2010年提高4.2个百分点。同时，近年来浙江大力推动杭州、宁波、温州和金华—义乌等四大都市区建设，优化中心城市发展环境，使之成为高端要素、高端产业的集聚高地，并按照人口集中、产业集聚和土地集约要求，建设了一批带动示范力强的风情小镇。在这个过程中，人口向中心城区和大城市聚集的趋势也十分明显。2015年，中心城区（指浙江11个设区市的35个城区及义乌市）人口占全省常住人口的45.9%，比2010年提高1.3个百分点。特色小镇创建加快推进，以及各地立足当地城镇的独有特色开拓发展，开创了“产城融合”“小县大城”等许多独具特色的发展模式，促进人口与产业协同集聚、大中小城市合理分工的城镇化发展新格局。

（六）选择自主创业人员不断增加，“创业创新”活力不断释放

以“四张清单一张网”为主要内容的行政审批制度改革的深入推进，以及“三新”经济快速发展，极大激发了大众的创业激情，自主创业队伍不断壮大，人们的就业观念发生了新的积极变化。据省工商局资料，2015年在册市场主体471万户，比2010年增长60.8%，市场主体总量居全国第四，人均市场主体拥有量居全国第一，其中，企业增长85.6%，个体工商户增长50.7%。大城市劳动力调查数据显示，以杭州市为例，2015有20.0%的从业人员选择了自主创业或与家人一起创业，比2012年提高3.5个百分点，其中，高校毕业生选择创业的有8.9%，比2012年提高2.6个百分点。

三、浙江经济转型升级的人口制约因素

(一)劳动年龄人口下降

长期以来，非农产业发展所需的大量年轻劳动力主要来自于省外流入人口和省内农业转移人口，但现在这两个来源都已发生趋势性转变，省外流入人口逐渐回流并减少，省内农业转移人口的老龄化程度逐步加快，2015 年浙江 30 岁以下的农业从业人员为 3.6%，比 2010 年下降 1.5 个百分点。

(二)部分工种年龄断层

在总体劳动力逐步“老化”过程中，那些浙江传统劳动密集型支柱产业的劳动力老化更需加以关注。随着第一代熟练工步入中老年，难以适应工作强度，逐步退出劳动力市场，而新一代劳动力大多不愿从事劳动强度大的一线生产，从而产生了年龄断层的现象。2015 年 1%人口抽样调查数据显示，浙江制造业中有近 1/3 的就业人员(32.6%)已经 45 岁以上，其中，农副食品加工、食品饮料、木材家具、橡胶塑料、纺织印染等一线操作工人中 45 岁及以上人员分别占 61.0%、48.0%、47.3%、40.7%和 36.6%，并且，木材家具、橡胶塑料、纺织印染等一线操作工人中 40%以上的员工来自省外；52.8%的建筑施工人员年龄在 45 岁及以上。

(三)高层次专业人才紧缺

人才是浙江转变经济发展方式的重要支撑和保证，高层次人才更是人才发展的重中之重，是转型发展最重要的动力。目前，我省人才状况大有改善，但也存在一些不适应的方面。初步测算，2015 年专业技术人才约 480 万人，比 2010 年增长 26.1%，“十二五”时期年均增长 4.7%，比全部人才资源增幅低 3.0 个百分点。2015 年 1%人口抽样调查数据显示，专业技术人员、办事人员、生产制造人员中，本科及研究生比重分别为 35.0%、28.1%和 1.1%，高层次专业人才缺乏。

(四)一线技能人才比重偏低

随着浙江从“制造大省”迈向“制造强省”，企业对技能人才的需求增加，技能人才总量短缺将是今后一段时期长期存在的问题。据人力社保部门统计，2015 年三季度，浙江人力资源市场的用工岗位对技术等级有明确要求的占 46.8%，并且各技术等级的需求人数均是求职人数的 2 倍以上。2015 年 1%人口抽样调查数据显示，一线生产制造人员的中职和专科学历人员比重只有 5.5%，农业生产人员的中职和专科学历人员比重仅 1.1%。

四、对策建议

当前，浙江发展处在一个新的起点上，经济转型升级处在关键阶段。实施

创新驱动发展战略，培育新动能，推进经济结构不断优化，必须高度重视人口发展的新变化，要以时不我待的紧迫感、不进则退的危机感、勇于担当的责任感，持续打好转型升级系列组合拳，推动“人口红利”驱动向“人才红利”驱动转变，为经济转型升级注入新的动力。

（一）坚持人才优先战略，继续加大人才的培育和引进力度

人是生产力中最活泼、最积极的因素，人才资源是第一资源。要进一步落实各级政府的人才工作责任。各地在制定区域发展规划时，要制定相应的人才培养、引进和储备计划，以校地合作、培训券等方式，建立政府、企业、高校、社会的多元化人才培养机制，有针对性地培养地方特色产业、战略性新兴产业发展所需人才，在“产教融合”中提升人才储备与产业转型升级的匹配度。继续加大领军人才、高精尖人才的引进力度。

（二）降低紧缺人才落户门槛，吸引并留住外来高素质人才

高素质流入人口，是提升人口素质和缓解人口老龄化的有效途径。各地在制定积分落户政策时，应进一步解放思想，重点考虑人才的需求度和紧缺度等“软指标”，而降低住房条件、居住时间、参加社保年份等“硬指标”。对于区域紧缺人才（包括高技能人才），杭州等大城市可以考虑取消住房等“硬指标”落户限制。妥善解决紧缺人才的住房、子女入学等问题，解决紧缺人才在教育、医疗、交通、落户等方面的同城待遇，逐步建立更具竞争力的人才集聚机制，打造人才集聚高地。

（三）鼓励企业与职业院校合作，提升在职人员文化素质

积极推行“工学结合、半工半读”等人才培养模式，充分考虑地方行业、企业的人才需求，开发个性化教学培养方案，突出应用能力培养，开展教学要求与企业岗位需求相结合、学校教学与企业实践相结合的“学历＋技能”的“双证书”在职人员培训。

（四）加强政府资源整合，提高农业转移人口技能培训绩效

当前以及未来很长一段时间，农业转移人口仍将是我省劳动力的重要来源之一。目前各级政府十分重视农业转移人口的技能培训工作，但从实践情况来看，培训项目比较分散，并由多个部门和团体分别实施，存在着低水平重复培训的问题。要加强农业转移人口技能培训的统筹规划，将农业转移人口培训纳入区域人才培养规划中，以产业发展需求为导向，增强工作的针对性，切实提高农业转移人口技能培训成效。

（人口与就业处　章剑卫）

浙江人口老龄化问题的现状与思考

近年来，浙江省积极推进供给侧结构性改革，打好转型升级系列组合拳，经济社会持续稳定健康发展，与之相应，我省人口发展出现新的变化。2015 年末，全省常住人口为 5539 万人，其中，60 岁及以上老年人口 935 万人，占 16.9%；户籍人口中，60 岁及以上老年人口 984 万人，占 20.2%。浙江老龄化程度明显加深，高水平全面建成小康社会迫切需要积极应对人口老龄化带来的系列问题。

一、人口老龄化现状

国际上通常把 60 岁及以上的人口占总人口比重达到 10%，或 65 岁及以上人口占总人口的比重达到 7%作为一个国家或地区进入老龄化社会的标准。2010 年以来，浙江省人口老龄化进程明显加快。1%人口抽样调查显示，2015 年全省常住人口中，60 岁及以上老年人口为 935 万人，占比达 16.9%，高出 2010 年 3.0 个百分点，高出全国平均水平 0.7 个百分点；65 岁及以上老年人口占比达到 11.2%，高出全国平均水平 0.7 个百分点。

（一）低龄老人比重明显增大，社会医疗和生活服务方面面临挑战

由于 20 世纪 50 年代中后期生育高峰时期出生的婴儿已逐步进入老年期，浙江低龄老年人口规模、增速明显加大。2015 年 60 岁及以上常住人口比 2010 年增加 179.4 万人，增加人口中，超过八成是 60～69 岁低龄老年人口。2015 年 60 岁及以上常住人口中，60～69 岁低龄老年人口为 550.9 万人，占 58.9%，高出 2010 年 6.0 个百分点；而 80 岁及以上老年人口 134.7 万人，占比为 14.4%，与 2010 年基本持平（见表 1）。

随着平均寿命的延长，当前的低龄老人在 10—15 年后将进入高龄期，在养老、医疗和生活服务等方面将更多地依赖社会，这对浙江未来的公共设施配套及基层医疗水平提出更高的要求。

表 1　2015 年和 2010 年浙江老年常住人口构成

指标	2015 年		2010 年	
	人数(万人)	比重(%)	人数(万人)	比重(%)
60 岁及以上	935.3	100.0	755.9	100.0
60～69 岁	550.9	58.9	399.9	52.9
70～79 岁	249.7	26.7	248.7	32.9
80 岁及以上	134.7	14.4	107.3	14.2

(二)老龄化程度地区差异明显,外来劳动力延缓地区老龄化进程

浙江各市的老龄化程度差异很大。经济实力较强的杭州、宁波、温州、金华等市,由于外来劳动力人口集聚,一定程度上延缓了这些地区人口老龄化进程,其老年人口占比明显低于全省平均水平。其中,温州市老龄化程度最低,60 岁及以上和 80 岁及以上老年常住人口占全市总人口的比重分别为 13.9%和 2.1%,分别低于省平均 3.0 和 0.4 个百分点。温州老龄化程度低的另一个原因是该市出生率较高,2015 年出生率为 12.5‰,领先全省平均水平 2.0 个千分点。另外,外来常住人口相对较少的舟山、衢州、嘉兴等市老龄化程度均高于全省平均水平,其中,舟山市的老龄化程度最高,60 岁及以上和 80 岁及以上老年常住人口占本市常住人口的比重分别为 23.8%和 3.8%,分别高出全省平均水平 6.9 和 1.3 个百分点。

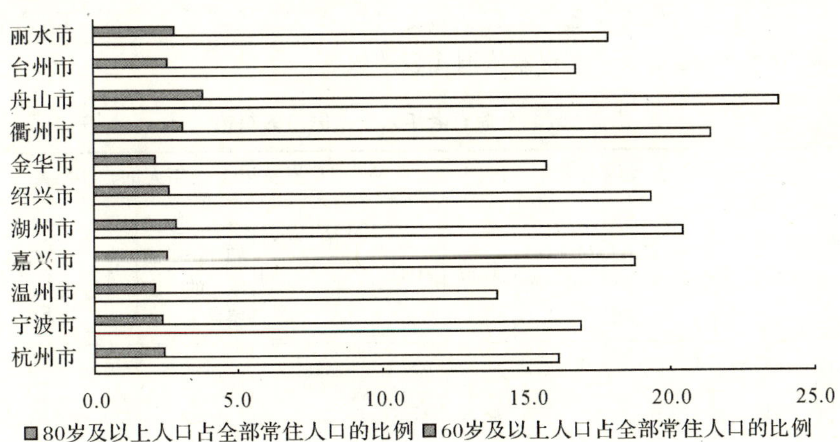

图 1　各市 60 岁及以上和 80 岁及以上老年人口占比　单位:%

二、老龄人口生活质量

(一)拥有老年人口的家庭户比例上升,结构有所变化

随着老龄化程度的加快,有 60 岁及以上老年人口的家庭户比例激增,从 2010 年的 28.1%上涨到 2015 年的 35.3%。1%人口抽样调查显示,2015 年全省有 60 岁及以上老年人口的家庭户中,有一个 60 岁及以上老年人户比例为 53.8%,比 2010 年下降 6.2 个百分点;有两个 60 岁及以上老年人的户比例为 45.1%,比 2010 年上升 5.9 个百分点;有三个 60 岁及以上老年人的户比例为 1.1%,比 2010 年上升 0.3 个百分点。老年人所处的家庭户结构有所改变。

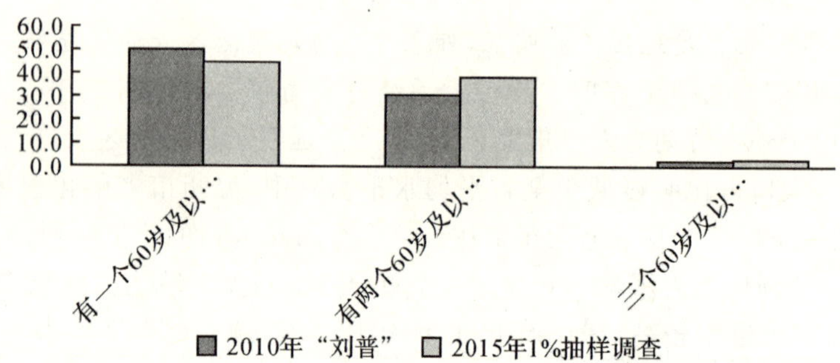

图 2 2010 年和 2015 年拥有老年人口家庭户结构比较 单位:%

细分结构看,单身老人户以及一个老年人与未成年的亲属户比例达到了 19.9%;只有一对老夫妇的户及一对老夫妇与未成年的亲属户比例则高达 24.9%;孤寡老人和留守老人的比例高达 44.8%,虽然略低于 2010 年“六普”46.6%的水平,但空巢老人现象依旧比较严峻。

表 2 分城乡拥有老年人口家庭户的结构 单位:%

地区别	有一个 60 岁及以上老年人的户				有两个 60 岁及以上老年人的户				有三个 60 岁及以上老年人的户
	小计	单身老人户	一个老年人与未成年的亲属户	其他	小计	只有一对老夫妇的户	一对老夫妇与未成年的亲属户	其他	
全省	53.8	19.4	0.5	33.9	45.1	24.0	1.0	20.2	1.1
城镇	51.9	17.9	0.4	33.7	47.0	25.1	0.9	20.9	1.1
农村	56.0	21.3	0.6	34.2	42.9	22.5	1.1	19.3	1.0

分城乡看,农村有一个 60 岁及以上老年人的户(下面简称“一老户”)占比

较高，为 56.0%，比“二老户”高 13.1 个百分点；城镇“一老户”占比 51.9%，比“二老户”高 4.9 个百分点。农村的孤寡老人和留守老人的比例为 45.5%，略高于城镇 1.2 个百分点。(见表 2)

(二)老年人口婚姻状况有所改善

婚姻状况与老年人的心理和生理健康、生活满意度息息相关。老年人在晚年有伴侣的陪伴，是推动他们晚年幸福生活的有力保障。随着医疗、卫生水平和预期寿命的进一步提高，浙江老年人有配偶比重不断上升。根据抽样调查数据，2015 年，浙江 60 岁及以上老年人口中，超过 3/4 有配偶，比重比 2010 年提高 3.0 个百分点；丧偶占 22.3%，比 2010 年下降 3.2 个百分点；未婚和离婚仅占 1.5%和 1.1%。

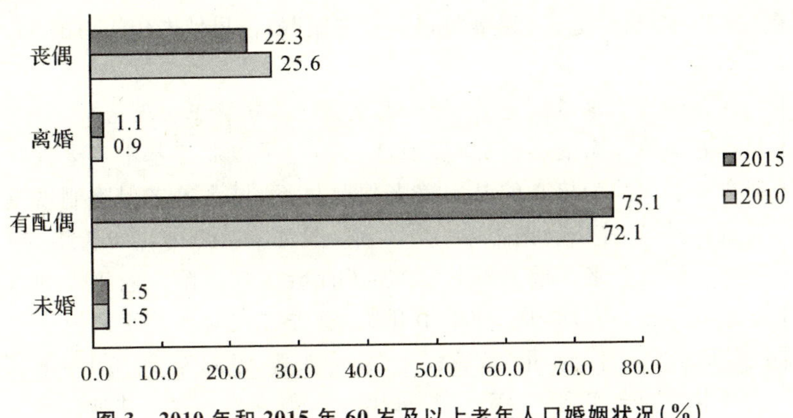

图 3　2010 年和 2015 年 60 岁及以上老年人口婚姻状况(%)

(三)老年人健康状况不断提高

随着医疗技术和医疗保障水平不断发展，老年人的健康水平也同步提高。抽样调查数据显示，2015 年，浙江 60 岁及以上老年人口中，“健康”和“基本健康”的老年人口占 89.2%，比 2010 年高 1.4 个百分点；“不健康，但生活能自理”的占 8.8%，“生活不能自理”的仅占 2.0%，分别比 2010 年下降 1.0 和 0.4 个百分点。80 岁及以上的高龄老年人口中，“健康”和“基本健康”的老年人口占 71.0%，比 2010 年高 1.1 个百分点；“不健康，但生活能自理”的占 21.9%，“生活不能自理”的占 7.1%，分别比 2010 年低 0.1 和 1.0 个百分点。

表 3　2010 年和 2015 年低龄老人和高龄老人的健康状况(%)

地区别	2015 年				2010 年			
	健康	基本健康	不健康，但生活能自理	生活不能自理	健康	基本健康	不健康，但生活能自理	生活不能自理
60 岁及以上	54.3	35.0	8.8	2.0	52.8	35.1	9.8	2.4
80 岁及以上	23.1	48.0	21.9	7.1	24.6	45.3	22.0	8.1

分性别看，虽然女性预期寿命高于男性，但男性老人的健康状况总体要略好于女性。2015 年，浙江 60 岁及以上老年人口中，男性老人“健康”和“基本健康”的占男性老年人口的 89.7%，比重高于女性 0.9 个百分点；80 岁及以上的高龄老年人口中，男性老人“健康”和“基本健康”的占男性老年人口的 73.0%，比重高于女性 3.6 个百分点。

(四)社会保障制度不断完善，超六成城镇老人依靠社会养老

随着养老保障体系的不断完善，浙江已构建了以职工基本养老保险和城乡居民基本养老保险为核心的基本养老保险体系，城乡养老保险制度基本实现了全覆盖。抽样调查数据显示，2015 年，浙江 60 岁及以上老年人口中，87.5%参加了社会养老保险，98.4%参加了社会医疗保险。老年人的权益得到了充分保障。另一方面，从 2004 年开始，省委省政府就着手研究安排提高城乡居民基础养老金标准，把“改善民生”作为头等大事，至 2015 年，浙江企业退休人员基本养老金实现 12 年连涨，每年以 10%左右的幅度快速递增。2015 年底人均月达 2750 元，比“十一五”末增加 1155 元，在全国处于中上水平。

表 4　2010 年和 2015 年 60 岁及以上老年人口生活来源占比(%)

	2010 年	2015 年	2015 年较 2010 年变化
传统收入来源方面	69.2	53.4	－15.8
其中：家庭其他成员供养	42.3	30.7	－11.6
劳动收入	26.9	22.7	－4.2
社会保障等方面	30.8	46.6	15.8
其中：离退休金养老金	24.7	39.1	14.4
最低生活保障金	3.9	3.2	－0.7
财产性收入	0.9	0.8	－0.1
其他	1.3	3.5	2.2

随着老年人各种生活及社会保障水平不断提高，老年人依靠传统"家庭其他成员供养"和"劳动收入"作为生活来源的比例在下降，依靠各种社会保障的独立生活能力越来越强。调查数据显示，2015 年，60 岁及以上人口的生活来源中，依靠传统的收入来源占比由 2010 年的 69.2%降低至 53.4%，下降 15.8 个百分点，其中："家庭其他成员供养"由 42.3%降低至 30.7%，下降 11.6 个百分点；"劳动收入"由 26.9%降低至 22.7%，下降 4.2 个百分点。依靠社会保障等方面的占比有所提升，其中："离退休金养老金"的占比为 39.1%，反超"家庭其他成员供养"，跃居老年人生活来源的首位，比 2010 年提高 14.4 个百分点；依靠"最低生活保障金"的占比为 3.2%，下降 0.7 个百分点；依靠"财产性收入"的占比为 0.8%，微降 0.1 个百分点；依靠"其他"的占比为 3.5%，提高 2.2 个百分点。

分城乡看，老年人口的生活来源差别较大。城镇人口中，依靠社会保障来养老的比例超过六成，其中依靠"离退休金养老金"的占比最高，达 55.2%，传统的"家庭其他成员供养"的比例只有约 1/5；反观农村，传统收入来源依然是主要的养老方式，其中依靠"家庭其他成员供养"占比最高，达 41.6%，其次是依靠"劳动收入"，占 31.0%，而依靠"离退休金养老金"的只有 18.7%。从调查数据来看，虽然浙江率先实现社会保障全覆盖，但农村老人由于缴费年限短(很多地方是一次性缴费)，总额少，每月领到的基础养老金无法支撑日常开支，仍然需要依靠家庭成员供养。

表 5　2015 年城镇、农村 60 岁及以上老年人口生活来源占比(%)

	城镇	农村
传统收入来源方面	38.4	72.6
其中：家庭其他成员供养	22.2	41.6
劳动收入	16.2	31.0
社会保障等方面	61.6	27.4
其中：离退休金养老金	55.2	18.7
最低生活保障金	2.6	4.1
财产性收入	1.1	0.4
其他	2.7	4.2

三、积极应对老龄化问题

从调查数据来看，一半以上仍然是 70 岁以下的低龄老年人口，其健康状况、文化程度和生活自理能力都比较理想。真正老龄化带来的社会各方面问题，预计在五至十年后显现。如何更好地应对老龄化问题，笔者认为应从以下三个方面入手。

（一）加强社区照护服务普及，完善基层医疗设施建设

虽然在浙江城镇，有超过六成的老年人生活来源是社会保障（离退休金养老金、最低生活保障金、财产性收入等），但从整个社会的意识形态和行为习惯来看，家庭式养老仍是目前老年群体最为偏好的养老模式。随着传统家庭照护能力逐渐弱化，老年群体对社区照护的需求会越来越大，目前社区照护养老设施服务的普及和宣传力度还有待进一步加强，尤其是农村社区医疗资源配置明显不足。各地应进一步加强基层医疗机构建设，通过政策扶持、社会参与、市场运作来推进医养结合的模式，逐步建立以家庭养老为核心，社区服务为依托的模式，实现医疗服务和居家护理需求的有效对接。

（二）发展养老服务产业，打造新的经济增长点

人口老龄化为经济发展带来挑战的同时，也催生了一个巨大的“银色”市场。与庞大的老龄人口相比，老龄产业目前还处于起步阶段，潜在需求极大。一方面要持续加大财政投入力度，加快与老龄产业相关的医疗产业、教育产业、文化产业等方面的发展，逐步建立起老年健康服务产业体系；另一方面，要通过政策扶持、财政补助等优惠措施，吸引更多的社会资本参与到老龄产业中来，满足不同层次老年群体的消费需求，逐步培育老年消费市场。

（三）鼓励老年人口再社会化，释放老年人口红利

随着医疗卫生条件的改善和老年人口生活质量的提高，老年人的健康寿命越来越长，很多身体健康的老年人还有能力为社会做贡献。老年人群蕴藏着丰富的经验、技能和智慧，是劳动力市场不可或缺的财富。在健全保障老年人权益的同时，要为老年人价值实现提供平台和机会。应积极创造良好政策环境和社会氛围，鼓励身体健康的老年人再社会化，帮助他们实现自我价值，释放老年人口红利，从而实现老龄事业与经济社会的协调发展。

（人口与就业处　赵静）

市县经济

杭州市新经济发展分析

新经济是指在全球化背景下，建立在信息技术和制度创新基础上的新经济现象。杭州GDP至前三季度持续6个季度两位数增长，且第三产业占比超过60%，经济转型升级取得新成效。其中，以“新产业、新业态、新创新创业主体”为代表的新经济起到了巨大推进作用，成为释放社会能量、活跃市场经济和推动产业结构转型的新兴力量。

一、杭州新经济发展特点

（一）新技术、高技术推动新产业快速发展

相对于“新经济”的“旧经济”来看，全球经济形成由发达国家提供终端需求，中国提供制造，巴西、俄罗斯等资源国提供原材料的全球产业链。这样的模式下，中国的投资围绕制造业建设产能。金融危机后，发达经济体需求疲软外加国内人口、资源等要素变化，倒逼中国从传统制造业转型。在此宏观背景下，杭州抢抓先机，提出两化融合、信息经济等战略举措，高端制造业和现代服务业迎来加快发展机遇期。

1.工业新兴产业增势强劲

前三季度，杭州战略性新兴产业、高新技术产业、装备制造业增加值分别为573.3、941.2和874.0亿元，增长11.2%、11.2%和15.5%。其中，高端行业拉动凸显。在福特、比亚迪、长江等带动下，汽车制造业增加值114.3亿元，增长82.8%；以海康、大华为代表的计算机通信和其他电子设备制造业增加值307.9亿元，增长22.9%。

2.智能、高技术产品快谏增长

前三季度，杭州新产品产值3244.5亿元，对全市规上工业总产值贡献率达169.4%。相对于传统产品如服装下降5.4%，橡胶轮胎外胎下降6.2%，家用洗衣机下降8.2%，符合升级换代要求的高端、智能、高技术产品保持了较快增长。工业机器人、智能手机、太阳能电池分别增长83.1%、62.1%和61.4%。在装备制造方面，汽车仪器仪表增长30.5%，汽轮发电机增长26.7%。

3. 高技术服务业增速持续高位

前三季度，规模以上高技术服务业实现营业收入 2775.9 亿元，增长 36.3%。阿里妈妈、淘宝、天猫、网易 4 家企业营业收入超百亿，网易雷火、阿里巴巴、菜鸟供应链、阿里云、物产电子、华数传媒等 21 家企业营业收入超十亿，合计增长 48.1%。信息经济中以服务业为主体的数字内容产业增加值增长 35.4%，移动互联网产业增长 45.9%，云计算与大数据产业增长 28.6%，远高于传统服务业增速。

（二）"互联网＋"促进新业态孕育成长

杭州以建设国家自主创新示范区为抓手，加快"互联网强市"战略和"互联网＋"行动计划，发展分享经济、平台经济，先发优势明显。以"互联网＋传统行业"产生的新业态日益成为新经济的重要组成部分。

1. 互联网＋商贸

杭州商贸流通规模在长三角中仅次于上海，限额以上批发和零售企业数比南京多 21.3%，比宁波多 33.5%，正是凭借传统流通市场发达这一优势，最早驱动产生了像淘宝网这种商业模式创新的领军企业。前三季度，网络零售额 2107.0 亿元，增长 29.3%；居民网络消费 926.3 亿元，增长 30.0%。从杭州来看，在 889 家限额以上餐饮业中，有 29.5%的企业有网络餐饮服务，诸如状元馆、西湖春天、金玲珑等知名老字号餐饮企业均有网络平台的餐饮服务。

2. 互联网＋金融

陆续产生了像余额宝、铜板街、数米基金、蚂蚁小微金服等具有高知名度的互联网金融企业，"中国互联网金融中心"雏形粗具。前三季度，互联网金融增加值达 173.0 亿元，占金融业增加值的 23.0%。且银行、保险等传统金融机构纷纷进军互联网金融业务。

3. 互联网＋园区

2015 年设立中国跨境电子商务综合试验区，敦煌网、大龙网、京东跨悦等龙头企业纷纷落户，新设立企业达 1535 家。前三季度，跨境电商进出口总额 56.8 亿美元，其中出口额 43.6 亿美元。国内第三大内贸 B2B 电子商务公司——中国网库集团到杭州交流考察，也正是看重杭州跨境电商巨大发展潜力。

（三）滨江区创新示范作用凸显

在新经济发展中，滨江区一马当先，成为全国重要的技术创新基地、高新技术产业基地、高新技术产品出口基地和海外高层次人才创新创业基地。在全国 115 个高新区综合评价中，杭州高新区（滨江）排名第六。

1.高端企业优势明显

与信息经济相关的移动互联网企业中，滨江区企业数占全市的44.8%，信息软件企业数占34.2%，数字内容占38.3%，物联网占47.4%，云计算占57.0%，互联网金融占31.8%。

2.外资吸引力强

栽下梧桐树，引得凤凰来，在全国外资疲软形势下，滨江创新创业软环境持续吸引外商投资。2015年，全市总投资额最高的浙江正泰新能源开发有限公司落户滨江；前三季度，总投资额排名前5家的企业，金茂置业(杭州)有限公司和浙江阿里巴巴机器人有限公司落户滨江。

二、杭州和全省的比较

(一)从高新产业发展势头看：优势明显

浙江省重点打造的七大战略性新兴产业中，杭州优势明显。前三季度，规模以上工业健康产品、时尚、高端装备产业，旅游产业，金融产业增加值分别增长16.0%、18.2%、20.3%、12.8%和6.2%，分别高于全省7.2、11.1、9.6、1.6和3.1个百分点。从近三年发展情况来看，杭州高端工业和高技术服务业增长持续快于全省平均水平。(见图1和图2)

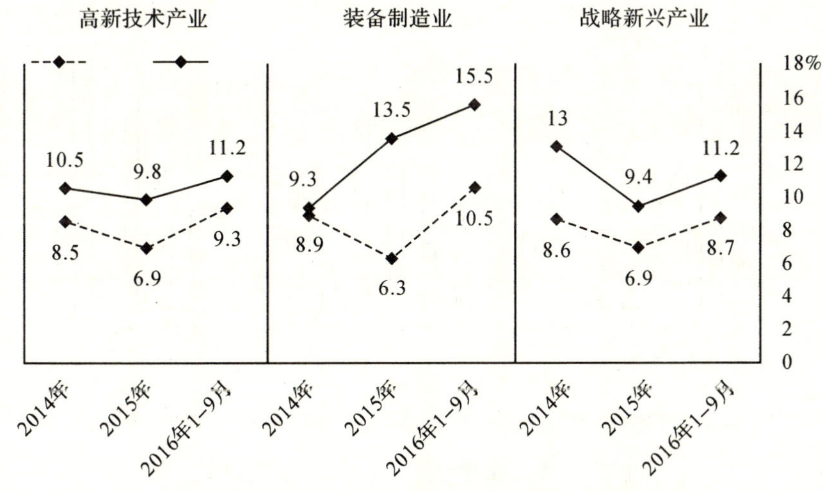

图1　浙江省和杭州市工业新兴产业增加值增势图

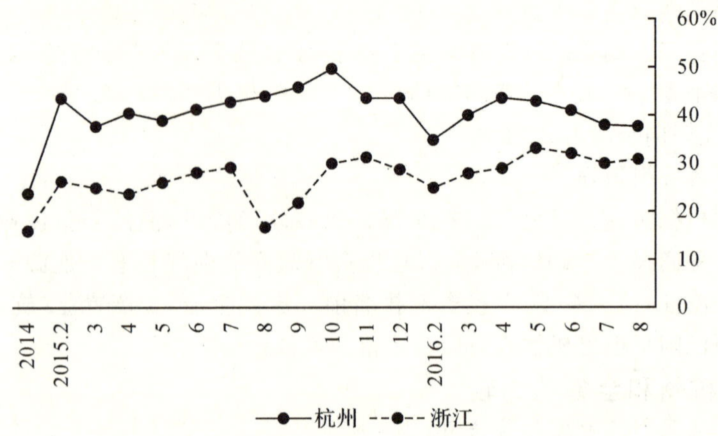

图 2　浙江省和杭州市高技术服务业累计增势图

（二）从新型业态看：占比稳定

从图 3 可以看出，2015 年网络零售额高速增长，6 月累计增速达 51.6%，此后虽缓慢回落，但仍保持高位。从绝对额来看，杭州网络零售额占全省比重均在三成以上。

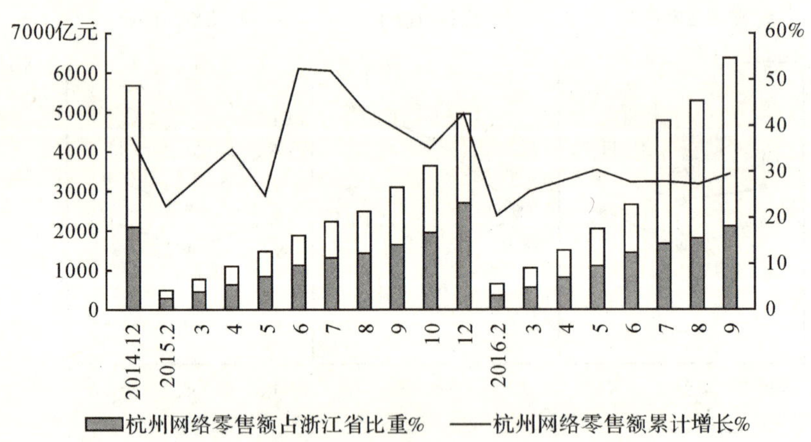

图 3　杭州网络零售额占浙江省比重及增幅

（三）从新经济发展后劲看：依然强劲

1. 创新主体持续涌现

至 2016 年 9 月末，拥有高新技术企业和科技型中小微企业 2534 家和 6069 家，分别占全省总数的 32.0% 和 24.2%；新认证高新技术企业研发中心

182 家,省重点企业研究院 14 家,占全省 56.0%。在全国率先推行“五证合一、一照一码”登记等简政放权改革措施后,市场活力进一步释放。前三季度,新设个体工商户 6.58 万户,增长 24.9%,快于全省 11.0 个百分点。在册市场主体 82.97 万户,增长 13.9%,快于全省 1.9 个百分点。

表 1 浙江和杭州新增市场主体情况表

	新增企业				新增个体户			
	杭州		浙江		杭州		浙江	
	数量（万家）	增长（%）	数量（万家）	增长（%）	数量（万家）	增长（%）	数量（万家）	增长（%）
2015 年	6.33	17.6	22.9	−2.8	7.2	27.0	55.5	6.3
2016 一季度	1.6	49.4	6.1	30.5	1.5	25.9	11.9	9.9
2016 上半年	3.99	38.6	15.0	35.7	4.16	22.8	31.1	12.7
2016 三季度	5.91	26.3	22.7	33.0	6.58	24.9	48.3	13.9

2. 平台建设发展加快

“两廊一湾”、特色小镇、众创空间等平台建设加快。全市 44 个特色小镇中,省级 19 个,约占全省 1/4,已成双创的重要平台。各类要素加快集聚,首批国家双创示范基地深入推进,未来科技城已累计引进各类海外人才 1997 名,各类创新创业项目 5000 多个,中国移动首个众创空间——和创空间落户未来科技城,共有 14 家众创空间列入国家孵化器。阿里集团部署了首批 26 家阿里创新中心,累计孵化移动互联网初创企业 400 余家。光启全球未来谷、菜鸟网络科技总部等 25 个重点企业已签约入驻。

三、对新经济的几点思考和建议

(一)强化创新驱动,提升新产业、新产品竞争力

前三季度,杭州 GDP 增速(10%)在副省级城市中仅次于重庆(10.7%),这两个城市都是近年新旧动能转换较快,转型升级走在全国前列的城市。但由于当前内外经济形势仍然错综复杂,新经济发展依然面临诸多挑战。从高端产业发展态势看,计算机、通信和其他电子设备制造业、电气机械和器材制造业、汽车制造业等新兴行业增速较高,主要是新入库的企业带动,但增速放缓。从创新创业主体的小微型企业看,前三季度规上小微工业企业增加值略增 1.7%,低于全省平均水平 5.0 个百分点,比上半年和 2015 年均回落 2.6 个百分点。从科技成果转换看,发明性专利的占比偏低。建议:一是按照《中国

制造 2025》杭州行动纲要和全市“十三五”纲要提出推进新型工业化，瞄准世界科技革命和产业革命方向，加快推动制造业信息化、绿色化和服务化，力争在一些关键领域形成核心竞争力和新的增长点，增强产业和产品竞争力。二是加大知识产权保护力度，营造公平竞争、规范有序的市场环境，消除企业创新的后顾之忧。三是借助各类创新创业平台，提升企业创新能力，将更多创新成果应用于生产。四是紧抓科技创新，积极争取国家科技部的支持，尽快召开国家自主创新示范区部际联席会议，加快实施相关规划。五是，进一步完善对小微企业的配套服务，提高企业生产积极性。

（二）提升传统产业，为经济发展注入新动能

日本的首富是传统行业服装业优衣库的老板，优衣库的发展战略不在于产品更新速度，很多产品常年都是基础款。但它的面料优势，达到了同行无法赶超的程度。从这个角度看，传统行业创新机会仍然很多，但需要对一个行业深耕多年，知道这个行业的核心竞争力。按照差异化开发产品和技术，按照不同的商业模式，既可以做成 ZARA 模式，也可以做成优衣库模式。从杭州现状来看，虽然高端新兴行业正在迎头发展，但更要看到传统行业如纺织业、家具业、化学原料和化学制品制造业利润下降明显，传统行业转型升级空间巨大。建议：一是加大对传统行业改造提升力度。比如杭州传统优势的纺织化纤可进一步加强新型纺织纤维材料、高端纺织装备的研发制造，争取实现产业升级换代。强化制造业质量品牌建设，打造过硬“拳头产品”，从法律、标准、技术等层面强化质量管理，抓住“后峰会”效应，推广杭州产品。二是利用“互联网＋”提升各行各业。“互联网＋”利用网络技术和传统行业不断融合，不断激发经济体活力，且倒逼传统企业加快升级换代。如“互联网＋集市”有了淘宝（C2C），“互联网＋百货商店”有了京东，“互联网＋银行”有了支付宝（第三方支付），“互联网＋贷款”有了 P2P，“互联网＋交通”有了滴滴打车。要鼓励和引导企业通过多种方式与互联网融合。落实国家《关于推进线上线下互动加快商贸流通创新发展转型升级的意见》，大力发展线上线下互动。我市一些传统针织服装企业，就是从设计销售生产整套流程都做出了调整，产品发布会从原来一年一次到现在不定期举行，优化商业模式，在行业不景气下实现了逆势增长。

（三）完善监管制度，打造优越的企业创新创业环境

近年来，新经济对整体经济发展发挥了稳增长和调结构的双重作用。但在发展过程中也出现了一些问题，包括 P2P 网贷平台“跑路”事件、网上订餐食品安全问题、网络约车安全问题等，亟需加强管理和规范。建议：一是针对国

家已经出台相关政策的领域，如互联网金融、网络约车等，应尽快研究和制定本地实施细则，确保监管不缺位，加大执法力度，改善和规范市场秩序。二是发挥行业协会作用，加强自律管理，强化企业内部控制、信息披露、风险揭示功能，通过行业协会自我约束的“软性立法”，形成对政府监管“硬性约束”的有效补充。三是加强对新业态、新模式的研究与跟踪监测，了解和熟悉新的领域，实施科学有效管理。

（杭州市统计局）

研发投入驱动下的"滨江现象"分析

国家统计局发布的《关于改革研发支出核算方法修订国内生产总值核算数据的公告》，将研发支出作为固定资本一部分，纳入 GDP 核算。这一改革不单体现科技进步在经济发展的间接推动作用，更凸显出研发投入对经济增长的直接拉动贡献。在投资总体下降的背景下，加大研发投入的作用更加重要。杭州高新开发区（滨江）在没有大幅增长的固定资产投资拉动下，近年来仍能保持高速发展态势，各项经济指标一枝独秀，形成独有创新驱动型的"滨江现象"，背后的驱动力量主要是研发投入。

一、新常态下逆势发展"滨江现象"

在浙江省县（市、区）中，高新区（滨江）已连续 8 年科技进步水平综合评价、连续 4 年工业强县（市、区）评价位列第一；在 2016 年首次县域经济 30 强评比中，高新区（滨江）经济竞争力、发展潜力、创新力均列全省第一；在国家级高新区综合排名中稳居第一方阵，在科技部最新公布的排名中位列第六，其中创新能力排名更是跃居第二。

现象一：经济增速逆势飘红。高新区（滨江）坚持以创新驱动、转型发展为主线，经济持续快速发展，GDP 从 2010 的 344.0 亿元增加到 2015 年的 790.4 亿元，年均增长 11.9%，增速列杭州各区县（市）第一；GDP 增速持续攀升，近两年提升了 2.7 个百分点。在 2015 年增长 13.2%的基础上，2016 年上半年增长达 17.1%。

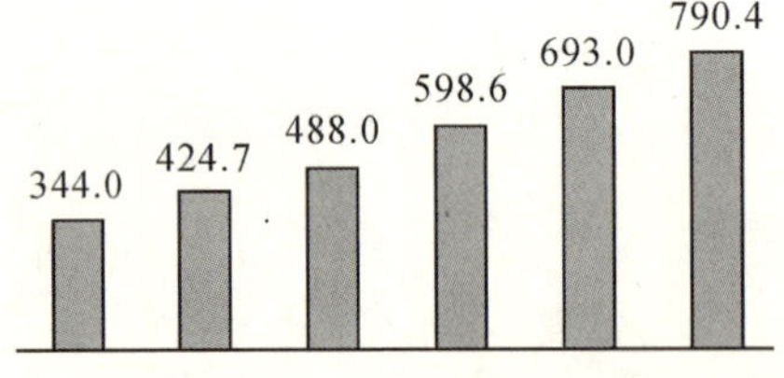

图 1　2010—2015 年全区总产值（亿元）

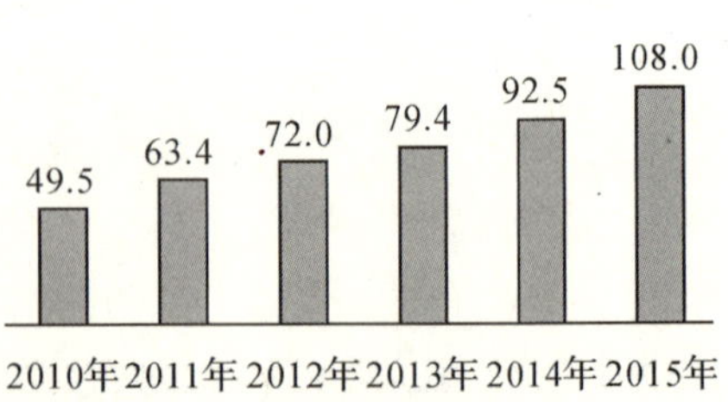

49.5
63.4
72.0
79.4
92.5
108.0
2010年 2011年 2012年 2013年 2014年 2015年

图 2　2010—2015 年全区 R&D 支出（亿元）

现象二：产业发展势头迅猛。工业经济保持持续稳定增长。2015 年，规模以上工业销售产值 1183.5 亿元，比上年增长 16.2%，增幅比全市高出 15.7 个百分点；规模以上工业增加值391.1亿元，增长17.8%，高出全市12.4个百分点。其中，拥有高技术含量、强竞争能力的高新技术产业增加值370.8亿元，增长22.8%；战略性新兴产业增加值292.6亿元，增长21.2%；先进装备制造业增加值349.4亿元，增长23.8%。在工业持续增长的同时，服务业亦齐头并进。2015年，规模以上服务业企业营业收入1087.4亿元，增长34.2 %；营业利润196.1亿元，增长40.4%。作为服务业主导产业的信息服务业营业收入747.5亿元，增长52.2%，占高技术服务业经济总量的86.2%。其中软件开发业营业收入319.2亿元，增长33.8%；互联网信息服务业营业收入210.9亿元，增长78.6%；信息系统集成服务业营业收入159.7亿元，增长76.8%。

现象三：产业互动融合发展。工业和服务业既优势互补又相互融合，经济结构渐由产品经济向“产品＋服务”经济嬗变，由此也催生了知识化、技术化和创新化的2.5产业。2.5产业以高新技术产业、战略型新兴产业为支撑，既有研发中心、核心技术产品，又有生产制造、集成，还有现代物流、贸易、技术培训、技术服务、维护、结算等业务模块，将整个产业价值链串联起来，实现由点到线到面的发展，达到产业间的融合和延伸。科技型服务业的快速发展，为传统工业提供了前所未有的发展空间和技术支撑，如以服务业为主的信息软件、电子商务、智慧物流、移动互联网和互联网金融等产业，2015年营业收入分别为878.5、224.1、61.3、235.7和39.4亿元，同比增幅分别达到27.5%、57.7%、14.0%、56.3%和67.9%。同时，高新技术产业、战略性新兴产业的迅猛发展，新技术新产品的迭代更新，也为现代服务业提升其安全性、便利性、高效性等方面带来颠覆性的体验。如以工业为主的电子信息、物联网、机器人等产业，2015年营业收入分别为840.8、742.2和3.2亿元，增幅分别达到20.5%、21.4%和49.5%。

现象四：领军企业大放异彩。高新区（滨江）拥有阿里、海康威视、华三、网易、大华等行业领军型企业。海康威视依靠持续大量的研发投入，近年来，将视频监控从安防行业延伸到智慧视频、可视化工厂管理、机器视觉等领域。2016年上半年，“海康系”销售产值高达176.0亿元，同比增长31.9%；利润总额31.4亿元，增长12.9%。大批研发人才成为企业自主创新的生力军，企业R&D经费支出相当于营业收入的6.0%。网易作为中国领先的互联网技术和在线游戏服务提供商，2016年上半年，“网易系”营业收入123.3亿元，同比增长141.3%；净利润46.8亿元，增长105.1%；R&D经费支出10.3亿元，占营业收入的8.4%。大华在视频存储、前端、显示控制和智能交通等系列化产品方面，同样作为全球领先的监控产品供应商和解决方案服务商，2016年上半年，销售产值达 62.4 亿元，同比增长 37.7%；利润总额 7.4 亿元，同比增长 45.6%；R&D 经费支出 5.4 亿元，相当于营业收入的 8.5%。

二、"滨江现象"后的研发支撑

"滨江现象"不是偶然，高新区(滨江)的高速发展也不是巧合，高水平的企业研发投入支撑着强劲的创新动力源，有着自身内生性的发展积累。

(一)研发支出领跑全省

企业研究与试验发展经费投入从 2011 年的 63.4 亿元提高到 2015 年的 108 亿元；研发支出占生产总值的比重始终保持在 13% 以上，遥遥领先于全省、全市(是全省的 5.7 倍，全市的 4.5 倍)。

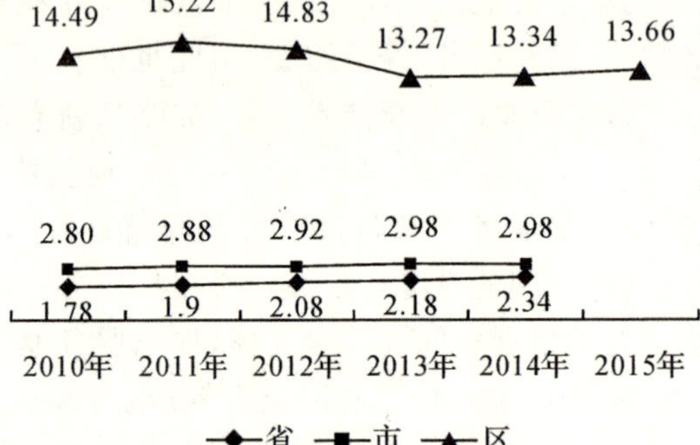

图 3　2010—2015 年 R&D 支出占 GDP 比值

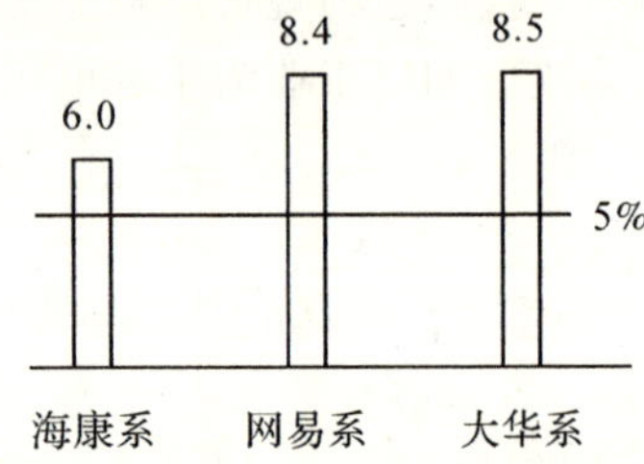

图 4　2013 年占企业 R&D 经费支出相当于营业收入比重(%)

注：国际上一般认为该比重超过 5%，拥有强竞争力

(二)创新投入不断加大

相较于企业研发投入拥有强竞争力，财政的科技投入力度也逐年加大，2015 年产业扶持资金达 12.8 亿元；其中本级财政科技拨款 8.88 亿元，相比于 2011 年增长 98.84%，年均增长 18.7%。企业与大学和研发机构的互动经费支出为 5.37 亿元，相比于 2011 年增长 38.18%，年均增长 8.4%。

(三)企业研发更加活跃

工业经济逆势高速增长的背后,持续大量的有效研发投入是其第一推动力。高新区(滨江)规模以上工业 R&D 经费支出从 2011 年的 32.7 亿元提高到 2015 年的 69.0 亿元,年均增长 20.5%;R&D 活动人员由 2011 年的 14034 人提高到 2015 年 22931 人,年均增长 13.1% 。2015 年,有 R&D 活动企业数占工业企业比重高达 54.3%,比上年提高了 4.1 个百分点;企业研发机构设置率达 39.1%,提高了 4.2 个百分点。高新区(滨江)服务业研发投入占全社会 R&D 经费投入比例也领先全省、全市。2015 年,服务业 R&D 经费投入 39 亿元,占全社会 R&D 经费投入总量的 36.1%,从近三年占全社会 R&D 经费投入比例上看,分别平均高出全省、全市 24.0 和 4.8 个百分点。

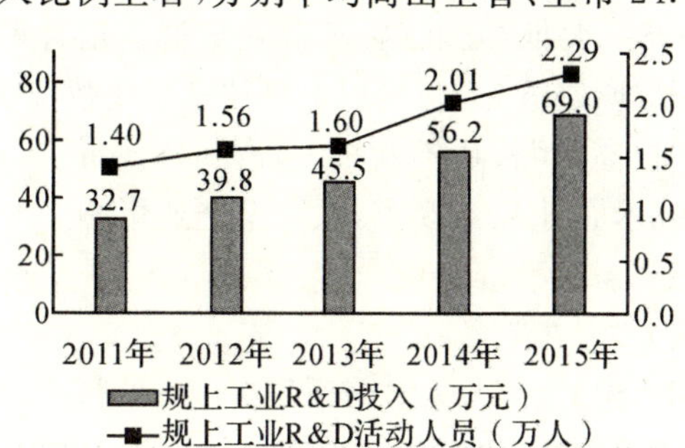

图 5 2011—2015 年规上工业 R&D 投入及活动人员

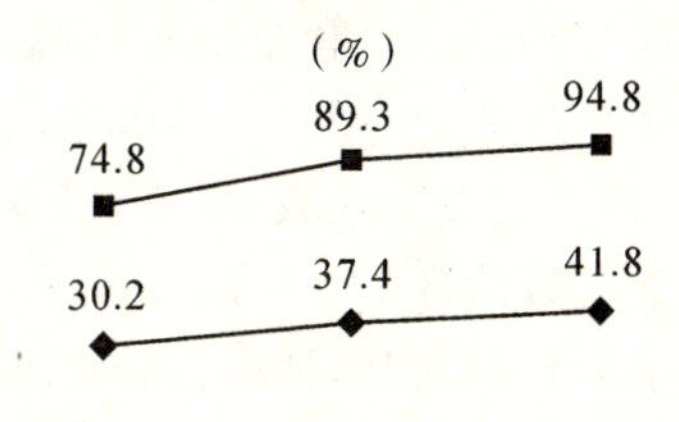

图 6 2015 年三大产业占工业增加值比重

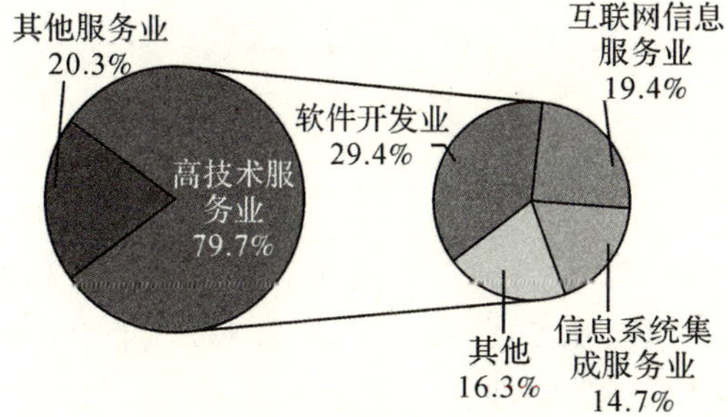

图 7 2015 年规上服务业行业占比图

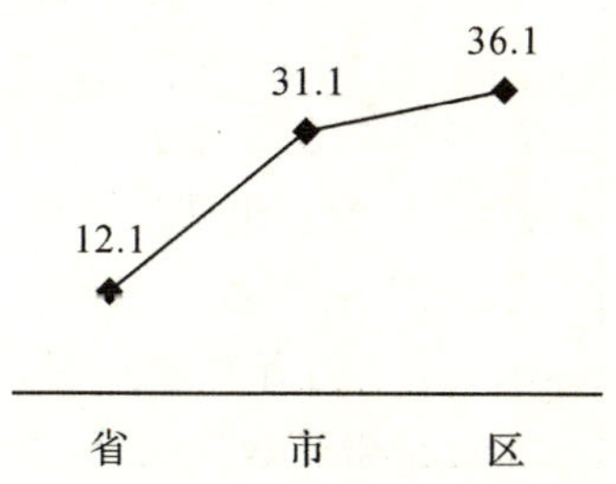

图 8 2015 年服务业 R&D 占全社会比重(%)

三、研发投入背后的科技环境分析

高新区(滨江)高速增长的研发投入背后有良好的科技创新环境支撑。

(一)创新环境优越

至 2015 年,高新区(滨江)拥有国家重点实验室 10 个、博士后科研工作站 48 个、企业技术中心 373 个,研发基础不断加强;科技创新平台体系不断完善,至 2015 年孵化器和加速器个数累计达 19 个,产业技术创新联盟 15 家;科技金融支撑加强,创新创业担保资金规模不断扩大,相比 2011 年,增幅达 73.8%,年均增长 14.8%,创业风险投资机构数 64 家,科技金融服务机构数 92 家。

(二)创新主体活跃

主导产业的集群创新特点明显,形成了千亿级智慧经济产业,涌现了阿里系、海康系、网易系等一大批行业领军企业,形成了电子商务、智慧互联、智慧物联、智慧医疗、智慧安防、智慧环保等一大批"互联网+"产业集群。培育做强优势产业,至 2015 年,区内国家级基地数 16 家,亿元以上科技型企业数 232 家;各类上市企业数 34 家,资本市场"杭高新"板块不断扩大,占到杭州市上市企业总数的 39.08%;经认定的高新技术企业数 535 家,领军型企业影响力和竞争力日益增强,活力型企业增势明显。

(三)创新人才集聚

高端人才不断增加,至 2015 年拥有"国千"56 人、"省千"105 人;外籍人才资源数从 2011 年 675 人增加到 2015 年的 1238 人,增幅 83.4%,年均增长 16.37%;留学归国人员逐年递增,2015 年达 1996 人,其中硕士 1409 人,占比 70.59%,留学归国人员学历层次越来越高;本科及以上学历从业人员成为高新区(滨江)创新创业的中坚力量,2015 年达 13.52 万人,占全部从业人员比重 50.38%;从业人员人均薪酬 9.3 万元,比 2011 年增长 53.5%,年均增长 11.3%。

(四)创新效率突出

2015 年专利申请量突破万件,达 10160 件,比上年增长 56.8%,增幅和总量均列全市第一;授权专利首次突破千件,达 1037 件;每万人拥有发明专利授权量 42 件。拥有有效专利数 22708 件,比 2011 年增长 120.57%,年均增长 21.87%;获得市级以上科技进步奖励成果 28 件。

(五)产业国际化稳步推进

国际要素资源引入质量和国际拓展层次不断提高。一方面,高新区(滨江)企业集聚海外高端人才、各类国际性机构等国际高端创新资源的能力不断提高;另一方面,企业积极开拓国际市场,技术走出去的步伐加快。2015 年世界 500 强投资企业数有 38 家;实际到位外资 8.27 亿美元,占杭州市外资总额的 11.63%；境外中方投资额 7.56 亿元；企业设立境外分支机构从 2011 年的 44 家增加至 2015 年的 72 家，走出去步伐不断加快。

四、研发投入背后的政策杠杆分析

高新区（滨江）高速增长的研发投入背后也有良好的科技创新政策支撑。

（一）完善创新政策体系

出台“1＋X”政策，对企业区分不同类别、不同模式以及不同发展阶段，注重差别化扶持，制定了“三次创业”三年行动计划系列政策，《关于进一步支持大众创新创业建设国家自主创新示范区的实施意见》，强化企业科技创新主体作用，全面提升区域自主创新能力，不断增强创新动力。充分发挥政策扶持的“撬动”作用，加快引导和带动社会总投入。

（二）建立创新投入体系

确保研发投入强度保持国内领先，如实施企业研发费用加计扣除政策，企业研发费用未形成无形资产的，按其当年实际发生额的 50%直接抵扣当年应纳税所得；形成无形资产的，按该无形资产成本的 150%在税前摊销，减少了创新成本，大大激发了企业的创新激情。近两年企业研发经费加计扣除额增长率持续保持在 20%以上。

（三）完善创新生态体系

建立以培育小微企业为着力点的众创空间发展机制。构建“创业苗圃—孵化器—加速器—产业园”接力式孵化体系，扶持孵化器的在孵企业发展；支持上市、创投机构或专业团队在我区创建众创空间，投资、引进、培育高新技术和战略性新兴产业初创企业，如对经认定的众创空间运营机构给予全额房租补贴。建立以人本化分配制度为着力点的科技人员创业激励机制，如区财政每年安排预算不少于 1.5 亿元，作为人才激励。设立专项资金对股权转让、未分配利润转赠注册资本等给予奖励。

（四）加大政府资金支持力度

加快引导和带动社会投资，鼓励企业申报市级、省级、国家级各类扶持资金，区财政按规定定额及时配套；完善投融资体系，加强投融资平台建设，如对新注册的创投机构，按其实际租用的办公场地，给予全额房租补贴和贡献奖励；创新投融资服务，扩大区级创业投资引导基金规模，如对投资项目领域符合产业发展导向的，区创业投资引导基金均可通过有限合伙制形式进行阶段性参股，阶段参股比例最高可达 25%。

五、以研发投入为支点推动产业发展

“滨江现象”的本质就是坚持实施创新驱动发展战略，下一步高新区（滨江)将以研发投入为支点,持续促进推动产业发展。

一是瞄准新兴产业,做强产业链技术创新机制。跟踪分析网络信息技术与智能制造、高端医疗设备、生物医药、节能环保等产业领域的融合和衍生发展,打造形成新的集群优势和增长极;推进全产业链协同创新,健全企业主导与高校、科研院所协同的创新机制,引进并大力支持发展以企业为主的物联网应用研究院;围绕培育"互联网+"产业,支持移动互联网、大数据、云计算等信息技术与生物技术、健康服务融合发展,加快移动医疗、健康云、生物医药研发、临床服务外包及基因诊疗等新兴业态发展。

二是瞄准创新资源,致力于高效配置体制机制。完善企业创新激励机制,精准出台针对不同产业类别和发展阶段企业的差别化扶持政策,有效整合资金和人才等各类要素资源;建立以培育小微企业为着力点的众创空间发展机制,加大市场化、专业化、集成化、网络化众创空间建设力度;建立以人本化分配制度为着力点的科技人员激励机制,鼓励各类企业通过股权、期权、分红等激励方式调动科研人员积极性;加大对自主创新产品首台套运用,促进企业创新产品的研发和规模化运用;运用财政补助机制激励引导企业普遍建立研发准备金制度,引导企业有计划、持续地增加研发投入。

三是瞄准国际合作,加速融入全球创新网络。鼓励企业到海外设立、兼并和收购研发机构,购买国际专利、专有技术,加强技术引进、消化、吸收和再创新;支持企业拓展创新发展国际空间,推动国际合作系统化、网络化,引导外资研发中心开展高附加值原创性研发活动,吸引国际知名科研机构联合建立研发中心;推动信息技术外包(IPO)、业务流程外包(BPO)、知识流程外包(KPO)向高端升级;鼓励企业建立专利战略联盟,引导龙头企业进行海外专利布局、储备和运营。

(杭州高新区滨江统计局)

2012—2016年宁波经济社会发展概况

过去五年,面对错综复杂的内外部经济环境和艰巨繁重的改革发展稳定任务,宁波市上下齐心协力,克难奋进,紧紧围绕中央"四个全面"重大战略布局和省委"八八战略"和"两富""两美"浙江建设,牢固树立和贯彻落实新发展理念,把握和引领经济发展新常态,深入实施"六个加快"战略和"双驱动四治理"决策部署,扎实推进经济社会转型发展三年行动计划,着力稳增长、促改革、调结构、防风险、惠民生,可持续发展能力不断提升,经济社会发展呈现"增长较快、转型加速、优势提升、民生改善"的积极态势,为建设国际港口名城,打造东方文明之都,确保高水平全面建成小康社会打下坚实基础。

一、经济发展迈上新台阶,城市综合实力不断增强

(一)经济平稳较快增长

五年来,经济总量迈上八千亿台阶,地区生产总值从2011年的6074.9亿元提高到2016年的8541.1亿元,在十五个副省级城市中居第8位,比2011年上升1位;五年来年均增长7.6%,比全国平均水平高出0.2个百分点。在总量快速提升的同时,富裕水平也在同步提高。按常住人口计算,2016年人均GDP突破10万元,达108804元,是2011年79730元的1.4倍,按年平均汇率折算为16380美元。

(二)政府财力明显增强

2016年,财政总收入2145.7亿元,是2011年的1.5倍,其中一般公共预算收入1114.5亿元,是2011年的1.7倍,五年年均增长11.1%;一般公共预算支出1289.3亿元,是2011年的1.7倍,五年年均增速达11.4%。其中文化体育支出、城乡社区支出、社会保障支出、医疗卫生支出分别由2011年的11.1、99.5、58.6和47.2亿元增加到2016年的30.7、220.7、116.3和88.7亿元,年均分别增长22.5%、17.3%、14.7%和13.5%。2016年财政支出中用于民生支出918.9亿元,占一般预算支出的比重达到71.3%,支出结构进一步优化,经济社会发展得到有力保障。

(三)全面建设小康社会目标基本实现

按照浙江省全面建设小康社会统计监测试算标准,在经济发展、社会事

业、人民生活、社会和谐和生态环境五个领域 24 个指标中，2015 年有 20 个指标超过全面建设小康社会标准，经济发展、社会和谐两个领域实现度达到 100%，预计 2016 年全面小康社会综合评价指数超过 97%，"十二五"规划纲要中提出的"惠及全市人民的小康社会全面建成"的目标基本实现。城市软实力得到新提升，公共文化服务体系不断完善，建成宁波文化广场、中国港口博物馆等重大文化设施，城市品牌稳步提升，实现全国文明城市"四连冠"，当选"2016 年东亚文化之都"。

二、全面落实创业创新，创新成效逐步显现

（一）自主创新能力明显增强

五年来，着力加大科技投入，科技创新对经济社会发展的推动力不断增强。2016 年 R&D 投入占 GDP 的比重预计达到 2.5%，比 2011 年提高 0.61 个百分点。累计发明专利授权 18224 件，年均增长 28.4%。2016 年发明专利授权占专利授权比例达 13.7%，拥有有效发明专利的企业超过 3000 家，每万人发明专利拥有量达 23 件。财政对科技投入增加较快，五年间财政科技支出累计达 216.7 亿元，年均增长 15.0%。2012 年由宁波大学为主完成的"非线性应力波传播理论及应用"项目获得国家自然科学二等奖，首次获得国家自然科学奖。创新主体不断增加，2016 年末共有省级企业研究院 47 家、市级企业研究院 104 家，省级高新技术企业研究开发中心 344 家，市级以上企业工程（技术）中心 1188 家（其中国家认定企业技术中心 17 家）。人才规模质量不断提升，五年来新增各类人才总量 92.2 万人，2016 年末人才总量达 201.3 万人。高技能人才从 2012 年的 21 万人增加到 2016 年的 33.3 万人，高技能人才占技能人才比重达到 25.8%。

（二）创业活力不断释放

商事制度改革深入推进，自 2014 年 3 月 1 日注册资本登记制度改革以来，已有新登记公司 97257 家，占所有公司制企业的 46.8%，新增注册资本 5931.4 亿元，占所有公司注册资本的 35.9%。2016 年末实有内资企业 29.1 万户，注册资本 26295.3 亿元，分别是 2011 年的 1.8 倍和 4.6 倍。2016 年成功入选"国家第二批小微企业创业创新基地城市示范"，未来 3 年将获得中央财政扶持资金 9 亿元，为促进小微企业蓬勃发展，推动大众创业、万众创新提供新机遇。2016 年小微企业营业收入 15184.6 亿元，占全部企业营业收入的 42.0%。

（三）新动能加快成长

新兴产业加快增长。十大产业中，2016 年规模以上高端装备制造业增加

值增长10.2%，时尚制造业增长10.0%；规模以上贸易物流业增加值增长14.4%，健康服务业增长12.3%；规模以上信息经济核心产业服务业营业收入增长18.5%。战略性新兴产业中，新一代信息技术、新能源汽车、生物、新材料产业增加值分别增长30.6%、9.5%、7.9%和7.5%，增速均高于全市规模以上工业平均水平。新产品较快增长。2016年规模以上工业新产品产值率为32.0%，比2011年提高13.1个百分点。列入国家“三新”统计的新产品产量中，新能源汽车产量增长11.8倍，碳纤维增强复合材料增长67.2%，光缆增长60.5%，智能手机增长32.1%，太阳能电池增长16.8%，生产工业机器人2158套。新业态蓬勃发展。网络消费快速增长，2016年网络零售额突破千亿，达1024.6亿元，2014年以来年均增长56.2%。网络销售带动了快递业务快速增长，2016年快递服务企业业务量完成5.07亿件，比上年增长66.2%；业务收入5.84亿元，增长45.8%，快递业务量和业务收入均居全国城市第13位，计划单列市第2位。

三、产业结构调整优化，转型升级取得进展

（一）农业现代化水平明显提升

农业集约化、专业化、组织化和社会化水平稳步提高，2014年成功创建成为国家现代农业示范区，综合评价得分为75.25分，提前迈入基本实现农业现代化阶段，2015年得分进一步提高到77.83分。鼓励发展规模经营，2016年土地流转率和规模经营率均达到69%。大力培育新型农业经营主体，2016年末市级以上农业龙头企业251家，其中国家级9家、省级39家；市级龙头企业累计已获中国名牌11件，中国驰名商标26件，浙江省著名商标57个，浙江名牌58个，获国家发明专利552件。农业休闲旅游成为农村经济一大亮点。累计培育全国休闲农业与乡村旅游示范县4个，总数位居全省第一，市级以上农家乐特色村（点）176个；2016年农家乐休闲旅游接待游客4197.5万人次，营业收入41.5亿元，五年来年均分别增长31%和34%。

（二）工业经济转型升级稳步推进

坚持工业主体地位不动摇，推进工业经济调结构促转型，全面实施“四换三名三创”工程，工业增加值由2011年的2559.4亿元提高到2016年的3766.6亿元，年均增长7.7%。临港工业加快向“集群化、循环化、高端化”发展，传统优势产业加速由块状经济向现代产业集群转型，成功引进上海大众、中国南车等投资超百亿的重大项目。汽车制造业跃升为宁波工业第一大行业，2016年汽车制造业增加值403.6亿元，是2011年的3.7倍，占规模以上工业增加值的14.4%，比2011年提高9.2个百分点。工业产业结构持续向高层

次演进,2016 年高新技术产业增加值、装备制造业增加值占规模以上工业的比重分别达到 41.2%和 47.2%,比 2011 年分别提高 8.0 和 10.3 个百分点。效益效率不断提升。2016 年规模以上工业企业利润总额 993.8 亿元,利税总额 1746.9 亿元,2011 年以来年均分别增长 9.5%和 7.9%。受益于一系列降本增效政策的实施,规模以上工业企业单位成本下降明显,2016 年百元主营业务收入成本 82 元,比 2011 年下降 4.1 元。从经营成果看,2016 年规模以上工业企业主营业务收入利润率 7.5%,比 2011 年提高 2.1 个百分点;成本费用利润率 8.3%,比 2011 年提高 2.6 个百分点。企业生产效率显著提升,规模以上工业企业劳动生产率从 2011 年的 14.3 万元/人提高到 2016 年的 19.7 万元/人,按可比价格计算,年均提高 9.5%。

(三)服务业对经济增长贡献显著提升

2016 年,服务业增加值 3996.9 亿元,是 2011 年的 1.6 倍,五年年均增长 8.2%,高出 GDP 增速 0.6 个百分点,占 GDP 的比重由 2011 年的 41.2%提高到 2016 年的 46.8%,年均提高 1.1 个百分点。商务贸易快速发展,2016 年商品销售额达 1.97 万亿元,是 2011 年的 2.1 倍,年均增长 16.0%。社会消费品零售总额突破三千亿元,达到 3667.6 亿元,2012 年以来年均增长 12.7%。金融实力显著增强,2016 年金融机构本外币存贷款余额分别达到 16989.3 和 16622.9 亿元,分别是 2011 年的 1.59 倍和 1.56 倍。推进跨境电子商务发展,2016 年 1 月获国务院批复成为第二批跨境电子商务综合试验区,2016 年跨境电子商务交易总额为 270.14 亿元人民币,占宁波外贸进出口总额的比重达 4.0%,比 2015 年提高 3 个百分点,其中跨境电商进口额为 53.6 亿元人民币,出口额为 216.5 亿元人民币,均居全国前列。

(四)节能减排成效显著

严格按照国家“十二五”节能降耗控制目标要求,认真贯彻落实各项政策措施,关停并转了一批高耗能、低产出的企业,优化用能结构。清洁能源和可再生能源开发利用明显加快,2015 年底清洁能源发电装机占全市发电总装机的比重超过 19%,一次能源消费中,煤炭消费占比下降 8.8 个百分点,清洁能源利用占比上升 2.8 个百分点,达到 4.5%。能源利用效率显著提升,“十二五”期间单位 GDP 能耗累计下降 18.7%,超额完成“十二五”节能降耗目标任务。“十二五”期间累计削减化学需氧量 24.85%、氨氮 14.75%、二氧化硫 26.84%、氮氧化物 38.27%,四项主要污染物均超额完成“十二五”总量减排目标任务。

四、有效投资增长较快，城市品质加速提升

（一）投资规模不断扩大

围绕“扩内需、保增长、惠民生”的总体目标，积极扩大有效投资。2012年以来，固定资产投资累计1.98万亿元，年均增长15.8%。基础设施投资累计5585.1亿元，年均增长18.5%；工业投资累计6112.1亿元，年均增长17.1%，其中工业技术改造投资年均增长19.0%，占工业投资的比重从2011年的70.5%上升到2016年的76.5%；房地产开发投资累计5834.8亿元，年均增长11.0%。销售商品房累计4276.2万平方米。

（二）现代都市建设成效明显

深入实施现代都市战略“50100工程”，“一核两翼、两带三湾”网络型现代都市格局进一步形成。“三江六岸”滨江休闲带核心区基本建成，沿江16万平方米绿地焕然一新。快速路网建设扎实推进，机场快速干道、南北环快速路相继建成，基本形成了“一纵两横”快速路骨架网络。加强城市精细化管理，“微停车”平台进入试运行，道路停车更加有序便捷；市容环卫全面提升，道路清爽行动持续开展，生活垃圾分类稳步推进，中心城区31条街道584个小区31.8万户家庭参与分类，分类收集覆盖面达73%；智慧城管网格覆盖扩大至414.7平方公里，单元网格4930个，网格覆盖面积占建成区城市化管理区域均到达90%。“四车一体”公共交通服务体系基本形成，成功申报国家公交都市创建城市，实施市区公交1小时优惠换乘和中轻度残疾人免费乘坐公共交通，平均每年有超过5000万人次受益。建成公共自行车网点1582个，投放车辆40243辆，自2013年以来累计租车量突破1亿次大关。轨道交通形成“十字形”运营骨架，运营里程75公里，27.2万人次，单日最高99.6万人次。基本实现全域公交化，中心城区公交站点300米覆盖率达到94.3%。成功列入国家新型城镇化综合试点，常住人口城市化率由2011年的69.0%提高到2016年的71.9%。

（三）美丽乡村建设亮点纷呈

全面实施农村品质提升行动，“十二五”累计创建全面小康村229个，中心村119个，特色村115个，精品线31条，7个县市成功创建省美丽乡村先进县（市）。2016年农村生活污水治理村覆盖率92.0%。世行污水治理项目进入全面扫尾阶段，累计实施144个行政村项目，受益农户5万户、人口16万人，被世行评为“工程质量”和“实施效果”双满意项目。全力实施农村生态环境建设专项行动，累计创建省级森林村庄149个，森林覆盖率超过50%；实施农村垃圾“三化”处理，开展农村生活垃圾减量化资源化无害化处理村500个，其中

列入省级机械成肥分类处理试点村30个。实施美丽乡村分类创建专项行动，组织开展美丽乡村合格村、示范村、示范乡镇和风景线创建，各地累计开展创建美丽乡村合格村316个，示范村37个，启动示范乡镇创建15个、风景线创建15条，象山县已成功创建省第一批美丽乡村示范县。

（四）环境整治有力推进

践行“绿水青山就是金山银山”的战略思想，打出“五水共治”“四边三化”“三改一拆”等环境治理组合拳，生态建设水平显著提升。巩固“河长制”管理机制，形成7933条市、县（市）、乡（镇）、村四级河道“河长制”全覆盖。大气污染防治取得重大突破，全市建成“禁燃区”1083平方公里；开展黄标车淘汰工作，累计淘汰黄标车11万辆，实施黄标车全面禁行。2016年末累计创建国家级生态区县（市）5个，省级生态区县（市）9个，国家级生态乡镇（街道）96个，国家级生态村2个，省级生态乡镇（街道）121个。

五、主动参与国家“一带一路”建设，开放优势继续巩固

（一）外贸转型发展迈出新步伐

2013年外贸自营进出口总额首次突破千亿美元，成为浙江首个、长三角地区第三个外贸总额超千亿美元的城市。2016年外贸自营进出口总额6262.1亿元，其中出口4359.4亿元，外贸进出口总额、出口总额分别占全国的份额为2.6％和3.1％。2012年以来新增对外贸易经营备案登记企业1.56万家，累计达3.34万家。从企业性质看，民营企业（包括私营企业和集体企业）出口额占全市出口总额的比重从2011年的54.0％提高到2016年的67.7％；从贸易方式看，一般贸易出口额的比重从2011年的78.6％提高到2016年的85.9％；从贸易伙伴看，2016年直接开展贸易往来的国家和地区达223个，对欧盟、美国、东盟国家的进出口额占比由2011年的21.2％、14.5％、7.4％分别提高到2016年的21.6％、18.2％和8.6％。2016年与“一带一路”沿线国家的进出口总额达248.2亿美元。

（二）对外合作水平进一步提高

2012年以来累计实际利用外资189亿美元，五年年均增长9.9％。“走出去”步伐明显加快，境外投资范围进一步扩大，推进新兴服务贸易与传统劳动密集型服务贸易出口相结合，使境外投资逐步向物产服务、文化交流等领域发展，2012年以来累计核准中方境外投资额107.4亿美元，实际中方境外投资59.1亿美元。国内区域合作稳步推进，五年来累计引进内资3707.6亿元，浙商甬商项目实际到位资金2776.7亿元。

（三）国际交往稳步发展

2016 年接待入境游客 173.5 万人次，是 2011 年的 1.6 倍，年均增长 10.1%；入境旅游外汇收入 9.2 亿美元，年均增长 7.1%。承办亚太经合组织首次高官会议，同时成功举办首届中国—中东欧国家投资贸易博览会、中国网博会等重大活动，多次荣获全国优秀会展城市、中国十佳品牌会展城市等奖项。城市交流日益密切，2012 年以来先后与新西兰奥克兰市、韩国大邱市结为友好城市，友好城市总数达 14 个。

六、港口集散能力显著增强，国际强港建设顺利推进

（一）港口综合实力显著提升

2016 年，宁波舟山港货物吞吐量 9.2 亿吨，居全球港口首位，集装箱吞吐量突破 2000 万标箱，达 2156.1 万标箱，超越韩国釜山和中国香港，跃居全球第四位。截至 2016 年年底宁波港现有港口泊位 327 个，其中万吨级及以上 106 个，码头前沿最大水深 27.5 米。

（二）港航战略合作不断深化

加强港口开放合作，与世界上 90 多个国家（地区）的 560 多个港口实现通航，成为全国超大型船舶最大集散港，现共拥有航线 232 条，其中远洋干线 111 条，近洋支线 69 条，内支线 20 条，内贸线 32 条，月均航班 1555 班。立足港城融合发展，成功举办中国航海日活动，规模效应创历史之最。推动 4 条海上丝路宁波指数（NCFI）登陆伦敦波罗的海交易所，填补了其在集装箱指数领域的历史空白。大力发展多式联运，集装箱联运海铁实现跨越式提升，从 2011 年的 4.7 万标箱到 2016 年的 25 万标箱，年均增长 39.9%，居全国 6 个示范通道首位，水中转比例达到 23%，实现杭甬运河宁波段 500 吨级通航。

（三）集疏运网络体系建设进一步完善

宁波高速公路“一环六射”、铁路“南客北货”格局正式确立，国家级综合枢纽地位不断巩固。宁波绕城高速、象山港大桥、穿好公路、杭甬客专、货运北环线、铁路宁波站等一大批重点工程建成投用。2012 年以来新增公路里程 792.7 公里，公路网密度由 2011 年的 106.5 公里/百平方公里提高到 2016 年的 114.6 公里/百平方公里，居中等发达国家水平。新增铁路里程 95 公里，宁波由全国铁路末端上升为南北大通道的重要节点。建成投用 5 个综合枢纽，栎社机场三期扩建工程开工建设。基本实现了“高速通到县，国省道通到镇，一般公路通到自然村”，成为 29 个国家一级物流园区布局城市、37 个国家级流通节点城市和首批 16 个国家级综合运输服务示范城市之一。

七、社会保障稳步提升,民生品质持续改善

(一)文教卫生事业取得新成就

文化强市建设加快推进。2016 年文创产业增加值 586 亿元,占 GDP 的 6.9%。根据浙江省文化发展指数(CDI)报告,2015 年宁波文化发展指数 110.85,居全省第 5 位,比上年提升 1 位。文化惠民渠道进一步拓展,"天一讲堂""天然舞台""天天演"等系列文化服务平台蓬勃发展。文化遗产保护全面加强,中国大运河成功列入世界文化遗产,成功跻身世界文化遗产城市行列;它山堰荣膺第二批世界灌溉工程遗产。"东亚文化之都·2016 宁波"活动年以春夏秋冬为节点,全年各部门、各区县(市)及社会各界共举办文化、教育、体育、宗教、旅游、经贸等各类活动 217 项。促进教育优质发展,取消公办普通高中"三限生"招生,初中升学率达到 99.2%;2016 年末共有各级各类学校 2058 所,在校学生总数 130.5 万人,其中在甬高校 16 所,在校学生 20.1 万人,2016 年高考录取率达 93%,本科录取率达 64.87%。医疗卫生服务水平不断提高。拥有各类医疗卫生机构 4115 个,其中医院 143 所。实有病床 3.5 万张,拥有专业卫生人员 7.2 万人,卫生技术人员 5.9 万人,其中执业医师(含助理)2.3 万人,注册护士 2.4 万人。按户籍人口统计,每千人床位数、卫生技术人员数、执业医师(含助理)数和注册护士数分别由 2011 年的 4.7 张、8.0 人、3.2 人和 2.8 人提高到 2016 年的 5.9 张、10.0 人、3.9 人和 4.1 人。全国首家城市云医院——宁波云医院上线运营。

(二)居民收入保持较快增长

2016 年城镇居民人均可支配收入突破 5 万元,达到 51560 元,2012 年以来年均增长 9.1%,扣除价格因素年均实际增长 7.3%;农村居民人均可支配收入 28572 元,五年年均增长 10.2%,扣除价格因素年均增长 8.2%。2016 年城镇居民人均可支配收入居副省级城市第 2 位,农村居民人均可支配收入连续多年位居副省级城市第一。城乡居民收入比由 2011 年的 1.89∶1 缩小为 2016 年的 1.80∶1,明显低于全国(2.72∶1)和全省(2.07∶1)平均水平。

(三)社会保障体系日趋完善

2012 年以来,城镇新增就业人员 85.6 万人,城镇登记失业率持续控制在 3.5%以内,高校毕业生就业率保持在 95%以上。公共就业服务水平稳步提升,累计实现城镇失业人员再就业 33.9 万人,帮助就业困难人员就业 9.5 万人。社会保障制度不断完善,实现基本医疗和工伤保险市级统筹,建立统一的城乡居民基本养老、基本医疗保险制度,率先开展按病种付费改革,配合医改实施医保差别化待遇、家庭签约医生、服务费医保支付等政策,2016 年末职工

基本养老、基本医疗、失业、工伤和生育保险参保人数分别达到 412.08、386.9、262.48、296.96 和 251.4 万人。累计发行社保卡 790.3 万张，已在人社领域实现登记查询、就医结算、缴费及待遇领取等 92 项应用，实现社保卡医保就医结算市域和省域范围“一卡通”。棚改攻坚强力推进，已累计争取国家政策性贷款 1185 亿元，其中 2016 年 270.9 亿元，启动棚户区改造 542.7 万平方米，其中危旧房改造 288.6 万平方米，城中村改造 254.1 万平方米，高塘一村、二村、潜龙、正大路等一批备受群众关心关注的危旧房小区得到改造，约 2.9 万户家庭从此消除了住房安全之忧。

（四）社会治理水平不断提高

坚持问题导向，主动顺应人民群众的新期待，积极创新社会治理方式，健全重大决策社会稳定风险评估机制，有效预防和化解各类社会矛盾。深化平安宁波建设，公共安全、应急管理、防灾减灾和“12345 政务热线”整合扎实推进，健全立体化社会治安防控体系，严厉打击违法犯罪活动，健全信访维稳和多元化解机制，构建食品药品安全“两网五体系”，推进重点领域“打非治违”，安全生产事故和死亡人数继续十二年下降。严格执行最低工资制度，定期发布人力资源市场工资指导价位和人工成本等信息，指导企业建立工资正常增长机制。建立健全多层次多形式的劳资纠纷调解网络，五年来各级仲裁机构共处理劳动人事争议 5.5 万余件，涉案金额 19.4 亿元。劳动关系总体和谐稳定，用工双方合法权益得到有效维护。

（宁波市统计局）

温州产业结构与经济效益关系的实证研究

合理的产业结构可以使社会资源得到有效的配置，使国民经济具备良好的结构效益，从而能够促进经济持续稳定协调发展。2016 年温州市委十一届十次会议提出，新常态下要解决温州经济的结构性、素质性、体制性问题，更加注重实体经济发展质量和效益。温州市政府工作报告提出，坚持保稳促调，努力提高经济增长质量和效益。基于此，全面研究分析“十二五”时期温州产业结构和经济效益的关系，调整产业结构，增强经济效益，提高经济实力，具有重要现实意义。

一、“十二五”时期温州产业结构升级的主要特征

近几年来，温州市委、市政府出台一系列经济转型升级政策措施，全力破解产业“低、小、散”难题，加快实现经济增长方式由粗放型向集约型的转变，努力走出一条效益好、能耗低的发展路径。通过第三次经济普查及相关统计资料，可以全面了解在政府推动、企业运作的背景下，温州产业结构升级的新变化。

（一）产业结构升级加快，服务业与高新技术产业比重逐步提高

“十二五”时期，三次产业结构从 2010 年的 3.2∶51.2∶45.6 调整为 2015 年的 2.7∶45.5∶51.8，实现了“二三一”向“三二一”产业结构的历史性跨越。第三产业比重首次超过第一产业，成为第一大产业。2015 年第三产业占 GDP 比重 51.8%，比 2010 年提高 6.2 个百分点。同时，第三产业的先期指标，投资比重增加明显加快，预示第三产业发展潜力较大，但是第三产业带动的就业比重提高不大。第三产业的快速提升，既有全国性的服务业成为主导产业的因素，同时也由于“十二五”期间，温州工业经济受到金融风波等因素，造成工业经济发展速度明显趋缓的影响。

近几年来，把先进制造业建设作为产业升级的主要方向，在高新技术园区建设、新兴产业项目引进与落实、技改资金支持与研发中心培育等方面加大工作力度，取得积极成效。2015 年装备制造业、高新技术产业、战略性新兴产业增加值分别占规模以上工业比重为 36.8%、43.4%和 21.8%，比“二经普”时有明显提高。规上工业新产品产值率为 23.9%，比 2010 年提高 13.9 个百分点。省级以上高新技术企业 831 家，比 2010 年增加 518 家。科技活动企业

数、科技活动人员和科技经费投入数分别比2010年增长90.2%、76.3%和85.0%，专利申请数与新产品产值增长一倍多，创新能力逐步增强(见表2)。

表1 温州市第三产业变动情况表 单位:%

指标	2015年	2010年	提高百分点
第三产业增加值比重	51.8	45.6	6.2
第三产业限额以上投资比重	70.7	65.2	5.5
第三产业从业人员比重	39.5	37.6	1.9

数据来源:《温州统计年鉴》

表2 温州市企业科技活动及科技投入情况表

指标	单位	2015年	2010年	增长率(%)
R&D活动企业数	家	1613	848	90.2
R&D活动人员数	人	40508	22971	76.3
R&D经费内部支出	亿元	70.6	32.24	85.0
新产品产值	亿元	1195.0	445.5	168.3
专利授权量	项	27098	10544	157.0

(二)生产要素投入逐步调整，要素构成向资本密集型和技术密集型转变

产业结构仍以劳动密集型为主，但近几年来企业装备迅速更新，“机器换人”逐步加快，技术水平大幅提高，由粗放经营逐步向集约经营转变。2015年，规模以上工业企业固定资产1041亿元，人均固定资产原值达到21.5万元，比2010年增长50.2%。企业技改规模不断扩大，技术创新力度加大，2010—2015年工业技改投资2130亿元，年均增长31.4%。工业技改投资占工业性投资比重为75.8%，比2010年提高13.7个百分点。2015年全社会R&D经费支出78.8亿元，比2010年提高150.7%，占GDP比重1.71%，比2010年提高0.63个百分点。规模以上企业有R&D经费支出的企业1744家，比2010年增加924家。有1229家企业设置了科技研发机构，科技研发活动人员达5.96万人，比2010年提高53.6%。“机器换人”成效明显，企业劳动生产率不断提高，2015年，规模以上工业企业全员劳动生产率14.7万元，比2010年增长45.7%，年均递增7.3%。

(三)资源过度消耗得到控制，节能降耗工作取得成效

从经济发展与资源消耗的关系看，“十二五”期间温州经济发展速度总体

要快于资源消耗增长，在生产总值、财政总收入年均增长7.8%与9.7%的情况下，工业用地面积年均增长1.2%，工业用电量年均增长0.4%，供水总量年均增长0.6%。特别是"十二五"期间，在降低能耗方面取得成效，万元GDP能耗作为约束性指标，五年时间降低22.1%，超额完成单位GDP能耗下降目标任务，完成率居全省第一位。

（四）企业规模化发展加快，产业集中度提高

近五年来，工业企业向规模化、集群化发展的态势比较明显。2015年，工业规模以上工业企业5013家，同口径比较，比2010年增加1005家；规模以上工业产值占全部工业产值比重达到66.2%，同口径比较，比2010年提高4.0个百分点。其中亿元以上企业963家，比2010年增加181家，亿元以上工业产值占全部规模以上工业产值比重达到70.2%，比2010年提高2.7个百分点。2015年，大型工业企业有44家，比2010年增加26家。

表3　温州市工业企业结构情况表

企业结构分类	2015年				2010年			
	企业数		工业产值		企业数		工业产值	
	总量（家）	比重（%）	总量（亿元）	比重（%）	总量（家）	比重（%）	总量（亿元）	比重（%）
全部工业企业	136853	100	7555.5	100	155101	100	6516.5	100
#规模以上	5013	3.67	4997.9	66.15	4008	2.58	4048.5	62.13
#亿元以上	963	0.7	3509.5	46.45	782	0.50	2733.9	41.95
规模以下	131840	96.34	2557.6	33.85	151093	97.42	2468.1	37.87
#个体户	86933	63.53	1085.4	14.37	122969	79.28	1425.5	21.88

数据来源：《温州统计年鉴》，2010年规模以上企业标准调整为2000万元以上。

通过整合提升优势产业，同时淘汰一批高污染、高能耗的劣势产业的方式，行业结构得到改善，集中度逐步提高。2010年，超过100亿元产值的行业有电气、皮鞋、塑料制品等11个行业，产值占全部规模工业比重79.5%（见图1）。

2015年，电气、皮鞋、通用设备、服装制造业等14大行业产值超过100亿元，比2010年增加有色金属、专用设备和黑色金属3个行业，14大行业产值占全部规模工业比重86.1%（见图2）。同时，新材料、新能源、医药与电子仪器等新兴优势行业也得到较好的发展。

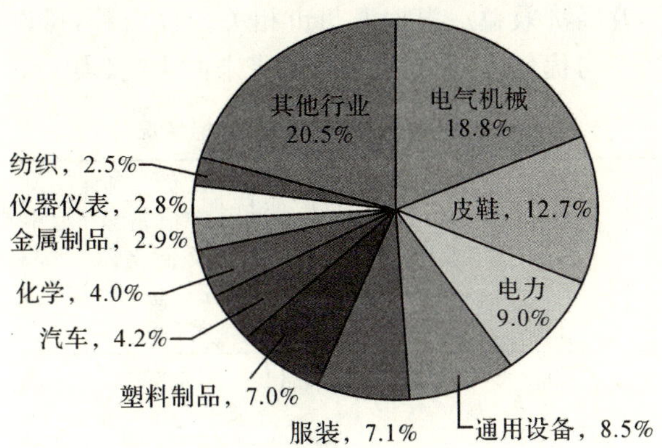

图 1　2010 年温州规模以上工业分行业产值比重

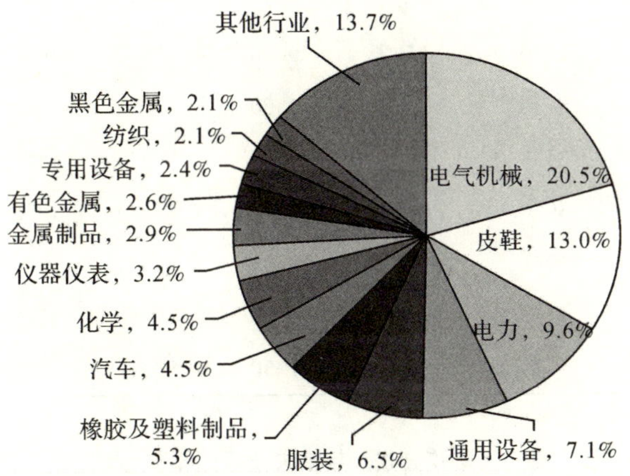

图 2　2015 年温州规模以上工业分行业产值比重

数据来源:《温州统计年鉴》《温州市第三次经济普查主要数据》。

(二)出口产品结构升级,机电产品出口比重提高

温州产业结构升级也带动了出口产品的不断升级,在出口产品结构中,2015 年机电类产品出口占全部出口产品的比重 42.4%,比 2010 年提高 3.7 个百分点,而鞋类、服装等传统产品出口比重均比 2010 年有不同程度的下降。

二、温州产业结构升级与经济效益提升的内在联系

所谓经济效益,是指通过商品和劳动的对外交换所取得的社会劳动节约,即以尽量少的劳动耗费取得尽量多的经营成果,或者以同等的劳动耗费取得更多的经营成果。产业结构状况直接关系到经济效益,产业结构的优化升级,

有利于更好地提升经济效益。根据温州市相关统计资料，可以更加清晰地揭示产业结构的演变与优化，对宏观经济效益带来的影响(表 4)。

表 4 财政总收入与相关指标情况

年份	财政总收入(亿元)	GDP(亿元)	第三产业比重(%)	新产品产值占工业总产值比重(%)	百亿行业产值占规模企业总产值比重(%)	大中型企业利润(亿元)	外资和港澳台企业利润率(%)
2005	204.9	1590.8	41.5	6.14	72.57	59.39	5.61
2006	241.1	1826.9	41.4	11.30	70.78	70.55	5.75
2007	293.3	2146.6	42.7	10.40	72.44	95.77	4.93
2008	339.8	2407.5	43.6	8.75	79.44	95.55	5.06
2009	360.7	2520.5	45.2	9.76	79.30	105.42	5.37
2010	411.4	2918.8	45.6	10.50	85.52	151.32	6.34
2011	485.6	3408.0	46.7	8.06	86.11	142.87	5.21
2012	517.9	3670.6	48.2	14.76	81.74	128.36	5.43
2013	565.6	4024.5	49.6	18.71	86.01	133.46	6.22
2014	611.0	4303.0	50.1	20.47	86.04	159.06	9.08
2015	677.9	4619.8	51.8	24.56	86.12	148.90	9.48

表 5 财政总收入与相关指标的相关系数

X1	X2	X3	X4	X5	X6	X7
1.000	0.999	0.993	0.853	0.879	0.900	0.721
0.999	1.000	0.992	0.856	0.875	0.896	0.718
0.993	0.992	1.000	0.861	0.869	0.876	0.725
0.853	0.856	0.861	1.000	0.559	0.647	0.852
0.879	0.875	0.869	0.559	1.000	0.936	0.520
0.900	0.896	0.876	0.647	0.936	1.000	0.607
0.721	0.718	0.725	0.852	0.520	0.607	1.000

通过 Eviews 进行回归分析，分别用 X1、X2、X3、X4、X5、X6 和 X7 表示，

财政总收入与GDP、第三产业比重、新产品产值占工业总产值比重、百亿行业产值占总产值比重、大中型企业利润、外资和港澳台企业利润率,除外资和港澳台企业利润率中度相关外,财政总收入与其他指标具有高度相关性。

表6 温州市经济发展与经济效益变动情况

指标	2015年	2010年	2015年比2010年增幅	年均增幅
地区生产总值(亿元)	4619.8	2918.8	45.7	7.8
第三产业占GDP比重(%)	51.8	45.6	6.2	1.2
财政总收入(亿元)	677.9	411.4	64.8	10.5

注:地区生产总值增幅按可比价比较,第三产业占GDP比重年均增幅为提升百分比与年均提升百分比。

从近五年经济发展与效益变化相关指标情况看(表6),随着国民经济平稳较快增长,产业内部结构继续改善,财政总收入增长明显好于GDP增长。温州产业结构升级带动经济效益提升主要表现为以下几个方面:

(一)服务业发展有利于提高经济运行综合效益

服务业发展水平是反映经济转型升级的重要指标,不但对节能减排、节约用地、增加就业等方面有重要作用,而且有利于提高经济运行综合效益。2015年,服务业发展快于经济发展1.6个百分点,对国民经济贡献率从2010年的41.9%提高到56.1%,占国民经济比重提高6.2个百分点,有效地改善了宏观经济效益。据表5的相关系数分析,财政总收入与第三产业比重具有高度相关,相关系数为0.99。按照国民经济核算的结果,第三产业投入产出率为58.2%,是工业企业的2.7倍,是建筑业的2.6倍;第三产业每百元增加值的税利比重50.9%,均超过工业企业、建筑业的1.7和22.9个百分点;其中每百元增加值的利润比重38.7%,分别超过工业企业、建筑业的7.3和25.7个百分点。服务业主要是提供地方税收收入,对改善地方税收比重过低的局面也起到较好的效果。从三次产业对GDP产业弹性来看,一、二、三产业产出率分别为0.17、0.39和0.43,三产对经济的拉动作用最大。

(二)先进制造业发展产生科技投入效益

近几年来,随着先进制造业在国民经济的比重逐步提高,企业经济效益也得到逐步改善。2005年至2015年,新产品产值占比从6.1%提高到24.6%,据表5,财政总收入与新产品产值的相关系数为0.85,具有高度相关性。2015年装备制造业、高新技术产业、战略性新兴产业综合销售利润率分别为6.8%、

8.2%和 7.3%，分别高出全市平均 0.4、1.8 和 0.9 个百分点。

（三）产业集中度提升形成集群效益

在产业集中度提升过程中，龙头企业及关联企业迅速壮大，集群性的大行业形成，有效地实现了集群效益。2005 年至 2015 年，百亿行业产值占规模工业企业总产值比重从 72.6%提高到 86.1%，据表 5，财政总收入与百亿行业产值占规模工业企业总产值比重的相关系数为 0.88，具有高度相关性。2015 年，百亿行业利润总额达到 250 亿元，占规模以上工业利润比重为 90.4%，比 2010 年提高 4.4 个百分点，其中电气、皮鞋皮革、服装、汽摩配、泵阀五大支柱行业的销售利润额达到 147 亿元，占规模工业企业利润 53.1%。由于集群性大行业的形成，有力地支撑了上下游配套行业的发展，为广大中小型企业的创收与发展提供了非常有利的条件。

（四）企业规模化发展带动规模效益

从温州市经济普查结果看，2010 至 2015 年，主营业务收入 2000 万元以上规模企业从 4008 家增加到 5013 家，主营业务收入 2000 万元以上规模企业工业总产值从 4048 亿元增加到 4998 亿元，规模以上工业产值占全社会工业产值的比重从 62.1%提高到 66.2%，经测算可以提高工业增加值率 0.26 个百分点。在规模以上工业企业中，2015 年大型企业销售利润率为 11.3%，中型企业销售利润率 6.4%，小型企业销售利润率 4.9%，差距比较明显。据表 5，财政总收入与大中型工业企业利润的相关系数为 0.90，具有高度相关性。

（五）外向型经济发展获取综合效益

温州外向型经济比重较低，民资与外资对接尚处于逐步发展阶段。从经济普查结果看，外向型经济对提升本地经济总体实力是显而易见的，如长三角经济圈城市的苏州市与海西经济圈城市的厦门市。2010 年至 2015 年，外资经济逐步得到发展，外资经济效益要好于内资企业，2015 年外商投资企业成本费用利润率为 7.9%，港澳台投资企业成本费用利润率 14.2%，均高出全市成本费用利润率 6.4%的平均水平。据表 5，财政总收入与外资和港澳台企业利润率的相关系数为 0.72，具有中度相关性。

从产品出口情况看，2015 年工业生产的工业品出口占全部规模工业销售产值比重为 15.8%，“十二五”期间产品出口规模受国际金融风波等因素影响，产品出口增势趋缓。出口产品具有资金回笼快、利润率较高、获取国际市场信息以及享受出口退税政策等优势，同时为温州经济融入世界经济提供广阔的空间。

三、温州产业结构升级与经济效益提升的突出问题

传统型产业占主体,产业低层次与低效益一直困扰着温州经济运行质量的进一步提升,2010 年至 2015 年,财政收入占 GDP 的比重一直在 14%左右,低于我国平均 20%以上的水平,也远低于国际标准 40%左右的水平。2015 年规模以上工业企业销售利润率仅为 6.4%,处于较低的水平。这充分表明,从产业布局方面,还是"低小散"格局,从经济效益上看还是处于高投入、低效益阶段。主要表现在:

(一)国内外宏观环境对经济效益的深度影响

由于受到国际金融危机和温州金融风波产生的影响,2015 年温州财政与企业利润增速下降,甚至低于同期 GDP8.3%的增速。全年财政总收入 678 亿元,比上年增长 6.5%,其中公共财政收入 403 亿元,增长 7.0 %。多数企业市场需求疲软,产能过剩,工业品出厂价格下降和劳动力成本上升不断挤压盈利空间。规模以上工业企业实现利润总额 254 亿元,仅增长 1%。4779 家规上工业企业中 456 家企业亏损,亏损面达到 9.5%,亏损企业亏损额达 19 亿元,增长 53.2%。

(二)现有许多传统产业维持"微利保本"或亏损格局

在温州 33 个工业行业中,有 23 个行业的成本费用利润率低于全市平均水平,这些行业在劳动力、商务成本等不断上升的背景下,消化成本能力弱,企业处于"微利保本"状态。在这些行业中,企业亏损面超过 10%的有 11 个行业,有色冶炼、黑色冶炼、金属制品、非矿物质制造、纺织业等亏损率非常明显(见表 7),产业升级难度大。

表 7 2015 年温州主要工业行业亏损情况表

行业名称	企业单位数(家)	工业产值(亿元)	行业产值占规模工业比重(%)	成本费用利润率(%)	亏损率(%)
石油加工、炼焦和核燃料加工业	2	26.7	0.5	−2.5	112.2
非金属矿采选业	4	1.3	0.0	−4.6	210.7
燃气生产和供应业	9	11.4	0.2	−18.1	13.1
水的生产和供应业	22	20.2	0.4	−4.1	45.3

续　表

行业名称	企业单位数（家）	工业产值（亿元）	行业产值占规模工业比重(%)	成本费用利润率(%)	亏损率(%)
废弃资源综合利用业	2	0.5	0.0	0.6	48.4
木材加工和木、竹、藤、棕、草制品业	6	3.3	0.1	3.0	52.6
铁路、船舶、航空航天和其他运输设备制造业	47	24.2	0.5	3.6	61.4
有色金属冶炼和压延加工业	85	122.0	2.5	1.7	66.3
橡胶和塑料制品业	368	264.1	5.3	3.8	64.2
金属制品业	264	151.0	3.1	3.5	65.5
非金属矿物制品业	95	98.6	2.0	3.6	68.3

（三）国有竞争性服务业呈现“负效益”状态

国有竞争性服务行业体制改革相对滞后，产业转型慢，投入产出效益有待提升。2015年，3571家国有事业单位，占用资产总额783.9亿元，基本处于“负效益”状态。在国有成分占较大比重的教育、卫生、文化、体育及旅馆业等，经济效益明显低于其他竞争性的服务性行业。地方政府新投资建设的交通运输业、会展业、旅馆业等第三产业领域效益也亟待改善。

（四）区域产业结构不同导致效益差距

由于各县（市、区）产业经济发展条件差距较大，产业结构各异，且产业结构调整进程不同，导致经济效益差距比较明显。如乐清市以电气、电子元器件作为主导产业，企业规模较大，行业集中度高，规模以上工业产值与利润分别是瑞安市的1.45倍和2.20倍。永嘉县以泵阀、鞋革等作为主导产业，规模工业利润分别是平阳、苍南县的2.07倍与1.28倍。（见表8）

表 8　2015 年温州市八个县(市、区)规模工业经济效益比较

地区	主导工业行业	工业产值		工业利润	
		规模以上工业产值(亿元)	占全市比重(%)	规模以上工业利润(亿元)	占全市比重(%)
全市	电气、汽摩配、鞋革、服装、泵阀	4944.2	100.0	276.82	100.0
鹿城	鞋革、服装	309.1	6.2	11.35	4.5
龙湾(含开发区)	泵阀、黑色金属、塑料制品	803.9	16.1	31.38	12.3
瓯海	服装、鞋革	494.0	9.9	22.6	8.9
瑞安	汽摩配、机械、高分子材料	885.8	17.7	40.9	16.1
乐清	电气、电子元器件	1286.9	25.7	89.9	35.4
永嘉	泵阀、鞋革、服装	365.2	7.3	25.21	9.9
平阳	塑料、制革	284.9	5.7	12.2	4.8
苍南	印刷、包装、纺织	289.3	5.8	19.74	7.8

(五)出口企业产品档次有待提高,无序竞争导致效益流失

温州出口产品以传统轻型工业品为主,科技含量、附加值偏低,特别是在当前国际金融危机的背景下,国际贸易壁垒再度增强,企业在外需不足、同行竞争压力巨大,为了保外贸订单,只能压价竞争。

四、全省及省内先进城市的横向比较

2010 年至 2015 年,温州经济年均增长速度为 7.8%,低于全省平均水平 0.4 个百分点,居全省各市第 10 位。财政总收入年均增长 10.5%,低于全省平均水平 1.3 个百分点,居全省第 10 位。工业经济增长质量与全省先进城市差距也比较突出,2015 年规模以上工业增加值 1091 亿元,居全省第 5 位;规模以上工业企业利润 254 亿元,居全省第 5 位。

表 9　温州市与全省及省内主要城市效益比较情况

	财政总收入		规模以上工业	
	2015 年财政总收入（亿元）	2015 年比 2010 年平均增幅（%）	2015 年利润总额（亿元）	2015 年比 2010 年平均增幅（%）
浙江省	8549.05	11.8	3717.72	4.4
杭州	2238.75	12.4	882.63	3.2
宁波	2072.63	12.1	753.40	2.9
温州	677.92	10.5	254.23	2.0
绍兴	602.19	11.5	528.98	5.8
台州	539.78	11.7	207.20	4.1
嘉兴	638.80	13.8	392.20	4.7
金华	516.96	13.6	210.86	4.9

（一）工业行业规模效应比较

2015 年，规模以上工业增加值 1091 亿元，居全省第 5 位，低于杭州、宁波、绍兴、嘉兴市，规模以上工业增加值占全部工业增加值比重 62.0%，分别比杭宁绍嘉低 21.0、12.4、19.1、24.9 个百分点，杭宁绍嘉产值超 500 亿元工业企业分别达到 10、10、5、4 家，温州仅为 3 家。

（二）服务业层次比较

温州地处浙南中心城市，形成消费集聚效应，且居民收入水平较高，对高档消费品有特别的偏好，总体服务业发展较好。但是服务业发展层次仍然偏低、发展极不平衡。2015 年，服务业占 GDP 比重 51.8%，虽居全省第 2 位，但是服务业发展速度 9.9%，居全省第 8 位。特别是信息服务、商务服务、科学技术服务、传媒、文化卫生等行业发展相对滞后，造成服务业投入产出水平总体偏低。2015 年重点服务业（除金融、房地产、批零、铁路外）主营业务收入 375.78 亿元，比上年增长 5%，分别低于杭州、宁波 25.5 和 7.5 个百分点。2015 年重点服务业利润总额 51.02 亿元，分别是杭宁两市的 4.7%和 30.1%。

（三）产业升级比较

温州工业行业仍是以传统产业为主体，科技含量低，产业升级缓慢。2015 年高新技术、装备制造和战略性新兴三大产业增加值占规模以上工业比重分别为 36.8%和 43.4%和 21.8 %，分别居全省第 8、4 和 7 位。2015 年，杭宁绍嘉新产品产值率分别为 35.2%、29.4%、35.7%和 37.8%，温州仅为 23.9%，居全省第 10 位。

4.科技投入经费比较

近几年来，温州科技经费投入力度有所加强，但是与全省及省内先进城市比较，仍有较大差距。近 10 年来，省内先进城市在推进科技进步、培育先进制造业、提高高技术产业比重等方面取得成效比较明显。2015 年杭宁绍嘉 R&D 经费支出占 GDP 比重分别为 3.01%、2.41%、2.27%和 2.73%，温州为 1.71%，居全省第 8 位，主要表现为高端研发人才缺乏，企业研发动力不足，政策扶持力度不够，创新平台不完善等。

五、从提高经济效益的视角把握产业结构升级的目标定位

党的十八大报告提出"加快转变经济发展方式"，是我国国民经济发展战略的一个重大变化。加快转变经济发展方式，就是不能单纯地追求经济增长速度，更重要的是通过经济结构的优化升级，提高经济运行质量和效益，也包括降低消耗、改善资源和生态环境的状况以及和谐发展等各个方面。从提高经济效益的视角，可以为温州，乃至全省产业结构升级提出新思路、新途径，也具有较强的目标性与针对性。

(一)树立以效益为着力点促动产业结构升级的新理念

党的十八大报告指出，转变经济发展方式取得重大进展，在发展平衡性、协调性、可持续性明显增强的基础上，实现国内生产总值和城乡居民人均收入比 2010 年翻一番。"十三五"规划提出，坚持创新发展，着力提高发展质量和效益。在当前温州"财政收入占 GDP 比重不高，企业投入产出不高"的情况下，要更加注重经济效益的提高。要把经济效益作为考核各地经济转型的重要指标，作为引进与培育企业发展的重要指标。要形成动态的提高经济效益的产业发展目录，作为指导产业升级的新导向。

(二)从宏观效益角度合理调整区域产业布局

要立足温州全局，立足各地资源禀赋，从有利于提升温州整体宏观效益的高度，进一步规划温州产业带建设，加大区域产业布局调整力度，指导各地形成若干高效益、高增长性的行业，同时要淘汰一批落后产能。要以沿海产业平台建设为载体，促动温州经济从"公路经济"向"港口经济"发展，从园区外企业向园区内发展。要逐步清理长期形成的"四面开花"与"低小散"的工业产业布局，果断清理生态县的工业污染企业，特别是一些只有产值、没有效益(宏观+微观效益)的落后产能企业。

（三）资源配置向高效低耗企业倾斜

要形成科学的政府资源配置机制，同时指导市场形成合理的资源流向。要改变过去仅仅以投资、产值大小等作为配置资源的传统思路，要深入筛选一批高效低耗的企业，优先配置政府的工业用地、信贷资金、技改支持等资源。同时政府要杜绝对低效高耗能企业的资源配置，使这些企业在市场经济中自然淘汰。

（四）在城市化进程中重点提升现代服务业比重

温州城市框架正在快速拉开，特别是重点乡镇在工业化的推动下正向小城市发展，但是现在城市化有名无实，关键是服务业发展滞后，现代服务业比重不高。在区域经济总量中，服务业比重偏低，如龙湾、瓯海第三产业比重明显偏低，重点乡镇第三产业比重也在30％左右，严重影响了经济运行的质量与效益。要突出城区、县城与重点乡镇地位，重点规划发展服务业，培育、提升现代服务业。

（五）积极引进、培育先进制造企业与发展出口导向型企业

温州经济结构中，传统产业比重明显偏高，发展先进制造业任务十分艰巨，要立足温州产业经济特征，提升电气、汽车配件、泵阀等产业，鼓励发展新能源、生命健康、时尚产业、电子信息产业，以及化学、环保与新材料行业，培育与引进新技术并举，鼓励温州传统企业进行技术创新，转型发展为新兴产业。总之，要在发展先进制造业中提升产品的附加值。

对外贸易是温州外向型经济的必经之路，出口导向型企业是温州对接国际市场的桥头堡，是温州企业走向国际化、参与国际分工的主要阵地。要鼓励发展一批上规模、上档次的企业，作为出口龙头企业，带动关联配套企业发展，鼓励对外贸易企业向生产型企业发展，实现产销联动，获取更好的出口效益。

（六）结合本地特色扶持品牌运作、营销网络建设、虚拟经营、总部经济等创高附加值的企业

通过经济普查发现，温州的服装、皮鞋等传统行业也能获得较高的投入产出水平，这很大一部分归功于管理创新。温州企业的管理创新走在国内前列，主要依靠品牌运作、营销网络建设、虚拟经营、总部经济等途径，如森马、奥康等企业，温州上规模的企业均创建品牌、建营销网络、搞虚拟经营。这是温州企业在产品产销链运作中，向“微笑曲线”两端提升，有效地实现利润最大化。因此，政府要进一步扶持发展这些龙头企业，鼓励通过产销链整合形成一批规模更大、功能更齐全产业集群，产生集群效益。

（温州市统计局　陈宣安　高顺岳）

[参考资料]

[1] 温州市第三次经济普查办公室.温州市第二次经济普查主要数据,2013.
[2] 浙江省第三次经济普查办公室.浙江省第二次经济普查主要数据,2013.
[3] 温州市统计局.温州统计年鉴,2014.
[4] 温州市统计局.温州统计年鉴,2015.
[5] 沈强,等.浙江经济增长与发展方式转变研究[J].浙江统计分析,2007(59).
[6] 冯梅.全球产业转移与提升我国产业结构水平[J].管理世界,2009(5).
[7] 谢超,张悦.基于综合经济效益视角的产业结构调整[J].学习与探索,2010(6).

新常态下嘉兴经济增长动力变化分析

改革开放以来，嘉兴经济保持了三十多年的快速增长，GDP 年均增长率在 1978—2008 年间达到 12.5%，但在高速增长的背后，经济发展的深层次问题也随着外部环境的改变而逐步呈现，2008 国际金融危机以来，GDP 年均增长 9.4%，比 2008 年前 30 年年均速回落 3.1 个百分点，2015 年 GDP 增速进一步回落至 7%，传统的高增长模式难以为继，经济增长的长期趋势趋缓。

一、改革开放以来嘉兴市经济增长演进的阶段

从长期趋势分析，按经济增长谷底到谷底分析，改革开放以来经济发展阶段大致可划分为 1980—1983 年、1984—1989 年、1990—1994 年、1995—1998 年、1999—2009 年、2010 年至今六个大周期，改革开放以来经济持续高速的增长态势到“八五”时期已达到峰值，年平均增长达 17%。“九五”“十五”和“十一五”时期，GDP 年平均增长分别为 11.6%、14.2%和 12.4%，虽仍保持着两位数的增长，但总体已呈现回落态势。进入“十二五”，经济增长的回落趋势更为显著。“十二五”GDP 年均增长 8.6%，低于“十一五”平均 3.8 个百分点。

“十一五”时期是嘉兴经济发展承上启下的重要阶段。前半段在国内消费结构升级和外商投资的带动下，化工、纺织、服装和房地产等行业快速发展，经济呈现平稳较快发展态势。2008 年的“次贷危机”对经济有一定程度的冲击，2008 年和 2009 年 GDP 增速较前期小幅回落，随后在国家“四万亿”投资的带动下，2010 年 GDP 增速迅速反弹至 13.7%，该阶段，经济年均增速仍高达 12.4%，其中第一产业、第二产业和第三产业年均增速分别为 3.3%、12.7% 和 13.5%。

“十二五”时期是嘉兴经济发展步入新常态的阶段。国外市场需求复苏乏力，主要贸易主体经济增长缓慢，经济增长面临较大压力。嘉兴经济增长速度仅 2011 年达到两位数，增长 10.6%，总体呈逐期回落态势，2015 年 GDP 增速为 7.0%，增速为 20 世纪 90 年代以来的最低水平。该阶段经济平均增速 8.6%，其中第一产业、第二产业和第三产业年均增速分别为 0.1%、8.4% 和 10.1%。

二、转型发展阶段嘉兴市经济增长的动力变化

(一)要素投入由数量扩张转向以数量为基础,更注重质量提升

改革开放以来,嘉兴经济快速增长,经济增长主要依赖资源要素的高投入,走的是粗放型发展模式,带来了诸如环境污染、资源浪费和生态破坏等社会问题。随着全社会整体的科技进步、劳动者素质提升和管理机制的优化创新,在新常态下转型压力倒逼下,在要素规模投入提升的同时,综合效率有所提升。依据索洛增长速度方程测算,嘉兴市改革开放以来主要时期要素投入贡献效率如下(具体计算过程略)。

表 1　主要时期各生产要素的贡献率　　单位:%

年份	年均增长率			经济增长贡献份额		
	GDP	劳动投入	资本投入	劳动投入	资本投入	科技进步
1978—1990 年	10.2	1.7	19.4	10.0	72.3	17.6
1991—2000 年	14.3	2.1	26.6	9.1	70.7	20.1
2001—2005 年	14.2	6.6	19.8	28.8	52.9	18.3
2006—2010 年	12.4	3.6	14.8	17.7	45.4	36.9
2011—2015 年	8.6	0.7	11.6	5.1	51.1	43.9

结果反映了以下内容,一是投资拉动经济增长的特征明显。改革开放以来,资本投入持续上升,1982—2015 年固定资产投资平均增速 21.6%,其中 1991—2000 年年均固定资产投资更是达到 27.0%,2008 年国际金融危机之后,通过大力实施重大项目带动战略,带动经济持续健康增长,2008—2010 年固定资产投资年均增长 21.6%,高于“十一五”年均增速 5.4 个百分点,在这期间资本投入对经济增长的贡献率为 49.5%,高于“十一五”时期年均贡献率 4.1 个百分点。“十二五”时期资本贡献率进一步提升至 51.1%,高于“十一五”时期平均水平 5.7 个百分点,表明投资依然是拉动经济增长的要素主动力。

二是科技进步对经济增长的贡献增强。据测算,科技进步贡献率由 1978—1990 年间的 17.6%上升到“十一五”以来的 30%以上的水平,创新逐渐成为经济增长的重要动力。从科技投入看,研究与试验发展(R&D)经费支出占 GDP 的比重由 2000 年的 0.39%提高到 2015 的 2.69%,上升 2.3 个百分点;2015 年规模以上高新技术产业增加值占规模以上工业的比重为 42.3%。科技水平的持续提升,对加快提质增效进程和促进经济结构优化升级,具有重

要的推动作用。

三是劳动力投入对经济增长的贡献份额有所下降。据测算，2001—2005年间贡献率 28.8%，是劳动贡献份额最大的历史时期。随着经济结构优化升级和科技创新技术不断进步，产业部门劳动生产率提高，适龄劳动人口规模逐步趋向平稳，老龄化趋势逐步增强，依靠人力资本高投入带来的人口红利越来越少。近 10 年来，由于大力加强技术革新，提高劳动生产率，劳动投入对经济增长的贡献份额也随之减少。“十二五”时期，嘉兴劳动力投入对经济增长贡献率仅为 5.1%。劳动力投入贡献份额减少，反映经济增长不能再依靠劳动力数量的增加，而要靠劳动力素质的提升以及技术进步，走集约创新之路。

（二）产业增长由产业规模扩张转向更加注重结构优化

产业结构与经济增长的关系极为密切，产业结构的优化将提升经济的效率进而推动经济增长，经济增长也将为产业结构的优化调整提供物质基础。“十二五”以来经济增长步入新常态，产业结构在主动调整中被动加速，对经济保持平稳增长发挥了关键作用。

1. 结构持续优化调整

（1）投入结构改善。投入结构的优化是产业结构优化的前提。一是服务业投入比重持续提高。嘉兴服务业投资占固定资产投资的比重从 1990 年的 25.2%提升至 2015 年的 54.3%，提升 29.1 个百分点，服务业投入比重的提升，增强了服务业的增长潜力，为服务业持续健康发展奠定了扎实基础。二是“四个重大”投资增长较快。2015 年“四个重大”（市标）总投资 1212.3 亿元，增长 16.0%，高于固定资产投资 2.7 个百分点，占固定资产投资比重为 48.2%，比上年提升 1.2 个百分点。三是民间资本投入比重持续提升。民间投资占固定资产投资的比重从 2003 年的 42.7%左右提升至 2015 年的 62.3%，年均增长 17.6%，增速高于固定资产投资 3.7 个百分点。四是创新投入持续增加。从当前水平看，2015 年 R&D 经费支出 94.5 亿元，增长 9.0%，占 GDP 的比重为 2.7%，其中来自政府的科研支持 1.29 亿元，增长 33.7%；从历史趋势看，创新投入从 1988 年的 0.8 亿元到 2015 年的 94.5 亿元，增长 117.1 倍，年均增长 19.3%。科研投入的持续增长，提升了生产效率和经济竞争力。

（2）产出结构优化。在经济规模快速增长的同时，产业结构也持续地调整和优化。一是服务业比重提升。三次产业结构比从 1978 年的 49.8∶33.0∶17.2 变化至 2015 年的 4.0∶52.6∶43.4，其中第一产业比重降低 45.8 个百分点，第二产业和第三产业分别提升 19.6 和 26.2 个百分点，第三产业得到了长足的发展，三大产业结构调整进一步深化，产业布局日趋合理。

表 2 主要年份三次产业比重情况 单位：%

年份	GDP	第一产业	第二产业	工业	建筑业	第三产业
1978	100	49.8	33.0	29.5	3.5	17.2
1983	100	36.0	44.8	40.2	4.6	19.2
1990	100	30.7	49.9	42.8	7.1	19.4
1995	100	18.3	56.4	50.9	5.5	25.3
2000	100	11.5	54.1	48.5	5.6	34.4
2005	100	7.3	58.8	52.5	6.3	33.9
2010	100	5.5	57.7	51.4	6.3	36.8
2015	100	4.0	52.6	47.4	5.2	43.4

二是新产业和新业态规模不断扩大。现代农业取得成效。“十二五”以来，以“两新”工程和“五个一百”示范工程为主抓手，加快粮食生产功能区和现代农业园区建设，特色农业、设施农业和休闲观光农业稳步发展，至 2015 年，累计建成粮食生产功能区 1067 个，面积 94.2 万亩；创建现代农业园区 150 个，验收通过 78 个。工业结构持续优化。2015 年，高新技术产业、装备制造业、战略性新兴产业增加值分别为 612.4、360.7 和 411.3 亿元，增长 12.3%、6.9%和 14.6%，增速比规模以上工业平均水平高 6.7、1.3 和 9.0 个百分点，占比分别为 42.3%、24.9%和 28.4%。新业态不断涌现。以“互联网＋”为代表的信息经济、现代物流、文化特色产业、金融产业和健康产业等经济形态快速发展。2015 年信息经济核心产业、现代物流业、文化特色产业、金融产业和健康产业增加值分别为 225.0 亿元、127.8 亿元、158.9 亿元、255.9 亿元和 112.1 亿元，占 GDP 比重分别为 6.4%、3.6%、4.5%、7.3%和 3.2%。新产业和新业态的培育和壮大对于加快经济转型升级具有重大意义。

2. 新兴产业贡献提升

(1)服务业对经济增长的贡献提升。从主要时期三次产业的贡献率变化看，随着经济发展步入新常态，第三产业贡献份额已经逐渐超过第二产业，对经济保持中高速增长发挥重要作用。“十二五”时期，第三产业对经济增长的贡献率为 56.3%，高于第二产业 13.6 个百分点。

从服务业内部行业看，现代服务业快速发展，成为服务业发展的新亮点。“十二五”期间，现代物流、金融、科技和商务服务等现代服务行业增长较快，增加值年均分别增长 8.5%、10.7%、8.7%和 15.3%，均高于 GDP 平均增速

(8.4%)；商贸业在“互联网＋”的推动下，焕发新的活力，增加值年均增长12.9%，高于 GDP 平均增速 4.3 个百分点。

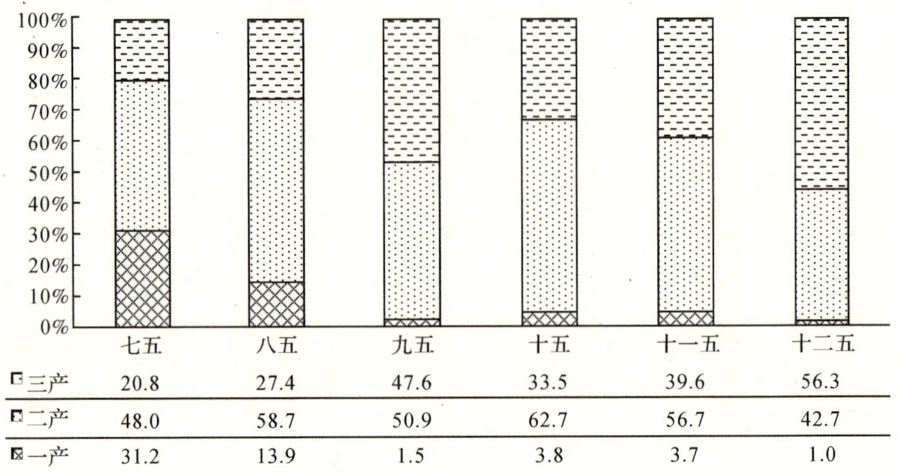

图 1　全市主要时期三次产业贡献率情况

(2)“高新兴”行业对产业增长的贡献提升。从工业内部行业看，“高新兴”行业快速发展，推动工业在新常态下平稳增长。近年来，工业在转型升级相关政策的引导下和市场环境的倒逼下，以战略性新兴产业、高新技术产业和装备制造业等为代表“高新兴”行业快速发展。

“十二五”期间，战略性新兴产业、高新技术产业和装备制造业分别增长1.8倍、2.4倍和47.0%，年均分别增长22.9%、27.6%和8.0%，除装备制造业增幅略低于规模以上工业平均增幅(8.1%)外，均显著高于规模以上工业平均增幅，而同期的纺织业、服装业和皮革业等传统行业产值年均增长分别为2.7%、6.2%和5.8%，均显著低于规模以上工业平均增幅。

从农业看，改革开放以来，种植业保持平稳发展，但总体呈缓慢增长态势，而牧业和渔业保持较快发展，1978 年以来牧业和渔业的年均增长率分别为2.9%和12.3%，高于种植业 0.5 和 9.9 个百分点，牧业和渔业对农业增长的贡献不断提升。

(三)需求动力由外需驱动转向内外需共同驱动

改革开放以来，嘉兴经济在消费、投资和出口“三驾马车”的拉动下快速增长，尤其对外贸易的快速增长对经济贡献尤为突出，近年来，随着经济步入新常态，需求结构的调整呈现积极变化。

1.内需规模不断扩大,结构有所优化

从总量上看,投资和消费规模不断扩大,改革开放以来,固定资产投资和社会消费品零售总额分别从4.2亿元(1982年)、16.6亿元(1985年)增加至2015年的2513.8亿元和1494.6亿元,年均分别增长21.4%和16.2%。尽管从长期看,投资的年均增速超过了消费,但这种趋势在经济发展步入新常态后被逐步改善,消费的持续健康发展对内需的支撑作用不断提升,内需的结构得到优化。“十二五”以来,社会消费品零售总额年均增长13.3%,高于固定资产年均增速2.2个百分点。随着城乡居民收入的提升和扩大内需的政策不断出台和实施,最终消费特别是居民消费对经济的拉动作用在加大,嘉兴居民消费率呈逐年提升态势,2015年居民消费率为29.2%,比2010年提升3.6个百分点。

2.对外贸易增幅趋缓,贸易依存度有所下降

新世纪以来嘉兴对外贸易规模不断提升,进出口总额由2000年的27.3亿美元增长到2015年的310.8亿美元,年均增长17.6%,其中出口额从18.9亿美元增长至229.3亿美元,年均增长18.1%;进口额从8.4亿美元增长至81.6亿美元,年均增长16.4%。世界金融危机之后,市贸易增幅快速回落,2009年进出口总额下降13.3%,其中出口和进口分别下降12.5%和15.1%,随着国际和国内市场需求持续萎缩,贸易增速逐渐回落,2011—2015年进出口总额年均增幅为2.2%,其中出口年均增长4.4%,进口下降3.0%。随着对外贸易发展进入新常态,经济总体对外贸的依存程度持续下降,2015年对外贸易依存度为55.0%,其中出口依存度为40.6%。

三、新常态下动力转换面临的困难

(一)国内外发展环境的深刻变化

世界经济总体处于复苏阶段,但仍存在许多不确定性因素。从国际环境看,全球经济调整效果初显,国际市场需求出现一定回升态势,但美、欧、日等发达经济体复苏进程依然曲折。美国数度推迟加息进程,显示其经济复苏压力重重;英国退出欧盟,给欧洲一体化造成重大冲击,欧元区经济复苏前景复杂难明;日本在数轮大剂量的量化宽松政策下依然步履维艰。新兴经济体经济下行压力较大。中东地区动荡局势仍将持续,造成国际能源供给和价格波动。

从国内环境看,在改革创新、“一带一路”和加快城镇化等政策措施下,我国经济具备稳定较快增长的基本条件。但经济从高速向中高速转换后,短期内不可避免出现了一些矛盾和问题,如传统产业产能严重过剩,新兴产业尚在

孕育中，由于经济下行以及房地产市场不断调整等综合因素造成地方政府财政金融风险加大，企业生产经营困难，财政收入减缓等。这些问题相互联系、相互影响，短期看经济下行压力依然较大，市场复苏缓慢。国内外市场环境的复苏乏力，增加了经济发展转方式调结构的难度和压力。

（二）产业创新能力有待提高

一是服务业发展层次还需提高。2015 年嘉兴服务业比重为 43.4%，低于全省平均水平 6.4 个百分点，居各地市末位。服务业层次较低。现代物流业、创意研发、文化娱乐和信息服务业等现代服务业比重不高，低于全省平均水平，与发展水平相对较高的杭州、宁波和温州等地市相比差距明显。二是工业经济中传统产业和高耗能产业比重较高。2015 年，嘉兴规模以上工业中传统的纺织业、服装业和皮革业产值占 23.0%，八大高耗能行业产值占 51.9%，而附加值较高和更为清洁高效的装备制造业和战略性新兴产业比重较低，分别占 22.8%和 24.7%。三是有效创新能力不够。2015 年，嘉兴 R&D 经费投入 95.9 亿元，占 GDP 比重为 2.73%，高于全省平均水平 0.37 个百分点，仅略低于杭州，居全省第二位，但万人拥有 R&D 活动人员数、高新技术企业占工业企业比重和万人发明专利授权量等指标均低于全省平均水平。

（三）投资增长后劲不足和效率偏低

“十二五”期间，嘉兴投资率由 55%上升至 71.5%，比全省平均高出 9.3 个百分点；投资效果系数由 0.26 下降到 0.07；基础设施投资占固定资产投资比重由 18.7%增加到 21%，工业投资比重由 51.5%下降至 44.5%。产业投资比重下降将使得产业发展的后劲不足，随着重大基础设施的逐步建成，如果不能更有效地激活产业投资，投资增长的空间将十分有限。民间投资增幅近年来也持续回落，2015 民间投资仅增长 6.9%，低于全社会投资增速 5.3 个百分点，比 2014 年回落 14.6 个百分点。大项目尤其是制造业大项目缺乏，使得制造业增长后劲有所不足。

（四）供给侧结构性改革任重道远

一是产能过剩与有效供给不足并存。一方面，部分行业产能过剩。纺织、服装、皮革、化纤、化工等传统产业占规模以上工业比重超过 40%，“十二五”期间有三分之一的工业投资集中在上述行业，多年积累的产能过剩问题愈发突出，产能过剩和设备利用率不足使得产品价格、销售利润持续走低。另一方面，市场所需求的高端、优质产品供给不足。嘉兴只有 146 个浙江工业品牌产品，仅占全省的 7.8%。规模以上工业企业科技活动经费支出占主营业务收入比重仅为 1.7%，研发人员数占从业人员比重仅为 5%左右，科技型企业贷款余额占全部贷款比重也仅有8.7%。产能过剩和有效供给不足的结构性矛盾已经成为制约嘉兴经济转型发展的突出问题。

二是传统动力减弱与新兴动能支撑不足并存。目前,支撑经济增长的新动能正在积聚形成,但速度、总量乃至结构尚不能充分弥补传统动力弱化带来的缺口。从投资看,新兴产业投资占比较低,民间投资增幅持续回落,民间投资的积极性有待进一步激发。从产业看,纺织、服装、皮革等传统产业"十二五"以来持续低速增长甚至负增长,一些增长较快的产业尚不具有规模优势,如信息服务业虽然增长较快但至2015年占服务业增加值比重仅为3%。

三是供给侧改革加快推进与短期成效不足。嘉兴"三去一降一补"取得积极进展,落后产能得到进一步淘汰,可售商品房去化周期降至1年以下,金融机构不良贷款率继续保持全省最低。但从制造业相关指标看,2015年工业企业的资产负债率、利润率和单位收入成本占比分别为56.7%、5.6%和86.3%,这些指标与"十一五"末的2010年相比,资产负债率和单位收入成本占比改善3.2个和0.9个百分点,而利润率下降0.8个百分点,因此供给侧改革取得成效将是一个长期的过程。

四、对策及建议

"十三五"时期,嘉兴仍处于发展的重要战略机遇期,但其内涵和条件发生了深刻变化。面对发展新常态,应以激发社会创造活力为导向,着力增创改革红利,着力提振有效需求,着力实施创新驱动,着力加快产业转型升级,加快推进与上海、杭州的区域中心城市协调对接,培育经济稳定增长的新引擎。

(一)优化产业结构,提升发展内力

2015年,嘉兴服务业占嘉兴市生产总值的43.4%,低于全省平均水平6.4个百分点,居全省末位,按照世界银行数据,近年来,中等收入国家服务业比重53%,高收入国家服务业比重72.5%,低收入国家服务业比重46.1%,按此标准,嘉兴服务业发展明显滞后,产业结构不合理,也制约着区域经济整体素质的提高和经济的持续发展。因此,要加快产业结构的调整和优化,提升服务业发展水平和发展质量。优化市场环境,推进区域特色商品市场的转型发展;以世界互联网大会为契机,大力发展信息产业;充分发挥区位优势,大力发展现代物流业;优化商业布局,提升区域市场活力。加快发展先进制造业和现代服务业,抑制产能过剩行业盲目投资,推动产业结构优化升级。

(二)增加有效投资,挖掘发展潜力

未来投资要把重点放在投资结构的调整上,加大重大产业、重大基础设施、高新技术产业、生态环保等重点领域投入,深化投融资体制改革,不断增强

企业投资意愿和能力，充分激发民间投资活力。围绕重大项目抓投资，狠抓重大项目建设，加快签约、加快落地、加快建设、加快投产、加快见效，形成良性循环。围绕机制创新抓投资，提升科技创新能力和科技成果转化能力。建立以企业为主体、市场为导向、产学研相结合的技术创新体系，引导和激发企业的自主创新行为。搞好创新平台，提升科技成果转化能力。扶持创新型企业家，加强创新型人才的引进与培养，激发各种人才的创新活力，提升创新能力。

（三）改善消费环境，挖掘发展功力

消费需求是经济增长的原动力。新常态下要更加突出消费对经济增长的拉动作用。要发展时尚产业，促进时尚消费。依托皮革、轻纺、经编三大传统产业升级，加大投入开创时尚蓝海，把时尚产业发展与嘉兴城市发展有机结合，不断提升城市品位，打造国内闻名的“时尚之都”，让嘉兴时尚消费成为一个品牌。要打造区域旅游品牌，促进旅游消费。加强区域旅游资源整合，打造嘉兴的旅游品牌，不断丰富旅游产品，加强旅游推介，挖掘旅游消费潜力，将旅游业打造成嘉兴经济支柱产业。要以互联网大会落户乌镇为契机，促进信息消费。加快推进骨干网、城域网和接入网升级改造，完成基础通信网络向下一代高性能互联网转型，积极实施“三网融合”，统筹构建基于云平台技术架构的新一代移动通信网、下一代互联网和下一代广播电视网络建设，促进共建共享和互联互通，实现网络高效利用实施，为信息消费奠定扎实的基础保障。

课题组负责人：蒋明祥
课题组成员：宋振平　严勤斐
执　　　笔：常生群

供给侧结构性改革促嘉兴工业转型升级

习近平总书记提出的供给侧结构性改革是应对经济新常态下经济发展进入新阶段的重大决策，是有效应对当前市场需求不旺、产能结构性过剩、经济发展活力下降、出口下滑等问题的主动选择。在供给侧结构性改革释放的红利下，嘉兴如何实现工业转型升级优化成为重要的命题。本文论述了供给侧结构性改革实施以来嘉兴工业在去产能、去库存、去杠杆、降成本和补短板各个方面采取的措施和表现，并通过综合评价模型，进一步对嘉兴各个县（市、区）的供给侧结构性改革的成效进行评价，并在此基础上提出进一步推进供给侧结构性改革，加快嘉兴工业转型升级的建议。

一、供给侧结构性改革的内涵

在传统要素红利和“三驾马车”动力减弱的新常态下，2015 年 11 月，习近平总书记在中央财经领导小组第十一次会议上首次提出“供给侧结构性改革”，从供给侧寻找解决中国经济增长动力源和动力转换的问题。供给侧结构性改革，就是从供给、生产端入手，通过解放生产力，提升竞争力促进经济发展。具体而言，就是要求清理僵尸企业，淘汰落后产能，将发展方向锁定新兴领域、创新领域，创造新的经济增长点。供给侧结构性改革，是用改革的办法推进结构调整，减少无效和低端供给，扩大有效和中高端供给，增强供给结构对需求变化的适应性和灵活性，提高全要素生产率。

当前，推动供给侧结构性改革，是党中央、国务院适应和引领经济发展新常态做出的重大创新，是适应国际金融危机发生后综合国力竞争新形势的主动选择，是加快全面建成小康社会的必然要求。中国经济发展面对的主要矛盾正在由需求侧转向供给侧，经济下行的主要原因不是周期性的，而是结构性的，面对的主要是供给侧、结构性、体制性矛盾，因而不可能通过短期刺激政策实现经济反弹，而必须通过供给侧结构性改革，重塑经济发展动力，为经济持续健康发展创造条件。

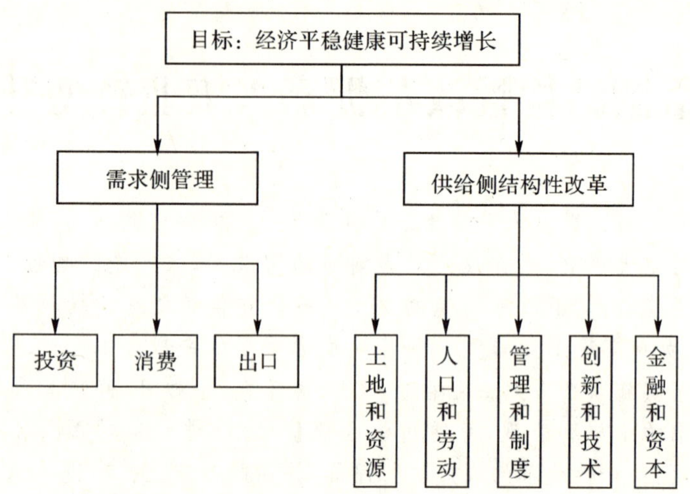

图 1　供给侧结构性改革的理论逻辑和总体思路

综上分析，深刻把握当前的供给侧结构性改革意义重大。供给侧结构性改革有利于当前经济社会发展方式的重大调整，对于形成新的发展理论及发展方式，挖掘新的市场需求潜力，促进新兴产业发展具有重要意义。

二、供给侧结构性改革的积极成效

嘉兴围绕供给侧结构性改革的五大重点任务——“三去一降一补”，积极推进供给侧结构性改革，加快淘汰落后产能，适度降低库存，提高资金流动性，降低企业成本，突破创新短板。

（一）积极稳妥去产能，产业结构更优化

积极稳妥化解过剩产能，将宝贵的资源要素从那些产能过剩的、增长空间有限的产业和“僵尸企业”中释放出来，是“去产能”任务的重要意义。2016 年上半年，嘉兴通过对“低小散”行业进行整治，腾退低效工业用地项目 175 个，腾退面积 6589.9 亩，淘汰落后产能项目 67 个。

一是产能过剩行业扩张趋缓，新兴产业拉动作用明显。2016 年上半年，产能过剩较为突出的行业非金属矿采选业（−28.7%）、非金属矿物（4.3%）、黑色金属冶炼（1.1%）、有色金属冶炼（−6.3%）增加值增速远低于全市规模以

上工业平均水平(5.8%)。传统行业[①]和八大高耗能行业[②]增加值同比分别增长2.3%和4.8%,分别低于全市规模以上工业平均水平3.5和1.0个百分点;与此同时,新兴产业增速继续领跑,高新技术产业、装备制造业增速分别快于规模以上工业平均3.2、4.1个百分点,分别拉动规上工业增长3.8、2.6个百分点。

二是高耗能产业投资比重下降,投资向新兴产业倾斜。2016年上半年,嘉兴高能耗产业投资增速低于工业投资(14.9%)1.0个百分点,占工业投资比重为35.7%,比2015年全年回落2.4个百分点。与之相对应的是,新兴产业投资进一步扩大。高新技术产业(制造业)、装备制造业、战略性新兴产业和电子信息制造业分别同比增长29.7%、25.5%、23.7%和27.4%,均高于工业投资增速;四大产业投资占工业投资的比重分别比2015年全年提高1.9、2.5、0.8和1.2个百分点。投资向新兴产业倾斜有助于进一步理顺供给端,提高有效供给,创造新的生产力。

(二)产成品库存下降,市场适应度提高

工业产成品库存与工业增加值的运行趋势基本一致,当工业经济出现明显波动时,产成品库存变化也较为剧烈,变动幅度普遍大于工业增加值,并且其变化具有一定的滞后性。当前,嘉兴经济处于"换挡减速"的转型阵痛期,嘉兴工业企业减少产成品库存,降低其占用资金比例,有利于企业进一步适应市场环境。

一是产成品存货增速回落,产能过剩行业库存大幅减少。2016年6月末,规模以上工业产成品存货399.7亿元,同比下降1.5%,增速比2015年全年回落2.5个百分点,低于全省平均水平1.3个百分点。其中高耗能等产能过剩行业产成品库存大幅减少,造纸、化学原料、化学纤维、黑色金属冶炼和电力、热力生产供应行业的产成品库存分别同比下降3.1%、6.8%、17.8%、34.2%、37.8%,五大行业拉低产成品存货增速3.8个百分点。

二是资金占用比例下降,大型企业加速去库存。2016年上半年嘉兴工业产成品存货占流动资产比重为9.6%,比2015年全年回落0.2个百分点。从企业规模来看,企业规模与产成品增速呈现反向关系,企业规模越大,产成品

---

① 纺织、服装、皮革、化纤行业为嘉兴四大传统行业,简称传统行业。

② 嘉兴市高耗能行业包括纺织业、造纸及纸制品业、石油加工炼焦及核燃料加工业、化学原料及化学制品制造业、化学纤维制造业、非金属矿物制品业、黑色金属冶炼及压延加工业、电力热力的生产和供应业。

存货和存货资金占用比重下降越快，大中小微企业产成品增速分别为－5.3%、0.1%、4.7%，大中型企业产成品存货占流动资产比重分别较 2015 全年下降 0.8、0.7 个百分点。

（三）去杠杆稳步推进，抗风险能力增强

近期，嘉兴市积极化解资金链、担保链“两链”风险，主动去金融杠杆，工业企业总体杠杆率有所回落，化解了局部财务风险。

一是资产负债率呈下降态势，高风险企业占比回落。2016 年 6 月末，规模以上工业企业资产负债率 55.8%，同比下降 2.9 个百分点，分别比一季度、2015 年末下降 0.1、0.8 个百分点，低于全省平均水平 1.3 个百分点。其中，60.9%的规模以上企业资产负债率超过国际公认的风险线 60%，该比例比 2015 年末下降 0.1 个百分点。

二是企业利息支出明显回落，资金流动性有所提升。2016 年上半年，随着银行贷款的下降，嘉兴规模以上工业企业利息支出 55.2 亿元，同比下降 11.4%，降幅分别较一季度、2015 年扩大 2.1、13.3 个百分点。伴随着财务利息的减少，企业资金流动性渐得充裕，上半年规上企业流动资产占资产比重 51.9%，分别比一季度、2015 年提高 0.7、0.5 个百分点。

（四）降成本初见成效，企业运营增活力

近年来，中央出台一系列政策，取消、下放部分审批权限，正税清费减负，央行降准降息等，进一步减轻企业负担。嘉兴规上工业企业降成本效果显现，效益稳步提升。

一是经营成本下降，企业负担有所减轻。2016 年上半年，规模以上工业企业每百元主营业务收入中的成本费用[①] 95.0 元，分别较一季度（95.8 元）、2015 年（95.3 元）下降 0.8 元、0.3 元，企业成本下降，经营负担有所减轻。其中，主营业务成本（85.3 元）下降最为明显，比 2015 年（86 元）下降 0.7 元，其次是财务费用（1.6 元），比 2015 年（1.7 元）下降 0.1 元。

---

① 工业企业成本费用，包括生产成本和期间费用，是在生产经营过程中涉及的成本费用。主要包括：主营业务成本、主营业务税金及附加（不含随经营增值而缴纳的增值税，下同）、销售费用、管理费用、财务费用。（口径）

表 1 嘉兴规模以上工业企业成本费用构成情况表

	2016 年上半年		2015 年
	绝对量（亿元）	占主营业务收入比重（%）	占主营业务收入比重（%）
主营业务收入	3300.82	100.0	100.0
成本费用合计	3137.35	95.0	95.3
其中：主营业务成本	2815.06	85.3	86.0
主营业务税金及附加	18.06	0.5	0.5
销售费用	74.12	2.2	2.1
管理费用	176.25	5.3	4.9
财务费用	53.87	1.6	1.7

二是效益水平不断提升，盈利能力稳步提高。2016 年上半年，规模以上工业企业实现利润总额 206.3 亿元，增长 16.7%，增速分别较一季度（14.9%）、2015 年（7.4%）提高 1.8、9.3 个百分点，快于全省平均水平 2.1 个百分点。上半年，规上工业成本费用利润率为 6.61%，分别较一季度（5.34%）、2015 年（5.95%）提高 1.27、0.66 个百分点。同时，企业亏损减少，活力有所显现。规模以上工业企业亏损面和亏损率分别为 26.6%和 10.7%，分别比一季度收窄 7.5 和 8.2 个百分点。

（五）精准发力补短板，动力转换后劲足

为进一步推进供给侧结构性改革，围绕“干好‘十三五’、奋勇当‘标尖’”的发展目标，精准发力补短板，群策群力扬优势，不断加快实体经济转型发展步伐。上半年，嘉兴工业企业创新能力有所提高，单耗水平下降，产业结构更加优化。

一是研发创新日渐活跃，创新产出增长较快。2016 年上半年，规模以上工业企业中，有 R&D 活动的企业数共 1266 家，同比增长 14.5%，增速分别比一季度（12.7%）、2015 年（9.8%）提高 1.8、4.7 个百分点。与此同时，研发成果增长较快。规模以上工业企业拥有发明专利 640 件，同比增长 13.5%，增速分别比一季度（－19.0%）、2015 年（8.2%）提高 32.5、5.3 个百分点；实现新产品销售收入 1281.8 亿元，同比增长 33.8%，增速较 2015 年（4.9%）提高 28.9 个百分点。

二是能源消费缓慢增长，利用效率不断提升。2016 年上半年，工业能源消费量 653.3 万吨标煤，增长 2.7%，增速较一季度(3.3%)回落 0.6 个百分点；其中，八大高耗能行业能耗仅增长 2.3%，产能过剩行业如化纤(−1.4%)、建材(−3.3%)、黑色金属冶炼(−3.3%)和电力行业(−2.8%)能耗均呈现负增长态势。从能耗利用效率来看，上半年单位工业增加值能耗同比下降 2.9%，降幅较一季度(2.1%)提高 0.8 个百分点，其中，高耗能行业建材(−7.3%)、黑色金属冶炼(−4.4%)和电力行业(−5.4%)能源利用效率明显提升，单耗降幅均高于规模以上工业平均水平。

三是动力结构逐步转换，产业结构更加优化。2016 年上半年，信息经济核心产业制造业、高端装备制造业、时尚制造业、环保制造业等新兴产业增加值分别增长 14.4%、6.9%、6.9%和 8.2%，增速均高于规模以上工业平均水平(5.8%)。新产品产值同比增长 11.7%，增速比 2015 年(6.9%)高 4.8 个百分点，比总产值增速(2.9%)高 8.8 个百分点。新产品产值率为 38.5%，分别比一季度(37.7%)、2015 年(37.8%)提高 0.8、0.7 个百分点。创新驱动更加凸显，新产业、新产品等新动能不断积聚。装备制造业、高新技术产业、战略性新兴产业增加值占规模以上工业增加值比重分别为 43.9%、26.8%和 38.2%，分别比 2015 年提高 1.6、1.9 和 9.8 个百分点。高耗能产业增加值增长 4.8%，增速低于规模以上工业平均水平 1.0 个百分点，占规模以上工业比重(48.4%)也比 2015 年(48.7%)下降 0.3 个百分点。

三、供给侧结构性改革成效评价体系

供给侧结构性改革，其宗旨是通过调整优化市场供给端结构和质量，实现培育新常态下我国经济增长的新潜能。有效的供给结构性改革举措，将能够有效改变工业部门产出结构中的优质、高新技术产业产值占比，降低技术落后行业、高能耗和高污染行业的产值占比，提高生产要素配置效率，提高市场经济运行效率水平，进而有效提升经济长期增长潜力。

(一)指标体系构建

为了更好地评估改革带来的实施效果，本文从政府部门角度，建立供给侧结构性改革成效的综合评价指标体系和方法，及时监督反馈阶段性改革效果，遵循科学性、导向性、可操作性和开放性原则，将供给侧结构性改革成效指数的结构要素分解为：要素使用效率、工业结构优化和企业经营效益与活力。指标体系包括 3 个一级指标和 12 个二级指标。具体综合评价指标体系见表 2。具体编制过程和评价方法见附录。

表 2 供给侧结构性改革成效评价指标体系

要素使用效率	亩均产出(万元/亩)
	净资产利润率(%)
	单位能耗工业产出(万元/吨标准煤)
	全员劳动生产率(万元/人)
工业结构优化	高新技术产业增加值占工业增加值比重(%)
	装备制造业增加值占工业增加值比重(%)
	信息制造业增加值占工业增加值比重(%)
	高耗能产业增加值占工业增加值比重(%)
企业经营效益与活力	工业增加值率(%)
	成本费用利润率(%)
	企业亏损面(%)
	新产品产值率(%)

(二)评价结果分析

确定综合评价指标体系后,本文采取信息熵权法和变异系数法组合赋权的方法,对 2014 年、2015 年以及 2016 年 1—6 月份浙江省、嘉兴市及嘉兴各县(市、区)各指标数据进行赋权确定指标体系中的权重[①]。

为了使各年度测算的综合评价指数具有可比性,本文选择 2014 年浙江省指标数据为基期,以此反映嘉兴自 2014 年相比全省平均水平的发展变化情况,同时,也可以去除量纲不同的影响,使数据具有可比性。经过测算后,最终计算得到 2014 年、2015 年和 2016 年 1—6 月嘉兴市供给侧结构性改革成效综合指数情况(详见下表)。

① 在采用熵权法确定指标权重时,需要对指标进行同向化处理。本次构建的指标体系中多数指标都是正向指标,即在当前嘉兴市经济结构水平下,指标值越高越好,只有“高耗能产业增加值占工业增加值比重”指标和“企业亏损面”指标为逆向指标,对此,本文采取“100%—指标值”的转化办法,将这两个指标转化为正向指标;而亩均产出指标只有年度数据,因此在 2016 年 1—6 月的指标体系中采用 2015 年指标数据代替。

表 3　嘉兴市供给侧结构性改革成效各指数动态趋势表　　单位:%

地区	要素使用效率			工业结构优化			企业经营效益与活力			改革效果综合指数		
	2014	2015	201606	2014	2015	201606	2014	2015	201606	2014	2015	201606
浙江省	100.00	101.88	101.74	100.00	106.94	114.91	100.00	105.83	107.39	100.00	105.04	108.70
嘉兴市	85.20	87.19	88.32	97.58	107.23	117.47	102.23	106.43	107.32	95.35	100.68	105.55
南湖区	73.28	71.46	85.86	121.03	132.16	130.04	76.57	68.85	79.92	95.05	95.83	102.26
秀洲区	87.06	82.98	90.46	103.18	104.95	117.70	123.10	116.92	132.35	104.14	101.25	113.31
嘉善县	75.08	75.91	79.58	152.70	155.24	167.36	91.35	94.29	89.85	113.52	113.67	118.33
海盐县	115.72	133.81	135.02	81.69	92.45	100.43	138.17	146.15	150.68	107.11	120.06	125.26
海宁市	90.11	93.11	88.78	100.81	116.88	130.19	95.37	105.04	99.38	96.25	106.16	108.67
平湖市	83.31	83.50	84.57	93.63	105.60	111.04	93.83	106.36	109.70	90.75	98.82	102.42
桐乡市	89.50	91.88	86.46	56.96	67.82	78.30	105.19	111.00	107.68	79.66	87.12	89.06

由上面表 3 综合评价结果可知,2016 年上半年,嘉兴市供给侧改革总体成效较为显著,经过实施多项改革举措,嘉兴市工业整体运行质量和效益有显著提升,具体来看,有以下表现:

嘉兴改革成效提升幅度高于全省平均水平,但改革进程仍落后。2016 年上半年,嘉兴改革成效综合指数为 105.55%,比 2015 年(100.68%)提高 4.87 个百分点,比 2014 年提高 10.2 个百分点,虽然仍落后于全省平均水平(108.70%)3.15 个百分点,但相比供给侧结构性改革推行以前(2015 年),2016 年以来的提高幅度(4.87)高于全省平均提升幅度(3.66)1.21 个百分点。

从分项指标表现来看,嘉兴市在工业结构调整方面成效最为显著,领先全省平均水平 2.56 个百分点。上半年嘉兴市高技术企业、战略新兴产业、装备制造业和信息制造业产值增速较快,对工业部门产出的总体贡献率持续提升,促使嘉兴市工业结构逐步优化。从要素使用效率来看,嘉兴明显落后于全省平均水平,亩均产出、单位能耗产出、劳动生产率和净资产利用率均低于全省平均水平。从企业经营效益与活力来看,嘉兴市改革成效尚显不足,与全省平均水平略有差距,其中,工业增加值率仍低于全省平均水平 0.4 个百分点,未明显缩小与全省平均水平的差距。

从各县(市、区)来看,海盐县的工业转型进程较快,改革成效最显著,改革成效综合指数达到 125.26%,比全省平均水平高出 16.56 个百分点;秀洲区(113.31%)和嘉善县(118.33%)改革进程也较快,整体高于全省平均水平。

南湖区(102.26%)、海宁(108.67%)和平湖(102.42%)工业转型升级步伐较慢,略微落后于全省平均水平。桐乡比全省综合改革成效指数低18个百分点以上,这主要与该区传统纺织业、化纤行业等高耗能产业所占比重较大有关,后期需要采取更多举措,积极引入新兴产业,改善优化行业结构。

五、推进供给侧结构性改革的建议措施

坚持以"四个全面"战略布局为统领,以五大发展理念为引领,以"干好'十三五'、奋勇当'标尖'"为目标,落实政策新供给,实施要素新供给,实行结构新供给,突破短板,加快嘉兴工业转型升级步伐。

(一)落实政策新供给,优化企业发展环境

1.降低企业成本

随着国务院关于降成本"国八条"的出台,嘉兴市政府也随之出台《嘉兴市人民政府办公室关于进一步降低企业成本优化发展环境的实施意见》,从制度性交易成本、税费负担、用工成本、财务成本、要素价格、物流成本六个方面为企业进一步降低生产经营成本,优化发展环境再下一城。这一套降成本"组合拳"的落实将进一步减轻企业负担,提高和增强社会运行的效率和活力。

2.发展资本市场

嘉兴市印发了《关于进一步推进企业股改上市和并购重组的工作意见》,进一步促进嘉兴资本市场的发展。应重点落实推进嘉兴企业股改上市和并购重组,继续研究起草支持嘉兴资本市场发展的相关政策文件,加大对企业股改挂牌上市工作的扶持力度。此外应加强服务指导,畅通企业对接资本市场的通道,进一步规范和简化企业挂牌上市工作中的具体操作,切实解决企业股改挂牌上市中遇到的困难。

3.弥补发展短板

嘉兴市委出台《中共嘉兴市委关于补短板的行动计划》,针对科技创新、改革落地等多个方面的短板树立了行动目标和计划,督促各个部门共同努力,突破短板。各个部门应以钉钉子的精神抓好工作落实,坚决打赢补短板攻坚战、持久战;以供给侧结构性改革等为重点,推进经济转型升级,积极落实国家和省有关惠民惠企政策,制定惠民惠企政策清单,不断提高供给体系质量和效益。

(二)实施要素新供给,提高全要素生产率

1.实施资源差别化供给

进一步推进县域经济综合体制改革,继续完善企业绩效评价机制,以工业企业土地绩效评价为主要判别和执行依据,深化"亩产效益"为导向的资源要

素差别化配置改革，推进土地、水、电、气、排污权等资源要素差别化供给，从资源要素供给的角度倒逼企业转型升级。

2. 培育高素质人力资本

应进一步优化人才投入机制，完善人才评价发现机制和对接上海的柔性引才机制。同时，积极发展现代职业教育，推进职业院校的校企合作机制，推进高技能人才培养基地和工作室建设，加快培养打造一支适应产业发展需求、素质优良、具有“工匠精神”的技能型人才队伍，切实以优化“人才链”不断提升“产业链”。

3. 加快创新型城市建设

嘉兴作为“全面创新改革试验区”，资源配置应进一步向高科技、创新型的企业倾斜，引导企业加大对生产 技术、产品质量升级等技术改造项目的资金投入力度。与此同时，应积极推进科技创新平台的建设，加强与高校、研究所的联系，搭建“产学研”合作平台，提升产业竞争力，为推动嘉兴工业经济提质增效，为迈向中高端水平做出贡献。

4. 扩大优质资本有效供给

推进多层次资本市场建设，提高资本供给效率，强化金融对实体经济发展的支撑作用。进一步健全金融专营机构体系，充分发挥金融服务市场的作用，鼓励银行、证券等金融机构创新金融服务产品。增加政府天使投资引导基金，支持初创成长型、新兴产业中小企业加快发展，降低产业技术企业资金成本，引导社会资本、金融资本和创业资本加快向创新领域集聚。

（三）实行结构新供给，提升优质供给能力

1. 强化高端优质供给

积极落实“中国制造 2025”战略，推动产品高端化、智能化，要以技术改造和商业模式创新为抓手，实施“互联网＋”行动，提高产品附加值，促进传统产业焕发活力。同时积极发展新兴产业和新业态。大数据将成为未来战略资源的重要根据地，应积极利用互联网大会永久会址——乌镇这一资源优势，加大关键技术研发和人才培养引进力度，抢占产业发展高地，力争在全省乃至全国居前列。

2. 加快落后产能淘汰

结合嘉兴产业结构现状，全面加大对经济效益差、能耗高、环境污染突出、安全隐患大、用地效率低企业的淘汰力度。淘汰落后产能应建立系统的筛选指标体系，综合环保约束、能耗限额、产能利用率、安全、单位资源产出等多项指标。应通过对全市面上落后产能的系统排摸梳理，层层分解细化任务，锁定项目、地块、进度和责任，处置“僵尸企业”，加快市场出清，确保“十三五”淘汰到位。

3. 推进区域结构优化

结合工业强县、工业强镇、特色小镇建设，鼓励地方积极培育发展特色主导产业，以多年来形成的块状经济为基础，整合现有产业基础，把提升传统产业、壮大优势产业、培育高新技术产业和战略性新兴产业作为主方向。比如，南湖的电子信息产业，秀洲区的光伏产业、智能家居产业园，嘉善的家具制造业，海盐的核电关联产业，海宁的经编、皮革产业，平湖的化工新材料、光机电产业，桐乡的化纤、毛衫行业等。

课题组负责人：沈周明
课题组成员：金　珉　陈洪波　冯　云
执　　　笔：张　赟

2016 年湖州市经济运行情况分析

今年以来，湖州市上下坚决贯彻中央和省委决策部署，按照“三个坚定不移”的总体要求，以五大发展理念引领赶超发展，以“四个年”活动为主载体，以“六重”清单为主抓手，统筹抓好各项工作，经济运行呈现了稳中有进、稳中向好、稳中趋优、稳中见新的良好态势，取得了“十三五”的良好开局。

一、主要经济指标均超过(达到)全省平均水平

表 1　2016 年主要经济指标完成情况

指标名称	单位	全市		全省	增速全省排名
		累计	%	%	
地区生产总值	亿元	2243.06	7.5	7.5	5
财政总收入	亿元	360.89	9.8	7.7	2
＃地方财政收入	亿元	211.18	9.9	9.8	5
固定资产投资	亿元	1592.18	13.5	10.9	3
社会消费品零售总额	亿元	1068.86	11.8	11.0	2
实到外资	亿美元	10.01	6.3	3.6	5
规模以上工业增加值	亿元	828.29	6.2	6.2	6
工业用电量	亿千瓦时	165.73	9.6	6.9	2
城镇居民人均可支配收入	元	45794	8.4	8.1	5
农村居民人均可支配收入	元	26508	8.6	8.2	5
金融机构本外币存款余额	亿元	3552.42	15.0	10.3	1
金融机构本外币贷款余额	亿元	2757.57	8.8	7.0	2
不良贷款率	%	—	1.26	2.17	10

2016 年，湖州地区生产总值(GDP)2243.1 亿元，比上年增长 7.5%，增速与全省持平，居全省第 5 位；财政总收入增长 9.8%，高出全省 2.1 个百分点，

居第2位，其中地方财政收入增长9.9%，高出全省0.1个百分点，居第5位；社会消费品零售总额增长11.8%，高出全省0.8个百分点，居第2位；固定资产投资增长13.5%，高出全省2.6个百分点，居第3位；工业用电增长9.6%，高出全省2.7个百分点，居第2位；实到外资增长6.3%，高出全省2.7个百分点，居第5位；规模以上工业增加值增长6.2%，与全省持平，居第6位；城镇、农村居民人均可支配收入分别增长8.4%和8.6%，高出全省0.3和0.4个百分点，均居第5位；本外币存、贷款余额分别增长15.0%和8.8%，高出全省4.7和1.8个百分点，分别居第1和第2位；不良贷款率1.26%，低于全省0.91个百分点，由低到高居第10位（逆向指标）。

二、经济运行主要特点

（一）从三大产业看：农业生产平稳、工业缓中趋稳、服务业贡献突出

1. 农业生产平稳

2016年，农林牧渔业增加值134.9亿元，比上年增长2.5%，比上年提高0.5个百分点。其中：渔业增长8.2%；农业（种植业）、牧业基本稳定，分别增长0.8%、1.5%；林业下降2.0%。经济作物发展较快，花卉苗木种植面积33.7万亩，增长6.0%，全年出售盆栽类园艺139万盆，增长25.2%，花卉苗木总产值19.8亿元，增长7.9%。中药材种植面积逐渐扩大，全年共种植2.3万亩，增长12.8%。渔业养殖生产稳定，水产养殖面积39.2万亩，比上年增长1.4%；淡水产品总产量38.8万吨，增长7.6%。粮食生产继续下降，粮食作物播种面积134.5万亩，比上年减少5.5%，粮食产量63.6万吨，减少5.1%。

2. 工业运行缓中趋稳

2016年，规模以上工业增加值828.3亿元，比上年增长6.2%，止住了下半年以来逐月下滑的走势，呈现企稳迹象。从行业看，总量前十的行业中有4个行业增加值增幅高出全市平均水平，其中化纤制造、电力热力生产供应、化学原料和制品制造等行业增长较快，分别增长33.7%、12.7%和10.5%；新兴产业发展较快，生物医药、节能环保、新能源汽车等产业增加值分别增长12.5%、13.4%和15.8%。从企业看，龙头企业规模进一步扩大，大型企业增加值132.8亿元，增长8.0%，占规上比重16.0%，比上年提高1.0个百分点。

3. 服务业贡献突出

2016年，服务业增加值1057.2亿元，比上年增长9.6%，增速高出GDP 2.1个百分点，对经济增长的贡献率达到58.0%，拉动GDP增长4.3个百分点，是经济增长的主要动力。三次产业比例调整为5.7∶47.2∶47.1，服务业总量与二产基本持平，占比比上年提高2.2个百分点。金融信贷持续稳健，金

融业增加值增长 7.6%；金融机构本外币存款余额 3552.4 亿元，贷款余额 2757.6 亿元，分别增长 15.0%和 8.8%，比上年提高 5.2 和 1.5 个百分点；年末，银行业金融机构不良贷款率 1.26%，比上年降低 0.27 个百分点，低于全省平均 0.91 个百分点。商品房销售保持高位增长，商品房销售面积 557.0 万平方米，增长 39.5%，其中住宅销售面积 489.8 万平方米，增长 41.5%，分别比上年提高 8.6 和 8.4 个百分点。房地产去库存成效显著，住宅待售面积从年初的 266.2 万平方米减少到 171.5 万平方米。

（二）从三大需求看，投资较快增长、外贸出口稳中向好、消费市场持续活跃

1. 投资较快增长

2016 年，固定资产投资 1592.2 亿元，比上年增长 13.5%，增速同比提高 0.6 个百分点，高出全省平均 2.6 个百分点。新开工大项目明显增加，全年新开工 10 亿元以上项目 35 个，比上年增加 21 个，投资额 108.59 亿元，增长 118.5%，高出全部投资 105.0 个百分点。服务业投资贡献较大，除房地产外的服务业项目投资 627.0 亿元，增长 36.8%，拉动投资增长 12.0 个百分点，贡献率达 89.0%。基础设施投资保持快速增长，共投资 468.0 亿元，增长 44.3%，比上年提高 19.9 个百分点，其中水利环境公共设施管理业、电力燃气及水的生产供应业和交通运输仓储邮政业三大行业共投资 411.8 亿元，增长 42.3%。

2. 出口稳中向好

海关数据显示，2016 年 1—11 月出口 535.8 亿元，比上年增长 7.8%，增速同比提高 6.7 个百分点，高出全省平均 4.5 个百分点。产品层次更趋高端：机电产品出口 181.8 亿元，增长 9.0%，占出口比重达 33.6%；高新技术产品快速增长达 10.2%。"一路一带"国家出口增加，出口 140.8 亿元，增长 11.1%；出口亚洲、非洲、欧洲、北美分别增长 5.0%、5.5%、9.4%和 12.9%。

3. 消费市场持续活跃

2016 年，社会消费品零售总额 1068.9 亿元，比上年增长 11.8%，增速比上年提高 0.8 个百分点，高出全省平均 0.8 个百分点。其中，限额以上单位实现消费品零售额 402.2 亿元，增长 13.7%，高出全省平均 4.0 个百分点。从限额以上单位主要商品分类看，食品类增长最快，达到 42.3%，服装、鞋帽、针纺织品类增长 24.5%，汽车类增长 7.0%，石油及制品类增长 2.1%。

（三）从三大收入看，财政收入稳步增长、企业盈利能力提高、居民收入保持平稳

1.财政收入稳步增长

2016年，财政总收入360.9亿元，比上年增长9.8%，增速比上年提高2.7个百分点，高出全省2.1个百分点；其中地方财政收入211.2亿元，增长9.9%，比上年提高2.6个百分点。地方财政收入中，非税收收入对财政增收贡献加大，全年28.5亿元，增长24.7%；税收收入182.6亿元，增长7.9%。一般公共预算支出288.6亿元，增长5.2%。

2.企业盈利能力提高

2016年1—11月，规模以上工业实现利润251.5亿元，同比增长10.8%；主营业务收入利润率为6.5%，同比提高0.4个百分点。分行业看，33个大类行业中有22个行业利润呈现正增长，其中化学原料制品制造、木材加工、家具制造和电器机械等行业利润增长较快，分别增长24.2%、23.0%、21.2%和15.9%；高新技术产业效益增速快于面上，增长12.2%。

3.居民收入保持稳定

居民收入增长快于经济增长，2016年，城镇常住居民人均可支配收入45794元，比上年增长8.4%，农村常住居民人均可支配收入26508元，增长8.6%，分别比上年提高1.0和0.7个百分点。城乡收入比为1.73∶1，比全省低0.34个百分点。物价基本稳定，2016年，居民消费价格（CPI）比上年上涨1.6%，同比提高0.6个百分点。八大类商品价格呈现“六涨一跌一平”的态势：食品烟酒类上涨较快，涨幅3.5%；衣着类上涨2.5%；教育文化娱乐类上涨2.2%；其他用品服务类上涨1.4%；医疗保健类上涨1.2%；居住类上涨1.1%；生活用品及服务类持平；交通通讯类下降1.9%。

（四）从转型发展来看，投资结构不断优化，供给侧结构性改革成效明显，创新动能逐步积累

1.投资结构不断优化

新兴产业投资势头迅猛，2016年，战略性新兴产业投资224.9亿元，比上年增长34.7%，增幅比上年提高4.8个百分点；信息经济、高端装备和健康产业等重点主导产业投资326.8亿元，增长37.7%；节能环保、地理信息、新能源汽车和生物医药等新兴产业投资180.5亿元，增长43.3%。高耗能及传统产业投资放缓，八大高耗能行业投资255.4亿元，增长1.7%，增幅比上年回落12.9个百分点；金属新材、绿色家居和现代纺织三大传统产业投资130.2亿元，下降16.7%。服务业投资高速增长，服务业投资901.2亿元，增长

15.3%，增幅高出全省平均 0.7 个百分点，高出全部投资 1.8 个百分点，对全市投资增长的贡献率达 63.1%。其中，住宿和餐饮业、租赁和商务服务业、居民服务和其他服务业、教育业项目投资均有较快增长。

2. 供给侧结构性改革成效明显

从去产能看，2016 年关停和整治低小散企业(作坊)2618 家，淘汰落后产能企业 133 家，部分产能过剩行业产品产量下降，规模以上工业企业粗钢产量比上年下降 2.1%。从去杠杆看，全力降低融资杠杆，2016 年完成直接融资 655 亿元，处置不良贷款 40.1 亿元。从去库存看，12 月末，住宅待售面积 171.5 万平方米，比上年下降 31.4%，比年初减少 94.7 万平方米，去化周期降低到 7.1 个月。从降成本看，全面贯彻落实降低企业成本"36 条"，2016 年 1—11 月，规模以上工业企业每百元主营业务收入中的成本为 85.5 元，同比降低 0.7 元。从补短板看，环境治理成效明显，2016 年，市区 PM2.5 平均浓度 47 微克/立方米，下降 19.0%；日空气质量(AQI)优良天数比例为 65.6%，提高 6.4 个百分点。

3. 创新动能逐步积累，创业创新活力增强

2016 年，新设企业 14049 家，新设个体工商户 27484 家，分别比上年增长 27.9%和 15.1%；新增各类金融新业态 569 家，增长 29.3%，累计达 1310 家；1—11 月发明专利授权量 2305 件，同比增长 63.9%。新经济加快发展，网络零售额 308.2 亿元，增长 37.8%，高出全省平均 2.4 个百分点；居民网络消费 212.3 亿元，增长 29.9%；快递业务收入 14.1 亿元，增长 48.2%；旅游总收入 882.6 亿元，增长 26.0%，接待游客总人数增长 23.1%。特色小镇稳步推进，吴兴美妆小镇、长兴新能源小镇、安吉天使小镇入围省第二批特色小镇创建名单，美妆小镇被评为省级示范特色小镇。2016 年前三季度，培育的 10 个特色小镇共完成投资 96.6 亿元，其中特色产业投资 54.0 亿元。新入驻企业 1460 家，引进"新四军"创新人才 340 人，接待旅游总人数 452.3 万人次。

三、需关注的主要问题

(一)转型升级任务仍然艰巨，高耗能行业增长较快

2016 年，规模以上工业八大高耗能行业增加值增长 6.3%，高出面上 0.1 个百分点，从用电看，八大高耗能行业占工业用电的 62%，对工业用电增长的贡献率达 54%，拉动工业用电 5.2 个百分点。新兴产业总量仍然偏小，生物医药、新能源汽车等新兴产业增加值增幅较大，但总量仍然偏小，分别占全部规模以上工业比重的 6.9%和 3.8%。地理信息产业规上工业仅 3 家，规模以上服务业仅 8 家。重点产业增长速度不快，"4＋3＋N"产业中的规模以上信息经

济、高端装备和健康产业的增加值分别增长6.3%、5.7%和2.2%。

(二)民间投资增速回落

2016年民间投资增速低于全部投资,占全部投资的65.8%,比重比上年有所回落。分产业看,工业民间投资增速较低,且比上年有所回落,房地产民间开发投资为负增长,拉低民间投资增长4.1个百分点。

(三)地区行业间分化明显

从县区看,GDP增长最快为德清县,达8.3%,其次为吴兴区(8.2%)、长兴县(8.0%)、开发区(7.5%)、安吉县(7.1%),南浔区增长最慢,为5.1%,低于德清县3.2个百分点。规模以上工业增加值增速县区间差距更是拉大到7.2个百分点。从产业看,第二产业增长6.1%,其中工业增长6.5%,远低于服务业9.6%的增速。

2017年,面对复杂的外部环境,湖州经济发展机遇和挑战并存,为此建议:一是要进一步优化产业结构,促进工业经济转型升级。加大新兴产业的培养力度,做优做强行业龙头企业,提升高成长企业对工业经济的贡献度。二是要继续扩量提质,提升服务业发展质量。加大对传统商贸业的提升力度,促进交通运输业回暖、房地产业健康发展,突出发展信息、文化、健康、旅游等新兴服务业。三是要进一步扩大有效投资,增强经济发展动力。积极引导鼓励符合产业导向的重点领域投资,着力增加有效投资,提高投资效率。四是要促进县区、行业间平衡发展,在继续发挥好各自优势的基础上,相互促进,协同发展,缩小差距,合力推动全市经济更好更快发展。

(湖州市统计局综合处 邱国欣 戴建娟)

杭甬绍三市经济社会发展比较研究

杭州、宁波与绍兴，作为环杭州湾的浙江省重要城市，经济发展各有特色。近年来，省会城市杭州在信息经济引领下，计划单列市宁波在海洋经济助推下，各自以积极的姿态，在城市竞争中赢得了主动。而地处杭甬之间的绍兴，积极适应新常态，经济转型升级取得了新进展，但相比杭州、宁波经济总量的首位度优势，绍兴跻身第一方阵的进位难度依然很大。当前，在"十三五"开局这一关键节点上，本文就三个城市"十二五"以来的经济社会发展轨迹进行比较分析，找准不足与差距，吸取各地加快经济发展的先进经验与成功做法，积极促进双边产城融合，变"左右夹击"之弊为"左右逢源"之利，从而为绍兴在新一轮城市竞争中实现进位赶超提供参考。

一、"十二五"三市发展对比分析

杭州、宁波同为副省级城市，作为浙江省区域经济的增长极，"十二五"以来，根据各自的资源禀赋和城市定位，立足发展优势、转变发展理念、突出发展重点，在新一轮区域竞争中走在了前列。相比之下，在此轮区域竞争格局中，绍兴经济增长动力和后劲有所减弱，处于爬坡越坎的重要关口、不进则退的特殊节点。

（一）经济发展态势比较

纵向回顾各城市"十二五"以来的发展轨迹，三市积极转变发展方式，提升传统优势产业，加快发展战略性新兴产业和现代服务业，实现了质与量的统筹推进。杭州作为省会城市，主要经济指标总量除了出口低于宁波外，GDP、固定资产投资、社会消费品零售额、财政收入等主要经济指标在省内一直保持着经济总量的"首位"优势。2015 年，在信息经济和新经济的强劲拉动下，杭州市 GDP10050 亿元，成为全国第十个总量超万亿元城市，增长 10.2%，增速居全省第一、副省级以上城市第二。宁波作为计划单列市，在省内经济总量指标一直紧随杭州之后，2015 年，宁波市 GDP8004 亿元，总量居副省级城市第八。相比之下，过去 5 年，绍兴经济总量有了提升，但经济总量一直位居全省第四，与杭州、宁波的差距没有实质性改观，GDP 绝对差距持续扩大，经济发展略显疲态，跻身第一方阵的难度依然很大。

表 1 "十二五"三市经济发展情况比较

指标		杭州	宁波	绍兴
GDP(亿元)	2010 年	5966	5181	2800
	2015 年	10050	8004	4466
	5 年年均增长%	9.1	8.3	8.7
一般公共预算收入(亿元)	2010 年	671	531	193
	2015 年	1234	1006	363
	5 年年均增长%	12.9	13.6	13.4

(二)城市产业转型比较

城市经济实力,很大程度上取决于产业实力,5 年来,随着各城市转型升级的不断推进,城市形象也凸显出新变化。杭州作为省会城市,服务功能、服务业发展基础较为雄厚,通过推进国家现代服务业综合改革试点城市工作和国家高新技术产业基地建设,优先发展"十大产业",全力推进"一号工程",文化创意、旅游休闲、电子商务、高端装备制造、生物医药等新兴产业已然成为新的主导产业。杭州正通过转型时代产城融合"样本"的描绘,凸显国际化宜居宜商宜业宜游的创业之都形象。宁波工业引领更为集中,近年来把港口最大资源与开放最大优势结合起来,聚焦港口经济圈、产业转型升级、新型城市化等重点领域,强化谋划布局。国际强港建设稳步推进,2015 年宁波舟山港集装箱吞吐量跻身全球第四;"海上丝路宁波出口集装箱运价指数"登陆波罗的海交易所。临港工业、先进装备制造、国际贸易、港航物流等产业迅速发展,成功塑造了现代化国际港口城市形象。相比之下,过去 5 年,绍兴虽也不遗余力地推进产业转型升级,但工业结构仍以纺织等传统产业为主,新兴产业规模偏小,资源、环境与经济发展之间的矛盾日益凸显。

表 2 2015 年三市产业转型比较

指标	杭州	宁波	绍兴
服务业增加值占 GDP 比重(%)	58.2	45.2	45.1
规上工业中高新技术产业增加值占比(%)	41.8	37.0	27.1
每百元固定资产投资产出(元)	180.9	178.8	172.9
税收占 GDP 比重(%)	22.2	24.5	13.1
单位 GDP 能耗(吨标准煤/万元)	0.43	0.50	0.53

(三)改革创新活力比较

三市都将创新强市作为城市核心战略之一,推动创新与经济紧密结合。杭州市从“双创”平台的精心布局,到雄厚资本的鼎力支持,政府在各类制度创新与制度供给方面扮演着极其关键的助力角色。“十二五”期间累计自主申报入选国家“千人计划”94 名,居副省级城市第一。2014 年杭州提出了打造财富管理中心的构想,计划以发展私募金融为核心,构建高效的资本转化机制和财富管理体系,资本力量的“陪跑”助力谱写了开篇序曲。之后从众创空间、特色小镇到获批国家自主创新示范区,无一不推动着杭州创新创业步入新的“繁华”。“2015 中国最佳创业城市”排行榜中,杭州居第四位,仅次于北上深第一梯队。宁波市投资 4700 亿元启动经济社会转型发展三年行动计划,加快国际贸易“单一窗口”和口岸大通关建设,深化全国保险创新综合示范区建设,获批全国普惠金融综合示范区,引导社会资本投入创新,打造完整的创业创新生态环境吸引人才,积极为甬商创业精神注入创新元素。宁波蝉联全国文明城市“四连冠”,连续被评为中国最具幸福感城市;2015 年成为国家首批知识产权区域布局试点城市,2016 年获批成为“中国制造 2025”全国首个示范城市。相比之下,过去 5 年,绍兴在人才引进和创新引领上稍逊一筹,在大院名校、科教文化资源的聚集方面难以与杭甬匹敌,更甚的是,绍兴的制造业结构对技术工人的吸引力也在减退。

表 3　2015 年三市创新活力比较

指标	杭州	宁波	绍兴
高新技术企业(家)	1021	993	321
R&D 经费(亿元)	302	193	101
R&D 占 GDP 比重(%)	3.01	2.41	2.27
专利申请授权量(件)	46245	46088	33030
其中:发明(件)	8296	5412	1523
普通高校(所)	39	14	9
普通高校在校学生(人)	475558	155767	83831
其中:研究生(人)	50174	4474	116

(四)中心城市首位度比较

杭州作为中心城市主导型经济,依靠市区经济的辐射力与带动效应促进县域经济的发展。从富阳撤市设区到萧山余杭与主城区一体化发展,杭州在主城区的一次次扩容中冲刺“超大城市”。2015年,在主要经济指标中,杭州市区的发展占有绝对的优势,GDP总量杭州市区所占份额为86.8%,2015年杭州市区GDP增长10.4%(杭州10.2%),中心城市强势是杭州经济发展最大的优势。宁波经济的发展不仅表现在市区经济的发展,更体现在县域经济同中心城市发展的均衡性与聚合力。加快建设都市副中心、卫星城市、中心镇和小城镇,与中心城市形成了合理的梯度发展,促进了产业互补,2015年宁波市区GDP增长8.3%(宁波8.0%),这是宁波提升竞争力最有力的保证。相比之下,过去5年,绍兴虽在2013年底完成了中心城市行政区划调整,但在促进三区融合、提升中心城市辐射能力、产业集聚效应上明显不足,中心城市仍以商贸等传统服务业为主,信息服务、创意设计等现代服务业占比较低,服务主导型的现代化城市经济尚未形成。

表4 2015年三市中心城市比较

指标	杭州			宁波			绍兴		
	全市	市区	占比%	全市	市区	占比%	全市	市区	占比%
区划面积(平方公里)	16596	4876	29.4	9816	2462	25.1	8279	2965	35.8
户籍人口(万人)	724	533	73.6	587	232	39.6	443	218	49.3
GDP(亿元)	10050	8722	86.8	8004	4877	60.9	4466	2649	59.3

二、杭州、宁波加快发展的经验与启示

杭州、宁波等标杆城市的成功,离不开各自的行政地位、经济权限、区位优势等优越的客观条件,这是绍兴无法比拟的;但更多取决于发展理念、保障机制、创业创新等众多主观性因素,而这些主观性因素是可以学习的。当前,绍兴正在全力推进大城市建设和“重构绍兴产业、重建绍兴水城”两大工程,这是绍兴新一轮加快发展的最大契机和最强动力。回顾杭州、宁波“十二五”以来的发展思路主要有以下几条启示。

(一)适时谋划战略思路,提升城市核心竞争优势

城市规划是城市发展的基础,杭州、宁波的城市规划和治理模式各有其闪光点。杭州,打造“美丽中国先行区”,共建共享国际化世界名城。在城市定位

和产业布局上，从强调“住在杭州”转变为强调“创业杭州”，从经营城市回归到营造良好的人居和经商环境。围绕十大产业加快产业结构调整和转型升级，2014 年开始大力推进以发展信息经济、推动智慧应用为主要内容的“一号工程”，“一基地四中心”建设取得重大进展。在空间结构规划上，地铁 1 号线通车运营，富阳撤市建区获国务院批复，萧山、余杭与主城区一体化发展意见制定出台，“城市东扩、旅游西进，沿江开发、跨江发展”的发展战略纵深推进。尤其是 G20 峰会的成功举办和 2022 年亚运会举办权的获得，杭州进一步提高了国际知名度。宁波，力争跻身全国大城市第一方队。在城市规划和功能定位上，宁波以建设现代化国际港口城市为目标，实施国际强港战略，坚持在更高起点上放大港口、开放的联动效应，抓住“一带一路”、长江经济带和自贸区战略实施的重大历史机遇，打造更具国际影响力的港口经济圈、制造业创新中心、经贸合作交流中心、港航物流服务中心。在区域规划上，港口经济圈建设纳入长三角城市群规划，着力构建宁波都市区，加强与舟山协调发展，扩大与台州、绍兴、嘉兴等城市的合作，切实增强城市对高端要素的集聚辐射能力，谋划区域经济中心向区域中心城市的华丽转身。

（二）发挥独特资源优势，构建经济发展新增长点

当经济发展进入转型期后，如何整合城市的优势资源，构建经济发展独特的增长点显得尤为重要。杭州，作为第一批中国优秀旅游城市，一直以一个先行者的姿态，不断刷新着旅游业增长的新高度。以“东方休闲之都，品质生活之城”的国际风景旅游城市的品牌定位，通过规划大项目，整合大资源，形成大产品，创造了“休闲旅游都市—中心服务城市—旅游风情小镇—旅游特色乡村”大旅游格局，山水文化、历史文化和现代城市文化的完美融合，成为杭州城市魅力中浓墨重彩的一笔。2015 年，杭州旅游产业增加值 720 亿元，占 GDP 比重 7.2%。宁波，作为东部沿海的现代化国际港口城市，抓住浙江海洋经济上升为国家战略的重大机遇，积极发挥港口独特优势，依托推进宁波—舟山港口一体化发展和开发区、保税物流园区和出口加工区明显的政策优势，在基础设施、服务软环境等方面先行一步，形成了资金技术密集型产业、高新技术产业、临港型大工业、现代物流业和传统优势产业共同发展的港口经济产业链，大宗商品和航运交易发展迅速。2015 年，宁波市海洋经济增加值 1268 亿元，占 GDP 比重 15.8%；宁波舟山港集装箱吞吐量达到 2063 万标箱，成功超越香港，跃居全球第四。

（三）突出大平台大项目，强化优势主导产业集聚

大平台才有大项目，大格局才有大发展。不管是产业空间，还是城市功能

配套、重大设施布局，两市都从更高层次、更宽视野对城市平台建设科学谋划。杭州，依托“产业集聚、创新驱动、产城融合”三大战略，以信息技术、科技创新、高端装备制造的高度融合，重点建设三条“走廊”—城西科创大走廊、城东智造大走廊和钱塘江生态经济带。尤其是2014年杭州对大江东体制进行重大调整，集聚七大产业再造一个“杭州工业”（到2030年工业总产值10000亿），未来杭州发展必如虎添翼。此外，位于杭州城西、由旧时粮仓改造而来的梦想小镇，由政府主导、名企运作的云栖小镇等基于不同发展模式和有侧重点的特色小镇，已然成为活力创意中心、创新中心和新经济中心，不仅使得优势特色产业集聚发展，也促进了产城融合。宁波，以转型升级为主线，以产业现代化和新型城市化双轮驱动为主导，加快重大功能区块建设和现代化产业培育，产业新战略已经初露风姿。宁波杭州湾产业集聚区和梅山物流产业集聚区建设成效明显，新材料科技城、国际海洋生态科技城等重大创新平台启动建设。引入上海大众、吉利—沃尔沃、大榭东华能源等大项目，构建千亿产业集群，全面提升汽车及零部件、高端装备、港口物流等优势产业，整合优化石化等产业，培育大企业大集团。

（四）坚持创新发展机制，锁定新常态下的新优势

创新激发活力，活力创造优势。两市在科技创新、体制机制创新等方面都亮点纷呈。杭州，打造具有全球影响力的“互联网＋”创新创业中心。2015年，杭州市信息经济增加值1855亿元，占GDP比重18.5％。从阿里巴巴电商生态链到中国跨境电商综合试验区和国家自主创新示范区的先后落户，加之“店小二”式的精准服务，政府与社会在空间、资本、政策等要素供给端的不断发力，使杭州获得了先行先试、探索经验、做出示范的“红利”。2015年杭州创业项目1364个，是全国创业项目增长最快的城市，其中503个项目获得融资，占比37％，与上海持平，高于深圳的31％。宁波，加快创业创新主体从“小众”向“大众”转变。近年来，宁波市先后出台了“科技领航计划”、天使投资引导基金、科技信贷风险池等政策意见，为企业提供全方位、多角度、深层次的科技创新政策和税收政策服务。在人才引进上，重金揽海外高层次人才，最高给予1亿元创业创新资助经费。宁波市R&D经费投入由2010年的86亿元增长到2015年的193亿元，累计127家宁波本土初创企业获得总额1.1亿元天使基金，撬动和带动社会资本17亿元。加快推进“专业孵化＋创业导师＋天使投资”的科技创业服务体系建设，目前已有市级众创空间和创客服务中心47家，培育创新型初创企业近7600家。

三、绍兴缩小与杭州、宁波差距的着力点

百舸争流，奋楫者先。“十三五”绍兴要在激烈的城市竞争中赢得主动，须从实际着手，明确目标，正视差距，着力提高城市综合实力。

（一）在产业发展上突出错位优势，以促绍兴经济行稳致远

绍兴左邻杭州都市经济圈，北开嘉绍跨江大桥，唯有积极主动与杭甬对接，充分发挥自身优势，才能实现共赢。一方面，要积极开展与杭甬的全方位合作，有效承接杭甬的辐射和产业转移。杭州的信息经济和宁波的海洋经济均具相当规模，绍兴应在信息软件、新兴产业、海河联运、汽车制造等方面成为杭甬最紧密的经济腹地。另一方面，要加快传统优势产业转型升级，按照“绿色高端，世界领先”的标准，强化纺织产业的比较优势。纺织是民生产业，也是绍兴的母亲产业。加强政策引导，做精做优服饰、家纺等终端消费产品。如借助杭州女装的品牌影响力和研发设计人才优势，配套杭州的服装市场，在柯桥区打造一批集研发、设计、展示一体的综合性服装品牌，提升纺织产业链附加值。

（二）在城市建设上突出竞合对接，以显绍兴水城魅力

要树立城市自信心，明晰绍兴在杭甬两市之间竞合发展的战略定位。一方面，要借势深化同城化建设的“配合效应”。从接轨杭甬到融入杭甬，再到与杭甬同城，谋求错位发展以促进与杭甬两地要素互动、产业接轨和城市功能融合。同时集中精力抓好中心城市重点地区、重点地段的城市景观和精品建筑建设，着力塑造水乡绍兴、轻纺之都的城市特色。另一方面，要全面优化城市发展环境。以打造高效透明政府和建设美丽绍兴为抓手，尽最大努力把宜居宜业的城市形象，转化为核心竞争力。构建快捷立体的交通网络，全面整合市域内铁路、公路、水路等各类交通资源，加快建设与杭甬城市地铁、轻轨、陆海联运等交通设施互联互通建设。

（三）在平台提升上突出“四比竞赛”，以强绍兴产业转型升级

新常态下，须更多地坚持工业经济的战略地位和产业的创新发展。一方面，要再造开发区发展新优势。开发区是创新创业主平台、有效投资主战场，要全面开展“比干劲、比速度、比质量、比贡献”活动，开展目标指标考核竞赛。要根据各自产业基础与功能定位，加快发展特色产业，打造新兴产业集群，不断提升开发区对经济总量和税收的贡献度。尤其是袍江开发区和绍兴高新区，作为国家级的开发区，提档升级刻不容缓。另一方面，要加快构建创新发展新优势。出台加快发展众创空间，促进创业创新的实施方案，鼓励企业加大创新投入，推进产品创新、品牌创新、商业模式创新和管理创新。加快“智慧

城市"建设,促进网络经济和实体经济融合发展,不断壮大信息产业。大力发展文化旅游、现代物流等生产性服务业,推动服务业与先进制造业的协同创新。

课题负责人:陈德洪
课题组成员:朱美红　许卫卫
　　　　　　徐　彪　杨　洋
执　　　笔:许卫卫

绍兴城市商业综合体发展研究

近年来，随着绍兴城市的发展和居民收入水平不断提高，居民对消费场所的品质、环境和软硬件条件有了更高的要求。与传统百货商场相比，集商业、餐饮、办公、旅店、展览、居住等于一体的城市商业综合体纷纷开建，在带动绍兴商贸、助推区域经济发展和塑造城市形象等方面发挥了积极的作用。

一、发展与突破

(一)绍兴城市商业综合体的基本情况

当前，业界对城市商业综合体的认定，通常由企业整体规划，统一管理，具备较高的信息化管理水平，且零售业态、餐饮业态及服务业态三者必不可少，零售业态包含超市、百货店、专业店、专卖店等，餐饮业态包含正餐、快餐等，服务业态包含文化、娱乐、健身、游艺、培训等至少两项以上项目，独立开展经营活动的商户不少于 50 个，具备专用停车场等条件。据此，绍兴市统计局在全市核定城市商业综合体有 10 家(截至 2015 年底，不包括在建但还未开业)，占全省比重 17.5%；2015 年销售额(营业额)80 亿元，比上年增长 12.6%；营业面积 81 万平方米，占全部可出租(使用)面积的 94.7%，利用率高于全省平均 20.6 百分点；经营商户 1821 个，其中法人、分支机构和个体户分别占 29.5%、29.4%和 41.1%；租金总额 3 亿元，比上年增长 41.5%，增幅高于全省平均 6.8 个百分点；期末商户从业人员 1.01 万人，占全省比重 13.3%；全年总客流量 7711 万人次，占全省 15.7%。在区域分布上，越城区 3 家，柯桥、上虞和诸暨各有 2 家，新昌 1 家。

(二)绍兴城市商业综合体的经营现状

商业综合体相当于城中城，集吃喝玩乐于一体，带给人们不仅是购物便利，更是观念冲击。绍兴商贸零售业的发展，从最早的百货店到商场，接着出现了大楼大厦，进而发展至购物中心。近几年，城市商业综合体在各地相继开业。

1. 业态后来居上，构建商业新体系

绍兴的城市商业综合体与周边城市相比起步较晚，2007 年开业的上虞万和城是绍兴商业综合体的先行者。2009—2010 年两年间，上虞大通商城购物中心、柯桥聚银时代、柯桥万达广场和绍兴世茂广场相继开业。世茂广场是绍兴首个真正意义上的大型现代化城市商贸综合体，一站式的消费方式给古城带来广泛的消费、休闲和娱乐体验，成为绍兴的时尚地标；柯桥万达广场则造就了新的"城中心"。此后几年，绍兴金帝银泰城、新昌世贸广场等陆续建成投入运营。这些城市商业综合体集中了大型购物中心、餐饮、娱乐、酒店、写字楼等多种配套功能，各业态之间相互依存，相互促动，放大彼此的价值，构建起的新商业体系，极大地促动着绍兴消费市场的发展。

表 1　2015 年绍兴市城市商业综合体基本情况

项　目	营业面积（平方米）	商户数（个）	商户从业人员期末人数（人）
合　计	813861	1821	10103
零售业	614543	1340	6133
餐饮业	102846	386	3017
服务业	96472	95	953

2. 产业结构优化，服务更为丰富

城市商业综合体聚集了零售、餐饮、娱乐、教育、居民服务等多个行业，有利于形成产业集聚，促进第三产业发展，优化城市整体产业结构。调查显示，零售业是绍兴城市商业综合体的主要经营业态，也是销售的"巨头"，尤其是大型生活超市、服装鞋帽日用品的零售专卖店和专营店，拉动了消费主体。2015 年，10 家城市商业综合体的零售业商户占 73.6%，销售额 65.11 亿元，比上年增长 7.7%，户均销售额 486 万元，高出全省平均 36.9%。餐饮业则聚集了旺盛的人气，2015 年综合体内餐饮业商户占 21.2%，营业额 11.23 亿元，增长 32.9%，户均营业额 291 万元，高于全省平均 5.4%。这 10 家商业综合体内零售业和餐饮业合计销售额（营业额）76.3 亿元，相当于 2015 年绍兴社会消费品零售总额的 4.7%。

与传统零售商场相比，城市商业综合体以其丰富多样的业态完胜，尤其是影院、娱乐、游艺、培训、健身等对客流量的带动起了重要补充作用。调查数据显示，2015 年绍兴城市商业综合体内服务业商户占 5.2%，销售额 3.6 亿元，比上年增长 70.8%，增长速度分别是餐饮业和零售业的 1.2 倍和 8.2 倍。

表 2　2015 年绍兴市城市商业综合体分类销售情况

项　目	商户销售额(万元)		
	本年	上年	增速(%)
合　计	799439	710004	12.6
零售业	651099	604419	7.7
餐饮业	112333	84501	32.9
服务业	36007	21084	70.8
其中:电影院	12181	8639	41.0
游乐游艺	4598	3532	30.2
KTV	2799	3108	−9.9
教育培训	1846	1394	32.4
健身养生	1646	1311	25.6
其他	12937	3100	317.3

3.经营状况良好,社会效益显现

绍兴新兴的城市商业综合体,地理位置多居于城市商务区,交通便利,“一站式”的消费体验吸引大量居民,加上周边聚集着办公、住宅群体,一方面改变了居民消费方式,提升了生活品质,另一方面给商户带来较好的经济效益。调查显示,2015 年 10 家城市商业综合体销售额(营业额)79.9 亿元,比上年增长 12.6%,其中自营、联营商户实现营业额 46.7 亿元,增长 1.2%,租赁商户营业额 33.2 亿元,增长 33.8%。在社会效益方面,合计贡献营业税近 1 亿元,支付职工薪酬 2.3 亿元。

(三)绍兴城市商业综合体的发展情况

目前,绍兴已建成和在建的商业综合体数量超过 20 个,未来几年内还将有新的项目陆续开建,或在规划中。

1.依托传承,重整旗鼓

作为绍兴百货业“大佬”的绍兴国商大厦,自 1992 年开业来一直领军解放路商圈,成为绍兴居民购物的首选地,但最近几年由于新兴城市商业综合体分走了客流,电子商务的发展也冲击着传统百货经营模式,其市场地位岌岌可危。而今,国商大厦正在解放路东侧创建新商业综合体——国金城,总建筑面积达 10 万平方米,项目定位是将购物、餐饮、休闲、娱乐集为一体的综合体,目标是打造成解放路的地标性建筑，重筑商圈繁华。

2.找准定位，寻求突破

绍兴市内短短几年形成的大大小小城市商业综合体，由于竞争激烈，有的延续繁华，有的不温不火，有的则呈现走下坡路的趋势。如越城区去年底开业的汇金广场，主打“轻奢”定位，意图寻求高端商业，但开业初期低调低迷，经营数月营业额一直萎靡，自从今年7月汇金广场内缪斯影城正式开业后，广场人气才有所提升。柯桥的聚银时代和华联·蓝天广场这两座商城，一家曾在柯桥创造了万众瞩目的商铺热销传奇，一家包下半条笛扬路打造了蓝天商城，而如今除了大型超市生意不错外，百货零售经营则日渐清淡。同样的情况也发生在袍江益泉百货，2013年开业初始填补了袍江新区消费市场的空白，凭借大型超市、众多小餐饮以及影城聚集了人气，然而由于整体商业布局不尽合理，档次偏低，近来零售经营业绩趋淡。这几家城市商业综合体应找到新的突破口才能走出困境。

3.精准招商，形成热点

越城区正在建设城西首个综合体——梦享城，如今麦德龙超市已开门迎客，接着中影院线和大批童玩业态入驻将带动城西商业繁荣。镜湖新区高教园区在建的天悦城，项目开工以来一直是投资商关注的焦点，如今商业综合体部分规划已经出炉。滨海新区规划打造商业步行街，将是绍兴目前在建的最北商业体。著名的万达虽然在全国调整零售业态，但领地扩张一直未停，目前在上虞高铁新城核心区块建造总建筑面积70万平方米的新万达广场，建成后将成为上虞的商业新地标。在建的综合体项目还有嵊州的吾悦广场和悦时代广场，计划将于明年7月开业。迪卡侬落户柯桥，将打造运动休闲文化广场。新昌则有海洋城在建设中。

4.面临困境，适度调整

位于镜湖新区的颐高广场一期已经开业，主要业态为大型超市和颐高数码商城，再加上影院、小餐饮、休闲娱乐和商务型酒店，而“二期”规划将是大型城市商业综合体。镜湖的佳源广场，住宅和商铺销售良好，但这个位于镜湖新区核心板块、坐拥双地铁枢纽站、自带15万平方米的商业综合体项目一直处于停滞状态。

二、问题与困难

绍兴城市商业综合体营造了优越的消费环境，极大促动了居民的消费需求，满足了居民提升消费档次的需要。但绍兴居民消费力的释放能否跟上目前综合体密集的开发力度，并且由于开发时间集中，众多综合体在规划布局、经营模式等方面存在的问题，影响着其作为商业旗舰的功能和效益的进一步发挥。

（一）同城综合体规划和布局不均

城市商业综合体开发的三大关键问题是选址、业态组合和营运策略，而当前绍兴不少综合体对其是否适宜开发尚欠深度考量。在越城区一环线内，沿解放路已开业的有金帝银泰城、汇金广场、颐高广场一期，在建的有国金城，待建的颐高二期和镜湖佳源广场，加上离解放路不远处的胜利东路上的世茂广场，仅此越城区的城市商贸综合体基本达到饱和状态。而各区、县（市）的综合体多为自主引进和开发，也缺乏通盘规划。

（二）综合体定位差异化不够明显

近几年，绍兴的城市商业综合体同质化现象严重，各家没有自身特色，少有与地方文化融合，更缺少高中低端的消费层次划分。商品和服务的类同，导致客源区域化分割，人们只要在附近消费就能满足，没有兴趣“走出去”，不利于消费能力提升。另外，绍兴部分综合体由于初期定位不准导致人气滑坡，一些有影响力的品牌撤出，使当前的商业综合体陷入一种非良性循环的境地：虽然企业主给出优厚条件，但高端品牌商不愿进驻。而没有好的品牌支撑，综合体整体档次又无法提高。

（三）部分综合体专业程度不足

如今绍兴各处开花的城市商业综合体，硬件设施上符合要求，但不少综合体建设追求短期经济效益，存在前期规划仓促、开发周期短、后期运营管理水平不高等诸多问题，有的系借发展商业之名，行开发地产之实，走“二年院线，三年餐饮”的发展模式，再继续开发周边房地产，缺少商业的灵魂。而商业的发展，要有其商业的定位和特色，才能把城市商业综合体做成专业化、专家型。

（四）电商对实体零售冲击日趋明显

随着电商的发展，居民消费习惯和方式发生着巨大变化，大型零售业态不可避免受到冲击，城市商业综合体中以传统零售为主的商户销售业绩无法提升。调查数据显示，2015 年，绍兴 10 家商贸综合体全年自营、联营商户的百货和超市营业额分别下降 4.3％和 1.1％。

三、建议与意见

（一）回归理性，优化布局

今后城市商业综合体的建设，要在建设大城市的框架内，建立大型商业网点项目会商制度，即由规划部门牵头，会同国土、商务等部门，合理安排项目规划；根据人口分布、环境交通和资源配置来充分论证，减少项目重复建设。同时，还要对未来5年甚至10年做好商业综合体的中长期规划，避免重复建设和项目过剩的诸多不利。

（二）提升层次，错位发展

建设城市商业综合体，要从发展数量转变到重视质量上来。在投资时要选择有相关管理经验的投资主体，以避免一些房地产商在投资商业地产时的冲动和盲目。对经营中的商贸综合体要根据所处的地域特点，结合居民的消费习惯，因地制宜调整经营模式。比如在居民区集中的综合体，以满足大众消费需求为本；在新区的综合体，则要增加品牌凝聚力，吸引高端名品入驻，提升商业层次，吸引周边消费力。总体而言，要更加重视商场业态在空间的合理布局，将商业和生活、文化、艺术等因素相结合，推动差异化、特色化发展，有力地改变城市商业综合体当前诸多业态类同、“千店一面”的现状。

（三）深度开发，个性经营

在电商冲击的浪潮中，城市商业综合体要积极发展体验式、休闲式的消费，增加居民的参与程度，增加在网络虚拟空间里无法体验的实体展示和感受。依托“互联网＋”的背景，城市商业综合体内的传统餐饮、服务业也要积极“触电”，实现线上线下的深度融合，如积极鼓励引导餐饮业发展以O2O为主要特征的团券打折、净菜熟菜、24小时外卖、厨师上门等新业态。

课题负责人：王兴贤
课题组成员：钱裕铭　章　勤
执　　　笔：章　勤

金华信息经济发展现状及对策研究

信息经济是以现代信息技术等高科技为物质基础，信息产业起主导作用，通过研发生产知识密集型的信息技术产品和服务，基于信息、知识、智力等的一种新型经济形态。近年来，金华信息经济呈现出快速发展的良好势头，已逐渐成为经济转型发展的重要动能，2015 年，金华信息经济核心产业增加值 212.9 亿元，总量居全省第 4 位，增速（按现价计算）比上年增长 11.3%，占 GDP 的比重为 6.3%；信息经济发展总指数为 95.2%，居全省第 4 位，其中基础设施、核心产业、个人应用和企业应用发展等分项指数排名分别居全省第 5、3、2、3 位。

一、金华信息经济发展现状

随着信息技术在金华各产业领域的深入应用和拓展，技术融合步伐不断加快，企业信息化水平正逐步提升，传统产业信息化改造和区域特色块状经济发展得到加强，工业化和信息化“两化”融合进一步加深。

（一）核心产业规模不断扩大

2015 年金华规模以上信息经济核心产业企业共 427 家，主要涵盖了以微电机、电子元器、光伏设备、计算机、视听设备等为主的制造业行业和以互联网信息服务、软件开发、信息技术服务、电影及影视节目制作等为主的服务业行业；主营业务收入 591.3 亿元，比上年增长 13.0%；平均从业人员 7.6 万人，比上年增长 8.9%。

（二）制造业智能化驱动发展

“机器换人”是改善制造业装备水平、促进产业升级的重要手段，近年来，金华逐步加快“机器换人”步伐，在全省率先开展“机器换人”专项行动，目前市区汽摩配行业、东阳磁性材料行业、永康防盗门行业已先后入围浙江省“机器换人”分行业推进实施方案名单。2015 年金华工业技术改造投资 550.6 亿元，增长 24.5%，增速分别高于全社会固定资产投资和工业投资 9.4、21.7 个百分点。工业技术改造投资占工业投资的比重为 74.4%，比上年提高 13.0 个百分点。

表1 2015年金华规模以上信息经济核心产业主要指标情况

指标名称	单位数		主营业务收入		平均从业人员	
	绝对值（个）	增幅（%）	绝对值（亿元）	增幅（%）	绝对值（人）	增幅（%）
信息经济核心产业	427	8.7	591.25	13.0	75928	8.9
1.制造业						
计算机、通信和其他电子设备制造业	112	16.9	187.03	8.4	23874	8.3
电子信息机电制造业	138	2.8	165.96	1.8	34863	0.2
专用电子设备制造业	16	23.1	61.4	494.6	4955	168.1
2.服务业						
软件及其服务业	47	20.5	85.2	1.2	4548	－17.0
信息网络传输及其服务业	24	－7.7	20.29	50.7	4881	50.6
广播影视数字内容及其服务业	90	2.3	71.37	－10.4	2807	22.0

（三）信息经济特色小镇兴起

随着信息技术应用在传统产业的深入推进，信息产业发展出现块状集聚的趋势，目前金华共有互联网乐乐小镇、金义电商小镇、义乌陆港小镇、罗店云谷小镇、金义都市区移动小镇5家产业定位以信息经济为主的特色小镇，共入驻企业668家，在建投资项目49个，其中信息经济产业园等特色产业投资项目15个。伴随着新兴产业、新型业态的不断涌现，信息软件、智能制造、智慧物流等产业正引领着金华信息经济不断升级和发展。

（四）跨境电子商务快速发展

金华作为全国跨境电子商务试点城市之一，跨境电子商务发展已显露出活力，在区域发展上，国家商务部发起成立的跨境电子商务产业联盟将全球跨境电商大会永久落户于金义都市新区，这也是对金华跨境电子商务快速发展的高度肯定。2015年金华市跨境电子商务日均出单量达110万票，增长43.0%；B2C跨境电商出口1.1亿美元，占全国的比重为9.2%；金义“跨境通”平台累计出境邮件1350余万件，通关量位居全国30多个试点城市前列。

二、信息经济面临的发展机遇

加快发展信息经济是顺应新一轮科技革命和产业变革的必然要求，信息经济在推动投资、消费、出口三大需求方面正发挥着越来越重要的作用。同时，信息技术的发展也为传统制造业企业开展跨界竞争和产业结构调整提供了契机，也为实体经济创新驱动发展带来了重大的历史机遇。

（一）政策层面的高度重视

2014 年出台的《浙江省人民政府关于加快发展信息经济的指导意见》（浙政发〔2014〕21 号）在政策层面上要求全省深入实施创新驱动发展战略，加强信息基础设施建设，优先发展以信息产业、推进信息化应用、扩大信息消费、深化信息化和工业化深度融合等为主要内容的信息经济，加快转变经济发展方式，建立现代产业体系。金华市政府也连续出台《金华市人民政府关于加快现代装备制造业发展的若干意见》《关于促进信息化发展推进智慧城市建设的若干意见》《金华市信息化与工业化融合重点项目管理办法》《金华市区信息化与工业化融合重点项目资金补助实施办法》等一系列政策文件，进一步加大对"两化"融合重点项目和示范企业的扶持力度，努力以发展信息经济为突破口，引领经济转型升级。

（二）融入长三角城市群的发展契机

根据国家发改委发布的《长江三角洲城市群发展规划》，金华作为沪杭金发展带的重要组成部分和重点开发区域之一，未来将以中国（上海）自由贸易试验区、义乌国际贸易综合改革试验区为重点，打造海陆双向开放高地，建设以高技术产业和商贸物流业为主的综合发展带，统筹地区产业布局，提升对浙江中西部及江西中部地区的辐射带动作用。同时，在长三角城市群范围内，将加快推进科技创新和制度创新，整合科技创新资源，强化科技成果转化，共建技术创新链和区域协同创新体系。《长江三角洲城市群发展规划》的出台为金华信息经济加速融入长三角提供了难得的发展机遇，有利于金华制造业转型升级，进一步加快工业化和信息化深入融合发展。

三、当前信息经济发展存在的短板

虽然金华信息经济经过近几年的快速发展，信息化水平不断得到提升，但当前仍然存在着企业科技投入不足、项目投资明显下降、"两化"融合差距明显等问题，必须清醒认识当前经济社会信息化的发展趋势，准确把握信息化促进转型升级的作用机制和潜在动能。

(一)科技创新投入不足,高新技术企业偏少

根据《金华市科技创新调查报告》①调查,金华有创新活动的企业占全部被调查企业的比重为54.8%,但从科技创新投入情况来看,却存在投入比重明显偏低的问题,2015年规上工业企业科技活动经费支出46.0亿元,下降0.2%,比上年下降25.7个百分点。从高新技术企业数量情况看,金华国家级高新技术企业数仅占全省的4.8%,科技型中小企业数仅占全省的4.4%。2015年金华企业技术创新综合指数排名全省第8,在全省30家小微企业创业创新示范园中,金华也仅有1家园区在列。另一方面,从享受国家创新优惠政策落实情况看,政策对于促进金华企业推动科技创新的影响较小,被调查企业面对国家的9大类主要优惠政策,不具备享受政策资格的企业平均比例为71.4%,而不清楚相关政策的企业平均比例也高达15.5%。

表2 国家创新政策对金华企业科技创新影响效果不明显的主要因素情况

企业科技创新有关政策	不具备享受该政策资格的企业比例(%)	不清楚此政策的企业比例(%)
1.企业研发费用加计扣除税收优惠政策	72.9	11.5
2.高新技术企业所得税减免政策	81.2	10.0
3.企业研发活动专用仪器设备加速折旧政策	70.9	15.0
4.科技开发用品免征进口税收政策	78.7	13.2
5.技术转让、技术开发收入免征增值税和技术转让减免所得税优惠政策	79.8	12.7
6.鼓励企业吸引和培养人才的相关政策	62.1	16.2
7.优先发展产业的支持政策	67.4	24.3
8.金融支持相关政策	57.8	20.4
9.创造和保护知识产权的相关政策	71.6	15.9

(二)项目投资快速下滑,投资占比明显下降

2015年金华信息经济核心产业项目完成固定资产投资54.3亿元,下降20.4%,降幅低于高新技术产业投资7.6个百分点。分六大行业来看,除了信

① 徐灵.金华市科技创新调查报告[J].金华统计视窗,2015(86).

息网络传输及其服务业固定资产投资快速增长外，其他五大行业固定资产投资都呈下降态势，其中电子信息机电制造业、专用电子设备制造业降幅较大，分别比上年下降 60.0%、26.4%。而从投资额来看，信息经济核心产业项目投资占全社会固定资产投资的比重仅为 3.0%，比上年下降 1.3 个百分点。

表 3　2015 年信息经济核心产业固定资产投资情况

行业名称	固定资产投资完成额(亿元)	增幅(%)
信息经济核心产业	54.3	−20.4
制造业		
计算机、通信和其他电子设备制造业	24.01	−12.8
电子信息机电制造业	7.46	−60.0
专用电子设备制造业	4.54	−26.4
服务业		
软件及其服务业	1.22	−22.1
信息网络传输及其服务业	11.18	45.4
广播影视数字内容及其服务业	5.89	−10.6

(三)区域分布差异明显,“两化”融合差距较大

从省经信委最新公布的省级两化融合示范企业和试点企业名单来看，金华仅有 3 家企业入围省级两化融合示范企业，占 4.1%；入围省级两化融合试点企业名单位的企业为 10 家，占 11.6%。从两项名单入围企业的区域分布来看，主要分布在市区(4 家)、义乌(4 家)、东阳(3 家)、永康(2 家)。另一方面，从规模以上信息经济核心企业分布情况来看，除市区和东阳外，其他县(市、区)规模以上企业中涉及信息经济产业的主要为制造业企业，东阳则主要是制造业企业和影视企业。相对而言，市区的信息经济企业分布较为均衡，已初步形成以软件开发、网络科技服务等为主的服务业和以电子器件制造等为主的制造业相互渗透、互动发展的局面，工业化和信息化融合程度也相对更深入。综合来看，金华县(市、区)两化融合差距较大，信息经济产业在区域分布上差异明显。

四、加快信息经济发展的对策建议

当前以互联网、物联网、大数据、云计算为代表的新一代信息技术在经济生活领域的广泛应用，已引起我国制造业生产方式和居民消费方式等诸多方

面的深刻变革，信息经济已成为未来金华经济发展战略制高点的重要选择。

（一）加大政策扶持力度，支持企业科技创新

努力实施科技创新引领金华实体经济转型发展战略，以创新推动产业转型升级，通过加大基础研究投入、建设科研基础设施、加强知识产权保护等措施，为企业创新提供良好的外部环境。引导资金、人才、技术等创新要素不断向企业聚集，使创新企业着力突破研发、设计、标准、供应链管理等关键环节，掌握核心技术，增加高附加值环节比重，从而提升金华信息经济产业的核心竞争力。有关行业主管部门应研究和细化信息经济产业发展规划，并在政府投入和优惠政策扶持上，鼓励企业集团加大研发投入，努力培育高新技术中小型企业的成长和壮大，推动新技术、新产业、新业态蓬勃发展，为金华经济持续健康发展提供源源不断的内生动力。

（二）加强重大项目建设，促进信息经济投资

围绕以信息经济特色小镇等重大产业项目的开发建设，不断扩大固定资产有效投资，进一步调动民间资本投资信息经济的积极性，吸引民间资本广泛涉入信息经济领域，增强实体经济动能。在制造业企业信息化投入上，行业主管部门应加强“机器换人”等示范企业的经验推广力度，结合自身产业发展特征，认真组织企业开展“机器换人”工作，重点推广一批自动化、智能化水平高的先进适用装备。在政策措施上，加快出台鼓励制造业企业“机器换人”等信息化技术改造和资金投入的优惠政策，加大市、县两级财政资金对“机器换人”等示范项目的扶持力度，提高金华企业精准制造、敏捷制造、智能制造等的综合能力，促进实体经济转型升级。

（三）加快“两化”融合发展，打造金华智能制造

应充分把金华网络经济的优势同制造业发展相结合，加快金华“两化”融合示范点建设，推动制造业生产设备的智能化改造，促进移动互联网、云计算、大数据、物联网等信息通信新技术在企业研发、制造、管理、服务等全流程和全产业链的综合集成应用。鼓励制造业企业加强同信息软件、科研等服务业企业的合作共赢，通过信息化建设，提高企业的信息集成能力和智能化管理水平，打通研发设计、生产制造、经营管理和市场营销等各个环节的信息通道，继续加快“电商换市”步伐，培育金华“互联网＋工业”的新型业态和新兴发展模式。

课题组组长：郭振新
成　　　员：曹益林　汤　伟
执　　　笔：黄丽燕　蒋　华

义乌市小商品市场运行情况

义乌市上下积极推进“大众创业、万众创新”战略，积极融入“一带一路”建设，践行五大发展理念，促进城市五大转型，坚持“电商换市”战略，小商品市场整体运行平稳，电子商务增长强劲，外贸出口增速高位趋稳，市场转型升级不断加快，小商品市场成交额继续保持较快增长。

一、小商品市场运行基本情况

（一）市场成交额增长稳健

经市场相关部门数据汇总评估，2015 年，义乌小商品市场交易额 3461.8 亿元，比上年增长 8.4%。其中，集贸市场交易额 1430.4 亿元，增长 6.7%（中国小商品城交易额 982.2 亿，增长 14.6%）；电子商务交易额 1511 亿元，增长 31.0%；专业街交易额 288.4 亿元，下降 5.0%；会展实现交易额 360.7 亿元，下降 9.2%。

（二）市场相关指标总体平稳

2015 年义乌小商品市场运行平稳，行情先旺后淡，相关指标走势平稳局部有所分化。公铁航客流量持续攀升。年公铁航客运总量达 2982.1 万人次，比上年增长 4.2%，外商人数下降 1.6%。市场周边现金资金流量出现回落。受近年来支付方式的转变及证券市场波动影响，市场周边资金流量波动剧烈，在经历二季度快速反弹后，三、四季度市场周边现金、资金流总量持续回落，全年现金、资金流总量下降 20.6%。商贸货运量小幅下降。商贸货运量 6519.5 万吨，下降 1.7%。其中，快递货运量受电商拉动增长 73.0%，达 105.9 万吨。外贸出口增速较快。进出口总额 342.2 亿美元，增长 41.5%。其中，出口 338.6 亿美元，增长 42.8%。景气指数先扬后抑，价格指数微跌。义乌小商品景气指数在 7 月创出 1183.5 历史新高后，指数持续回落，12 月份指数收于 1088.9 点，同比下降 35.0 点；12 月价格指数 100 点，同比微降 0.1 点。

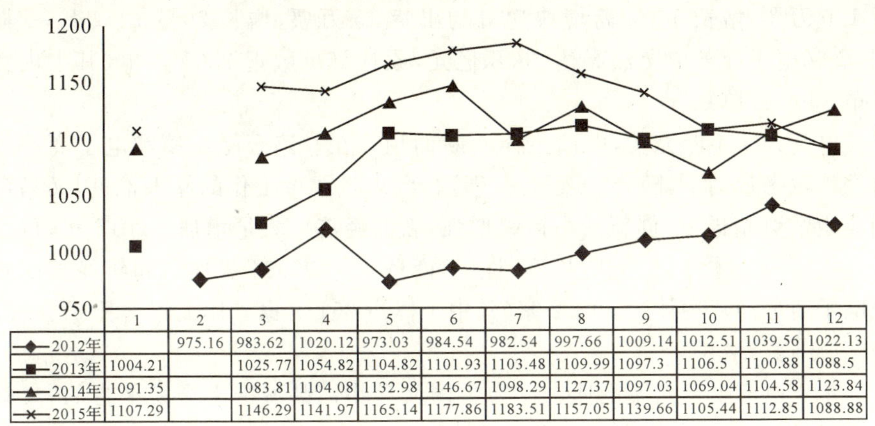

	1	2	3	4	5	6	7	8	9	10	11	12
2012年		975.16	983.62	1020.12	973.03	984.54	982.54	997.66	1009.14	1012.51	1039.56	1022.13
2013年	1004.21		1025.77	1054.82	1104.82	1101.93	1103.48	1109.99	1097.3	1106.5	1100.88	1088.5
2014年	1091.35		1083.81	1104.08	1132.98	1146.67	1098.29	1127.37	1097.03	1069.04	1104.58	1123.84
2015年	1107.29		1146.29	1141.97	1165.14	1177.86	1183.51	1157.05	1139.66	1105.44	1112.85	1088.88

图 1　2011—2015 年景气指数走势图

二、小商品市场运行特征

（一）实体运行基本平稳，专业市场冷暖不均

集贸市场、会展及专业街三大块状市场全年累计交易额 2079.5 亿元，比上年增长 1.9%，实体市场运行总体保持平稳。

集贸市场总体运行平稳。2015 年，集贸市场成交额增速先快后缓，市场整体经历先旺后淡再翘尾的周期性行情。小商品城成交额增长较快。义乌小商品城交易额 982.2 亿，比上年增长 14.6%。分五大行业看，服装、鞋帽、纺织品行业交易额 436.1 亿元，增长 25.0%，占比 44.4%；日用品行业 249.1 亿元，增长 37.6%，占比 25.4%；文体用品及器材行业 70.7 亿元，下降 7.7%，占比 7.2%；家用电器及电子产品行业 38.7 亿元，下降 43.5%，占比 3.94%；其他行业共计 187.1 亿元，增长 3.3%，占比 19.1%。农副产品类市场行情销售火爆，粮食市场、农贸城成交额分别增长 13.39%和 15.06%，其中副食品市场成交额增长 10.91%。大宗消费品类市场成交额回落较多，物资市场、汽车城成交额分别下降 0.55%和 20.77%。会展经济转型升级稳步推进。义乌会展经济积极融入“一带一路”战略和电子商务发展战略，成功打造旅游产品博览会、装备博览会、文化产品交易会、进口商品博览会以及电商博览会等多个展会品牌。2015 年，共举办各类会展活动 132 个。其中，经贸性展览 36 个，展览面积 74.5 万平方米，参展企业 12674 家，展位数 32806 个，吸引观众数 1509525 人次，贸易成交额 360.7 亿元。

（二）电商环境持续优化，电商发展势头强劲

2015 年，电子商务交易额 1511 亿元，比上年增长 31%。国内快递日均出

货 146 万票，增长 54%；跨境快递日均出货 45 万票，增长 29%。“双十一”期间，义乌电子商务成交额高达 46.8 亿元，累计订单数近 3800 万单(其中内贸订单 3500 万单)。

电商人才不断充实，电商主体不断涌现。在丝路金融小镇和电子商务等新经济业态带动下，随着“五证合一”等行政审批改革工作的深入推进，义乌市创业激情竞相迸发，创新活力持续增强，新的经济体大量增加。2015 年，持续推进大规模人才培训，义乌共培训电子商务人才 90854 人次。同年经工商登记电子商务经营主体达 35472 家(其中个体户 25139 家)，比上年增长 67%；新增 14263 家，增长 24%。

本土电商平台发展迅速。作为中国义乌小商品城网上交易平台的“义乌购”通过网商营业执照发放、“义品牌”战略推广、“Yiwubuy.com”跨境 B2R 电子商务平台上线等举措，2015 年“义乌购”平台在线总交易额达 39 亿元，增长近 160%，通过“义乌购”线上询单达成的撮合交易额更是达到了近 300 亿元，与线下实体店形成互促共荣的发展格局。

跨境电商异军突起，“海外仓”布局提速。2015 年，义乌电子商务外贸零售交易额 208 亿元，比上年增长 36%；外贸 B2B 交易额 374 亿元，增长 33%，跨境电子商务发展势头强劲，成绩斐然。与此同时，义乌跨境电商布局“海外仓”进一步提速，呈现三大发展特性：一是规模大。义乌已有 17 家跨境电商在海外建设了总面积共达 6 万多平方米的海外仓，有省级跨境电子商务园区 3 家，公共海外仓 8 家，约占全省四分之一。二是区域广。义乌的海外仓储涵盖美国、澳大利亚、德国、西班牙、俄罗斯等 13 个国家共 22 个地区，服务范围覆盖了世界各地，特别是“一带一路”以及“义新欧”沿线国家。三是模式多。各跨境电商企业结合自身特点，采用自建、合建、租赁等模式探索海外仓建设。海外仓的建设有效缓解跨境电商送货时间长、运费贵等痛点问题。

(三)外贸出口增速较快，市场采购独占鳌头

自 2014 年 11 月义乌实行市场采购贸易方式以来，有力提升了贸易便利化水平，有效地刺激了商品出口贸易。2015 年，义乌市进出口总额 342.2 亿美元，比上年增长 41.5%。其中，出口总额 338.6 亿美元，增长 42.8%。

市场采购放量增长。2015 年，义乌市通过市场采购贸易方式出口 283.9 亿美元，比上年增长 59.7%，占出口比重 83.9%。从市场采购出口主要国家看，主要集中在南亚和中东地区，占比前五位的国家为印度、伊拉克、伊朗、埃及、阿联酋，占比分别为 5.7%、5.6%、4.3%、4.2%、4.0%。从市场采购出口主要商品看，占比排前三位的商品为餐厨用具、鞋帽伞、服装及附件，占比分别

为 9.9%、6.6%、6.5%。

自由贸易政策落地释放“国门红利”。2015 年，义乌检验检疫局共签发自贸区优惠原产地证 36774 份、货值 7.5 亿美元，比上年增长 59.1%和 61.5%，为辖区企业减免关税优惠 5976 万美元。其中，签发中国与瑞士、东盟、哥斯达黎加自贸区原产地证增幅尤为明显，分别增长 143.4%、116.9%和 75.4%。自由贸易政策的落地使得企业能够充分享受降低关税、便利通关等“国门红利”，有效提升义乌出口企业产品价格竞争优势和国际市场占有率。

“义新欧”货运班列实现双向常态化运行。自 2014 年 11 月 18 日首趟“义新欧”中欧班列（义乌—马德里）开行以来，截至 2015 年 12 月 31 日，已往返运行 36 个班列，共运输 2192 个标准集装箱。其中，义乌—欧洲去程班列共发运 31 次，1988 个标箱（TEU）；欧洲—义乌回程班列共发运 5 次，204 个标箱（TEU）。同时，截止到 12 月 31 日，“义新欧”中欧班列（义乌—中亚）发送集装箱 3018 个标箱。

（四）进口市场环境优化，进口贸易加快发展

2015 年，义乌市政府、市场和企业多方联动，多措并举培育进口市场发展。一是积极开展进口市场和进口政策的推广活动，全面推进贸易人才和进口人才的培训工作。二是以品牌联盟、企业集团化抱团等方式提升整体竞争力，以开设进口商品批发超市为手段打开国内销路，积极探索“物联网＋进口”的新模式。三是举办各种国内外展销活动。中国义乌进口贸易大会、义乌进口商品购物节、进口商品博览会和全国专业市场进口商品流通研讨会等的成功举办极大提高了进口市场的影响力和知晓度。

日用消费品占比明显提高。2015 年，义乌市直接进口 3.6 亿美元，其中，流通企业进口 2.4 亿美元，增长 34.3%。从进口商品结构上看，日用消费品进口 3392 万美元，增长 103.6%；原材料、机械设备等生产资料进口下降明显。

进口商采购中心地位凸显。在全国进口市场销售不容乐观的背景下，义乌进口商品销售呈现平稳态势。进口商品馆新增 700 余进口商品品牌、43000 余品种，年内进口商品销售 9.6 亿元。副食品市场进口商品销售交易额约 7.4 亿元，比上年上涨约 5.0%；篁园韩国服装城人气提升，年销售额约 0.7 亿元；各大商场超市进口商品销售增长明显。

（五）科技创新支撑发展，市场转型优化发展

商事登记制度改革助力创业创新。注册资本登记制度改革、“三证合一”“五证合一”等进一步降低了市场主体的准入门槛，释放了市场主体活力，到 2015 年底，义乌市场主体达 27.4 万户，占全国市场主体总量的 0.4%，占浙江

省的 5.8%。

产品结构不断优化。在国内外经济环境未见明显改善和工业经济总体低速运行的情况下，义乌企业通过开展产品研发和创新，积极适应和谋求发展，以技术高、业态新、需求旺为特征的新兴产业持续较快发展，带动了义乌经济运行质量的提升，产品创新驱动取得实效。2015 年，义乌规模以上工业新产品产值 276.8 亿元，比上年增长 25.9%，增速高出规模以上工业产值增速 22.9 个百分点。

发明专利授权量翻番。专利是科技创新的重要载体，为鼓励企业以专利来提升科技创新能力，政府出台了《关于实施科技创新五大工程全面提高转型发展质效的若干意见》，引导企业深化专利建设。截至 2015 年底，义乌已有国家知识产权优势企业 2 家，省级专利示范企业 19 家，义乌市级以上专利示范企业总数达 85 家。2015 年，义乌市专利申请量为 3761 件，专利授权量为 3346 件；其中发明专利申请量 764 件，比上年增长 51.29%，发明专利授权量为 223 件，比上年翻了一番。

三、市场运行中需关注的问题

(一)宏观经济形势严峻，新兴市场风险高企

全球经济总体复苏乏力，前景艰难曲折，全球性的需求萎靡导致贸易量出现下降。从最新的贸易数据看，2015 年前 10 个月，全球出口值下降幅度超过 11.0%，是自 2008 年全球金融危机全面爆发后再次出现的下降。国内进出口同样承压，2015 年全年国内货物贸易进出口总值 24.6 万亿元人民币，比上年下降 7.0%。其中，出口达 14.1 万亿元，下降 1.8%；进口达 10.5 万亿元，下降 13.2%。

同时，新兴市场风险高企。浙江省前三季度出口信用风险报告出炉，1—9 月，中国出口信用保险公司浙江分公司共接到短期出口信用保险报损案件超过 1800 笔，同比增长 41.2%，报损金额及出险率居高不下。其中买方拖欠一直是报损的主要原因。义乌营销服务部提供的数据显示，1—10 月共接到报损案件 63 笔，同比增长 117%；报损金额 1127 万美元，同比增长 170%。总体而言，在大宗商品价格下跌、流向新兴市场的资本减少、新兴市场货币面临压力以及金融波动加剧的环境下，新兴市场整体风险高企。

(二)出口增速或将放缓，人民币贬值进口承压

2015 年，义乌市出口总额 338.6 亿美元，比上年增长 42.8%，增速分别快于全国和全省 44.6 和 40.5 个百分点，外贸出口拉动全省增幅 3.7 个百分点。义乌市出口贸易逆市飘红主要得益于近年来国贸、出口便利化等一系列改革

红利。但研判国内宏观形势，外需乏力、内需走弱、固定资产投资放缓、要素成本持续快速上升等多种不利因素交织叠加，这种困难不是短期的。虽然目前小商品贸易持续保持中高速增长，发展向好的基本面未发生变化，但随着全球需求持续疲软，未来一段时间，义乌出口增速或将有所放缓。

进口市场方面，2015 年 12 月 31 日，银行间外汇市场人民币汇率中间价为 1 美元兑人民币 6.4936 元，创 2011 年 5 月 25 日以来逾 4 年半最低水平，2015 年全年人民币兑美元中间价累计下调 3746 个基点。人民币的快速贬值虽然极大利好出口产业，但是也会对正在培育中的进口产业形成一定压力。

(三)部分实体市场经营户墨守成规，融入新业态主动性不高

电商对部分批发市场、专业街的冲击主要体现在三方面：一是对市场客流分流；二是信息透明，中间商利润空间受压缩；三是当前部分电商纯粹的低成本无序竞争，不利于产业长期发展。专业街内电子商务的普及率较低。从 2015 年专业街调查数据来看，15 条专业街样本中，仅库存专业街、室内装饰专业街、酒店用品专业街、汽车用品专业街 4 条专业街有电商成交额记录。

(四)人才、仓储等要素依然紧缺，制约大型电商企业的发展

电商市场竞争激烈，根据最近一次的义乌市电子商务企业发展状况抽样调查情况看，企业电商业务年交易额小于 100 万元占比 60.9%；电商业务年交易额大于 100 万元同时小于 500 万元占比 26.9%；电商业务年交易额大于 500 万元占比 12.2% 。电商企业结构以中小型为主，同时，这部分企业主体目前仍以 70%～80%增速增长，电商市场竞争将愈演愈烈。另外，大型电商企业发展受两方面制约：一是缺乏高端人才。主要体现在技术、高层管理、营销等行业人才缺乏，且稳定性不够。二是缺少仓储用地。规模电子商务企业对于办公、仓储场地的需求逐步扩大，但大面积仓储场地愈发紧缺，无法满足大企业业务发展的客观诉求。

四、对策建议

当前，义乌小商品市场正处于转型升级的关键时期。义乌小商品市场发展至今存在诸多问题，要使市场转型升级能够顺利稳妥地推进，须进一步推动小商品市场产品结构升级，优化贸易结构，完善贸易环境，增强企业的自主创新能力，提升市场管理服务，增强市场软实力。

(一)优化贸易结构，完善贸易环境

随着经济的迅猛发展，依赖单一的贸易方式存在极大的贸易风险。要使义乌经济能够持续强劲的发展，须进一步优化贸易结构。一是推动贸易结构从出口贸易为主向出口、进口、转口贸易并重发展转变。随着义乌被国家确立

为国际贸易综合改革试点城市，各项优惠措施将相继推出支持义乌贸易多样化发展，外贸进口市场空间势必被激发，并且我国充足的外汇储备也保证了相对质优价廉的产品、服务进口的能力。这将使国民享受到外贸进口所带来的“福利溢出效应”，继而顺应这种发展趋势大力发展进口贸易。二是要充分发挥义乌市场现有物流、仓储、资金、信息等资源优势，积极补上转口贸易这块“短板”。国内市场发展潜力巨大，消费拉动经济发展现已是国家力推的发展战略，此时义乌要有先知先觉的发展魄力，尽量开拓国内市场。从以往的我国出口“桥头堡”转向我国国际贸易的“桥头堡”，真正成为“买全球货、卖全球货”的全球性贸易中心。

（二）增强小商品企业的自主创新能力，打造核心竞争力

自主创新是推动企业发展转型的核心动力。一是要建立以小商品企业为主体的有区域特色的研发体系，坚持以企业为自主创新主体，加强技术创新体系建设，鼓励和引导企业创建一批国家级和省级研发中心，建立行业信息服务网络，选择重点行业和优势产业发展中的关键性的共性技术，建设公共技术平台，提升相关产业的研发能力。二是出台对民营中小企业创新的优惠政策，在税收优惠和发明奖励方面加以支持，充分发挥政府在大学科研单位和企业之间的纽带作用，促进产学研的紧密结合。同时政府要加大对创新资金的投入并引导创新资金的合理化使用。三是大力引进和培养高素质人才，政府和企业要根据当地的实际情况，最大限度地做好人才的培养工作，而且也要提供优惠的条件吸引外来设计人才，突破创新要素、高端要素的瓶颈制约。

（三）提升市场管理服务，增强市场软实力

多年来，义乌市场虽然在服务管理方面探索出了许多宝贵的经验，尤其是划行归市、分类集聚、信用建设等走在全国前列。但是市场的快速发展和竞争的日趋激烈，原有的管理机制、管理模式和管理内涵，对义乌来说容易被模仿复制，从事小商品生产经营的企业大部分技术含量较低。要实现义乌小商品市场差异化发展，做出自己的特色，必须在提升市场管理服务，提升市场软实力上下功夫。要健全市场服务体系，尽量降低商务成本；完善市场配套服务设施，强化市场服务功能；加大市场广告宣传投入，尽可能减免市场经营户物业管理费、空调使用费等费用；扩大商位质押金融服务面，积极探索改进商位供给方式，完善商位管理办法，探索建立公平有效的退出机制。

（四）巩固转型成果，做强做大电商产业

一是促进电商生态圈发展，提高中小型电商企业存活率，巩固电商换市转型成果。进一步推进电子商务产业园区化、集群化、专业化发展，发挥集聚效

应、规模效应，集中力量积极引进一批国内外电子商务配套服务行业龙头企业，促进电商生态圈发展，降低中小型电商企业综合运营成本，提高存活率，从量和质两方面继续提升电商主体发展。二是以电商企业发展需求为导向，在政策上提供支持，确保大型电商企业发展有空间。一方面是强化人才基础，做好电商人才引进、培育，在住宿、社保等多方面予以补贴，减轻企业负担，保证人员稳定性，另一方面，在仓储、办公用地方面，把园区作为实现电子商务集聚、规模化发展的重要载体，科学规划、合理布局，满足企业发展用地需求。三是进一步普及电子商务，加强相关培训。继续推行 2013 年 6 月电子商务培训的“230 行动计划”，尤其要鼓励专业街的商户根据自身的实际情况参与电子商务培训课程，学习电子商务的运行程序，通过互联网提高经营水平，同时也能够更好地应对电子商务带来的冲击。同时，引入相关人才帮助专业街的电子商务渠道建设和培训。

（义乌市统计局　陈利亚、楼威强、陈骥浩）

衢州与金华、丽水市经济发展比较研究

改革开放以来，特别是衢州撤地设市以来，经济发展成效显著，但与周边兄弟地市相比，却面临着标兵渐远，追兵渐近的窘境，特别是与衢州地理区位条件相近的金华和丽水市，金华市已实现浙中崛起，丽水部分领域已赶超衢州。鉴于此，本文将聚焦衢州、金华和丽水三市经济发展水平及转型升级成效等方面进行对比分析，以便准确地把握优势与不足，对加快转型升级、突破发展瓶颈、增强区域综合竞争力提出积极的意见和建议。

一、经济发展水平比较

（一）经济总量上与金华的差距在扩大，丽水与衢州的差距在缩小

改革开放以后，金华市凭借超前战略眼光和创新发展意识，充分利用国家政策，紧紧把握民营经济大发展时期实现经济大飞跃，而衢州和丽水均错过这一阶段，直至新世纪以来确立"工业立市"发展战略后，两市的经济总量才有很大提升。1985 年衢州生产总值（GDP）是金华市 GDP 的 52.5%，2000 年降至 30.5%，2010 年升至 36.0%，2008 年爆发次贷危机后，全球产能过剩，衢州受影响较多，衢州 GDP 是金华 GDP 的 33.6%。与丽水相比，衢州建市较早，经济发展启动也较早，经济总量一直高于丽水，但丽水建市之初就将超越衢州作为重要目标，在各个方面紧盯衢州发展指标，强化"不做浙江末位"的竞争意识，追赶力度不断加大，与衢州差距不断缩小。

（二）经济增长速度上，与金华市的差距主要在"六五—九五"期间形成，"十五—十一五"时期是衢州和丽水经济你追我赶时期，"十二五"时期三市均同步放缓

从各个时期看，衢州市 GDP 增长速度在"十五"时期前均低于金华市，差距主要在这段时期拉大。"十五—十一五"期间衢州和丽水经济快速发展，形成你追我赶的竞争态势，GDP 增长速度在全省名列前茅，均快于金华市。进入"十二五"后，金融危机对三市都造成一定影响，经济增速同步放缓，其中对衢州的影响更大，GDP 增速低于金华市和丽水市。

表1 衢州、金华、丽水各时期经济增长速度

	"六五"时期	"七五"时期	"八五"时期	"九五"时期	"十五"时期	"十一五"时期	"十二五"时期	2015年
衢州	10.7	7.2	11.8	8.4	13.6	14.1	8.5	6.6
金华	14.0	11.1	21.0	11.2	13.4	13.1	9.3	7.8
丽水	10.5	4.6	17.7	8.2	14.4	13.8	8.9	6.4

（三）产业结构上，金华和丽水市均已进入"三二一"阶段，衢州仍在"二三一"阶段

产业结构是衡量一个地区经济是否发达的重要标志之一，也是反映地区经济发展水平的重要部分。金华市于2013年第三产业比重与第二产业比重持平，进入"三二一"发展新阶段。丽水市也于2015年第三产业比重超过第二产业比重，三次产业结构为8.3∶45.6∶46.1，而衢州市目前仍以第二产业为重，2015年三产结构为7.4∶46.9∶45.7，金华市和丽水市已先于衢州进入服务业经济时代，在目前全国性的工业增速快速回落的背景下，衢州经济发展受到冲击要更大一些。

表2 衢州、金华、丽水三次产业结构

	1985年	1995年	2000年	2010年	2015年
衢州	46.3∶33.7∶20.0	27.9∶46.0∶26.1	20.3∶46.9∶35.8	8.5∶54.9∶36.6	7.4∶46.9∶45.7
金华	40.1∶36.2∶23.6	16.0∶53.6∶30.5	9.9∶54.7∶35.3	5.1∶51.1∶43.7	4.1∶45.2∶50.7
丽水	52.1∶26.8∶21.1	34.7∶36.0∶31.9	25.8∶37.4∶36.8	9.5∶49.2∶41.3	8.3∶45.6∶46.1

（四）工业经济上，金华市轻重结构适宜，丽水和衢州市较重

工业立市是三市发展的主战略，推进工业经济大发展是三市经济工作的重中之重，近几年衢州、丽水经济增速落后于金华，主要差异就在于工业经济的影响，三市工业产业方向不同，受危机影响程度也不同。经过多年发展，金华市已形成五金制品业、轻纺制品业、汽摩配制造业、小商品制造业等具有地域特色的产业集群，2015年规上工业轻、重比例为52.6∶47.4，轻重比例适宜，消费类产品比重较高，抗风险能力较强。丽水市工业结构中轻重工业比达到41.2∶58.8，主导的行业为化工、金属制品、通用设备、橡胶制品等，其中化工业以日用化工为主，金属制品以不锈钢板材为主，皮革业以制鞋为主。经济危机对丽水的影响较大，2015年工业增加值增长1.8%，其中规模以上工业仅增长0.5%，均低于衢州。衢州的基础重工型工业结构与国家的铁公基等基础

设施建设密切相关，2000 年以来适逢房地产业、各地交通基础设施事业大发展，衢州进入高速发展时期，至 2008 年金融危机爆发，在短暂的回落后，国家四万亿投资政策出台，衢州工业增长强劲回升，2009 年又快速回归至较高增长水平，2011 年二次危机蔓延，国家出台的刺激政策较为审慎温和，再加上前期投资带来的产能过剩的负面影响，“十二五”时期经济增速明显放缓，2015 年衢州工业增加值增长 4.2%，其中规模以上工业增长 2.8%。

（五）服务业发展上，金华市依托发达的批零贸易带动传统服务业和现代服务业快速发展，衢州和丽水市主要支撑仍是传统服务业

金华市在“十二五”期间即提出“服务业兴市”战略，明确服务业发展的重要战略地位。凭借便捷的交通区位优势、繁荣的专业市场、良好的产业基础，金华市传统服务业和现代服务业均快速发展。传统集贸市场经济发达，批发贸易业占服务业比重达到三分之一，至 2015 年末共有各类市场 458 个，其中年成交额超亿元的市场有 73 个，义乌小商品市场世界闻名。金融产业、文化产业、信息产业等现代服务业发展迅速，三大产业合计占服务业比重达 25.1%。2014 年更是获批为国家现代服务业综合试点城市。衢州市服务业发展水平落后于金华，但与丽水相比，传统服务业发展强于丽水，而新兴服务业发展则丽水更快。2015 年，衢州市社会消费品零售总额 551.0 亿元，高于丽水 31.7 亿元；拥有亿元市场 22 个，超十亿元市场 9 个，分别比丽水多 6 个和 2 个。在文化服务、信息服务、旅游服务等方面，丽水则有一定的优势。2015 年，衢州文化服务业增加值、信息服务业增加值分别为 6.3 亿元和 7.4 亿元，分别比丽水低 2.0 亿元和 4.1 亿元。至 2015 年末，衢州共有 4A 级以上景区 15 个，丽水有 18 个。2015 年丽水旅游总人数 6301.7 万人次，旅游总收入 426.0 亿元，分别是衢州的 1.4 倍、1.5 倍。

（六）经济运行质量上，金华经济效益较好，衢州、丽水环境质量更佳，但衢州环保压力更大

在建市之初的 1985 年，衢州财政总收入是金华市的 52.7%，至 2015 年，衢州市财政总收入 144.0 亿元，比重降至 27.9%。与丽水相比，1997 年以前衢州财政收入均高于丽水，1998 年被丽水反超，此后丽水一直领先。2015 年丽水财政收入高出衢州 7.7 亿元。从企业收入来看，金华、丽水强于衢州，2015 年衢州规上工业实现利润 54.3 亿元，分别为金华的 25.8% 和丽水的 43.2%。从居民收入水平来看，金华市高于衢州市，衢州市略高于丽水市，2015 年衢州市全体居民人均可支配收入 24460 元，比金华低 9918 元，比丽水高 58 元。从经济发展与资源环境的关系来看，衢州和丽水的环境质量较好，

森林覆盖率分别达到 71.8%和 80.8%，高于金华的 61.1%；2015 年 PM2.5 均值分别为 45 毫克每立方米和 33 毫克每立方米，好于金华的 56 毫克每立方米。但衢州能源单耗水平高，环保压力较大。2014 年衢州万元 GDP 能耗为 1.2 吨标准煤/万元，远高于丽水的 0.5 吨标煤/万元和金华的 0.5 吨标煤/万元。另外，由于地形因素和经济因素相互作用，金华、丽水城市集聚力更强，城市化率更高。2015 年衢州城市化率为 50.2%，低于丽水 6.2 个百分点，低于金华 14.3 个百分点。

（七）转型升级步伐上，金华基础较好，衢州、丽水活力较强

经济新常态下，衢、金、丽三地积极谋求经济转型升级。目前来看，金华基础较好，在新业态、新模式的发展上前进的步伐更快一些，衢州和丽水转型方向逐渐清晰且各具特色，但成效显现尚需时日。

1. 工业转型

金华市着力以产业融合概念重点培育五大千亿产业：信息网络经济、先进装备制造、健康生物医药、文化影视时尚、休闲旅游服务产业。这些产业发展已初具雏形。2015 年，金华市五大千亿产业规模以上企业（单位）产值（收入）4279.6 亿元，增长 4.9%。丽水则着重发展高端装备制造业、新材料产业、生物产业、节能环保产业、电子信息产业、文化创意产业六大战略性新兴产业。目前已经形成了以机床、工模具、汽摩配等为代表的特色装备制造业群。农产品加工、木制玩具制造、竹制品、青瓷铸剑石雕传统工艺品等地方特色产业也具有相当的竞争力。在丽水新兴产业中最引人注目的是工业机器人产业，发展前景十分广阔。衢州则着力发展新材料、新能源、先进装备制造、电子信息四大战略性新兴产业。氟硅新材料和装备制造业是传统优势产业，在新兴产业方面，风、光、水、气等多类清洁能源项目正在衢州齐头并进。

2. 电子商务

根据阿里研究院发布的 2014 年中国电子商务百佳城市榜单，金华市位列广州深圳之后居第 3 位，丽水居第 41 位，衢州居第 63 位。金华市电子商务发展的基础较好，以义乌小商品市场、永康五金市场、东阳红木市场等线下传统大型贸易市场为依托，线上贸易发展迅速。2012 年即与阿里巴巴集团合作，成功引进了菜鸟电商园，已基本发展成中国智能物流骨干网关键节点城市。跨境电商也是金华的一大特色，已成为省内继杭州、宁波之后的第三个跨境贸易电子商务（出口）服务试点城市。2014 年金华市委、市政府确立网络经济为新常态下撬动转型升级的“一号产业”。2015 年金华市网络零售额 1344 亿元，居民网络消费额 394.9 亿元，顺差 949.1 亿元。金义“跨境通”平台最高日通关

量突破 7.2 万票，货物出口目的地国达 117 个。衢、丽两地近年来电商发展虽不及金华，但均依托本地特色发展迅速。总体来看，丽水网上贸易总量大于衢州，而且丽水的遂昌农村电子商务模式更是在全国打响品牌，李克强总理曾在世界互联网大会上进行推介。2015 年实现网络零售额 121.4 亿元，居民消费额 100.9 亿元，顺差 20.5 亿元。衢州电子商务起步也早，2000 年就通过设立农民信箱、农技 110 服务三农。近年来加快发展步伐，2015 年市委市政府出台了《关于进一步促进电子商务加快发展的若干意见》，制定 20 条新政，明确提出了新的发展目标。目前共培育电子商务产业基地 27 个，入驻电商企业 419 家，其中限额以上企业 29 家。2015 年共实现网络零售额 66.9 亿元，增长 90.2%，居民网络消费 76.4 亿元，增长 51.1%，网络零售逆差从上年的 15.4 亿元缩小至 9.6 亿元。

3. 旅游业

随着人们生活水平的不断提高以及假日经济的崛起，旅游经济已成为拉动经济增长的重要动力。旅游业是衢、丽两地均重点发展的产业。依托生态环境优势，衢州将旅游业作为一大战役，丽水也提出将旅游业视为第一支柱产业。金华市也日益重视旅游经济。从三市比较来看，丽水自然景观资源更为丰富，同时与文化元素、民俗元素深度融合，发展“生态、休闲、养生”主题旅游业，并制定旅游项目“1311”推进计划（“1”—创建 1 个 5A 级旅游景区；“3”—提升 30 个高等级旅游景区或度假区；“1”—推进 100 个旅游招商项目；“1”—培育 100 个乡村旅游景区化示范村）。衢州利用高铁时代来临的机遇，把旅游与休闲度假、健康服务、养老养生等产业结合起来，全力打造全国重要生态休闲度假旅游目的地，同时大力发展观光采摘、农家乐、民宿经济为主的乡村休闲旅游。金华市则以建设黄大仙文化、商贸购物、温泉养生和影视文化为特色的国际化旅游区为目标，并将休闲旅游服务业列入“五大千亿产业工程”之一。

4. 金融业

总体来看，金华市金融体量较大，存贷款规模分别是衢州和丽水的 3.9 倍和 3.8 倍。金华市不仅银行业较为发达，在资本市场也相当活跃。至目前，境内主板上市企业达 21 家，新三板挂牌企业 13 家。丽水市存贷款规模略大于衢州，但衢州在资本市场更为活跃。丽水得益于侨乡等先天优势，存款规模始终大于衢州，但贷款规模是在 2008 年经济危机爆发后反超衢州。2015 年 5 月，由丽水华侨基金管理有限公司创新打造的互联网理财平台“华侨宝”全球首发。目前丽水主板上市企业 2 家，在新三版上市企业 15 家。衢州自 2014 年以来大力推进企业上市（挂牌），让更多企业在资本市场实现高端发展，增强区域经济发展活力。目前,在主板上市的企业3家,在新三板挂牌企业20家,另有在新三板在审企业2家,签约后备企业53家。

二、衢州在区域竞争中产生差距的原因分析

(一)区位优势未能转化为经济优势

衢州地处浙闽赣皖四省交界,素有“四省通衢”之称,总体来看交通区位优势明显。但随着大交通大发展时期的到来,特别是近邻金华市已经基本发展成贸易大市、物流中心城市,这种交通区位优势正逐渐弱化。而丽水地处浙南山区,地理位置较为偏僻,但穷则思变,以及事功文化的影响与感化,充分利用其毗邻温台金等经济发达市县的地理位置特点,早早地就确定了对接温台金的招商引资政策,并灵活地运用和贯彻中央的政策,形成了独具特色的小气候,促进了丽水经济的快速发展壮大。

(二)投资优势未能转为经济优势

虽然衢州工业投资规模是金华市的一半,是丽水的近2倍,但从产出来看,投资优势未能有效转化为经济优势。新世纪以来,虽然衢州固定资产投资体量大,但投产率相对较低,工业项目建成投产率仅35%左右,同时投产企业产出率也较低,近年来仅有三分之一的项目投产后成为规模以上企业,可以说近十年来,仅有从丽水引进的元立集团成为具有带动作用的大型企业。

(三)产业发展战略存在差异

合理的产业定位是加速区域经济协调发展的根本要求。受温州和台州的影响,金华市走的是民营经济优先发展的道路。1996年以后,金华市大力发展小商品市场,特别是义乌小商品市场的壮大对金华市经济发展的带动作用非常明显,永康、东阳、武义等县随后找准定位,以装备制造、影视文化、休闲旅游等特色产业带动经济发展。金华从一个传统的农业大市逐步发展成为工业强市和市场大市,形成了“城市群+市场群+产业群”的发展模式。衢州和丽水在新世纪初即提出工业立市的发展战略。丽水产业培育立足于本地优势,一是依托原有优势产业,做大做强了日用化工、金属品制造等产业。二是依托本地山区丰富的水资源,大力发展小水电建设,既缓解了资源要素制约,又壮大了电力制造业。三是依托本地文化优势资源,培育壮大了如青田县的石雕工艺品制造业,云和县的竹木玩具制造业,龙泉的青瓷、宝剑制造业等各具地域文化特色的产业集群。虽然衢州比丽水早建市15年,但从1985年到2000年工业占比仅提高了5个百分点,对丽水而言并没有多少领先优势。衢州的产业政策在较长时期内存在前瞻性不够、科学性不强的问题,且在制定政策时,发展战略缺乏连续性。多年来,衢州大力发展了原材料工业,带动了一个时期

工业的快速发展，但由于产业链短、同质竞争激烈，2008 年金融危机后，在国家宏观调控下，市场需求趋弱，一些主导行业陷入产能过剩的困境，水泥、主要化工产品价格近两年都出现连续下跌。近年各级政府开始重视对水资源、旅游资源、风力资源等本地优势资源的利用，取得了不错的经济效益，但因启动较晚还未形成规模效益。

三、提升衢州区域竞争力的几点建议

随着经济增速的放缓，衢州面临标兵渐远，追兵渐近的窘境，我们要积极化解金融危机的影响，破解发展要素紧缺的制约，形成内生发展与借力发展互促共进的良好局面，实现从现实的和潜在的比较优势到竞争优势的跃迁。

（一）把握发展机遇

改革开放以后的 20 年，正是日用品大发展畅销的时期，金华等地区正是抓住了这次机遇，民营经济充分发展，经济总量得到大幅扩张，而衢州则抓住了新世纪以来大交通、住房等消费热点，经济呈现后发优势。进入"十二五"后，呈现出新的趋势，全国房地产、交通建设等投资的节奏放缓将可能成为常态，消费热点继续升级，衢州产业结构也需要加快调整。每一次经济危机都是生产要素重新组合的关键期、经济分化的突显期，必须主动应对挑战，去发现和捕捉新的发展机遇。

（二）优化发展环境

一是抓好平台建设。集中力量加快工业、服务业功能区的建设进程。切实加大确保"入园率、开工率、投产率"的政策和工作帮促力度。二是破解要素制约。做好低丘缓坡报批转用，用足、用好、用活建设用地指标等试点政策，破解用地难题。加快对低效利用土地、闲置土地处置进度，盘活存量土地资源，提升土地利用率和"亩产"。要创新金融服务，有条件的企业通过加快上市等手段拓展融资渠道，破解资金难题。三是提高行政效率。简化行政审批程序，确保项目及时落地生产。

（三）走特色发展之路

一是突出特色和优势，制定产业规划。衢州有丰富的自然资源，得天独厚的区位条件，各县（市、区）要根据自己的区位条件、资源禀赋和现有基础，确立不同的目标市场和产业发展重点，突出优势，以特取胜。二是抓项目建设，提高投资效率。当前经济工作的重中之重仍然是抓项目建设，要大力提高投资效率，一方面要控制制造业盲目和重复投资，对主导产业的投资重点应着眼于长远利益，力求避免只追求短期的经济效益而忽视产业发展的可持续性问题。另一方面要加大对第三产业的投资力度，在制造业面临困境的时刻，应考虑加大对现代服务业的投入,比如文化娱乐、软件开发、信息咨询、网络等新兴业态的投入。三是抓产业集群,推进新型工业化进程。继续按照"主导产业高端化、新兴产业规模化、传统产业高新化"的要求,根据产业发展规划,明确支持重点,引导招商引资方向。要将主导产业集群做专、做精、做深、做透,逐步提高产业配套水平,延伸产业链,增加产业关联度,尽量弥补现有产业链的短缺行业及产品。

(四)加快转型升级步伐

一是加快农业结构调整,推进现代高效农业发展。突出培育发展优质花卉苗木特色果品等效益种植业。重点在蔬菜、果品、特色动物等重要农畜产品的深加工上实现新的突破。二是加快工业结构调整,促进产业优化升级。认真研究和把握国家产业政策,因地制宜,厘清衢州产业结构调整方向和重点,坚持区别情况,分类指导,优胜劣汰,有步骤、有目标地推进产业结构优化升级。依托山海协作工程,承接杭宁温地区产业梯度转移;依托区位优势,承接长三角、海西区梯度转移;依托本地优质水资源,重点发展饮料、药剂等潜力朝阳产业;依托低丘缓坡资源,重点发展光伏产业;依托山区竹木资源,大力发展家具、竹木工业产业。做精做细化工、机械、钢铁、造纸、建材五大支柱产业,提升支柱产业的关联度和成长性,巩固形成竞争优势。三是加快发展现代服务业,推动经济转型升级。积极发展面向生产的服务业,促进经营业态的创新与整合。积极稳妥地发展金融保险业,鼓励业务创新。充分发挥山水城市优势,做大做强休闲旅游产业。深入挖掘两子文化、三头一掌食文化等,做大做强文化产业。以打造四省九市边际中心城市为目标,大力开拓物流资源,壮大现代物流业。

(衢州市统计局　周晓燕)

衢州市人口现状、城镇化水平及发展趋势预测

本文在分析 2015 年人口发展现状、城镇化水平的基础上，利用人口队列要素法对 2020 年人口自然变动、城镇化水平及潜力进行预测，并就加快推进衢州现代化田园城市建设步伐提出对策建议。

一、衢州人口发展现状及城镇化水平分析

（一）人口发展现状

一是户籍人口和常住人口双增长。到 2015 年末，衢州市户籍人口为 256.4 万人，比 2010 年增加 5.3 万人；常住人口 213.3 万人，比 2010 年增加 1 万人。

二是就业人口结构随着产业结构优化。三次产业增加值占 GDP 的比重已经由 2010 年的 8.5∶54.9∶36.6 转变为 2015 年的 7.4∶46.9∶45.7。伴随产业结构的调整升级，就业人口结构也随之优化。从事农林牧渔业的就业人口仍为劳动力主体，但二、三产业吸纳劳动力的能力增强，就业人口快速由一产业向二、三产业转移，三次产业就业结构由 2000 年的 66∶17∶17 变为 2015 年的 39∶30∶31，第三产业对就业人口的吸纳力明显增强。

三是市区 255 平方公里范围人口规模及分布情况。据推算，市区城市总体规划用地 255 平方公里范围在 2010 年普查时期常住人口为 39.9 万人。2016 年 7 月 14 至 27 日通过移动公司基站下用户汇总计算整体移动用户数为 35.4 万人，初步测算常住人口数约为 46.6 万人。

（二）城镇化水平情况

评价城镇化水平的指标有三个，一是统计部门计算的常住人口城镇化率，2015 年衢州市城镇化率为 50.2%。二是公安部门 2015 年开始按照户籍人口在城镇乡村的分布情况计算的户籍人口城镇化率为 34.0%，2010 年非农人口占比为 21.2%。三是由规划部门根据城镇建设角度结合公安部门的户籍和暂住人口评价的城镇化水平，2015 年衢州城区（县城）区人口比重为 30.0%，比 2010 年提高 2.9 个百分点。衢州市城镇化发展速度加快，但总体水平偏低，各县（市、区）区域发展也不平衡。近年来，衢州加大城市化工作力度，持续实施山区农民异地搬迁；积极发展三次产业，以产业集群推动人口集聚；同时鼓励

外出人员返乡创业，主动招才引智。

二、未来人口发展趋势及城镇化发展预测

影响城镇人口增长主要有三方面因素：一是原有城镇人口的自然增长；二是各类人口向城镇的迁移流动；三是农村地区变为城镇地区，即市、镇的新建和扩建，城乡划分标准的变化。从各类人口向城镇的迁移流动看，主要有农民进城、外出返乡等，这是下一步城镇化工作引导人口有效集聚的重点。

(一)2020 年人口自然变动情况预测

1. 人口总量及年龄结构变动情况预测

利用人口队列要素法预测，到 2020 年衢州常住人口将达到 216.0 万人，比 2015 年增加 2.7 万人。到 2020 年劳动适龄人口预计达到 143.8 万人，将减少 6.2 万人，占比预计达到 66.6%，比 2015 年下降 3.7 个百分点，但仍是衢州人口主体。老龄人口增多，老龄化程度继续加深。60 岁以上人口预计达到 52.6 万人，增加 6.3 万人，比重达到 24.4%，相当于每 4 名常住人口中有 1 名 60 岁以上的老人。同时高中及以下学龄人口预计为 33.3 万人，减少 1 万人。学龄前儿童人口预计为 13.5 万人，增加 2.6 万人。

表 1　2020 年主要人群城乡变动预测表　　　　单位：万人

	2015 年		2020 年（57%城镇化率预测）				2020 年（60%城镇化率预测）			
			城镇		农村		城镇		农村	
	城镇	农村	预测数	比 2015 年±	预测数	比 2015 年±	预测数	比 2015 年±	预测数	比 2015 年±
总　　计	107.21	106.14	123.13	15.92	92.89	−13.25	129.61	22.40	86.41	−19.73
0～4 岁（学龄前儿童）	3.56	5.27	5.28	1.73	6.15	0.88	5.56	2.01	5.72	0.45
5～19 岁（学龄人口）	16.27	17.74	16.13	−0.14	14.74	−3.00	16.98	0.71	13.71	−4.03
其中：5～14 岁	10.63	11.66	9.31	1.32	9.70	1.96	9.80	−0.83	9.03	−2.63
15～64 岁（劳动适龄人口）	81.39	69.67	91.62	10.23	55.76	−13.90	96.44	15.05	51.87	−17.79
其中：30～55 岁	42.21	48.44	48.40	6.19	37.73	−10.70	51.08	8.87	26.07	−11.66
65 岁以上（老龄人口）	11.63	19.54	16.92	5.29	21.27	1.73	17.81	6.18	19.79	0.24
其中：75 岁以上	4.90	8.45	6.07	1.16	7.71	−0.75	6.39	1.48	7.17	−1.28

2. 城镇化率提高情况下城乡人口数量预测情况

到 2020 年如果城镇化目标要达到 57%，城镇总体人口需增加 15.9 万人，农村人口将减少 13.3 万人。如果城镇化目标要达到 60%，城镇总体人口需增加 22.4 万人，农村人口将减少 19.7 万人，农村人口向城镇转移增加 6.5 万人。

(二)主要进城人群趋势预测

浙江财经大学及衢州职业技术学院 2 个调查课题组，4 月份对本地农民、衢籍在外就业人员、在外地就读衢籍大学生、在衢就读的衢州籍大中专学生及外来人员五类主要人群开展问卷调查，根据不同人群的进城、返乡及落户定居意愿情况，结合这些人群的推算规模数量，大致推算了衢州未来 5 年城镇人口增加潜力主要来自以下三方面。

1. 人口自然增长带来城镇人口增加

卫生和计划生育局和民政部门统计 2010—2015 年 6 年共出生 14.5 万人，死亡 9.0 万人，年均为 2.4 万人和 1.5 万人。利用人口队列要素法预测，未来 5 年衢州市 20～50 岁女性人口将达到 40.7 万人口，按照卫计委"十二五"全市妇女总和生育率在 1.4 以内，而"十三五"规划包含二孩政策增加的人口后总和生育率为 1.6，提高 0.2 个百分点，卫计部门预测将多出生 3 万～5 万人(取均值 4 万人)。这样五年累计预计出生人口 16.1 万人，死亡人口受今后 75 岁以上老龄人口增加影响，未来五年预计死亡人口 9.3 万人，测算衢州人口净增加 6.8 万人左右，若按 60%城市化率测算，预计城镇人口增加 4 万人左右。

2. 城镇人口流入人数

一是衢州农村人口有意愿进城落户的有 17 万人左右。浙江财经大学课题组今年 4 月在柯城、衢江两区 6 乡镇(航埠、九华、杜泽、灰坪、双桥、全旺)6 村就农民进城意愿入户调查了 606 户农户，其中 305 户农户愿意进城落户，进城意愿率为 50.3%。如按照 2015 年现有农村人口 106.1 万人推算有 53.4 万人，有进城意愿还需有进城经济能力，并要转化为进城的实际行动，分析此人数偏高；如以其中转移能力集中的 30～55 岁人口(这部分人进城意愿率 55.3%)48.44 万人来测算，约有 26.8 万人有意愿转移进城，再考虑转移能力，按照 60%～65%比例，则全市农村人口有意愿进城落户的有 17 万人左右。

二是未来衢州外出人群中将有 8 万人左右可能有返乡的意愿。外出人群主要有两部分，一是在外就业人员，二是在外就学人员。据衢州职业技术学院课题组通过电话调查，发出调查问卷 612 份，回收有效问卷 204 份。调查的人群中有20.6%的外出就业人员有回衢创业就业的打算，79.6%的人不愿意回衢。推算2015年流出在外总人口有39.5万人，由此计算，将有8.1万人左右在外人员可能有返乡的意愿。

初步累计(不含撤乡建镇等行政区划调整带来增加人数)约为29万人。

(三)未来提高城镇化水平存在的潜力

衢州市"十三五"时期常住人口总量规模仍将继续扩大，从预测看，增长量将高于过去的"十二五"时期，同时青壮年人群仍然是人口主体，还处于人口红利期；另一方面主要人群进城及定居意愿不弱，特别是柯城、衢江两区农民进城意愿较高，是加快推进常住人口向城镇特别是市区集聚的有利时机。

与此同时，城镇化率按照衢州"十三五"发展规划目标到2020年城镇化率57%计算，城镇人口要达到123万人；按照提高至60%全国平均发展目标计算，衢州未来城镇人口需要达到129.5万人，未来五年间，城镇人口需要增加15.9至22.4万人，每年需要增加3.2万到4.5万城镇人口，与"十二五"时期每年增加2.68万城镇人口相比，要完成这两个目标都存在一定难度。

三、量质并举，加快推进衢州现代化田园城市建设步伐

经济增长有两大动力源，即全要素生产率的提高和人口的增长。未来人口的存量和增量的变动已成为区域间经济竞争的重要力量。衢州未来城市化发展既面临增加城镇人口总量的量的扩张的任务，也面临省委城市工作会议提出的"建设浙江特色现代化城市"的质的提高要求，这就需要我们量质并举，加快人口转移集聚，推进衢州现代化田园城市建设步伐。

从产业演进规律看，衢州市三次产业结构已经完成了从"一、二、三"到"二、一、三"，再到"二、三、一"的演进；在"十三五"时期，将完成到"三、二、一"的演进。我们在发展工业经济、增加产业工人的同时，要着力发展现代城市服务业，促进服务业就业人口在现代城市的有效集聚，提高城市的现代品味。

围绕"引人进城"这一核心，在未来进城的人口集聚对象上，在重点抓好农民"异地搬迁"这一主体的同时，还要鼓励外出返乡人员回衢创业或就业；鼓励干有所成的老板投资创业，鼓励学有所成的大学生投资创业，鼓励专业技术人才以技谋业。我们还要发展高端休闲和养老产业，鼓励各类外来高端人群到衢州定居生活发展；要积极发展高水平的高中段教育和职业教育，鼓励各县(市、区)和周边地区人员到衢州就学和生活。

(一)做到科学管控和合理引导有机结合，推进全市域生态功能区建设

按照全市域建设"现代田园城市"理念，开展"多规合一"，一张蓝图管到底。提升市区及县城的城市首位度，重点明确市区、县城、重点镇各自分工和

功能定位。做好市区长远规划和定位，建设宜居西区。加快基础设施建设，完善城市功能，建设“精品城市”。围绕“高铁时代”完善城市交通，加快建设衢州到建德城际铁路、杭金衢拓宽工程。加大撤乡建镇工作力度，通过行政区划调整，撤乡建镇，城乡划分，降低乡及村的比例。

（二）做到有的放矢，精准集聚各类人员

要吸引农民进城。一是推进公共服务覆盖常住人口，包括农民工子女入学、医疗、养老保险等制度。优化城市基础教育资源配置，加大对其子女就学的优惠力度。二是建立购租并举的城镇住房体系，简化公租房、廉租房申请流程和申请要求，降低农民城市化的经济门槛。三是实施农民工职工技能提升计划，提高农民就业能力和收入水平。加快推进农民向产业工人、农业业主、三产经营者转变。

要吸引在外人员回衢就业创业。做好衢籍人才引进工作，引外地就学大学生回衢城。加大“衢州人建设衢州”的宣传。为科技含量高、吸纳就业人数多的大学生创业扶持资金，对创业者给予创业补贴。同时吸引外出人员返乡。积极发展本地优势产业，吸引外出务工者回衢务工。加大衢州务工招聘宣传力度，及时发布本地就业供求信息。采取创业培训＋创业服务＋小贷扶持＋创业补贴＋创业奖励的模式，给予回乡创业者提供快捷、优质的孵化服务。

要吸引外来人员在衢城定居。大力宣传衢州的生态文化，努力推广全域旅游理念。与途牛等旅游平台合作，制定专门的衢州休闲游活动。创建衢州自己的儒家养老养生品牌，建立专业的培训基地，培养高水平的护理队伍，建设集现代性与传统性有机结合的新型养老基地。

（三）优化产业结构，促进就业人口分类聚集

依靠产业集聚引导人口集聚，以产兴城、依城促产，实现产业、城市、人口有机融合。发展工业经济，吸纳劳动力就业，带动人口集聚。继续坚持“工业立市”战略，依托发达的工业经济吸纳农村青壮年劳动力就近就业。大力发展现代城市服务业，重点做强现代物流、商贸流通、旅游休闲、电子商务四大主导产业，做大健康养生、现代金融、科技服务、文化创意四大新兴行业，吸纳劳动力就业，带动人口集聚。加快农业生产规模化、产业化经营，促进农村劳动力向城镇集聚转移。

（四）搭建城市发展平台，增强人口集聚和辐射能力

遵循“城区一体化，因势利导之”的理念，推进产业布局合理化、重大项目前瞻化、公共服务配套化，从居住、就业、教育医疗等多方面提高城市职能，承接转移人口。产业空间合理布局。从区域层面上看，应围绕打造“四大区块”

(中心区、西区、南区、东区)合理选择产业领域,塑造各区块特色优势,有效吸纳不同类别的人口集聚。中心区重点发展商贸会展、文化卫生及休闲旅游功能;西区重点发展文化教育、商业金融、行政办公等功能,突出商务中心区(CBD)的特色优势;南区重点打造中国氟硅产业、国家化学工业、浙江黑色金属冶炼工业三大基地以及配套提升商业、物流等功能;东区重点发展仓储物流、装备制造业,轻型加工业以及发展商业居住等功能。同时因地制宜筹谋重大项目,优化公共服务配套设施。

(五)强化政策保障,加大力度推进现代城市建设

建立完善城镇化工作领导机构。建议成立由市委、市政府主要领导任组长的"人口集聚导向下的新型城镇化"工作领导小组。筹措专项资金,专门用于人口集聚工作。差异化考核各区域工作推进情况。将人口转移集聚作为县(市、区)党政领导班子、领导干部综合考核,乡镇争先考核的重要内容。深化农村产权改革。探索农村集体经营性建设用地入市改革、农村产权抵押融资改革和征地制度改革;建立宅基地使用权价值评估机制,研究农村住房抵押资产处置的流转方式,提高农民进城落户能力。调整异地搬迁政策机制。调整安置模式,鼓励实行公寓式、货币式安置,鼓励引导搬迁农民向城镇特别是市区和县城集聚,向产业园区转移集聚。健全住房保障政策。研究构建多层次住房保障体系,把房地产去库存与促进人口转移结合起来。深化户籍制度改革,实行城乡统一的户口登记制度。

(衢州市统计局组)

舟山群岛新区区域经济发展贡献分析

当前国内外宏观环境复杂多变，我国经济发展进入新常态，全面深化改革正在不断推进之中。与此同时，舟山群岛新区大开发大建设的条件正在不断形成，新区进入了势在必行、勇立潮头、华丽转身的关键时期。如何积极发挥新区各区域发展特点和优势，最大程度提升区域经济效益，统筹协调区域经济，服务群岛新区大开发大发展，是当前新区建设的重要命题之一。本文从舟山群岛新区内四个县（区）和五个经济功能区的发展定位和发展特点出发，研究各个区域发展情况及对新区经济发展的贡献作用，从而提出促进新区区域经济协调发展和提升区域经济对新区发展贡献的建议。

一、舟山群岛新区区域经济发展概况

（一）舟山新区发展概况

舟山是我国第一个以群岛建制的地级市，地处中国东部黄金海岸线与长江黄金水道的交汇处，背靠长三角广阔经济腹地，区域总面积 2.22 万平方公里，其中土地总面积 1440 平方公里，拥有 1390 个岛屿和 270 多公里深水岸线，是中国第一大群岛和重要港口城市，2016 年末常住人口 115.8 万人。2011 年 6 月 30 日，国务院正式批准设立浙江舟山群岛新区，新区范围与舟山市行政区域一致。舟山群岛新区开发开放上升为国家战略，成为我国继上海浦东、天津滨海、重庆两江之后的第四个国家级新区，也是我国第一个以海洋经济为主题的国家战略层面新区。2013 年 1 月 17 日国务院批复《浙江舟山群岛新区发展规划》。2014 年 1 月，舟山港综合保税区通过国家验收并封关运作。目前，舟山江海联运服务中心获国务院批复设立，并列入“十三五”中国百个大项目，综合保税港区发展较快，绿色石化项目已全面开工建设，中澳现代产业园和波音飞机项目落地，浙江舟山自由贸易试验区即将获批，浙江省“十三五”规划和 2016 年省政府工作报告中都把舟山新区放在全省发展十分重要的位置。

新区成立以来，舟山经济社会保持平稳较快发展态势，完成了新区发展“打基础、重谋划、增后劲”的阶段性任务。2016 年，舟山生产总值达到 1228.5 亿元，经济总量规模已超过丽水市，改变过去一直处于末位状况，按可比价计算，五年以来年均增长（以 2011 年为基期，下同）9.9%，增速位居全省首位。

人均 GDP(按常住人口计算)10.6 万元,五年年均增长 9.4%。三次产业结构比例为 10.6∶39.8∶49.6。一般公共预算收入达到 120.3 亿元,五年年均增长 10.2%。固定资产投资 1311.1 亿元,五年年均增长 22.3%。舟山港域港口货物吞吐量达到 4.3 亿吨,五年年均增长 10.3%。海洋经济增加值 862 亿元,五年年均增长 11.3%,快于 GDP 年均增速 1.4 个百分点,占 GDP 比重达到 70.2%,比 2011 年提高 1.6 个百分点。

(二)舟山新区总体开发格局

根据《浙江舟山群岛新区规划》的战略定位和发展目标,按照独特的区位条件、资源禀赋、生态环境容量、发展基础和潜力,提出了"一体一圈五岛群"的总体开发格局。

"一体"即以舟山本岛为主体,包括定海区、普陀区的本岛部分,舟山产业集聚区,舟山临城新区等功能区。这些区域产业基础较好、城镇化水平较高,是舟山群岛新区开发开放的主体区域,要重点构筑"南生活、中生态、北生产"三带协调、功能清晰的发展格局。

"一圈"为以岱山岛、衢山岛、大小洋山岛、大小鱼山岛和大长涂岛等为中心的岛屿圈,包括绿色石化基地所在地鱼山岛。该区域是舟山群岛新区深水岸线资源最佳、发展潜力和空间最大的区域,是建设大宗商品储运中转加工交易中心的核心区域。

"五岛群"即普陀国际旅游岛群、六横临港产业岛群、金塘港航物流岛群、嵊泗渔业和旅游岛群、重点海洋生态岛群,该区域覆盖朱家尖—普陀山管委会、六横管委会、金塘管委会等功能区。"五岛群"的建设要求根据岛屿自身特点,合理确定主体功能和开发利用方向,培育形成内涵丰富、特色鲜明、布局合理的功能岛群。

(三)各区域发展现状和功能定位

舟山新区下辖定海、普陀两区和岱山、嵊泗两县,同时为强化经济功能区建设,根据不同的区域功能和发展定位,在全市设置海洋产业集聚区、新城、普陀山 朱家尖、金塘、六横 5 个经济功能区,经济功能区赋有相对独立的人事权、财政权和开发建设决策权。各经济功能区均设立管委会,为新区管委会的直属机构。

定海区:2016 年,定海区生产总值 502.1 亿元,三次产业结构比例为 2.7∶45.1∶52.2,工业总产值 1011.9 亿元。产业特点:远洋渔业发展势头良好,以船舶修造和海洋石化为支柱的工业经济不断发展壮大,以港航物流、海洋旅游、金融服务为重点的现代服务业保持平稳较快增长,科技创新能力不断提高,2016 年高新技术产业增加值占规模以上工业增加值的比重达 42.8%。

普陀区:2016 年,普陀区生产总值 395.3 亿元,三次产业结构比例为 13.1∶33.5∶53.5,工业总产值 792.0 亿元,固定资产投资 336.9 亿元。产业特点:现代远洋渔业基地建设稳步推进,以船舶修造和水产加工为主导的临港工业加快转型升级步伐,依托丰富的旅游资源,以海岛旅游为主要特色,以住餐商贸、港航物流为主要格局的现代服务业发展水平不断提高。

岱山县:2016 年,岱山县生产总值 231.7 亿元,三次产业结构比例为 15.9∶50.3∶33.8,工业总产值 502.6 亿元,固定资产投资 169.0 亿元。产业特点:现代渔农业建设成效显著,以船舶修造和海工制造为主导的临港先进制造业加快发展,港航物流和海岛旅游等服务业发展水平明显增强。

嵊泗县:2016 年,嵊泗县生产总值 99.0 亿元,三次产业结构比例为 28.2∶12.9∶58.9,工业总产值 31.2 亿元,固定资产投资 87.0 亿元。产业特点:渔业经济稳步发展,渔业基础设施不断完善,重大港口物流工程项目加速启动,港口航运较快发展,海洋旅游加快发展,产业带动效应明显。

舟山海洋产业集聚区经济功能区:陆域总面积约 42 平方公里,管理范围包括舟山经济开发区新港园区、白泉镇与展茅街道划入规划红线范围内的部分区域、舟山港综合保税区。2016 年,全区固定资产投资 104.0 亿元,规模以上工业总产值 88.5 亿元,限额以上批发业销售额 200.3 亿元。功能定位:产业转型升级先导区和海洋新兴产业集聚区,重点发展临港装备制造、保税物流、贸易加工、海洋生物、高端海洋电子等海洋新兴产业。

新城经济功能区:陆域总面积约 90 平方公里,管理范围包括临城街道和东港街道委托新城功能区管理的部分区域。2016 年,全区固定资产投资 230.2 亿元,规上工业总产值 72.5 亿元,限额以上批发零售业销售额 869.6 亿元。功能定位:新区政治经济文化教育中心和海洋科技产业集聚区,重点发展金融商贸、研发创意、中介服务等。

普陀山—朱家尖经济功能区:陆域总面积约 89.4 平方公里,管理范围包括普陀山镇、朱家尖街道。2016 年,全区固定资产投资 41.7 亿元,限额以上批发零售业销售额 52.1 亿元,旅游接待人数 1397.7 万人。功能定位:世界佛教圣地、海洋休闲度假胜地和新区国际旅游岛核心区,重点发展以佛教文化为依托的现代海洋旅游业,重点开发禅修、游艇、邮轮、海钓、康体等旅游产业。

金塘经济功能区:陆域总面积约 88.4 平方公里,管理范围是金塘镇。2016 年,全区固定资产投资 59.2 亿元,规上工业总产值 17.9 亿元,限额以上批发零售业销售额 2.2 亿元,港口货物吞吐量 1722 万吨。功能定位:大宗商品中转储运基地和综合物流园区，重点发展以国际集装箱中转、储运和增值服务为主的现代港口物流业，兼顾发展临港工业。

六横经济功能区：陆域总面积约 121.1 平方公里，管理范围是六横镇。2016 年，固定资产投资 137.2 亿元，规模以上工业总产值 181.5 亿元，限额以上批发零售业销售额 55.2 亿元，港口货物吞吐量 7441 万吨。功能定位：现代临港产业岛，重点发展高端特种船舶、港口物流、大宗商品加工等临港产业和海水淡化、深水远程补给装备、海洋新能源等海洋新兴产业。

二、各区域经济增长对舟山新区发展贡献

(一)县(区)经济增长贡献

考虑各县(区)贡献情况时，主要从两方面着手：一是在综合性指标中选取地区生产总值(GDP)、固定资产投资、投入产出效率(GDP 与固定资产投资之比)这三个反映地区经济发展、投入和产出效率水平的重要指标进行讨论；二是在主要产业中选取渔业、工业、港口物流、旅游四大产业的主要经济指标进行讨论。

1.综合性指标分析

(1)各县(区)GDP 增长贡献分析。通过分析 2007—2016 年各县(区)GDP 占全市的比重变化情况，来反映各县(区)GDP 增长对全市贡献。通过数据分析可知：其一，各县(区)GDP 占全市 GDP 比重从大到小依次为定海区、普陀区、岱山县、嵊泗县；其二，近十年来，四县(区)经济发展总体较为均衡，占全市比重均保持在相对固定的水平，定海区和普陀区分别保持 41%和 32%左右，岱山县的占比略有上升，嵊泗县的占比略有下降(见图 1 和表 1)。

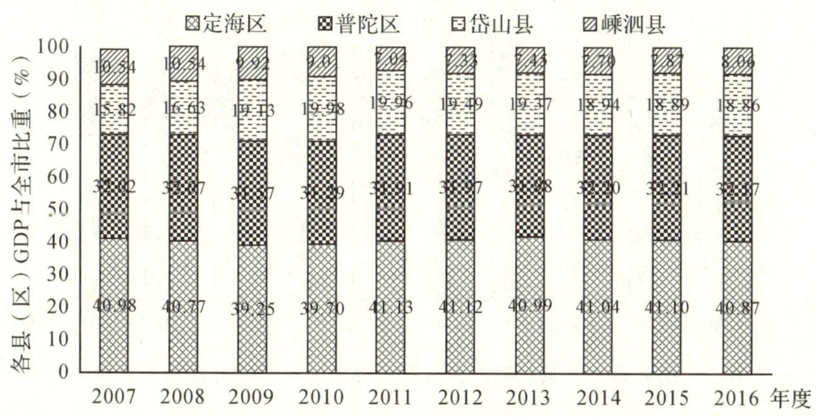

图 1 历年舟山各县(区)GDP 占全市 GDP 比重

表 1　历年舟山市及各县(区)GDP　　　单位:亿元

年度	2007	2008	2009	2010	2011	2012	2013	2014	2015	2016
全市	418.8	509.0	536.4	645.1	773.8	855.5	933.5	1015.3	1092.9	1228.5
定海	171.6	207.5	210.5	256.1	318.2	351.7	382.7	416.7	449.2	502.1
普陀	134.1	163.2	169.4	201.8	246.9	273.5	298.6	326.9	352.0	395.3
岱山	66.2	84.6	102.6	128.9	154.5	166.8	180.8	192.3	206.5	231.7
嵊泗	44.1	53.7	53.2	58.1	54.5	62.7	69.6	78.1	86.0	99.0

(2)各县(区)固定资产投资贡献分析。自 2007 年起,全市固定资产投资分为四个县区以及经济开发区五个部分,取消原市属部分的统计,以下分析中定海区数据不包括经济开发区。可分三个阶段来对数据进行分析:2007—2009 年,受嵊泗县洋山港区大开发影响,嵊泗县固定资产投资快速扩张,各县(区)固定资产投资占全市的比重从大到小依次为定海区、嵊泗县、普陀区、岱山县;2010 年,嵊泗县洋山港区大开发接近尾声,嵊泗县固定资产投资同比下降 22.3%,总量被普陀区赶超,但仍大于岱山县;2011 年至今,四县(区)固定资产投资发展总体较为均衡,占全市比重均保持在相对固定的水平,定海区和普陀区分别保持 45%和 25%左右,岱山县的占比略有下降,嵊泗县的占比略有上升(见图 2 和表 2)。

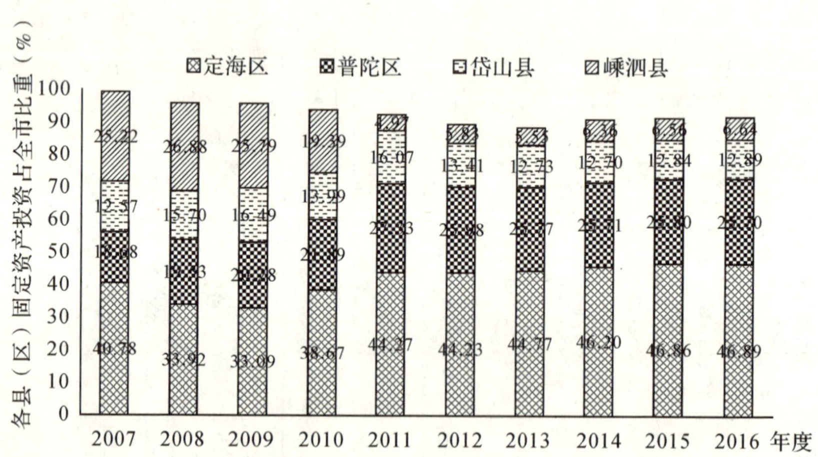

图 2　历年舟山各县(区)固定资产投资占全市固定资产投资比重

表 2　历年舟山市及各县(区)固定资产投资　　单位:亿元

年度	2007	2008	2009	2010	2011	2012	2013	2014	2015	2016
全市	279.6	339.4	400.7	413.8	476.1	570.6	750.0	960.9	1134.8	1311.1
定海	114.0	115.1	132.6	160.0	210.8	252.4	335.8	443.9	531.7	614.8
普陀	52.3	66.3	81.2	90.6	130.1	148.2	193.3	247.1	292.7	336.9
岱山	35.1	53.3	66.1	57.9	76.5	76.5	95.5	122.0	145.7	169.0
嵊泗	70.5	91.2	103.3	80.2	23.7	33.3	41.6	61.1	74.5	87.0

(3)各县(区)投入产出效率贡献分析。投入产出效率(GDP 与固定资产投资之比)是指一个地区在一定时期内国内生产总值与同期全社会固定资产投资的比率,衡量一个地区增量资本投入产出效率,反映投资对经济增长的拉动作用。从全市情况来看,近年来固定资产投资增长较快,特别是基础设施投资快速增长,但 GDP 与固定资产投资之比相对不高,整体上逐年递减,拉动作用呈缓慢下降态势。从各县(区)情况来看,一方面,各县(区)GDP 与固定资产投资之比逐渐接近,拉动作用的差异性逐渐减小;另一方面,定海区和普陀区大体上逐年递减,拉动作用呈缓慢下降态势,岱山县 2011 年前后有所上升,而后逐年递减,嵊泗县自 2011 年起有所上升(见图 3)。

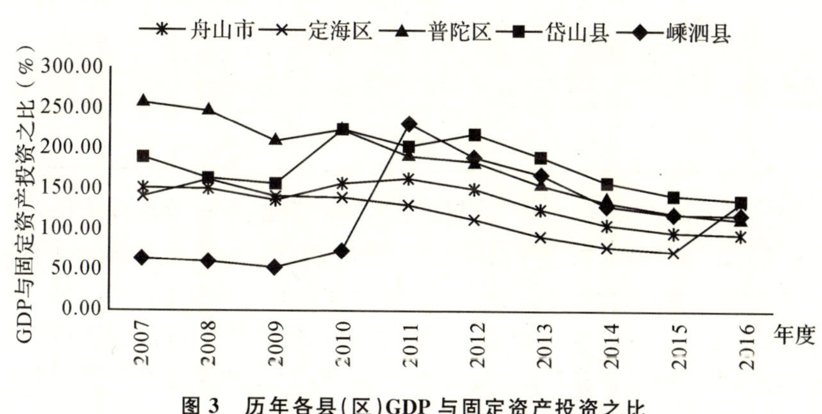

图 3　历年各县(区)GDP 与固定资产投资之比

2. 主要产业情况分析

(1)渔业方面各县(区)贡献分析。观察 2007—2016 年全市和各县(区)水产品总产量数据。全市和各县(区)水产品总产量呈逐年增长态势。各县(区)水产品总产量占全市比重从大到小依次为普陀区、岱山县、嵊泗县、定海区,其中普陀区平均增长速度最快,自 2011 年起比重上升较快,对全市水产品产量增长的拉动作用最为明显，其他三地占比较为平稳(见图 4 和表 3)。

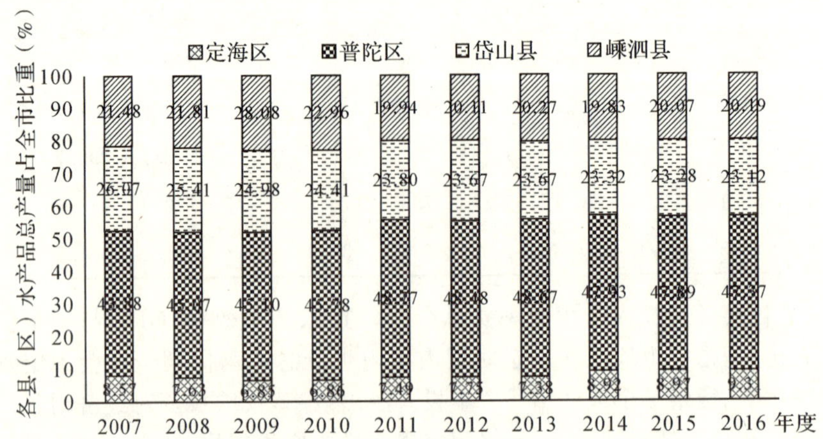

图 4　历年舟山各县(区)水产品总产量占全市比重

表 3　历年舟山市及各县(区)水产品总产量　　　　**单位:万吨**

年度	2007	2008	2009	2010	2011	2012	2013	2014	2015	2016
全市	123.8	125.5	123.8	131.1	142.0	148.3	155.4	166.9	176.5	190.3
定海	10.6	9.6	8.5	9.0	10.6	11.5	11.5	14.9	15.8	17.7
普陀	54.3	56.6	55.8	60.0	69.2	71.9	75.6	80.0	84.2	90.1
岱山	32.3	31.9	30.9	32.0	33.8	35.1	36.8	38.9	41.1	44.0
嵊泗	26.6	27.4	28.6	30.1	28.3	29.8	31.5	33.1	35.4	38.4

(2)工业方面各县(区)贡献分析。自 2008 年起，全市规模以上工业总产值分为四个县(区)以及经济开发区五个部分，以下分析中定海区数据不包括经济开发区。全市和各县(区)规模以上工业总产值均呈逐年增长态势。各县(区)规模以上工业总产值占全市比重从大到小依次为定海区、普陀区、岱山县、嵊泗县，其中定海和普陀区一直占绝对比重，对全市工业总产值增长的拉动作用较为明显；岱山县在 2009 年受益于船舶工业兴起拉动，比重大幅提高，之后逐年回落，近年保持在 21%左右；嵊泗县历年来占比相对最微(见图 5 和表 4)。

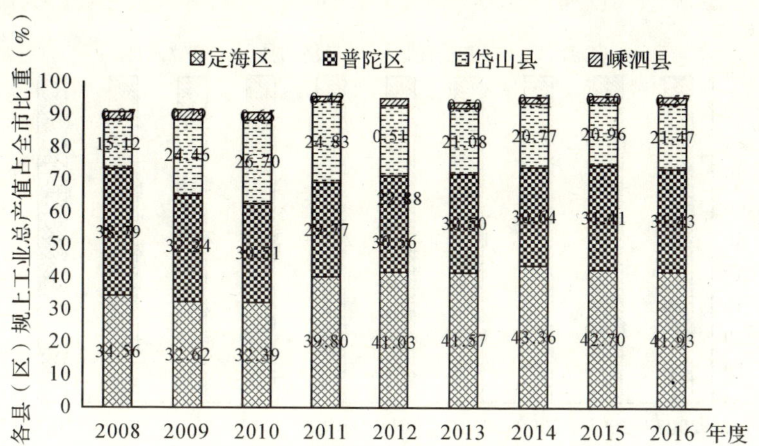

图 5 历年舟山各县(区)规上工业总产值占全市比重

表 4 历年舟山市及各县(区)规上工业总产值 单位:亿元

年度	2008	2009	2010	2011	2012	2013	2014	2015	2016
全市	656.5	796.2	989.1	1115.5	1215.7	1350.8	1524.3	1681.9	1920.2
定海	226.9	259.7	320.4	443.9	498.8	561.5	660.9	718.2	805.1
普陀	254.7	256.7	301.8	332.1	371.5	412.0	467.1	528.4	603.5
岱山	99.2	194.8	264.1	277.0	278.2	284.7	316.7	352.5	412.3
嵊泗	6.4	6.3	6.5	4.7	6.2	6.7	7.9	8.4	10.9

(3)港口方面各县(区)贡献分析。全市和各县(区)的港口货物吞吐量均呈逐年增长态势。各县(区)港口货物吞吐量占全市比重从大到小依次为定海区、嵊泗县、普陀区、岱山县;其中,普陀区、岱山县平均增长速度相对较快,比重呈上升态势,对全市港口货物吞吐量增长的拉动作用较为明显,定海区、嵊泗县比重呈下降态势(见图 6 和表 5)。

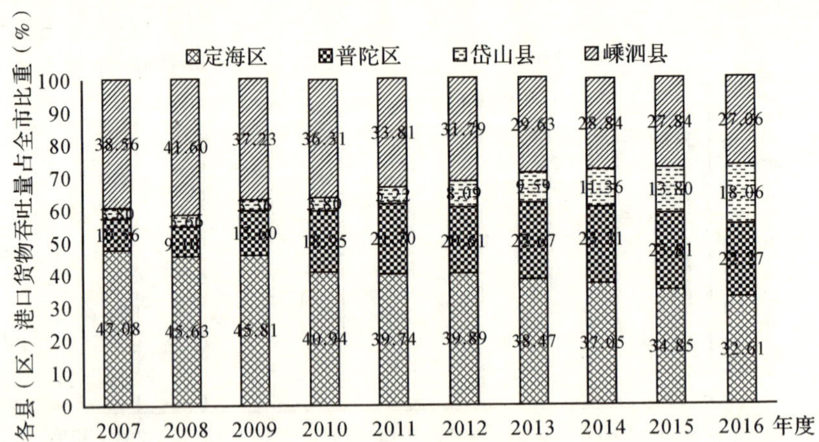

图 6　历年舟山各县(区)港口货物吞吐量占全市比重

表 5　历年舟山市及各县(区)港口货物吞吐量　　　单位:万吨

年度	2006	2007	2008	2009	2010	2011	2012	2013	2014	2015	2016
全市	11418	12818	15862	19300	22084	26054	29099	31387	34700	37925	42590
定海	5768	6035	7238	8842	9042	10353	11607	12076	12857	13218	13888
普陀	1062	1354	1444	2624	4184	5655	5998	7114	8090	9030	9485
年度	2006	2007	2008	2009	2010	2011	2012	2013	2014	2015	2016
岱山	375	487	581	649	840	1360	2354	3009	3943	5234	7692
嵊泗	4213	4942	6599	7185	8018	8810	9250	9300	10006	10560	11526

(4)旅游方面各县(区)贡献分析。观察 2007—2016 年全市和各县(区)旅游接待人数数据。全市和各县(区)旅游接待人数均呈逐年增长态势。各县(区)旅游接待人数占全市比重从大到小依次为普陀区、定海区、嵊泗县、岱山县;其中,普陀区平均增长速度相对较慢,比重略有下降,其他三地占比的波动较为平稳,均呈缓慢上升态势,对全市旅游接待人数增长的贡献相对略为明显。(见图 7 和表 6)。

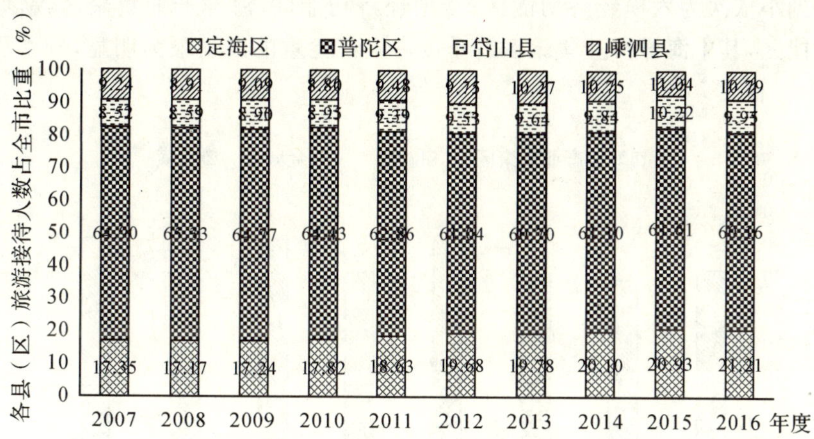

图7 历年舟山各县(区)旅游接待人数占全市比重

表6 历年舟山市及各县(区)旅游接待人数 单位:万人次

年度	2007	2008	2009	2010	2011	2012	2013	2014	2015	2016
全市	1305.0	1516.5	1752.9	2139.0	2460.5	2771.0	3067.5	3398.0	3876.2	4610.6
定海	226.4	260.4	302.2	381.2	458.5	545.4	606.8	683.0	811.4	977.7
普陀	846.9	990.8	1135.4	1378.1	1546.7	1691.5	1862.0	2076.2	2388.1	2773.6
岱山	111.3	130.3	156.0	191.4	231.0	264.0	295.7	334.5	396.0	458.8
嵊泗	120.6	135.1	159.3	188.3	233.3	270.2	315.0	365.4	428.0	497.6

(二)各功能区经济增长对舟山新区经济发展的贡献

由于各功能区现有的统计体系还在不断完善的过程中,能全面反映功能区经济发展进程和水平的指标较少,下文考虑各功能区贡献情况时,主要就工业、投资、国内贸易这三方面的主要经济指标情况进行讨论。由于几个主要经济指标可取得的年份较短,本文采用季度数据进行讨论,未考虑季节性波动因素等情况,以下评估可能存在一定偏差。

1.工业方面各功能区贡献分析

观察2015年和2016年各季度全市和各功能区规模以上工业增加值数据(其中普陀山—朱家尖经济功能区无相关数据)。从全市情况来看,规模以上工业增加值呈增长态势。从各功能区情况来看,其一,各功能区规模以上工业增加值整体上均呈增长态势,但上下波动较为明显,且占全市的比重较小,2016年合计占22.8%,比上年提高1.4个百分点;其二,各功能区占全市比重从大到小依次为六横经济功能区、金塘经济功能区、海洋产业集聚区、新城经济功能区，其中海洋产业集聚区各季度占全市比重的波动最为明显，较不稳定（见图8和表7）。

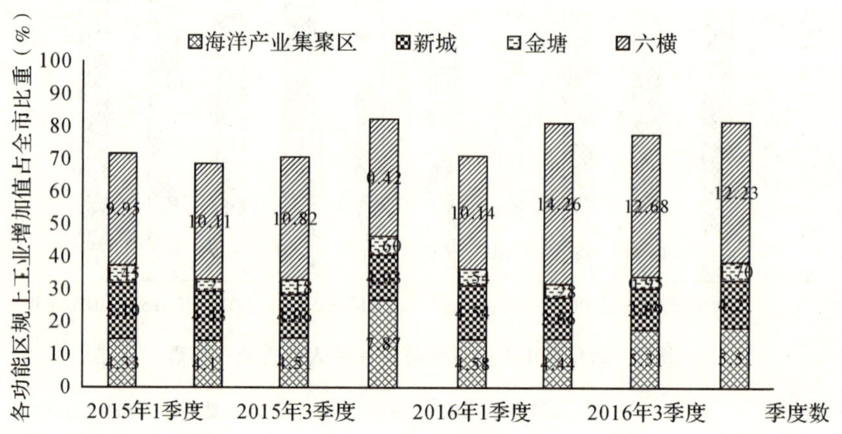

图8　近两年舟山各功能区规上工业增加值占全市比重

表7　近两年舟山市及各功能区规上工业增加值　　　单位:亿元

季度	2015年1季度	2015年2季度	2015年3季度	2015年4季度	2016年1季度	2016年2季度	2016年3季度	2016年4季度
舟山市	64.7	86.7	95.7	100.3	74.3	100.2	109.7	119.2
海洋产业集聚区	2.8	3.6	4.3	7.9	3.4	4.5	5.8	6.6
新城	3.3	3.8	3.9	4.0	3.4	3.7	4.1	5.0
金塘	0.9	1.1	1.1	1.6	1.1	1.3	1.0	2.0
六横	6.4	8.8	10.4	10.5	7.5	14.3	13.9	14.6

2.投资方面各功能区贡献分析

观察2015年和2016年全市和各功能区固定资产投资数据。从全市情况来看，固定资产投资呈增长态势。从各功能区情况来看，其一，各功能区固定资产投资整体上均呈增长态势，但存在一定程度的上下波动，2016年合计占全市比重的43.6%，比上年提高0.3个百分点；其二，各功能区占全市投资比重从大到小依次为新城经济功能区、六横经济功能区、海洋产业集聚区、金塘经济功能区、普陀山—朱家尖经济功能区，其中海洋产业集聚区、六横经济功能区各季度占全市比重的波动最为明显，较不稳定（见图 9 和表 8）。

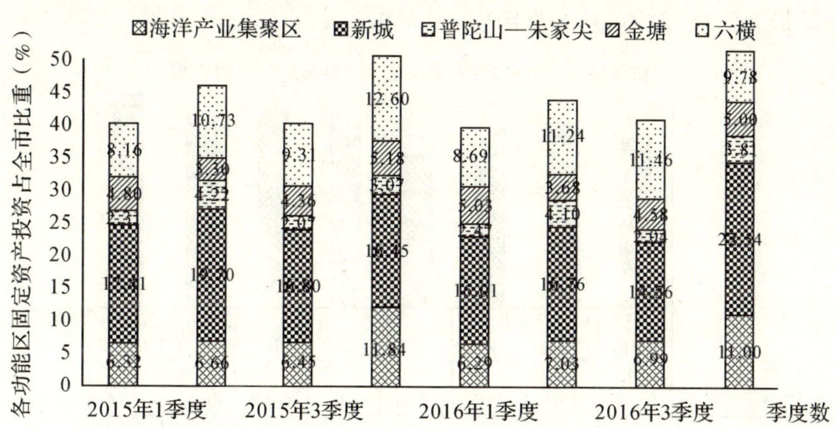

图 9　近两年舟山各功能区固定资产投资占全市比重

表 8　近两年舟山市及各功能区固定资产投资　　**单位：亿元**

季度	2015 年 1 季度	2015 年 2 季度	2015 年 3 季度	2015 年 4 季度	2016 年 1 季度	2016 年 2 季度	2016 年 3 季度	2016 年 4 季度
舟山市	201.0	324.4	303.1	306.3	233.8	379.2	353.3	344.8
海洋产业集聚区	12.7	21.6	19.6	36.3	14.7	26.7	24.7	37.9
新城	35.0	63.9	50.9	50.4	37.4	63.6	51.5	77.7
普陀山—朱家尖	4.6	13.7	6.3	9.4	5.8	15.5	7.2	13.2
金塘	9.6	10.7	13.2	15.9	11.8	14.0	16.2	17.2
六横	16.4	34.8	28.2	38.6	20.3	42.6	40.5	33.7

3. 国内贸易方面各功能区贡献分析

观察 2015 年和 2016 年全市和各功能区限额以上批发零售业销售额数据（其中海洋产业集聚区无相关数据）。从全市情况来看，限额以上批发零售业销售额呈增长态势。从各功能区情况来看，其一，各功能区限额以上批发零售业销售额整体上增长较快，占全市的比重提高较快，2016 年合计占全市的 56.6%，比上年提高 6.9 个百分点；其二，各功能区占全市比重新城最高，对全市的贡献作用最为明显,其他功能区差异不明显,其中新城各季度占全市比重的波动最为明显,较不稳定(见图 10 和表 9)。

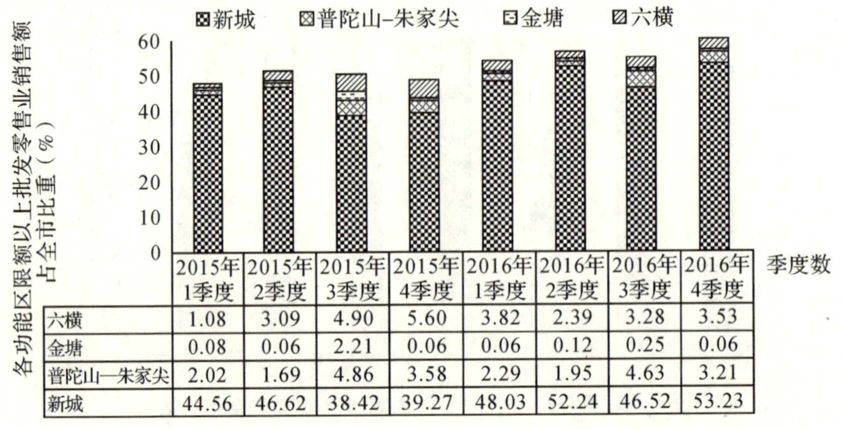

	2015年1季度	2015年2季度	2015年3季度	2015年4季度	2016年1季度	2016年2季度	2016年3季度	2016年4季度
六横	1.08	3.09	4.90	5.60	3.82	2.39	3.28	3.53
金塘	0.08	0.06	2.21	0.06	0.06	0.12	0.25	0.06
普陀山—朱家尖	2.02	1.69	4.86	3.58	2.29	1.95	4.63	3.21
新城	44.56	46.62	38.42	39.27	48.03	52.24	46.52	53.23

图 10　近两年舟山各功能区限额以上批发零售业销售额占全市比重

表 9　近两年舟山市及各功能区限额以上批零业销售额　单位:亿元

季度	2015 年 1 季度	2015 年 2 季度	2015 年 3 季度	2015 年 4 季度	2016 年 1 季度	2016 年 2 季度	2016 年 3 季度	2016 年 4 季度
舟山市	265.7	362.3	326.4	314.5	334.6	508.6	427.1	459.5
新城	118.4	168.9	125.4	123.5	160.7	265.7	198.7	244.6
普陀山—朱家尖	5.4	6.1	15.9	11.3	7.7	9.9	19.8	14.8
金塘	0.2	0.2	7.2	0.2	0.2	0.6	1.1	0.3
六横	2.9	11.2	16.0	17.6	12.8	12.2	14.0	16.2

三、加快新区区域经济增长的几点建议

近年来,新区各县区、各功能区立足自身发展特点,做大做强优势产业,协同推进经济发展,为新区发展做出了不同贡献,产业集聚效应不断增强,在新区经济建设中的引擎驱动和引领带动作用不断释放,新区建设"一张图"和"一盘棋"的格局已初步形成。但在当前新区大开发、大建设的背景下,新区各大区域目前的经济运行质量和效益仍然不高,主导产业引领作用尚不明显,综合管理的有效性仍有待加强,现提出以下建议供参考。

(一)发挥引领作用,倡导分工协作

产业的集聚和壮大往往离不开龙头企业的带动辐射,例如杭州城西科创、大江东、宁波杭州湾、衢州等集聚区围绕淘宝公司、东风裕隆、恒逸高新材料、衢化等大企业基础上规划和发展起来。舟山新区的绿色石化、波音飞机、国家远洋渔业基地、中澳现代产业园等重大项目已落地建设,在做好企业本身的同时,要真正发挥好它们作为龙头企业的辐射效应,最终引领和推动整个区域经济发展。

引大招强的同时要密切关注配套的中小型企业,它们也是撑起区域经济的关键角色。要鼓励中小企业参与区域经济分工协作,树立大企业不等于少数大企业唱独角戏,只有关联产业抱团形成群才能提高区域竞争,才能发挥区域整体的集聚效应。

(二)注重科技创新,提升区域竞争力

科技创新是提高区域竞争力的战略支撑,产业低层次向高层次转变,提高产出效益,降低能耗,提升整体竞争力都要依靠科技进步、技术创新来实现。针对不同区域和不同产业,科技创新的着力点也不尽相同。对于建设起点高、产业发展成熟、配套条件完善的区域,重点是提高科技含量与技术创新;相应起点比较低、产业粗放型、技术条件不完善的区域,重点是创新提升产品档次、挖掘产业链和提高产品附加值。

首先是建立有效的创新机制,从区域的收益中安排专项科技研发基金,用于支持和引导骨干企业进行核心技术研发,降低企业研发成本与风险,同时政府还要承担起基础性和前瞻性的技术研发与创新。其次是加快科研院所建设,根据产业发展导向与技术创新需求,引进科研院所,引导高校承担政府委托的基础性研究与技术攻关,促进企业与科研单位的合作。第三是加快科技创新评价标准、激励机制和转化机制。明确创新的重点领域,细化创新的成果评价,完善创新激励机制,加快创新的实用转化,积极培育新技术、新产业,促进经济转型升级。

(三)科学实施规划,创新体制机制

科学的规划是区域经济发展的指挥棒,而如何积极主动、破解难题去实施是实现规划的关键。根据区域的产业功能定位,严把产业准入关和招商引资关,处理好眼前与长期、速度与效益、局部与整体的关系,政策上加强引导、要素上加强保障、技术上加强扶持、人才上加快培养,攻克各类瓶颈,补齐各类短板,体现和发挥各区域自身优势,又协调推进舟山新区整体建设发展。

五大经济功能区设立以后,个别区域及市级部门、县(区)仍存在管理主体欠明确、管理职能交叉等现象，统一协调推进效率不高，产生资源浪费，不利于区域经济集聚集约发展。需对各区块进一步创新体制机制，集中资源要素，提高管理效率，增强协同发展能力，经济功能区要勇于突破原有体制机制障碍，在经济发展上先行先试，成为新的经济增长点主动力。

（舟山市统计局）

嵊泗县财政收入与GDP的关系分析

财政收入[①]和GDP是反映一个国家或地区综合经济实力的两个重要指标,两者相互影响、相互促进。一方面,经济增长的规模、速度、质量决定着财政收入的总量、增幅与结构;另一方面,财政收入的增加提高了政府参与经济社会再生产和资源分配的程度,对经济增长产生影响。本文以2006—2015年统计数据为依据,深入研究两个指标的相互关系,旨在理性看待财政收入和GDP之间的关系,促进两者协调增长。

一、嵊泗县财政收入、GDP总量与速度现状描述

表1 2005—2015年嵊泗县财政收入、GDP总量及不变价增速表

年份	财政收入(亿元)	增速(%)	GDP总量(亿元)	不变价增速(%)
2005	2.34	30.3	32.22	15.1
2006	3.02	29.4	37.17	16.7
2007	3.65	20.7	44.13	14.3
2008	4.28	17.3	53.65	9.7
2009	4.49	4.9	53.20	4.7
2010	5.02	11.8	58.12	2.8
2011	5.44	8.3	54.49	−13.1
2012	5.89	8.2	62.74	11.0
2013	6.19	5.2	69.58	9.0
2014	7.16	15.7	78.14	10.1
2015	8.02	12.0	86.00	9.1

① 鉴于我国现行分税制管理体制,中央和地方实行税种分成,税种之间增长不平衡,导致地方财政收入增长与地方经济增长可比性下降,因此包含上划中央收入在内的财政总收入口径与经济发展状况更加接近,本文财政收入有关数据无特殊说明均为财政总收入口径。

从总量看，财政收入从 2006 年的 3.0 亿元增长至 2015 年的 8.0 亿元（见表 1），净增 5.0 亿元，年均增加 0.6 亿元。GDP 总量从 2006 年的 37.2 亿元增长至 2015 年的 86.0 亿元，净增 48.8 亿元，年均增加 5.4 亿元。

从增速看，10 年间嵊泗县财政收入总体增速较快，年均增长 13.1%，其中 2006 和 2007 年增速超过 20%。GDP 总体保持平稳增长态势，按不变价计算，年均增速为 8.6%。除 2009—2011 年由于洋山港投资增速下降导致 GDP 增速同步下滑外，其余 7 年均保持 9.0%以上的快速增长。

表 2　2015、2006 年 12 个海岛县区 GDP、财政收入及增速表

县区	2015 年				2006 年			
	GDP（亿元）及增幅（%）		财政收入（亿元）及增幅（%）		GDP（亿元）及增幅（%）		财政收入（亿元）及增幅（%）	
长海县	86.92	3.8	9.26	6.8	26.30	15.2	1.31	75.2
长岛县	62.43	6.5	1.29	10.0	24.20	12.5	0.50	33.0
崇明县	291.21	7.0	119.40	18.2	108.30	13.1	34.00	15.9
玉环县	438.67	5.0	72.30	8.4	180.19	18.2	24.00	33.1
洞头县	61.48	8.6	9.57	8.0	22.50	14.3	2.70	50.7
平潭县	191.11	12.2	25.02	36.7	47.13	10.7	2.09	17.6
东山县	156.30	11.4	18.27	5.0	37.40	12.9	1.90	28.8
南澳县	15.75	7.8	3.50	9.5	5.45	8.0	0.30	8.0
定海区	449.19	9.3	25.32	0.4	139.46	18.2	5.01	23.6
普陀区	352.04	9.1	36.25	6.5	104.29	20.4	8.50	39.2
岱山县	206.45	9.2	19.22	1.7	53.70	11.6	3.42	21.7
嵊泗县	86.00	9.1	8.02	12.0	37.17	16.7	3.02	29.4

横向对比看，与全国 12 个海岛县区比较（见表 2），嵊泗县 GDP 总量及增速排位从 2006 年的第 8 位和第 4 位调整到 2015 年的第 9 位和第 5 位，分别后移一位。财政收入总量从 2006 年的第 6 位后移到 2015 年的第 8 位，其增速从第 6 位上升至第 3 位，有一定程度的进步。总体来看，嵊泗县 GDP 和财政收入总量排位较后，总量不大问题较为突出；两者增速排位并未取得同步，存在一定波动，发展稳定性略显不足。

二、财政收入与 GDP 的定量分析

为进一步研究财政收入和 GDP 之间的数量关系，下面以嵊泗县 2006—2015 年相关数据为基础，运用 EViews 统计分析软件进行实证研究。

(一)回归模型分析

1. 散点图分析

为了确定研究变量关系变化轨迹，通过 EViews 软件来绘制嵊泗县 2006—2015 年财政收入(Y)与 GDP(X)的散点图(见图 1)，Y 与 X 的散点图基本在一条直线上，所以两个变量之间存在一定的线性关系。

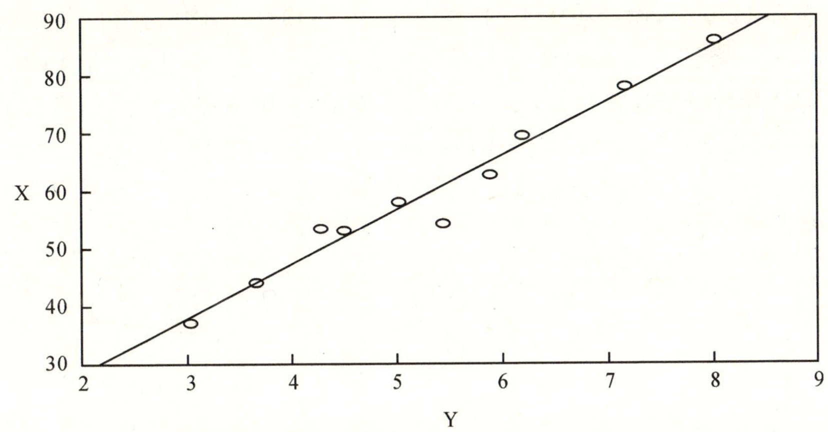

图 1　嵊泗县 2006—2015 年财政收入(Y)和 GDP(X)回归直线图

2. 确定模型及检验

为进一步研究财政收入(Y)与地区生产总值(X)的内在规律，现以财政收入(Y)为因变量，GDP(X)为自变量，得到的线性回归方程为：Y＝0.102X－0.803。

由计算可知，财政收入与 GDP 之间的相关系数为 0.983，存在显著的正相关关系。同时表明，嵊泗县每增加 1 个单位的 GDP，可以增加 0.102 个单位的财政收入，即 GDP 每增加 1 亿元，将使财政收入增加 0.102 亿元。

通过上述分析可知，嵊泗县经济发展水平是影响财政收入规模最基础和最重要的因素，GDP 的增长能够有效地促进财政收入的增加。

(二)财政收入弹性系数分析

财政收入弹性系数是指财政收入增速和 GDP 增速的比值。若财政收入弹性系数大于 1，表明财政收入增速超过 GDP 增速，财政收入占 GDP 的比重

上升；反之，若财政收入弹性系数小于1，表明财政收入虽然增长，但低于GDP增速，财政收入占GDP的比重下降。由于GDP增速是按可比价计算，财政收入增速是按现价计算，为排除物价因素的影响，在计算财政收入弹性系数时统一使用现价增速。2006—2015年，嵊泗县财政收入弹性系数除因2009、2011年GDP出现负增长导致负数外（2009年GDP现行价增速－0.4％，财政收入增速4.9％；2011年GDP现行价增速－3.4％，财政收入增速8.3％），其余年份均为正数，其中2008、2012和2013年小于1，2006年达到了最高点1.7（详见图2）。从10年的平均增长率看，财政收入和GDP的现价年均增幅分别为13.1％和11.0％，财政收入平均弹性系数为1.19，即GDP每增长1.0％，财政收入相应增长1.2％，财政收入增幅快于GDP增速。可见，10年来嵊泗县财政收入和经济增长整体上是同步协调发展的，且财政收入的整体增长率高于GDP增长率。“十一五”期间财政收入平均弹性系数为1.25，高于“十二五”期间的1.10，可见GDP总量的不断扩大在财政收入上体现的分配效应有逐渐减弱的趋势。

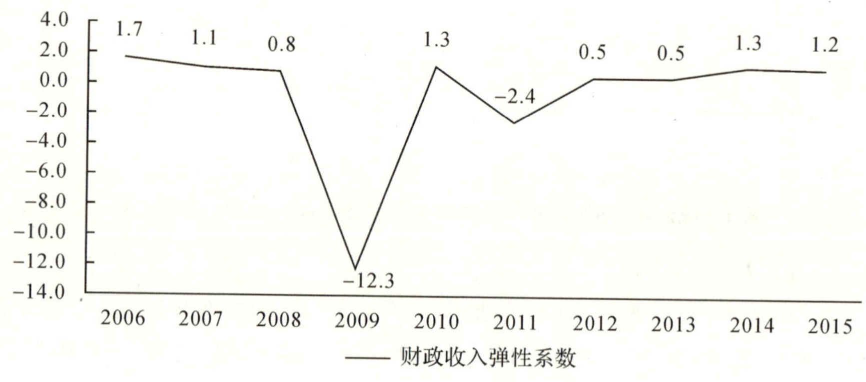

图2　2006—2015年嵊泗县财政收入弹性系数变化图

（三）财政收入占GDP的比重分析

财政收入占GDP的比重称为财政依存度，是衡量一个国家或一个地区经济运行质量的重要指标，一般来说，财政依存度越高，说明国家（或地方）财力越充足。嵊泗县财政依存度从2006年的8.12％上升至2015年的9.33％，10年来始终稳定在8％～10％之间（见图3），尽管在2010年达到最高值9.98％后出现小幅回落，但总体呈现上升态势，年均增长1.5％。

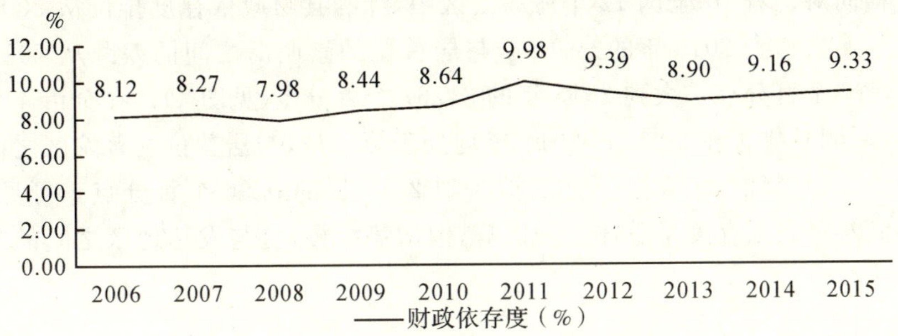

图 3　2006—2015 年嵊泗县财政依存度变化图

同时，财政收入占 GDP 比重，即财政依存度也被称为财政平均收益率，而新增财政收入占新增 GDP 比重称为财政边际收益率。当财政边际收益率大于财政平均收益率时，表明财政收入运行质量较好，反之，则质量欠佳。2006—2015 年，财政平均收益率与财政边际收益率差异值在 2008、2009、2011、2012、2013 年为负数，其余年份为正数，其中在 2009 年出现最大差异值 -55.11%（见表 3）。由此可见，嵊泗县财政收入规模总体随着国民经济的增长而扩大，但在经济规模扩大的同时，财政收入质量有一定差异，每增加一个单位的财政效益为当年 GDP 总量所发挥的效用并不稳定。

表 3　2006—2015 年嵊泗县财政平均收益率和边际收益率变化表

年份	财政平均收益率(%)	财政边际收益率(%)	财政收益率差异值(%)
2006	8.12	13.74	5.61
2007	8.27	9.05	0.78
2008	7.98	6.62	-1.36
2009	8.44	-46.67	-55.11
2010	8.64	10.77	2.14
2011	9.98	-11.57	-21.55
2012	9.39	5.45	-3.93
2013	8.90	4.39	-4.51
2014	9.16	11.33	2.17
2015	9.33	10.94	1.62

横向对比看，在全国 12 个海岛县区中，嵊泗县财政依存度排位从 2006 年的第 5 位后移到 2015 年的第 9 位，与居首位的崇明岛之间的差距从 2006 年的 23.27 个百分点扩大到 2015 年的 31.67 个百分点(见图 4)。在全市 4 个县区中，嵊泗县排位在 2006 和 2015 年均处于第 2 位，与居首位的普陀区之间的差距从 2006 年的 0.03 个百分点扩大到 2015 年的 0.96 个百分点。可见，虽然嵊泗县财政依存度呈总体上升态势，但增势缓慢，且与发达地区之间的差距进一步拉大。

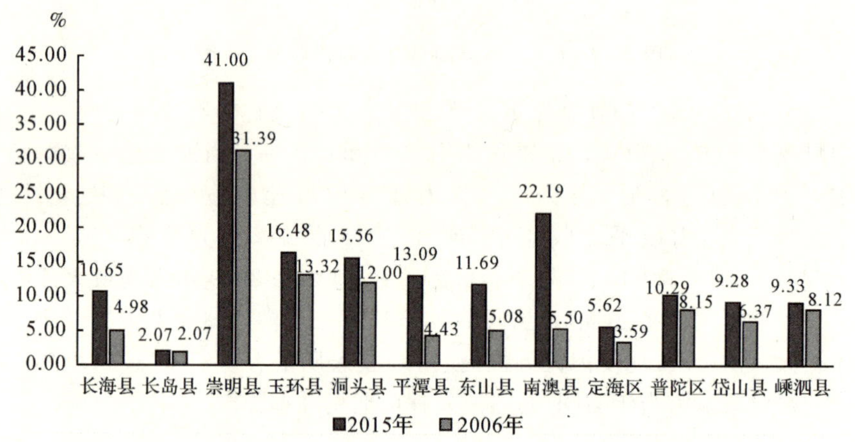

图 4　2015、2006 年全国 12 个海岛县区财政依存度对比图

(四)财政收入和 GDP 增幅背离分析

通过比较 2006—2015 年财政收入增幅和 GDP 增幅发现(见图 5)，除 2008、2012 和 2013 年两者差额为负外，其余 7 年均为正数，表明财政收入增幅总体上快于 GDP 增幅。其中，2006 年和 2011 年财政收入增长明显快于同期 GDP，2006 年财政收入增幅为 29.4%，快于 GDP 增幅(17.6%)11.8 个百分点；2011 年财政收入增幅为 8.3%，快于 GDP 增幅(—3.4%)11.7 个百分点。

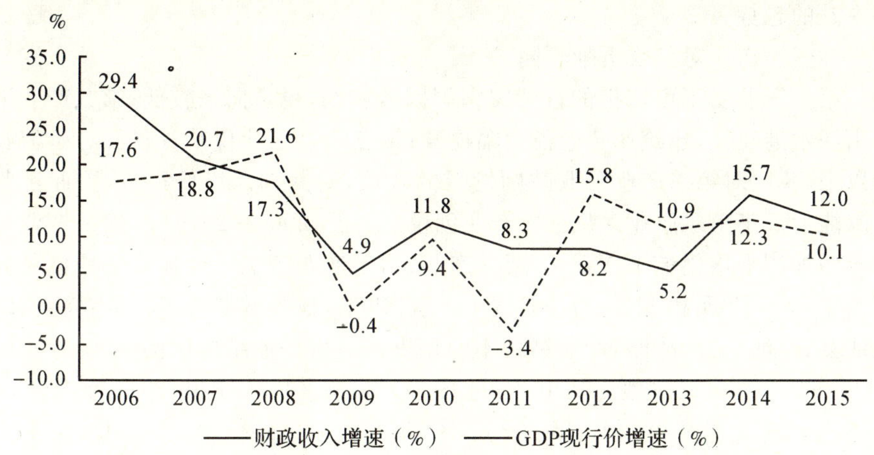

图 5　嵊泗县 2006—2015 年财政收入和 GDP 增长情况比较图

综上所述，嵊泗县财政收入增长率与 GDP 增长率大体上呈协调发展的态势，但两者之间在不同时期也有不同程度的偏离。

三、财政收入与 GDP 增长差异因素分析

（一）经济因素

1. 经济增长方式由粗放型向集约型积极转变

根据马克思劳动价值学说，假设社会总产值不变，经济增长方式转变、生产要素利用效率提高会带来物耗降低、社会资源节约和社会必要劳动的时间减少，从而导致生产商品所消耗的不变资本和可变资本减少，剩余价值增加，相同的 GDP 就会带来更多的财政收入。近 10 年来，嵊泗县紧紧把握国际国内宏观经济形势，坚持以经济建设为中心，突出发展主题，积极利用洋山深水港建设的有利时机，加快产业结构调整，不仅经济规模迅速发展，经济增长方式也发生了明显转变，经济效益和要素贡献不断提高。2015 年，全县海洋经济总产出 160 亿元，海洋经济增加值 70 亿元；实现港口货物吞吐量 10560 万吨，货物周转量 120 亿吨公里，分别比 2005 年增长 2.1 倍和 48.9 倍，年均增长 11.9%和 47.8%；规模以上工业劳动生产率达 29.9 万元/人，比 2005 年的 10.6 万元/人提高了 19.3 万元/人；企业科技创新意识逐步增强，科技创新水平不断提高，2015 年共实施各级科技项目 156 项，比 2005 年增加 138 项，其中滚塑游艇技术被列入“十二五”国家轻工行业重点推广技术目录。随着资源利用率增长，劳动生产率提高，社会必要劳动时间减少，嵊泗县社会总产出中剩余价值部分不断扩大，从而对财政收入增长产生积极影响，符合财政依存度总

体上升的趋势。

2. 三大产业对税收贡献不同

第一产业受不可抗拒的自然灾害等因素制约，税负向来较低；第二产业因洋山深水港建设，建筑业营业税大幅提升；第三产业虽然税基宽、税源广，但长期以来，我国对第三产业采取鼓励发展的政策，对其常课以低税负，因此税收贡献能力低于第二产业。从三次产业创税能力看，2006—2015 年，第一产业每亿元增加值平均创税 1.0 万元，第二产业、第三产业每亿元增加值平均创税分别为 1385.7 万元和 812.2 万元。"十一五"以来，积极贯彻落实"以港兴县、以旅活县、以渔稳县"战略，产业结构不断调整。三次产业结构比例由 2006 年的 17.5∶47.3∶35.2 调整为 2010 年的 19.3∶33.5∶47.1；再由 2011 年的 26.2∶13.6∶62.2 调整为 2015 年的 26.7∶15.4∶57.9。2006—2015 年，第一产业和第三产业分别提高 9.2 个和 22.7 个百分点，第二产业下降 31.9 个百分点。"三一二"结构的逐渐形成是嵊泗县财政收入增速与 GDP 增速在同步中有差异的重要原因之一，也由此产生了 2006—2010 年财政收入弹性系数总体要高于 2011—2015 年的情况。

（二）税收结构因素

1. 对一次性税源具有较强依赖性

由于固定税源薄弱，近年来一次性税源多次对财政收入增幅的走势变化起重要作用。2011 年，受小洋山土地出让因素影响，完成一次性契税收入 1.2 亿元，同比增长 3.0 倍，拉动财政收入增长 17.3 个百分点，成为当年财政收入增幅遥遥领先 GDP 增幅 11.7 个百分点的最根本原因。同时，一次性税款的不稳定性也直接导致了 2012 年财政收入仅增长 8.2%，低于 GDP 增幅 7.6 个百分点。2014 年，财政收入增幅触底反弹，达到近期最高的 15.7%，比上年增加 10.5 个百分点，主要原因为当年因土地权属转移和国资收购产生的一次性收入高达 1.5 亿元，占税收收入总量的 39.0%，比上年增收 0.65 亿元，拉动财政收入增长 10.5 个百分点。

2. 建筑行业涉及税种与嵊泗县财政收入关系密切

2006 年，财政收入增幅高于 GDP 增幅 11.8 个百分点的差距，主要原因为洋山港区工程范围扩大和马迹山二期工程全面开工，促使当年实现营业税收入 1.7 亿元，同比增长 23.9%，拉动财政收入增长 14.5 个百分点。2008 年，因县内重点工程减收营业税 1298 万元；2013 年，因房地产业土地增值税和企业所得税共减收 3693 万元，造成这两年财政收入增幅分别低于 GDP 增幅 4.3 个和 5.7 个百分点。

（三）政策因素

税收政策的改变会引起财政收入增幅在某一时点的异常波动。2005年下半年开始的新一轮税率调整促进2006年增收资源税和城市维护建设税735万元，拉动财政收入增长3.1个百分点。2009年，嵊泗县财政收入由上年增长17.3%回落至仅增长4.9%，原因之一就是国务院在2008年9月发布了《关于停止征收个体工商户管理费和集贸市场管理费有关问题的通知》，这一因素使2009年行政事业性收费收入同比减少62.0%，在一定程度上影响了当年财政收入规模。

（四）征管因素

近年来，税务机关积极贯彻落实国家税务总局提出的建立"以纳税人自主申报纳税为前提，以促进税法遵从为目标，以风险管理为导向，依托专业化、信息化管理方式，优化服务，加强评估，集约稽查，依法征税"的税收征管新模式，采取各项手段，不断强化和细化税收征管，纳税效率与纳税监管力度有了较大提高，偷漏税的现象不断减少。2006—2015年，地税稽查部门先后开展了建筑业、房地产业、交通运输业等税收专项检查，共检查纳税人467户，查补各类税款、滞纳金、罚款4259万元，在一定程度上推动财政收入的增长，但其对GDP总量拉动较小。

（五）其他因素

1. 目前我国GDP核算遵循"应统尽统"原则，即采取权责发生制原则，在经济活动中，只要权责发生改变，就应进行统计。但财政收入则采用实际收付制，以实际入库数为依据。因此跨年度入库的那部分税款，按照GDP统计原则，其相对应的生产被计入当年地区生产总值；但按照财政收入统计原则，这部分税款却是在再下一年度体现。另外，我国税收政策中包含一些先征后退、先征后返的规定，也会引起财政收入增幅和GDP增幅差异。

2. 计入GDP项目和征税项目并非完全对应。按照目前核算体制，GDP对教育、卫生、政府机关等非营利性单位提供的服务计算了增加值，同时对居民的自有住房进行了虚拟估价，但税务部门并没有对这些非营利性单位和未出租的居民自有住房虚拟价值进行征税。同时，企业所得税、个人所得税、房产税等税种属于对部分经济的再征税和再转移，并不直接计入GDP中，因此与GDP总量也没有直接关系。

3. 洋山深水港一二三期工程建成运行后由上海方面经营，每年以港口货物吞吐量实际发生数向嵊泗县支付一定额的转移收入，货物周转量数据则未能直接参与嵊泗县GDP核算。

四、促进财政收入与经济协调发展的几点建议

(一)优化产业结构,推动经济提质增量

一是充分发挥港口资源和区位条件优势,全面实施合作开放战略,在小洋山南北两区货物通关、江海联运服务平台建设等重大政策上,与上海实现共建共享共赢;加快建设舟山江海联运服务中心嵊泗先导区,积极推进集装箱、铁矿石、油品等一批港口码头、泊位等基础设施建设,科学谋划大洋山港口岸线的合理布局,主动开展大、小黄龙港口岸线开发利用的可行性研究,发展壮大以洋山港区为核心的港口竞争力,打造县域经济发展的重要引擎。二是围绕"全域化、特色化、持续化"的发展思路,重点实施"旅游+互联网"行动计划,着力补齐旅游业发展短板,全方位推动转型升级。进一步加快全域景区、市场服务、产业融合、旅游交通、民宿发展等方面建设步伐,使旅游业成为美丽海岛的生态产业、美好生活的民生产业和转型升级的主导产业,精心打造"中国海岛旅游典范区"。三是坚持走新型工业化道路,着重对传统水产行业进行改造提升,重点在精深加工、品牌建设、产品推广等方面加大投入;进一步支持电子节能制造、滚塑游艇制造等战略性新兴产业发展,提升其自主创新能力和综合竞争力;有效利用风能、海洋能等清洁能源,着力推进绿色低碳循环工业,增强工业对全县经济发展的贡献作用。

(二)科学招商引资,为经济发展注入新活力

一是转变招商思路。结合土地资源稀缺和经济发展实际,发展零土地招商引税,引进一批不需要土地的企业到嵊泗县注册落户。二是全力引进投资项目。充分利用嵊泗县旅游业蓬勃发展的有利形势和"以旅活县"战略优势,加快引进海陆空立体旅游交通体系建设项目、国内外连锁知名酒店、综合性旅游度假村及相关配套设施项目,如商务休闲会所、文化沙龙中心、快时尚品牌集合店、沙滩排球场、儿童体验馆等,丰富消费业态,提升旅游服务内容,切实发挥投资对县域经济的拉动作用。三是加深招商效益考量。紧紧围绕嵊泗县发展蓝色海洋经济和打造特色"美丽海岛"的工作主线,推动招商思路从全面出击向精准招商转变,从注重外引向内培外引并举并重转变,重点强化以税收贡献等产出为主的考核机制,最大程度体现项目能够产生的经济效益。

(三)壮大财政实力,有力支撑地方经济

一是积极涵养优质税源,加大中小企业帮扶力度。根据已经出台的《关于进一步加大支持力度促进小微企业健康发展的实施意见》《嵊泗县中小企业应急转贷资金管理暂行办法》等政策,真正将设立的小微企业发展专项资金、扩大应急转贷资金适用范围等帮扶措施落到实处,增强企业发展信心。二是及

时跟踪掌握行业变化动态，全面了解重点税源企业生产经营情况，并对可能存在的涉税风险进行提醒，促进重点企业健康发展。三是坚持“依法征税、应征尽收”的组织收入原则，加强对各类税源的征收管理。坚决堵塞税收漏洞，确保税收收入及时足额入库，优化税收收入结构；加大对企业审计暗查力度，加强对重点税源、重点行业、重点企业的税收检查，实现以查促管、以查促收，切实做大财税蛋糕，以财税的快速、高质增长，推动全县经济的持续、稳定发展。

（嵊泗县统计局）

撤地建市以来台州中心城区经济社会发展演变及启示

自1994年台州撤地设市以来，台州第一届市委、市政府提出了建设“科工贸发达的现代化港口城市”的战略目标。20多年来，不断深化发展战略体系，先后提出“四大”（大工业、大港口、大交通、大城市），“三张名片”（长三角地区先进制造业基地、东南沿海现代化港口大城市和中国民营经济创新示范区），“三个台州”（内生台州、海上台州、市外台州）和“四大战略”（主攻沿海、创新驱动、城市群构建、民生优先），推动了台州的迅速发展。早在2012年10月，市委市政府编制了《关于加快市区发展的若干意见》，2016年4月，又出台《关于“三区两市”协同发展的若干意见》，旨在加快三区融合进程。在宏观形势、发展阶段、区域竞争态势都发生了深刻变化的今天，台州必须紧紧围绕“一都三城”的发展战略目标，对未来发展进行再研究、再定位，加快区域经济一体化步伐，不断发挥市区强大的集聚效应和辐射作用，打造台州“经济心脏”，实现资源要素配置最优化，增创环境发展新优势。

一、中心城市经济社会发展演变进程

（一）市区经济加速向增长中心演变

撤地建市前，椒江、黄岩、路桥工业发达，商贸繁荣，交通便捷，城镇密布，电厂、港口、机场、大型市场、骨干企业高度集中。1993年，椒黄路所在椒、黄两市地区生产总值为56.7亿元，占全区的31.9%，其中第二产业增加值达到33.9亿元，占全区的39.9%；第三产业达14.3亿元，占全区的27.9%，已初步发育成为台州的经济中心。撤地建市后，市区经济加速跨越发展，综合实力大幅提升，生产总值从不足百亿元（88.9亿元）逐步向千亿元迈进，2012年市区生产总值首次超过千亿，达到1058.6亿元，2015年，迈向1300亿元，达到1296.0亿元；财政总收入从1994年的7.0亿元提高到2015年的228.3亿元；地方财政收入从1994年的3.6亿元提高到2015年的128.4亿元。从年均增速看，市区增速快于全市平均水平，加速向台州经济增长中心演变。1994年到2015年间，市区GDP年均增速达到12.4%，高出全市平均水平0.7个百分点，财政总收入和地方财政收入年均分别增长18.0%和18.6%，分别高出全市平均水平 0.1 个百分点和 0.2 个百分点。

(二)产业结构逐步向“三二一”转变

撤地建市初期,市区第一产业比重在 15%左右,工业占半壁江山,产业结构呈现“二、三、一”分布。撤地建市后,中心城市的建立加速了原有产业的升级换代。1994 年,市区第一产业增加值占地区生产总值的比重为 13.6%,第二产业与第三产业比重分别为 59.5%和 26.9%,按户籍人口计算,人均 GDP 达到 757 美元。市区第一产业、第三产业分别低于全市 10 个百分点和 1 个百分点,但第二产业高出全市 11 个百分点,人均 GDP 高出全市 160 美元。随着城市化进程的不断推进,市区大量的农村劳动力从第一产业转入非农产业,市区第一产业、第二产业比重继续下降,第三产业比重快速上升。2011 年,市区第三产业比重首次超过第二产业,三次产业结构为 3.9∶47.6∶48.5,比全市提前三年实现产业结构向“三、二、一”转变。2013 年,市区第三产业占半壁江山,比重达到 50.3%。2015 年,市区第一产业、第二产业比重分别为 3.6%和 43.5%,比 1994 年分别下降 10 个百分点和 16 个百分点,第三产业比重达到 52.9%,比 1994 年上升 26 个百分点,高出全市平均水平 3.5 个百分点。中心城区第三产业比重的快速提高,产业结构格局变化领先全市平均水平,表明市区在区域产业布局、产业发展中处于领先和主导地位,初步形成附加值高、竞争力强、带动性大的产业格局。

(三)资源要素快速向中心城区集聚

撤地建市后,市区框架逐步拉大,发展空间向四周拓展,一体化进程加速推进。台州中心城市建成区面积已由 1993 年的 35 平方公里扩大到 2015 年的 140 平方公里,占全市 49%,形成了功能比较健全,布局比较合理,分工比较明确的“中心城市—次中心城市—县域城市—重点集镇”的城市体系。在城市化进程中,不论是产业人口的集聚,还是区域经济的辐射,都需要相关的交通运输设施、通讯设施、金融设施等基础设施匹配。2015 年,市区固定资产投资 625.8 亿元,占全市的 31.4%,年均增长 15.6%,其中,基础设施投资 159.6 亿元,占固定资产投资的 25.5%。市区面貌日新月异,与其相适应的科教文卫体等事业迅速发展,市图书馆、市科技馆、市博物馆等优质科技、文化资源建成投用;北师大台州附属高级中学、附属九年一贯制学校、市妇女儿童医院、市公共卫生中心、浙东医院等优质教育医疗资源将陆续建成;科技创新区、商贸核心区、产业集聚区、中央商务区、绿心生态区和文化生活区等重点功能区建设的不断推进,有力地推动市区经济的发展和社会的全面进步。2015 年末市区共有医院、卫生院 67 所,普通高等学校 2 所,中等职业教育学校 12 所,普通中学

68 所,小学 71 所。城市功能的逐步完善,有效地提高中心城市的向心力、凝聚力。人口普查资料显示,2010 年台州市区人口 190.3 万人,城镇人口 118.9 万人,城市化达到 62.5%,已经具备符合大城市的人口结构(新的城市规模划分以城区常住人口为统计口径,城区常住人口 50 万以下为小城市,50 万~100 万为中等城市,100 万~500 万间为大城市,500 万~1000 万为特大城市,1000 万以上为超大城市)。2015 年,市区从业人数达到 124.0 万人,占全市从业人数比重达到 30.4%,其中二、三产业从业人数 109.0 万人,占比达到 87.9%,高出全市平均水平 5.7 个百分点。

(四)辐射范围迅速向四周延伸拓展

出台《关于"三区两市"协同发展的若干意见》,提出争取用五年时间,基本形成"三区两市"公共服务一体、产业分工配套、要素流动顺畅、通勤时间合理的协同发展格局,城市互享互补互通互融的协同发展格局将逐步形成。一是交通可达性。路桥民航站的开通,海门港的对外开放,台州铁路客运站的投入使用,极大地强化了市区的辐射力。2015 年,市区交通基础设施投资 74.0 亿元,占基础设施投资的 48.5%。市域铁路、"中央通道"、台金高速东延二期、台金高速市区连接线的建成,市区"一绕三环三纵三横"路网、15 分钟三区快捷交通圈、30 分钟"三市"同城交通圈、1 小时市域交通圈的构建,加速了市区融合的速度,并逐步发挥辐射作用。二是商贸引领性。市区商贸经济的快速发展、提档升级,引领带动周边县市发展。如以路桥中国日用品商城为代表的一批大型市场的建成,为经济发展特别是农村工业提供了大量的生产资料,开辟了广阔的销售市场;中国塑料交易会等大型交易会构架行业交流的桥梁,为周边县市的塑料等行业企业发展提供了机遇;台州经开万达广场、银泰城等城市综合体的入驻,将目标消费群从市区扩大至更大范围内的县市,极大地提升居民时尚品位,促进了城市经济的发展。三是功能共享性。市区公交、自行车一卡通已经启用,"三区两市"一卡通 2016 年底前实现,并逐步向全市扩展;市区 21 所普通高中实施普通高中一体化,增强市区高中段教育精准、有效、高端供给;市民卡医保功能已经互联互通,年内建成"三区两市"医疗卫生信息服务平台和资料库,2017 年底实现居民健康档案信息共享。随着交通、教育、医疗、文化等市区一体化的公共服务体系逐步建立,市区扩大了向外辐射效应。

(五)居民生活逐步向发展享受型转变

居民增收态势良好。2015 年,市区城镇居民人均可支配收入 47990 元,十年间年均增长 9.8%;市区农村居民人均可支配收入 22446 元,年均增长 11.0%,收入水平多年来居长三角城市、省内城市前列。同时,随着城市化进程加快，市区居民城乡收入进一步缩小。2015 年市区城乡居民收入比为 2.14，十年间缩小了 0.25 个百分点。居民消费转型，从以衣食为主的生存型向文化、娱乐、旅游、教育等发展型、享受型转变，从侧重数量型消费向侧重质量型消费过渡，居民消费正趋向于更加重视安全、环保，更加追求个性化、多样化商品。2015 年，市区城镇和农村居民人均消费支出分别为 31448 元和 17560 元，恩格尔系数分别降低到 19.8%和 30.1%；居民人均教育消费分别提高到 1277 元和 1019 元。社会保障不断完善。2015 年末市区有 68.1、125.4 和 39.1 万人参加了城镇职工基本养老保险、城镇居民基本医疗保险和失业保险。生活环境不断改善，市区城镇和农村居民人均住房建筑面积分别达到 45.6 平方米和 52.0 平方米，每万人人均公园绿地面积达 6.7 公顷，生活垃圾无害化处理率达到 100%，市区空气质量达到及好于二级的天数为 319 天。

二、中心城市经济社会多维横向比较

为较为深入了解中心城市发展状况，分别从经济、产业、创新、人口、功能方面展开比较，采用市区占全市比重 A 和两城市指数 S[市区与第二位城市(县级市)的比值]两个指标加以衡量，计算公式分别为 A＝P1/(P1＋P2＋…＋Pi) i＝1,2,…,n(n 为区域内城市数量)和 S＝P1/P2。

(一)综合实力比较

中心城区是市域经济发展的龙头，中心城区经济发展水平越高、综合经济实力越强，其整合区域生产体系、调节区域经济活动的能力也就越强，辐射带动区域内其他地区的广度和深度也就越宽泛。2015 年市区以全市 16.3%的土地面积创造出全市 36.5%的地区生产总值。为全面反映市区综合实力，选取地区生产总值、固定资产投资额等 11 个指标从经济总量、财政金融、人均规模三个方面衡量市区经济综合实力(见表 1)。

从表 1 可以看到，2015 年市区占全市的比重均在 30%～50%之间；“两城市指数”中，地方财政收入、地方财政支出、金融机构贷款余额、金融机构存款余额四个反映财政金融的两城市指数的指标值在 2 以上，表明市区在全市财政金融方面处于中度首位状态；地区生产总值、固定资产投资额、社会消费品零售总额和自营出口总额这三个反映经济总量的指标值在 1.5～2 之间，表明市区在经济总量上集聚作用依然偏弱；从人均规模指标看，人均 GDP 和城镇居民人均可支配收入与全市的比值有所提高，且与最高的玉环比值有所缩小，但是农村居民人均可支配收入与全市的比值却出现下降的态势。

表1　1995—2015年台州市区综合实力相关指标

指标		市区占全市的比重(%)或与全市的比值						市区与第二位城市(县市)的比					
		1994	1995	2000	2005	2010	2015	1994	1995	2000	2005	2010	2015
经济总量	地区生产总值	32.9	32.0	37.7	37.4	35.2	36.5	1.35∶1	1.31∶1	1.40∶1	1.53∶1	1.48∶1	1.57∶1
	固定资产投资额	41.3	38.2	37.4	42.2	31.6	31.4	1.69∶1	1.60∶1	1.86∶1	2.95∶1	1.58∶1	1.71∶1
	社会消费品零售总额	38.5	38.6	37.2	42.2	42.7	40.4	1.54∶1	1.49∶1	1.35∶1	1.74∶1	1.74∶1	1.56∶1
	自营出口总额	—	—	45.8	42.9	38.9	37.2	—	—	1.85∶1	2.22∶1	1.98∶1	1.88∶1
财政金融	地方财政收入	41.4	40.8	42.3	46.6	43.9	43.1	2.16∶1	2.17∶1	1.95∶1	2.50∶1	2.37∶1	2.37∶1
	地方财政支出	—	—	41.6	40	39.5	39.4	—	—	2.36∶1	2.36∶1	2.59∶1	2.47∶1
	金融机构贷款余额	38.0	41.3	47.8	50.8	48.3	47.2	—	—	2.43∶1	2.57∶1	2.40∶1	2.44∶1
	金融机构存款余额	40.6	40.2	49.2	52.6	49.5	47.4	—	—	2.98∶1	2.91∶1	2.69∶1	2.31∶1
人均规模	人均GDP	—	—	—	—	1.10	1.14	—	—	—	—	0.90∶1	0.96∶1
	城镇居民人均可支配收入	—	—	—	1.10	1.10	1.11	—	—	—	0.85∶1	0.90∶1	0.93∶1
	农村居民人均可支配收入	—	—	—	1.09	1.07	1.06	—	—	—	0.89∶1	0.90∶1	0.89∶1

(二)产业结构比较

随着产业结构的转型升级,一些更具有成长性、利润空间更高、附加值更大的新兴技术产业、高端第三产业,开始向中心城市聚集,以充分利用中心城市的资金、人才、技术优势,使得中心城区在产业结构、产业层次上占据明显优势,形成附加值高、竞争力强、带动性大的产业格局。

从产业结构(见表 2)看,2015 年,市区三次产业结构为 3.6∶43.5∶52.9,三次产业结构比全市的 6.5∶44.1∶49.4 更加合理。从工业变动趋势看,市区工业增加值比重呈现逐步下降的态势,从 1994 年的 53.5%下降到 2015 年的 38.2%,下降了 15.3 个百分点;从比重看,市区工业增加值占全市的比重先从 1994 年的 40.6%缓慢上升,1999 年达到最高点,为 41.8%,随后下降,2010 年达到最低点 33.3%,之后再次回升,2015 年为 37.0%;从与第二位城市比较看,市区工业两城市指数先从 1994 年的 1.87 缓慢下降到 2009 年的 1.30,之后缓慢上升。表明市区的工业发展一度受到空间、资源、环境等制约,但随着市区工业率先转型升级,工业经济有所好转,"十二五"期间,市区工业增加值增速达到 7.1%,高出全市平均水平 1.7 个百分点。从第三产业变动趋势看,市区第三产业比重逐年上升,从 1994 年的 26.9%上升到 2015 年的 52.9%;从占全市的比重看,市区第三产业增加值占全市的比重先从 1994 年的 31.7%上升到 2007 年达到最高点 41.1%,之后缓慢下降,2015 年仅为 39.0%;从与第二位城市比较看,市区第三产业两城市指数先从 1994 年的 1.21 上升到在 2010 年达到高点 1.80 后,出现缓慢回落,2015 年仅为 1.68。表明随着其他县市区汽车 4S 店的纷纷设立,商业综合体的入驻以及相应基础设施的完善,市区第三产业分流现象较为明显,增速出现回落,"十一五"和"十二五"时期,市区第三产业年均分别增长 12.8%和 8.7%,分别低于全市平均水平 0.2 个和 0.9 个百分点。

表 2　全市及市区工业、第三产业增加值比重变动表

年份	工业比重(%)		市区工业占全市比重(%)	市区工业与第二位城市(县级市)的比	第三产业比重(%)		市区第三产业占全市比重(%)	市区第三产业与第二位城市(县级市)的比
	全市	市区			全市	市区		
1994	43.3	53.5	40.6	1.87∶1	27.9	26.9	31.7	1.21∶1
1995	43.3	49.7	36.8	1.55∶1	29	29.4	32.5	1.27∶1
1999	46.7	52.2	41.8	1.54∶1	32.6	33.7	38.6	1.43∶1
2000	47.8	52.0	41.1	1.49∶1	33.6	35.5	39.8	1.48∶1
2005	48.0	47.8	37.3	1.46∶1	39	42.6	40.8	1.76∶1
2010	46.4	43.9	33.3	1.32∶1	42	47.8	40.0	1.80∶1
2011	44.9	42.9	34.1	1.34∶1	43.1	48.5	40.2	1.80∶1
2012	43.0	42.0	35.4	1.53∶1	44.7	49.5	40.0	1.74∶1
2013	41.8	41.3	35.7	1.54∶1	46.1	50.3	39.5	1.70∶1
2014	40.6	40.8	36.6	1.59∶1	47	50.6	39.2	1.69∶1
2015	37.7	38.2	37.0	1.68∶1	49.4	52.9	39.0	1.68∶1

（三）科技创新比较

创新是引领发展的第一动力。市区只有不断增强自主创新能力和持续创新能力，才能实现跨越式发展，才能成为科技创新的辐射源和推进器，引领和带动区域增长。从业人员素质、科研投入、专利授权量以及发明数量四方面可反映市区创新的能力、财力和成果（见表3）。

从表3看，市区科技创新两城市指数中，除了财政支出中科学技术支出这个指标占全市比重达到64.3%外，其余几个指标占全市的比重在30%～50%之间。从科技投入看，2015年，市区的财政科技投入达10.7亿元，占全市财政科技投入64.3%，与第二位城市的比高达5.99，表明市区作为政治经济中心，对科技的投入远远大于其他县市；但R&D内部经费支出、科技活动人员数和R&D人员数这三个指标占全市的比重在36%以下，与第二位城市的比值在1.65以下，表明企业内部科技人员投入优势不明显。科研产出和人员素质相关的指标占全市的比重均在40%以上，与第二位城市的比值也在1.8以上，尤其是发明数量，市区占全市比重达到43.7%，与第二位城市的比值达到2.7，体现了中心城区较强的创新能力。

表3　2015年科技创新活动相关指标情况表

指标		市区占全市比重（%）	市区与第二位城市（县级市）的比
科研投入	科学技术支出	64.3	5.99∶1
	R&D内部经费支出	35.6	1.55∶1
从业人员素质	大学及以上学历	45.3	2.83∶1
	中高级技术人员	40.4	2.58∶1
科研人员	科技活动人员	30.7	1.42∶1
	R&D人员数	34.0	1.61∶1
科研产出	专利申请受理量	44.6	1.83∶1
	专利申请授权量	44.2	1.85∶1
	其中：发明	43.7	2.70∶1

（四）人口规模比较

人口的高度聚集是城市本身鲜明的特征，高密度的人口导致高密度的经济活动和社会活动。人口普查资料显示，2010年台州市区人口达到

190.3 万人，从人口规模看，市区人口占全市人口的比重为 31.9%，两城市指数为 1.39；从人口密度看，市区人口密度 1239 人/平方公里，是全市平均值的 1.95 倍，表明人口的集聚效应显著；但与第二位城市（县级市）玉环相比，市区人口密度仅为玉环的 76%，说明中心城区还没有成为整个市域大系统中人口最密集的地区，吸引人口集聚能力程度有待提高。

（五）城市功能比较

选取基础设施功能、集散功能、教育、文化、卫生、社会保障、环境保护这几方面衡量城市功能状况。

从表 4 看，市区基础设施功能除每万人拥有道路面积与全市的比值有所提升外，每万人拥有绿地面积、每万人供水能力和每万人供电总量比值均下降，与第二位城市的比值也同样反映出这个问题，表明公共基础设施水平尚待提高。从集散功能看，由于客运量 2010 年与 2015 年口径不同而不可比，反映资金集中度的居民储蓄余额有所下降外，其他指标与全市的比值均有所提升，与第二位城市的比值也均有不同程度提高，反映市区总体集散功能优化发展。从教育功能看，市区教育支出占全市比重不变，但与第二位城市比值有所下降，表明随着社会发展，第二位城市对教育的投入明显快于市区，但市区对高等教育的集聚度有所提高。从医疗卫生看，市区对医疗卫生的投入明显增加，每万人拥有医生护士数以及病床数虽仍高于全市，但与全市的比值下降，表明医疗卫生集聚度有所弱化。从文化发展看，市区人均图书数有较大提高，从 2010 年人均 0.3 本，低于全市平均数，到 2015 年达到 1.1 本，高于全市平均数，并且远高于第二位城市。从社会保障看，反映市区社会保障水平的三个指标虽然都高于全市平均水平，但 2015 年其与全市的比值均比 2010 年有所下降。从环境保护看，环境保护支出占全市的比重有所下降，空气质量达到及好于二级的天数达到 319 天，小于全市平均水平 10 天，空气质量有待改善，生活垃圾无害化处理率达到 100%，生活污水无害化处理率达到 92.1%。

表 4 基础设施以及教育卫生文化相关指标情况表

指标		市区与全市比值		市区与第二位城市（县级市）的比值	
		2010	2015	2010	2015
基础设施	每万人拥有道路面积	1.65	1.74	1.30	1.94
	每万人拥有绿地面积	1.71	1.54	2.34	1.40
	每万人供水能力	1.85	1.63	1.86	0.89
	每万人供电总量	1.22	1.18	0.83	0.84
集散功能	电信、邮政业务总量（信息集散）	0.40	0.41	1.83	1.91
	每万人公共汽车数	1.03	1.31	0.65	1.14
	客运总量	0.37	0.23	1.35	0.77
	货运总量	0.53	0.64	2.37	5.17
	储蓄总额（资金集散）	0.43	0.42	1.79	1.88
教育	财政教育支出	0.34	0.34	2.05	1.79
	高等教育在校学生数	0.64	0.77	1.78	3.26
卫生	医疗卫生支出	0.28	0.29	1.71	1.74
	每万人拥有医生护士数	1.07	1.06	0.88	0.80
	每万人拥有病床数	1.01	1.00	0.76	0.65
文化	每万人拥有图书数	0.96	1.81	0.75	2.23
社保	每万人城镇职工基本养老保险人数	1.19	1.19	1.10	0.73
	每万人城镇居民基本医疗保险人数	1.24	1.23	1.16	0.96
	每万人失业保险人数	1.31	1.23	1.28	1.15
环境	环境保护支出	0.45	0.44	3.47	1.66

三、中心城市经济社会发展存在问题

台州市区多数指标在全市占比明显偏低。这一方面与台州拥有强大的县域城市群有直接关系，与县域经济体的强大直接相关；另一方面更与市区发展不均衡、产业层次不高、竞争优势不强有关。

(一)产业内部结构欠佳

从人员结构看，2015 年，市区第三产业从业人员比重为 33.3%，与全省各市区比较，仅高于衢州市区 1.6 个百分点，居全省市区第 10 位，低于杭州市区 27.7 个百分点，表明市区第三产业依然有较大的发展空间，还有较多可吸纳的从业人员。从产业层次看，2015 年，市区批零住餐服务业增加值占第三产业的比重为 35%，高于杭州市区 19.1 个百分点；而信息传输、计算机服务和软件业比重仅为 2.6%，低于杭州市区 20.5%，表明市区第三产业层次依然不高。从工业发展看，市区工业增加值在“九五”“十五”“十一五”和“十二五”期间分别年均增长 17.4%、13.6%、10.1%和 7.1%，表明工业经济增速放缓。同时，在市区工业经济结构中，技术密集型企业、高新技术行业所占比重还不高，2015 年，市区高新技术产业增加值达到 116.9 亿元，占全市比重为 36.1%。工业在做强方面还不够，“低小散”现象依然存在，2015 年市区规模以上工业企业共有 1140 家，仅占市区工业单位数的 2.3%。

表 5　台州市区及各县市工业增加值年均增速

	全市	市区	椒江	黄岩	路桥	玉环	三门	天台	仙居	温岭	临海
“九五”期间	14.2	17.4	17.1	16.7	18.3	20.1	12.2	10.6	15.7	17.9	8.5
“十五”期间	14.7	13.6	11.4	14.9	14.9	16.9	18.8	17.2	12.1	13.0	17.5
“十一五”期间	12.5	10.1	6.5	11.6	12.3	15.7	15.3	12.2	13.0	12.3	13.7
“十二五”期间	5.4	7.1	6.1	7.8	7.4	5.8	6.9	9.3	8.5	4.0	3.5

(二)资源要素制约凸显

土地资源紧张，供电供水等基础设施建设跟不上城市扩张的步伐。尤其是“十二五”以来，市区经济受土地、资金、用工等要素制约问题更为明显。从土地方面看，受限于台州地理位置，土地供应量逐年减少已成常态，市区作为中心城市，土地供需不足较为明显，用地紧张在一定程度上也影响了市区工业性投资进度。2015 年，市区工业性投资仅增长 0.2%，低于全市平均水平 13.2 个百分点，其中，椒江工业性投资下降 10.9%，路桥下降 2.3%，仅黄岩保持一定增长。从资金方面看，随着生产经营成本攀升，企业资金需求大幅增长，但因银企双方信息不对称，为规避信贷风险，银行依然不断提高贷款门槛，一些可抵押资产不多的企业，尤其是中小企业，不得不借助三角债或互保解决融资问题，这不仅推高了融资成本，也极易催生了互保联保危机。2015 年底，市区规模以上工业企业中因资金、互保等问题出现零申报的占 15.7%。从用工方面看，随着经济发展和产业转移的承接，中西部用工需求不断扩大，而经济增速放缓、转型升级加快，对员工质量要求有所提高，这两方面相互作用加剧了员工回流。另外，因市区企业同质性较高，员工会在不同的企业间比较薪资待遇、社会保障、发展空间等因素择优就业，企业招工不得不常态化。从资源环境看，随着雾霾天气频频出现，生活用水遭受污染，资源环境压力日益增强，虽然近几年市区在环境整治上做了大量工作，也取得了阶段性成果，但环境状况仍不容乐观。

（三）三区融合发展较慢

台州中心城市是在原黄岩市、椒江市、路桥镇的基础上建立起来的组合式城市。撤地建市 20 多年来，台州都市区虽初具雏形，但由于强区弱市的现状，市区自我发展、自成体系，分散发展的格局还没有彻底改观，实质意义的现代化区域中心城市尚未形成，导致市区带动力、辐射力不强、融合度不高、均衡性不强。特别是“十二五”以来，椒江作为台州中心城市的核心区，地区生产总值仅增长 6.8%，分别低于黄岩、路桥 1.5 个百分点和 1.7 个百分点，低于全市平均水平 0.7 个百分点。虽然《台州市城市总体规划（2004—2020 年）》中“多规”融合原则贯通全文，市域城镇空间、综合交通、中心城市公共体系、地下空间开发利用等规划无缝衔接，但到目前为止，公共设施、文化、体育资源的共建共享机制相对较少。市区交通出行量不断增长与城市道路供给能力相对不足之间的矛盾日趋突出。2015 年，台州市区民用汽车拥有量为 46.5 万辆，千人保有量约为 244 辆，其中，市区小汽车保有量为 41.8 万辆，千人保有量约为 220 辆。而城市现状道路网总长占规划道路网总长比例偏低，城市快速路、主干道、次干道、支路的层次结构不合理，城市内部交通和过境交通功能重叠等问题，加剧了城市交通拥堵。市区教育、医疗、文化等公共服务一体化在不断推进，但离市四届四次党代会提出的“一都三城”建设新战略定位要求，仍有一定距离。

（四）城区竞争优势不强

撤地建市以来，市区年均增速高于全市，但增长速度放缓，竞争优势弱化。1995 年到 1996 年间，市区生产总值年均增长 20.4%，亚洲金融危机后，市区经济明显放缓，1997—2007 年，市区生产总值年均增长 14.0%，欧债危机后及国内经济进入新常态后，市区经济进一步放缓，2008 年后，除 2010 年经济保持两位数实现恢复性增长外，其余年份经济都为个位数增长，年均仅增长 8.3%。从投资看，市区固定资产投资额年均增长 15.6%，低于全市平均水平 1.2 个百分点，仅高于温岭 0.8 个百分点，市区固定资产投资占全市的比重也呈现波浪式下降，由 1994 年的 41.3%下降到 31.4%，下降了 9.9 个百分点，没有发挥中心城市应有的龙头带动作用。从人才方面看，市区高学历、高技能、研究型人才比较缺乏，在人才结构、人才层次和人才规模等方面不占优势。2015 年，市区城镇单位从业人员中，具有大专及以上学历人员所占比重为 31.5%，其中，具有本科以上学历人员仅占 17.1%；专业技术人员比重为 22.5%，具有中高级技术职称人员仅占比重为 6.7%。科技活动人员数和 R&D 人员数占全市的比重在 36.0%以下，与第二位城市的比值在 1.65 以下，表明企业内部科技人员依然较少，也从另一个侧面表明市区创新型人才、领军型人才缺乏，人才聚集度不高。

表 6　台州市区及各县市 GDP 年均增速　　单位：%

年份	全市	市区	椒江	黄岩	路桥	玉环	三门	天台	仙居	温岭	临海
1995—1996	19.6	20.4	24.4	14.7	22.4	22.0	4.7	7.0	10.6	24.9	12.5
1997—2007	13.4	14.0	13.8	13.7	14.4	15.7	16.2	14.0	13.5	12.5	14.5
2008—2015	8.4	8.3	7.7	8.1	9.0	7.9	9.0	9.1	10.3	7.9	8.2
1995—2015	11.7	12.4	12.3	11.5	13.3	13.2	10.5	10.8	11.6	11.8	10.3

四、几点启示

当前，世界城市经济的发展已经进入一个新的历史时期，中心城区在市域发展中的地位越来越重要，中心城区能否成为集聚、整合、配置各类要素资源的重要载体和辐射带动区域经济发展的龙头，在很大程度上决定了一个城市的综合竞争力。因此，加快发展台州中心城区，增强中心城区功能，做强中心城区综合实力，提高中心城区在全市的地位势在必行。

（一）城市规划融合发展

着力推进台州现代化港湾都市区建设，就是要以现代化为基本目标，构建中心城市带动市域协同发展的格局。一是高标准做好城市规划。找准定位、精心谋划，以最新的理念、科学的规划，高起点、高标准、高质量地做好城市规划工作，充分挖掘和塑造城市特色，提升城市的形象和品位。二是加快推进市区一体化发展。立足三区融合，重点加快椒黄路之间的相向建设和功能互补，实现市区道路交通系统、市政设施网络、公共服务等全方位的一体化发展；完善市区的城市功能配置，推动建立市区一体化的交通、教育、医疗、文化等公共服务体系，为城市提质转型打造新平台。三是推进体制机制创新，进一步理顺管理体制。探索形成权责一致、条块结合、各司其职的高效管理新机制，建立社会资源的共享机制，优化资源配置，努力实现基本公共服务全覆盖。

（二）产业升级规模发展

定位“智造名城”发展战略，全力打造先进制造业基地城市，全力打造高端支柱集群产业，引导推动优势支柱产业向高端发展，促进“台州制造”向“台州创造”升级发展。一是调整存量，提升传统产业。巩固和改造提升医药化工、塑料模具等主导产业，重点推动医药产业向产业链高端延伸、向现代医药制造模式转型，全力打造绿色药都特色小镇。聚焦优势传统产业，延长产业链，努力打造一批功能定位清晰、集聚效应明显、辐射带动有力的现代产业集群。二是优化增量，培育新兴产业。培育发展生物制药、电子信息、新材料、汽车配件等一批高新技术产业和新兴产业，提高高科技产业的贡献率，努力形成多元发展的产业格局；加大海洋经济项目招商，引进和培育临港制造、清洁能源、滨海旅游、港口物流等产业，争取将台州早日打造成能源建材港航物流基地、临港装备制造基地、海洋清洁能源产业基地。

（三）服务驱动集聚发展

应充分把握产业“高端化、智能化、低碳化”发展趋势，促进产业集聚，增强服务驱动引擎，提升经济发展水平。一是要引导发展。加强引导，建立品牌化、规模化、连锁化的经营模式，提升行业竞争力，实现规模扩张和结构优化。二是要优先扶持。优选一些发展态势良好、经营管理规范的企业进行重点扶持，培育和发展品牌服务业企业，促进服务业发展提档升级。三是要顺势发展。顺应“互联网＋”的发展大势，积极融入工业经济转型升级过程，努力形成生产性服务业与制造业互动融合发展的新格局。四是要多元发展。加快台州物流基地建设，积极培育第三方物流，构建低成本物流体系，鼓励发展会计、审计、法律咨询等以知识要素、信息传播和专业人才为主的中介服务业，支持发展门类齐全、便民利民的社区服务业，引导发展文化娱乐、会展业、职业培训等新兴行业。

（四）资源配置优化发展

一是加大土地开发整理力度，切实盘活存量土地，多途径拓展用地空间，提高土地利用率。完善土地使用权公开招标拍卖挂牌交易的各项工作制度、监督检查机制，逐步解决经济发展的土地要素制约问题。二是坚持引进与培养相结合。以人才为第一资源，引进并支持海外高层次人才来台创新创业，加快形成政府支持、社会参与的企业经营管理人才培养体系；大力发展高等教育和职业教育，培养更多的高级技工，形成与市区产业结构相配套的职业教育体系；启动人才管理改革试验区建设，完善“人才项目＋民企民资”创业合作模式，高标准创建“500 精英计划”创业园，为台州市区提供良好的人才基础。三是严格控制高能耗、高污染项目，加快淘汰落后工艺、技术和设备，鼓励和引导企业在提高质量效益、降低能源消耗上下功夫，走新型工业化道路，实现工业经济从大向强转变。

（台州市统计局　许福娇）

从"十二五"数据看温岭与余姚的经济发展

"拉高标杆""补齐短板"是打好"十三五"攻坚战的重要任务。余姚市作为温岭市的标杆县市,其发展理念、产业结构、转型升级、体制机制等方面的经验,能对温岭的产业转型升级、招商引资、经济社会发展等方面起到学习借鉴作用。本文通过对"十二五"期间温岭市经济发展现状与余姚市的比较分析,查找差距,补好短板,为领导进一步研究制定经济发展战略规划提供参考。

"十二五"期间,温岭市在市委、市政府的正确领导下,国民经济实现健康平稳发展,各项社会事业取得全面突破。在取得发展成绩的同时,也要清醒地看到工作中的"短板",努力补齐"短板",变"短板"为"长板"和"跳板",是拉高标杆、争先进位,坚决打好"十三五"攻坚战的重要前提。为此,以"十二五"期间的统计资料为依据,选择标杆县市余姚进行比较,剖析温岭经济发展过程面临的问题,并提出解决之策,为下阶段制定经济发展战略规划提供参考。

一、经济发展比较

(一)综合经济实力比较

地区生产总值(GDP)是衡量一个地区经济发展综合实力的最重要指标。从表1看,2010年温岭市生产总值为581.8亿元,在全省十七强县市区中居第8位,余姚市(567.2亿元)居第9位,紧随温岭市之后。2015年温岭市在全省十七强县市区中居第9位落后余姚市1个排位,与余姚市在全省的GDP占比相差0.01个百分点,经济总量相差不大。"十二五"期间温岭市GDP年均增速为7.1%,余姚市年均增速为8.6%,年均增速领先温岭1.5个百分点(表1)。

"十二五"期间温岭人均GDP稳步提高。2015年,人均GDP达到68580元,按照当年平均汇率计算(下同)人均GDP为11011美元,向高收入国家(地区)水平逼近(表2)。但余姚市的人均生产总值之比从2010年的1∶1.39扩大到2015年的1∶1.46,主要原因是温岭市人口数量较多,2015年底温岭市户籍人口数为121.5万人,而余姚市为83.7万人,相差37.9万人。

表 1　温岭与余姚 GDP 情况表

	2010 年		2011 年		2012 年		2013 年		2014 年		2015 年		年均增长%
	绝对值（亿元）	省内占比%	绝对值（亿元）	省内占比%	绝对值（亿元）	省内占比%	绝对值（亿元）	省内占比%	绝对值（亿元）	省内占比%	绝对值（亿元）	省内占比%	
全省	27722		32319		34665		37757		40154		42886		8.2
温岭	581.8	2.10	661.3	2.04	676.8	1.95	740.3	1.96	797.2	1.99	834.4	1.95	7.1
余姚	567.2	2.05	659.0	2.04	707.1	2.04	750.7	1.99	804.4	2.00	839.7	1.96	8.6

表 2　"十二五"时期人均地区生产总值情况表　　单位:元

	2010 年	2011 年	2012 年	2013 年	2014 年	2015 年	年均增长%
全省	51711	59249	63374	68805	72967	77644	7.5
温岭	48634	55287	56273	61271	65653	68580	7.1
余姚	67785	79001	84732	89924	96227	100367	8.3

从产业结构上来看，温岭明显好于余姚。"十二五"期间温岭市三次产业结构实现了从"二三一"到"三二一"的跨越，产业结构更趋合理，2010 年温岭市三次产业的比例为 7.3∶53.4∶39.3，2015 年调整为 7.5∶44.0∶48.5，第三产业呈逐年上升趋势，第二产业的比重则逐年下降。2010 年余姚市三次产业之比为 6.3∶59.4∶34.3，2015 年调整为 5.1∶55.5∶39.4，第二产业仍占据主导地位。

（二）收入方面比较

从财政收入方面看，温岭市财政总收入从 2010 年的 57.0 亿元增长到 2015 年的 98.4 亿元，是 2010 年的 1.7 倍。而余姚市财政总收入远超温岭，在 2011 年就超过 100 亿元，2015 年为 133.8 亿元，比温岭多 35.4 亿元，是温岭的 1.4 倍。"十二五"期间温岭市的财政总收入年均增长 11.5%，超过预期目标 1.5 个百分点，领先余姚 1.2 个百分点。

温岭市地方财政收入从 2010 年的 30.6 亿元增长到 2015 年的 54.1 亿元，与余姚市的差距由 2010 年的 1∶1.44 缩小到 2015 年的 1∶1.39。地方财政收入差距相对较小。"十二五"期间温岭地方财政收入分别以年均 12.1%的速度增长，领先余姚 0.8 个百分点。

从居民收入方面看，2015 年温岭市城镇、农村常住居民人均可支配收入分别达到 44743 元和 23739 元，与 2010 年的 28569 元和 13845 元相比，分别增长

56.6%和71.5%，城乡居民可支配收入比由2010年的2.1：1缩小到2015年的1.9：1，“十二五”期间年均分别增长9.4%、11.4%。2015年余姚市城镇、农村常住居民人均可支配收入分别达到45359元和26500元，分别比温岭高616元和2761元，“十二五”期间的年均增速分别为8.9%、14.2%，分别低于温岭0.5个百分点、高于温岭2.8个百分点。

（三）社会投入比较

投资是拉动经济增长的主要因素。“十二五”期间温岭市固定资产累计投资1435.9亿元，余姚市累计投资2140.1亿元，差距达704.3亿元。温岭市固定资产投资年均增速为17.8%，落后余姚5.5个百分点。

近年来，温岭市工业性投资占比呈下滑趋势，2015年工业性投资为131.3亿元，占全部投资额的比重由2010年的41.8%下降到34.5%。2015年余姚市工业性投资为255.3亿元，是温岭的1.9倍，占全部投资额比重由2010年的42.9%上升到45.3%。“十二五”期间，温岭市工业性投资年均增速为13.3%，落后余姚11.3个百分点。（图1）

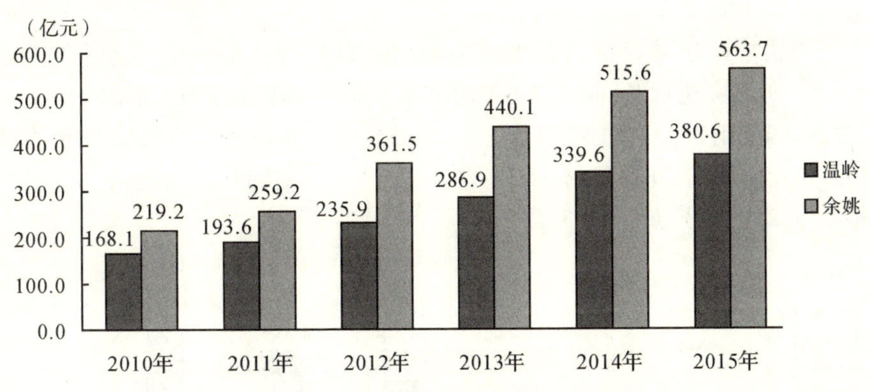

图1 “十二五”时期固定资产投资情况

（四）对外开放程度比较

外贸出口对经济发展有着举足轻重作用。2015年温岭市外贸自营进出口总额38.2亿美元比2010年增加了10.1亿美元。从出口来看，2015年温岭市出口总额37.2万美元，是2010年的1.4倍。2015年余姚市实现外贸自营进出口总额88.9亿美元，出口总额为68.0亿美元，分别是温岭市的2.32和1.83倍，余姚市外贸出口对经济的拉动作用明显强于温岭（图2）。

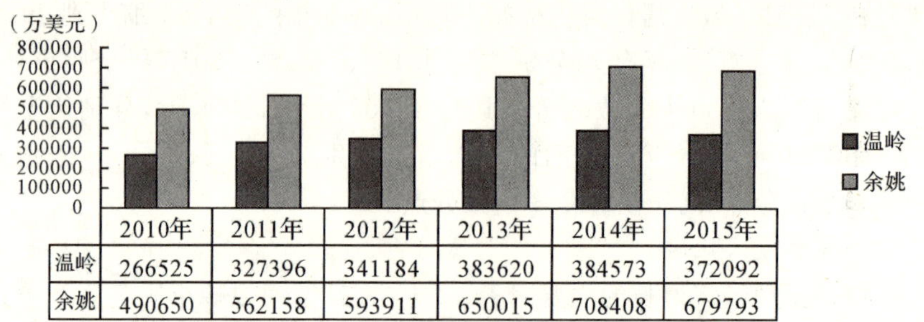

	2010年	2011年	2012年	2013年	2014年	2015年
温岭	266525	327396	341184	383620	384573	372092
余姚	490650	562158	593911	650015	708408	679793

图2　“十二五”时期外贸自营出口情况

外资是加快经济发展的催化剂，不但能有效扩大生产，更能带入国外先进技术、人才等。2015年温岭市实际利用外资1090万美元，是余姚市的2.4%。“十二五”期间温岭市实际利用外资累计为1.8亿美元，而同期余姚市则达到19.4亿美元，是温岭的10.8倍，远高于温岭。温岭市利用外资规模偏小，表明温岭对外开放程度仍存在较大空间。

（五）社会消费比较

消费需求是拉动经济增长的重要动力。温岭市社会消费品零售总额在“十二五”期间快速增长，从2010年的235.5亿元增加到2015年的473.9亿元，“十二五”期间年均增速为15.0%。余姚社会消费品零售总额从2010年的219.9亿元增加到2015年的351.6亿元，“十二五”期间年均增速为9.8%，比温岭低5.2个百分点。（图3）

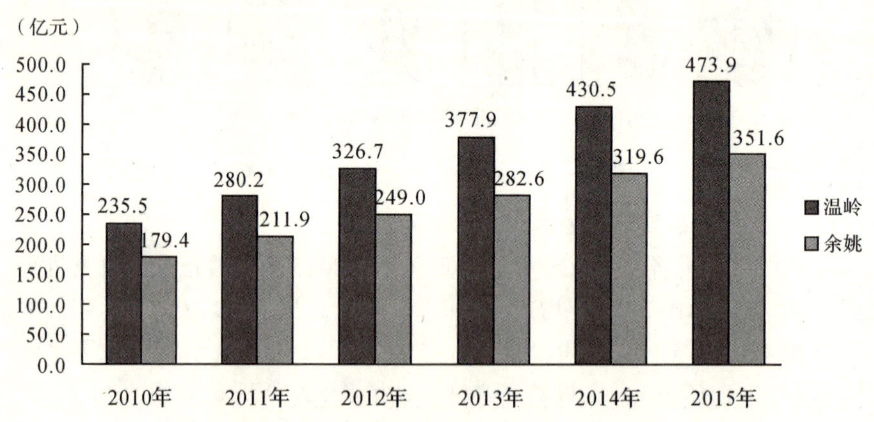

图3　“十二五”时期社会消费品零售总额情况

二、温岭经济发展中突出的问题

(一)区位劣势

地理环境是制约温岭经济发展的重要因素。在“长三角”城市群中,地处长三角南翼边缘,如以上海为圆心,温岭是到上海最远的城市,需要5个多小时的路程,受上海经济圈辐射较弱。而余姚市所处的地理位置更为优越,到宁波和萧山国际机场都在一小时内,并已纳入上海“二小时交通圈”,受上海、杭州等杭嘉湖地区外商投资辐射效应明显,承接沪杭产业转移的地理优势更加明显。

(二)传统产业优势减弱

随着改革发展的不断深化,温岭原有的民营企业体制机制先发优势逐步弱化。与余姚相比,温岭企业的劣势在于以下三方面:一是主导产业准入门槛低。2015年温岭工业以通用设备制造业和制鞋业等为主导行业,以劳动密集型产业为主,且大多是家族式企业,产品档次低,经济效益不高。而余姚工业以密集型产业为主,产业链较长,产品附加值高,新材料、新装备、新能源、电子信息、生物医药等新兴产业是余姚市的经济增长的亮点。二是企业规模偏小。从企业规模来看,2015年温岭企业规模总体小于余姚,超亿元企业比余姚少133家,5亿~10亿元企业比余姚少11家,10亿元以上企业比余姚少8家。温岭规上企业平均产值为0.7亿元,余姚市则为1.2亿元。从上市企业数量看,截至2015年底,温岭上市公司比余姚多一家。三是企业研发能力弱。温岭市工业企业生产的产品大多以模仿为主,缺乏自主创新,产品档次不高,附加值低,在市场竞争中“跟风”行为较明显。2015年温岭战略性新兴产业和高新技术产业增加值分别比余姚少30.6亿元和41.9亿元。2014年温岭市规上工业R&D经费支出为10.4亿元,比余姚少9.9亿元。2015年全年规模以上工业企业科技活动经费支出达到9.0亿元,比上年下降0.8%,占主营业务收入的比重达到1.5%,落后余姚0.4个百分点。

(三)投资结构有待优化

投资的拉动作用是引起区域经济增长及区域经济发展差异的重要原因。“十二五”期间温岭市固定资产累计投资1435.9亿元,其中工业累计投资490.5亿元,占固定资产投资比重仅为34.2%,比余姚的40.8%低6.6个百分点,年均增速比固定资产投资增幅低4.5个百分点。基础设施累计投资248.7亿元,投资总量比余姚市少206.7亿元。累计完成民间投资1147.5亿元,占全部固定资产投资的79.9%,但民间资本主要集中在房地产行业,比如2011年,房地产投资额达66.4亿元,高于工业投资3.6亿元。

表 3　“十二五”期间固定资产投资情况　　单位：亿元

固定资产	累计投资总量	其中		其中		其中	
		工业性投资总量	占比％	基础设施投资总量	占比％	房地产投资总量	占比％
温岭	1435.9	490.6	34.2	248.7	17.3	370.6	25.8
余姚	2410.1	872.6	40.8	455.4	21.3	610.2	28.5

（四）服务业发展相对滞后

在现代经济中，服务业的兴旺发达程度已经成为衡量一个地区综合竞争实力和现代化水平的重要标志之一，也是区域经济极具潜力的增长点。2015 年温岭市服务业增加值 404.4 亿元，首次突破 400 亿元大关，比上年增长 9.3％，总量由 2010 年的 227.1 亿元增加 177.2 亿元，占 GDP 达到 48.5％，成为三大产业中占比最大的产业，但是服务业结构性矛盾较为突出。产性服务业发展缓慢，无法为制造业企业提供专业化、高质量的服务，导致温岭企业仍处在产业链低端，转型升级进展总体速度不快。

（五）高素质人才缺失

人才是经济和社会进步的重要推动力。一个地方要实现转型发展、跨越发展，必须重视人才。目前，温岭人才结构不尽合理，人口文化素质偏低，在劳动力市场中，具有高等教育学历的劳动力人数与规模偏小。2015 年大学以上学历从业人员占全社会从业人员比重仅为 7.4％，而初中以下学历从业人员占比高达 55.0％。余姚市大学以上学历从业人员占全社会从业人员比重达 17.4％，初中以下学历从业人员占比为 41.9％，人才结构优于温岭。2015 年，温岭市规模以上企业劳动生产率为 11.0 万元/人，而余姚市的劳动生产率达 12.2 万元/人，高于温岭 1.2 万元/人。高素质人才的缺失不仅制约了产业转型升级，也影响了地方经济的可持续发展。同时，由于离上海、杭州都市圈较远，留住人才也存在较大困难。

三、对温岭经济发展的几点建议

（一）把改善区位条件作为经济发展的战略基础

加强交通基础设施建设，构建立体快速交通运输体系，构筑“轨道交通＋城市快速路”双快体系，推进温岭与台州都市区和浙江省轨道交通、公路、水路的全面对接，改善温岭经济发展的区位条件。一是积极推进对内交通建设。重点推进 81 省道改建工程、76 省道复线岙环至龙溪段改建工程、大麦屿疏港公路温岭段、台州机场至新河公路改建等工程建设，从东南西北四个方向将城市交通串联起来，使东部新区、龙门港和市区紧密连接，改善石塘、城南等城市末端的交通。二是加快改善对外交通。以杭绍台城际高铁温岭段、台州城际铁路S1线温岭段、城区单轨交通工程、台州中心快速通道等重大交通项目为引擎，规划建设沈海高速和沿海高速的连接线，构建支撑现代城市建设发展的综合交通枢纽。

（二）把工业强市建设作为经济发展的战略重点

传统的劳动密集型行业在今后的发展将越来越不具竞争优势，经济发展从粗放型向集约型方式转变，传统产业的华丽转身是温岭打造“工业强市”战略的需求。一是利用科技手段提升传统产业。注重传统产业的改造提升，围绕汽摩配、泵与电机等传统支柱产业，鼓励引导企业运用新技术、新工艺、新材料提升产品质量与功能，加快淘汰落后的工艺和设备，提升传统产业的科技含量和产品附加值，延长产业链条，提高市场占有率和影响力，促进产业结构优化，提高传统行业市场竞争力。积极把握“互联网＋”发展机遇，将爱仕达电商的成功案例逐步在全市制造业企业中推广，进一步推动温岭企业营销模式转变，提高全市规上工业企业电子商务应用率。二是积极为企业提供发展空间。制造业及其完善的产业体系，是温岭经济发展的最硬底气，要持续为制造业企业提供发展空间。一方面，要大力扶持企业上市，为企业提供融资平台，支持企业做大做强；另一方面，要加快推进小微园区建设，为一批“小而精”的成长型企业提供发展空间。

（三）把引进适用人才作为经济发展的战略支撑

人才资源是经济社会发展的“第一资源”，要实现温岭经济发展方式的转变，产业转型升级，人才优先发展是根本。一是搭建校企联动平台。切实推动“专业与产业对接、教学过程与生产过程对接、人才培养标准与企业用人标准对接、专业课程内容与职业要求对接”，做到学有所用，减少人才的流出，既解决本地人才的求职问题，又解决企业对人才的需求问题。二是营造良好的外部环境。大力引进优秀人才。政府要出台相关的人才扶持系列政策，制定人才培育计划，从住房、医疗、子女教育、就业等方面给予宽松的待遇，让人才在温岭扎根落户，全力支持他们由小到大，做大做强。充分发挥园区以及东部新区、城市新区、铁路新区三大平台招才引智的作用，搭建创新发展平台。开通“绿色服务通道”，形成良好的招才氛围。同时，积极举办区域性、专业性、行业性专场招聘会、交流会，发挥人才招聘的品牌效应。

（四）把优化投资结构作为经济发展的战略举措

投资活动是拉动一个地区经济发展和运行的重要环节。合理安排投资结构，正确调整投资使用方向，提高投资的综合效益，对保持国民经济良性循环，促进国民经济持续、稳定、健康发展具有十分重要的意义。一是优化投资结构。在政策上和资金上向重大基础项目、优势产业、新兴行业、第三产业倾斜，严格控制对高耗能、高排放行业和产能过剩行业的投资。二是优化发展大平台。加快东部新区、城市新区、铁路新区三大平台建设，充分发挥土地资源优势和政策优势，整合周边各区域的资源，统筹推进以高新技术产业为主，商贸配套服务业齐全，先进制造业与现代服务业互为支撑、互相推进的建设模式。大力推进五洲国际工业博览城，南洋、通号等科技大楼项目，确保现代晶体光电子、三立药物促进剂等高新技术项目落地开工。

（五）把培育增长动能作为经济发展的战略动力

当前经济发展正处于新旧动能接续转换、迭代更替的关键时期，培育增长新动能，推进温岭经济提质增效。培育增长新动能要两手抓。一是抓住“互联网＋”发展机遇。依托“互联网＋”大平台，改造提升传统产业的同时，着力发展从制造到智造的新产业，从制造到制造＋服务的制造业服务业相融合的新业态，从服务到服务的跨界融合新商业模式。把建造“工业强市”与发展服务业特别是现代服务业结合起来，把发展服务业与提高一、二产业层次特别是产业链条的前伸后延结合起来，把淘汰落后生产能力与抢占新兴产业制高点结合起来，加快转型升级。二是抓好招商引资工作。要从大招商向招大商转变，从项目招商向产业招商转变，从招商引资为主向招商引资、引技、引智转变，立足温岭实际，强化产业链招商、“短板”领域招商、精准招商，形成引进一个、带动一批、辐射一片的招商引资“磁场效应”。营造良好投资经营环境，提高行政服务水平，围绕企业和项目单位需求实行“专人负责制”服务，与招商引资项目进行紧密对接，随时掌握项目信息进度以及落实情况，对项目在建过程中遇到的困难和问题给予及时解决，做到“引的进、留的住、能发展”。

（台州温岭市统计局　高莹）

对丽水经济发展阶段的认识和思考

2015年，丽水生产总值(GDP)1103.3亿元，按年平均常住人口213.5万人计算，人均GDP为51676元，按年均汇率计算，约合8297美元，略高于全国7904美元的水平，为全省水平12466美元的66.6%。人均GDP超过8000美元，表明丽水经济发展站上了新的平台，为全面建成小康社会奠定了坚实的经济基础。本文从区域经济发展角度，对丽水所处的发展阶段、主要特征和发展方向谈一些看法和建议。

一、对丽水经济发展阶段的认识

(一)从世界银行划分标准和经典经济学理论判断，丽水经济发展已达到中高收入国家和地区水平，正处在工业化中期走向工业化成熟期阶段

1. 从世界银行对高低收入国家和地区划分标准看，丽水已达到中高收入国家和地区水平，并且从中高收入到高收入进程近半

表1 世界银行分类标准 (人均GNI 美元)

	2000年	2010年	2014年
低收入	<=755	<=1005	<=1045
中低收入	756～2995	1006～3975	1046～4125
中高收入	2996～9265	3976～12275	4126～12735
高收入	>9265	>12275	>12735

世界银行划分高低收入国家和地区标准是人均GNI(即人均国民收入)，GNI是从收入角度衡量经济总量，而GDP是从生产角度衡量经济总量，但人均GNI和人均GDP有着紧密的联系，从市一级角度看，可以理解为GNI等于GDP与来自市外以及国外的净要素收入之和。按照我国国民经济核算制度规定，省级及以下均不测算GNI，我们依然可以参考世界银行关于高低收入国家的分类标准(见表一)。按照世界银行划分标准，丽水2000年人均GDP为762美元，跨入中低收入国家和地区门槛；2010年人均GDP为4623美元，进入中高收入国家和地区行列，期间用了10年时间；2014年人均GDP为8046

美元，处于中高收入与高收入中间水平，从中高收入到高收入近半程用了 4 年时间。

2. 从经典经济学理论判断丽水经济发展正处在工业化中期走向工业化成熟期阶段

2015 年，丽水 GDP 三次产业结构为 8.3∶45.7∶46.0；三次产业就业结构为 36.7∶26.1∶37.2；城市化率为 56.4%。根据美国经济学家钱纳里衡量工业化程度除人均 GDP 指标外的三次产业结构比例、三次产业就业人员比例和城市化率三个指标划分标准（见表二），丽水目前正处于工业化中期走向工业化成熟期阶段。

表 2　钱纳里工业化程度衡量标准

	工业化初期	工业化中期	工业化成熟期
GDP 三次产业结构	33.7∶28.6∶37.7	15.1∶39.4∶45.5	8.0∶50.9∶41.1
三次产业就业结构	46.1∶26.8∶27.1	31.4∶36.0∶32.6	24.2∶40.8∶35.0
城市化率	低于 36.4%	低于 49.9%	低于 65.2%

（二）从相关领域综合监测评价结果和主要指标看，丽水经济发展阶段落后全省水平五年左右

从城乡统筹发展监测评价看，根据省统计局测算的结果，按照初步统筹（45～60 分）、基本统筹（60～75 分）、整体协调（75～90 分）、全面融合（90 分以上）四个阶段的划分，2014 年，全省统筹城乡发展水平综合评价得分为 90.20 分，全省统筹城乡发展水平进入全面融合阶段，丽水得分 76.93 分，跨入整体协调阶段，相当于全省 2009 年水平，与全省差距约六年。

从人均 GDP 看，2015 年丽水人均 GDP 51676 元，相当于全省 77644 元的 66.6%，只有全省 2011 年水平，与全省差距约 4 年。

从城镇居民和农村居民人均可支配收入看，2015 年，丽水城镇居民人均可支配收入 32875 元，是全省 43714 元的 75.2%，相当于全省 2013 年水平；农村居民人均可支配收入达到 15000 元，也只有全省 21125 元的 71.0%，相当于全省 2012 年水平，与全省差距至少三年。

从 R&D 经费投入占 GDP 比重看，近年来丽水科技投入大幅增加，2015 年 R&D 经费支出占 GDP 比重达到 1.18%，但比全省 2.36% 水平低 1.18 个百分点，还不到全省 2005 年 1.22% 的水平，与全省差距达十年。

二、当前丽水经济发展呈现的主要特征

(一)经济增长"减速换挡"

改革开放以来,丽水经济呈现一条持续较快增长的运行轨迹,1979—2013年GDP年均增长10.8%,高于全国平均水平1.0个百分点,但低于全省水平1.8个百分点,其间2000—2012年,丽水凭借撤地设市有利时机,加快"补课赶趟",通过大投入、大建设,实现经济大发展,经济年均增长达13.1%,是全省唯一实现连续13年两位数增长的地市(同期全省年均增长11.7%)。在经历长期高速增长之后,随着经济总量增大和发展方式转变的新要求,经济增速换挡回落的态势已然显现。2013年GDP增速回落至9.2%,2014年再次回落至7.0%,2015年仅增长6.4%(详见表三)。这种局面的出现,表面上是国际国内后危机时代复杂严峻宏观经济形势下市场低迷、有效需求不足、投资拉动减弱所致,实质上是丽水经济长期积累的产业结构深层次矛盾在结构调整和发展方式转变新常态下的集中显现。

表3　2010—2015年GDP增速(%)

	2010	2011	2012	2013	2014	2015
全国	10.6	9.5	7.7	7.7	7.3	6.9
浙江省	11.9	9.0	8.0	8.2	7.6	8.0
丽水市	12.9	11.5	10.5	9.2	7.0	6.4

(二)经济结构调整优化

近年来,丽水大力推进转方式调结构,出台了一系列加快经济发展和结构调整的政策措施,特别是在促进服务业发展上取得了明显成效,三次产业结构逐步优化,服务业增加值占GDP比重近几年持续提升,2012年服务业比重为41.8%,2013年上升为42.5%,2014年上升为43.5%,2015年继续上升至46.0%,对经济增长的贡献率达到70.6%,高于第二产业44.0个百分点。从投资领域看,第三产业投资占全部投资比重从2010年的63.7%提高到70.0%。从消费领域看,乡村消费品零售额占社会消费品零售额比重从21.1%提高到22.5%。

(三)"三新经济"发展态势良好

2015年规模以上工业中,高新技术产业增加值90.0亿元,增长4.2%,占25.6%,比重比上年提高4.1个百分点;战略新兴产业实现增加值64.2亿元,增长2.3%,占18.3%。

2015 年,限额以上电商零售额增长 57.3%。省商务厅统计资料显示,网络零售额 121.4 亿元,比上年增长 76.0%;居民网络消费额 100.9 亿元,增长 45.9%。与网络经济密切相关的快递行业快速发展,2015 年快递服务企业业务量累计完成 5734.3 万件,增长 61.0%。旅游、文化等新产业较快发展。国内旅游收入 375.42 亿元,增长 27.3%,成功创建 1 家 4A 级景区,已有 4A 级景区 19 家;文化及特色产业增加值 62.4 亿元,增长 30.8%,占 GDP 比重达到 5.7%。

三、对新常态下丽水经济发展的几点思考

当前世界经济仍处深度调整期,全球需求持续疲软,实体经济乏力;财政货币政策效果不彰;消费者、投资者信心不足。面对当前复杂严峻的世界经济形势,我国经济正处于新旧动能持续转换、转型升级深入推进的关键时期,丽水市积极采取兼顾稳增长与调结构,在着手供给侧改革的同时,采取需求侧与供给侧两端共同发力的一系列政策举措,经济增长质量和效益正在稳步提高,"换挡提质"效果显现,"质量型增长"特征更加明显。

现阶段对于 GDP 刚跨越千亿元的丽水来说,机遇与挑战并存,经济发展仍处于可以大有作为的重要战略机遇期没有变,但战略机遇期的内涵和条件发生了深刻变化;经济发展总体向好的基本面没有变,但经济发展方式和增长动力发生了深刻变化。当前新经济正在孕育成长,但由于体量较小,新旧动力转换还难以平衡;投资动力减弱,消费升级困难,节能减排约束增强,金融支撑力提高有限,经济转型升级正处于关键时期。对此,必须充分发挥生态优势,始终坚持"五大发展"理念,坚定不移走"绿水青山就是金山银山"的绿色生态发展之路,致力打通"两山"通道,尽快使生态优势转化为竞争优势,进而成为经济优势,实现生态经济快速发展。

(一)牢固树立绿色生态发展理念

经济发展理念和指导思想决定着发展战略、发展路径和发展成效。要牢固树立"绿水青山就是金山银山"的绿色生态发展理念,要始终坚持一张蓝图绘到底,坚定不移走绿色生态发展之路,坚持不懈打通绿水青山到金山银山的通道。从丽水目前发展的情况看,有些区域、有些领域的绿水青山已经实现或部分实现了金山银山的价值,呈现生态经济良好的发展态势,促进农村居民增收致富。然而,在工业化还远没有完成的情况下,要从一种经济发展方式转向另一种新的发展方式,需要有相当的过程,对产业结构调整提出更高要求,给经济增长带来更加明显的阵痛期。因此,必须要形成思想共识,做到内化于心,外化于行,倡导市场主体要自觉成为绿色生态发展的践行者,社会公众要

自觉成为绿色生态发展的参与者和推动者。

（二）坚定不移发展生态经济

要紧紧围绕“资源消耗低、污染排放少、质量效益高”的要求，加快对传统产业的技术改造创新发展，通过存量优化实现产业升级；致力发展以新产业、新业态和新商业模式为代表的新经济，通过高质量的增量实现转型发展。使丽水产业提供的生态产品真正拥有强大的市场竞争力。具体从三次产业看：

一是坚持以发展生态农业为基础。农业是国民经济的基础，作为一个地区也一样，直接关系到地区“菜篮子”“米袋子”市场稳定，也直接关系到农村居民的增收致富。2015 年全市农村常住居民人均可支配收入为 15000 元，其中家庭经营收入 4941 元，占 32.9%，农林牧渔业经营收入 3523 元，占 23.5%。丽水发展生态农业有独特的气候、土地、水质和人力优势，要紧紧围绕把丽水建设成为长三角乃至全国绿色农产品生产基地和后花园的目标定位，加快发展农业特色产业。要努力提高农业抵御市场风险和自然风险的能力。坚持标准化生产，发展有机、无公害、绿色农产品，保证农产品品质和质量安全；坚持产业化发展，延长产业链，提高附加值；坚持规模化发展，提高规模效益；坚持品牌化发展，提高农产品市场知名度和美誉度；坚持完善流通体系和电商化经营结合，避免农民各自闯市场局面，实现农产品生产与消费有效对接。

二是坚持以发展生态工业为支撑。2015 年，工业增加值占 GDP 比重为 38.6%，工业仍然是经济增长最主要的力量。要紧紧围绕把丽水建设成为长三角先进制造业生产基地的目标定位，坚持走创新发展之路，加快发展生态工业。要严格生态环境红线管控，加快传统产业技术改造和技术创新，实现清洁生产，走向循环经济，提高工业经济质量效益；要严格产业发展导向，提高准入门槛，加快发展高端装备制造业、高新技术产业、战略性新兴产业、文化体育健康产品制造业及农产品深加工等产业，积极培育和发展技术含量高、带动力强、资源消耗低、环境污染少、质量效益高的企业，实现工业经济转型升级，不断提高生态工业对生态经济发展的支撑力。

三是坚持以发展生态服务业为新的增长点。近年来，丽水生态旅游业较快发展，2015 年旅游产业增加值占 GDP 比重达到 7.0%，处于全省 11 市的中等水平。要进一步充分利用生态优势，加大品牌宣传，加快旅游景区景点建设，加强行业管理提升旅游服务水平，促进生态旅游业持续较快发展，发挥旅游业对交通运输、住宿餐饮、文化娱乐、工农业产品制造等相关行业的带动效应。加快发展现代金融业、现代物流业、信息产业和各类中介咨询服务业等生产性服务业，为生态农业和生态工业提供支撑。充分发挥“秀山丽水、养生福地”“中国长寿之乡”“中国气候养生之乡”的品牌效应，加快发展健康养老产业、休闲养生产业；要以满足人民群众精神文化需求为目的，大力发展文化产业、体育产业、休闲娱乐产业和居民服务业。要以不断改善居民居住条件为目标，加强对房地产业规划、调控和监管，促进房地产业健康平稳发展。

（三）提高金融对实体经济的支撑作用

金融是国民经济的血液，对于丽水普遍实力不强的中小企业来说，金融支撑显得尤为重要。迫切需要商业银行在改革创新中，更加重视支持经济发展和转型升级，把更多资金投放到实体经济，通过支持经济发展，来促进金融业更好发展。近年来，丽水金融业对经济发展支撑力有所增强，但金融供给与经济发展对金融需求的矛盾仍然突出，中小企业“贫血”或“供血不足”问题仍较普遍，金融业对经济发展支撑力与全省水平相比还有较大差距，需要金融机构进一步推进供给侧改革，优化金融产品供给，创新金融服务，融洽银企关系，不断提高金融对丽水经济发展的支撑力。

表 4　2010—2016 年 1—9 月丽水与全省金融系统本外币贷款增速(%)

	2010 年	2011 年	2012 年	2013 年	2014 年	2015 年	2016 年 1—9 月
丽水	22.2	16.7	16.6	16.5	9.0	5.9	1.1
全省	19.7	13.8	11.8	9.8	9.2	7.1	6.3

表 5　2015 年丽水与全省金融贷款相关指标

	年末人民币贷款余额(亿元)	#住户贷款占比(%)	非金融企业及机关团体贷款占比(%)	年末人民币存贷比(%)	实现每万元 GDP 平均得到本外币贷款(万元)
丽水	1491.8	55.1	44.7	81.2	1.36
全省	74070.2	31.8	68.2	84.8	1.78

（四）大力宣传生态质量，努力争取更大的生态补偿

丽水是“六江之源”、浙江的生态屏障、中国生态第一市。在当前，“绿水青山就是金山银山”的价值实现还存在不少的障碍，保护生态环境、生产生态产品可以提高群众收益，但只是社会总收益的一部分，大量生态收益处于外溢中，同时，在改造传统产业、治理生态环境过程中，在短期内必然影响经济增长速度和效益，这实际上是丽水为全省乃至全国作出了贡献。2008 年，省发展规划研究院研究成果显示，丽水森林和湿地生态系统每年能够提供价值 2100 亿

元的生态服务功能(2008 年 10 月 27 日《浙江日报》报道),这与当前的生态补偿标准相差甚远。因此,丽水对生态环境保护所产生的生态效益需要也必须得到普遍认同,要理直气壮地向省里和国家呼吁给予更大的生态补偿,争取更多的项目、资金支持。要积极争取省里把生态旅游、健康养老、休闲养生、文化体育等领域的大项目投向丽水。

(五)坚持培养人才和引进人才并重,努力弥补科技创新短板,加快创新发展步伐

科技创新是丽水最明显的短板,与全省水平对比,从人均 GDP 等主要指标和统筹城乡发展水平、全面小康进程等领域综合评价结果看,差距均在 5 年左右,而科技进步与创新主要指标的差距至少 10 年。在当前大力推进创新发展的宏观经济背景下,丽水必须加快补上创新发展的短板。

从创新发展所需的人才支撑情况看,丽水一方面人才紧缺,另一方面是人才外流严重,2015 年底,全市户籍人口 266.4 万人,常住人口 213.9 万人,净流出人口仍达 52.5 万人,其中有不少高层次人才和创业精英。因此,首先要充分利用丽水人力资源,鼓励外出人才回乡创业;要结合产业发展实际,充分依托高校和各类培训机构资源,以需求为导向,加快培养创业创新人才,为丽水实现创新发展提供人才保障,加快实现创新发展步伐。其次,丽水作为全省经济发展相对落后地区,也需要通过借力借智促进发展。要加大"秀山丽水、养生福地""中国生态第一市""中国长寿之乡""中国气候养生之乡"的品牌宣传,提高丽水生态质量知名度;同时要按照引得进、留得住、能发展的要求,完善政策措施,吸引更多的人才到丽水创业发展和生活,带动更多的技术、资金要素流向丽水,助推丽水生态经济发展。

(丽水市统计局　练永嘉)